三思五步

王 惠◎著

# 三思五步
# 读写融合
# 教学法

理论篇

SPM 南方传媒 | 花城出版社
中国·广州

**图书在版编目（CIP）数据**

三思五步读写融合教学法．理论篇 / 王惠著．-- 广州：花城出版社，2024.4
ISBN 978-7-5749-0231-2

Ⅰ．①三… Ⅱ．①王… Ⅲ．①阅读课－教学法－高中②作文课－教学法－高中 Ⅳ．①G633.302

中国国家版本馆CIP数据核字(2024)第056207号

出 版 人：张　懿
责任编辑：王铮锴　邱奇豪
责任校对：李道学　梁秋华
技术编辑：凌春梅
封面设计：四月线视觉传达

| | |
|---|---|
| **书　　名** | 三思五步读写融合教学法　理论篇<br>SANSI WUBU DUXIE RONGHE JIAOXUEFA　LILUN PIAN |
| **出版发行** | 花城出版社<br>（广州市环市东路水荫路 11 号） |
| **经　　销** | 全国新华书店 |
| **印　　刷** | 深圳市福圣印刷有限公司<br>（深圳市龙华区龙华街道龙苑大道联华工业区） |
| **开　　本** | 787 毫米 ×1092 毫米　16 开 |
| **印　　张** | 19.25　1 插页 |
| **字　　数** | 320，000 字 |
| **版　　次** | 2024 年 4 月第 1 版　2024 年 4 月第 1 次印刷 |
| **定　　价** | 128.00 元（全 2 册） |

**如发现印装质量问题，请直接与印刷厂联系调换。**
**购书热线：**020-37604658　37602954
**花城出版社网站：**http：//www.fcph.com.cn

# 前言

## 寻找语文学科的公式和定理（上）

王惠

语文学科是一门学习语言文字运用的学科，却是在文本的听说读写实践活动中习得的，这是目前教、学、评活动开展中不争的事实，也符合语言文字运用的学习规律。散点的语言文字及其运用的知识学习只能停留在识记和积累的层面，“那些只被大脑接收，而没有被利用、检验或与其他新鲜事物相互融合的某些观点”被怀特海称为“惰性思维”，他认为“这种拘泥于惰性思维的教育不但无用，甚至极为有害”。专题的语言文字及其运用的知识学习统整度比较高，对思维活动的要求也比较高，但因其专业性很强，并不符合语文学科的课程性质和语文学科学习的特点，不符合基础教育阶段语文学科学习的目标和要求，不符合基础教育阶段学生的学情，也难以实现语文学科以文化人的育人功能。毕竟，语言文字只是工具，虽然与其他物质生产工具相比，它是一种人文性工具，但其人文功能的发挥，还是以其表征意义和建构文本的工具性为基础的。顾之川先生对众多中国现代语文教育大家的语文观和语文教育观进行了研究，提出“语文工具论”，他说：“语文教学的基本任务，就是要教会学生如何掌握语文这一工具，为他们日后的学习、工作和生活打下扎实的语文基础。”

对于语文学科的工具性，顾之川先生进一步做了阐发：“语文不仅是人与人之间交际、交流的工具，也是思维生活的工具，更是提高文化品位、提升人文素养、丰富精神世界，进而实现终身学习、自主发展的工具。”语言文字何以成为“提高文化品位、提升人文素养、丰富精神世界，进而实现终身学习、自主发展的工具”？一门学习语言文字运用的学科如何培养包含“审美鉴赏与创造”“文化传承与理解”在内的语文学科核心素养呢？由此，重新认识“文本”在语文学科教学中的基础地位和重要作用，以“文本”为核心开展语文学科及其教学的种种研究，对于语文学科专业化建设来说就成了至关重要的一步。这一点理应成为语文教育工作者的基本共识，但很遗憾，到目前为止却并非如此，更为普遍的认知是文本阅读只是语文学科的一个实践领域，充其量比较重要而已。

当然，对于基础教育阶段的语文学科来说，“文本”并不是目的，按照新课标对课程性质的界定，语言文字运用能力的提升才是目的；按照“新课标”对核心素养的规定，语文学科核心素养的提升才是目的。正如叶圣陶先生所说，“文本”只是学习语用、提升素养的例子和路径，我们通过“文本”这一语言文字运用的成果学习语言文字运用、提升语文学科素养。虽然一些经典文本本身具有作为学习目的的特征，我们可以经由它们进入民族文化和人类意义的共同体，但其在语文学科教学视域内发挥的是语用示例的功能，就像数学学科的例题，所以读哪一篇哪一本，并没有一成不变的规定。

既然教材上的每一篇课文和课堂上的每一本经典都是例子，那我们就需要按照“公式”或“定理”来解决这些例子学习问题，也需要在这些例子的学习过程中印证或得出“公式”或“定理”，但教材上并没有给出解决这些不同例子问题的语文公式和定理，而这恰恰又是超越每一个具体例子的语文学科共同知识，也可以说是语文学科的底层逻辑。因为这种共同知识和底层逻辑的缺乏，长期以来语文学科内部旗帜林立、众声喧哗，教师们解决例子问题往往凭借经验性和个别化的解决方案。而学养和经验的不同，也就导致教师之间的教学效果差别很大。

因此，笔者致力于探索和建构语文学科公式并且用之于教学实践，取得了很好的成效。公式一共有六个（组），前三个（组）为基础原理公式，后三个（组）为教学实践公式。现将基础原理公式分述如下。

## 一、语文学科公式第一式

文本是语言文字运用的成果，语言文字和文本之间的关系图式是语文学科公式的第一式。语言文字有五级单位，文本有言、象、意三个要素，其关系图式如下：

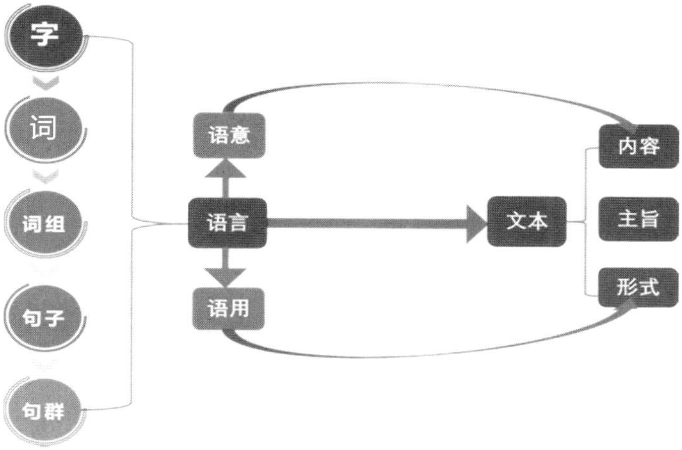


关于这一公式的解读，详见《中文阅读素养指标体系与测评标准》一书。此处要说的是，根据这一图式，我们比较容易发现目前语文学科认知和教学中存在的大量问题，比如从词语直接跳到文本，没有经过句子、句群知识讲解和运用练习；不是在上一级语言单位和文本语境中积累语言材料，而是死记硬背；语言材料积累时重视语意，忽视语用；文本阅读没有内容、形式和主旨三要素及其相互关系的图式指导，主观性、随意性明显；忽视内容、形式和主旨三要素的整体性和有机性，重视内容（写了什么），不重视形式（怎么写的）和主旨（为什么写）或者不经过内容的梳理和解析（“理解”）就含混地解读主旨；文本阅读止于这一篇或者这一本，缺少由这一篇或者这一本到这一类再到这一种的迁移；缺少对从语言文字到文本实现过程的研究和教学，也就是缺少思维训练和规律寻找的教学；等等。

事实上，语文学科研究和教学的误区和乱象确实很多，甚至有研究者把知识和思维分开，其测评研究成果以学生已经习得知识这一假定为基础来考查学生的思维品质，殊不知，语文学科需要在知识运用中也就是文本听说读写活动中教思维，在思维运用中也就是文本听说读写活动中教知识。

## 二、语文学科公式第二式

“新课标”对学生的学习活动做了规定，高中学生的学习活动有三组：“阅读与鉴赏”“表达与交流”“梳理与探究”，义务教育阶段多一组“识字与写字”。这些学习活动究竟如何落实呢?

如前，文本是语文学科专业化建设的核心，文本是语文学科教、学、评活动的载体，所以语文学科公式第二式就是以文本为主体、与文本三要素对应的文本与教、学、评活动关系图，如下：

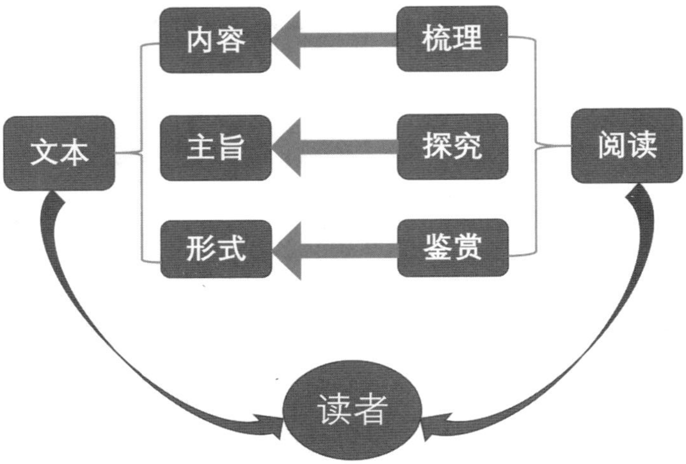


同样，关于这一公式的解读，详见《中文阅读素养指标体系与测评标准》一书。此处要说的是，根据这一图式，我们会发现“新课标”存在的问题及其对语文学科认知和教学的误导。首先，“新课标”对三组学习活动相关概念的内涵和外延没有明确规定，也就是说，每一种活动要干什么并没有明确，这必然带来使用中的含混；其次，因为课标中的语文学习多指向语言文字实践活动，这些活动与文本特别是文本三要素的关系也并没有得到确立（在笔者创建的语文学科公式第二式中，对应文本内容的学习活动是“梳理”，这是按照“新课标”表述所做的妥协，实际上应为“理解”）；最后，“新课标”中只有学习活动，没有把教学活动、学习活动和测评活动统一起来，事实上，以文本为核心、以学生为根本的语文学科教学和测评也应该基于这几组学习活动来进行。

如图，“新课标”将“阅读”活动与“鉴赏”活动并列，这一表达不够科学，难以指导文本阅读教学活动的开展，如果“阅读”是与“鉴赏”并列的活动，试问“阅读”是在干什么呢？在笔者看来，阅读是包含理解、鉴赏和探究在内的活动过程，理解、鉴赏和探究是阅读的下位活动。鉴于理解、鉴赏、探究这几种活动过程中都需要调动分析这一高阶思维活动（理解为梳理和解析，鉴赏为鉴别和赏析，探究为探寻、研究和透析），而文本的主旨要素其实是作者的思想感情和文化态度，文本的形式要素实际上是作者运用语用知识、安排结构和打造风格的文本建构思路，所以笔者曾提出提高语文教学效能的“三思”策略，如下图：

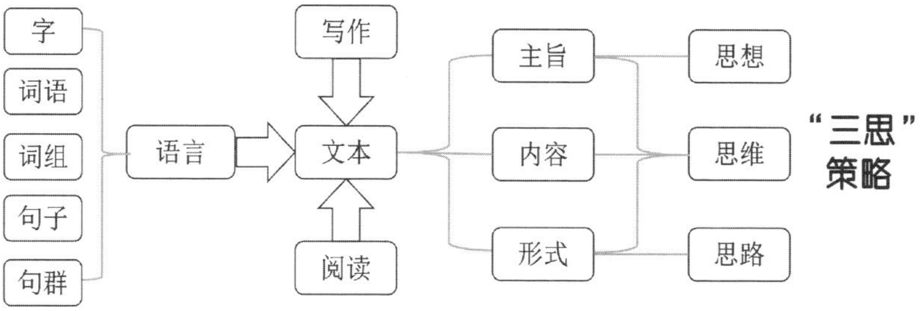


“三思”是文本要素，是活动要点，是迁移要诀。作为对象的文本是由三要素构成的一体化整体存在，作为主体的学习者的阅读活动也是由三思构成的一体化整体存在。

## 三、语文学科公式第三式

“新课标”规定的学生学习活动还有一组未能纳入上面的公式中，那就是“表达与交流”。事实上，语文学习包括教学与评价都是一个以文本为中心、在文本的听说读写活动中不断落实知识、提升思维、寻找规律、建构图式、获得意义、传承文化的过程。如果我们以文本为中心，把“表达与交流”学习活动纳入公式，可以得到如下的语文学科公式第三式：

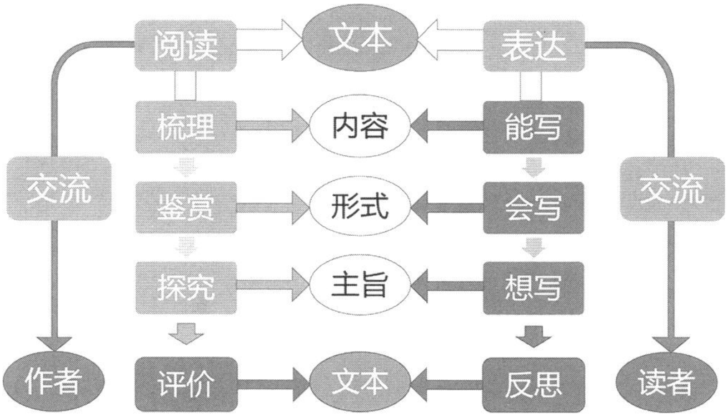

如图，首先，指向文本的阅读及其指向文本内容的梳理（实为理解）、指向文本形式的鉴赏和指向主旨的探究三种下位活动，实际上是阅读者在与文本互动交流基础上和作者的“交流”过程；其次，“表达”活动其实也是文本实践活动，是用语言或文字表达意义的文本创造活动，下位活动包括指向内容，也就是材料的获取、选择和使用（这一活动决定了写作者是否能写），指向形式的写法知识运用（这一活动决定了写作者是否会写），指向主旨的价值判断（这一活动决定了写作者是否想写）；最后，表达多有对象，是一个在与自己交流基础上和对象的“交流”过程。

语文学科是一门以文化人的学科，以上基础原理公式体现了语言文字和文本关系的核心！

# 目 录

## 第一章 文本核心



## 第二章 三思策略



## 第三章 五步路径

## 第四章　课型一：以写促读课



## 第五章　课型二：以读促写课

# 第一章
# 文本核心

文本阅读在先，教学设计在后，学科知识（含图式）与学科思维（含规律）融入其中。

自吕叔湘先生1978年在《当前语文教学中两个迫切问题》一文中用“少、慢、差、费”四字形容语文学科教学效能低、问题大之后，数代语文人殚精竭虑、不懈努力，顶层设计者指方向、给方案，一线教师探路径、找方法，但都没有真正解决语文学科的问题，反倒是困惑和困难越来越大，争议和争端越来越多。到目前为止，语文学界还是没有在一些基本的问题上达成共识。

从课改以及一线实施的情况来看，语文学界的努力还是更多地聚焦在拓展上，读了一篇再来一篇，读了一本再来一本，使劲做加法，并以此作为创新之举，指望学生在这样的创举中自行领悟；对于效能提升不力的现状，大家也更多地在学科外部找原因，比如说，顶层设计者下不来，对学情和教情、对学校和课堂不了解；一线教师上不去，很难从学理的角度思考和总结其教学经验、反思其教学问题，二者没有双向奔赴，反倒背道而驰。

实际上，在笔者看来，语文学科的问题并非不可解的难题，关键是学界中人要沉下心、俯下身，在语文学科本身、内部多下功夫。语文学科本身、内部的关键要素是什么？是文本！文本是语言文字运用的成果，通过文本学习语言文字运用和检测语言文字运用能力是目前的现实，然而，长期以来，语文学科领域对文本的关注和研究是不够的，文本言（形式）、象（内容）、意（主旨）这一构成要素和结构图式知识并非新知，但在以文本为载体的语文学科“教—学—评”活动中并未成为基本共识和得到基本应用，就在前不久，还有一位已有十多年教龄的教师问我“言象意”的“象”是不是“项目式学习”的“项”，令我颇感错愕。

在不少人看来，语文学科是一门玄学，如同老子所言“玄之又玄，众妙之门”，众人往往不得门径而入。与先讲公式再讲例题，在解题的过程中探索方法的数学学科教学相比，语文学科教来教去都是在教例子，没有解决例子问题的公式和方法。其实，语文学科也有自己的公式，以下语文学科基本知识框架图示便是最基本的公式。

语文学科基本知识框架图

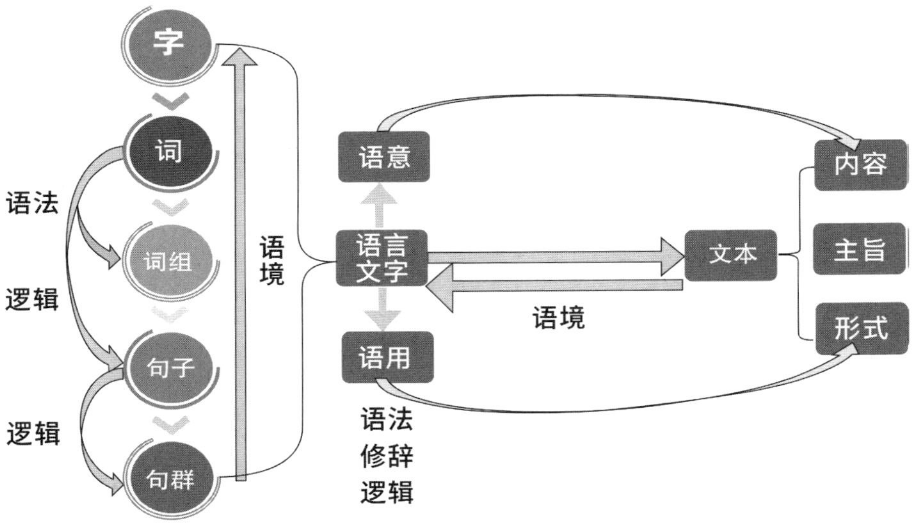


上图有如下要点：

第一，语文学科是一门学习语言文字运用的学科，文本是语言文字运用的成果，语文学科在文本语境中学习语言文字运用，并在文本读写实践活动中考查语言文字运用能力。

第二，语言文字有字、词、词组、句子、句群五级语言单位，有语意和语用两大知识体系。

第三，文本是由言（形式）、象（内容）、意（主旨）构成的整体，“言象意”以“言”打头，是为了强调“言”的重要性，一般的阅读活动和教学活动往往以可见之“象”为始，逐渐深入不可见的“言”和“意”。

第四，在语言文字建构文本的过程中，其语意变成文本内容，即文意（字面意义），其语用便是文本形式。

总之，在语文学科专业领域，文本是核心大概念。如果要从语文学科外部寻找语文教学效能不高的原因，那就是语文学科顶层设计者研究文本的匮乏，语文学科师范生培养体系中缺少文本解读课程。

什么是文本呢？文本是具有完整、系统含义的语言文字组合。也就是说，我们判断和确定文本的依据是含义，是含义的完整性和系统性。只要含义是完整和系统的，一个文本可以是一个句子、一个段落、一个篇章或者一本书。当然，对于语文学习来说，最多见的文本是篇章，这些篇章多为千字左右的篇幅，所以俗称“千字文”。随着课程改革步伐的推进，整本书也成为语文学习的重要内容。因此，虽然在特定的语境尤其是语文考试中的语言文字运用板块，会出现在句子文本中考查对词语意义和用法的掌握情况，或者在句群或段落文本中考查对句子意义和用法的掌握情况，但一般在语文学科视域中，我们所说的文本主要是指单篇（千字）文本和整本书文本。

## 第一节　回到文本本身

“回到现象本身”是被称为“现象学之父”的当代西方哲学家胡塞尔的名言，借用他创造的经典句式，笔者要表达的是对语文课程的理解和对语文学科教学的主张，那就是改变外求文艺学专门知识、外求文学史知识（作者和时代信息或曰“知人论世”）、指向应试（命题与答题套路）等错误理解和偏颇取向，回到文本本身，深入文本内部，通过有章法、有策略、有步骤的文本读写活动落实知识（含图式），提升思维（含规律），获得可以迁移的、并最终在文本读写活动中表征出来的语文能力和语文素养。

# 一、从“理解”说起

在《中国高考评价体系》及其相关说明通行之前，“考试大纲”（以下简称“考纲”）是指导高考语文备考的重要文件。“考纲”按照布鲁姆的认知领域和学习目标金字塔，结合语文学科特点，把语文学科能力层级分为“识记”“理解”“分析综合”“鉴赏评价”“表达应用”和“探究”六个层级。其中“理解”处于“识记”之上，“分析”“综合”之下，属于语文学科能力层级的第二级。

布鲁姆的认知和学习目标金字塔图

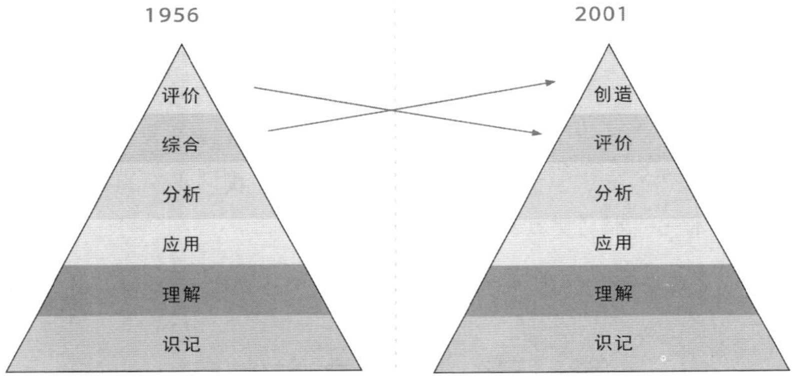


在语文学习和备考复习的过程中，“理解”一直是最大的难点。不管是语篇或语料的阅读理解，还是作文材料的审题立意，很多问题往往都出在理解能力的不足上。然而，对于这个难点，一般的归因都是学生“积累不足”。因为是积累的问题，我们往往是一层一层地往下推责：高中语文怨初中语文，初中语文怨小学语文，小学语文怨幼儿园语文，幼儿园语文怨家庭语文，似乎也就没有什么有效的解决之道。

更有意思的一个现象是，在高考应试备考中，对于理解的重要性我们似乎又认识不足。在高考语文的六个能力考点中，最重要的考点是什么呢？我曾经就此问过很多孩子，回答什么的都有，唯独没有孩子选择我认为最重要的“理解”。分析一下，这些不同的回答有些来自对这些概念模糊的认知和做题时个人的经验，有些来自基于“考纲”中能力层级排序的推断，缺少的恰恰也是我所格外看重的基于语文学科正确认知对“理解”的理解。考点中的“理解”是十分重要的，往下看，对语料和语篇的“识记”在当前高考语文全国卷的考查方式都不再是机械记忆，而是理解记忆和关联记忆，甚至还有可能是情境运用，这必须基于对语篇、语句意义的理解；往上看，“分析综合”“鉴赏评价”“表达应用”和“探究”能力点无一不以“理解”为基础，其中“分析综合”比较特殊，作为逻辑思维的一种形式，它有独立的考点价值，也能够帮助达成“理解”，在以文本为核心的语文教学、学习和评价中，“分析综合”应该是“理解”的下位能力。

一方面是理解能力不足，另一方面是对理解的重要性认识不足，“理解”便处于一种比较尴尬的境地，无法成为教学和备考的着力点，似乎也无法通过教学和备考来系统地解决这个问题。

要想解决这个问题，我们需要对“理解”进行一系列的思考。以下分几点谈谈我的看法。

1．“考纲”的局限。“考纲”对“理解”的具体要求是：领会并能做简单的解释，是在识别基础上高一级的能力层级。要求能够领会并解释词语、句子、段落等的意思。

这一具体要求存在的第一个问题是：“理解”的对象限于一个个语言单位，即“词语、句子、段落等”，虽然这里的“等”可推断为语篇，但结合下一部分“考试范围与要求”中和“理解”相关的内容与“考核目标与要求”相比还缺少了“段落”这一语言单位的情况来看，“考纲”中的“理解”对象是有局限性的。

| | | 现代文阅读 | | | 古诗文阅读 |
|---|---|---|---|---|---|
| | | 论述类文本阅读 | 实用类文本阅读 | 文学类文本阅读 | |
| 理解 | 词语 | 理解文中重要概念的含义 | 理解文中重要概念的含义 | 理解文中重要词语的含义 | 理解常见文言实词在文中的含义<br>理解常见文言虚词在文中的意义和用法 |
| | 句子 | 理解文中重要句子的含意 | 理解文中重要句子的含意 | 理解文中重要句子的含意 | 理解与现代汉语不同的句式和用法<br>理解并翻译文中的句子 |
| | 其他 | | | | 理解并掌握常见的古代文化知识 |

为什么说“考纲”中对“理解”的考查对象是有局限性的呢？因为我们的语文学习和自由阅读都是以文本为对象和载体的，考试的材料呈现形式也基本是以语篇文本为单位的（就连“语言综合运用”版块的考查也在尽量把多个知识点整合进一个语段或语篇）。笔者对“理解”重要性的强调也是针对以语篇为单位的阅读而言，在笔者看来，“理解文意”非常重要，如上，它是“鉴赏评价”“表达应用”和“探究”的基础。

这一具体要求存在的第二个问题是：“理解”的阐释限于知识领域，即“领会并能做简单的解释”，理解也成为一种识记，而不是以识记为基础、以语篇为单位的语言运用。虽然下一部分“考试范围与要求”中的相关表述为词语和句子在“文中”的意思，但也只是把“文”作为词语和句子的语境而已。显然，对于“文意”的理解而言，这样的知识性的“理解”只是前提和基础。

总之，理解不是知识，而是能力；理解不是只针对词语和句子，应该针对所有的阅读材料，包括语篇、组合在一起的阅读材料、以各种方式呈现的作文材料。高考语文卷以“理解”为考点的相关题目有些或许只是针对文中的词语或句子，但有些已经基于对整篇文章的理解，文意理解、作文审题立意等显然是无法回避、必须解决的语文问题。

2. 指向语篇的“理解”能力针对的主要是语篇的内容。

一篇文章，也就是一个语篇，由形式、内容和主题（主题有时候是内容的一部分，有时候需要分析和探究）三部分构成，如下图所示：

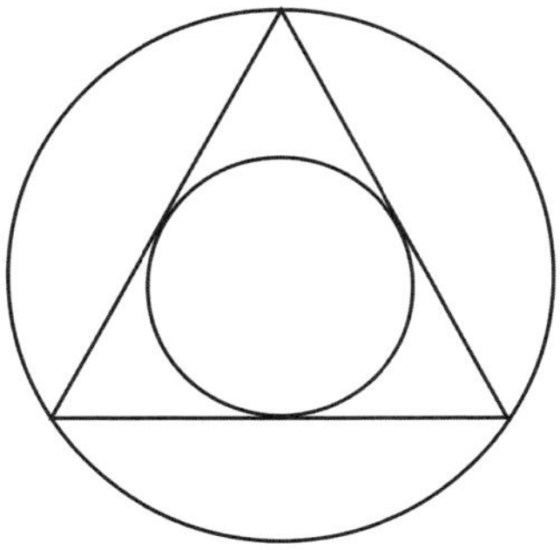

图中，外面的大圆形为形式，中间的三角形为内容，里面的小圆形为主题。而理解在语篇中指的是对文意的理解，主要针对的是全篇的内容。如下表：

| 文章构成 | 所回答的问题 | 所关联的考点 |
|---|---|---|
| 形式 | 怎么写的? | 分析、鉴赏 |
| 内容 | 写了什么? | 理解、分析 |
| 主题 | 为什么写? | 分析、探究 |
| 形式和内容之间的关系 | 为什么这样写? | 分析、探究 |
| | 这样写怎么样? | 评价 |
| 形式、内容和主题总体 | 全文写得怎么样? | 评价 |

3．理解是知识的运用过程，其间伴随着复杂的思维活动。

理解语篇的内容，其实是一个知识的运用过程，其间伴随着复杂的思维活动。很遗憾，“考纲”只是把“表达应用”能力定位为“对语文知识和能力的运用”（表达应用能力是对语文能力的运用——表述中存在一个逻辑上的问题）。不过，“考纲”中所说的“理解文中重要概念的含义”和“理解文中重要句子的含意”虽然将理解的考查范围局限于词语和句子，但也暗示了词语和句子是理解文意的知识基础。词语的意义、构成和用法（词性），句子的构成（成分）、样式和意义等基础知识不单是在“语言文字应用”版块考查，事实上，它们也是篇章阅读和篇章写作的基础。

在词和句子这两个语言单位中，词语尤为重要。词语的语义系统比较复杂，有本义、引申义、比喻义、语境义（语篇语境和文化语境），运用又极其灵活，其具体意义需要在具体语境中加以辨析。如《骆驼祥子》中“看着自己的大手大脚，明明是自己的，可是又像忽然由什么地方找到的”一句中的“大手大脚”一词，大家一般已经习惯其比喻义“形容花钱、用东西不节省”，在这个句子中用的却是其本义“人手大，脚大”。

为了强化理解的能力，我们首先需要大量积累语言材料（字和词语，最好在语言运用中积累，而不是背诵词典上的解释），要正确掌握和熟练运用词法和句法等语法规则，正确掌握和熟练运用篇章文体特征和表达技巧，其次要学会寻找知识的关联和规律，从而灵活而综合地运用知识，具体到了考场上，可以凭借知识的关联和规律对没有积累到的汉字和词语的语义进行基于语境的合理推断。

总而言之，理解是语文能力的重中之重，是应试的基础和保障，而理解能力的不足是学生普遍存在的问题，也是当前语文素养和语文教学面临的重大课题。此文意在对“理解”的内涵和外延做深度的思考，在引起重视的同时能够理清思路。作为知识的运用过程，理解能力的提升显然也是以知识的习得和思维的活跃为基础，故备考的重中之重一定是针对基础知识的体系架构、关联建立、规律寻找，并在知识尤其是规律性知识的运用上多多思考。

## 二、文本是语文学科最大的特殊性之所在

毋庸置疑，高考是教学最大的指挥棒，“考什么教什么”是一线教师们挂在嘴边、含在心里的一句话，正因为如此，“考纲”对语文教学与备考的误导是明显的。我在2016—2017年间初到基础教育领域担任语文学科教研员，所观察的课堂很少体现文本核心，甚至有老师质疑我说：不用读文本就可以做题，为什么要浪费时间在读文本上？而“考纲”之所以出现这么大的偏差，原因很有可能是在运用布鲁姆的研究成果时，对语文学科的特殊性认识不足。语文学科的特殊性是什么？是文本，文本是语文学科最大的特殊性之所在。

让我们从原点出发，基于语文课程的性质来思考语文学科特殊性之所在。语文课程是学什么的？高中语文“新课标”解释如下：“语文课程是一门学习祖国语言文字运用的综合性、实践性课程。工具性与人文性的统一，是语文课程的基本特点。”义务教育语文“新课标”与此相类，仅有的一处改动是改“祖国”为“国家通用”，这是基于祖国语言文字的多样性和国家通用汉语言文字的现实性而做出的修订，所指更清晰，表达也更显严密。

这一解释中的关键、核心和要点是“语言文字运用”，而理解“语言文字运用”的关键、核心和要点则是对一个问题的回答，这个问题是：“运用”“语言文字”来干吗？或者说“运用”“语言文字”的目的是什么？

对此，有很多人回答说“交流”。没错，“交流”是“运用”“语言文字”的目的。但这是从功能上、从外部做出的解释，而不是从本质上、从内部进行的努力。我们继续追问一下：人们“交流”的是“语言文字”吗？

显然不是。我们用语言文字来交流，要交流的显然并不是语言文字本身，而是语言文字承载着的意义。是的，人们“运用”“语言文字”的目的是表意，人们凭借语言文字把包括认知、经验、感受、情感、思想等在内的意义表达出来进行交流。显然，“意义”是暗含在课程性质相关解释之中、没有被呈现出来却“意义”重大的一个关键要素，很多时候，人们甚至会只关注“意义”而忽略了

“语言文字”。庄子的“得意忘言”之论，揭示的就是这一规律：“筌者所以在鱼，得鱼而忘筌；蹄者所以在兔，得兔而忘蹄；言者所以在意，得意而忘言。”

在语文学科教学中，寄托和包裹在“语言文字”之中的“意义”往往发挥着比“语言文字”本身大得多的举足轻重的作用，以对“意义”的解读为内容甚至为目的的教学十分多见，正因为“意义”的重要性，语文学科也因此承担了与“意义”有关的审美教育、文化教育、生活教育、道德教育等种种职能，在这种“大语文”一词无限泛化、被众声喧哗无限放大的认知中，我们常常忘记了为什么出发，忘记了“语言文字运用”这一课程的起点和教学的目的。

因为“语言文字”承载着“意义”这一特殊性，语文学科也就成了一门“以文化人”的学科。“以文化人”中的“文”字，显然并不是“语言文字”，虽然汉语言文字本身确实体现着工具性与人文性的统一，也确实具有一定的化育的功能，但其化育功能是有限的。按照课标对语文课程性质的阐释，“以文化人”中的“文”，应该是“语言文字”“运用”的成果，而“语言文字”“运用”的成果是“文本”，在某种意义上，“文本”就是“语言文字”“意义”和“语言文字”“用法”的相加。

当我们运用语言文字来表意的时候，实际上就是在建构一个文本，语言文本或者文字文本，我们的听说活动指向语言文本，读写活动指向文字文本。有些文本直接表意，比如现代人往往用语言文字直截了当地表意：“我爱你！”而古人会把要表之意寄托在物象上，于是有了“不写新词不写诗，一方素帕寄心知。心知接了颠倒看，横也丝来竖也丝。这般心事有谁知”；有了贾宝玉的送帕示意和林黛玉的题帕抒情。这一类文本就成了言象意的结合体。

常言道“一语三文”，虽然“以文化人”中的“文”字包含文字、文本、文化三维，但“文本”是最重要的一维，我们的文字学习和积累往往是在文本读写活动中实现的，我们的文化习得和传承往往也是在文本读写活动中完成的，但是很遗憾，“文本”在语文课程认知和语文教学实践的重要性还是被我们极大地忽略了，很多时候，我们只是把文本视为一个对象，进不去文本、无法和文本发生情感互动和生命交流的亲密关系，这就往往会导致无法通过文本学习“意义”、无法通过文本获得成长的状况；更多时候，我们只在文本内容也就是“言象意”中的“象”那里努力（这些努力往往也停留在机械记忆层面，即记住这些文本的内容是什么），以“知人论世”之名在文本外寻找很多个人生活史资料或历史资料来支持教学，这就造成无法通过文本学习“语言文字”的局面，在笔者看来，这是语文学科教学效能低下的主要原因。

近年来，随着“新课标”的出台、新教材的编订和新教学的落地实施，大量以对学习任务群、整本书阅读与研讨的误读，借学习任务群、整本书之名开展的拓展学习活动愈演愈烈，“双减”变成了“双增”；在文本之外寻找文艺学、历史学、社会学等各种非基础教育阶段语文学习所要掌握的必备知识作为拓展知识的情况随之大量出现，这些做法往往被视为“创新”成果而被学术刊物登载、被科研选题采纳，一时之间纷纷扰扰，而注重守正的、注重底层逻辑、注重“迁移”的教学和研究免不了遇冷，“新课标”背景之下的教学可谓跌跌撞撞，课堂更是乱象迭出。

## 三、偏离文本的几个例子

自担任语文学科教研员以来，听过的课应该已过千节，但能够对文本做出正确、深入的解读，在此基础上进行教学设计，并且能够在文本读写过程中帮助学生落实语文知识、提升语文思维，不断建构语言文字和文本图式、探索语言文字运用和文本建构规律的课着实不多。现试举几例。

第一个，小学五年级《示儿》阅读课。课上老师多次问孩子：“如果你要死了，你会想到什么？”然后自己回答说：零食、玩具、爸爸妈妈、小伙伴、爷爷奶奶、外公外婆等。课后我在跟老师交流时，说了几个想法：第一，语言文字是有生命的，语文课要唤起、激活孩子们对语言文字的敏感，“死”字所包含的意蕴与十岁的孩子联系起来感觉挺残酷的，我每次听到都会悚然一惊，但提问的老师和抢着举手答问的孩子却兴味盎然，似乎对此全无感觉；第二，老师多次发问，孩子们积极举手，但老师并不给孩子们发表意见的机会，而是代为回答；第三，语文学科要以文化人，从语言习得、材料获取和意义建构三方面化育学子，这个问题把孩子放置在和诗人陆游对立的位置，既然自己只是一个只会惦记零食和玩具的小人物，陆游的爱国主义情感仰望一下就行了；第四，文本文字内容（“万事空”与“悲不见”“告乃翁”之间）中所包含的张力值得深深关注、值得引导学生细细探究。一句话：老师在想要关联孩子真实生活情境的努力中丢失了文本，必须回到文本本身，以文本为起点进行学习活动的设计。

第二个，初中一年级《秋天的怀念》阅读课第二课时。老师设定的教学目标是：理解“好好儿活”的内涵。“好好儿活”在文本中出现了两次：一次是在开篇第一部分的结尾处：“母亲扑过来抓住我的手，忍住哭声说：‘咱娘儿俩在一块儿，好好儿活，好好儿活……’”另一次是在全文的结尾处：“我懂得母亲没有说完的话。妹妹也懂。我俩在一块儿，要好好儿活……”课上，老师把作者史铁生的创作年表和获奖纪录呈现在PPT上，让学生多次朗读。我揣摩老师把“好好儿活”个人化地理解为功成名就、事业有成，并据此补充学习资源、安排教学活动，于是在课后交流中问老师：你知道史铁生的妹妹叫什么名字吗？老师说不知道。我接着追问：那么，史铁生的妹妹是不是没有好好儿活？文本最后一句说“妹妹也懂”，那是不是意味着这句话不是一句真话？是的，对于“好好儿活”内涵的理解，必须深入文本为我们提供的文字情境和作者投注其中的生命情境才能体会。

第三个，高中一年级《登高》阅读课。老师设定的教学目标是：以“悲秋”为线索，探究诗中的时令之秋、人生之秋、国运之秋。切入点精准，思路清晰，不过很遗憾三个环节都在《登高》文本的外部努力，老师补充了很多学习资源。在课后交流中，我对老师说：你所引用的宋代学者罗大经《鹤林玉露》针对诗中“万里悲秋常作客，百年多病独登台”两句生发的议论：“万里，地之远也；悲秋，时之惨凄也；作客，羁旅也；常作客，久旅也；百年，暮齿也；多病，衰疾也；台，高迥处也；独登台，无亲朋也。十四字之间含有八意，而对偶又极精确。”好一个“十四字之间含有八意”，全部来自对文本中文字的咀嚼和涵泳！

近日，在“杰哥的精彩语文”公众号看了一篇阅读量高达1.4万的、题为《关于〈湖心亭看雪〉，一点胡思乱想》的文章，忍不住尝试着第一次做了“留言”这件事，留言内容如下：学生普遍进不去文本，是否与老师过于注重知人论世、在文本外努力挖掘有关？相关知识的拓展和积累固然好，但不能代替亲近母语和深入文本的重要历程，毕竟语文学科的性质是学习语言文字的运用。杰哥不以为忤，很快把这条留言公开，并且回应说：“崇祯五年”“强饮三大白”“金陵人”都是文本中语言。但解读文本有时候需要借助资料。资料助读，也是教学核心素养。

确实，该文首先针对《湖心亭看雪》文本中的“崇祯五年”做了历史的考证，认为其中并不包含故国之思；接着对文本中“金陵人”做了历史的考证，认为其指向乃古典中华文明；然后基于作者张岱《陶庵梦忆》中的相关记述，把“强饮三大白”中的“强”字语意确定为“勉强”而非“痛快”。而“崇祯五年”“强饮三大白”“金陵人”都是文本中语言。

毫无疑问，我要对杰哥的文献功夫和备课态度表示真挚的敬意和深沉的叹服，相信孩子们也会因为杰哥的科学态度和探索精神而深受感染；另外，语文是个场，是一种泛在的课程，杰哥所提供的内容着实有其课程价值和学科教学的功能，但决不能因为这些考证和对内容理解的探究而偏废了文本的言和意维度，以及言象意三维的关系。

笔者曾指导学科语文学生进行《湖心亭看雪》和《记承天寺夜游》的比较阅读教学设计，之所以把这两个文本关联在一起，首先是因为两个文本在表达方式和文本结构上的相似，其次是因为两个文本在言（高超的艺术手法）、象（高妙的事、景、情）、意（高逸的精神境界）三维的结构化相似，在教学中以“当闲人遇到痴人”的创意写作为主任务，引导学生寻找两个文本的同中之异，步步深入文本，深入苏轼和张岱的精神世界，由此获得可迁移的语文能力。

回到文本本身，以文本为起点，走向可迁移的语文能力和语文素养——期待与同道中人携手并肩，协同努力！往前走，进一寸有一寸的欢喜！

## 四、从词语开始积极的语文学习和有效的语文备考

语文学科的知识板块包括语言文字和文本两大部分，其中文本是核心，在文本中学习语言文字既符合语言文字学习的规律，具有扎实的学理依据，也符合当前语言文字学习的现实，具有充分的实践依据。

文本是语言文字运用的成果，也是语言文字学习的语境。如果用造房子来打比方，文本是房子，词语就像是砖，是最基本的建筑材料；语法是材料的组合规则，决定不同材质、不同结构、不同形态的砖要如何砌在一起，形成建筑构件；修辞是装饰手段，负责墙体等各种构件的美化；逻辑是排列次序，决定了各种构件在房子整体中的位置，以及构件与构件之间的合理关系；思想情感是房子的设计理念，是房屋的灵魂，它决定了要盖什么样的房子。

如果你在生活中有了感触、思想和认知，你一般会有想要有所表达的冲动；如果你在学习中被要求写一篇作文，你必须完成有所表达的任务，你的写作便有

了动机，你的文章便有了灵魂，也就是说你明白要盖一座什么样的房子。接下来，语法、修辞、逻辑三者决定了你能不能盖出自己想要的房子，其中，语法管语言表达对不对的问题，修辞管语言表达好不好的问题，逻辑管语言表达顺不顺的问题。而这一切，都是以最基本的建筑材料——词语为基础的。

因此，语文学习必须高度重视词语的学习，备考当然也是。不仅仅为了应对语用部分对词语的直接考查，更因为对词语的理解是文本理解的基础，对词语的规范而又灵活的运用是作文表达的基础。

**（一）语词的重要性**

维特根斯坦说“语言之外，无物存在”，实乃至理。人类是通过语言把握这个世界，运用语言来表达自己与这个世界的关系的。我始终记得孩子幼年时第一次见到老鼠，激动莫名，急于表达却找不到语言时的多种手势和表情；也记得侄子吃到了橄榄，过几天特别想吃，却不知道如何表达的焦虑和无助。海伦·凯勒说：“世间万物都有自己的名字，这是在老师教了我几个星期以后，我才领悟到的。……啊！原来宇宙万物都各有名称，每个名称都能启发我新的思想，我开始以好奇的眼光看待每一样东西。回到屋里，碰到的东西似乎都有了生命。”你知道了一样事物的名字，它才向你敞开了，对你而言它才具有了生命，具有了意义。

所以有人说：一个词汇量只有100个的人，很难理解词汇量达到1000个的人是如何思考这个世界的。这两种人生活在完全不同的两个世界里，因为对这个世界的理解程度取决于他们的语言能力。如果一个人不懂得“爱”“溢满”“世界”这三个词的意思，那他永远也理解不了什么是“溢满爱的世界”，哪怕他就身处在这样的世界里。

从盖房子的角度来说，词语这一建筑材料，决定了我们的房子能盖多大，能不能盖成我们想要的样子，因此，多积累语言材料是语文学习最重要的内容。

**（二）语意的复杂性**

当然，房子能不能盖成我们想要的样子，也就是文章能不能表达我们想要表达的主旨（思想、认识），最基本而又最重要的是能否正确把握词语的意义。词语的意义系统很复杂，有本义、引申义、比喻义、语境义（文本语境、文化语境）等多个层面的意义。我们可以在词典上看到这些意义并把它们背下来，我们也可以在语言的运用中，根据语境（建筑构件或者房屋整体）来判断词语的意义。一般而言，词语的多义性在文学类文本中表现比较突出，用语言学的术语来说，就是一个词语的所指跟它的能指之间是相互滑动的。隐喻和象征是文学类文本在语言运用上的基本特征，而这也正是笔者认为文本类文本对语文学习起基础性作用的原因之一。如果通过文学类文本的阅读对语言的语意系统和语用特征有了感性的把握，再去阅读语词的所指和能指一一对应的其他类型文本，基本上只要细心一点就可以达成对文本意义的正确理解。

我曾经在一篇文章中讨论文学类文本语意的隐喻和象征话题，用贾樟柯的电影《世界》中的开场：一个演员的脚后跟被高跟鞋磨破了，在过道里嚷嚷“谁有创可贴？”我把它解释为人生在世的创伤体验和疗治需要。在经典名著《红楼梦》中，大量存在通过语音相同或相近、通过名物特征来拓展语意指向的艺术现象，比如贾元春、贾迎春、贾探春、贾惜春的“原应叹息”，牡丹和芙蓉分别代指薛宝钗和林黛玉等。教材选用篇目《荷叶 · 母亲》、高考语文选用篇目《窗子以外》、广州市模拟语文试卷选用篇目《水在滴》、广州市中考语文选用篇目《龙虎斗》等，其实都有语意复杂性的特征，而这些语词的多义性，也常常成为考试设题的知识点。

**（三）语法的规范性**

我女儿小时候爱看一部电视连续剧《宝莲灯》，该剧主题曲中有一句唱词是“天上下凡三圣母，生下沉香和爹住”。有一天，她突然问我：“爹住是谁？”我才知道原来她对歌词意思的理解是三圣母生下了沉香和爹住两个孩子，而爹住在屏幕上迟迟没有出现，令她无比困惑。这个故事告诉我们，语言材料的组织是有规则的，语法规则和人在生活中的语言运用、语言感觉是有关联的。“沉香和爹住”这一个联合短语做动词“生下”的宾语，这是符合语法规则的；“沉香”既做动词“生下”的宾语，又做动词性短语“和爹住”的主语，即句子结构上的杂糅，这是一种语病。但是，在我们的实际生活中，不符合语法规范的现象十分多见，需要我们细加辨析才行。

语法既有句法，也有词法，规定了句子和词语的结构和功能。大多数时候，我们关心的是词语这一语言材料如何组合成句子，如何以自己的性质和功能来担当句子中的主语、谓语、宾语、定语、状语、补语；其实，词语的结构方式也是非常重要的，尤其是联合结构的词语，构成词语的语素之间往往有同义、反义、近义的互文性特征，能够帮助我们在语境中推断陌生词语的语意。

### （四）语用的灵活性

虽然语言的运用要受到语法规则的限制，但在规则允许的范围之内，语言的运用是十分灵活的。举个例子，有一次我到一所学校去搞一个活动，请一位年轻老师协助做了许多工作，另外一位年长的老师很热心地问我为什么不找他帮忙。插叙一句，在上一个学年，这位老师协助我做了许多工作。于是，这位老师非常风趣地说，去年翻了我一年的牌子。“翻牌子”是专用语，特指古代皇帝选择妃子与其同宿的一种做法。当时，我接过话头说，因为你不“常在”，而他总“答应”。“常在”和“答应”也是专有名词，是清宫妃嫔制度中比较低等的妃嫔，而我就巧妙地对它们进行了化用，用副词 + 中心语的结构方式把专名变成了动词性的词组。

我还曾经造了“贼贼贼”这样一个句子来表明词语运用的灵活性，句中第一个贼是名词，小偷的意思；第二个贼是副词，非常的意思；第三个贼是形容词，精明的意思。这个句子合起来的意思就是这个小偷非常精明。

与语用相关的还有一个知识内容是值得关注的，那就是词语的风格。高考语文经常涉及书面语体和口头语体的区分，比如2018年全国Ⅰ卷第20题，对一则启事中不符合书面语体要求的用语进行修改，其中“堵住”改为“堵塞”、“管子”改为“管道”、“换掉”改为“更换”、“正遇上”改为“正值”，四处都体现了一种共同的构词规律，那就是文言文比较典雅、比较书面，而文言文的词语多为单音节词。当文言文的单音节词转换为现代汉语时，需要有一个双音节化的处理：转化为口语时，是在有实际意义的音节后面加一个没有实际意义的后缀，如“堵住”“管子”“换掉”和“遇上”；转化为书面语时，常常会在有实际意义的音节后面再加上另外一个有实际意义的而且语意和前面的音节相同或相近的音节，构成联合结构的新词语，如“堵塞”“管道”和“更换”，“正遇上”多了副词“正”，结构变得复杂了一些，把“遇上”改为书面色彩浓重的文言词语“值”，整个短语改为“正值”，比较符合现代汉语双音节化的规律。

说到语言的风格，可以回到本文开头时的比方，房子的建筑材料有材质、结构、形态上的种种不同，泥土、石头、木头、砖头（土砖、青砖、红砖、环保砖）等都可以作为建筑的材料，不同建筑材料建造的房子当然是不一样的。余光中在《中文的常态与变态》一文中说：“目前的情形是，许多人写中文，已经不会用成语，至少会用的成语有限，显得捉襟见肘。一般香港学生目前只会说‘总的来说’，却似乎忘了‘总而言之’。同样地，大概也不会说‘一言难尽’，只会说‘不是一句话就能够说得清楚的’。”让我联想到某一次跟朋友同看一部肥皂剧，剧中人物说：“你不要在那里乱说话啊。”当时我就说，为什么他不会说“胡说八道”“胡言乱语”；如果想要雅致一点，还可以用“胡诌”；如果想要一点方言风格或者幽默效果，甚至还可以用“胡咧咧”“胡叽叽”之类的。

综上，对于一个要建房子的人来说，积累作为建筑材料的词语是基础中的基础，我们不能一个词语一个词语地孤立地进行积累，因为散碎的语言材料并没有意义，我们要在语用中进行积累。鉴于文学类文本中语词的多义性特征比较突出，我们尤其要注重在文学阅读中进行活态积累。在应对考试等特殊情境下的语言运用时，因为语词的多义性，我们要特别注意词义的辨析，在语境中准确选择其义项，确定其词义；如果面对陌生的词语，我们则可以按照语法规则和语用规律在语境中对词语的语意进行推断。总之，积极的语文学习，有效的语文备考，必须从词语开始。

## 五、语言表达中的逻辑

从词语到句子再到句群，这是语言文字运用的结构序列，语法、修辞、逻辑的基本知识包纳于其中，逻辑是思维的规律，来自思维活动，也指导着思维活动，这一点毫无争议，但语法和修辞其实也与思维密切相关。

某晚的央视《面对面》节目，采访者王宁，采访对象是机电工程专家、中国超声电机开创者、中国科学院院士、南京航空航天大学博士生导师赵淳生教授。采访伊始，王宁请已是84岁高龄的赵淳生教授“说一下每天的工作安排”并感慨老人家休息的时间“不早”之后，说了一句：“好像在很多场合您都觉得自己不老。”

“好像在很多场合您都觉得自己不老。”——这句话听起来不太舒服。但是如果我们按照语法规则进行分析，它不是一个有病的句子。那么，它为什么让人不舒服呢？答案是：它不符合事理逻辑。在很多场合，赵教授应该都是在忙于工作和生活，如果偶有对人生和生命的回顾和反思，有对自己不老的认知和判断，那也是他个人内在的思维活动，其他人是不知道的。那么，“好像在很多场合您都觉得自己不老”就应该是老人说出来让听者、让公众得以知晓的。所以，这句话的正确表达应该是“好像在很多场合您都说过觉得自己不老”——加入“说过”二字，才符合事理逻辑。

语言和思维是二位一体的关系，语言的问题其实是思维的问题。在语言综合运用中，句群表达与事理逻辑密切相关，高考语文以排序题进行考查；而句子的建构与运用，看似主要考查语法，但在实际的运用场景中，很多表达语法上可能并不存在问题，但却因为不合逻辑成为病句。

一般而言，概念、判断、推理是逻辑思维三要素，不合逻辑的语病也就大体可以分为概念病、判断病和推理病三类。

概念病：如“陈述句、疑问句、判断句和主谓句的特点一定要搞清楚”一句，问题就出在陈述句、疑问句、判断句和主谓句四个概念的分类标准不一致上，陈述句、疑问句、判断句是根据句子的语气和用途分出的类别，还有一类是祈使句，而主谓句是针对句子的结构而言的；再如“当交响乐团奏出圆满的休止符时，全场观众起立，掌声雷动”一句，问题点出在“奏出”“休止符”的矛盾上，看起来是判断的问题，实质上很有可能是对“休止符”这一概念理解不到位带来的问题。

判断病：如“医生断定他可能会牺牲”。“断定”和“可能”带来判断上的前后矛盾。又如“凡是在科学和学问研究上有成就的人，不少是在客观物质条件十分艰难的情况下，经过顽强刻苦的努力获得成功的”。“凡是”指所有的人，属全称判断，而“不少”指部分，属特称判断，这也是判断上的前后矛盾。

推理病：如“这个学生喜欢死记硬背，他一定不太聪明”“欧阳修的《醉翁亭记》具有积极的思想倾向，因而思路清晰，文笔畅达，耐人咀嚼”“经过一段时间的练习，他不仅能写长篇大论的议论文，而且能写短小精悍的应用文”。第一、二句因果关系不成立，第三句递进关系不成立。

值得注意的是，语言表达中的其他毛病比如语序不当、搭配不当、成分残缺或赘余、结构混乱、表意不明等，很多时候还是逻辑的问题。比如“北京奥运会组委会召开新闻发布会，举办第一届奥运歌曲征集活动”一句，大家都知道第二个分句前缺了一个谓语动词，要加上“宣布”之类的动词表达才正确，但是原因在哪里呢？有老师说：第二个分句充当宾语，主语承前省略，缺谓语。是这样吗？主语承前省略，也就是说第二个分句的主语是“北京奥运会组委会”，把主语加入第二个分句“北京奥运会组委会举办第一届奥运歌曲征集活动”。显然，这是一个完全正确、非常完整的句子，谓语是动词“举办”，为什么说“缺谓语”呢?

问题到底在哪里?在于“北京奥运会组委会召开新闻发布会”“北京奥运会组委会举办第一届奥运歌曲征集活动”两个正确句子之间的关联没有建立起来，如果我们在二者之间建立关联，原句的完整表达应该是:“北京奥运会组委会召开新闻发布会，在新闻发布会上，北京奥运会组委会宣布举办第一届奥运歌曲征集活动。”状语“在新闻发布会上”和主语“北京奥运会组委会”承前省略，谓语“宣布”必须保留。

由此，谓语成分残缺的语病在逻辑推演的过程中得到清晰呈现。而这一逻辑推演的过程，不仅仅是归纳和演绎，它往往和事理逻辑也就是时空顺序与认知顺序密切相关。也就是说，病句题同样考查我们的事理逻辑。比如“他刚考上高中时的精神面貌和现在相比确实大不相同了”一句，按照时空顺序与认知顺序要求，该句的正确表达应该是“他现在的精神面貌和刚考上高中时相比确实大不相同了”。

语言是思维的物质外壳，逻辑是思维的规律和规则，在语言运用中，逻辑的重要性不言而喻，其中事理逻辑体现人的基本认知规律，在生活中和考试中运用很广，要引起我们高度重视。有一道对联拟制的高考语文模拟题，给出了语料，要考生组合成对联，其参考答案是:

上联:箬叶飘香，一粽尝来千古事

下联:龙舟逐水，百桡划出四时情

一位学生给出的答案是:

上联:龙舟逐水，百桡划出千古事

下联:箬叶飘香，一粽尝来四时情

但从语言组合来说，学生对错似乎很难判断。跟参考答案相比，“千古事”和“四时情”的排序一样，显然，先说“事”后说“情”，既符合仄起平收的尾字声律要求，也更加符合语意逻辑，而该生在这一点的把握上很到位。

问题在于:是“一粽尝来千古事”还是“百桡划出千古事”，是“百桡划出四时情”还是“一粽尝来四时情”呢?从某种角度上来说，“百桡划出千古事”“一粽尝来四时情”也有它的合理性，因为“百”对“千”、“一”对“四”在数字的规模和从小到大的递进顺序上比较一致，但和参考答案“一粽尝来千古事”和“百桡划出四时情”相比，显然后者更符合事理逻辑。试想，“千古事”乃历史之慨，兴衰之叹，以“龙舟逐水”之“百桡划出”这样热烈的场面实在难以匹配，而家人或亲友围坐在一起，边吃粽子边叙谈端午掌故、品咂千古往事，实在是再和谐不过的事情了。

因此，是尝来千古事还是划出千古事，主要还是事理逻辑上的考虑。

总之，逻辑是思维的规律和规则，也就是语言的规律和规则，语言表达中的问题，要从逻辑思维的角度加以考量。

近期看到温儒敏教授的一个视频讲座，其观点通过讲座的题目明确表达，那就是“落实语文核心素养的‘以一带三’”。很遗憾的是，这个题目存在歧义，因为它既可以作为动宾结构，也可以作为偏正结构，两种意义都是合理的。

如果说这是一个动宾结构的短语，这个短语的主干便是“落实／‘以一带三’”，这个“以一带三”以“语文核心素养”为定语。基于定语是用来修饰名词的这一语法通则，首先，我们应该可以确认的是，这里的“以一带三”已经名词化了；其次，作为中心语的名词“以一带三”和作为修饰语的名词“语文核心素养”之间应该是领属关系，也就是说，“以一带三”属于“语文核心素养”，为“语文核心素养”所包含。按照“新课标”中对“语文学科核心素养”一词的界定，“语文学科核心素养”的外延为语言、思维、审美、文化四个方面，并没有“以一带三”这一要素。也就是说，如果说这是一个动宾结构的短语，“以一带三”并非“语文学科核心素养”所自带，它只能是温教授对“语文学科核心素养”进行深入的个性化解读后得出的结论，是基于对“语文学科核心素养”四个外延之间的关系的思考和对如何落实“语文学科核心素养”的思考而提出的做法，说“语文核心素养的‘以一带三’”是不妥当的。

如果说这是一个偏正结构的短语，“以一带三”便是中心语，如上，基于定语是用来修饰名词的这一语法通则，首先，我们应该可以确认的是，这里的“以一带三”已经名词化了；“落实语文核心素养”是中心语，修饰“以一带三”这一中心语。然而，从语义上来说，“落实语文核心素养”是“以一带三”的目的，“以一带三”是“落实语文核心素养”的做法，二者之间不存在修饰关系。如果说这是一个偏正结构的短语，温教授真正想说的应该是：用“以一带三”的做法来“落实语文核心素养”。“以一带三”其实是状语，是温教授主张用来

“落实语文核心素养”的做法或者说方式。也就是说，这里存在状语与定语的误用。

综上，“落实语文核心素养的‘以一带三’”这个题目是存在歧义的，不仅存在歧义，而且还可能出现了误用。歧乎？误乎？这是一个因为表达者没有注意到语言文字运用中的主客体关系而出现的表达问题，这也充分表明语言文字运用规范性的落实难度之大，语文学科教学难度之大，“少慢差费”克服难度之大。

也许有人会说，有必要这样咬文嚼字、挑三拣四吗？我的回答是：有必要。因为语文学科是一门学习语言文字运用的学科，因为语言文字运用其实是思维活动的外化，语言和思维是二位一体的关系，也就是说，语言文字运用的不够规范很大程度上反映的是思维活动的不够缜密，而思维活动的不够缜密带来的后果是严重的！这种严重表现在语文学科上，就是学科的专业化建设始终难以实现，“少慢差费”的问题始终得不到解决。这不，在温教授的讲座中，“语文学科核心素养”变成了“语文核心素养”，忽略掉或者舍弃掉的“学科”二字，恰恰是语文学科专业性的体现，也是语文学科专业性的保障。

对于语言文字运用的规范性，我确实有着特别的敏感，也确实有着更高的要求和更大的追求，以至于常常被奚落和调侃（当然，很多的奚落和调侃是善意的，我的朋友们都是了解我的要求和追求的，而不了解的人，自然也就不会被我“咬文嚼字、挑三拣四”）。语文学科苦随意、含混和笼统久矣！我们的孩子身处这样随意、含混和笼统的语言环境中，但却被要求尽可能规范地使用语言文字，实在是难为他们了。

比如说定语的运用中对于定语和中心语关系的处理便常常存在失误。很喜欢毕飞宇的《大地》一文，经常推荐给学生甚至带领学生读，每次读到最后一段的“大地在那儿，还在那儿，一直在那儿，永远在那儿”时，总是深深地被触动，但接下来的最后一句“这是泪流满面的事实”却阻挡了将要流下的泪水——因为这里作定语的“泪流满面”不属于中心语“事实”，“泪流满面”的应该是人而不是“事实”，这句话的正确表达应该是“这是让人泪流满面的事实”。

是的，当定语对中心语的修饰指向中心语的性质或特征的时候，这一（或这些）性质或特征应该属于中心语，中心语是这一（或这些）性质或特征的主体。

而这种语言文字运用中的主客体混淆已成为常态，读毕飞宇的《苏北少年“堂吉诃德”》，多次被类似“泪流满面的事实”这样的表达磕绊。当然，这是一本好书，语言文字运用上的瑕疵不能遮掩这本书的光华，但如果文字中没有这样的问题该有多好啊！我总在想，怎么就没有毕老师的语文老师朋友或者责任编辑给毕老师指出一下呢？

南国书香节结束了，今天看一个对阅读大使陈鲁豫的访谈视频，听到她说“他如沐春风的讲话”又被绊到了，是的，“如沐春风”的主体不是“讲话”，是人，这个短语的正确表达是“他令人如沐春风的讲话”。

当然，主客体不分的问题既然是一个思维的问题，就不会仅仅存在于定语的运用中，这不，今天读到王开东老师公众号上的推文《自古公公好威名》，看到这样一段话：

按清朝祖制，宦官不可出宫，否则杀无赦。老佛爷对此不置可否，安德海认为慈禧默认了，于是假冒钦差出宫，擅自使用龙凤旗帜，一路上威风凛凛，所到之处，人仰马翻，霸道索贿，无恶不作。

语段后一句，主体也就是行为动作的发出者都是谁呢？公公安德海。但是，有一个句子的主体却不是，哪一句呢？“人仰马翻”！就是这么一句“人仰马翻”混入其中，让人读起来颇感不适。这个长句子如果改成“假冒钦差出宫，擅自使用龙凤旗帜，一路上威风凛凛，霸道索贿，无恶不作，所到之处，人仰马翻”，如此就顺畅了！

是的，作为一个语文人，尤其是一个基础教育阶段的语文人，我认为咬嚼文字是必要的，我期待有更多乐于咬文嚼字和长于咬文嚼字的同人一起来咬文嚼字。

至于规范化是否会压抑个性化、学理性，是否会扼制创造性这一问题，咱们后续再做讨论。

## 六、如何面对文本中的逻辑断裂？

文本由一个个句子构成，句子表意的准确是文意畅达的基础，同时，句子和句子之间的语意应该是相互关联的，它们都指向文意并且共同实现文意。但是，很多文本中句子表意不准确，句子和句子之间的语意关系也存在断裂现象。

比如下面的文段：

我们不能把“人”和“天”看成是对立的，这是由于“人”是“天”的一部分，“人之始生，得之于天”。“人”不仅应“知天”，而且应该“畏天”。现在人们强调“知天”，只是一味用“知识”来利用自然，以至于无序地破坏自然，把“天”看作是征服的对象，而不知对“天”应有所敬畏，这无疑是“科学主义”极端发展的表现。“知天”和“畏天”是统一的，这种统一表现着“人”对“天”的一种内在的责任。

这个文段一共4个句子，其中第一句和第三句就存在表意不准确的问题。

我们先看第一个句子：我们不能把“人”和“天”看成是对立的，这是由于“人”是“天”的一部分，“人之始生，得之于天”。这个句子先从反面立论，然后解释原因，它实际上是一个因果关系的复句：因为“人”是“天”的一部分，“人之始生，得之于天”，所以我们不能把“人”和“天”看成是对立的。这个句子的内部还存在一个小小的论证过程：用“人之始生，得之于天”的引文证明作者“‘人’是‘天’的一部分”的观点，遗憾的是，“人之始生，得之于天”表达的是人由天所生即天生人之意，并不能证明“‘人’是‘天’的一部分”这一观点。据查，引文出自宋代朱熹，朱熹说：“天即人，人即天。人之始生，得之于天。既生此人，则天又在人矣。”朱熹此句虽然没有论证，只是论断，但表明的倒的确是“人”和“天”的统一关系，是可以作为“我们不能把‘人’和‘天’看成是对立的”这一观点的论据的；而目前的引文却不行。此为句子中的逻辑断裂。事实上，当我们把包含人在内的整个世界视为“天”，就能得出“‘人’是‘天’的一部分”这一观点，或者说“‘人’是‘天’的一部分”这一观点暗含着一个前提：“天”是包含人在内的整个世界，总之，“人之始生，得之于天”这一点在此句中其实并不重要。

再看第三个句子：现在人们强调“知天”，只是一味用“知识”来利用自然，以至于无序地破坏自然，把“天”看作是征服的对象，而不知对“天”应有所敬畏，这无疑是“科学主义”极端发展的表现。这里的“强调‘知天’”是指认识自然，和接下来的“用‘知识’来利用自然，以至于无序地破坏自然，把‘天’看作是征服的对象”也并不存在并列关系，只能说认识自然给利用自然提供了条件。确实，人类在对自然没有认识或者缺少认识的时期，对自然是敬畏的，此为句中说“不知对‘天’应有所敬畏，这无疑是‘科学主义’极端发展的表现”。这句话的语意逻辑应该是：现在人们强调“知天”，而“知天”确实为人类更好地利用自然提供了基础；遗憾的是，人们只是一味用“知识”来利用自然，以至于无序地破坏自然，把“天”看作是征服的对象，而不知对“天”应有所敬畏，这无疑是“科学主义”极端发展的表现。或者：现在人们强调“知天”，而“知天”确实为人类更好地利用自然提供了基础；遗憾的是，在“科学主义”极端发展的情况下，人们失去了对“天”的敬畏之心，只是一味用“知识”来利用自然，以至于把“天”看作是征服的对象，无序地破坏自然。

除了句子表意的准确性之外，第一个句子和第二个句子之间的语意关系也出现了断裂。具体说来，从第一句“我们不能把‘人’和‘天’看成是对立的，这是由于‘人’是‘天’的一部分，‘人之始生，得之于天’”推导不出“‘人’不仅应‘知天’，而且应该‘畏天’”。“对立”的反义词是“统一”，“对立统一”是辩证法三大规律之一，也就是说，“不能把‘人’和‘天’看成是对立的”，也就是应该把“人”和“天”的关系看成是统一的。“人”和“天”的统一关系或者说“‘人’是‘天’的一部分”并不意味着“‘人’不仅应‘知天’，而且应该‘畏天’”。

把第二个句子放在整个文段中看，它和第四句“‘知天’和‘畏天’是统一的，这种统一表现着‘人’对‘天’的一种内在的责任”存在呼应关系，“对立”和“统一”发生着呼应，但遗憾的是，“人”与“天”的对立没有落脚到“人”与“天”的统一，而是落在“知天”和“畏天”的统一上。当然，“这种统一表现着‘人’对‘天’的一种内在的责任”中的“内在”一词，可以理解为“人”与“天”存在统一关系，当然也可以理解为“人”的内在。

同样，把第四个句子放在整个文段中看，“这种统一表现着‘人’对‘天’的一种内在的责任”语意也很突兀，不仅是“人之始生，得之于天”，事实上是“万物之始生，均得之于天”，为什么“人”对“天”有一种内在的责任呢？这里有一个被省略或者遗漏的前提：人乃万物之灵长，人在天所生之物中，具有独特的自主性和创造性。

由此我们可以明确：文本中之所以出现逻辑断裂，第一个原因是作者误以为有些语意信息应该是大家的共识，读者的认知和思维可以帮助他们依据文本提供的信息进行脑补，自主在各种断裂之间架设桥梁，故不必阐明。

文本中出现逻辑断裂，第二个原因是文本本身是一个意义的整体，其中的语意相互关联、相互支持，共同指向文意并实现文意，此处的断裂可以在彼处获得填补。此文段作者之所以用第一句从反面立论，是因为反面的语意信息正是当前的现实，而第二句作者从正面立论，表明其主张。当前的现实是人们把“人”和“天”看成是对立的，把“天”看作是征服的对象，一味用“知识”来利用自然，以至于无序地破坏自然，而作者的主张是把“人”和“天”看成是统一的，而且“人”对“天”有一种内在的责任，人不仅应“知天”，而且应该“畏天”，在“知天”和“畏天”的统一中承担这种责任。第三句与第四句紧扣第二句中两个关键短语“知天”和“畏天”展开，第三句指向现实问题，第四句重申观点主张。虽然第一句和第二句关系松散，但第四句和第一句遥相呼应。

最后，文本中之所以出现逻辑断裂，还有第三个原因，那就是作者自己思维不缜密，思路不清晰，表意不准确。这个原因虽位列第三，但其实最为多见。本来写作者有责任清晰而又明确地使用语意建构文意，清晰而又明确地进行表达。但毋庸讳言也无须多言，目前的情况显然并非如此，写作者含混表达，而命题者在删改文本时不注重语意的衔接和转换，随意性强，更是加大了考试文本解读的难度。

考生委实不容易！语文教学效能的提升委实困难！要想通过有效的指导予考生以帮助、予语文教学以效能，在面对文本中的逻辑断裂时，做老师的可能要迎难而上，敏锐地发现其断裂处，细致地分析其断裂处，缜密地补足其断裂处（在文本内外寻找桥梁）。

而这，对语文老师的思维水平提出了很高的要求！

## 七、文本的“象”只能运用，不能迁移

目前，指向具体文本的教学往往把注意力投放在文本的“内容”（“象”“材料”）上，让学习者记住这些具体文本所写内容。实际上，文本的“象”只能运用，不能迁移，能够内化迁移的是“言”和“意”。

广州市第六中学的郭子健老师就统编版高中语文选择性必修上册第一单元进行了活动写作教学设计，方案如下：

# 英雄城市赞英雄，红色血脉永流传
## ——选择性必修上册第一单元活动写作教学设计

**【单元教材分析】**

从旧中国走向新中国，中国共产党领导全国人民走出了一条鼓舞人心的奋斗之路，这一路上形成的先进革命理论、展现的崇高革命精神、涌现的动人革命形象成为中华民族的精神支柱与力量源泉。本单元的作品是关于中国革命传统的实用类文本。本单元的教学立足于单元人文主题“伟大复兴”，以感受中国人民当家作主的自豪之情、领会革命者的战斗激情与革命人道主义精神、体会社会主义建设时期党员干部对攻克建设难题的执着与中华民族对国家领土完整的追求和中国共产党对社会公共事件的决策部署，探究时代背景下中国革命精神的具体内涵，体悟中华民族伟大复兴的坚定信念为大情境，通过诵读、赏析、写作等语文活动，引导学生了解革命理论、体验革命精神、学习革命意志、铸造革命品质，促进学生对伟大精神的思考，树立正确的革命与建设观念，提升学生语文素养。

**【单元教学目标】**

1．通过研读课文，了解中国共产党领导全国人民不断奋斗的光辉历史，感受其中洋溢的革命豪情和建设热情，充分把握革命文化和社会主义先进文化的丰厚内涵，获得崇高的体验。

2．结合历史背景研读相关作品，在历史与现实的观照中把握作品的内涵，领略富有时代特征的表达艺术，感受文章的独特魅力。

3．把握政论文、新闻、纪实性回忆录等不同体式的作品的风格特点，学习其写作技巧，不断丰富自己的语言表达。

4．学习这些作品对材料的巧妙运用，通过大量阅读以及观察生活，积累有用的素材，满足日常口语和书面表达的需要。

**【单元研习任务】**

广州是一座有着光荣革命传统、深厚红色基因的英雄城市，这座城市流传着深刻影响历史发展进程、深入推动国家发展进步的英雄人物和英雄故事。为庆祝中华人民共和国成立74周年，校团委将在学校公众号发布“国庆专刊”的系列推文。

该系列推文的主题为“英雄城市赞英雄，红色血脉永流传”，内容包括“红色榜样”“红色记忆”“红色影像”“红色课堂”“红色实践”等板块。其中，“红色榜样”，选取广州的英雄人物，以图片、通讯、音频等方式，展现英雄形象，表现革命精神内涵；“红色记忆”，选择反映广州红色革命的重大历史事件，以图片、通讯、音频等方式，再现历史事件，揭示当下意义。高二年级将参加这两个板块的制作。

**【单元教学方案】**

本单元的大任务为“传承革命精神”专题交流活动，由三个学习任务完成，分为10课时。

| 学习任务 | 教学课时 | 教学目标 | 学习活动 |
| --- | --- | --- | --- |
| 一、追寻历史印迹——革命文化作品的创作旨趣 | 3课时 | 1．了解中国共产党领导全国人民不断奋斗的光辉历史<br>2．梳理并探究革命者形象，体会革命英雄人物的革命情怀与伟大品格<br>3．立足当下，思考阅读优秀革命文化作品的意义 | 活动1：讲述历史，解说奋斗历程活动<br>活动2：还原情境，设计人物素描<br>活动3：立足当下，撰写导读卡片 |
| 二、品味红色经典——革命文化作品的表达艺术 | 4课时 | 1．梳理开幕词内容，理清各部分内容之间的关联，体会政论文严谨的逻辑<br>2．鉴赏场面描写中细节与情感的呈现，感受其中洋溢的革命人道主义精神，体会革命精神的感召力量<br>3．比对并梳理历史资料，理解回忆录的史料价值，思考并感悟革命的正义性质<br>4．分析作者如何利用现实场景与背景材料展现历史画面，在对比中体会作者情感<br>5．阅读人物通讯，学会分析作者如何挖掘典型事件和记录个性语言来表现人物精神品格<br>6．阅读事件通讯，掌握作者将回顾与总结、叙事与思考融为一体的写作手法，探究并比较人物通讯与事件通讯的异同 | 活动1：重现场面，体会精神感召<br>活动2：直击现场，比对历史材料<br>活动3：选取角度，设计主题版画<br>活动4：品读人物，走近时代楷模<br>活动5：比较异同，探究特色表达<br>活动6：跨越媒介，寻找影视魅力 |

（续表）

| 学习任务 | 教学课时 | 教学目标 | 学习活动 |
| --- | --- | --- | --- |
| 三、献礼国庆74周年：英雄城市赞英雄，红色血脉永流传——校团委公众号系列推文的编辑 | 3课时 | 1．根据主题，梳理历史资料，思考英雄人物、英雄事件的现实意义<br>2．抓取典型事件，采用细节刻画等方法描写英雄模范，用现实场景与背景材料展现历史画面，将感情抒发和理性表达结合在一起<br>3．小组合作修改作品，制作公众号推文 | 活动1：红色研学，实践调研<br>活动2：小组合作，制作初稿<br>活动3：班级交流，合作修改<br>活动4：完成推文，公众评点 |

【学习资源包】

1．基本阅读：选择性必修上册第一单元课文。

2．拓展阅读：选修教材《中国革命传统作品专题研讨》中的《可爱的中国》（方志敏）、《一个大党和一只小船》（梁衡）、《东方风来满眼春（节选）》（陈锡添）、《集中力量办大事（节选）》。

3．影视作品：纪录片《筑梦中国》《复兴之路》《大国崛起》，电影《建国伟业》《建党伟业》《我和我的祖国》等。

4．归纳表格：选择性必修上册第一单元的归纳整理表两份：（1）革命精神；（2）实用文本特点。

## 第8课时　校团委公众号系列推文的编辑

【课时教学目标】

1．根据主题，梳理历史资料，思考英雄人物、英雄事件的现实意义。

2．抓取典型事件，采用细节刻画等方法描写英雄模范，用现实场景与背景材料展现历史画面，将感情抒发和理性表达结合在一起。

3．小组合作提出修改意见，制作公众号推文。

【课前教学准备】

一、组织学生开展广州红色研学游，收集资料。研学游的方案如下：

◆ 主题：英雄城市赞英雄，红色血脉永流传——献礼国庆

◆ 时间：9月23—24日，自定时间

◆ 地点：根据《广州市红色史迹（不可移动文物）名录》，自定地点

◆ 人员：自由组合活动小组，每组4～8人

◆ 内容：在“红色榜样”“红色记忆”两个板块中，自选一个板块实地研学

◆ 任务：在25日（周一）上课前，提交成果，并共享给全班同学

| 板块类别 | 成果要求 |
|---|---|
| 第一板块：红色榜样 | 1．小组参加研学游活动的照片及视频<br>2．写一篇通讯，不少于800字<br>3．撰写自荐理由 |
| 第二板块：红色记忆 | 1．小组参加研学游活动的照片及视频<br>2．写一篇通讯，不少于800字<br>3．撰写自荐理由 |

二、组织并培训学生主持人团队

【教学过程】

一、回顾（学生主持人）

（一）介绍单元活动整体方案。

（二）介绍研学游活动安排及本课时活动内容。

二、展示（学习小组）

（一）选取两个学习小组，展示本小组研学游的优秀作品。展示的内容包括：1．介绍研学过程；2．朗读通讯作品；3．说明自荐理由。

（二）其他学习小组的同学在倾听发言的同时，同步通过“AI学”系统的“调查问卷”功能，参照“评价量表”提交评分并提出修改意见。

三、交流（学习小组及教师）

结合本单元的两份归纳整理表、评价量表，首先学生讨论后发言，然后教师点评，给两份作品提出修改方案。

四、总结（授课教师）

（一）汇总各组通过“AI学”调查问卷提交的意见，并评价同学们的修改方案。

（二）理解优秀革命文化作品的特点。

【课堂板书】

英雄城市赞英雄，红色血脉永流传
——校团委公众号系列推文的编辑

以英雄形象打动人
↓↑贴合现场－历史－当下
以崇高精神鼓舞人

【课后作业】

1．发言的小组，根据同学们的意见，认真修改作品。

2．所有同学认真修改作品，积极投稿参加广州市教育局主办的2023年延安精神学习宣传系列活动（详见通知要求），截止时间为9月30日。

郭老师对该单元文本进行了“革命精神”和“实用文本特点”两方面的梳理和概括，形成了两份表列式阅读成果，并作为学习资源提供给学生。同时，设计了评价量表。

**本单元整理归纳（一）：革命精神**

| 课文 | 反映的历史时期 | 历史事件 | 革命精神内涵 | 当下意义 |
| --- | --- | --- | --- | --- |
| 《长征胜利万岁》 | 第二次国内革命战争 | 长征胜利结束 | 坚忍不拔、不怕牺牲的长征精神 | 认识到长征精神是中华民族百折不挠、自强不息的民族精神的最高表现，是保证我们革命和建设事业走向胜利的强大精神力量，年青一代要继承和发扬长征精神 |
| 《大战中的插曲》 | 抗日战争 | 聂荣臻将军救助日本小姑娘 | 革命的人道主义精神 | 认识到中华民族是一个热爱和平、有人道主义精神的民族；同时，认识到中日和平的重要性 |
| 《中国人民站起来了》 | 中华人民共和国建立 | 中国人民政治协商会议第一届全体会议召开 | 建设新中国的豪情与自信 | 认识到中国人民英勇无畏、不屈不挠的战斗精神，理解中国革命取得胜利的历史意义，相信正义一定会战胜邪恶 |

（续表）

| 课文 | 反映的历史时期 | 历史事件 | 革命精神内涵 | 当下意义 |
| --- | --- | --- | --- | --- |
| 《县委书记的榜样——焦裕禄》 | 社会主义建设初期 | 焦裕禄带领兰考人民同自然做斗争 | 艰苦奋斗、无私奉献、一心为民的焦裕禄精神 | 认识到学习并弘扬焦裕禄精神，要重点学习并弘扬焦裕禄的公仆情怀、求实作风、奋斗精神和道德情操 |
| 《别了，“不列颠尼亚”》 | 改革开放和社会主义现代化建设新时期 | 香港回归祖国 | 中华民族结束屈辱历史，无比强大的爱国主义精神 | 认识到中国共产党的坚定信仰和坚持不懈的努力是祖国统一的保障 |
| 《在民族复兴的历史丰碑上——2020中国抗疫记》 | 中国特色社会主义新时代 | 中国人民抗击新冠疫情 | 尊重生命、尊重科学、团结互助、坚强不屈的精神 | 认识到这场抗疫斗争中，在中国共产党的领导下，中国人民展现的民族气节与时代精神为中华民族乃至全世界留下了宝贵的精神财富。年青一代要继承我们的民族精神，并将其发扬光大 |

**本单元整理归纳（二）：实用文文本特点**

| 篇目 | 文体 | 创作意图 | 材料选取与运用特点 | 结构特点 | 语言特点 |
| --- | --- | --- | --- | --- | --- |
| 《中国人民站起来了》 | 开幕词 | 理解中国革命取得胜利的历史意义，体会毛泽东宣告的深刻含义，感受人民当家作主的自豪感 | 围绕“中国人民站起来了”阐述内容，注重各部分之间的关联。如：“三年以前”（回顾过去）——“现在的”（立足当下）——“我们的还要继续努力”（展望未来） | 按开幕词文体思路行文 | 逻辑性强，铿锵有力。如：“决无”“必然”“从来”“之所以……，是因为……”“只要……就……” |
| 《长征胜利万岁》《大战中的插曲》 | 回忆录 | 置身真实的历史氛围，加深对长征伟大意义的理解。控诉日军暴行，彰显革命人道主义精神 | 用具体场面和细节记录重大历史时刻（以小见大）。如：与邓小平的对话，毛泽东对长征的总结与评价；聂将军致信日本军官 | 以时间为线索，用第一人称自述 | 融入恰当议论和抒情，营造真实的历史氛围。如：“长征是历史记录上的第一次……”“长征是宣言书”“长征是宣传队”“长征是播种机”“请问历史上曾有过我们这样的长征吗？没有，从来没有的” |

（续表）

| 篇目 | 文体 | 创作意图 | 材料选取与运用特点 | 结构特点 | 语言特点 |
|---|---|---|---|---|---|
| 《别了，“不列颠尼亚”》 | 消息 | 反映中国人民对维护国家主权、民族尊严、领土完整的不懈追求，以及洗雪国耻的豪情 | 材料真实客观，注意现实与历史材料相交织，富有意味的细节。<br>如：三次降旗与港督建成、管治、统治画面的交织 | 按消息一般结构（导语、主体、结语）行文 | 意味深长，简洁生动。<br>如：“大英帝国从海上来，又从海上去。” |
| 《县委书记的榜样——焦裕禄》 | 人物通讯 | 歌赞焦裕禄无私忘我的奋斗精神，认识其牺牲精神的意义与价值 | 材料真实、典型，注重细节描写，以言见人。<br>如：小标题 | 以时间为线索行文 | 生动具体、饱含深情。<br>如：焦裕禄虽然去世了，但他在兰考土地上播下的自力更生的革命种子，正在发芽成长，他带给兰考人民的毛泽东思想的红灯，愈来愈发出耀眼的光芒 |
| 《在民族复兴的伟大时刻——2020中国抗疫记》 | 事件通讯 | 从不同角度认识和理解抗疫斗争，领略新时代伟大抗疫精神 | 角度丰富，层次分明。<br>如：文章从国家力量、制度优势、中国精神、生命至上、科学防治、总结经验、全球抗疫、展望未来等八个方面立体报道抗疫斗争，发掘抗疫价值 | 回顾与总结、记事与思考融为一体 | 综合叙述中兼议论和抒情，用富有诗意的语句表达观点和情感，多处穿插名言、诗句、格言。<br>如：“浩浩长江水，巍巍黄鹤楼”“岂曰无衣，与子同袍”等 |

**评价量表**

| 评价项目 | 评价内容 | 评价等级 |
|---|---|---|
| 主题内容 | 1. 体现重要历史事件的历史意义<br>2. 突出表现革命精神内涵，揭示当下意义 | ☆☆☆☆☆ |
| 材料运用 | 1. 与主题贴切，来源真实可信且丰富多样<br>2. 具有典型意义，恰当准确地表现人物、事件<br>3. 注意现实与历史材料相交织 | ☆☆☆☆☆ |
| 行文结构 | 1. 线索清晰，各部分能形成有机整体<br>2. 角度丰富，层次分明 | ☆☆☆☆☆ |
| 语言表达 | 1. 注重细节描写，生动具体<br>2. 叙述中兼议论和抒情，饱含深情<br>3. 通过穿插名言、诗句、格言等增强表现力 | ☆☆☆☆☆ |

我请郭老师多思考单元总体梳理与单元研习任务之间的关系，目前的单元总体梳理是对多个教材文本的分项列举，单元研习任务简言之为：选取“红色榜样”（广州的英雄人物）和“红色记忆”（反映广州红色革命的重大历史事件），分别以图片、通讯、音频等方式，为学校公众号“国庆专刊”系列推文撰稿。

为此，郭老师组织学生开展了广州红色研学游，学生须在“红色榜样”“红色记忆”两个板块中自选一个完成，展示的内容包括：（1）介绍研学过程；（2）朗读通讯作品；（3）说明自荐理由。

按理，单元总体梳理应该为单元研习任务提供支持，但目前的单元总体梳理缺少共性提取和探究，单元研习任务仅在选材和“通讯”文体上与单元总体梳理有关，那么，单元总体梳理如何才能转化为学生完成单元研习任务的支持力量呢?

显然，单元总体梳理在分项列举的基础上，还须提取和探究共性。表中各个教材文本的历史时期不同、红色人物不同、历史事件不同，相同的当然是“革命精神”，但表中的“革命精神”内涵和当下意义都各有不同，须统整。而单元研习任务要与教材文本匹配，学以致用，适时转化，因此，我建议郭老师按照6个不同的历史时期把学生分成6组，分别寻找一位“红色人物”或一段“红色记忆”（须注意的是，“红色人物”需要典型事件和典型场景，“红色记忆”中也有“红色人物”个体形象和群像），输出方式也要与文体挂钩，同时指向情境中的任务（学校公众号“国庆专刊”系列推文）。

特别要注意的是，“通讯”是新闻的一种，新闻是对新近发生的事实的报道。也就是说，对历史人物和历史事件的书写不是通讯，这两年经常见到为历史人物写通讯的学习活动设计，设计者忽略了通讯的文体特征知识，会给学生带去认知上的含混。如果一定要用通讯文体来写作，那么，班级或者学校组织红色读写和红色研学活动是一桩正在发生的事，具有新闻价值，可以此作为总任务，把读、写、研学统整起来。

## 八、当前高考语文备考指导中存在的几个问题

高考是基础教育阶段语文学科教学的终点，是教师教学与学生学习的指挥棒，新高考改革于2014年启动，早于2017年的“新课标”发布以及随之启动的新教材编写和使用。但是在一线备考指导中，以散点知识记诵为考试方式的应试教育错误导向所带来的学科认知错误和偏差大量存在。

偏离“语文问题”、忽略文本阅读、偏废学科知识和思维活动、选材不典型和用材不综合，是当前高考语文备考指导中存在的几个问题，它们都源自应试教育的错误导向。这些做法背离了新高考改革的目标和新课程标准的要求，未能在语文学习、语文考试和学生的生命体验、情感活动、思维能力建立有机关联，也未能通过语文学科的学习和语言文字的运用帮助孩子建立自己和世界的联系。对于我们的孩子来说，这样的学习是没有意义的，也是不可持续的。

### （一）偏离“语文问题”

用语文知识解决语文问题是语文学科教学的目的和考试的立意，所以搞清楚什么是语文问题是教学和考试的出发点，如果对“语文问题”的理解和把握不准，在教学和备考上就会发生偏离。先举一个例子。有一次，一位老师跟我说，高考语文是不是越来越重视中华传统文化？我说那当然是。他很高兴地说他前不久命制了一道图文转换练习题，选择的素材是齐白石的一幅画作。这幅画是齐白石晚年赠送给毛主席的作品《松鹤旭日图》，画上题字“毛主席万岁　九十三岁齐白石”；然后，这位老师说，学生答题的情况不理想，很多同学把图中的“仙鹤”认成了“白鹭”。我当时就问了他一个问题：“学生把仙鹤认作白鹭，你认为这是不是一个语文问题？”老师一时之间没有回答我的问题，但是这个问题一定引起了他的思考，而且可能是从来没有过的思考——到底什么才是语文问题？

“把仙鹤认作白鹭”，只要我们想一想，就应该明确这绝对不是一个语文能力欠缺的问题，也就是说，能不能区分仙鹤和白鹭，它就根本不是一个语文问题。尽管小学语文中有《三只白鹤》和《白鹭》的课文，无论我们多么强调语文的外延和生活的外延一样大，强调语文是一门综合性和实践性很强的学科，我们都不能认为这是一个语文问题。当然，你可以说“仙鹤”在中华传统文化中有特殊的含义，鹤是长寿的象征，中国传统年长的人去世有驾鹤西游的说法，人们常把仙鹤和挺拔苍劲的古松画在一起，作为益年长寿的象征。但是第一，我们不能

要求考生把对这种象征意义和文化常识的理解落实到辨认它和其他鸟类尤其是跟它外形很相似的鸟类外形上；第二，我们必须明确“语言文字运用”板块所考查的乃是语言文字知识，因为语文课程就是一门学习语言文字运用的综合性和实践性的课程。

语言文字是人类社会最重要的交际工具和信息载体，是人类文化的重要组成部分。语言文字的运用，包括生活、工作和学习中的听说读写活动以及文学活动，存在于人类社会的各个领域。

语文课程是一门学习祖国语言文字运用的综合性、实践性课程。工具性与人文性的统一，是语文课程的基本特点。语文课程应引导学生在真实的语言运用情境中，通过自主的语言实践活动，积累言语经验，把握祖国语言文字的特点和运用规律，加深对祖国语言文字的理解与热爱，培养运用祖国语言文字的能力；同时，发展思辨能力，提升思维品质，培育社会主义核心价值观，培养高尚的审美情趣，积累丰厚的文化底蕴，理解文化多样性。

这是2017年版“新课标”对语文学科课程性质的界定和表述，它是以对“语言文字”的界定为基础的。这两段话我们应该是非常熟悉的，属于语文学科的基础和常识，但有些时候对于我们来说越是熟悉的东西，越是空心化，失去它的内涵；在运用的时候，我们常常忘记它的存在，这就是知识和运用之间的距离——对于我们的高考备考指导来说，这种现象应该也是我们理解高考变化的依据。高考中的变化往往就是要扭转这些问题，真正把“新课标”学深、悟透、做实。

我们都知道“语文课程是一门学习祖国语言文字运用的综合性、实践性课程”。但在实践中我们却常常一不小心逸出语言文字之外。我听过几次讲“漫画”的备考课，应该说，相关老师对漫画做了很多的研究，有的给漫画分出了类别（现象类和说理类）；有的将几幅不同的漫画进行组合，构成一种非连续性文本（这一种处理方式用于训练寻找关联的思维能力是不错的）；有的把漫画运用到多种题型的训练当中去；有的基于学生理解漫画的能力不足，安排了五节课来讲解。其实，对待漫画，还有包括徽标这样一种艺术设计的图形，我们没有必要这样花功夫；如果要花，也得花在指向语文学科知识和思维训练的方向上来。有老师可能会说那2019年全国Ⅲ卷的作文题不是也采用了漫画素材吗？是的，但是大家看看这幅漫画，有任何理解上的障碍吗？有任何隐藏在画面之中的画外之意吗？我们对它进行图文转换：毕业前，同学们在看书，老师对同学们说：“你们再看看书，我再看看你们。”你们看，在这一个转换中，毕业前，老师说：“你们再看看书，我再看看你们。”是画作中已经用文字写明了的，只有“同学们在看书”和“对同学们说”两个信息是我们补充进去的，这两个信息在画面上和语境中是不是很鲜明，同学们不可能在干别的，老师也不可能在对别人说话吧？况且，即使不要这两个信息，也不影响考生对画作意思的理解吧。

那可能还有老师会说，高考作文题也不时会用漫画材料啊。1996年全国卷《给六指做手术》和《截错了》的比较，2007年全国Ⅰ卷的《摔了一跤》，2010年全国Ⅰ卷的《有鱼吃还捉老鼠》，2016年全国Ⅰ卷的“亲吻和巴掌”，不都是漫画吗？是的，高考语文多次使用漫画素材，而且使用频率似乎还更高了。之所以如此，是为了卷面的活泼和新颖。我们一定要清醒地看到：第一，漫画是一种绘画作品，它所使用的语言跟语言文字是不同的。第二，漫画是一种具有讽刺性或幽默性的绘画，虽然漫画也歌颂真善美，但更长于抨击假丑恶，常常是针砭时弊的一种艺术手段。我们发现，基于前者，高考命题人在作品的选择上首先一定要规避开难以解读的艺术语言，其次一定要适应时代的精神，弘扬时代主张——2019年的这幅漫画和前些年的比较，差别是显而易见的，那就是由讽刺而赞美、由批评而颂扬！第三，一定要以语言文字运用能力和背后的思维品质为考查目的，而不是在画面意义的理解上设障碍。

漫画作为高考材料，它的优点第一是具有很强的现实针对性，第二是形式活泼，所以漫画材料不是不能用，但我们要选择正面导向的、含义明确好理解的，训练时一定要指向语言文字运用训练和思维训练，而不是漫画的艺术手段和画面丰富而又深刻的含义的解读。如果要充分利用漫画的语文学科价值，我觉得倒是有一条研究路径，那就是研究漫画中常常运用的文学手段，比如比喻、夸张、变形、象征、暗示、影射等，和文学作品尤其是讽刺文学作品，或者是文学中的讽刺（《有声电影》《窗子以外》《理水》）进行比较和关联性研究，可能会有有趣的发现，用来教学，可能也会有好的教学效果。

总之，语文学科的学习是针对语言文字的学习——积累语言文字材料，习得语言文字（五级语言单位）组织规则和运用技巧，通过语言文字篇章的精彩范例学习篇章的组织技巧和表达技法。这是语文教学、语文考试和语文备考指导必须明确的。

**（二）聚焦考题，忽略文本**

我们的高考备考是围绕“考题”来开展的，这基本上就是我们已经习惯的常态。按照高考试卷的构成进行板块训练、类题训练、综合训练、针对性训练以及针对这些训练的讲解，基本上就是我们高三复习备考的基本内容。

研究考题，提高应试能力，这显然是备考的题中应有之义，但如果聚焦考题，忽略文本那就偏离语文学习和人才选拔的目的了。语文学习是为了提升语言文字的理解和运用能力，也就是阅读和写作能力（听说问题暂不讨论），虽然读题也要读，也要理解题意；答题也是写，也要组织语言，但针对语篇的阅读理解和语言组织是对一个考生语文能力和语文素养的基本要求，单单读题和答题是不能体现这种能力的。

**一种“行话”**：但是我们的备考基本上就是聚焦在考题上，以至于我们的师生已经以高考题为对象，构建了一套适用于高三甚至高中阶段学子的话语体系、概念体系，什么作用题、形象题、用意题、图文转换题、漫画题之类的。——这已经成为一种行话了。在高考备考的特定时间段，在高考备考的师生群体中适用，孩子们毕业后，基本上不会再使用这些概念，这套话语。

**一套“模板”**：聚焦考题，从考题出发的备考，还有一个重要的特征，就是重视对答题模板和答题套路的教学，而且是要求学生牢牢地记住这些答题模板和写作套路，因为所谓的应试的秘笈和法宝，基本上就是一些答题模板和答题套路。

我听过一节课，老师用很大几张表，分别归纳了小说中人物的性格特点和形象特征、古代诗歌的表达技巧和风格类型，以及其他各种题类的答题套路，让孩子们牢牢记住，然后练习落实。没想到练习题的参考答案套不上表中的任何一项，老师赶紧要求学生把这一种新的类型和答法写进表中。于是大家就开始赶紧写。

**一个“导向”**：我当时感到十分痛心。孩子们的备考压力很大、学习科目很多、记忆负担很重，我们没有引导孩子把有限的学习时间用于记忆和积累语文学科的必备知识，学习如何在有效的思维活动中运用这些知识去解决读写的语文问题。课后跟老师沟通，老师说不用理解文意就可以答题啊，干吗要浪费时间阅读文本。考试重视考题，忽略文本，必然会影响到教学（高考除了“立德树人”和“服务选拔”之外，还有一个核心任务就是“引导教学”）。我刚到基础教育领域不久，就观察到学生不愿意阅读和写作，只愿意刷题，老师也更乐于指导学生刷题的现象。

**一个“后果”**：因为我们的备考包括我们教学中对题的重视和对文本的漠视，我们对于文本的理解能力是偏低的。2019年深圳二模的作文题出来后，深圳市教研员葛福安老师约我跟他同写了下水文，葛老师写的是“你欣赏多姿火光的姿态，最美”，我写的是“美是文明的火种”，这一组文章发表在2019年6月7日的《羊城晚报》上。有意思的是，当时针对这道文题，老师们之间发生了很多的争执，不少老师不认为这道文题的用意是在探讨美的话题，原因是其中出现次数最多的词语是“火种”，理所当然“火种”是作文立意的关键词。依据出现次数的多少来寻找关键词，从而更快更好地把握一段文字的意思，这确实是一种阅读的方法，但绝对不是确保理解正确的方法，关键词是不能脱离语境而存在的，必须把它们放进语境中去理解。

其实读文的能力低，读题的能力也必然低，读作文材料的能力当然也会低。显然，聚焦考题的备考，不可避免地会跟我们的目的背道而驰。

**一个“问题”**：我曾经问过学生一个问题：到了备考的最后关头，老师往往让我们练习做高考真题，甚至多次去做，高考真题出现在高考试卷中的可能性几乎为零，那老师为什么让我们不断练习、反复练习呢？

这个问题难住了这些孩子。他们能够想到的回答是因为高考真题肯定是最像新出现的高考题的。其实这个问题的答案在哪里呢？在于高考真题最好地体现了考点，而考点最紧密地关联了知识点，考点表达的是知识的运用过程，也就是能力。

所以我有一次跟老师聊天，说有没有一种可能把我们的“作用题、形象题、用意题、图文转换题、漫画题”改换为“理解题、分析题、鉴赏题、评价题、探究题”呢？这样的概念运用和话语体系才是孩子们一生都可以理解、一生都会运用，也就是指向学生终身学习和终身发展的备考，老师说太难了。事实上，要搞清楚“作用题、形象题、用意题、图文转换题、漫画题”究竟指向哪一个考点、哪一种能力，似乎就存在很大的难度。记得有一次听两位老师的教师设计，同为探究，其中一位老师加入了一个“给英雄送花”的情境和任务，听课老师就说这位老师才是真正的探究，显然这是因为不明白“探究”“情境”这些概念的所指。“考纲”所要求的能力点，显然应该是备考的重要支撑，但聚焦考题的备考，明显偏离了“考纲”要求。

**（三）偏重考情，忽视知识**

从考题出发的备考不仅会忽视文本，也会忽略知识。

**一个例子**：有一次听一节高三的备考课，老师讲的是古代诗歌中虚实结合的艺术手法。有听课老师认为这是一节废课，原因是近几年的高考真题都没有考过虚实结合。我当时说，虚实结合是必备知识中的一个知识内容，近几年的高考之所以没有考，只是因为所选用的素材中没有突出地运用这种手法，高考是依文命题，先找到好的素材，再依据其中的学科知识内容进行拟题。

**一种关系**：关于语文学科的必备知识，我经常会说一句“要对知识进行体系化建构、综合性运用和规律性总结”，其中体系化建构、综合性运用是必需的，因为当下的语文高考考的就是语文学科必备知识的综合性运用，在文本阅读和作文撰写过程中的综合性运用。即便是“语言文字运用”板块，我们也看到，命题老师已经趋向于选择语段甚至小的语篇来考查语言五级单位的知识。如果我们能明确“语言文字运用”板块考查形式和五级语言单位之间的对应关系，在练习时也会自然地进行知识体系的梳理。

**一种偏向**：为了突出“语言建构与运用”的语文能力和素养要求，我们的试题还越来越重视对阅读文本中语言运用部分的考查，阅读的惯性和规律就是“得意忘言”，过去的考题也是针对“意”的设计比较多，关于“言”的考查比较少。现在的高考已经在这方面做出明显的努力了。

我们一定要看到这个趋势，从而改变我们的备考重记忆不重运用，重答题套路不重知识体系的问题。无关联的散点知识，必然会出现学生学一块丢一块的问题；而这些关于答题套路的知识，实际上是增加了学生的学习负担的。我们要基于知识的体系化建构和综合性运用，而且在阅读文本和考题的过程中不断去回归知识，落实知识。以此为基础，再对知识进行规律性总结，从而指导备考。

**一个立足点**：我个人认为，备考还是要立足于知识，要从知识出发。我们当然甚至必须研究学情和考情，但是研究的目的是了解学生和知识之间的差距，并找到其中的原因。我们有一种备考的思路是从学情出发，重学情不重知识，从学情出发不从知识或能力出发，对这种做法我一直是存疑的。比如说一个孩子的作文大概是在45分的水平，那么就要找48分、52分的作文给学生看，让学生知道48分的作文长什么样，52分的作文长什么样。长什么样子，这也太玄了，连评卷老师都不见得能够把握得特别精准。关键的是，评卷老师对作文分数的评判，是根据质量标准给出的，而质量标准，是按照知识要求制定的。我们应该把知识要求和质量标准教给学生，每个学生因为学习基础和考场发挥的不同，所表现出的跟知识要求和质量标准之间差距的不同，形成他们得分的不同，为人才选拔提供依据。

总之，我们的备考其实是一个语文学科知识不断运用的过程，我们要在知识运用的过程中给学生尽可能精准的知识、尽可能成体系的知识，并尽可能找到知识的规律，从而提高语用的能力。

**（四）偏重表象，思维缺位**

**一种关系（语言和思维）**：在基础教育阶段的语文教学中，没有关于思维的专门的知识内容，但是，语言和思维其实是二位一体、互为表里的关系，除了极少数特殊的情况，语言其实是思维活动的工具、载体和外化形式，语言组织的过程、篇章构思的构成，都是思维活动的过程。我画过一幅图来表示语文学科核心素养的四个维度之间的关系，其中语言和思维是基础，审美和文化是附着于语言之上，同时也能通过思维活动强化和内化为素养的。

语文学科核心素养四维关系图

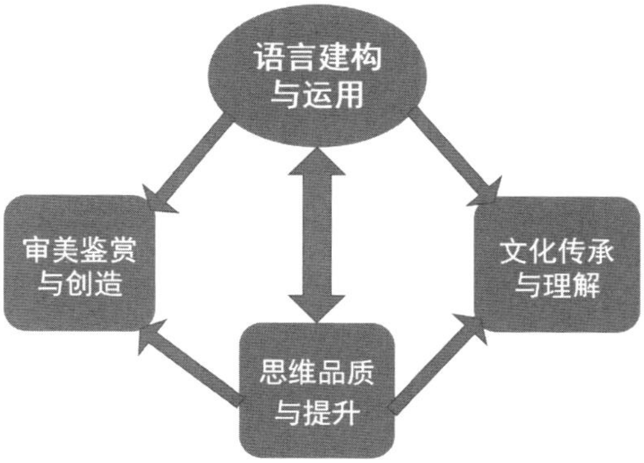


**一种取向**：高考语文也在强化对考生思维品质的考查，如上，语言文字的运用过程本身就是一个思维活动的过程，在五级语言单位中，词语对应着逻辑中的概念，句子对应逻辑中的判断，而只要进入句子中的复句和句群部分，逻辑关系就自然而然地出现。为了凸显这种对应关系和对逻辑思维的重视，近年甚至会用

框架图的方式来考查复句或句群知识。再说一句回应前面的内容，如果我们把这一类题表述为“图文转换题”，是很难找到它背后的知识内容的。

**一种必然**：刚刚我们说到，当下的语文高考考的就是语文学科必备知识的综合性运用。综合性运用主要表现在文本或者说语篇的阅读和撰写中。既然是综合性运用，就必然会有复杂的、灵活的思维活动介入其中，这个不难理解，如果考的只是单点的知识，能记住就可以；既然是综合运用，就必须重视思维。而且要重视形象思维、理性思维和创造思维，也包括直觉思维的综合调动和灵活运用。

**一种缺失**：我们的备考也还没能很好地体现对思维的重视。比如说在议论文写作的备考中，我们最重视的是事实材料的积累，也就是准备好论据。但是我在指导学生阅读论述类文本时，教给他们一个诀窍：通读时可以忽略论据，要把握的是作者的观点和他对这个观点的论证过程，只有在题目考到与论据有关的语意理解，以及论据和论点的关系时，再回看文中的论据。——论据重要吗？显然，论证更重要。我们都知道，几乎所有的事实论据都有反例，除了运用论据之外，作者从哪几个方面、运用哪些论证方法来证明自己的观点，这是一种思维能力的表现，也是真正的语文能力和素养。而论据，是可以通过网络搜索引擎大量检索到的。积累作文素材、积累论据的备考确实比较有抓手，但显然在回避对学生可持续发展十分重要的思维品质的训练。

**一种功夫**：我写第一篇下水文时，学生问我说：为什么读您的文章觉得一气呵成，一口气就读下来了，而读年级范文就不行。我说，因为我的每一个句子都和它前后的句子有关系，每一个段落都和它前后的段落有关系，每一个句子、每一个段落都在全文中发挥它的作用。学生说，啊，我们的老师没提过这样的要求，我们也没进行过这样的训练。

确实，可能恰恰是因为和思维关联的原因，我们的教学中对句群的知识不是特别重视，我写过“分析一个句群”之类的文章，希望能够唤醒老师们对句群知识和句群使用的注意。

总之，我们的作文备考不能满足于材料的分类积累和灵活运用（就是针对不同作文主题都能套用这些素材。这种做法引导不当，就有可能导致学生忽略对论据典型性的要求以及对论据和论点关系的重视，而后者，也是一种思维品质的体现），而要强化论证能力的提升。

还有，议论文的文章结构不能套路化，如果是符合知识和思维规律的另当别论。包括主观题的回答也不能套路化。因为文章的结构就是作者的思路，而回答问题时分层分点的过程也是一个很重要的思维活动过程，有了这个训练打底，议论文中的分论点也会比较容易出来。

**（五）选材不典型，用材不综合**

选材和用材的问题也是备考指导中的一个重要问题。文本材料分为内容和形式两部分，一般来说，文本的内容体现立德树人的要求，形式体现语文知识的灵活运用。而我们对于备考材料的选择，也要兼顾这两方面的要求。

**一个课堂**：从学理上来说，什么样的语文材料都可以用来考查学生的阅读能力，什么样的作文题都可以考出学生的写作水平。但是语文高考的过程也是“立德树人一堂课”的上课过程，我们要精心选择语料。尤其是在高考作文更多地指向宏大主题的情况下，我们更要注重指导和帮助学生在阅读的过程中培养大视野、大格局、大情怀，同步积累思想资源，这些思想资源一方面可以帮助学生形成正确的认知，从而提出正确的观点；另一方面可以为学生的考场写作提供分论点和理论论据。

我们可以回到开篇，老师讲的“漫画题”来分析分析。

1996年全国卷《给六指做手术》和《截错了》的比较，2007年全国Ⅰ卷的《摔了一跤》，2010年全国Ⅰ卷的《有鱼吃还捉老鼠》，2016年全国Ⅰ卷的“亲吻和巴掌”，从社会现象转向教育问题和成长主题，从批评问题的负面导向转向正面导向——这是高考作文真题漫画类在选材上非常明显的变化。那如果我们随意地选择，又没有找到合适的针对语文学科必备知识、针对思维品质的训练点，那必然是在浪费时间。

**一种态度**：因为文本材料和考试要求的综合性，我们在进行备考指导时，应该有一个综合性的考量。有一次看到学校给学生发的时评材料，其中有的文章在语言表达上的错误比较多，我就跟老师沟通说能否去掉文章中的语言问题后再发给学生，老师说一件事情只能针对一个目标，时评就是给学生积累素材用的。然而，学生在这样的阅读中无法形成正式的语感，反而无形中积累了一些错误的示例，在面对考卷中的病句时，会难以判断。

最后，总体上来说，我们的备考指导还是较多地关注外在的可见的部分，未能深入主体的大脑活动和心灵活动，我也写过一篇《抓表面现象，不深入研究是备考大忌》来探讨这一现象。这样的备考其实未能贴合新高考的导向和“新课标”的要求，更重要的是，未能把语文学习、语文考试和学生的生命体验、情感活动、思维能力有机关联起来，未能通过语文学科的学习和语言文字的运用帮助孩子建立自己和世界的联系。如果对于我们的孩子来说，知识是外在的、文本是外在的，那么这样的学习是没有意义的，也是不可持续的。高考语文通过情境的设计引导学生把自己投放进去，让知识和文本内在化，其用意应该就在于重建这种必要而且重要的关联。

## 九、高考语文考前叮嘱

因为高考语文备考中出现的以上种种问题，我在考前常常会以文本为核心对考生进行叮嘱。

切记，在高考语文考场上，你除了文本别无所有，一切的秘密都在文本之中，文本是高考语文的决胜力和提分术，阅读是与作者对话，答题是与命题者过招。

第一，读懂文本是决胜高考语文的关键，不管是什么文本，首先一定要做好分层梳理和概括，这是读懂文本的关键。命题者有时候会直接就论证思路或行文顺序设问，即使没有，分层梳理和概括也是做好分析、鉴赏、探究和评价的基础；在作文中，对不同层次内容的概括和分析可以成为你的分论点。

第二，除了分层梳理，分类梳理也很重要，分类就是在文本的内容与内容之间进行关联和区分，一般而言，关联点有三：多次重复的内容、相互呼应的内容、形成比较的内容。如果写作材料是散点式的，做好分类梳理便是审题的重点，对不同类别的概括和分析可以成为你的分论点。

第三，信息性文本多为发表学术新见的高级论述文，相关领域你可能比较陌生，但这不要紧，因为你并不需要真正懂得相关论题的内涵，把握其中心论点、分论点，理清其论证思路是解读的要点，实际上，把握了中心论点和分论点也就基本把握了论证思路，论证方法也可以在对中心论点和分论点的厘清过程中显现（当然要以掌握了这一必备知识为前提），至于论据，则可以略读甚至略过不读。如果文后的考题有所涉及，大体可以猜出，为了保证万无一失，再回看确认不迟。

第四，文学性文本是审美的意识形态，阅读时一定要调动联想和想象的形象思维活动，进入文本情境，一定要调动感官和心灵活动，跟文中人物或者作者一起经历和感受，小说、散文、古典诗词都是。须强调的是，这一类文本中的语言运用非常灵活，表现在词句和表达方式上，修辞手法和艺术技巧也比较多见，命题者会关注这一文体特征并设计相关试题，答题时一定要结合文本内容和主旨进行思考，有章法、有步骤、结构化地分点作答。

第五，文言文虽然在语言上跟我们有隔膜，但它是信息性的实用类文体，就对思维品质的要求来说，这其实是最简单的一道题。阅读文本时可以对照文后的内容理解题，按顺序对文意进行分层次的疏通，其中人名、地名、年号名、官职名等专有名词基本不影响文意，可以全部圈出来，若翻译题有所涉及，直接沿用即可。碰上生僻的词语，可以基于汉语双音节化的构词规律，通过现代汉语组词进行推断，也可以基于整体文意进行推断。

第六，语言运用题考查的便是词语、句子（单句和复句）、句群、修辞等知识，其中词句要从意义和构成两方面考虑，补写、排序等题型指向的都是句群，同样可以先在分层梳理中把握整体文意，再确定各层次语意答题。

第七，作文审题要分清话题和论题，话题是材料，论题是主旨。针对宏大主题的考题有话题就是论题的可能，也有可能在提示语和引导语给出论题，但随着命题技术的不断进步，论题和话题不同一的可能性变大。在某种程度上，作文的论题就是一代青年的家国情怀和时代使命，但一定要在过去、现在、未来的时间维度和家、乡、国、世界的空间维度上，结合材料话题进行思考，而材料使用的话题和其呈现方式可能多样，但也常常取自本年度最为重要的人物、事件和领域。

题目最好就是你的观点，可以针对青年发出倡议和呼告，从观念和行动两方面展开思考，如“心有所信　行必至远”（齐桓公题）、“健体雄魂　自新自强”（体育之效题）、“以家国为念　为天下谋利”（钱氏家训题）、“劳动塑我　复兴有我”“劳动筑基　奋斗强国”（劳动题）。

作文的首段述材料、亮观点，尾段扣材料、申观点、发出倡议和呼告。中间3～4段是主体段，建构分论点并且展开论述。建构分论点的思维路径很多，时间维度上的“过去、现在、未来”，空间维度上的“个人、国家、世界”等都可以，来自对材料的分层概括或分类概括，其中有一条路径挺重要，那就是“成就、精神、成长”，具体而言就是（某一领域的）成就一（中华民族的）精神一（一代青年的）成长（时代青年有态度），如去年的体育之效题，可以建构三个分论点如下：有一种成就叫由弱变强，有一种精神叫自强不息，有一种成长叫不畏强敌。

最后，考试文本相对比较复杂，阅读和答题过程都需要高强度的思维活动，建议用有章法的圈画来帮助自己集中注意力，同时帮助自己梳理层次、理解文意。圈画首先要用在层次切分上，在文意变化处（一个段落中可能有多处变化，多个段落也可能表达同一文意）用线条标注。圈画其次要体现文体知识和相关思维活动，论述类文本要圈论题（词语）、中心论点和分论点（句子），还要圈“首先、其次、最后”“一方面、另一方面”等文意变化关键词，它们是作者论证思路的外化；小说要圈人物（包括主要人物、次要人物、人物群像）、时间和地点（时间和地点既是环境，又是情节变化的表征），这些要素对阅读者的要求是化身为文中人物、进入文本时空情境；散文要圈各个材料（“形”）中心句和主旨（“神”）提示句；诗歌主要圈意象，如果碰上叙事诗或是叙事内容，也要圈出人物、时间和地点。特殊的语言运用、修辞手法和艺术技巧也可以圈画出来，提醒自己多加注意。

# 第二节　建构以文本为核心的语文课程与教学论

“新课标”以学科核心素养为新的目标导向，为一线教学设计了三条通向学科核心素养的路径：教学内容上改过去的单篇文本学习为学习任务群学习，教学方式上变教师教学主体为学生学习主体，加入情境和任务——这些是“新课标”要求的创新，是语文学科教学的生长点，但无论怎么改革，语文问题是不变的，那就是文本问题，解决文本问题所要求的知识和思维是不变的，过去是对文本问题的关注和研究不够，对解决文本问题所要求的知识落实不够，思维提升不够，现在的教学内容和教学形式改革、加入情境任务的做法，应该要作用于知识的落实、思维的提升和文本问题的解决，而不是超越于文本之外、凌驾于文本之上。

语文学科的守正就是在文本读写活动中落实知识、提升思维，语文学科的创新就是落实指向学科核心素养的三条路径，如下图所示：

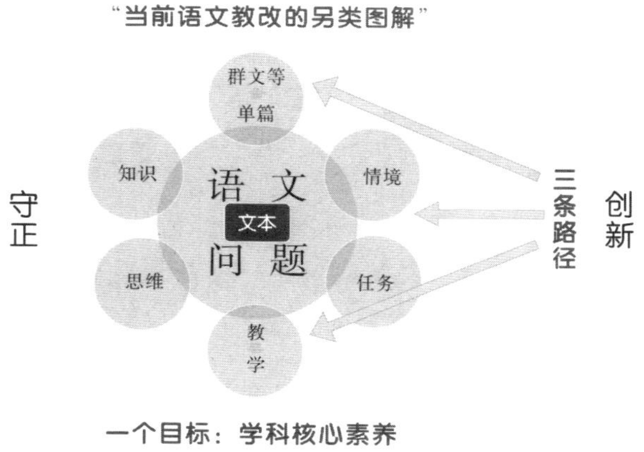


当前，我们亟须建构起以文本为核心的语文课程与教学观，这一课程与教学观主要表现为以下要点。

## 一、守正：文本、知识、思维是语文学科的一级大概念

文本、知识和思维是语文学科最为重要的一级“大概念”，三者的核心是文

本。一个好文本所能给予我们的，是指向迁移的阅读力、理解力、认知力，也就是语文的决胜力，因为好文本中包含正确、规范、典雅的语言知识，和灵动、深刻、缜密的思维运用，帮助我们夯实认知基础，因为语言与大脑认知功能的紧密关联，在好文本的阅读中扩展语料储备的过程，其实也是促进大脑发育的过程。还因为好文本所具有的言象意要素及其相互关系可以帮助我们建构认知图式，促进思维发展。更因为好文本是“观世音菩萨”，其中的“菩萨”对应文本主旨，经典作家都是思想大师和情感大师，其文本主旨往往表达对万事万物的同情和悲悯；“观世”对应文本内容，经典作家都是观察力大师和感受力大师，具有强大的取材能力和用材能力，其文本内容包罗万象；“音”对应文本形式，经典作家都是语言大师和结构大师，有的还是风格大师，其文本形式堪为语用典范，好文本在言象意三方面提升我们的认知水平，促进我们的生命实现。

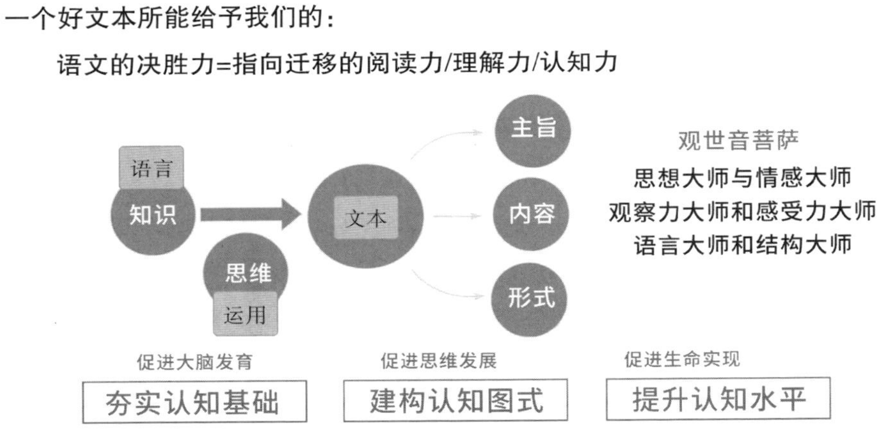


我们在解读或者写作文本时需要的学科知识，运用这些知识解读或者写作文本时需要的学科思维可以说就是语文学科核心素养。在很长一段时间，我以为是语文人的共识，在学习和交流的过程中，我才发现，恰恰在这些最基础的问题上，语文界还缺少应有的共识，也缺少应有的讨论和建构，甚至对于解读和写作文本是否需要这些大概念知识，在教学中是否要对这些大概念知识进行讲解、对这些知识之间的关联进行体系化建构，大家也很难形成共识。

**（一）语文学科必备知识**

语文学科必备知识应该是解决所有文本问题共同需要的知识，包括语言知识和文本知识，语言知识包括各级语言单位的意义和用法 + 语言文字五级单位知识图式，文本知识包括文本各要素的内容和关系 + 文本图式。

语文学科必备知识是什么和有哪些？或者说语文学科必备知识的内涵和外延分别是什么？对这一问题的回答既是语文学科开展教、学、评活动并且实现一致性目标的基础，也是语文学科专业化建设的基础。但目前的情况是：在这一最基础的问题上，语文学界还缺少必要的和应有的共识，也缺少必要的和应有的讨论和建构，甚至对于是否需要这些知识，在教学中是否应该对这些知识进行讲解、对这些知识之间的关联进行体系化建构，大家也很难形成共识。

作为一门学习语言文字运用的学科，关于语言文字运用的知识理所应当是语文学科的必备知识，这里包含两个部分：一个是“语言文字”的积累，另一个是语言文字的“运用”。在目前语文学科的教与学活动中，指向“语言文字”的积累主要表现为只有语料（语意）积累，没有语用（词性及其语法功能）知识积累，具体表现为生字生词学习和好词好句积累，缺少字、词、词组、句子、句群语言文字五级单位中的句群，也缺少五级单位相互关系的知识图式；而指向“运用”的从字到词、从词到词组、从词组到句子、从句子到句群的语法、修辞和逻辑知识以及语境意识基本没有成为必要的教学内容，缺乏从词语到文本的进阶学习，语言运用中的语意含混笼统（忽视词意与概念的关系）也十分多见。

同样众所周知的是，在语文学科教学实践中，课文也就是语文课程教学专用的特定文本是学习的载体和内容，在文本解读和文本写作的学习过程中，我们对语文学科必备知识的认知存在以下常见误区。第一，把关于作者及其生活时代、写作背景的知识当作学科必备知识。毫无疑问，了解一位作者的生平对于解读这一位作家的作品是有帮助的，但对解决其他作家的作品并没有帮助，所以这些知识只是拓展知识而不是必备知识，学生可以根据自己的阅读兴趣和审美偏好进行积累，知人论世因此也不能提升文本阅读能力，不能作为文本阅读活动中的主要方法。第二，把指向某一个经典文本、与某一个具体的经典文本有关的知识当作学科必备知识，在一个经典文本上大量进行拓展，开展“一英里宽，一英寸深”的教学。在材料作文写作指导中也存在这样的问题，当材料文本指向抗美援朝战争时，老师就给孩子大量补充抗美援朝战争的背景、重要战役等知识；当材料文本指向关于齐白石和达·芬奇的雕塑作品《超越时空的对话——达·芬奇与齐白石》时，老师就给孩子大量补充齐白石和达·芬奇的生平、作品以及雕塑作品

《超越时空的对话——达·芬奇与齐白石》相关知识。要知道这些知识是不可穷尽的，再怎么拓展也不能保证可以解决新文本问题。第三，把文学史和文学理论等专门知识当作学科必备知识，殊不知这些知识不是基础教育阶段语文学习的必备知识。第四，把仅仅指向考试的知识作为学科必备知识，虽然当教学评一致性程度高的时候，考试知识可以与学科必备知识实现重合，但考试知识不是学科必备知识。以上四种知识都只是学科拓展知识，拓展知识固然是多多益善，但有个别性和个人性，不能迁移。

除了以上误区，我们在文本解读和文本写作的学习过程中，还存在把某一个文本作为目标而不是例子、只有内容而没有形式、只有针对某一具体文本的内容记忆而没有思维活动等问题。

### （二）语文学科思维

解决文本问题所需要的思维即学科核心素养中“思维发展与提升”维度所要求的直觉思维、形象思维、逻辑思维、辩证思维和创造思维。这五种思维方式和文本读写活动的关系如下图所示：

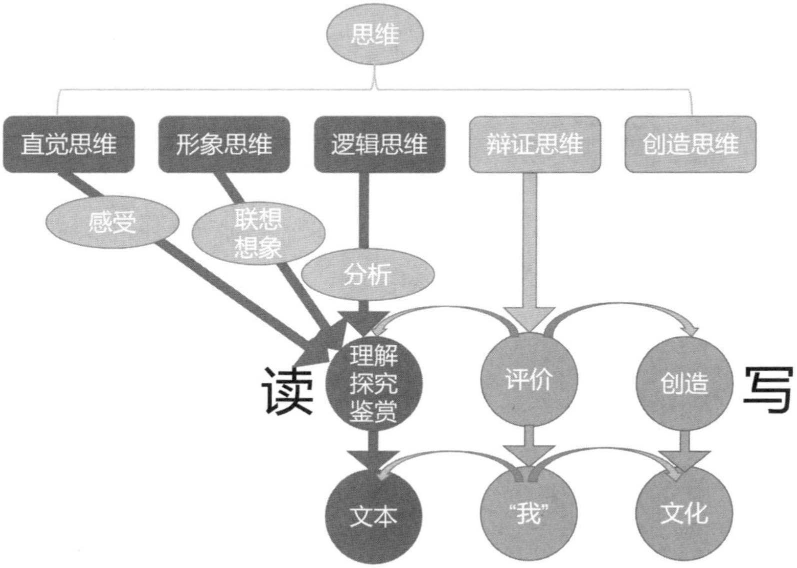


大概念是有层级的，如果说思维是语文学科一级大概念，直觉思维、形象思维、逻辑思维、辩证思维和创造思维五种思维方式就是思维大概念之下的语文学科二级大概念，每一个二级大概念之下还会有三级大概念、四级大概念，其他如

文本、知识也是如此。

“新课标”主张突出学生的主体性，高中课标设计了“阅读与鉴赏”“表达与交流”“梳理与探究”三组语文学习活动，义务教育多一组“识字与写字”，这些学习活动概念也是语文学科的大概念，必须理清其内涵与外延。

另外，语言运用与文本建构的规律也是语文学科的高级大概念，这种大概念不再用词语作为语言表征，其语言表征是句子，而且往往是判断句，比如“小说的人物在情节中呈现其形象特征”等。

## 二、创新：以文本为核心

在通过文本读写活动落实知识和提升思维的教学活动中，能否发挥好文本所具有的指向语文决胜力的这种力量，关键看我们对学科的认知，看我们的课程观和教学论。

有一次，我和几位语文人一起接受电台记者采访，在集中阐述了新高考、新中考对阅读素养提出的新要求以及如何在试卷中体现、考生应该如何应对之后，电台主持人问了一个很高明的问题：从不读到读、从读到读懂、从读懂到会用，哪一步最重要？

其他几位老师认为从不读到读最为重要，而我的回答是：从语文学科教学的功能和效用来看，从读到读懂这一步最重要。

首先，和其他两步相比较而言，第一步从不读到读不完全由语文学科承担，从实践的层面来看，国家主张“全民阅读”，发布《全国青少年学生读书行动实施方案》，全社会营造阅读氛围，学校投入书香校园建设，家庭也越来越重视阅读，这都是在为实现从不读到读的转变而努力，从目前的情况来看，实践成果也是显而易见的，孩子们在读书上越来越多地实现了“四有”：有时间、有空间、有书籍、有兴趣。第三步从读懂到会用在某种程度上就是“新课标”中诸种新理念和新举措的核心，为了生活而阅读，基于阅读而生活，解决真实情境中的真实问题成为素养的要义和课改的关键，但是，生活只是学科知识和学科思维的应用场景，解决真实情境中的真实问题可以为学科知识的习得和学科思维的提升提供动能，但不能真正解决学科知识的习得和学科思维的提升问题，而这，是语文学科的核心问题。

其次，就从读到读懂这一步本身而言，这是一个灵活而又综合地运用学科知识、调动学科思维解决文本问题的过程。阅读的对象是文本，文本是语言文字运用的成果，语文学科是一门学习祖国（国家通用）语言文字运用的学科——显然，从读到读懂这一步是实现语文学科目标和功能的一步，是以文本为核心、以知识习得和思维提升的落实为目标的一步，是指向学科知识和学科思维本身的一步，是语文学科从业者（研究者和教学者）真正要花大功夫解决的一步。

再次，就这一步和其他两步的关系而言，第二步为第一步提供动能，能够读懂也就是能够发现文本的秘密是爱读最大的动力机制，第三步意在为第二步提供动能，但在生活中运用的需要解决不了能不能读懂的问题，而读懂能够解决是不是爱读的问题；第二步为第三步夯实基础，只有以读懂为基础的运用才是有实效的运用，如果没有读懂就去运用，一定大量存在误用，误读导致的误用并不鲜见，而这，还只是就文本内容的生活实践而言，至于表达与交流这样的文本建构，就更需要以能够在从读到读懂的第二步发现语言运用和文本建构的秘密为基础。

因此，从语文学科教学的功能和效用来看，从读到读懂这一步最为重要，这是真正提升语文学科教学效能的一步，真正落实语文学科核心素养的一步，是课改想要拉动却并未提供解决方案的一步，是根本的一步，因此也是最难的一步。但如果语文人避重就轻、避难就易，不在这最核心的一步上用心用力，而是把这一步交由学生自己去领悟，语文课改的种种观念所能产生的改变将是非常有限的，语文课改的种种做法所能收到的效用也将难以满足预期，就吕叔湘先生1978年用来形容语文学科教学效能低下的“少慢差费”四字来说，它所解决的只能是其中一个“少”字，从整体效用来说，如果花更多的时间，用更多的力气，投入的仍然是“慢差费”的学习，我们该如何评估课改呢？所以，在社会着眼和着力于第一步、课改着眼和着力于第三步的情况下，语文学科教学必须在第二步上努力。

当然，作为学子，第一步，手持书卷，安静地读；第二步，掌握知识，深入地思；第三步，内化转化，灵活地用——这是一个由“读——思——用”三步构成的系统工程，一步也不能少，“言——文——人”一体的语文学习，由此实现。

从语文学科学习的视域来看，阅读从来都不是目的，成长才是。在另外一个场合，一位老师问了我两个问题：整本书阅读与研讨要不要关注形式？读写转换如何实现？这两个问题看起来八竿子打不着，实则有着极深的内部关联，据这位老师说自己是一个非常热爱阅读、从阅读中获得滋养成长起来但却并不长于写作的人。

我想先从我来到基础教育领域后撰写发表的第一篇论文说起，这篇论文的题目叫做《图示与模型：经典小说文本的阅读与教学》，发表在《语文月刊》2017年6月刊上，作为当期重要文章进入封面文题。

该文的写作源于我刚到基础教育领域后所听的一节课，这是一节高三年级的小说阅读备考课，课上，老师在黑板上画了四个框，框内分别写了“人物”“情节”“环境”和“主题”四个词，老师用三根线条把这四个框连了起来，具体连法是前面的三个框都分别和后面的“主题”框相连，最终呈现为一张图，说这是小说的要素及其相互关系。我认为用图示呈现文体要素及其相互关系的做法是值得肯定的，其中包含着老师探索并且传授规律性知识的努力，不过这张图存在要素不全和层次不清的不足。所谓要素不全，指的是缺少了文本形式要素，在我看来，文本是语言文字运用的成果，其中内容是语言文字的意义合成，而文本形式是语言文字运用知识（语法、修辞、逻辑）的集成，语文学科是一门学习语言文字运用的课程，忽略甚至放弃文本形式是偏离语文学科的目标要求，肯定是学不好语文的。所谓层次不清，针对的是三根线条及其呈现方式，在小说文本中，“人物”“情节”“环境”是内容三要素，它们共同构成了文本意义整体，它们之间存在深刻的关系，而不是分别指向文本“主题”。

经过深入研究、认真思考，我把小说要素及其相互关系用图示呈现如下，其中文本用最外层的圆形表示；内容三要素“人物”“情节”“环境”用内层的三角形表示，但三个词语却出现在文本的外层，这是符合我们自由阅读只读内容和语文阅读先读内容的规律的；“叙事”和“结构”作为文本形式要素出现在内层，在后续研究中，经过深化和优化，文本形式要素确定为“语言”“结构”和“风格”三项；“主题”作为单列的文本要素，处于最里层，用小圆形表示。对于信息性文本来说，内容、形式、主旨的关系是平面的；对于文学性文本来说，内容、形式、主旨的关系是立体的，需要我们意会。

基于此，对于“整本书阅读与研讨要不要关注形式？”这一问题，我的回答是：要！第一个理由是“整本书阅读与研讨”是语文课标中规定的学习任务群，其学习目标应该符合语文学科学习“语言文字运用”的课程目标，而“语言文字运用”离不开文本的形式；第二个理由是整本书也是一个文本，作为文本的整本书本身就拥有内容、形式、主旨这三个要素，不关注形式对于文本的价值实现来说必然存在浪费；第三个理由与“读写转换如何实现”有关，也就是说关注文本形式的阅读可以更好地实现读写转换，这是一个以文本为核心的转换过程，而我们过去的“听”“说”“读”“写”语文活动，实际上都是以文本为核心的活动；现在的“阅读与鉴赏”“表达与交流”“梳理与探究”语文活动，作为基础教育阶段的语文学习活动，实际上也应该是以文本为核心的活动。

当然，“整本书阅读与研讨要不要关注形式”这一问题中也许内含着一种思考、一种认知，那就是：读千字文可以指向学写千字文，千字文是很多人需要在生活和工作中撰写的；学整本书显然难以指向学写整本书，因为绝大多数人终其一生是不会写一本书的。对此，笔者有两点意见。

第一，千字文和整本书一方面同为包含言、象、意三要素的语用成果，同样体现语文学科综合性与实践性的特征，其中承载的语言文字运用规律和文本建构规律是一致的，所以阅读整本书同样可以助力于千字文的撰写；另一方面，它们的差别表面看起来仅在大小和规模，实际上在语用能力、思维含量、审美水平和文化认知这四大语文学科核心素养要素上，都存在很大的不同，也就是说阅读整本书可以更好地实现语文学科核心素养的提升，表现在写作上，读整本书写千字文，一般而言是一种降维操作，但这是以读好了整本书为前提的，如果读整本书没有对形式的关注，写千字文同样还是存在困难的。

第二，写千字文和整本书的本质一样，都是创造。在创造上，我们不要给自己设限，更不要给学生设限，未来有无限可能。活了101岁、58岁时才开始画画的美国画家摩西奶奶在她的整本书作品《人生随时可以重来》中，就给第九章拟制了“人生的美好在于不设限”的标题。

一切的努力都是为了帮助学生成长，帮助学生成长为有素养、能创造，既能实现个体价值、收获人生幸福，又能投身时代大潮、推动文化发展的人。对于整本书阅读，叶圣陶先生也曾经发表高见：“读整本的书，不仅可以练习精读、略读，有利于养成好的读书习惯；还可以进行各种文学知识与文体阅读的训练；学生阅读的心理会更加专一，阅读效果也会更好。它可以收到‘一石多鸟’之效。”

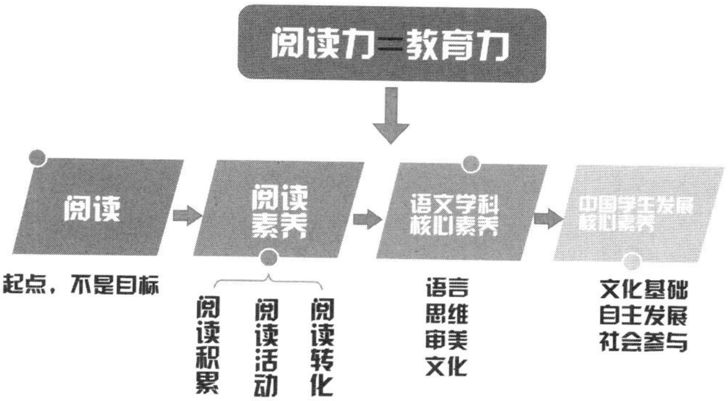


笔者曾经以《阅读不是目的，成长才是》为题撰写文章，发在本公众号上；此文中补充如下：在语文学科视域中，成长是指向语文学科核心素养的。我们在阅读中所获得的，应该是基于文本言、象、意三方面的滋养，应该是指向文本言、象、意三方面的创造，这一点，笔者在《中文阅读素养指标体系与测评标准》一书中有系统的阐发和详尽的论述。

据此，“新课标”为我们设计的指向语文学科核心素养的三条路径必须以文本为核心，以文本为核心落实任务群学习、优化大单元教学；以文本为核心创设社会生活情境和个人体验情境，实现与学科认知情境（文本）的三大情境整合；以文本为中心开展学习活动。

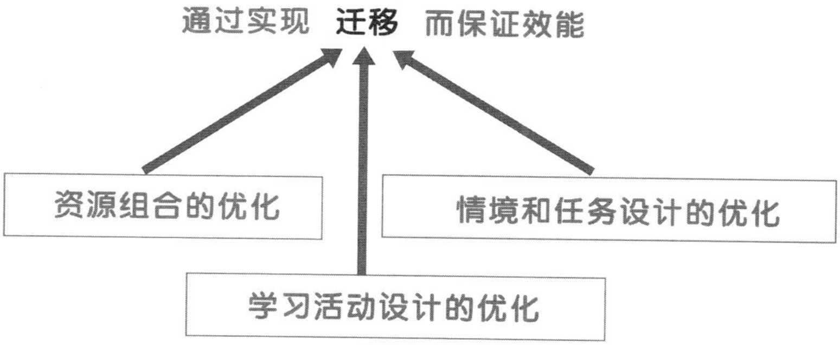


（一）以文本为核心实现资源组合的优化

统编版语文教材以人文主题和学习任务群双线组元，这一方面充分体现了立德树人的教育目标和以文化人的语文学科特点，另一方面也强调了对学生阅读量和关联性学习的要求。

但是语文学科是一门学习国家通用语言文字运用的学科，文本作为语言文字运用的成果，除了主题也就是“意”之外，还有另外两个重要要素：形式（“言”）和内容（“象”）。在教材的编排中，人文主题是一个关键要素，也就是说教材所选文本的主题（“意”）是有关联的，但这一关联未见得充分体现或落点明晰，但文本另外两个要素形式（“言”）和内容（“象”）的关联却不曾建立。其中至关重要的问题是：文本中的语言文字运用主要体现在文本的形式要素中，如果说文本都是学习者学习语用的例子，对文本形式的忽略便会使得我们的教学偏离课程的性质和学科的目标。

因此，我们在以学习任务群为载体的教学中，找到人文主题的具体落点很重要，同时找到人文主题之下文本在“言”和“象”方面的关联便是非常重要的一步，这种关联可以是单方面的甚至是某一点上的关联，为了表达的方便，我们可以称之为点式关联或者面式关联；这种关联还可以是基于每一个文本都是一个独立而又完整的生命整体这一认识，在“言、象、意”三方面进行文本间的比较分析和关联建立，我们可以称之为体式关联。

以文本为核心实现资源组合的优化，从而更好地落实任务群学习、优化大单元教学。无论是单篇文本的整体教学，还是多篇文本或者整本书的学习，我们要明确的是，课文和教材都只是例子，篇目组合是为了更好地发挥例子的功能。

课文和教材是语言文字意义和运用的例子，也是语文学科核心素养的例子，而且是示例和范例。如果说学习语言文字运用是语文学科的出发点，语文学科核心素养是语文学科的目的地，我们会发现，起点和终点是同一个点，海德格尔曾说：“通往起点和通往终点的道路是同一条路。”“回归的道路指引我们向前。”在语文学科上完全适用，而把起点和终点联系起来的，就是文本。

作为例子的课文和教材其功能是什么？例子的一般作用是证明观点和原理。以写人的记叙文为例，当我们说到某某人具有什么性格特点这一抽象信息后，一般就要开始举例证明这一点，勤奋则如何起早贪黑，勤俭则如何省吃俭用。我也曾经在多个场合说到，语文比数理化学科更难教，原因就在于语文学科缺少公式和定理这种一般性、普遍性、规律性知识，数理化学科的教学流程一般是先讲公式和定理，再讲例题，在例题求解的过程中运用公式和定理，也证实公式和定理。但语文学科学来学去，从小学一年级到高中三年级，似乎都在学例子，就是不知道公式和定理是什么，在哪里。

事实上，作为例子的课文和教材其功能就是要通向公式和定理，我们要通过例子的学习，不断抽象出公式和定理，而不是停留在例子上，让学习的过程成为一个不断迎接扑面而来的一个又一个例子的被动过程。有一位老师曾经对我说，他是在仰视文本，而我是在俯视文本，并询问我其中的诀窍。我虽不能完全认同他的说法，因为我看文本，其实有俯视、仰视和平视三种视角的，但其俯视一说，确实引起了我的思考，如果说我有俯视文本的视角和能力，那就是因为我的听说读写活动一直是不断寻找并且运用公式和定理的活动。

教学中该怎么把课文和教材作为例子来使用？如前，课文和教材只是例子，作为例子的文本学习不能以文本为目标，而应该以素养为目标，以公式和定理为目标，这就是“教学中该怎么把课文和教材作为例子来使用”这一问题的答案，也是语文学科教学效能提升的枢纽。每一个文本的教学价值都应该体现在那些通向规律性的语文学科核心素养、一般性的公式和定理的要素中，也就是离开这一篇或者这一本后仍然存活着的那些要素。这些因素包括：每一个常用或者不常用的汉字和词语，语法、修辞、逻辑的语用知识，文本各要素及其相互关系图式，语言运用和文本建构的基本规律，工具性的审美价值和文化价值等，也包括在以文本为核心的听说读写活动中的策略方法运用和思维综合调遣，以及由此提升了的思维发展水平。

**（二）以文本为核心实现情境和任务设计的优化**

自从“新课标”颁布以来，“情境”成为一个热词。“情境”之热自有其道理，道理就在于它对教学效能的提升确实有着显而易见的作用。分述如下：首先，情境赋予课堂新鲜感，并因此激发学习者的学习兴趣。其次，情境与任务相连，不可避免地促进了学习者的自主学习。再次，情境中的任务最终多以显性学习成果的方式呈现，完成任务的过程和结果能够对学习者形成极大的激励；成果是重要的，苏联著名教育家苏霍姆林斯基曾说：“学生的许多问题，比如厌学、精神不振等，都是由于学生没有看到自己的力量与才能所造成的。学生学习的最大苦恼，是看不到自己的学习成果，得不到应有的回报。”最后，情境多与社会生活相连，从而让学习者明白自己的学习不只是记住一些散碎和僵死的知识，而是能够在实际生活中加以运用的，是有意义的经历。

以《孔乙己》教学为例，基于课文中孔乙己很久不来咸亨酒店了的结尾，有老师设计了一个情境：假设文中的小伙计比较热心，他或者关心孔乙己的下落，或者关心掌柜没有收到孔乙己的欠款，于是到派出所（衙门）报了一个失踪人口登记案，派出所民警按照常规工作流程，让小伙计填写失踪人口信息登记的样式表格。任务是：请同学们帮小伙计进行填写。这一情境和任务设计指向的实际上是从文本中提取关于孔乙己的个人信息，在没有情境任务的理念和要求之前，老师一般会问："孔乙己的基本情况如何？"请同学们在文中提取相关信息并回答问题。与这种直接、干巴的做法相比，到派出所报案的情境设计有了故事情节，填表的设计则有了更为具体的学习要求、更为有趣的学习载体和更为显性的学习成果。

但目前语文学科教学中的情境运用，明显出现了仅指向社会生活情境的偏差，由此带来语文教学中的诸多问题。笔者曾以《走出情境化教学设计和考试命题的误区》为题对此现象进行探讨，该文分两期发表于《中学语文教学参考》杂志，现与读者朋友分享如下：

## 走出情境化教学设计和考试命题的误区

随着语文学科教育教学改革的不断深入，随着高考语文由知识立意、能力立意向素养立意的转换，"情境"一词浮出地表，进入语文人的视野，成为教学设计和考试命题的一个主要抓手和重要突破点。这一做法有着充分的学理依据，早在1989年，布朗、科林斯与杜吉德（Brown、Collins、Duguid）在《情境认知与学习文化》一文中，就系统完整地论述了情境认知与学习理论，他们认为：知识是具有情境性的，是活动、背景和文化产品的一部分，知识正是在活动中、在丰富的情境中、在文化中不断被运用和发展着，而知识只有在它们产生及应用的情境中才能产生意义。比利时教育学专家易克萨维耶·罗日叶（Xavier Roegiers）在《为了整合学业获得：情景的设计和开发》和《学校与评估：为了评估学生能力的情境》等专著中对以情境的设计和开发为基础的整合教学法和情境化命题思想做了系统的阐述，他认为"问题情境是指为了完成某个确定任务，要由某个人或某群人加以联结的一组背景化的信息"，而"成功解答问题解决型试题的学生数量相对于成功解决知识和技能型问题的学生数量之间的比例是一个教育体制质量的反映"。他的整合教学法和情境化命题思想是当代西方学习理论领域研究的热点，在许多国家的教学和测评实践中都取得了很好的效果。

然而，就我国目前在语文学科领域所开展的情境化教学设计和考试命题探索来看，对于“情境”的理解和运用已经出现了明显的误区，如果不予以重视并加以纠正，必然会对语文的教学组织、课程建设和学科发展产生深远的负面影响，我们应基于对语文学科的正确认识找到误区，并根据情境化教学设计和考试命题的一般原则进行优化。

## 一、两个误区

笔者认为，当前我国语文学科情境化教学设计和考试命题的探索和实践，主要存在以下两大误区：

### （一）把载体当主体

《普通高中语文课程标准（2017年版）》（以下简称“新课标”）在“学业水平考试与高考命题建议”的相关表述中要求：“考试、测评题目应以具体的情境为载体，以典型任务为主要内容。”“以具体情境为载体。”“以情境任务作为试题主要载体，让学生在个人体验、社会生活和学科认知等特定情境中完成不同学习任务，以呈现学生语文素养的多样化表现。”《中国高考评价体系说明》把情境作为高考评价体系中的考查载体。高考评价体系最重要的创新之一，即通过“四层”考查内容将学科能力考查与思想道德渗透有机结合，利用“学科素养”这一关键连接层实现了融合知识、能力、价值的综合测评，从而使“立德树人”真正在高考评价实践中落地：情境正是实现这种“价值引领、素养导向、能力为重、知识为基”的综合考查的载体。

“载体”是什么？是能够承载其他事物的事物，这就意味着，情境本身不是我们的目的，我们的目的是通过情境达成更好的学习效果，或者说，情境是服务于学习的，正如易克萨维耶·罗日叶所说：“在学校里，问题情境有一个明确具体的功能——为学习服务。”在语文学科领域，情境承载的是学科知识和运用学科知识的思维活动。

遗憾的是，在语文学科情境化的教学设计和考试命题中，出现了一种以“情境”为目的、为主体的误区。在教学中，致力于创设情境，布置任务，却不知道这些情境和任务要解决什么问题；在命题中，先创设情境，再根据情境来填充材料、设计任务，随之的评卷也以学生是否进入情境作为基本的评判标准和关键写作要求，完全忽略语文学科核心素养才是考查的目标。

最近刚刚听了一节高三的作文备考指导课，教师展示了一篇新近模拟考试中的作文试卷，请同学们打分。同学们最高的打出了54分，最低的是48分。然后老师出示分数：28分。为什么？原因是这位作者在写作中忽视了情境。然后，老师说："所以作文不在于你的文笔，不在于你的水平，而在于完成任务。'真实情境'是任务驱动型作文极其重要的评卷指标。所以各位写得那么干涩的没有一气呵成的作文，都会有50分水平的。"

"语言建构与运用"是语文学科核心素养的基础和核心，也应该是考试中写作能力评价的基础和核心，然而，在"情境"的风头正健之下，它变成了师生不予考量的一个指标。当然，这不是"情境"的错，"情境"本身是极好的，是我们好经念歪了。在此，也呼吁我们的评卷场，一定要理解对和发挥好高考"立德树人，选拔人才和引导教学"的功能，不要播龙种收跳蚤。

**（二）把学生当演员**

以情境为载体的作文题设计，能否顺利"入境"成为写好作文的一个前提，如果情境和任务真实，"入境"问题不会影响考生的写作，所有的考生都在一个公平的起点上展示自己的语文学科素养；如果情境和任务的设计不够真实，"入境"问题便会成为考生写作的障碍。

有一道这样的模拟作文题，材料讲述了一个很有时代气息、与青年成长关系密切的、年轻人就业和创业的故事，一个大学毕业生想利用业余时间依托自媒体平台发展第二职业，爸爸、妈妈、同学和辅导员看法不同，意见不一，媒体的报道引发了更大范围、更多角度的讨论。文题有一个这样的写作要求："从小明的爸爸、妈妈、同学、辅导员这四个身份中任选其一"。

有意思的是，一位学生撰写了文题解析，其中有这样一段话："此外，选择了相应的主体一定要注意语气得体，符合身份，选择爸爸、妈妈、辅导员可以略有些'居高临下'讲大道理的样子，但如果选择小丽就只能以朋友身份娓娓道来，切记不可命令强求。"显然，这位学生的身份意识、换位能力和"入境"水平都很强，如果他从影，一定会是个好演员，然而，并非每个考生都是如此。如果我们把学生当演员来要求，必然滑出语文学科知识、能力和素养的赛道。

近年的高考作文题注重语言的交际功能，注重通过情境设计布置交流任务，但均是要求学生以"我"的身份跟对方交流，比如2015年全国Ⅰ卷"女儿举报老爸醉驾引热议"文题，便是要求考生给违章当事人（老爸）、女儿、警察中的一个主体写信。

考生以自己的身份写作，这一点非常重要，因为语文学科不同于表演专业，语文教育不培养表演人才。以“女儿举报老爸醉驾引热议”文题为例，如果确有必要，也可以要求考生以女大学生小陈的身份来写作，因为身份接近，考生“入境”的难度不大；而“小明发展第二职业引关注”文题，最好也能够要求考生以自己的身份跟包括小明在内的不同的主体进行交流，如果想要创新，最多也就是让考生以小明的身份跟其他各个主体交流，理由同前。与此类似的有2019年全国Ⅱ卷作文题，要求考生“以青年学生当事人的身份完成写作”。

## 二、三个原则

显然，随着“情境”对于知识学习的重要性越来越被认同，随着“情境”在语文学科中的介入度越来越高，两个误区所带来的负面影响会越来越大，这种情形令人忧虑。那么，如何纠正认知偏颇、合理进行优化，以真正发挥“情境”在语文教学效益提升中的作用呢？

笔者认为应该按照三个原则和四个要求开展情境化教学设计和考试命题，首先应该满足真实性、综合性和时代性这三个一般性的原则和要求。现分述如下：

### （一）真实性

真实性是《普通高中语文课程标准（2017年版）》（以下简称“新课标”）中对语文课程性质的界定、教学的要求和考试命题的建议，也是情境化教学设计和考试命题的第一要求。“新课标”在“课程性质”的相关表述中指出，“语文课程应引导学生在真实的语言运用情境中，通过自主的语言实践活动，积累言语经验，把握祖国语言文字的特点和运用规律，加深对祖国语言文字的理解和热爱，培养运用祖国语言文字的能力”。在“学业水平考试与高考命题建议”的相关表述中也说道：“真实、富有意义的语文实践活动情境是学生语文学科核心素养形成、发展和表现的载体。语文实践活动情境主要包括个人体验情境、社会生活情境和学科认知情境。”而“典型任务是指为评价学生语文素养水平而选取的具有代表性价值的语文实践活动”。

什么样的情境才是真实的情境？北京师范大学王宁教授在一次访谈中谈道：“所谓‘情境’，指的是课堂教学内容涉及的语境。所谓‘真实’，指的是这种语境对学生而言是真实的，是他们在继续学习和今后生活中能够遇到的，也就是能引起他们联想，启发他们往下思考，从而在这个思考过程中获得需要的方法，积累必要的资源，丰富语言文字运用的经验。”

须注意的是，在高考语文作文题的情境化设计中，对“真实”的追求不单是设计考生在继续学习和今后生活中能够遇到的语用情境，更重要的是让考生以自己的身份、从自己的角度进行写作，写出自己对材料所指话题、主题、问题的真切感悟和真实思考。

### （二）综合性

综合性是情境化教学设计和考试命题的重要要求，因为综合性本身就是语文课程的性质。“新课标”对语文课程的界定为：“语文课程是一门学习祖国语言文字运用的综合性、实践性课程”。在“学业水平考试与高考命题建议”部分，“新课标”也提出相关要求：“减少针对单一知识点或能力点的简单、碎片化的试题数量，应体现语文素养的综合性、整体性。”“以综合考查作为命题导向，通过综合性语言实践活动，考查学生语文学习的能力和水平。避免以单纯的知识点和能力点设计考题，避免死记硬背。倡导综合性的测试形式，可围绕情境选择相关材料，设置一组有内在联系的、指向核心素养的问题或任务。”

就高考语文作文题的情境化设计而言，综合性要求表现在以下四个方面：

第一，在天然地综合了“阅读与鉴赏”“表达与交流”“梳理与探究”三种语文实践活动的基础上，通过材料表达和组合时语言文字的优化和必要时的形象化呈现强化考生对语言文字之美的鉴赏要求，通过任务设计强化语言交际功能，通过多元材料的多样组合强化梳理与探究的思维活动。

第二，以语文学科核心素养为考察目标，综合性地指向语言建构与运用、思维品质与提升、审美鉴赏与创造、文化传承与理解四个维度的素养要求。

第三，综合“一核四层四翼”这一高考评价体系在“一核”“四层”和“四翼”三个层面上所做的要求。《中国高考评价体系说明》明确表示：“高考评价体系中的‘四层’考查内容和‘四翼’考查要求，是通过情境与情境活动两类载体来实现的，即通过选取适宜的素材，再现学科理论产生的场景或是呈现现实中的问题情境，让学生在真实的背景下发挥核心价值的引领作用，运用必备知识和关键能力去解决实际问题，全面综合展现学科素养水平。”可见，情境这一载体不仅要承载和完成“立德树人，服务选材，引导教学”的教育目标和高考任务，也要承载和落实“价值引领、素养导向、能力为重、知识为基”这“四层”考查内容，还要承载和实现“基础性、综合性、应用性、创新性”这“四翼”考查要求。不仅要在三个层面上分别实现综合，而且还能够在三个层面之间进行整合。

第四，高考语文要对时代热点话题和社会现实问题进行积极的回应，引导青年在把握时代特征的基础上，勇敢承担时代责任，积极推动时代进步，在时代热点话题和社会现实问题的选择和组合上，高考语文的情境设计也最大限度地追求综合性。

#### （三）时代性

一般而言，语文学科的情境化教学设计和考试命题一般直接取材于当下，以引导学生关注时代热点话题和社会现实问题，即便是古代诗文，也要在当下语境中具有生命力，因此，情境化设计应该具有时代性。在思想意识上应反映具有时代特点、推动时代进步的新观念，加强对习近平新时代中国特色社会主义思想，对社会主义核心价值观、依法治国理念、中华优秀传统文化、革命文化和社会主义先进文化的考查；在素材选择上应关注当代文化生活，关心日常生活、生产活动中蕴含的实际问题，采用贴近时代、贴近社会、贴近生活的素材，从而鼓励学生把课堂和生活关联起来，理论联系实际，在解决真实情境中的现实问题的过程中，让知识生发应用价值，让学习具有实际意义。

### 三、四个要点

#### （一）树人：引导学生塑造“大我”

立德树人是教育的根本任务，也是高考的根本任务。党的十八大报告中首次把立德树人确立为教育的根本任务，习近平总书记在2018年全国教育大会上再次强调立德树人是中国特色社会主义教育事业的根本任务，并指出要把立德树人融入教育各环节，贯穿教育各领域。高考是教育改革的重要领域，是素质教育的关键环节，《中国高考评价体系说明》明确指出“落实立德树人是新时代高考性质定位的决定要素”，“突出立德树人是新时代高考甄选功能的核心标准”，“坚持立德树人是新时代高考导向作用的集中体现”，“高考要旗帜鲜明地将立德树人作为根本任务，始终坚持正确的政治方向和价值取向，不断强化育人功能和积极导向作用，培养和选拔德智体美劳全面发展的社会主义建设者和接班人”。

教育要培养、高考要选拔的“社会主义建设者和接班人”应该具备什么样的基本素质和精神状态呢？在全国教育大会上，习近平总书记对此做了阐发：第一，“我们培养的人，必须树立共产主义远大理想和中国特色社会主义共同理想”；第二，“我们培养的人，必须具有爱国情怀，时刻不忘自己是中国人”；第三，“我们培养的人，必须坚持立德为先、修身为本，具有大爱大德大情怀”；第四，“我们培养的人，不仅要有中国情怀，而且要有世界眼光和国际视野”；第五，“我们培养的人，必须树立高远志向，具有勇于奋斗的精神状态、乐观向上的人生态度”；第六，“我们培养的人，必须具备德智体美劳综合素质”。

显然，和以知识考查立意的考试以及在此背景之下片面追求考分的考生相比，当下高考更具有立德树人的教育意义，所选拔出的人才更能够担当“社会主义建设者和接班人”的大任。而高考语文试题的情境化设计，理应适应这一教育变革的需要，更好地服务于培养和选拔“社会主义建设者和接班人”的教育功能，以“立德树人一堂课”的方式潜移默化地作用于考生的认知和成长。

以2019年全国高考语文Ⅰ卷作文题为例：

阅读下面的材料，根据要求写作。

“民生在勤，勤则不匮”，劳动是财富的源泉，也是幸福的源泉。“夙兴夜寐，洒扫庭内”，热爱劳动是中华民族的优秀传统，绵延至今。可是现实生活中，也有一些同学不理解劳动，不愿意劳动。有的说：“我们学习这么忙，劳动太占时间了！”有的说：“科技进步这么快，劳动的事，以后可以交给人工智能啊！”也有的说：“劳动这么苦，这么累，干吗非得自己干？花点钱让别人去做好了！”此外，我们身边也还有着一些不尊重劳动的现象。

这引起了人们的深思。

请结合材料内容，面向本校（统称“复兴中学”）同学写一篇演讲稿，倡议大家“热爱劳动，从我做起”，体现你的认识与思考，并提出希望与建议。要求：自拟标题，自选角度，确定立意；不要套作，不得抄袭；不得泄露个人信息；不少于800字。

通过“面向本校同学”这一具体而又真实的情境安排，用考生熟悉的学习场景和生活实际作为表达场域和写作背景，但同时又用“统称‘复兴中学’”的巧妙设计把对考生家国情怀的要求嵌合其中，使得聚焦劳动教育、直面现实问题、指向青年成长的诸多命题意图有机统摄于国家目标和民族复兴的宏大主题和时代使命之下，情境设计帮助该作文题成为立德树人的成功载体。

我们以某地高三年级模拟测试作文题为例来做个比较：

阅读下面的材料，根据要求写作。

**在这个特殊时期，全国人民正在进行一场特别的考试：疫情防控。而作为高三学生的你，又迎来另一场特别的考试——深圳市2020年普通高中高三年级线上统一测试。是的，这场考试有着很特别的地方：居家、线上、没有老师监考……**

**因为特别，你会有特别的应对，崭新的思考，深刻的启发。**

**今后的人生中，还会有许多特别的考试，而你，就是那答卷人。**

请你从下列任务中任选一个，根据要求完成写作。

①以“20年后的你”的身份，给参加这次考试的你写一封信。

②有人说：有监考能保证考试的结果真实可信，希望父母参与监考；有人说：不需要监考，重在自觉，考试的过程更重要。请你针对其中一个看法写一篇驳论文。

③请你为《南方教育时报》的“教育众声”栏目写一篇关于这场线上考试的评论。

要求：结合材料，自选角度，确定立意，自拟标题；切合身份，贴合情境；符合文体特征；不要套作，不得抄袭；不得泄露个人信息；不少于800字。

这一文题用“特别的考试”这一关键表达统摄疫情防控、线上考试和人生考试三大话题，通过强调当下真实的线上考试的特别之处：居家、线上、没有老师监考把三大话题关联起来，考生的立意须由对这些特别之处的分析得出：自主、自觉、自律。显然，这是一个指向“青年成长”中更好地完善“小我”的立意，考生须自觉地以时代青年的态度和意识应考，才可以把“小我”的成长和习近平总书记的几大阐发有机地进行关联和整合，从而实现由个人成长向家国责任，也就是由完善“小我”向成就“大我”的转向。

相比较之下，高考语文作文题在情境设计更明确、更真实，也更巧妙地引导考生关注“小我”的完善和“大我”的塑造，并且在“小我”和“大我”之间建构起了有效而又有机的关联，从而更好地完成了立德树人的教育目标和高考语文的考试功能。

显然，只有一代一代青年都勇敢而又坚定地接过属于自己的这一棒，跑出自己这一代人的好成绩，我们的事业才能不断向前，我们的梦想才能实现，因此，引导考生塑造“大我”是情境化教学设计和考试命题中最重要的一项优化要求和一条优化路径，高考语文作文题尤其如此。从考生的视角来看，则应该以具有理想信念、爱国情怀、品德修养、国际视野、远大志向与奋斗精神、综合素质的“大我”状态来迎接高考，接受祖国的挑选，自觉地把参加高考的过程视为塑造“大我”的一个环节，在任何“情境”之下，都应该把自己的语文能力和素养作用于国家目标和民族复兴的时代伟业。

### （二）强基：要求学生激活知识

如上，语文学科教学和考试都是以语文学科核心素养作为考查目标的，“情境”只是载体，它是一个综合性的载体，整合了语文活动的三种方式、学科素养的四个维度、“一核四层四翼”的考查要求等，而这一切，都以“语言建构与运用”所需要的知识和思维为基础。

具体说来，在“四层”考查内容上，《中国高考评价体系说明》指出：情境正是实现这种“价值引领、素养导向、能力为重、知识为基”的综合考查的载体，其中，知识是基础。在“四翼”考查要求上，《中国高考评价体系说明》指出：“在广阔的学科领域，高考关注各学科中的主干内容，关注学习者在未来的生活、学习和工作中所必须具备、不可或缺的知识、能力和素养。因此，高考要求学生对基础部分内容的掌握必须扎实牢靠。”张开在《语文考试改革中情境化设计须重视的问题》中也说，必须根据语文学科考查目标的需要，在对考生语文学科知识结构和知识经验重合基础上，有所引发，使题目所呈现的情境与学生原有知识结构形成相互作用，发挥情境对于提升语言应用能力水平、思维发展和审美品质、文化素养层次的潜在促进意义。

2020年1月14日，教育部发布了《关于在部分高校开展基础学科招生改革试点工作的意见》（以下简称《意见》）。《意见》指出，自2020年起，将取消“自主招生”，在部分高校开展基础学科招生改革试点，即开启“强基计划”。虽然这一“强基计划”旨在突出基础学科的支撑引领作用，重点在数学、物理、化学、生物及历史、哲学、古文字学等相关专业招生，但也提示我们基础学科支撑作用的重要性。语文是基础学科中的基础学科，它的应用性是以它的工具性为前提的，而知识和思维是语文这一基础学科中的基础内容，因此，情境化教学设计和考试命题都要以强基为自觉要求，启发学生和考生调动和激活自己的知识储备，在复杂和灵活的思维活动中综合性地运用知识，解决具体情境中的语文问题。

### （三）有“我”：启发学生发现意义

语文学科的情境化教学设计和考试命题还要注意一个问题，那就是要求学生关联自我，把自我代入其中，引导学生通过语言文字在自我和世界之间建立亲密关系，从而获得甚至创造学习的意义。

2019年全国高考语文Ⅲ卷的作文题选取一则漫画，通过师生关系的和谐画面引导考生聚焦教育事业，赞美教师品质，关注自身成长。“毕业前最后一节课。老师说：‘你们看看书，我看看你们。’”文字和画面情境中的“你们”，不就是正在考场奋笔疾书的考生吗？而某地模拟题选用疫情防控期间新华社刊登的题为《相隔百余年的两张照片，定格相似瞬间》的配文新闻照片，考生在书写医患关系的时候，究竟是把自己想象成患者还是医生呢？如果没有这样的想象和关联，那就只能是诸如“穿越百年，真情不灭”“穿越百年，不变的尊敬与感谢”这样无“我”的写作，写作尤其是服务于高考为国选材目的的选拔性写作的意义难免大打折扣。

### （四）无碍：便于学生进入情境

语文学科的情境化教学设计和考试命题还要“入境”无碍。学生不是演员，语文学科教学和考试的目标也不是培养演员，因此，“情境”的设计不应该在学生代入情境的过程中设置障碍，甚至便于学生迅速代入情境，进行学习和答题。

上述“特别的考试”模拟文题，第一个写作任务是：以“20年后的你”的身份，给参加这次考试的你写一封信。和后面两个以自己的、当下的身份写作的任务相比，入境的障碍就要大很多。有多篇考场优秀作文，均是以20年后的自己的身份嘱咐、交代、鼓励当下的自己如何应对好眼下这场特别的考试，通过某个时间节点上的自己向另一个时间节点的自己说话来完成写作任务，殊不知，20年后的自己是由正在进行这场特别的考试的当下的自己成长而来的，对于20年后的自己来说，这场特别的考试已经结束，当下的自己已经成为过去，两个自己不是两个时间节点上的两个人，而是一条时间长河中的一个人，考生要在时间的长河、人生的长河和祖国发展的长河中回眸和思考，也可以在时间的长河、人生的长河和祖国发展的长河中展望和抒怀。而考场作文之所以把20年后的自己和当下的自己当作两个人，原因就是“入境”太难。

总体上来说，语文学科的情境化教学设计和考试命题首先应该以真实为起点，让学生入境无碍，以“我”的身份进行学习和考试；还应该以强基为要点，在指向语文学科素养这一综合性的培养目标和考查目标的前提下，引导学生强化基础，在平时的学习和练习中充分积累和熟练运用知识，在知识和思维被激活的状态下进行深度学习，在高考时则要充分调动知识和思维，进行有效考试；更应该以“立德树人”的教育功能和考试任务为目标，引导学生塑造“大我”，从而培养和选拔能够承担历史使命和家国责任的一代青年。

在近年来的听课调研过程中，我采集了一些不得要领的情境任务设计，这种不得要领使得情境不仅不能提升教学效能，反而出现副作用。以小说作品《半张纸》教学为例，我见到过几种情境任务设计，其中印象深刻的有两种。第一种是在课文学习结束后，要求同学们以雨果和海明威的名义给小说作者——瑞典作家斯特林堡向诺贝尔文学奖组委会写推荐信，这一情境任务设计的知识背景是：斯特林堡是瑞典最伟大的作家，在瑞典的地位与鲁迅在中国相当，但他却没有获得自己的祖国颁发的诺贝尔文学奖。课堂上，老师对同学们完成作业的情况进行了大概总结，最后重点批评了一位同学，原因是他不仅没有完成作业，反而画了一幅漫画来“嘲笑”老师。据老师说，漫画的内容是雨果、海明威和斯特林堡三位作家的头像，还有一行文字：雨果已死，海明威两岁。第二种情境任务设计是：有关方面想把《半张纸》改编成电影，拟请张艺谋或陈凯歌担任导演，两位导演正在挑选演员。这节课的前半段是学生的课本剧表演，后半段请学生以导演张艺谋或陈凯歌的名义挑选演员，其实也就是对同学的表演做出评价。

课堂观察的情况显示，这两种情境任务设计都没有带来正向的课堂效果和教学效能。第一种：学生在课前完成了文案撰写，课堂上只是做分享，在这个预设的环节，学生分享的推荐文案比较幼稚，既不能指向斯特林堡的创作特色和艺术成就，也不能体现雨果和海明威的文字风格和艺术追求，这是意料之中，也是情理之中的情况，哪怕是对于老师来说，这也是一个难度很大的学习任务。第二种：当承担后半段评价任务的学生按照老师的要求说出前半句“我是导演张艺谋”或者“我是导演陈凯歌”的时候，同学们免不了哄笑一番，这种哄笑把《半张纸》文本原本的悲伤基调完全稀释，要知道，因为各种各样的原因，今天的同学们少了一些文字敏感和文本敏感，进入文本存在困难，当大家好不容易有了悲伤的感受后，这一句话迅速将他们从文本的世界抽离出来；另外，当分享的孩子们忍住笑说完“我是导演张艺谋”或者“我是导演陈凯歌”后，接下来所说的“我认为……”却并非张艺谋或陈凯歌的观点，一概是说话者的个人见解。

综上，我们可以得出一个结论：情境之用与情境之误在教学中都可能出现，而获得情境之用、规避情境之误的前提是正确地理解、科学地设计和巧妙地运用情境。

反观《半张纸》的两种情境任务设计，我们不难发现：首先，情境需要真实，表现为史料或现实材料的信息是真实的，相关设计符合人的基本认知逻辑，画漫画的学生通过个性化的形式表达了对情境真实性的合理诉求，雨果、海明威和斯特林堡都是真实的人物，老师对三位作家某些背景的提供也是真实的，但却忽略了三人的年龄，给知识积累丰厚或者学习认真的学生带来了困扰；其次，情境一旦设计就应该且必须作为影响因子发挥作用，不能只是作为帽子虚置在那里，具体来说，当学生按照要求以雨果或者海明威、张艺谋或者陈凯歌的身份发表见解的时候，他们就应该不再是自己，而应该是他们扮演的那个人，为此，他们需要了解甚至深入了解雨果或者海明威、张艺谋或者陈凯歌的生平经历、审美趣味和表达风格；再者，情境和任务的设计要有难度的考量和完成度的要求，《半张纸》的两种情境任务设计难度都很大，而那位因为画了漫画而被老师批评的学生，其实在任务完成度上比其他同学都进了一步，理应得到鼓励和表扬。

此外，在设计情境任务时必须牢记的至关重要的一点是：情境任务必须有助于学习者落实学科知识和学科思维、提升学科能力和学科素养。事实上，无论是高中语文“新课标”还是新发布的中国高考评价体系及其相关说明，对情境的概念都做了界定，简而言之，情境是知识的载体，也就是说，在情境和知识的关系中，知识才是主体，才是必须落实的学科学习任务。为什么要有情境？有人说得好，知识是盐，光秃秃、干巴巴地食用口感不好，且不利于消化和吸收；情境是汤，知识的盐融于其中，学习者随汤喝下，口感佳，易于消化和吸收。是的，情境只是知识的承载，其存在是为了更好地落实知识。我们现在有很多的情境任务与学科知识全无关联，甚至偏离了学习国家通用语言文字运用的课程性质。

值得注意的是，“新课标”不仅对情境的概念做了界定和阐释，而且还对情境的类型做了划分，情境有三类：学科认知情境、社会生活情境、个人体验情境。在这三者之中，学科认知情境显然是最重要的，社会生活情境、个人体验情境的设计，就是为了也只是为了更好地落实学科认知情境对学生提出的学习要求。如前，语文是一门学习国家通用语言文字运用的课程，文本作为语言文字运用的成果，是典型的学科认知情境。在以文本为核心的语文课程与教学中，社会生活情境是文本的应用场景，而个人体验情境则致力于在文本与学习者的个人体验、个人成长之间建立关联。譬如厨师和一道菜，能否做出这道菜当然是厨师最核心、最关键的能力和素养。厨师要掌握与做这道菜有关的知识，要具备与做这道菜有关的思维，这道菜就是学科认知情境。至于社会生活情境，其实就是这道菜要做给什么场合什么人吃，是商务宴请、文人雅集还是工地就餐，做给不同场合不同人吃，对食材的处理、调料的使用、火候的掌握，甚至装盘的要求，都应该是不一样的。而个人体验情境就是厨师个人对这道菜的喜好、与这道菜有关的餐饮经历和生活感受等，它不直接影响这道菜的做法，但会影响厨师个人对这道菜的接受度和掌握度、做这道菜的投入度和熟稔度等。

事实上，在一位厨师烹制和提供菜品的时候，做这道菜的核心技术、食用这道菜的场合和人、厨师个人与这道菜的关系都是不可或缺的，同理，在一位学习者进行以文本为核心的听说读写学习活动的时候，学科认知情境、社会生活情境和个人体验情境的统整也是非常重要的。鉴于学习者和厨师的不同，在对学科认知情境、社会生活情境和个人体验情境进行统整的时候，必须明确的是，学科认知情境是核心，社会生活情境和个人体验情境服务于学科认知情境。

按照教材编排和教学惯例，我们的语文课堂基本上也是在以文本为载体的教学设计和教学活动安排下开展的，三大情境的统整也就应该以文本为核心进行，教学的主体当然是文本，通过文本这一学科认知情境，学习者习得关于语言文字和文本的知识及其运用规律，通过真实而又得法的社会生活情境和个人体验情境，激发学习者的兴趣和动机，提升学习者在学科认知情境中获得学科能力和素养的效能。

在具体教学实践中，我们要把文本视为学科认知情境，充分发掘和发挥文本的学科价值，在对文本的熟读、深思和巧教中落实学科知识和学科思维；而社会生活情境和相关学习任务最好在文本学习前给出，正如厨师要在做一道菜之前知道这道菜做给什么场合什么人吃，学习者的文本学习也要事先了解其应用场景，社会生活情境和相关学习任务应该紧密关联和有效统整文本学习的全过程，比如以雨果和海明威的名义给斯特林堡写推荐信的情境任务设计就应该在文本学习前布置给学生，孩子们的文本学习应该对完成这一任务有重要作用，具体说来，对文本的介绍（包括内容理解、形式鉴赏和主旨探究的结果）应该成为推荐信的主体内容，对文本的评价应该成为推荐的重要理由。当然，这一任务不仅需要学习者了解课文文本，还要掌握斯特林堡在推荐时间之前的全部创作和创作观念；不仅需要学习者了解斯特林堡，还要全面而又深入地了解推荐者雨果和海明威。该任务虽然新颖有趣，但专业要求过高，难度过大，并不适用于基础教育阶段的学生，即使使用，也应该作为小组完成或者分层次完成的活动设计，教师要给出足够的支架来帮助和引导学生。

至于学习者的个人体验情境，其实是教师学生立场的体现，教师有必要建立这一认知：文本不是外在于学习者的客观学习对象和识记内容，并把个人体验情境的设计和运用应用在教学活动的全过程，随时而又有机地进行，务必让学习者在文本与个人体验、个人成长之间建立关联，关联越强，学习效果越好。这当然对教师的学科素养和教学能力都提出了更高的要求，但如果我们的老师具备这样的意识，在教学过程中不断尝试、不断实践，个人体验情境设计和运用的能力提升也是指日可待的事情。比如我们在《咏雪》教学中，问问孩子“你见过雪吗？”，就此把孩子们对雪的感知和对文本中“空中撒盐”“柳絮因风起”两个比喻的比较关联起来；问问孩子“你是否有过和家人、长辈一起读诗论文、谈理想和人生的经历呢？”，就此把孩子们的人生和对文本中人物风采以及家风的学习关联起来。再比如在《故乡》教学中，问问孩子“你最想和文中的哪个小伙伴一起玩耍？”或者“你最想把哪个小伙伴带回当代？”，而不是干巴巴地让孩子们对文中小伙伴的形象特征进行分析，孩子们进入文本这一学科认知情境、进入语文堂奥的兴趣一定会被更有效地激发，能力也一定会被更有效地提升。

须注意的是，这种学生立场的体现不仅应该是全过程的，而且应该是全方位的。举一个例子。有一次听一节小学语文课，教师讲的是陆游的《示儿》。教学过程中，教师多次问孩子们一个问题：如果你快要死了，你会想到什么？然后代替孩子们回答说：你一定只会想到你的玩具，你一定还会想到你的零食，你可能会想到你的小伙伴，你或者还会想到你的爸爸妈妈，你或者还会想到你的外公外婆或者爷爷奶奶。我明白老师的意图是想把孩子们带入文本，但这实在不是一个好的个人体验情境。课后，我与该教师交流时，肯定了教师的意图，但直陈了三点意见：第一，语文学科学习语言文字运用，要唤醒、培养孩子们对语言文字的敏感，对于十来岁的孩子来说，“死”这个字眼着实有些突兀而又残酷，当你每一次提出这个问题的时候，我都有一种被重击的感觉，但你和孩子们对此都没有感觉，你问得兴味盎然，孩子们个个举起小手，渴望回答这一问题，想必这一词语的语义是外在于你和孩子们的，而这，不符合语文学科教学的真意。第二，在孩子们争先恐后想要回答这一问题和其他问题的时候，你自问自答，不给孩子们机会，代替孩子们思考和表达，这不符合教学的真义。第三，语文学科以文化人，孩子们除了在文本中学习语言文字运用之外，还要在情感体验和思维活动中习得价值观，你的这一问题把孩子们放置在和陆游比较的位置上，可能让孩子们误认为爱国主义情感是陆游的事，是诗人文学家的事，是大人物的事，与我等小民无关，而这，显然背离了教育的目标。

请教师们切记，情境是知识的载体，教师们在设计情境和任务时，必须明确情境的内涵和功用，以及功用实现、功能发挥的条件，必须明确情境的外延即学科认知情境、社会生活情境、个人体验情境和三者之间的关系，在确定学科认知情境核心地位的前提下设计社会生活情境和个人体验情境。任何情况下，文本是必要的，个人体验情境是重要的，相比较之下，对于基础教育阶段的学习者来说，社会生活情境反倒并非必要和重要，有合适的情境固然好，但实在不必为此殚精竭虑，大费周章。

广州市第三中学高二年级备课组就统编版语文教材选择性必修上册第二单元第6课《老子四章》和《五石之瓠》，以“领悟老庄之道，突破常人俗见”为课题，精心设计了研习情境，如下：

【研习情境】

为了传承和弘扬中华传统文化，学校德育处将以“传承薪火探先贤哲思，烛照当下树理想人格”为主题，推出“时评多棱镜”写作投稿平台，欢迎同学们借鉴儒家、道家、墨家等诸子百家的立身处世的观点，针对我们最近的社会时事热点、校园新闻、学生学习和生活等诸多现象进行多角度、多维度的思考，发表我们的意见和看法，体现我们的思考与认知。

本期的学习和生活现象：

①“高考钉子户”唐尚珺：复读14年只为上清华，35岁的他今年参加了他人生中的第15次高考。他曾考上过中国政法大学、上海交通大学等多所名校，但他都选择了放弃。

②网络时代，部分低学历的网红收入远高于985名校的毕业生，同学们就此

议论纷纷。

③面对教育的“内卷”趋势，“内卷学业”和“佛系躺平”成为年级学生的两种截然不同的选择。国庆假期，有同学还没放假就提前了解和“开干”长假作业，有的同学选择补课“充电”，有的同学安排了外出旅游、亲朋聚会，还有的同学埋头于电子游戏。

④国庆假期，语文老师布置了写作素材积累作业，有同学整理了必修整册书，积累册上干货满满，而有同学却疑惑：这有什么用？至今积累册上空空如也。

⑤某同学在高二选科前想将来从事自己感兴趣的历史研究专业，但他的母亲坚决反对，认为应该考虑好学什么能得高分，考个好大学，能找份好工作。

…………

道家的许多思想与语句，虽然距今千年，但仍然闪耀着智慧的光辉，给我们以人生启迪，有些语句在新时代下还可以辩证思考。本期“时评多棱镜”欢迎同学们借鉴道家立身处世的观点，就以上的一些现象进行辨析思考并投稿。

该研习情境的设计应该指向教学目标，暗含一种诉求：与同学们在学习本课之前如何看到这些现象相比，他们学完本课后，应该在思想认知和思维方式上都获得进步，能够用老庄的思想看待这些现象，用老庄的思维方式思考问题。但因为这几个情境固然充分体现了当下的社会生活情境和学生的个人体验情境，但和学科认知情境（文本）关联度很低，所以在课堂后半段学生对这些现象的分析很难用上课文中的老庄思想；加之对思维方式的忽略，学生只是从“现象”到“现象”，缺少从现象到本质的关键一环，最后的效果不太理想。

综上，以文本为核心优化社会生活情境和个人体验情境创设，实现社会生活情境、个人体验情境与学科认知情境（文本）三大情境的整合，这是优化情境创设的要点。

**（三）以文本为中心优化学习活动设计**

新课改主张以学习者为中心，用学习者的学习活动组织课堂，让学生在自主合作探究中参与学习过程，以完成情境中的任务为目标取得学习成果，这一用意非常明智，但在语文学科学习中，缺少以文本为核心的课程与教学观，缺少对文本包含言、象、意三要素及其相互关系的充分阅读，缺少对文本是例子的认知及其教学设计，学习者的学习活动定然收效甚微。在语文学科视域中，必须以文本为中心优化学习活动设计，要点如下：

第一，学习者的学习活动首先必须是语文活动，语文活动在课标中有明确规定："阅读与鉴赏""表达与交流""梳理与探究"，加上义务教育阶段的"识字与写字"，虽然该规定的组合方式有不合学理之处，但都属于语文活动，遗憾的是，在我们的课堂上，大量呈现的是唱歌、画画、做手工、演剧等其他活动，必须明确的是，这些活动的功能只是激趣或其他外部功能，不能成为语文课堂上学生的主体活动。

第二，学习者的学习活动必须相互关联，步步推进，共同指向情境中的任务，为学生完成情境中的任务提供支架。

第三，学习者的学习活动必须和文本关联，能够带领学生走进文本，在充分完成"这一个"言象意的学习的同时获得文本图式。（这一要求是常式，实际教学过程中，对文本言象意的充分阅读和整体分析是基础，教学内容的选择则可以依据教师对该教学文本最大教育教学价值的判断、依据学情进行个性化选择和创造性处理。）

第四，学习者的学习活动必须指向学生读写能力和学科素养。

学习者的语文学习活动与文本的关系是这样的：

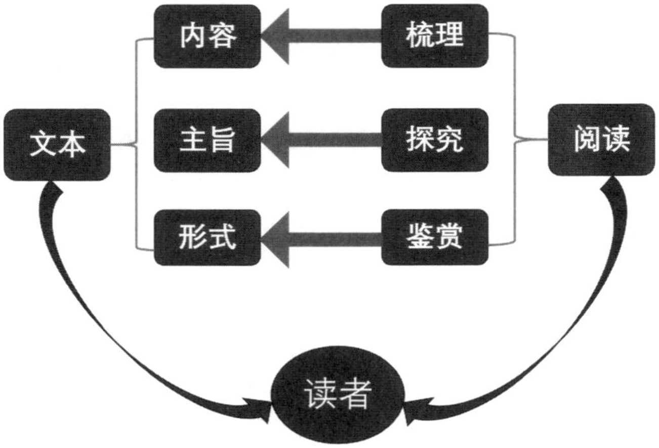

理想课堂是这样的:

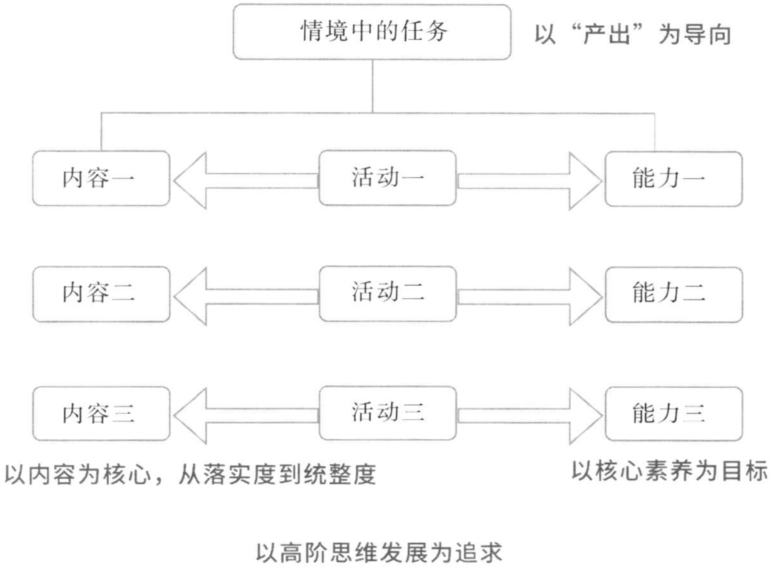


以文本为中心的理想语文课堂是这样的:

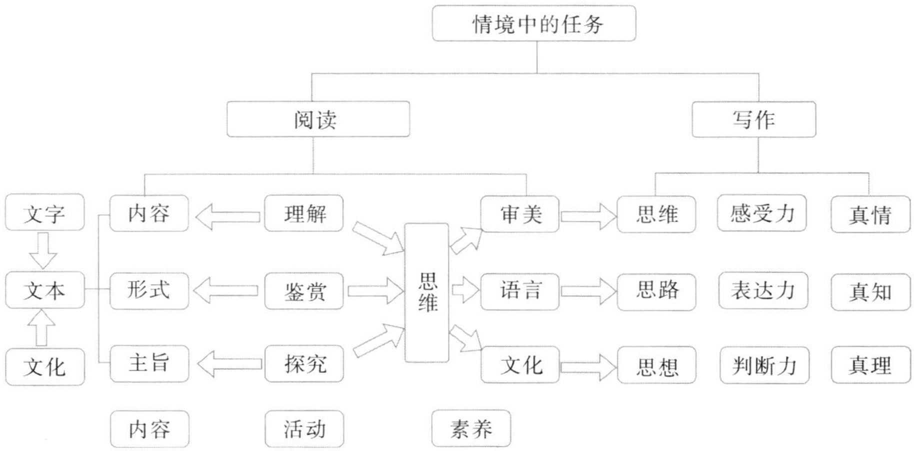

以文本为中心的语文作业设计有以下路径：

一、以文本为核心的深度阅读作业（知识习得和思维发展）

二、以建构为目标的读写融合作业（图式建构和规律探索）

三、以素养为导向的情境任务作业（问题解决和素养提升）

## 三、评价：以文本为核心

当前，语文学科考试评价是以文本为核心的，好的试卷也会把社会生活情境和个人体验情境有机融入，实现三大情境整合，通过情境中的任务驱动引领学生的学习活动，但在评课时，却往往偏重创新而忽略了文本这一核心要素。笔者认为，评课的核心要素是文本、知识和思维，具体表现为：文本是否读透，是否通过文本读写活动落实了知识，提升了思维。在此基础之上，再看是否有机融入创新要求，而且，创新必须有助于落实。

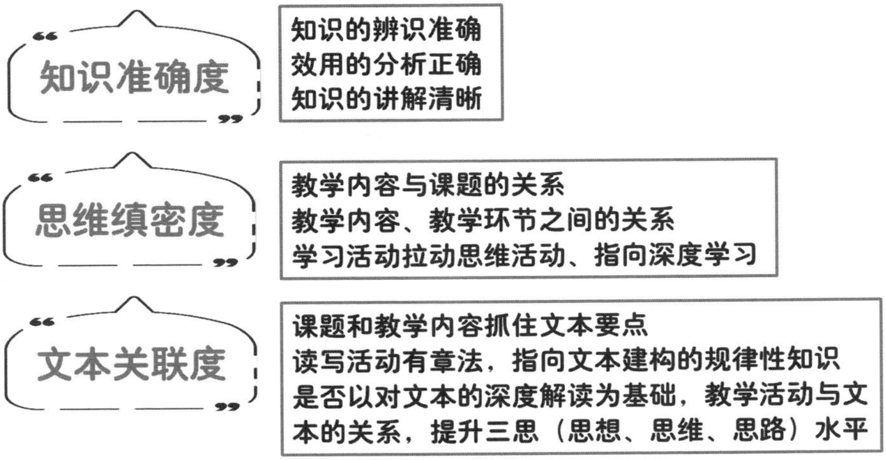

评课示例一：

## 从心灵画手、心灵捕手到心灵医手
### ——《复活》（节选）群文阅读观课感受与思考

老师们好！

很感谢来自山东省乳山市第二中学的徐慧老师，为我们呈现了一个外国经典小说群文阅读的优秀课例，也很高兴能通过中语参搭建的学习和交流平台，跟大家分享我的观课感受与思考。

徐慧老师的这节课有很多值得学习借鉴的地方：

第一，徐老师单元统整的意识和能力都非常强。统整是学科素养目标和学习任务群教学对我们提出的必然要求，是落实“新课标”和实施新教材的必然路径，统整需要更有高度、更有广度和更有深度的语文学科认知、阅读视域和思维水平，徐老师在这一点上表现很出色。在具体的教学过程中，这种统整表现在四个教学环节，首先是导入环节，徐老师精心预设了教学用语，但却巧妙地在与学生的互动中生成：《大卫·科波菲尔》成长的故事，在磨难、困苦中如何成长的故事；《复活》忏悔的故事，痛彻心扉的忏悔；《老人与海》搏斗的故事，“硬汉”形象和惊心动魄的搏斗故事；《百年孤独》孤独的故事，绵延一个家族数代人的孤独故事。其次是活动二“精彩故事，怎么讲？”中，通过对《复活》中“心理描写”的赏析拓展到单元中的其他三个文本。再次是活动三“‘现实’与‘现代’，谁是你的最爱？”中，对四个文本两两分组后进行艺术风格的比较。最后是结语部分，徐老师逐一提及四部作品：大卫如何成长为一个作家？《复活》最后的结局如何？老人下次还出不出海？神奇的家族还有哪些离奇的故事？引导学生从课内到课外，开展经典作品整本书的自主阅读。也就是说，整个教学过程中，只有活动一“精彩故事，谁来讲？”聚焦《复活》，没有关联其他文本。

第二，徐老师的教学内容选择充分体现出她对语文学科课程性质和教学目标的认识。语文课程是一门学习祖国语言文字运用的综合性、实践性课程，语言建构与运用是语文学科核心素养的基础，在语文课程中，学生的思维发展与提升、审美鉴赏与创造、文化传承与理解，都是以语言的建构与运用为基础，并在学生个体言语经验的发展过程中得以实现的。文学类文本在语言的建构与运用方面，比其他文体文本更为充分、更为灵活，也更加综合地调动了语文知识，徐老师以语言建构与运用为关注点，主要选择了“叙述视角”和“心理描写”这两个语文知识为切入点，其中“心理描写”这一切入点能够带领学生很好地深入人物的内心世界、把握经典作家的创作功力、实现语言建构与运用能力的迁移。我曾经写过一篇小文，比较以2017年为前后分界点的高考文学类文本在命题关注点上的变化，从关注写了什么到关注怎么写的，从对人物外在行为的关注到对人物内心世界的关注，是非常明显的变化，正因为如此，我个人非常认同徐老师的教学内容选择。

第三，徐老师在学习活动的设计上颇有匠心，通过“精彩故事，谁来讲？”“精彩故事，怎么讲？”“‘现实’与‘现代’，谁是你的最爱？”三个学习活动和相应的、适切的学习任务来组织教学，再加上必要的学习支架的提供，以及学习过程中精当的评点和精要的启发，很好地实现了教师的教学引导功能，而学生通过创作、表演、画图、填表，在思考、讨论、表达和展示中参与学习过程、分享学习成果，充分地体现了自主合作探究式学习的要求，教师的教和学生的学有机结合，保障了教学目标和教学效果的达成。

除了这三点之外，徐老师的教学设计和课堂呈现还有很多可圈可点之处，比如注重文本细读，能对文本相关内容做出细致分析。令人印象深刻的有对《复活》中玛丝洛娃“微微一笑”的三个状语“嫌恶”“妖媚”“可怜”的解读，“嫌恶”是玛丝洛娃对聂赫留朵夫的态度，“妖媚”切合玛丝洛娃的身份，“可怜”表明她的境遇，非常精准，由此引导学生在复杂修饰语所呈现的矛盾和张力中去探究人物的性格——玛丝洛娃个性中的高傲，去猜测故事的发展和结局——聂赫留朵夫和玛丝洛娃会有怎样的结局；还有对《百年孤独》中丽贝卡幻觉的分析等，虽是只言片语，却非常精当地指向人物的境遇和人物境遇与“孤独”主题的关联。

再比如徐老师比较关注学生思维，通过纵向深入分析和横向比较分析实现学生思维品质的提升。比较是我们认识事物的一种重要方法，徐老师就非常注重比较，关于叙事视角和叙事技巧的两个学习目标分别涉及不同视角的比较和不同风格流派的比较。另外，在教学过程中，徐老师注重提取和整合同类信息，比如《复活》中聂赫留朵夫的哭和玛丝洛娃的笑；注重深入人物的内心世界，对每一次哭和每一个笑进行深入分析；注重探究，基于哭与笑之间的比较探究故事的发展。再比如《老人与海》中对“他想”“他说”等关键表达的聚焦，由此导向内心独白这一心理描写的特殊技巧等。这些做法，都能够在春风化雨之中提升学生的理性思维能力。

还有徐老师巧妙关联生活情境，表现出较强的育人意识并能在教学过程中自然融入；评点和启发引导都准确到位；和学生的互动有效；等等。

显然，徐老师是一位语文学科素养很高、教育教学能力很强的语文老师，这节课也是一节值得我们深入研究和认真学习的语文课。

当然，课堂教学是一门遗憾的艺术，这一点应该是我们语文人的共识，每一节好课也都有可以进一步斟酌的内容、进一步打磨的细节和进一步提升的空间，徐老师这节课也不例外。

在我看来，这节课的不足主要表现在以下几点：

**首先，学习目标存在定位上的局限、错位和在教学中的游移。**以学生为主体，从学生学习的角度确定课堂目标，这一点非常值得肯定。具体来说，本节课具体的学习目标为：

叙事角度：通过转换视角讲述故事，品鉴小说的叙事视角。

叙事技巧：比较鉴赏体会小说不同风格流派心理描写的技巧。

教学重难点为比较鉴赏现实主义小说和现代主义小说心理描写的特色。

显然，鉴赏是本节课的目标定位，教学内容也就是鉴赏的对象是作品的叙事视角和叙事技巧（实际上是心理描写），教学的路径是通过比较不同——不同的视角，不同风格的心理描写进行品鉴。

关于学习目标，我刚才提到三个需要思考的问题，那就是定位上的局限、错位和在教学中的游移。现在一一道来。

所谓定位上的局限，针对的是本节课以鉴赏能力为学习目标。审美鉴赏与创造是语文学科核心素养的一个重要维度，也是文学类文本解读的题中应有之义，因为文学是审美的意识形态，以鉴赏能力为学习目标并没有问题。问题在于定位在鉴赏上窄化了素养要求，也偏离了“新课标”和新教材的要求，“新课标”必修阶段“文学阅读与写作”任务群，落点在“写”，选择性必修阶段“外国作家作品研习”任务群，落点在“文化”。审美鉴赏能力很重要，但要表现在语言建构与运用上，这应该也就是徐老师在最后的“致敬经典”环节，孩子们会异口同声地说“写”的原因，毕竟我们的题是“做一个会讲故事的人”，教学内容却主要在引导学生做一个会读故事的人。

所谓定位上的错位，针对的是以作品的叙事视角和叙事技巧为学习目标，如此一来，作品成了中介——学习如何叙事也就是如何讲好故事的媒介。正确的做法应该是这样的叙事视角和叙事技巧让作品具有了怎么样的艺术表现力，也就是说，形式必须和内容、主旨结合起来，必须服务于内容和主旨的表达。

所谓在教学中的游移，针对的主要是第三环节，虽然教学目标定位在鉴赏能力上，但在第三环节却落在现实主义和现代主义风格形成原因的探究上，而教学重难点“比较鉴赏现实主义小说和现代主义小说心理描写的特色”似乎并没有作为重难点来处理。

**其次，学科知识方面还存在有欠精准的问题。**先说叙述和描写，叙述和描写是五种表达方式中运用最多的两种。叙述针对事件，事件在时间中展开；描写针对物象或场景，物象或场景在空间中定格，叙述和描写的关系可以用几何中的线和点（场面描写有面）来类比。小说内容三要素为人物、情节和环境，人物和环境要描写，情节发展要叙述，人物是在情节中活动的，描写和叙述因此常常组合使用，但把描写作为叙事技巧来理解，还是不太说得通，会带来知识上的含混。再说教学第一环节“精彩故事，谁来讲？”这里的“谁”指向作者还是叙述人，有必要做一个区分；在学生的表演中，如果能够区分叙述人和人物，学生对文体、对文本本身的理解会清晰一些；学生在回答问题时，把叙述语言和旁白混同，有必要做出区分和界定；“观评感受”这样的表达不科学，应该是观课感受和评价，评价一般是基于感受和理性思考而得出，针对“评”谈“感受”不够严谨；再有就是转换视角进行再创作的分享部分，老师认为第一人称不能表现玛丝洛娃的心理，而且缺少客观社会环境的呈现、缺少大视角的描摹，不符合文豪、巨著的选择比较武断。“我”可以看到环境，第一人称可以环境描写；“我”也可以通过对方的行为捕捉对方的心灵，第一人称也可以对其他人物进行心理描写。第一人称在进行宏大叙事时确实有局限性，是有限视角，但分析没有抓住要点。

接下来，老师没有把对人物的其他描写（语言描写、动作描写、神态描写）和心理描写做出区分，在“心电图”“心灵捕手”的活动设计中直接把其他描写当作心理描写来处理。

最后，徐老师由心理描写引出风格的不同，两两分组后指出《大卫·科波菲尔》和《复活》的心理描写侧重外在，《老人与海》和《百年孤独》的心理描写侧重内在，由此分出风格上的现实主义和现代主义。显然，只要是心理描写，必然是内在的，聂赫留朵夫也有内心独白（冲突），现实主义也有幻想，而现代主义也免不了外在环境的描写。

诚然，现代主义文学反对模仿和再现客观现实，强调非理性的、心理化的、梦幻的现实，具有很强的主观性，并大量运用变形、荒诞、象征等艺术手段来表现这种主观性的现实。从心理描写的角度解读现代主义和现实主义的区分，肯定是很难说顺畅、说明白的。

**再者，教学内容关联度不足的问题。**如前所言，这节课单元课文的统整度高，但统整如果能够以关联为基础，不只是对教材选编篇目的简单组合，而是在篇目之间或者学科知识之间、学生活动之间建立更缜密的关联，教学效益一定会更高。

具体来说，徐老师这节课的导入语以成长的故事、忏悔的故事、搏斗的故事、孤独的故事对本单元四个文本进行概括，主要针对的是四篇小说的主题；结束语以“大卫如何成长为一个作家？《复活》最后的结局如何？老人下次还出不出海？神奇的家族还有哪些离奇的故事？”四个问题作结，主要指向四篇小说的情节，也就是人物的命运和他们可能的行为选择；主体部分以叙述视角、心理描写和艺术风格组织教学，关注的是作品的艺术手法这一形式要素。主题、形式和情节内容分别回答为什么写、怎么写和写了什么的问题，原本可以构成一个很好的小说阅读知识系统，但因为教学中三者之间缺少有机关联，导入和结语对主体内容的教学没有帮助，反倒显得教学内容不够集中。

另外，主体部分的三个教学内容“精彩故事，谁来讲？”“精彩故事，怎么讲？”“‘现实’与‘现代’，谁是你的最爱？”分别指向叙述视角、心理描写和艺术风格三个语文知识，叙述视角对教学重难点“比较鉴赏现实主义小说和现代主义小说心理描写的特色”没有帮助，由心理描写导向艺术风格，导向现实主义和现代主义风格的成因，既存在知识上的不足，又偏离了学习目标和教学重难点。老师给出的任务是：“同样都是心理描写，这四位名家风格迥异，精彩纷呈。请结合时代文化背景等探究风格的成因，小组交流讨论。”表格设计了影响艺术风格的四个要素：个人经历、时代背景、民族文化、风格流派。这里出现了

“风格”影响“风格”，思维不够缜密。

如果我来上这节课，可能会在徐老师的基础上，做出以下处理：

1．把教学重点处理为描写，对人物的心理描写，包括语言、动作、神态在内的其他描写，以及与人物命运密切相关的环境描写。小说讲故事，讲的是人物的故事。人物是小说的核心要素，而描写人物也就成为小说最重要的创作任务。

2．叙事角度很重要，但是对于本课重点——描写没有帮助，这部分内容徐老师用了10分钟，可以舍弃。

3．按照文本中对人物的心理描写、其他描写和环境描写设计学生活动，可以表述为“心灵画手”“心灵捕手”“心灵医手”。“抓铁栅栏”等典型动作就可以归入动作描写，而不是心理描写；货行、阁楼、监狱、大海、马孔多镇等环境描写对于人物形象的塑造也有着举足轻重的意义，有同学关注到《老人与海》中的“风”，但是只看到一处，如果从头到尾做一番梳理，对环境、环境对于人物塑造以及环境对于主题呈现的意义，就能够更清晰地把握。

4．处理三个环节之间以及导语、结语和三个环节之间的关系，把对人物的描写与人物性格与命运、小说情感与主题关联起来进行表达。

5．进行读写结合任务设计。

以下是这种设计的图示：

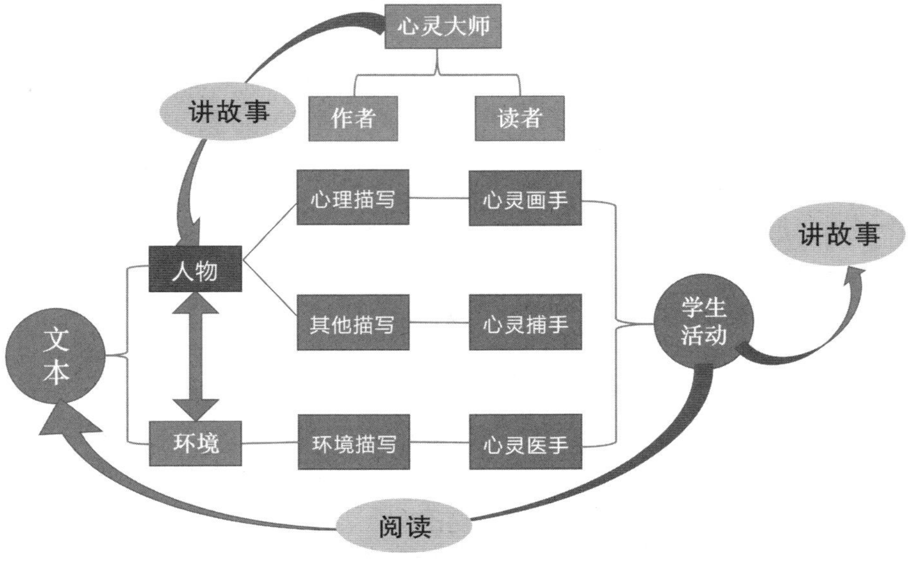

总体上来说，这是一节令人愉快也催人思考的课。再次感谢徐老师，感谢中语参，也感谢同行在语文教学和研究道路上的各位老师！

老师们再见！

评课示例二：

## 在自然的强化和历史的虚化中实现对人物的美化
### ——《念奴娇·赤壁怀古》观课感受与思考

老师们上午好！

感谢来自复旦大学附属中学的陈晓蕾老师，这位知性、优雅的年轻老师，通过娓娓讲述和循循引导，把我们和她的学生一起，带入苏轼的艺术创造和精神追求之中，度过了四十几分钟的美好时光。

苏轼是中国文学史上一位知名度和美誉度都非常高的大文豪，《念奴娇·赤壁怀古》是中国古代文学作品中名副其实的经典之作，苏轼的人格魅力和苏轼作品的艺术魅力共同标识着中国文化中美的高峰与胜境。陈晓蕾老师对此有深刻的体认，她的课以读者对《念奴娇·赤壁怀古》一读再读的事实开篇，凭借意大利当代作家卡尔维诺对“经典”所做的经典定义：“经典作品是那些你经常听人家说‘我正在重读……’而不是‘我正在读……’的书。”设计以一个贯穿课堂始终的主问题：《念奴娇·赤壁怀古》为何能够成为经典？而理解《念奴娇·赤壁怀古》的经典性就是她为学生设计的学习目标，至于第二个学习目标：理解苏轼对“词”这一文体的改造，理解苏词豪健清旷的风格。实际上是隶属于第一个目标的，是对主问题的回答之一。

显然这是一个非常有新意的教学设计，陈老师以学理的坚实、以文学史视野的宏阔和纵深为支撑，锐意创新，大胆尝试，通过大量思辨活动的设计和组织来推进教学，这一点非常值得肯定。

第二点，陈晓蕾老师非常注重精神的向度，这使得她的课具有了一种精神的标高。在探究为什么要“一尊还酹江月”，背后寄寓了什么样的情感这一问题时，陈老师分析了苏轼在“江山如画”而“人生如梦”的对比中，如何消解了因人生困顿和仕途挫折而带来的大悲怆与大苍凉，体会到短暂的个体生命与永恒的自然、亘古不变的江月相联结而带来的超逸与旷达。由此，陈老师展示了这样一张PPT，上面写道：

文学想象的一个目的正是在于突破时空限制，超越现实，为人类精神揭示一个新的自由向度，这是构成作品经典性的一个重要方面。

在比较温庭筠的《望江南》和苏轼的《念奴娇·赤壁怀古》在内容与境界之大不同时，陈老师又运用了南宋文论家王灼在《碧鸡漫志》中对苏轼的评价："东坡先生非心醉于音律者，偶尔作歌，指出向上一路，新天下耳目，弄笔者始知自振。"其中"指出向上一路，新天下耳目"虽然主要针对艺术创作而言，但艺术创新显然首先新在题材内容和精神气象上。

陈老师提出的问题，选择的素材，都表明她对人类精神维度的认同和重视，这一点也非常值得肯定。我曾经在有关文学阅读的讲座中提到自己的一个观点：人类生命有生物性的维度、社会性的维度、精神性的维度，可以用弗洛伊德的本我、自我和超我来对应，而用社会性维度的自我压抑生物性维度的本我，遮蔽精神性维度的超我是人类文化的特点，也是很多人读不懂经典文学作品的原因。文学作品是一种更充分、更灵活、更综合地运用了语言知识，更充分、更巧妙、更深刻地表达了思想情感和文化认同的一种文体，对文学作品的解读能力集中体现了一个人的语文素养。在引领孩子解读经典文本的过程中引领孩子们的精神成长，把孩子们带向人生的开阔地、精神的高地，这是陈老师很宝贵的教学亮点。

第三点，陈晓蕾老师占有的学术资源非常丰富，而且能够在教学中适时援引教学，这些资源在帮助学生理解文本、理解文学家和文学史方面都起到了很好的作用，保障了教学效果。除了前面我们所用例子之外，还有如：

"近却颇作小词，虽无柳七郎风味，亦自成一家。呵呵！数日前猎于郊外，所获甚多，作得一阕，令东州壮士抵掌顿足而歌之，吹笛击鼓以为节，颇壮观也。"（苏轼《与鲜于子骏书》）这是苏东坡写给友人信中的自况和自评。

还有文学史上其他词论家对苏词风格的精当点评：

"稼轩求胜于东坡，豪壮或过之，而逊其清超……""东坡，神品也，亦仙品也；稼轩，豪品也。"（陈廷焯《白雨斋词话》）

"东坡之词旷，稼轩之词豪。"（王国维《人间词话》）

以及卡尔维诺所说的：一部经典作品是一部早于其他经典作品的作品；但是那些先读过其他经典作品的人，一下子就认出它在众多经典作品的系谱图中的位置。

在作业中，陈老师以袁枚所说“人闲居时，不可一刻无古人；落笔时，不可一刻有古人。平居有古人，而学力方深；落笔无古人，而精神始出”来引导学生思考如何传承古人的思想与学问，如何将古人的思想与学问作用于自己的思考与写作，很准确，也很有意义。

“新课标”提出了学科素养目标，设计了学习任务群，新教材以人文主题和学习任务群双线组元，“新课标”的落实和新教材的实施需要更有高度、更有广度和更有深度的语文学科认知、阅读积累和思维水平，我曾经以“二者为师 三思后教”来表达我对新高考和“新课标”背景下实施新教材的理解，“二者”即读者和学者，读者和学者不是某种特定的身份，而是指阅读的人和学习的人，不断阅读、始终学习的人才能占有更多的资源，也才能为学生的学习提供更有效的资源。陈老师应该是一个不断阅读、始终学习的“二者”之师。

总体上来说，有新意、有高度、有资源是陈晓蕾老师这节课非常值得学习和借鉴的地方。

当然，陈晓蕾老师这节课也有不少值得进一步探讨的地方。

首先是生命感发和形象思维活动引导不够。文学类文本是审美的意识形态，须通过联想、想象等形象思维活动才能进入其中，获得审美的体验；中华古诗词别有意境之美和声韵之美，是生命感发的最佳读本。叶嘉莹说，中国诗歌最大的作用就是兴发感动。诗人余光中在《自豪与自幸——我的国文启蒙》一文中回溯自己的学习历程，多次写到“感性”一词：

至于诗词，则除了课本里的少量作品以外，老师和长辈并未着意为我启蒙，倒是性之相近，习以为常，可谓无师自通。当然起初不是真通，只是感性上觉得美，觉得亲切而已。遇到典故多而背景曲折的作品，就感到隔了一层，纷繁的附注也不暇细读。不过热爱却是真的，从初中起就喜欢唐诗，到了高中更兼好五代与宋之词，历大学时代而不衰。

…………

五十年来，每逢独处寂寞，例如异国的风朝雪夜，或是高速长途独自驾车，便纵情朗吟“弃我去者昨日之日不可留，乱我心者今日之日多烦忧！”或是“长洪斗落生跳波，轻舟南下如投梭，水师绝叫凫雁起，乱石一线争磋磨！”顿觉太白、东坡就在肘边，一股豪气上通唐宋。若是吟起更高古的“老骥伏枥，志在千里。烈士暮年，壮心不已”，意兴就更加苍凉了。

《晋书》王敦传说王敦酒后，辄咏曹操这四句古诗，一边用玉如意敲打唾壶做节拍，壶边尽缺。清朝的名诗人龚自珍有这么一首七绝：“回肠荡气感精灵，座客苍凉酒半醒。自别吴郎高咏减，珊瑚击碎有谁听？”说的正是这种酒酣耳热，纵情朗吟，而四座共鸣的豪兴。这也正是中国古典诗感性的生命所在。……

张大春在《文章自在》一书中追溯自己的语文学习历程，写到一位爱诵读的老师让他感受到语文之美，一位爱写作的老师启发他表达出语文之美。

教材上的单元导语中也写道：要在诵读和想象中感受诗歌的意境，欣赏其独特的艺术魅力。遗憾的是，陈晓蕾老师的课，思辨活动多，感发活动少，如果能通过引导学生在想象中与苏轼同游赤壁，同瞻古人，通过“我看到了什么？”唤醒画面感、在场感，让宏阔的自然、壮阔的历史、伟大的英雄豪杰如在眼前；通过“我悟到了什么？”，在大江、江山、江月和风流人物、豪杰、周郎、公瑾，故垒、故国、三国，以及樯橹所代表的历史功业的对比中进入诗人的精神世界，来解读苏轼的“一尊还酹江月”。“我看到了什么？”诉诸学生的感官和感性，“我悟到了什么？”诉诸学生的头脑和理性，在感性与理性的互通交融中，学生对作品经典性的理解和分析应该也可以更为深入。

其次，陈老师这节课以分析、探究和比较的思维活动为主，但还是存在思维不够缜密的地方。前面已经提到，理解《念奴娇·赤壁怀古》的经典性和理解苏轼对“词”这一文体的改造，理解苏词豪健清旷的风格这两个教学目标已经呈现包含和被包含的关系，第二个学习目标实际上隶属于第一个目标，是对“《念奴娇·赤壁怀古》为何能够成为经典？”这个主问题的回答之一。另外，陈老师的教学以“经典”为关键词引领和贯穿整个教学过程，但却没有对经典内涵的界定，毕竟卡尔维诺所说的一读再读只是表明了经典作品的魅力，没有涉及经典的内涵或特征。缺乏对经典内质和灵魂的共同认知，这让整个教学有点虚飘。还有，在教学环节（二）中苏轼将这样的周瑜置于什么样的画面之中？生发出怎样的情感？以此理解苏轼对词这一文体的改造。下面的两个子任务为：1．我们这个单元里还有没有类似的表述？2．“为什么要‘一尊还酹江月’”和“背后寄寓了什么样的情感”二者之间没有关联，过渡和衔接比较生硬。最后，有些教学内容，比如和辛弃疾的比较包括作业的设计没有扣紧自己的主问题。以作业为例：

1．请结合本课的《永遇乐·京口北固亭怀古》，并收集两位词作者其他的作品，继续探究苏辛词的区别。（在随笔中体现）关注的还是苏辛词的区别。

2．袁枚所说的“人闲居时，不可一刻无古人；落笔时，不可一刻有古人。平居有古人，而学力方深；落笔无古人，而精神始出”阐述了我们今天如何继承古人的思考与写作，你同意他的观点吗？请写一篇文章举例分析，阐述你的观点。（二选一完成）关注的是如何传承的问题。

陈老师对词中的艺术手法关注不够。“《念奴娇·赤壁怀古》为何能够成为经典？”综合起来看，答案应该有三个：精神性（指向人类生存的意义）、艺术性（指向作品的文学价值）、独创性（指向文学史意义），但陈老师的教学偏重精神性和创造性，对艺术表现力没有予以关注。但艺术表现恰恰是语文知识集中的地方，是学生需要习得并迁移到自己表达中去的语文能力。语言建构与运用是语文学科的课程目标和重要教学内容，而文学类文本中那些个性化的语言表达和艺术技巧，对提升学生语言建构与运用的能力很有价值，教学中最好不要忽略。比如经典名句“大江东去，浪淘尽，千古风流人物”“乱石穿空，惊涛拍岸，卷起千堆雪”；比如苏轼对周瑜的表现，通过对历史的虚化、自然背景的衬托和“羽扇纶巾，谈笑间，樯橹灰飞烟灭”的直接描写，极大地美化了周瑜的形象。

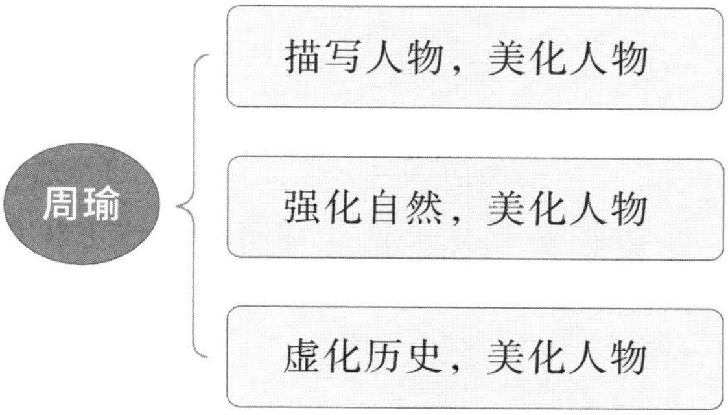


另外，陈老师的课单元统整度不高，只是在第二环节就“大江东去，浪淘尽，千古风流人物”提出了一个问题：“我们这个单元里还有没有类似的

表述？”

教学上的详略处理有些失当，在第一环节“比较史实与苏轼的写作”“分析苏轼笔下的周瑜形象”“讨论苏轼为何要如此塑造周瑜”花费时间太长，而对第二环节“理解苏轼对词这一文体的改造”处理匆忙，尤其是在分析为什么要“一尊还酹江月”，背后寄寓了什么样的情感这一理解苏轼、解读作品的难点上，没能真正把学生的思考引向深入。

第三环节引入温庭筠的词《望江南》突出苏轼的文学史意义，引入辛弃疾对苏东坡的唱和之作《念奴娇·瓢泉酒酣，和东坡韵》来说明后人对东坡的继承与阐释，从而理解苏轼的经典意义与影响，这都不太典型。

板书较乱，未能对重要信息做出有效的归类，未能表达信息之间的关联；手势过多，削弱了语言表达的力量。总之，板书和手势需要进一步设计，务必以强化教学效果为要。

这是我根据陈老师的教学内容和个人理解做的一个板书设计：苏轼笔下的周瑜形象以及对比和用语中体现的文本的艺术表现力，“一尊还酹江月”表现出的超拔旷达以及作品的精神价值，开出新路、自成一家的文体创新和文学史价值。在教学的过程中，可以在这个基本框架和基础内容上适当补充添加板书内容，比如艺术表现力、超拔旷达的精神、自成一家的文体创新三者共同成就了“经典”，也丰富了“经典”的内涵；再比如在“苏轼”“周瑜”“江月”等关键词周边加上内涵上与之相同或相近，对关键词予以阐释的相关信息要点。

念奴娇·赤壁怀古

苏轼

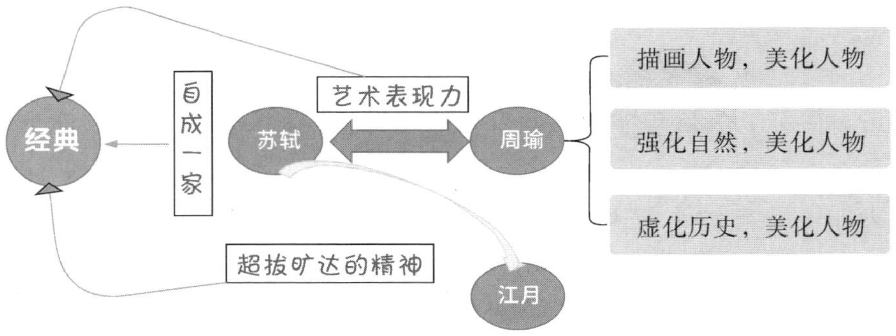

陈晓蕾老师学养深厚，锐意创新，加之有开阔的精神境界和超逸的精神追求，实际上，我个人非常喜欢，也非常看好这位老师。在此我提出一些意见和建议，供陈晓蕾老师参考，也供各位老师讨论和批评。爱诗词，爱文学，爱语文，这是我们共同的出发点，也是我们共同的目的地。谢谢大家！

附：

## 《念奴娇·赤壁怀古》（第二课时）教学设计

复旦大学附属中学　陈晓蕾

**一、学习目标：**

1. 理解《念奴娇·赤壁怀古》的经典性及其影响。

2. 理解苏轼对“词”这一文体的改造，理解苏词豪健清旷的风格。

说明：第一课时主要围绕苏轼的生平，尤其是他在黄州的遭际展开，兼以对本词的“言”的疏通。

**二、学习重难点：**

在比较中理解苏词豪健清旷的风格和他对“词”这一文体的改造。

**三、学习对象：**

复旦附中高一步青学院（9）班（数理实验班）

**四、预习作业：**

1.自主学习、查找资料，比较史实与苏轼《念奴娇·赤壁怀古》的写作，想想苏轼这样写的原因。

（续表）

| 史实 | 苏轼的写作 | 原因 |
| --- | --- | --- |
| 赤壁之战实际的地点： | 怀古的地点 | |
| 周瑜的年龄： | “小乔初嫁了” | |
| 周瑜的形象： | “羽扇纶巾，谈笑间，樯橹灰飞烟灭。” | |
| 其他发现： | | |

2. 将苏轼《念奴娇·赤壁怀古》与温庭筠《望江南》、辛弃疾《念奴娇·瓢泉酒酣，和东坡韵》分别进行比较，在思想内容、抒情方式、意境营造上有何异同？

**望江南**

温庭筠

梳洗罢，独倚望江楼。过尽千帆皆不是，斜晖脉脉水悠悠。肠断白蘋洲。

**念奴娇·瓢泉酒酣，和东坡韵**

辛弃疾

倘来轩冕，问还是、今古人间何物。旧日重城愁万里，风月而今坚壁。药笼功名，酒垆身世，可惜蒙头雪。浩歌一曲，坐中人物三杰。

休叹黄菊凋零，孤标应也有，梅花争发。醉里重揩西望眼，惟有孤鸿明灭。世事从教，浮云来去，枉了冲冠发。故人何在，长庚应伴残月。

**五、学习过程：**

导入：《念奴娇·赤壁怀古》，读者对其一读再读。卡尔维诺对“经典”的定义一："经典作品是那些你经常听人家说'我正在重读……'而不是'我正在读……'的书。"

主问题：《念奴娇·赤壁怀古》为何能够成为经典？

**（一）小组交流预习作业，比较史实与苏轼的写作，分析苏轼笔下的周瑜形象，小组讨论苏轼为何要如此塑造周瑜。**

怀古的地点：课下注释——苏轼所游的是黄州（今湖北黄冈）的赤鼻矶，并非三国时期赤壁。

周瑜的年龄：小乔初嫁时，周瑜24岁，赤壁之战时，周瑜34岁。为什么要选取24岁"小乔初嫁"时的周瑜形象？"风流"人物中还包含有感情上的得意与奋发之气，青春年少、倜傥潇洒、美人在侧的江东周郎，不仅仅是建功立业。

周瑜的形象：羽扇纶巾——儒者的装扮，儒士的风度。指挥作战的不仅是勇武的将军而已，还是儒将，在谈笑之间，就把号称几十万的曹军，火烧战船，灰飞烟灭了。

和《三国志》的比较，周瑜的确是赤壁之战的主要指挥者，但是这个计谋是黄盖提出的。也并非是在"谈笑间"这么轻而易举的事情。

引入《三国志》片段：

时刘备为曹公所破，欲引南渡江，与鲁肃遇于当阳，遂共图计，因进住夏口，遣诸葛亮诣权，权遂遣瑜及程普等与备并力逆曹公，遇于赤壁。时曹公军众已有疾病，初一交战，公军败退，引次江北。瑜等在南岸。瑜部将黄盖曰："今寇众我寡，难与持久。然观操军船舰首尾相接，可烧而走也。"乃取蒙冲斗舰数十艘，实以薪草，膏油灌其中，裹以帷幕，上建牙旗，先书报曹公，欺以欲降。又豫备走舸，各系大船后，因引次俱前。曹公军吏士皆延颈观望，指言盖降。盖放诸船，同时发火。时风盛猛，悉延烧岸上营落。顷之，烟炎张天，人马烧溺死者甚众，军遂败退，还保南郡。备与瑜等复共追。曹公留曹仁等守江陵城，径自北归。

——《三国志·吴书·周瑜传》

和苏轼的对比：五十多岁了，经历了"魂飞汤火命如鸡"的生死劫难之后，黄州编管，戴罪之身，被迁谪到黄州，衣食温饱都很困难。"亲朋无一字"的孤独与萧索，这里有什么样的复杂情绪？理想落空的悲哀。

明确："怀古"——"伤今"：以古人之酒杯，浇自我之块垒。

**（二）苏轼将这样的周瑜置于什么样的画面之中？生发出怎样的情感？以此理解苏轼对词这一文体的改造。**

“乱石穿空，惊涛拍岸，卷起千堆雪。”剑指苍穹，惊涛拍岸的力量感。

“大江东去，浪淘尽，千古风流人物。”难道江浪真的在淘洗着这些风流人物，把他们都淘洗干净了吗？既是眼前的景物，又是一种暗喻，喻指时间的流逝。无情的逝水流光，淹没了古代多少显赫一时的风流人物。

明确：把自己和周瑜都放在一个大的历史时空中来看待。

1．我们这个单元里还有没有类似的表述？

杜甫——对于自然的无奈，生命流逝之后却无所作为，只是思考自我生命的无奈；

都没有超过苏轼，但承续了苏轼在大的历史时空中要建立功业的无奈，没有这么大的气魄与格局——经典性。

2．为什么要“一尊还酹江月”？背后寄寓了什么样的情感？

如画的江山一定要有这样的顶天立地的英雄，这是相匹配的，但是自己却没有这样的命运，人生如梦，倏忽即逝，在这样的落差与顿挫之中，大悲怆与大苍凉出现了，同时也有了将自己的生命与永恒的江月联结的旷达。

明确：文学想象的一个目的正是在于突破时空限制，超越现实，为人类精神揭示一个新的自由向度，这是构成作品经典性的一个重要方面。

**（三）通过对温庭筠《望江南》和苏轼《念奴娇 · 赤壁怀古》的比较，辛弃疾《念奴娇 · 瓢泉酒酣，和东坡韵》对东坡的继承与阐释，理解苏轼的经典意义与影响。**

1．比较《望江南》与《念奴娇 · 赤壁怀古》：

请以两首词的描写，结合理解，展开想象，构思两幅画：画面的主体、画面的背景、这样构思的理由。

引入：（词论）

近却颇作小词，虽无柳七郎风味，亦自成一家。呵呵！数日前猎于郊外，所获甚多，作得一阕，令东州壮士抵掌顿足而歌之，吹笛击鼓以为节，颇壮观也。

——苏轼《与鲜于子骏书》

东坡先生非心醉于音律者，偶尔作歌，指出向上一路，新天下耳目，弄笔者始知自振。

——王灼《碧鸡漫志》

明确：结合第一课时得出结论，苏轼写词，扩大了词的表现功能，追求壮美的风格和阔大的意境，开拓词境，将传统上只表现爱情之词变革为表现性情之词，使词像诗一样可以充分表现作者的性情怀抱和人格精神。

经典性有时还表现在强烈的风格足以扭转文学史的惯性，成为这个时期的焦点。

2．比较苏词与辛词

引入学生习作，请同学阅读后用两个字进一步归纳苏辛二人风格的不同：

辛词多记述，以叙事抒情，表达身世之悲；苏词多描写，表达人生之叹。两词同样有对人生理想的追求，但辛词突出不能实现的悲叹，而苏词将个人命运放在宏大的历史背景之下，将“人生如梦”付与造物，以精神臆想的方式融入时空中。（卢实）

苏词是自嘲，相比辛词更有无奈而看开；辛词极用典故，隐晦表达自己的心意。（陈吟悦）

苏轼最终被永恒的江月抚平了激荡的情感，而辛弃疾则身陷国恨，难以被外部的风月安慰。（詹翔宇）

辛词更多是不甘，而苏词更多是豁达，辛词长于力量，写尽愁苦悲愤，似拍栏杆，似在呐喊，而苏词风度旷达，云淡风轻地自嘲，又自解，更似是已看透了世事的了然与沉厚。（陈睿哲）

引导学生关注标题，唱和（以原韵律答和别人的诗与词）之作的难度在哪里？辛弃疾的胜负心。

引入：“稼轩求胜于东坡，豪壮或过之，而逊其清超……”“东坡，神品也，亦仙品也；稼轩，豪品也。”——陈廷焯《白雨斋词话》

“东坡之词旷，稼轩之词豪。”——王国维《人间词话》

明确：影响、对话与自我形象的确立。

作品一旦上升到经典地位，就会产生巨大的楷模力量。但后继者在经典权威下亦可创造出有限但相对自由的空间，至此，文学传统被续上了新的一环。

卡尔维诺：一部经典作品是一部早于其他经典作品的作品；但是那些先读过其他经典作品的人，一下子就认出它在众多经典作品的系谱图中的位置。

**六、板书设计：现场生成**

**七、作业设计：**

1．请结合本课的《永遇乐·京口北固亭怀古》，并收集两位词作者其他的作品，继续探究苏辛词的区别。（在随笔中体现）

2．袁枚说“人闲居时，不可一刻无古人；落笔时，不可一刻有古人。平居有古人，而学力方深；落笔无古人，而精神始出”阐述了我们今天如何继承古人的思考与写作，你同意他的观点吗？请写一篇文章举例分析，阐述你的观点。（二选一完成）

# 第三节　通过文本实现读写融合

如果我们的语文教学在语言文字方面只有语意，没有语用（语法、修辞、逻辑）；语意含混笼统，忽视词意与概念的关系；缺乏从词语到句群、从句群到文本的合理进阶——

如果我们的语文教学在文本方面只是指向具体文本，没有把具体文本作为例子，从中求取公式和定理；只有内容，忽略形式和主旨，难以迁移或者只有主旨，而且主旨不是通过对文本内容和形式的分析获得，而是含混模糊地凭借经验获得；对文本内容的学习只注重记忆和积累，缺少分析和探究，高阶思维水平难以提升——

我们就没有办法通过文本实现读写融合、读写转换。

有老师跟我说，以前以为只要有输入就可以有输出，读写之间可以自然转换，一味要求和帮助学生阅读积累，不断积累好词好句，现在发现没有那么简单，老师教得辛辛苦苦，学生学得辛辛苦苦，但收获甚微，在写作能力提升上不得门径而入。现在明白没有那么简单，但却不知道从哪里下手改变，十分苦恼。

如果我们把“新课标”中的语文活动、语文思维都和文本关联起来，就会发现潜藏在文本读写活动之中的可以迁移的知识及其运用规律、思维及其活动规律，这也是语文学科的底层逻辑，只要把底层逻辑打通，就可以通过文本实现读写融合。

“新课标”三组语文学习活动中“阅读与鉴赏”“梳理与探究”是两组输入性活动，“表达与交流”是一组输出性活动。目前两组输入性活动中相关概念的逻辑关系应该进一步理顺。首先，在某种程度上，“鉴赏”“梳理”与“探究”是“阅读”的下位概念，换句话说，阅读活动包含“鉴赏”“梳理”与“探究”活动，我们的阅读活动实际上是在基于字面意义对信息进行梳理、对文本中的语用进行鉴赏、对文本深层意义进行探究的过程。其次，按照文本言、象、意三要素之间的关系和阅读活动的规律，对“象”也就是文本内容或者说文本字面意义（回答文本写了什么这一问题）的解读是第一步，“新课标”语文活动中的“梳理”活动可以与之对应，但却并不完备，准确地说，对文本内容的解读应该包含

“梳理”和“解析”两个关系紧密、相互依存的环节，合起来就是“理解”。接下来才是对“言”也就是文本形式（回答文本怎么写的这一问题）的鉴赏和对“意”也就是文本主旨（回答作者为什么写这个文本的问题）的探究。

“探究”一词中的“探”意为摸取，针对的是不可见之人、事、物或理。一般而言，信息性文本的意义都通过文字表达出来，没有言外之意，所以不需要指向文本的探究活动；反之，文学性文本的主旨意义常常深藏不露，需要在阅读中开展指向文本的探究活动。

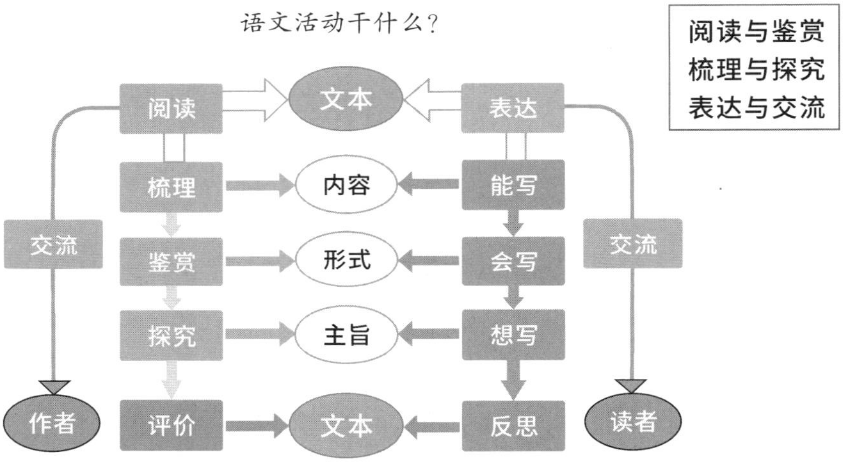


如上图，按照文本及其言、象、意三要素构成，阅读与表达之间可以建立互通关系，针对文本内容的阅读活动是“梳理”（“理解”），表达活动则是取材和用材，“巧妇难为无米之炊”，有了材料就“能写”；针对文本形式的阅读活动是“鉴赏”，表达活动则是知识运用和结构安排，有了知识和思维就“会写”；针对文本主旨的阅读活动是“探究”，表达活动则是态度（思想和感情），有了态度就“想写”，文本读写活动都是一种“交流”对话活动，阅读和作者对话，写作和读者对话。

当然，文本是一个整体，对于敏感于文字、能够深入文本的读者来说，文本甚至是有生命的、活力充盈的生命整体，我们在对文本的言、象、意进行分项阅读之时，一定要在文本三要素的相互关系即文本的整体性中进行，文本三要素中的任何一个要素也都有其整体性，文意的整体性决定了语意的关联性，语用和篇章建构的种种技巧也都服务于“象”的呈现和“意”的表达。

以下是广东仲元中学周华老师的《红楼梦》前五回导读课学案设计：

## 其味之长
### ——《红楼梦》前五回导读课之神奇故事

**【教学设想】**

人教版高中语文教材把《红楼梦》作为整本书阅读单元，阅读指导的第一条即是：把握前五回的作用。

有人把《红楼梦》前五回与整本书的关系喻为“球心与球体”的关系，前五回作为“球心”，总括了整本书的情节走向、人物命运和主题层次，对全书的整体建构起到设计、导引、钳制、掌控的作用。它既是起点，又是终点；既是全书情节展开的铺垫，又占据了整本书构思的制高点。若能帮助学生突破前五回，余下篇目尽管内容宏大、繁复，但也能像古人行船出川一样，闯过“夔门”之后，其余的路程则可顺流而下，再无阻碍。

这节课设计基于学生初读前五回的感受：真真假假，虚虚实实，弄得一头雾水。

在教材单元导语里这样提到：从最使自己感动的故事、人物、场景、语言等方面入手，反复阅读品味，获得审美感受。本节课从诸多头绪中，选取三个看似荒唐神奇的故事，来解读大布局、大预言，感受《红楼梦》丰富的意蕴及艺术构思。

**【导读目标】**

1．通过品读“石头”故事、“还泪”故事、太虚幻境故事，领会其丰富内涵；

2．探究三个神奇故事的表达意图，品鉴曹雪芹的创作艺术。

**【学习步骤】**

**一、阅读准备**

任务一：阅读前五回，画思维导图梳理故事情节。

任务二：记录疑难点。

任务三：熟练复述三个故事内容。

**二、研讨过程**

**（一）课前快闪：初识其中味**

1．请用一个词描述你读前五回的整体感受。

这个词语是：________________

课堂以开火车的形式，快速大声说出你选用的那个词。（听众要实时记录相关词语，以备提问）

2．请找一个你感兴趣或感到疑惑的词语，对提出者发问。

**（二）学习活动一：述说其中味**

仿照示例，复述“石头”的故事、太虚幻境的故事。

示例：

灵河岸边三生石畔（地点），绛珠仙草（人物）得神瑛侍者（人物）甘露灌溉（起因），得换人形，修成女体（发展）。神瑛侍者下凡造历幻缘，绛珠仙草也下世为人，把一生的眼泪还他以偿恩情。

**（三）学习活动二：试解其中味**

这三个故事，来自神界、仙境和梦幻，都不是现实的世界，作者构思这些虚幻的内容，想表达哪些意思呢？请分点陈述。

“石头”故事：________________

________________

________________

________________

“还泪”故事：________________

________________

________________

________________

太虚幻境：________________

________________

**（四）结课快闪：再斟其中味**

请用一句话描述你读前五回的整体感受。

该设计切入视角独到，教学内容新鲜，但在文意的整体性和教学环节的有序性上还要进一步研磨推敲，我给出了两点意见：1．整体来看，三个故事—前五回—全书的关系一定要建构好；2．从课堂操作来看，一定要注意从“快闪”到“学习活动一”的衔接。

关于文本三要素及其相互关系的结构图式，关于文本的整体性，笔者的《中文阅读素养指标体系与测评标准》一书有详尽论述，在此不再赘述。

# 第二章
# 三思策略

**三思是文本要素，三思是活动要点，三思是迁移要诀**

2018年，笔者以“基于高考评价和学科素养的高中语文教学策略研究”为题申报了广州市教育规划课题重点项目，该课题2020年以“优秀”结题，后获得广州市2020年教学成果奖。在后续的教学和教研工作中，随着笔者对三思策略的研究不断深入，其在语文学科教学中的基础性、统整性和有效性越来越凸显，“三思”是文本三要素的底层逻辑，是探究、理解和鉴赏三种阅读学习活动的要点，是迁移的要诀。

## 第一节 三思一体策略综论

“三思”非“三思而后行”之“三思”，该“三思”意为长久地思考。三思策略之“三思”即“思想、思维、思路”，三思教学策略指的是在语文教学实施过程中，着力于思想资源的发掘和供给、思维要素的引入和整合、隐在思路的梳理和外化，帮助师生成长为思想深刻和独到、思维灵活而缜密、思路清晰且畅达的阅读者和写作者，从而提高教师课堂教学效能，提升学生语文学科素养。

三思教学策略以学科必备知识的体系化建构和规律性总结为基础，对学科素养的四个维度进行科学而又有机的统整，使之成为指导教学的学科底层认知和引领教学的学科育人目标，并以“三思”要求统整教学内容、安排教学环节、设计情境任务、引导读写活动。

具体内容如下：

首先，遣词造句和谋篇布局体现在语篇的形式中，三思策略在语篇形式和学科知识之间建立关联，帮助学生建构认知图式和表达思路，提升表达力；

其次，表情达意指向语篇主旨，三思策略从语篇主旨中发掘和提取思想资源，作用于学生感知力和判断力的提升；

最后，语篇内容是遣词造句和谋篇布局的成果，是表情达意的依托，三思策略在语篇内容解读过程中落实形象思维和逻辑思维的基本要求，在语篇要素的有效整合中提升学生思维品质。

这就是三思教学策略解决语文教学效能低下问题的路径和方法，这是一种对症下药，从根本处发力，注重在学生心智活动和文本深度解读建立关联的系统施治之法。

1. 对语文学科的必备知识进行体系化建构、规律性总结和综合性运用研究，提出“在语用中积累，在语境中判断”的学习路径和备考要求。具体为：以五级语言（字、词、词组、句子、句群）为单位、以四种知识（语意、语法、语用、语境）为教学内容，强化长期被忽略的“语法”“语用”和“语境”要素，极大地规范了语言文字基础知识教学，解决了对单个、孤立、机械、固化的知识内容进行碎片化学习带来的效能低下问题。

必备知识是语文学科的公式和定理，但却因为散见于基础教育各学段、十二年语文教材各部分，始终没有形成有序的体系，这是语文教学效能低下的主要原因，是语文学科领域亟待解决的大问题。本人不仅建立起语言文字基础知识系统，而且对“语用”“语境”和“语法”三个概念加以强调，明确“语用”“语境”和“语法”都会影响“语意”，明确语意和语法是在语用中形成、由语境决定的，由此得出只关注“语意”一个维度的语文教学是偏颇的教学这一重要观点，并提出“在语用中积累，在语境中判断”的学习路径和备考要求，真正把体系化知识的学习和规律性知识的运用结合起来。比如《乡土中国》一书中的“乡土”二字，很多老师解释为“家乡的土地”，这一来自词典上的释义在“乡土中国”的语境中是无法成立的，此处的“乡土”意为“乡土性的”，其中的“乡”“土”二字都兼有名词、动词和形容词属性，名词的“乡”指的是“乡村”，动词的“乡”指的是社会构成和运行方式，形容词性的“乡”指的是因为乡村社会的地方性而带来的“土气”特征；名词的“土”指的是土地，动词的“土”指的是种地谋生的生产方式，形容词性的“土”指的是因为不流动而带来的“土气”特征。再比如“比喻”修辞的表达效果是生动形象，这是一个深入人心的知识内容，但在实际的语言运用中，存在以抽象的喻体形容形象的本体的现象，其作用显然不是生动形象；还有如小说的定义，书本上是“以刻画人物形象为中心，通过完整的故事情节和环境描写来反映社会生活的文学体裁。”但在实际的语言运用中，大量的小说没有完整的故事情节，更不全以“反映社会生活”为创作意图，2020年度“新课标”高考语文Ⅰ卷的“越野滑雪”就是典型的一例。

2．对“形象思维”和“逻辑思维”两种思维能力在语文教学中的落实进行研究，提出“深度阅读”的教学理念和素养目标，把阅读和写作从手和眼的活动变为心灵和头脑的活动，极大地改变了思维教学被忽视带来的效能低下问题。

“新课标”提出了“直觉思维、形象思维、逻辑思维、辩证思维和创造思维”五种思维要求，其中的“直觉思维”不依赖于语言，不可教；而“辩证思维”和“创造思维”以“形象思维”和“逻辑思维”为基础，在“形象思维”和“逻辑思维”两种思维的教学中逐渐形成，因此，在文学类文本和论述类文本阅读教学中，三思策略通过联系和想象、感知和体验以及概念、判断和推理等思维活动的反复练习，落实了“形象思维”和“逻辑思维”相关知识要求。尤其是把逻辑思维三要素（概念、判断和推理）和议论文三要素（论点、论据和论证）的联系建立起来，从而明确偏重论据的议论文写作教学与偏重内容的语篇阅读教学一样，是语文教学效能低下的原因和表征。

3．对语篇文本的显性结构和隐在结构进行研究，提出“二维结构化”阅读方法和写作路径，很好地解决了篇章读写教学缺乏章法带来的效能低下问题。三思策略正是在语篇文本的读写教学中得到应用和落实，具体实施路径为：一方面对文本的表层结构进行切分并对各段落大意进行概括，另一方面关联文体知识进行有效圈画和关联分析，引导学生在落实知识的同时进入文本的深处，并通过思维导图的方式加以整体呈现，从而有效实现深度阅读和思维品质提升目标。

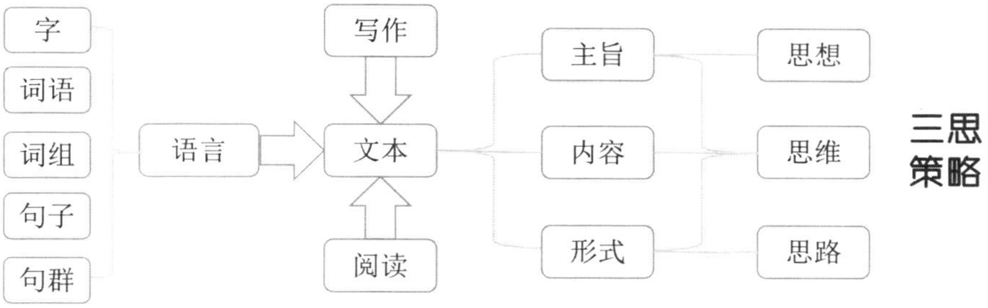


4．确立语文学科教学中文学阅读的意义。广州是千年商都，地方文化性格中比较突出的是商业理性、实用理性，社会、学校、家庭都不太认同文学的价值，加之在高考语文现代文阅读选考（实用类文本和文学类文本二选一）时代，广州市基本以实用类文本作为备考内容，在文学类文本阅读方面准备不足，导致文学阅读成为语文教学中的一个大难点。新高考语文明显强化了文学类文本阅读，本人对文学类语篇文本的隐在结构或深层结构（主题、内容、形式）进行深入研究，用图示的方式进行清晰的呈现；并在由“言”到“文”的关联中对文学阅读的重要性予以学理阐释，使之与中学生阅读素养形成正向关联。

5．对语文学科的科学性、专业性进行研究，以“言”“文”两套知识体系、“形象思维”和“逻辑思维”两条思维路径为基础，开展阅读和写作教学、拟题和答题备考的多个应用建模，让语文学科教学走上科学化、专业化之路。

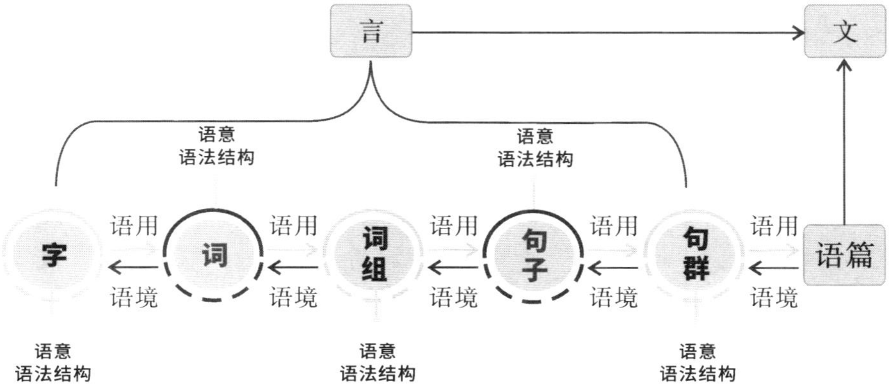

- 句群
  - 语意：写什么？写了什么内容？
    圈画（话题）与概括（大意）
    确定关键词
  - 结构：分几个层次？各层次功能？
    圈画（层次）与分析（功能）
    造句
  - 语境：上下文的语气是怎样的？
    圈画（虚词）与分析（语气语意）
    打磨句子

6．对语文学科核心素养的四个维度“语言建构与运用”“思维发展与提升”“审美鉴赏与创造”“文化传承与理解”进行了个性化的解读和科学而又有机的统整，凝练为“三力”（“感受力”“判断力”和“表达力”）育人目标，建构起以“三文”为学习内容、“三思”为学习路径、“三力”为学习目标的语文学科教学框架体系。其中“三文”学习内容体现语文学科的工具性特征、“三思”学习路径也是学生最真实的语文能力之所在、“三力”学习目标则浓缩为学生的语文学科素养，它们分别体现了语文学科的广度、深度和高度，让语文学习指向人的成长，全面而系统地落实学科育人功能。

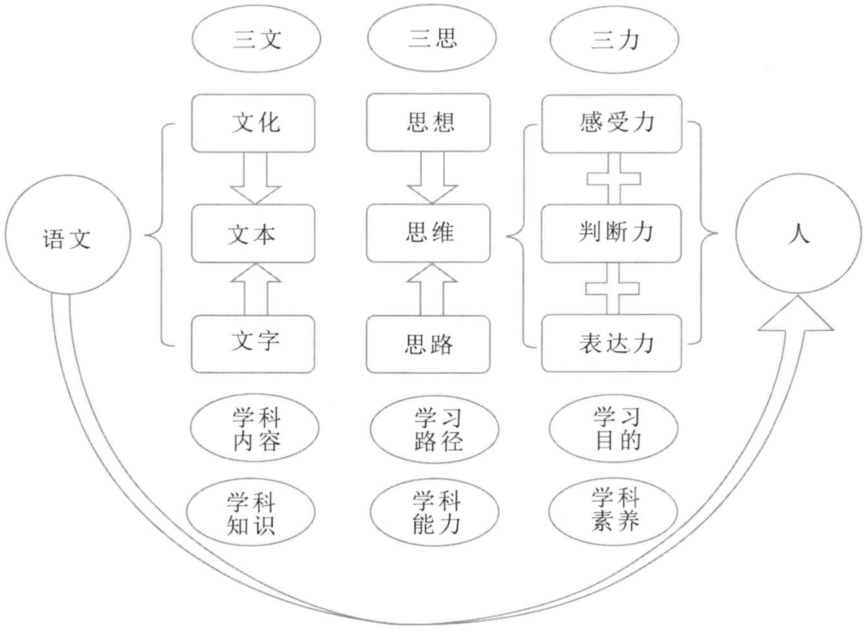

7．针对“新高考”、“新课标”和“新教材”要求，建立了以“强基活用提素养”为目标的系统化解决方案，并提供课例支持。

8．就“新课标”中的18个学习任务群编选学习资源、设计学习任务、安排学习活动，进行系统的课程研发，目前已按必修、选择性必修和选修三个学段汇总和出版研究成果；对排在18个任务群首位，而且贯串必修、选择性必修和选修三个学段的“整本书阅读与研讨”学习任务群进行深入研究，研发出教材指定书目和课标推荐书目的导读本、练读本、深度本、思读本系列教学用书，为“书香语文”品牌构建夯实基础。

如前，随着笔者对三思策略的研究不断深入，其在语文学科教学中的基础性、统整性和有效性越来越凸显，通过三思策略可以在深入“这一个”文本的基础上实现读写迁移。

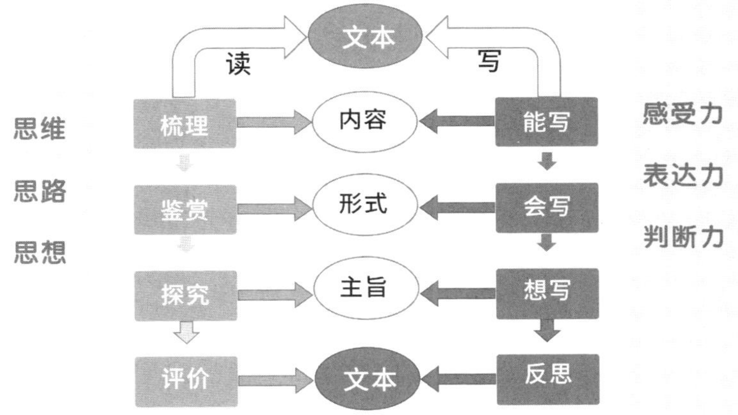


近期，有老师问我：王老师，您究竟是在做哪一块呢？有人做情境，有人做群文大单元，有人做整本书，有人做大概念，有人做深度学习，有人做科幻，感觉你好像都有涉猎，不知道您具体在做什么？如果您在某一块上做大做强，是不是更有利于个人品牌的打造呢？我说：做什么都只是语文瀚海中的小小一片浪花，也都没有办法真正解决语文问题，我做的是语文学科的底层逻辑——“三思”策略。这是在语文学科的深处作业，很难很艰苦，甚至还很危险，同伴少，声音小，往往不被关注，但必须有人做。

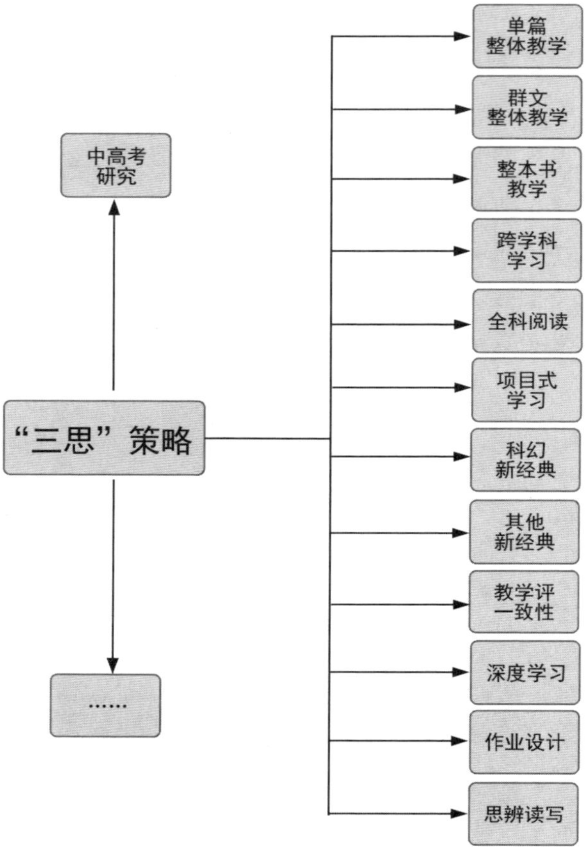
中高考
研究
“三思”策略
……
单篇
整体教学
群文
整体教学
整本书
教学
跨学科
学习
全科阅读
项目式
学习
科幻
新经典
其他
新经典
教学评
一致性
深度学习
作业设计
思辨读写

# 第二节　思想·主旨·探究

思想（含感情）在文本中一般表现为主旨，“思想”策略在阅读活动中是对文本主旨的探究，在写作活动中是作文主旨的确立。

在阅读积累时，作为文本主旨的思想（含感情）也是学习者应该积累的重要内容，它会慢慢内化为我们的价值观，决定我们读写文本的能力，影响我们看待和对待世界的态度，打造我们精神世界的高度和生命整体的饱满度。

在阅读活动中，作为文本主旨的思想（含感情）是学习者要探究的重要任务，我们在思想（含感情）方面的阅读积累越全面越深入越高位，认知水平就越高，探究能力就越强。

在阅读转化时，写作者的思想（含感情）会成为文本的主旨，同样，我们在思想（含感情）方面的阅读积累越全面越深入越高位，认知水平就越高，文本主旨也就越深刻越真挚越有启发性和感染力。

在阅读积累、阅读活动和阅读转化三阶段，通过阅读活动获得的阅读积累非常重要，是阅读转化的基础。我们要在阅读活动中不断帮助学生积累思想（情感）资源，提高认知水平，成长为有正确态度、深刻思想和真挚情感的人。

比如通过前述教材文本《老子四章》和《五石之瓠》的学习，我们需要获得老子和庄子对世界、对人生、对万事万物的看法，从而指导我们的世界观、人生观和价值观。

华南师范大学附属中学刘中博老师曾经以人教版选修教材外国小说欣赏单元中的《丹柯》为学习载体，以“在人物对话中感受思想的深刻性”为课题上了一节研讨课。教材文本如下：

**丹柯**

［俄］高尔基

古时候地面上就只有一族人，他们周围三面都是走不完的浓密的树林，第四面便是草原。这是一些快乐的、强壮的、勇敢的人。可是有一回困难的时期到了：不知道从什么地方来了一些别的种族，把他们赶到林子的深处去了。那儿很阴暗而且多泥沼，因为林子太古老了，树枝密密层层地缠结在一块儿，遮盖了天空，太阳光也不容易穿过浓密的树叶，射到沼地上。然而要是太阳光落在泥沼的水面上，就会有一股恶臭升起来，人们就会因此接连地死去。这个时候妻子、小孩子们伤心痛哭，父亲们静默沉思，他们让悲哀压倒了。他们明白，他们要想活命就得走出这个林子，这只有两条路可走：一条路是往后退，可是那边有又强又狠的敌人；另一条路是朝前走，可是那儿又有巨人一样的大树挡着路，它们那些有力的丫枝紧紧地抱在一块儿，它们那些虬曲的树根牢牢地生在沼地的黏泥里。这些石头一样的大树白天不响也不动地立在灰暗中，夜晚人们燃起篝火的时候，它们更紧地挤在人们的四周。不论是白天或夜晚，在那些人的周围总有一个坚固的黑暗的圈子，它好像就想压碎他们似的，然而他们原是习惯了草原的广阔天地的人。更可怕的是风吹过树梢，整个林子发出低沉的响声，好像在威胁那些人，又好像给他们唱葬歌一样。然而他们究竟是些坚强的人，还能跟那些曾经战胜过他们的人拼死地打一仗，不过他们是不能够战死的，因为他们还有未实现的宿愿，要是他们给人杀死了，他们的宿愿也就跟他们一块儿消灭了。所以他们在长夜里，在树林的低沉的喧响下面，泥沼的有毒的恶臭中间，坐着想来想去。他们坐在那儿，篝火的影子在他们的四周跳着一种无声的舞蹈，这好像不是影子在跳舞，而是树林和泥沼的恶鬼在庆祝胜利……人们老是坐着在想。可是任何一桩事情——无论是工作也好，女人也好，都不会像愁思那样厉害得使人身心疲乏。人们给思想弄得衰弱了……恐惧在他们中间产生了，绑住了他们的强壮的手，恐怖是由女人产生的，她们伤心地哭着那些给恶臭杀死的人的尸首和那些给恐惧抓住了的活人的命运，这样就产了恐怖。林子里开始听见胆小的话了，起初还是胆怯的、小声的，可是以后却越来越响了……他们已经准备到敌人那儿去，把他们的自由献给敌人；大家都给死吓坏了，已经没有一个人害怕奴隶的生活了……然而正是在这个时候出现了丹柯，他一个人把大家全搭救了。

丹柯是那些人中间一个年轻的美男子。美的人总是勇敢的。他对他的朋友们这样说：

“你们不能够用思想移开路上的石头。什么事都不做的人不会得到什么结果的。为什么我们要把我们的气力浪费在思想上、悲伤上呢？起来，我们到林子里去，我们要穿过林子，林子是有尽头的，世界上的一切都是有尽头的！我们走！喂！嘿！……”

他们望着他，看出来他是他们中间最好的一个，因为在他的眼睛里闪亮着很多的力量同烈火。

“你领导我们吧！”他们说。

于是他就领导他们……

丹柯领着他们。大家和谐地跟着他走——他们相信他。这条路很难走！四周是一片黑暗，他们每一步都碰见泥沼张开它那龌龊的、贪吃的大口，把人吞下去，树木像一面牢固的墙拦住他们的去路，树枝纠缠在一块儿，树根像蛇一样地朝四面八方伸出去。每一步路都要那些人花掉很多的汗和很多的血。他们走了很久……树林越来越密，气力越来越小。人们开始抱怨起丹柯来，说他年轻没有经验，不会把他们领到哪儿去的。可是他还在他们的前面走着，他快乐而安详。

可是有一回在林子的上空来了大雷雨，树木凶恶地、威胁地低声讲起话来。林子显得非常黑，好像自从它长出来以后世界上所有过的黑夜全集中在这儿了。这些渺小的人在那种吓人的雷电声里，在那些巨大的树木中间走着。他们向前走，那些摇摇晃晃的巨人一样的大树发出轧轧的响声，并且哼着愤怒的歌子，闪电在林子的顶上飞舞，用它那寒冷的青光把林子照亮了一下，可是马上又隐去了，来去是一样的快，好像它们出现来吓人似的。树木给闪电的寒光照亮了，它们好像活起来了，在那些正从黑暗的监禁中逃出来的人的四周，伸出它们的满是疙瘩的长手，结成一个密密的网，要把他们挡住一样。并且仿佛有一种可怕的、黑暗的、寒冷的东西正从树枝的黑暗中望着那些走路的人。这条路的确是很难走的，人们给弄得疲乏透顶，勇气全失了。可是他们不好意思承认自己的软弱，所以他们就把怨恨出在正在他们前面走着的丹柯的身上。他们开始抱怨他不能够好好地领导他们——瞧，就是这样！

他们站住了，又倦又气，在树林的胜利的喧响下面，在颤抖着的黑暗中间，开始审问起丹柯来。

他们说：“你对我们只是个无足轻重的、有害的人！你领导我们，把我们弄得筋疲力尽了，因此你就该死！”

“你们说：领导我们！我才来领导的！”丹柯挺起胸膛对他们大声说，“我有领导的勇气，所以我来领导你们！可是你们呢？你们做了什么对你们自己有益的事情呢？你们只是走，却不能保持你们的气力走更长的路！你们只是走，走，像一群绵羊一样！”

可是这些话反倒使他们更生气了。

“你该死！你该死！”他们大声嚷着。

树林一直不停地发出低沉的声音，来响应他们的叫嚷，电光把黑暗撕成了碎片。望着那些人，那些受够了苦的人，他看见他们现在跟野兽完全一样。许多人把他围住，可是他们的脸上没有一点高贵的表情，他不能够期望从他们那儿得到宽恕。于是怒火在他的心中燃起来，不过又因为怜悯人们的缘故灭了。他爱那些人，而且他以为，他们没有他也许就会灭亡。所以他的心又发出了愿望的火：他愿意搭救他们，把他们领到一条容易走的路上去，于是在他的眼睛里亮起来那种强烈的火的光芒……可是他们看见这个，以为他发了脾气所以眼睛燃烧得这么亮，他们便警戒起来，就像一群狼似的，等着他来攻击他们；他们把他包围得更紧了，为着更容易捉住丹柯，弄死他。可是他已经明白了他们的心思，因此他的心燃烧得更厉害了，因为他们的这种心思使他产生了苦恼。

然而树林一直在唱它那阴郁的歌，雷声隆隆地响，大雨依旧在下着……

“我还能够为这些人做什么呢？”丹柯的叫声比雷声更大。

忽然他用手抓开了自己的胸膛，从那儿拿出他自己的心来，把它高高地举在头上。

他的心燃烧得跟太阳一样亮，而且比太阳更亮，整个树林完全静下去了，林子给这个伟大的人类爱的火炬照得透亮；黑暗躲开它的光芒逃跑了，逃到林子的深处去，就在那儿，黑暗颤抖着跌进沼地的龌龊的大口里去了。人们全吓呆了，好像变成了石头一样。

“我们走吧！”丹柯嚷着，高高地举起他那颗燃烧的心，给人们照亮道路，自己领头向前奔去。

他们像着了魔似的跟着他冲去。这个时候树林又发出了响声，吃惊地摇动着树顶，可是它的喧响让那些奔跑的人的脚步声盖过了。众人勇敢地跑着，而且跑得很快。他们都让燃烧的心的奇异景象吸引住了。现在也有人死亡，不过死的时候没有抱怨，也没有眼泪。可是丹柯一直在前面走，他的心也一直在燃烧，燃烧！

树林忽然在他们前面分开了，分开了，等到他们走过以后，它又合拢起来，还是又密又静的。丹柯和所有的人都浸在雨水洗干净了的新鲜空气和阳光的海洋里。在那边，在他们的后面，在林子的上空，还有雷雨，可是在这儿，太阳发出了灿烂的光辉，草原一起一伏，好像在呼吸一样，草叶带着一颗一颗钻石一样的雨珠在闪亮，河面上泛着金光……黄昏来了，河上映着落日的霞光，显得鲜红，跟那股从丹柯的撕开的胸膛淌出来的热血是一样的颜色。

骄傲的勇士丹柯望着横在自己面前的广大的草原——他快乐地望着这自由的土地，骄傲地笑起来。随后他倒下来——死了。

充满了希望的快乐的人们并没有注意到他的死，也没有看到丹柯的勇敢的心还在他的尸首旁边燃烧。只有一个仔细的人注意到这个，有点害怕，拿脚踏在那颗骄傲的心上……那颗心裂散开来，成了许多火星，熄了……

在雷雨到来前，出现在草原上的蓝色火星就是这样来的！

刘老师把教学目标设定为：1．学会通过对小说三要素的分析提炼小说主题；2．理解小说悲剧式的结尾对主题的意义。

刘老师基于对“思想”与小说主题关联的认知，把通过对小说三要素的分析提炼小说主题作为首要教学目标，“小说三要素”指向小说文本内容要素，“分析”指向学生逻辑思维水平，该目标在引导学生深入文本的过程中建构小说文体文本图式，提升思维水平。

该设计强化文本“思想”深刻性，却忽略了文本“思想”的具体内涵，不能帮助学生建构新的思想认知。

通过研讨，从“思想”策略的角度把《丹柯》一文的主旨确立为“人类文明中的英雄”，补充教材文本《药》（略）、考试文本《赵一曼女士》（略）和拓展文本《镰刀荒草》（如下），开展以《丹柯》为主要文本的群文阅读教学。

### 镰刀荒草

高建群

我骑着我的黑走马，逡巡北方。我的马蹄铁在沙砾中溅起阵阵火星。我的黝黑、消瘦的脸颊上挂满忧郁之色，眉宇间紧锁着一团永恒不变的愁苦。在中国最北方的那根界桩前，我勒马向苍茫的远方望去。远方是欧罗巴大陆，回眸脚下和身后，是栗色的中亚细亚。我在那一刻感到一切都是瞬间，一切都正在过去，包括我刚才那一望，亦已经成为历史凝固。是的，要不了多久，我们都将消失，这场宴席将接待下一批饕食者。

“你知不知道有一种感觉叫荒凉？”这是一首流行歌曲里的词。是的，我当时就这种感觉。我热泪涟涟，我的心头响彻那来自地老天荒的远方的歌声。“荒凉”不仅仅是因为身处一块荒凉地域的原因，而是由于在我的一瞥中，我看到了人类的心路历程，如此的迢遥如此的荒凉。我因此而战栗以至痉挛。

哦，愁容骑士，以托尔斯泰式的坚持，查拉图斯特拉式的无畏向北方的深处走去吧。苍鹰在高不可及的天空飞翔和鸣啾，大地上掠过它翅膀的黑色剪影。铃铛草在轻风中摇起满地的铛铛，像一首大地的磅礴音乐。远方是什么？地平线之外还有什么风景？那世界的尽头在哪里？你不知道，我不知道，咱们谁也不知道！但是，勇敢地向深处走去吧，一边走着一边歌吟，一边俯首采撷你思想的花朵。

你的前方是不可知。你的身后是灯红酒绿的熟悉的城市生活。但是你没有退路，或者说你不屑于回头，或者说你额颅上那命运戳记，命定你将终生的流浪与漂泊，命定你是一个独行僧，是的，你是一个在马背上颠簸了太久的骑手，你已经习惯了这种颠簸，无论命运之手将你抛向哪里，你永远在等待着坐骑的那一声嘶鸣！命定你在这风一样的行走中才能获得片刻的安详。

今天，我们中有一个男人，要出发去征服世界了，骑着他的瘦马，带着他的长枪。请城市搭起彩门为他送行，请贪睡的少女穿起节日的盛装为他送行，请铁匠们用铁锤敲打着钢铁为他送行。

并且请这城市，为了他出发的缘故，来一点片刻的安静，然后再去进行你们的灯红酒绿。这个旋风般多变的世界，我们总该给它留下一点固定的东西才对。许多许多年之后，当这个世界像我的记忆中的过去时而被人们称为“历史”的时候，那时我们的愁容骑士将继续受难。寿终正寝的我们在墓穴里打着呼噜，那时的他，正作为雕像站在白雪飘飘的广场中间，为人类值更。

一个疯子在临死的时候，请人把他抬到户外去。那是一个万籁俱寂的高贵的夜晚，天空高悬着一轮苍白的残月。弥留中的他，从病床上坐起来，用手扯着自己的头发，抓挠着自己的胸膛，用一种奇异的、仿佛从地狱的深处发出的，抑或人类那遥远的童年发出的声音，一字一板地吟诵道：“我的心头长满了荒草，谁来收割？”

他大约喊了三遍。但是没有得到回应。因为他和我们相隔，我们没有一个能走进他的黑暗深处。这个相隔，一个人和一个人的世界相隔，也许像地球和月球一样遥远。

见没有人回应，疯子深深地失望了。继而，他将下颌抬起，举头向天空望去。月亮，弯弯的月亮，照过故人，照过今人，并且仍将一如既往地照耀未来的月亮，像一把冰冷的镰刀一样悬挂在空中。

这个可怜的人望着月亮，一瞬间泪流满面。他笑了。他再抬了抬腿，想从病床上站起来，但是没有办到。于是乎，他打消了站起来的念头。他只是张开了双臂。

他张开的双臂像一个大括弧一样。另外一个括弧该是月亮。那张开双臂的姿势有点夸张和做作，像诗人的“举杯邀明月”（比如李太白），又像演员的最后的谢幕（比如卓别林）。在张开双臂的同时，他叫道：“啊，弯弯的月亮，你像一把镰刀！”叫罢，他轰然倒下，永缄其口。

向北方走去吧，用我的黑走马做你的脚力。在行走的路途上，让我们像一个真正的镰刀手一样，边走边挥动着大刈镰收割路边的荒草。

昨天晚上，我夜观天象，看见北斗七星，正高悬在我们头上，今天早晨，我凭栏仰望，看见吉祥云彩，正偏集西北方向。去北方吧，朋友，现在正是上路的季节。

（《大刈镰·引子》）

## 人类文明中的英雄

### 教学构想

#### （一）学习任务一：英雄的特质

1．内容梳理与形象分析

| | 《丹柯》 | 《赵一曼女士》 | 《药》 | 《镰刀荒草》 |
|---|---|---|---|---|
| 人物：谁是“英雄” | 丹柯 | 赵一曼 | | |
| 情节：“英雄”的故事 | | | | |
| “英雄”的形象特征 | | | | |

2．共同特质探究

第一处对话：

丹柯：你们不能够用思想—开路上的石头。什么事都不做的人不会得到什么结果。为什么我们要把我们的气力浪费在思想上、悲伤上呢？起来，我们到林子里去，我们要穿过林子，林子是有尽头的，世界上的一切都是有尽头的！我们走！喂！嘿！……

族人：你领导我们吧！

第二处对话：

族人：你对我们只是个无足轻重的、有害的人！你领导我们，把我们弄得筋疲力尽了，因此你就该死！

丹柯（大声辩白）：你们说，领导我们！我才来领导的！我有领导的勇气，所以我来领导你们！可是你们呢？你们做了什么对你们自己有益的事情呢？你们只是走，却不能保持你们的气力走更长的路！你们只是走，走，像一群绵羊一样！

族人：你该死！你该死！

我读出了丹柯：________________________________

我读出了族人们：________________________________

综上可以看出，________________________________

3．英雄与其他人的不同分析

（预设：英雄：不甘被奴役、追求自由；民众：甘心被奴役；敌人：奴役他人）

**（二）学习任务二：英雄的遭遇**

1．改写：《丹柯》一文的结尾以“悲剧”收场。试想一下，如果将本文的结尾变为皆大欢喜式的结局好不好？通过比较，想一想作者为什么会这么处理小说的结尾。

2．梳理：其他文本中英雄的遭遇是怎样的？（牺牲：被敌人杀死、被民众践踏或漠视）

3．探究：为什么英雄的结局都是悲惨的？

**（三）学习任务三：英雄的意义**

1．鉴赏：《丹柯》一文中出现了大量的自然和社会环境描写，试从文本中找出这些环境描写，并分析其作用以及环境和处于环境中的人物都有哪些象征性意味。

2．探究：其他文本如何呈现英雄的意义？（作为星星、花、塑像等存在）

须注意的是：“思想”策略的运用和对文本主旨的探究应该紧密结合，不能匍匐在文本中，只是一味记住和汲取文本主旨思想，更不能脱离文本，变成文本外内容的集散地，或者是指向某一种“思想”的主题学习，应该在深入“这一个”文本的过程中帮助学生落实知识、提升思维，建构文本图式，探索语言运用与文本建构的规律。

《百年孤独》是外国作家作品研习任务群的一篇自读课文，单元主题为多样的文化，属于选择性必修课程，联动任务群有必修课程“文学阅读与写作”，选修课程“跨文化专题研讨”和整本书阅读任务群。“新课标”对这一单元的价值定位是引导学生研习外国文学名著名篇，了解若干国家和民族不同时期的社会文化面貌，感受人类精神世界的丰富，培养阅读外国经典作品的兴趣和开放的文化心态。

基于此，广州市执信中学王维囡老师把教材文本《百年孤独》的教学目标确立为：1. 理解题目《百年孤独》的内涵；2. 把握魔幻现实主义小说的特点；3. 联系相关历史背景，了解拉丁美洲文化和社会历史风貌。在以理解题目《百年孤独》的内涵为目标的第一个教学环节，老师引入蒋勋《孤独六讲》中对孤独的分类：爱的孤独、语言孤独、思维孤独、革命孤独、暴力孤独和伦理孤独六种，请学生据此对教材文本中人物的孤独进行分类。

教学目标设定已然疏离文本，第一环节的教学内容更是脱离文本，按照以文本为核心的“三思”策略的要求，修改教学设计如下。

## 《百年孤独》何以征服世界？

### ——《百年孤独》整本书阅读与研讨助读课教学设计

《百年孤独》是一部关于孤独的综合性“大词典”，小说的丰富和博大就充分体现在孤独这个主题之中，马尔克斯用文字刻画了人类心灵中最深刻、最本质的“孤独”，他用“孤独”征服了世界。

**（一）学习任务一：深重的孤独**

1. 人物是小说的核心，有人说，《百年孤独》中每个人物都是孤独的，你赞同这个观点吗？请在教材文本中找到你的依据。

| 人物 | “孤独”典型细节 |
| --- | --- |
| 何赛·阿尔卡蒂奥·布恩迪亚 | |
| 乌尔苏拉 | |
| 奥雷里亚诺 | |
| 丽贝卡 | |

2．布恩迪亚家族所有人都试图以各自的方式突破孤独，你能找出文中的相关细节吗？

| 人物 | “孤独”典型细节 | 突破“孤独”典型细节 |
| --- | --- | --- |
| 何赛·阿尔卡蒂奥·布恩迪亚 | | |
| 乌尔苏拉 | | |
| 奥雷里亚诺 | | |
| 丽贝卡 | | |

3．布恩迪亚家族所有人突破孤独的行动都总是归于失败，如果你是心理医生，会给他们提供怎样的治疗方案？

| 人物 | 病征 | 病因 | 治疗方案 |
| --- | --- | --- | --- |
| 何赛·阿尔卡蒂奥·布恩迪亚 | | | |
| 乌尔苏拉 | | | |
| 奥雷里亚诺 | | | |
| 丽贝卡 | | | |

蒋勋在《孤独六讲》中说，孤独是一种不完整的生命体验。有爱的孤独、语言孤独、思维孤独、革命孤独、暴力孤独和伦理孤独六种类型可见，作为个体层次的心理孤独，内涵是丰富的，也是每个人都会经历的。他说：“孤独没有什么不好。孤独是生命圆满的开始。”

4．老布恩迪亚家族七代人都是孤独的吗？

（1）根据以下图示，说一说七代人的名字有什么规律，分析马尔克斯为什么要这么写。

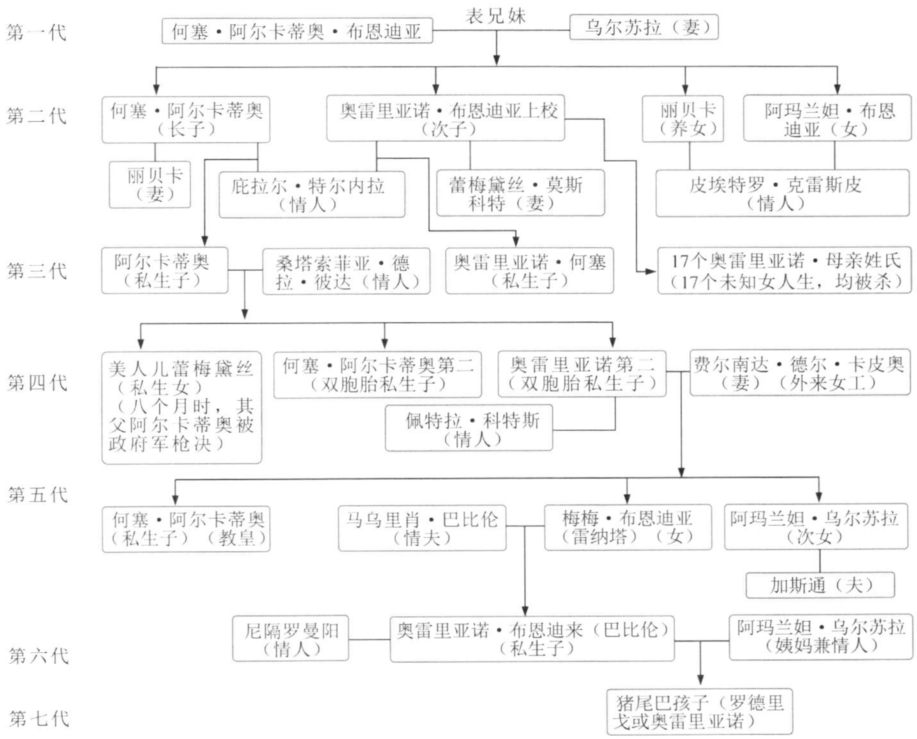


预设：人物众多，每个人都有自己的性格和自己的命运。人名有很多重复，性格和命运也有相同。《百年孤独》中老祖母乌尔苏拉曾说：“所有叫奥雷里亚诺的都性格孤僻，但头脑敏锐，富于洞察力；所有叫何塞·阿尔卡蒂奥的都性格冲动，富于事业心，但命中注定带有悲剧色彩。”比如：老布恩迪亚发疯，死在树下，奥雷里亚诺也发疯了，死在树下。何赛·阿尔卡蒂奥们使这个家族得以延续，奥雷里亚诺们则否。

这样写是表现孤独是永恒的主题，说明布恩迪亚家族如何挣扎也还是逃脱不了被孤独笼罩的命运。马尔克斯借《百年孤独》道出孤独永恒的事实，生命从来不曾离开过孤独而独立存在，无论是我们出生、我们成长、我们相爱还是我们成功失败，直到最后的最后，孤独犹如影子一样存在于生命一隅。

孤独是永恒的，任何人都无法摆脱。

（2）布恩迪亚家族的孤独既是人人都有的生命体验，是循环往复的，是深重的家族孤独，他们麻木地在时间的轮回和反复中毫无意义地蹉跎岁月，最终导致整个家族的灭绝，这种孤独该如何破解呢？你能开出药方吗？

在《番石榴飘香》一书中，门多萨文问马尔克斯布恩迪亚家族的孤独感源出何处？加西亚·马尔克斯答："我个人认为，是因为他们缺乏爱。布恩迪亚家族不懂爱情，不通人道，这就是他们孤独和受挫的秘密。我认为孤独的反义词是团结。"可见，爱和团结是治愈孤独的魔法。但他们能够做到吗？人类能够做到吗？这种命定的孤独是无法治疗的。

**（二）学习任务二：深远的孤独**

1．马尔克斯的《百年孤独》除了写人物的孤独，还写了环境的孤独，文中的马孔多镇在种种外部文明的冲击下，出现了种种变化，请对此进行梳理、概括和分析。（4人小组讨论）

| 马孔多镇 | 变化 | 原因 |
| --- | --- | --- |
| 自然环境 | | |
| 计时方式 | | |
| 精神追求 | | |
| 商业气息 | | |

马孔多的变化，象征外部文明对拉丁美洲的文化冲击。马尔克斯的伟大之处在于他能从人心最隐秘的深处、从历史生活中挖掘出民族的群体意识，并且批判了这种群体意识。拉丁美洲贫穷落后、愚昧野蛮、因循守旧、与世隔绝以及必然被连根拔起的命运，这就是拉丁美洲的民族孤独。

2．整个马孔多镇患上了失眠症，这种疾病的特点是什么？有何现实隐喻？

| 失眠症 | 特点 | 隐喻 |
| --- | --- | --- |
| 性质 | 传染病 | 在文明洪流面前受到的巨大冲击 |
| 后果 | 不能根治，遗忘，逃亡 | 历史遗忘症 |
| 防御措施 | 隔离，贴标签 | 负责任的人对重拾民族自信心做出的抗争和努力 |
| 来源 | 不明，食土症被压制之后 | 精神的孤独抵消了民族现实感和自信心 |

设计意图：理解失眠症和失忆的象征义，失忆象征遗忘历史，贴标签象征铭记历史，只有记住历史、总结历史，才能图谋民族的新生。

失眠症是一种疾病隐喻，象征马孔多在文明洪流面前受到的巨大冲击，进而象征拉丁美洲百年遭遇的侵袭和伤害。《疾病的隐喻》一书中说："疾病是生命的阴面，是一重更麻烦的公民身份。”遗忘象征拉美文明在外来直面的侵袭下不断失去自我的过程。

所以，百年孤独象征殖民文化对土著民族精神的毁灭，是被排挤到主流文明之外的孤独，是拉丁美洲的文明孤独、文化孤独，也是全人类的文明孤独、文化孤独。马尔克斯正是要告诫负责的拉美人有责任为铭记本民族的历史做出努力。正如作家莫言所说，加西亚·马尔克斯是用一颗悲壮的心灵去寻找他们迷失的温暖的精神家园……他站在一个非常高的高度。充满同情地鸟瞰纷纷扰扰的人类世界。

补充材料

材料一：拉丁美洲的历史也是一系列代价高昂然而徒劳的奋斗集合，是一幕幕事先注定要被人遗忘的戏剧的集合。至今，在我们中间健忘症仍然存在，只要事过境迁，谁也不会清楚地记得香蕉工人横遭屠杀的惨案，谁也不会再想起雷奥里亚诺·布恩迪亚上校。（马尔克斯\P. A. 门多萨《番石榴飘香》）

材料二：航海技术的进步缩短了欧洲和美洲之间在地理上的距离，我们文化上的距离却扩大了。为什么人们对我们文学上的特色持欣赏与宽容态度，却疑虑重重地拒绝我们在社会变革中努力追求独立自主呢？为什么人们以为，先进的欧洲人在自己国内奉行的正义，不能以不同方式，在不同的条件下，也成为拉丁美洲的目标呢？不，我们历史上所呈现的无穷无尽的暴力和痛苦，是历代的不公正和无休止的苦难的恶果，而不是来自外地的预谋。可是，许多欧洲领导人和思想家却不这样想。他们犯了和他们祖辈同样的错误，似乎认为除了听凭世界两个超级大国摆布之外，就没有其他生路。朋友们，这就是我们孤独的原因所在。（马尔克斯《拉美式的孤独——在1982年诺贝尔文学奖颁奖典礼上的演讲》）

**（三）学习任务三：深刻的孤独**

1．分享《百年孤独》的阅读体验，具体说说哪些情节给人亦真亦幻的体验呢？

预设：亦真亦幻、魔幻等。梅尔吉亚德斯的部落已从大地上消失、丽贝卡父母的骨殖咯咯作响、丽贝卡的食土症、感染马孔多的失眠症、雷奥里亚诺有预言能力等。

2. 这些情节采用了移植神话传说或艺术夸张、荒诞、象征的手法，魔幻现实主义的艺术风格由此形成，请结合魔幻现实主义的两种表现谈谈你的阅读感受。

| 手法 | 魔幻现实主义的表现 | 对应情节 |
|---|---|---|
| 神话传说的移植 | 魔幻现实化<br>小说把魔幻的细节和事物当作现实存在来叙述 | 丽贝卡的梦 |
| 艺术夸张 | 现实魔幻化<br>日常生活中司空见惯的事物做神奇化、魔幻化、陌生化处理 | 失眠症 |
| 荒诞描写 | | |
| 象征手法 | | |

魔幻现实主义的艺术风格使得《百年孤独》中的孤独分外深刻，这也是《百年孤独》能够征服世界的原因之一。作者用喜剧的、超现实的、神秘的寓言形式来表现拉丁美洲百年历史现状，对一个古老村镇、一个古老的家族进行现代文明的观照和审视。透过这种观照，可以从一个家族感受到整个民族的悲伤，从一个小镇找出整个社会的滞重。内容和形式完美融合让读者有亦真亦幻的奇妙体验。魔幻现实主义，通过光怪陆离的魔幻世界折射活生生的社会现实，是马尔克斯贡献给世界的又一宝藏。

总结：马尔克斯用《百年孤独》征服了世界，这部经典著作用精妙的艺术形式写出了孤独的深厚意蕴，曾引起文学界的地震，至今仍然被模仿而从未被超越。同学们，希望你借《百年孤独》教材文本踏上《百年孤独》整本书文本的阅读之旅，让我们一路同行吧。

# 第三节　思维·内容·理解

前一节探讨了“思想”策略与文本“主旨”探究的关系，文本是一个整体，对文本“主旨”的探究依赖于文本内容和文本形式，同理，“思想”策略与“思维”策略、“思路”策略也是统整为一的，分类只是为了认识的方便。

“思维”策略表现在文本阅读活动中，是对文本内容的感受、梳理和解析，表现在文本写作活动中，是取材和用材。在议论文写作中，中心论点是作者的思想，而针对中心论点提出分论点，围绕分论点找到论据，对论据和分论点的关系进行分析，这就是思维。

在文本阅读活动中，我们运用直觉思维感受文本内容，运用形象思维中的联想和想象把握文本内容，运用以逻辑思维三要素为基础的分析活动深入文本世界，运用辩证思维评价文本，最后用创造思维创造文本，实现读写转化。前文的“新课标”中的五种思维方式与文本的关系图示，直观地呈现了文本读写活动中的思维运用。

在这些思维方式中，最为重要同时问题最多的是逻辑思维中的分析，它决定了文本阅读活动的准确度和深度。

## 一、形象思维与文学类文本阅读理解能力的提升

文学类文本阅读理解能力的提升，有以下两大要诀：第一，掌握必备知识；第二，调动形象思维。

先说第一大要诀，掌握必备知识。文学类文本的必备知识有哪些？要想回答这个问题，首先当然应该搞清楚：文学类文本是什么？有什么特点？由什么构成？

以小说为例。小说是什么？一般我们的回答是：小说是以刻画人物形象为中心，通过故事情节和环境描写来反映社会生活、表达主题思想的一种文学体裁。仔细分析一下，会发现这是一种从文体学的角度所做的界定，更关注的是小说作为一种文学体裁的特征。具体说来，这一解释突出了小说的内容要素（人物、情

节、环境）和主题要素，完全忽略了小说的形式要素、小说的特点和小说的构成。不知道是因为这一界定的导向性，还是因为这一界定基于读者们的阅读经验，也就是说大多数读者在阅读小说时，确实比较关注小说的内容要素和主题要素，主要是人物和情节，而不大注重小说的语言构成和艺术形式。这样的界定方式和阅读经验有很大的局限性，那就是：如果忽略小说的语言构成和艺术形式，即使读了很多的作品，也是很难形成小说阅读理解的能力和语文学科的素养的。而当下的高考语文全国卷文学类文本阅读考查，已经越来越多地涉及文学作品语言构成和艺术形式亦即读者艺术鉴赏力的考查。如此一来，我们需要重构小说阅读的必备知识。

须重构的第一条知识是：关于“小说是什么”的界定，从语文知识的角度来说，小说是由语言的五级单位逐级构成的篇章。语言“有字—词—词组—句子—句群”五级单位，再接下来，就是篇章。平时的语文学习也好，考试的语文阅读也好，材料主要是以整个篇章的形式来呈现的（语言文字运用版块会以词语、句子、句群的形式来呈现）。整个篇章体现的当然是文章学的基本知识，包括篇章的构成（分为形式、内容和主题三个层面）和篇章的技巧。在这里，尤其要强调的是，我们长期以来学习的那些语文的基础知识即关于语言、修辞、逻辑的知识就附着于文章篇章构成中的形式层面。

这个新知识给我们的启发是：必须正确掌握和熟练运用语文基础知识（点上的知识要正确、知识的关联要清晰、知识的体系要健全）才能理解小说的形式；必须理解小说的形式才能形成小说阅读素养，并由此形成语文学科素养。

针对当前我们小说阅读方面的偏颇，我们必须做到：1．得意切勿忘言，高度关注作品的形式；2．在作品的形式要素中，结构极为重要，因为结构就是作者的思路，所以我们要高度关注作品的结构（结构是我们加快阅读速度，提升理解能力的最佳抓手，它让我们不至于一脚踏进语词的密林茫然不知所措，不至于全身陷入语词的大海随浪沉浮，故此，笔者另有一文名曰“结构法助你快速理解文本”）。

总体上来说，关于掌握必备知识这一要诀，我们必须清楚要掌握的知识其实有两点：1．掌握并熟练运用语文基础知识（语言、修辞、逻辑）；2．掌握并熟练运用重构了的小说文本知识。

再说第二大要诀，调动形象思维。其实，文学类文本还有一个界定，那就是它是审美的意识形态。换句话说，它是艺术品，是语言文字的艺术。欣赏和创作艺术作品要懂得艺术语言：欣赏或创作绘画艺术要具备色彩、线条、形状等绘画语言的知识；欣赏或创作音乐作品要具备音符、旋律、节奏等音乐语言的知识；欣赏和创作文学艺术则要具备文字（语言）的知识。

当然，文学类文本这种艺术品，跟其他更直观、更具象、更明显地诉诸人的感官的视觉艺术如绘画、听觉艺术如音乐不同，它的艺术语言是文字，文字和色彩、和音符不同，有高度的抽象性，所以欣赏文学类文本，既需要审美的感性思维，也需要抽象的理性思维。尤其要注意的是，小说通过人物形象的塑造表现人性的丰富性，表达人性对真善美、对理想社会和美好生活的永恒追求。我们切不可用现实原则对待艺术品，不可用道德评价取代审美评价。比如读《安娜·卡列尼娜》，会评价安娜是个不守妇道的女性，丈夫卡列宁待她不错，她居然出轨。

当然，以上种种，说的似乎还是第一大要诀即知识的话题，但它们其实和形象思维有关。因为文学类文本是审美的意识形态，它要传递的是美的信息，我们必须调动形象思维的能力，调动联想、想象、直觉、顿悟、情感等心理要素和心理活动能力才能接受这些信息，才能进入小说人物的内心世界、进入文本的内在世界、进入作者的心灵世界。

以小说为例，只有在想象中让自己代入作品，代入人物，跟作品中的人物同呼吸共命运，同经历共体会，才能更好地理解这个人物，更准确地理解作品的主题。

高考语文文学性文本阅读有三道主观题（现代文版块两道，文言文版块中的古代诗歌阅读一道）。这三道问答题既是对考生理解、分析综合、鉴赏评价、探究和表达应用能力点的综合考查，又是对考生思维能力的综合考查。这三道题是全卷的难点，也是师生备考的重点。下面我们用几张图表帮助师生梳理知识，理清思路，在尽量短的时间内读懂文本并答对问题。

1．考点关系图

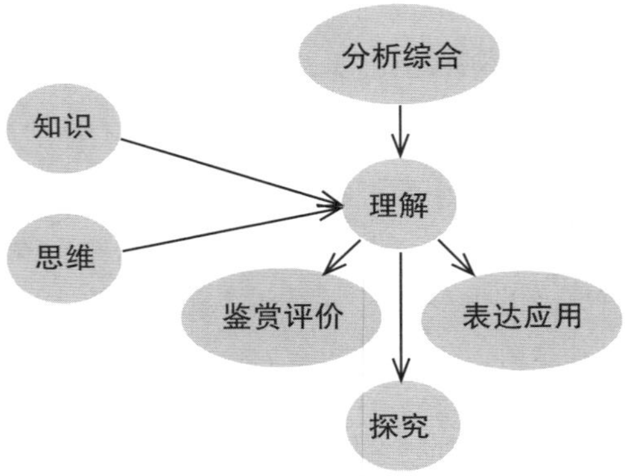


如图所示，知识和思维是基础，理解是核心。分析综合是逻辑思维形式，有助于理解，而鉴赏评价、表达应用和探究等考点都以理解为基础。

须强调的是，作为理解基础的知识包括语修逻基础知识和包含文体学在内的文章学知识，其中基础知识的体系、关联和规律另文解读。作为理解基础的思维主要指形象思维和逻辑思维。对于文学类文本阅读问答题来说，阅读时要调动形象思维即联想、想象、情感、直觉等思维活动，才能更顺畅地进入文本世界，准确地理解文本意旨，也需要分析综合等逻辑思维能力介入；而答题时主要调动的是逻辑思维的能力，做到概念清楚、判断准确、表意完整、条理清晰。

2．作品结构图

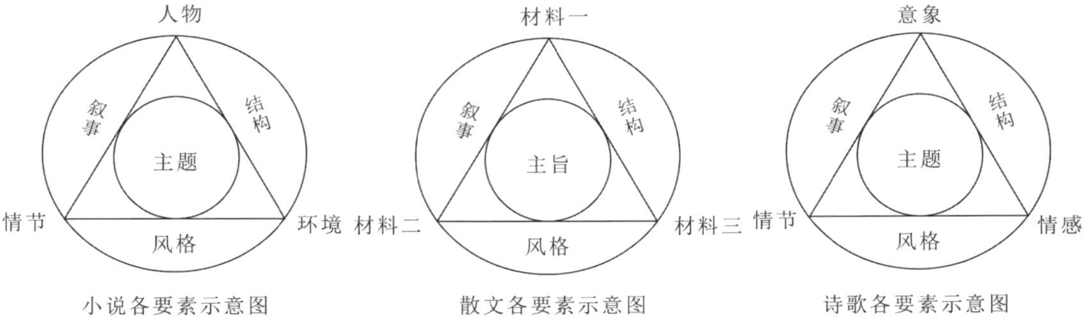


小说各要素示意图　　散文各要素示意图　　诗歌各要素示意图

文学类文本的结构大略可以如上图所示，都包括外圆即形式层，中间的三角形（散文也可以为四边形或其他）即内容层，内圆即主旨层。其中，形式回答“怎么写”的问题，内容回答“写什么”的问题，主旨回答“为什么写”的问题。

应该说，在读懂文本的层面，作品结构图可以起到很大的作用，它让我们不被文字的海洋淹没，随浪沉浮，不得要领。作品结构图是规律性的篇章构成知识，文本是这样构成的，题目也是以这些规律性的知识为基础，依文命制的。所谓依文命制，就是看文本在这些内容、形式和主题要素上有什么突出之处和特别之处，并以此命题。

重视作品结构图的知识并灵活运用，这是读懂和答对的关键。当然具体运用的时候，要参考文体学的知识。以小说为例，阅读时最好能做到以下几点：

第一，边读边找到并圈出人物，包括主要人物、次要人物和人物群像，其中的次要人物和人物群像有自己作为小说人物的独立价值，同时也构成了主要人物社会环境的一部分，帮助塑造主要人物形象。

第二，边读边概括情节并划分结构。结构不单是文本形式的一个要素，也可以成为文本读解的一种方法。这一观点笔者已撰文表达。

第三，关注细节，关注描写。细节是情节的一部分，是描写的一种。之所以单列出来，是因为细节对于小说人物形象塑造和主题表达的重要性，好的细节有可能成为命题的来源。而环境描写是人物活动的背景，小说往往通过人物和环境的冲突来表现主题；描写中的肖像、动作、心理活动等描写是理解人物的抓手。

第四，品味语言、鉴赏形式。得意忘言是阅读的一种普遍规律，但语文能力强、语文素养高的人通常应该对文本的语言形式保持高度的敏感，会格外关注作者用什么样的语言形式表达自己的思想和情感、认知和态度。更何况，形式是语言和修辞等基础知识的汇集，高考语文基本不再考查单点的以机械记忆为特征的知识，而是考查灵活和综合运用知识的能力，在语篇中考查是题中应有之义。再有，对形式的关注是读写能力迁移、转输入为输出的重点。

正因为如此，我们会发现，小说考查的侧重点已经发生由关注内容向关注形式的变化，近几年的相关主观题在外圆上设题的倾向明显增强。在内容的考查上，也更多地由对情节的关注转向对人物的关注，对人物的关注由对其性格特征等表层、外在因素的关注转向对其心理活动、精神世界的关注。笔者认为，这是命题者希望通过高考指挥棒的左右，扭转小说阅读时情节至上、流于浅表和得意忘言等不去运用语文知识、无法形成语文素养的不良倾向。

3. 答题要素表

| 答题 表述 | | | |
|---|---|---|---|
| 按知识分层分点 | 按题目要求概括回答 | 按文本具体内容进行分析 | 按题目提示评价效果 |
| 1 | | | |
| 2 | | | |
| 3 | | | |

如表所示，题目、文本、知识和表述是答题的四个维度。答题要在精准审题和准确解读文本的基础上，凭借相关知识（主要是语言学修辞学基础知识和文章构成知识）作答，而答案的表述其实应该是一个句群，共同表达一个完整的意思，其次要分层分点、清晰有序地作答。答案的每一点表述可以呈现为：

从……（知识）角度 + 概要回答问题 + 结合文本举例分析 + 利用提示评价效果。

回应第一章考点关系图，理解（对题意和文意的理解）是核心，知识和思维是基础。

4. “作用题”答题思路图

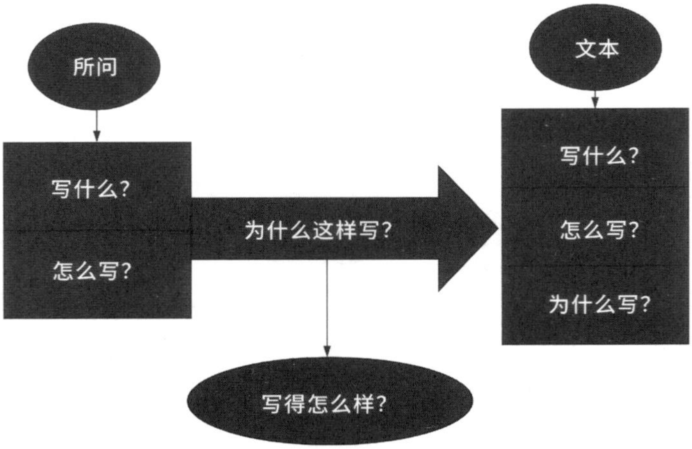


所谓“作用题”是针对作品形式和内容的关系来说的，其实是针对“怎么写”这一问题的一个追问，即“写得怎么样？”，是对考生比较高阶的鉴赏和评价能力的考查。其问法除了“有什么作用”“有什么效果”“有哪些好处”之外，也可能用“为什么”等关联探究能力的变式问法，如：“为什么以渡夫的任情高歌为结尾？”

命题时同样要依据作品结构图中的内容、形式各个要素，在哪一个点上比较有特色都可以设问，如叙述人物或次要人物的作用，某一细节或某一情节的作用，环境描写的作用，叙述方式的作用，结构方式的作用，语言风格的作用，等等；也可能从标题的作用这一比较具有总括性和综合性的角度设问；所用的材料可能是一句话，一段话，一个词语，一种物象。

回答这样的问题，要在以上答题要素表的基础上，增加两个思考的维度：第一是题目所用的材料“写什么”和“怎么写”的；第二是针对文本，追问“为什么这样写”，把所问的问题“写什么”“怎么写”和文本“写什么”“怎么写”“为什么写”关联起来思考，自然可以导向“写得怎么样”。对于“为什么这样写”，答题思路通常从“丰富了内容”“强化了效果”“突出了主题”这些点进入，但一定要在充分理解文本的基础上，在内容、形式、主题的相关点上做具体陈述。

盲目地大量刷题只能练练手感，于提分作用不大。备考的重中之重一定是针对基础知识的体系架构、关联建立、规律寻找，并在知识尤其是规律性知识的运用上多多思考，理清思路。

## 二、强化逻辑思维能力

在一次教研活动上，听了江浙名师肖培东老师的一节《苏州园林》阅读课，现场发表了一些心得，有教师问：是否我此前已经看过这节课，不然为什么在短时间内形成这样有思维含量、有认知高度的见解？

我确实跟现场听课的教师们一样，是第一次听到这节课，能有所见解并且有理有据地表达出来，是因为较为厚实的思维功底，尤其是以概念、判断、推理的逻辑思维能力，以及以文本、知识、思维三个要素为核心的评课尺度和标准。下面是事后对现场评课意见的文字梳理。

# 简约中的深意

## ——从思维发展的角度看肖培东老师《苏州园林》公开课

肖培东老师《苏州园林》总体上是简约的，非常符合肖老师主张的“实在”而“灵动”的语文教学追求。在“新课标”背景之下，肖老师并没有采用任务群学习、大单元教学、大任务驱动等做法，反而有点做减法的味道，我看了教材，文后“积累拓展”练习中有两个活动：第一，与《红楼梦》中的“大观园”比较；第二，中国、西亚和欧洲古典园林的比较，但肖老师并没有采纳使用，也并没有在教材单元中、在与其他几篇课文的比较中进行考量。

但我们和学生一样，听得津津有味、沉浸其中，而这种有味感和沉浸状态保证了这节课的效能，是的，这是一节简约中蕴含深意，巧妙引导学生在听说读活动中提升思维能力和审美水平、把握语用规律的课。整节课分三个环节：

1．选图（五组，每组两张。这是一个基于文本信息提取而设计的文图转换活动，其中暗含着对学生形象思维活动的唤醒；而每组图片中图与图之间的比较，又必然在形象呈现所激发的形象思维活动中融入理性思维活动）。

2．口头介绍（这是社会生活情境中的言语实践活动设计，导游身份设计与文体匹配，同时可以通过个性化发挥实现创造性思维提升）。

3．评价（重点分析文本总分总的缜密结构，结构即思路，对结构的研究必须深入文本才能真正把握；次重点分析说明语言的精准，通过对语词概念的外延比较进行）。

这三个环节之间用“特征”和“标本”两个关键词进行衔接和转换，其间始终伴随学生对文本相关内容的朗读。

这节课有三大突出特点：

1．课程理念和学生意识突出。以课程性质为起点，以学生发展为目的；以学生为主体，以语言文字运用能力提升为目的。学生的听说读活动始终是主线，肖老师尤其关注到学生的思维发展（在3、4、5、6自然段和7、8、9自然段排序的比较活动中表现得特别明显），课堂在师生始终平等和良性的互动中推进。

2．文本意识。紧贴文本进行教学设计，从文本内容（苏州园林是怎么样的）的点到面，再到文本的形式（结构和语言），能够触摸和捕捉到内在于肖老师头脑中的文本言、象、意三要素图式，而这一图式对肖老师的文本解读活动和教学环节设计起到了很强的支持作用。

3．最大的亮点是环节清晰，环环相扣且转换巧妙，可以说是羚羊挂角，无迹可寻，这既体现了肖老师的思维水平，也凸显了肖老师的文本意识（如果依据文本言、象、意三要素的内在图式进行阅读和教学，便可能获得这种效果）、学生意识，还有丰沛的教学智慧，巧妙的问题设计（讲结构时用四个“讲究”对应相关段落，通过段落位置和四个“讲究”之间的位置能否变换来启发学生深入思考，把握文脉）体现了这一点。

作为一个以文本为中心的语文课程与教学论者，作为一个基于语言与思维的关系来理解语言文字运用和文本建构、理解语文学科育人功能的教研员，从这节课中我看到了一种力量。

当然，从高阶思维发展的角度来说，这节课在文本解读和教学处理两方面也有几点值得商榷的地方：

1．一个概念（“特征”）的内涵和外延总结。

肖老师用这个词进行第一环节和第二环节之间的转换，并且要求学生用“词”“短语”“句子”三种不同的语言单位来表达，引导学生形成语言单位认知图式。但是“特征”意为事物所具有的独特之处，可以内在于事物，也可以形诸事物，但是师生共同找到或建构的“处处入画”“如在画图中”“务必使游览者无论站在哪个点上，眼前总是一幅完美的图画”，这并非内在于苏州园林或者形诸苏州园林的特点，而是对象所给予人的审美感受，对此，文本中用的是“共同点”一语。

为什么要深究一个词语的内涵呢？首先，概念是逻辑思维的基础，布鲁姆思维金字塔中高阶思维的第一层“分析”须以逻辑思维三要素中的第一要素——“概念”为基础进行。其次，就《苏州园林》一文本身来看，对苏州园林“特征”的探究活动可以引导学生深入文本，从而把文本图式中的“主旨”维度，把语文素养中的“文化自信”维度，把笔者“三思”策略中的“思想”维度拎出来。苏州园林的“特征”究竟是什么？笔者认为文中的“自然之趣”可以回答，这是中国传统文化非常重要的特点，是中国文人非常突出的追求。

2．几处细节的处理。

肖老师在教学预设和课堂生成之间行走自如，但还是有几处可以抓住的生成机会：第一，“处处入画”“如在画图中”和“务必使游览者无论站在哪个点上，眼前总是一幅完美的图画”三者的主体是不同的，分别是园林本身、游览者、设计者和匠师们，比较分析一方面可以提升孩子们对语言的敏感，另一方面可以关联其他文本中的教学元素。第二，对于孩子们语言表达优劣尤其是优点的过程评点，具体表现在第二个学生导游营设情境，让听者产生对话感和代入感，这和文本本身的写法有类似之处；第三个学生导游表达不够流畅，但却引用了“欲界之仙都”一语；另有一个学生用了“独裁”一词，老师依据“独裁”一词的语意做了回应，但孩子可能想用的是文本中的“自出心裁”或者其近义词“别出心裁”“独出心裁”，孩子之后或许会自己寻找并落实，但如果老师可以在课堂上帮助他做好积累和内化，对其他孩子的积累也会起到作用。第三，教学第一环节和第二环节用“特征”一词转换，按照逻辑应该实现由分到总、由点到面的转换，但第二环节的导游活动仍然是针对单张图片，是“点”不是“面”，是“分”不是“总”。

3．教学环节优化的一点想法总结。

由“点”到“面”、由“分”到“总”都在事物的表层和文本的表层，除了由“点”到“面”、由“分”到“总”之外，如果我们关注到从“共同点”到“特点”这一维度，就可以把孩子的思考引向深入，让孩子的思维活动更好地形成网络。先说“共同点”，共同点的关键词是“画图”一词，孩子们在第一环节的选图活动时除了关联文中与“象”（苏州园林）本身有关的内容，还要紧扣作者的评价用语，也就是“画图”一词。这个紧扣很重要，从语用的角度，除了说明等表达方式，还有了议论；从文本形式的角度，除了结构安排之缜密，语言呼应之缜密也就呼之欲出了。

再说“特点”。从“自然之趣”如何体现在苏州园林的各个方面和整体，以及“图案画”和“美术画”、“艺术”和“技术”的不同，到“自然之趣”如何作为设计者和匠师们的美学理念和造园追求，再到“自然之趣”如何吸引游览者，最后到中国文化中的“自然之趣”。这一点实际上是可以作为一个环节来处理的。

最后再说一下文本形式。如果说文本内容回答了苏州园林是怎样的，那么，文本形式回答的便是文本是怎样的，或者作者是怎么写的、文本是如何建构起来的等不同问法相同指向的问题。如果把《苏州园林》放在单元视野中考查，会发现作为一篇说明文，这个在写法上除了跟其他文本有相似之处外，还存在和其他文本明显的不同，那就是情境的营造，作者非常灵活地把泛指的“谁”、特指的“游览者”和“摄影家”请入文本，在情境中表达，读者很容易产生与文本对话、进入文本语言情境的感受。而本单元的其他文本，《中国石拱桥》《人民英雄永垂不朽》《蝉》和《梦回繁华》要么是对象（“象”）的客观呈现，要么只有“我”和对象的交互，没有像《苏州园林》这样向读者敞开。肖老师以“标本”一词引导，非常“丝滑”地转入教学第三环节。第一个孩子的回答明显用了关于说明文语言文字特点的惰性知识，这个时候，肖老师事实上可以引导孩子们探究：说明文的“标本”应该是怎样的？或者换一种说法，老师认为它是“标本”，你们同意吗？而且有必要引导孩子在语言、结构之外，关注文本的这一特点。这就是文本“各个不同”的多样性。

最后，引用文本中的话作为我的结束语：“设计者和匠师们因地制宜，自出心裁，修建成功的园林当然各个不同”，而“他们的成绩实现了他们的愿望”。造园和上课可以类比，叶圣陶先生写文和我们读文也可以类比，语文课堂务必使学生走进语言文字运用的文本世界，提升语言文字运用能力，提升包含文化自信、思维能力、审美创造能力在内的语文素养。

肖老师是诸多语文老师的偶像，关注到《苏州园林》这节课的人应该很多，刚好可以此作为例子，说一说文本解读如何在图式中深入，找到文本的规律和这一篇的特征，说一说课堂教学如何在文本读写活动中提升学生的高阶思维。感谢肖老师！

基于语言与思维二位一体的关系，逻辑思维三要素也有其语言表征，具体说来，概念用词语表达，判断用句子表达，推理用句群表达。正因为如此，我们的逻辑思维能力可以在，也应该在语言运用训练中得到提升。

### （一）从思维和表达的角度看一道作文题

新近看到一道作文题，如下：

阅读下面的材料，根据要求写作。

三千年前，我们的先祖观察尺蠖软且细长的身体屈伸而行，触发灵感，留下了“尺蠖之屈，以求信（通‘伸’）也”的哲思。生活在21世纪的中国科技人员，创造性地设计了“祝融号”火星车的主动悬挂系统，模拟尺蠖的运动，提高了火星车在复杂地形自主脱困的能力。最近有信息传出，美国宇航局最新设计的月球车借鉴了中国火星车的设计，将以一种像尺蠖爬行一样的协调方式移动轮子，中国科学家回应：欢迎共享。

以上材料对我们颇具启示，“尺蠖”这小小的自然之物，给古人以灵感，给今人以创造，让科技在世界共享。复兴中学将在五四青年节组织以“灵感·创造·共享”为主题的征文活动，请结合以上材料写一篇文章，体现你的认识与思考。

要求：选准角度，确定立意，明确文体，自拟标题；不要套作，不得抄袭；不得泄露个人信息；不少于800字。

该题立意高远、取材宏阔，其中有自然与人文的关系，有古今的时间维度，有中外的空间视域，还有宇宙空间探索领域最新科技研发成果，而“灵感”“创造”和“共享”三个主题词既具时代感，也有永恒性；既是语文的，也是文化的；既是家国的，也是人类的。一眼看去，颇为惊艳。

但遗憾的是，阅读下来，该题却多有磕绊不畅之处。细细追究，确实在思维和表达上存在不少漏洞。

**1．先按照材料文本的语言序列，逐一指出并分析。**

（1）第一句。“观察尺蠖软且细长的身体屈伸而行”中“尺蠖软且细长的身体屈伸而行”为“观察”的宾语，这是一个以“身体”为陈述对象的主谓短句，去掉定语和状语，可以简化为“身体行”，这里存在搭配欠妥的问题，“行”这一动作的主体应该是“尺蠖”，该句应为“身体软且细长的尺蠖屈伸而行”或者“软且细长的尺蠖身体屈伸而行”；另外，该句强调的是结果，而不是状态，“观察”后加补语“到”亦即改为“观察到”表意更为准确。“触发灵感”的主体是尺蠖，是尺蠖触发了“我们的先祖”的灵感，但整个句子的陈述对象是“我们的先祖”，搭配不当。最后的“留下”“哲思”搭配也有问题，“哲思”不能“留下”，留下的是对“哲思”的表达，这里存在不合逻辑的问题。

（2）第二句。主语为“中国科技人员”，后面的句子成分中有三个动词：“设计”“模拟”“提高”，其中前两个动词的排列不合逻辑，实际的做法应该是“模拟尺蠖的运动”进行设计，该句应把“模拟尺蠖的运动”放在“创造性地设计……”之前，或者把“设计”这一动作改为状语：“在设计……时，……”后一个动词“提高”引出的句子成分是“提高了火星车在复杂地形自主脱困的能力”，其中“在复杂地形”表意含混。另外，21世纪就是现在、当下，“生活在21世纪”这一表达有一种把“21世纪”和“现在”剥离的效果，让人感觉有些恍惚，仿佛现在不是21世纪。

（3）第三句。“最近有信息传出”中的“信息”应该是“消息”，“信息”这一概念的外延比较大，可以涵盖“消息”，此处的“信息”应该特指“消息”。“月球车”作为主语是不合适的，这么说吧，不是“月球车”“借鉴”“中国火星车的设计”，而是“美国宇航局”“借鉴”“中国火星车的设计”设计了“月球车”。“将以一种像尺蠖爬行一样的协调方式移动轮子”也是不妥的，句中“一种像尺蠖爬行一样的协调方式”是一个偏正结构的短语，做“移动”的状语，但是“像尺蠖爬行一样的协调方式”不是移动轮子的方式，而是“轮子”的移动方式，正确的表达是让轮子以一种像尺蠖爬行一样的协调方式移动，而不是以一种像尺蠖爬行一样的协调方式移动轮子。后面的“回应”和“共享”二词也不甚精当，“回应”的前提是存在某种需要回应的情况，这里并非如此，用“表示”比“回应”更好；“共享”的意思是分享，共同拥有，这一用词使得分享物的所属关系不是很明确。

（4）引导语。第一句中的“‘尺蠖’这小小的自然之物，给古人以灵感，给今人以创造，让科技在世界共享”不合逻辑，在这里，“尺蠖”是原生性的，是一切的基础，这与材料文本并不符合。同时，“尺蠖”给古人的不只“灵感”，也有“创造”（要知道，文化创造也是创造）；给今人的不只“创造”，也有“灵感”；至于“让科技在世界共享”，那是“尺蠖”所不能为的。第二句中的“复兴中学将在五四青年节组织以‘灵感 · 创造 · 共享’为主题的征文活动，请结合以上材料写一篇文章”表意不明，还出现了比较多见的一种语病。首先，“写一篇文章”是不是“五四青年节”的“征文”呢？如果是，应该表达清楚；如果不是，“征文活动”就成了材料，考生所写的文章要对此做出评价。其次，“将在五四青年节组织”要表达的意思是当天组织，但是“征文活动”不是比赛活动，一般要提前发布，而不是“五四青年节”当日才“组织”。

**2．基于文题整体的分析。**

文意是一个整体，其中的语意相互关联。

我们把第一句和第二句关联起来看，句中的“三千年前”与“21世纪”是两个相呼应的时间节点，在此语境中，二者要么有对比之意，要么有传承之意。特别是当“三千年前”成为整个材料文本的开头，语感灵敏的考生（本人就是）可能被带入遥远的往昔岁月，若下一句没有对比或传承的语意进行呼应，便颇有茫然若失之感。就此，我们也会发现，第二句中那一创造性的“设计”，命题者并没有交代是学习了古人的“哲思”，还是观察了“尺蠖”的爬行。这两句在时间上有呼应，但语意上既没有对比关系，也没有传承关系，颇有一种没着没落的感觉。第三句倒是明确交代了“借鉴”，如此，美国的设计不是来自尺蠖的启示，就不能说是尺蠖“让科技在世界共享”。

我们再把材料文本中的三个句子整合起来看，“我们的先祖”中的“我们”和谁对应呢？是中国人还是全人类？“先祖”的“哲思”属于中国，“尺蠖”这一“小小的自然之物”属于全人类。从后文来看，“中国科技人员”“中国火星车”“中国科学家”——“中国”出现3次；“美国宇航局”——“美国”出现1次。中国立场和家国情怀显而易见，但是自然与人文关系、自然对人文的启发属于人类视野，“欢迎共享”表现出中国胸怀也是基于人类命运共同体的视野和立场。如何实现中国立场和人类视野的统合？中国立场和人类视野又如何与三个主题词匹配和关联呢？

接下来看三个主题词与材料文本之间的关系。命题者似乎要建立起三个主题词与材料文本三句话之间的一一对应关系，也就是说，先祖的哲思是灵感，科技人员的设计是创造，美国的借鉴是共享。但因为材料文本三句话之间的边界不清，这种横向的一一对应关系逻辑上很难建立。

最后看三个主题词彼此之间的关系：灵感和创造关系密切，属于人类文化创造的普遍性话题领域，是一种规律；创造与共享关系松散，在材料文本中属于大国关系这一社会性话题领域，是一种态度。如果没有引导语对“尺蠖”的强调，这道文题的论题指向可以是家国立场，家国情怀，民族自豪感——中国有灵感和创造，还接纳共享。因为引导语对“尺蠖”的强调，这道文题的论题指向也并不仅只加入了自然对人类文化的启发（“灵感”“创造”与自然的关系何其密切），还包含着在人与自然的关系中，文化是一个整体，不同民族、不同国家命运与共的相关立意。

总之，命题者站在人类整体文化创造和文明进步的高度，赞美自然，心怀家国，思考着“灵感·创造·共享”的问题——对于考生来说，确实只剩下一个字：难！

很多时候，语文的难度不是因为对思维深刻度、缜密度、灵活度、批判性和创造性的追求，而是因为语言文字基本运用中的思维含混和表达模糊。语文是一门学习语言文字运用的学科，思维的清晰与表达的准确是语文学科教与学的目标，也是语文学科教与学效能提升的保障，其重要性不言自明，我们要郑重其事、慎重其事！

**（二）那些因认知局限带来的审题偏颇**

有一道这样的作文题：

阅读下面的材料，根据要求写作。

**当下，很多人追求生活上的精致，也有不少人赞赏生命中的粗粝。**

要求：选准角度，确定立意，明确文体，自拟标题；不要套作，不得抄袭；不得泄露个人信息；不少于800字。

这道题审读的关键首先在于对“精致”和“粗粝”这一对反义词的理解。从固化的知识也就是词典上的释义来看，“精致”是一个形容词，意为精巧细致，其反义词为“粗劣”或“粗糙”，从示例来看，该词不仅可以用来形容生活中的衣食住行，也可以用于形容艺术作品和艺术创造等精神领域的事情；而“粗粝”可以做名词，由其本意糙米引申泛指所有粗劣的食物，也可以做形容词，形容食物的粗劣，一般情况下，“粗粝”主要用于形容生活中与“食”有关的事物。

须注意的是：“粗粝”与“粗砺”的意义来源是不同的。“粝”的本义是粗米，“粗粝”即糙米，名词，如杜甫《有客》诗：“百年粗粝腐儒餐。”“砺”的本义是一种用以磨刀的粗石，“粗砺”是形容词，为粗糙、不光滑之意，如端木蕻良《三月夜曲》：“粗砺的轮石飞转着”。

当然，因为一些误用带来的约定俗成的语意和语用变化，作为形容词的“粗粝”一词不再局限于只能形容食物的粗糙、粗劣，还可以形容普通的一般事物的粗糙，与“粗砺”成了近义词。甚至在形容一般事物的粗糙时，其使用频率比“粗砺”高。于是，这则作文材料用了“粗粝”一词而不是“粗砺”。

这道题审读的第二个关键在于对“生活”和“生命”的理解。“生活”和“生命”是一对语意正向关联点词，其中“生命”是指蛋白质存在的一种形式，指生物体所拥有的活动能力，而“生活”则是“生命”进行的各种活动，常常用来表示衣、食、住、行等方面的情况。简而言之，生命拥有生活的能力，生活是生命的活动。

综上，“精致”和“粗粝”虽然是一对反义词，“生活”和“生命”却不是，因此“生活上的精致”和“生命中的粗粝”实际上构不成二元对立关系。

我们把两组语词的语意结合起来看，“生活上的精致”应该意指衣、食、住、行等方面的精巧细致，而“生命中的粗粝”很难做出准确的阐释和解读。笔者揣测，命题者要么想用“生命中的粗粝”指衣、食、住、行等方面的粗劣粗糙，与“生活上的精致”构成二元对立关系，而避免用词上的重复；要么想表达“生命中的粗砺”也就是生命要经历磨砺之意，与“生活上的精致”构成条件关系或因果关系，“生命中的粗砺”带来“生活上的精致”，但却在“粗粝”与“粗砺”的夹缠不清中不小心用错了词语。

如果命题者的用意是前者，考生要在“精致”与“粗粝”的二元辩证关系中进行选择，可以选择“追求生活上的精致”，但一定要在与“粗粝”的比较中回答“为什么要追求生活上的精致？”这一问题。答案小可以是个人的生活态度，中可以是时代条件的变化（科技发达、物质丰裕），大也可以是人类主体性的体现和人类文明的目标。也可以选择“赞赏生命中的粗粝”，但一定要在与“精致”的比较中回答“为什么要赞赏生命中的粗粝？”这一问题，要注意的是，这里的“生命中的粗粝”，其实也就是“生活上的粗粝”。答案似乎只能从物质生活与精神生活重要性的比较中寻找和生发出来。当然，考生也可以在二者的关系建构中进行立意，既看到“精致”与“粗粝”的对立，也看到“精致”与“粗粝”的统一。康有为的“始于粗粝，终于精微”（《孔子改制考》）是基于人生阶段或者社会发展阶段的统一，我们还可以在人、在万事万物也就是世界的对立统一关系中思考“精致”与“粗粝”的统一。生活要精致，更要粗粝，“丈夫处世，不应于饮食求工，能饱餐粗粝者，真英雄耳”；生命要粗粝，也要精致，物质生活粗粝，精神生活精致。……

如果命题者的用意是后者，考生要找到前后两个分句的关系，也就是说生命要粗砺（磨砺），要创造，生活才能精致。

以上是审题过程中的思维活动和思维成果，好的思维品质和顺的思维过程可以让我们读出题目中的问题，还可以让我们在题目存在问题的情况下巧妙化解，从容应对。

须强调的是，有很多审题的偏颇甚至错误是人的认知局限带来的，审题不仅需要好的思维品质和顺的思维过程，还需要高的思想认知水平。只有超越于一般世俗意义上的物质主义和功利主义的认知活动，才能避免走入审题的误区。

曾经有一道这样的作文题：

阅读下面的材料，根据要求写作。

某美院的一名研究生为了完成毕业设计，用自己的名字命名了北京的一条“无名”道路，并贴上自制的路牌。随后，国内多种主流网络地图收录了该路名；路政工程按此路名对该路段灯统一编号。市民反映，用此路名定位后，快递、外卖等服务变得更加方便快捷了。

我国《地名管理条例》明确规定：“未经批准，任何个人不得擅自决定路名。”有关部门表示，早在2005年这条路已经被命名。近日，“假”路牌被拆除。

对于以上事件，你怎么看？请写一篇文章表明你的态度，阐述你的看法。要求：综合材料的内容及含意，选好角度，确定立意，明确文体，自拟标题；不要套作，不得抄袭；不少于800字。

很多高中学生的作文立意是对研究生的肯定、褒扬和赞美，对有关部门前期缺位、后期越位的否定、贬抑和批评，其原因便是未能确立公与私界限的正确认知，笔者为此写过下水文《以一条路的名义》，该文并非典型议论文，其目的是改变认知。“王后语文”公众号中另有《错错错。莫莫莫！》一文，举几例对不当认知进行了纠偏，可检索阅读。

## 三、分析是最重要的语文学习活动

如果我们把阅读活动分解为与文本内容、形式、主旨相对应的理解、鉴赏和探究活动。按照拆字法对这三种活动进行阐释：理解即梳理与解析，鉴赏即鉴别（语用知识）与赏析（语用效果），探究即探析与研究。不难发现，其中有一个共同的语素：析。析即分析，是一种高阶思维活动。按照布鲁姆的学习目标金字塔，知识的识记、理解、运用是低阶思维活动，而分析、综合、评价（后优化为分析、评价、创造）是高阶思维活动，分析是高阶思维活动的起点，直接影响着学习者对学习内容（文本）的评价，更决定了学习者能否在学习活动中习得创造性思维并且进行创造。

综上，语文学习活动应该是以文本为核心进行的，听说读写活动的核心要素都是文本，我们有必要在研究文本的基础上进行学习活动设计；文本分为象、言、意三个要素，相应的文本阅读语文学习活动包括理解、鉴赏和探究；而理解、鉴赏和探究三种活动的共同要素是分析，因此，文本阅读语文学习活动实际上是以分析为核心的高阶思维活动。

“大家知道，具有分析力的人，若是这方面得天独厚，总不禁感到这是其乐无穷的源泉。大力士喜欢炫耀自己的膂力，酷嗜锻炼肌肉之类的运动；有分析力的人就喜欢解开任何疑难的脑力活动。只要能发挥他的才能，即使对琐碎小事，也感到津津有味。他偏爱猜谜解题，琢磨天书；凡是解开一项疑难，都无不显示出他的聪明程度，这在平庸之徒看来似乎不可思议。”这一段话出自以神秘小说和恐怖小说而闻名世界的美国作家爱伦·坡的经典作品《毛格街血案》（见［美］爱伦·坡著，陈良廷等译《世界十大中短篇小说家爱伦·坡》，人民文学出版社，第44页）。当我正要撰写这篇关于分析的短文之时，这一段不知道什么时候读到并且在脑海中留下深刻印象的话浮现在脑海，于是找到这本书，找出这段话，引用在此，对于鼓荡自己对分析的信心、强化读者对分析的认识，相信都能有所作用。

如前，文本阅读活动实际上是以分析为核心的高阶思维活动。在这里，分析既是活动，大脑通过对文字的辨识、对文字意义的转换和连接而开展的思维活动；分析也是能力，阅读能力在某种程度上就是以文字识记为基础的分析能力，在阅读活动中表现出来。

在叙事性文本尤其是小说文体文本阅读活动中，最常用的分析是由事到人的分析。很多时候，作者并不把人物的性格特点或者形象特征直接告知读者，而是通过事件中人物的表现加以呈现。当然，有些时候，作者会通过一些或巧妙或笨拙的方式把人物的性格特点或者形象特征表达出来，但更可信的仍然是事件中人物的表现。比如《红楼梦》主人公贾宝玉，曹雪芹通过两首《西江月》对其进行介绍和评价，但通篇语句都是明显的正话反说；又在林黛玉进贾府时借王夫人之口对贾宝玉给予否定性评价，在贾宝玉被父亲责打后借前来探视的傅秋芳家人之口对其进行讽刺性评价，诸如此类，我们看到的贾宝玉是“腹内草莽”的纨绔子弟，是“于家于国无望”的不肖子孙。

这真的是曹雪芹想要塑造的贾宝玉形象吗？贾宝玉究竟是个什么样的人？显然，我们需要通过对事件及其在事件中的表现进行分析得出。通过他和族中姐妹、姑表和姨表姐妹的相处，我们看到他对女性的尊重；通过他和身边陪侍、其他社会各界人士的交往，我们看到他对社会等级制度的超越；通过他对花鸟虫鱼、对画中人物和故事中人物的关心，我们看到他与万物的共情、对万物的体恤；通过他对元春荣升贵妃和对黛玉回归贾府态度的不同，我们可以看到他对世俗功利的不屑和对人间真情的追求；通过他的阅读和诗赋、对政权和男权的批判，我们可以看到他对不合理的文化的叛逆。这是一个美好的正面的人物形象，但必须以对人性和文化合理性的共同认知为前提，通过对文本中诸多事件及其在事件中的表现进行分析才能得出。

但在我们的学科认知中，分析的性质、特性和重要性没有被强化和凸显；在我们的课堂教学中，分析活动的落实和分析能力的提升比较潦草。以一节七年级《老王》阅读课为例，老师在知人论世的简短导入之后，就用教材上课文前的两个问题作为主问题布置给同学们分组讨论，同学们把讨论结果写在答案纸上，贴到黑板上相应的问题栏中。这两个主问题分别是杨绛眼中的老王和老王眼中的杨绛是什么样的人。各小组贴完答案纸后，老师开始了分享环节。首先是第一个问题：杨绛眼中的老王什么样的人？黑板上的第一个答案是“平易近人”。老师问这是谁写的，有一个同学举手。老师接着问你为什么得出这一结论，同学回答说：因为课文的第一句话就写了“我常坐老王的车”。老师招呼大家热烈鼓掌，然后进入下一个。

听课时，我的思绪在这里停顿了一会儿，才重新跟上课堂推进的步骤。为什么停顿？因为我无法从“我常坐老王的车”一句中分析出杨绛眼中的老王“平易近人”这一结论。要知道，从“平易近人”一词的词意和用法来看，该词意为态度谦逊和蔼，使人容易接近，多用于上对下的场合。回到《老王》一文，首先，老王的身份是人力车夫，是靠劳力获取生活之资的底层劳动者；其次，老王的境遇很差，他是个没有组织的单干户，是个没有亲人的独居者，还是个只有一只眼睛的残障人士；最后，从人们对老王的态度来看，人们不愿坐他的车，对他的苦难予以道德上的负面评价和舆论打压。在这种情况下，作为专家学者的杨绛常坐他的车。毫无疑问，单单从这一句话所表达的信息中我们得不出“平易近人”的答案，如果关联文本中的其他信息内容我们更加得不出这一结论。

我多么希望老师对学生进行正确的评价和引导，并由此真正学会分析，在分析中学会分析，在分析活动中提升分析能力。最终，这种分析能力会凝聚为综合性的语用能力，也就是读写能力，读写能力加上情境，也就是情境中的综合性的语用能力，不就是语文学科核心素养吗？

因为对分析学理价值的重视，对课堂观察中分析活动多有不足的反思和纠正，我自己在讲课时分外注重分析活动的落实和学生分析能力的提升。试举两例。一个例子是《钢铁是怎样炼成的》整本书阅读导读课。我以“我曾是这样的少年”为课题，希望能在文本阅读和孩子们的个人体验情境之间进行关联和统整。分享文本中的第一个情节，也就是神父因为保尔·柯察金把烟灰撒进其复活节面团里而惩戒他时，我问孩子们，通过这一事件，我们可以看出少年保尔是个什么样的人？一个孩子回答说：叛逆。我再问有没有不同意见，好几位孩子有不同意见，但是说不出缘由。我引导孩子们从“叛逆”的词意和使用场合开始分析，“叛逆”意为背叛或者有背叛行为的人，青春期“叛逆”的语义虽然没有这么严重，但一个叛逆的人，也应该是对诸人诸事都怀有不满情绪，都采取抵触态度的。保尔是这样的吗？当然不是，他的恶作剧只是针对神父，联系后文中他到车站食堂工作后对想要欺负他的工友表现出针锋相对的愤怒，以及他对亲人、小伙伴表现出的友好，我们能够得出的结论是他是一个爱憎分明、不愿意被欺辱被压迫的人。而“爱憎分明”一词分明出现在这部分文本内容中，如果我们能够顺利进入文本情境、进入人物内心世界，具有对语词的敏感，不难发现这个词语。

记得有一次，带一位初三的小朋友读其模拟卷中的一个文本，名为《手艺的江湖》，这是一篇写作者与一位修车师傅交往的小散文。其中有一段写的是修车师傅学习修理各种不同物件的过程，随着时代的变化和社会的发展，他所学习的修理技能多次失去用武之地，于是他不断学习新的技能用以谋生。文后有考题问到修车师傅的形象特征，我要求小朋友找到形容这一段文字中的修车师傅的形容词，他想到的第一个是“勤奋”。我启发他：如果修车师傅只学一种技能，他早出晚归，披星戴月，勤学苦练，是不是也可以用“勤奋”来形容？这里突出的是“多”，他说是哦。于是继续想，苦思冥想而不得。于是我紧扣“多”继续启发：你小的时候有没有上过很多兴趣班？他说有，我问你为什么上很多兴趣班？他说有新鲜感，看到其他小朋友学自己也想学，加上自己兴趣广泛。我问这些是文本这一段中修车师傅学习多种修理技能的原因吗？他说不是，因为他的学习并不是主动行为，而是因为外界情况发生了变化。接下来，我们揪住“变”字进一步思考分析，小朋友想到了一个词：与时俱进，并因此欢呼雀跃，我却还是没有认同，试问修车师傅“进”了吗？“与时俱进”完全符合这一段中修车师傅的特点吗？小朋友有点不耐烦了，他说：差不多得了呗！我说：不行啊，数学学科可以差不多得了吗？不行，差之毫厘，谬以千里，语文学科也要努力追求精准，不能差不多得了。

同样，相关的词语在文本内容中是可以找到的，前提是我们能够顺利进入文本情境、进入人物内心世界，具有对语词的敏感。很快，小朋友在文本的尾段发现了最合适的词语：积极、乐观、不气馁，作者写道：每当自己面对生活中的变化，就会想起修车师傅，他的积极、乐观、不气馁，便会给予自己前进的力量。

以上数例，指向的都是由事到人的分析，这种分析不能停留在某一单件事情的分析上，要能够从单点分析到多点分析，也就是比较分析，最后实现全点分析，也就是综合分析。

天下文章种种，在内容上无外乎摹景状物、写人叙事、抒情说理，其中摹景状物是对世界的呈现，写人叙事多书写人在世界上的活动、呈现人与世界的关系，抒情说理为人的感触与思考，最终归结为人在对世界的探索、与世界的关系中对人自身和人类文化创造进行思考。由此，我们可以把阅读中的分析活动分为以下进阶：

<table>
<tr><th></th><th>分析1</th><th>分析2</th><th>分析3</th><th>分析4</th><th>分析5</th></tr>
<tr><td>景、物</td><td>特点、性质</td><td>相互关系</td><td rowspan="3">总体关系</td><td rowspan="3">人（人物和作者）</td><td rowspan="3">文化（人与环境的关系）</td></tr>
<tr><td>人、事</td><td>特点、性质</td><td>相互关系</td></tr>
<tr><td>情、理</td><td>特点、性质</td><td>相互关系</td></tr>
</table>

总之，语文学科教学一定要在充分认识分析重要性的基础上，引导和帮助学生在分析中学会分析，具体而言，就是在阅读理解、鉴赏和探究活动中全面、深入而又充分地进行分析，从而完成分析进阶、落实分析任务、提升分析能力。

## 四、教学设计从文本阅读开始

先做优秀读者，再做优秀教师。这是我的一个想法和主张。我们一些老师做教学设计，要么从一般教学设计的格式要求和撰写套路出发，有些甚至从网络资源中搜索下载，直接借用。因为自己没有进入文本，所以也就完全没有办法带学生进入文本，浪费了教材课文中那些优质的学习资源和孩子们宝贵的学习时间。

切记：从对文本的深度解读中生发出教学设计，不要从教学设计外在的格式要求出发，尤其不要直接使用网络资源。

以五（3）班的《儿童诗两首》中的一首《我想》为例来谈这个话题。

《我想》是人教版小学语文五年级下册第二单元第9课《儿童诗两首》的第一首诗。从诗题来看，“我想”写的当然是“我”的愿望、梦想或理想、想象或幻想；读完诗篇，整体感知之下，便知这一首诗写的主要是“我”的想象，是一种幻想，不是一般意义上的愿望，更不是梦想或理想，这是首先需要定位的；接下来要追问的是，“我”的想象是不是凭空而来的呢？显然不是，是美丽的春天激发了作者的想象。这是我们生活中的切身感受，也是文学创作的普遍规律。（普通人有所感，作家有所抒发。）我们通常所说的“触景生情”“情随境迁”，在一定程度上道出了情与景的关系。刘勰在《文心雕龙》中说：“物色之动，心亦摇焉……岁有其物，物有其容；情以物迁，辞以情发。”点出了物色的变化使人的感情发生变化，外在的自然环境感动激发着人的心灵，能使人产生创作的欲望和冲动。“登山则情满于山，观海则意溢于海”（刘勰《文心雕龙》）等表述都表明，无所依附的情是不存在的。具体到这首诗中，就是春天各种景物的生机勃勃和清新美丽刺激了“我”的眼睛，感动了“我”的心灵，激发了“我”的想象。

值得注意的是，这个“我”很特殊，是个天真烂漫、充满了对美的追求和向往、想象力极其丰富的儿童。基于“我”的童心和童趣，一连串美妙的幻想产生了：想把小手安在桃树枝上，想把脚丫接在柳树根上，想把眼睛装在风筝上，想把自己种在土地上。

最后，因为想起了爸爸妈妈，亲情把“我”从无边无际、天马行空的想象拉回到现实之中。

显然，这首小诗写的是孩子们置身于美好春色之中产生的美妙遐想，表达的是儿童对美丽大自然的喜爱之情，勾勒出的是一个纯真的精神世界与想象世界……

全诗内在的逻辑应该是：春天的景象—催生儿童的想象—亲情现实的回归。

从教学的情况来看，老师的教学设计是这样的：

| | 教师活动 | 学生活动 | 点评 |
|---|---|---|---|
| 导入 | 1．播放儿童歌曲《种太阳》的音频，请同学们聆听；<br>2．问：歌曲表达了什么愿望？<br>3．评价歌曲：有了太阳，世界将变得温暖和明亮；<br>4．以“小小的童心，也充满了梦想”导入课题。 | 1．聆听；<br>2．回答：种太阳，送给南极。 | 以“梦想”导入，这个定位失之偏颇。 |
| 第一环节：整体感知 | 1．安排学生齐读，提出的要求是：读准字音，一边读一边想自己的梦想。<br>2．老师布置学生自读，并用笔画出“小作者”（注意：知识性错误）要表达什么愿望（注意：愿望的定位不够准确）。<br>3．老师再一次要求学生自读，给的任务有探究性，即最喜欢哪一小节？为什么？ | 1．齐读；<br>2．学生积极举手发言，答出“想把小手安在桃树枝上，想把脚丫接在柳树根上，想把眼睛装在风筝上，想把自己种在土地上”；<br>3．学生积极举手发言，有的说喜欢“小手”那一节，因为能感受到春天的温暖；有的说喜欢“眼睛”那一节，因为能感受天空；有的说喜欢“自己”那一节，因为脑洞大，敢于表达（其实就是想象奇特）。 | 1．这个要求完全把学生带到了诗歌之外；<br>2．老师未对孩子们的错误“帐篷”进行纠正，并讲解诗歌押韵的知识；<br>3．在此处，孩子们把对诗意的理解拉回到对春天的美好和对春天的感受上，很遗憾老师未能关注到这一点，评价只是重复孩子们的回答。 |

（续表）

| | | 教师活动 | 学生活动 | 点评 |
|---|---|---|---|---|
| 第二环节：分节解读 | 第一节 | 1．老师表示自己最喜欢这一节，并进行范读<br>2．要求跟老师一样喜欢这一节的同学站起来进行小组读<br>3．老师概要讲述春天的美好<br>4．老师要求齐读 | 1．聆听<br>2．八位同学站起来朗读，其他同学聆听<br>3．聆听<br>4．齐读 | 1．可能误导学生<br>2．在春天的美好之处最好能够展开，并启发学生体验和想象 |
| | 第二节 | 1．导入：除了桃花，还有什么植物可以标志春天<br>2．要求小组读<br>3．要求女生读<br>4．老师启发春天很美好，所以要读出美好的感觉，然后要求齐读 | 1．回答：柳树<br>2．读和听<br>3．读和听<br>4．齐读 | 1．有预设的嫌疑<br>2．要求没有落实 |
| | 第三节 | 1．老师要求小组读<br>2．老师要求男生读<br>3．老师问：在蓝天上可以看到什么<br>4．老师提出：想一想，能否像作者一样写出一首诗 | 1．读和听<br>2．读和听<br>3．学生们回答：白云，太阳，小鸟，无边无际的草地 | 1．孩子们的回答已经逐渐超出了诗歌文本，表现出想象力，值得鼓励，老师未予肯定，只是简单地重复学生的答案<br>2．写作的要求很突兀，未落实 |
| | 第四节 | 1．老师提问：第四节写什么<br>2．要求齐读 | 1．纷纷作答，一个孩子回答“成为大自然的一分子”<br>2．齐读 | 孩子的回答非常老不起，老师没有评价 |
| | 第五节 | 1．老师提问：飞到遥远的地方，可以看到更多，为什么要和爸爸妈妈商量<br>2．老师接着问：跟爸爸妈妈商量什么？并自己作答商量带什么行李之类的<br>3．老师评价说最后一节原本自己觉得多余，后来认为确实要跟爸爸妈妈商量一下才对 | 积极举手发言，答案有怕爸爸妈妈担心等 | 1．孩子们的回答不得要领<br>2．此处完全偏离诗歌意趣 |

（续表）

| | 教师活动 | 学生活动 | 点评 |
|---|---|---|---|
| 第三环节：总结 | 1．老师要求再次齐读<br>2．老师问：发挥想象，眼前仿佛看到什么画面<br>3．老师对诗歌形式做讲述，说到“语言”怎么样，纠正学生说“优美”，老师说“自然”；说“结构”，均以“我想”开头，每一节都有一个叠词如“悠啊，悠” | 1．齐读<br>2．回答：美丽的大自然等<br>3．七嘴八舌，说语言优美等 | 1．老师点到即止，未对美丽的大自然做展开<br>2．语言是优美还是自然未做辨析<br>3．叠词的使用有知识性错误 |
| 结束 | 1．老师说：孩子的心自由奔放（点到童心，可惜再次点到即止），爱因斯坦说：“想象力比知识更重要”<br>2．老师问：你们是不是也有很多梦想<br>3．老师再问：要怎么样才能实现梦想<br>4．老师很高兴地给予肯定：要努力学习才能实现梦想 | 1．聆听<br>2．孩子们说：“是。”<br>3．孩子们回答：“努力学习！” | |

总体上来说，教师很注意朗读，这是符合诗歌教学的基本规律的（张大春《文章自在》），也很注意激发孩子们的学习热情，但因为未深入文本，偏离诗歌意趣，在对学生做评价时，也只是原地徘徊。孩子是天生的诗人，具有极强的想象力，多次进入文本，反倒被老师拉出来了。总体上来说，教学效果不好，知识能力、情感态度、价值观三维目标均未达成，如果说学科核心素养的话，就更谈不上了。

如果我来做教学设计，我会根据由景生情，情动于中而形于言的现实逻辑，根据“春天的景象—催生儿童的想象—回到现实”的事理逻辑和内在文脉，先引领孩子感受春天。问题驱动。

| “我想”写作者的想象，作者是凭空想出来的吗？ | | |
|---|---|---|
| 第一环节：描摹春光之美 | 导入：你眼中的春天？（口语练习） | 和学生的生活体验相联系 |
| | 朗读。诗歌中的春天？——用散文的语言写出。（动笔练习） | 既梳理文本，又进行写作练习 |
| 看到这样的景象，你会有什么感触？（想春游，拥抱春天；想化为春天的一部分——作者就是这样！） | | 进入思维的深处 |

（续表）

| | | |
|---|---|---|
| “我想”写作者的想象，作者是凭空想出来的吗？ | | |
| 第二环节：<br>品味想象之美 | 小手→安在桃树枝上<br>脚丫→接在柳树根上<br>眼睛→装在风筝上<br>自己→种在土地上 | 问题：可否换一下？<br>结论：联系点就是相似点——想象的不合理性和合理性 |
| 当你陷入无边无际的幻想，一般如何回到现实？ | | |
| 第三节：<br>回到现实之美 | “要和爸爸妈妈商量商量”<br>爸爸妈妈是最爱自己的人，是自己生命中最亲近、最依赖、最信任的人<br>漫无边际的想象 | 体验亲情 |
| 诗歌美不美？想不想用诗歌写出自己的感受和感情？ | | |
| 第四环节：<br>欣赏形式之美 | 1.句式、押韵<br>2.动词的使用<br>3.意境<br>4.艺术的张力 | 用诗歌的艺术形式写下自己对春天的感受或者对亲情的感受 |

## 五、阅读教学亟待向深处开掘

阅读教学亟待向深处开掘，以一节高三备考指导课为例。老师所讲文本为区调研测试中的文学类文本：陈忠实的小说《幸福》。标题中的“幸福”是男主人公的名字，文本选取三个时间截面写“幸福”的故事，从而表达出大时代对小人物命运的影响。“四年前”的“幸福”腼腆柔静但却天资聪明，他对数理课很感兴趣，有快速算账的能力；“前年”的“幸福”赶上了大车、撕嚼着狗肉，变得轻狂野蛮；“现在”的“幸福”考上了大学，恢复了腼腆。

作者没有按照时间的先后顺序呈现“幸福”的经历，而是通过多次“回忆”巧妙写出：先写“现在”的“我”收到邀请、前往赴宴，在得知“幸福”考上了大学的情况下回忆起“前年”的“幸福”；再写“前年”的“我”在得知“幸福”赶大车的情况下回忆“四年前”的“幸福”，在见到“幸福”吃狗肉之后听“幸福”回忆自己的成长经历。——三次回忆，前面两次是“我”的回忆，后面一次是“幸福”的回忆；后面两次又包裹在第一次回忆之中，形成了复杂的三层“套娃”式结构，增强了文本的艺术性和表现力。

老师要讲的便是以“回忆”为关键词所设的一道题：“有关幸福的故事是伴随着‘我’和幸福的三次回忆徐徐展开的。请结合文中相关部分简要分析三次回忆对推动情节发展的作用。”

这个题目本身问题不少：首先，“‘我’和幸福的三次回忆”存在歧义；其次，“伴随着”一词不合逻辑；最后，“三次回忆对推动情节发展的作用”指向含混，“三次回忆”的内容本身就是小说的主体情节，这个问题几乎就是在问“（具体）情节”对“情节（发展）”的作用，这一点最为重要，因为它让这个问题成为一个无从回答的问题。我想先这样修改考题：文中幸福的故事是通过三次回忆展开的，这样写有什么好处？请结合文本简要分析。

老师以“把握文本，梳理情节”为课题，也就是说把回答这道题的关键确定为“梳理”活动。以下是老师展示的一位学生的梳理成果：

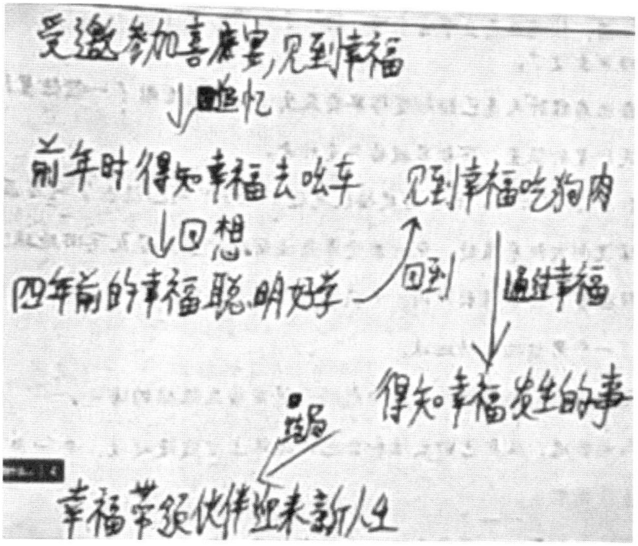


看得出来，这个孩子的思维品质不错，对文本内容的梳理很清晰，除了没有读出从“见到幸福吃狗肉”到“听幸福讲述自己的成长经历”的情节转换，其他部分都很准确。我在他的基础上，做一些优化如下：

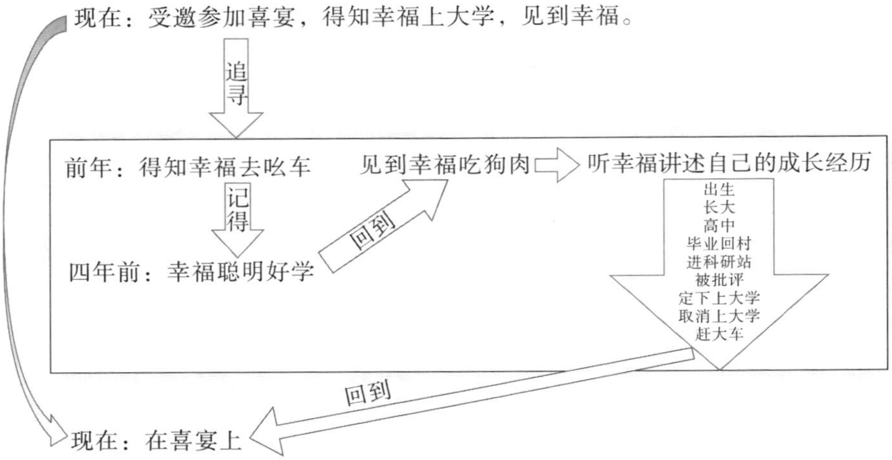


老师在对孩子们梳理的情况做了展示之后，便开始请同学们分组打分，打分的依据当然是参考答案：①“我”在庆祝幸福上大学的喜宴上回忆有关幸福的故事，以结局为开端，设置悬念，引起全文；②“我”第二次到小杨村听说幸福“吆车”时回忆起最初认识的腼腆而聪明的幸福，通过对比引发读者对主人翁命运的关注，推动情节发展；③幸福向“我”回忆自己的经历，揭示幸福变化的原因，使故事情节完整。

这个答案问题也不少：第一点的关键词是“悬念”。“悬念”是什么？按通行解释，悬念是欣赏戏剧、电影或者其他文艺作品时的一种心理活动，即关切故事发展和人物命运的紧张心情。作家和导演为体现作品中的矛盾冲突，在处理情节结构时常用各种手法引起观众或读者的悬念以加强作品的思想、艺术感染力。悬念是指作者为了激活读者的“紧张与期待的心情”，在艺术处理上采取的一种积极手段。它包括“设悬”和“释悬”两个方面。前有“设悬”，后必有“释悬”。通俗地说，是在故事发展中间只亮开谜面，藏起谜底，在适当的时候再予点破，使读者的期待心理得到满足。

简单地说，悬念是一种“紧张与期待的心情”，针对人物命运和故事发展，具体做法是“亮开谜面，藏起谜底”。回到《幸福》一文，读者读了开头中幸福上大学的情节，是否产生针对人物命运和故事发展的“紧张与期待的心情”呢？显然没有，因为作者给出了结局，也就是给出了谜底。

第二点的关键词是“对比”。我特别想知道：如果说幸福四年前的聪明好学和前年的拉大车、四年前的腼腆和前年的轻狂之间有对比，那么，幸福前年的拉大车和现在的上大学、前年的轻狂和现在的腼腆之间为什么没有对比？相反，这一次回忆中“我”的话语表达（“他怎么会吆车？”）和“我”的心理活动（“他怎么会赶大车呢？”）有了悬念感，读者是不是也和我一样，想知道原因了呢？

第三点的关键词是“完整”。这果然是一个从“情节”到“情节”的回答，跟问题非常匹配。

接下来，老师给出了答题中存在的问题和备考的对策，存在问题是：①没有理清对文本的思路脉络。（本文作者注：不太明白。）②对题干中的“我和幸福的三次回忆”理解有偏差。（本文作者注：我也会有偏差。）③审题不清。（本文作者注：如何才能审清题意？）④对相关术语理解和使用欠妥，乱贴标签。（本文作者注：有哪些术语？如何使用？）

备考对策是：①审题干，明方向；②依内容，理层次；③巧概括，规范答；④时整理，重归纳。

到这里，本节课的第一环节完成。第二环节是回归教材，概括祥林嫂的人生轨迹，分析祥林嫂询问灵魂的有无这一情节有何作用？第三环节是走近高考，展示近三年高考文学类文本阅读中涉及小说情节的真题。第四环节是真题演练，老师选用了刘慈欣的《微纪元》（2018）和莫泊桑的《小步舞》（2019）。

显然，这次考试和这节课对于高三学子备考的指导作用都是有限的，我们在老师展示的“近三年高考文学类文本阅读中涉及小说情节的真题”中可以找到原因。“舟行江上，子胥的思绪随着他在江上的所见所闻而逐步生发展开。请结合文中相关部分简要分析。”“买卖瓷盘的过程中，杨成岳的心理发生了哪些变化？请结合作品简要分析。”“两人在喝完酒离开客栈前有一段一再相约的对话。请结合上下文分析对话者的心理。”——看出这些题目共同的关键词了吗？是的，第一，“心理”；第二，“分析”。是的，高考语文小说文本阅读必须强化对人物内心世界的关注和阅读主体的分析思维活动。

由此反观这道题和这节课，会发现学习活动停留在对文本情节内容的梳理层面，既没有对人物心理活动的关注，更没有体现对分析这一思维活动的要求。要知道，当前高考语文对考生思维品质的要求非常高，语文能力和语文素养往往就体现在思维水平上。

通过“回忆”展开写作是《幸福》一文在构思和行文上的最大特点，如果要通过这方面的考查落实知识和思维，必须具体到文本中、深入文本中进行分析。

第一次回忆是“我”在喜宴上对前年拉大车的幸福和四年前聪明好学的幸福的回忆，引出小说情节主体，也就是幸福经历的波折和命运的起伏变化；把幸福上大学的结局安排在最前面，强化人物“欢悦”“快活”的心情，紧扣“幸福”的标题和人们向往美好生活的主题。

第二次回忆是“我”在前年得知幸福拉车时对四年前聪明好学的幸福的回忆，对杨大婶的“难受”和“我”的“一愣”做出解释；把拉车放置在前，在情节上制造悬念，引导读者关注幸福命运的起伏变化，从而更加深入地思考大时代如何影响小人物命运这一小说主题。

第三次回忆是幸福向“我”讲述自己的成长经历，使故事情节完整，也完整呈现了一个大时代影响小人物命运的生动个案。

切记：当前高考语文对考生思维品质的要求非常高，语文能力和语文素养往往就体现在思维水平上。我们必须在每一个文本的读解活动中落实知识和思维，在深度中习惯深度，在分析中学会分析。

## 六、基础教育视域中的批判性思维教学

记得刚从高校调入教研院做教研员不久，就有幸认识了余党绪老师。聊到他正在承担的教育部“中学生批判性思维培养”研究课题时，我说：不知道是不是因为广州的中学生在思维品质发展上和上海的中学生还存在差距，我感觉广州的语文学科教学还要补上形象思维和逻辑思维这一课，谈批判性思维似乎有些为时过早。

随着“新课标”的颁布，语文学科核心素养的概念逐渐深入人心，其中“思维”要素及其“思维发展与提升”要求也引起了语文人普遍的关注。相关阐释提到了“直觉思维”“形象思维”“逻辑思维”“辩证思维”和“创造思维”五种，这五种思维类型如何在教学中落实？我认为：“直觉思维”不依赖于语言，所以比较难教；“形象思维”和“逻辑思维”是语文学科教学中要关注的重点，不要单独地、专门地进行知识讲解，而是在语言文字的运用中、在文本读解的过

程中关联思维要求，开展思维训练；而“辩证思维”和“创造思维”会在“形象思维”和“逻辑思维”得到充分发展的基础上生长出来。

前几天，在华南师范大学学科语文研究生的课堂上，我发表了这一看法，一位善于思考的学生下课后向我发问：您说“辩证思维”和“创造思维”会在“形象思维”和“逻辑思维”得到充分发展的基础上生长出来，真的吗？如果是真的，那余党绪老师他们为什么还要开展批判性思维的研究？

我说，当然是真的，而生长也是需要研究的。“辩证思维”特别是“审辩思维”，也就是“批判性思维”之所以会在“形象思维”和“逻辑思维”得到充分发展的基础上自然生长出来，是因为批判性思维与其说是一种思维方式，不如说是一种人生态度，是一种坚持独立思考和学术发声，坚持理性反思与合理判断的习惯和能力，你是个善于思考的人，以后你会在教学中，也会在生活、学习与思考的过程中发现这一点。

是的，批判性思维与其说是一种思维方式，不如说是一种人生态度，坚持独立思考和学术发声，坚持理性反思与合理判断，在长官意志面前，在学术权威面前，在压力面前，坚持追求真知和真理，哪怕面对种种不合理的对待……其实，话题也可以不用如此沉重，因为批判性思维所给予你的思考、探索与发现的快乐，足以应对和消解其他种种不快。

我做教研员以来，就基于独立思考的习惯和理性反思的能力获得了一些发现。

记得第一次负责高三年级，指导广州市高考语文备考工作，首要的工作是研究考纲和试卷。看到6个能力点——“识记”“理解”“分析综合”“鉴赏评价”“表达应用”和“探究”的相关阐释时，对“理解”产生了困惑。考纲中对“理解”的阐释是“领会并能做简单的解释，是在识别基础上高一级的能力层级。要求能够领会并解释词语、句子、段落等的意思”。我不明白“理解”能力为什么只设计词语、句子和段落，而不指涉文意，或者把“文意”用一个“等”字取代了。联想到自己听过的高三课堂，老师大多不进行文本理解的指导，直接读题，然后在文本中找到对应区间，读解后进行答题。当我询问老师为什么不对文本进行讲解时，老师说不用读文本就可以答题，为什么要浪费时间？我想：考纲对“理解”的阐释一定支持了老师们的做法，而如果不关心文本、只关心考题的备考都能取得效能，那这样的考试该是多么失败！这样的语文学习该是多么低效而且不可持续！

基于对“理解”能力点阐释的困惑，继而对6个能力点的排序也就有了不同意见，如果“理解”包含对文意的理解，那么，“分析综合”能力点就不应该排在“理解”之后，作为“在识别和理解的基础上进一步提高了的能力层级”来理解和运用，因为理解的过程一定是知识和思维同步运作的过程，文意的理解需要“分析综合”能力来支持。就算是词意、句意和段意，也应该是在“文意”所建构的语境中得到限定和确认。于是，我画了下面这张图：

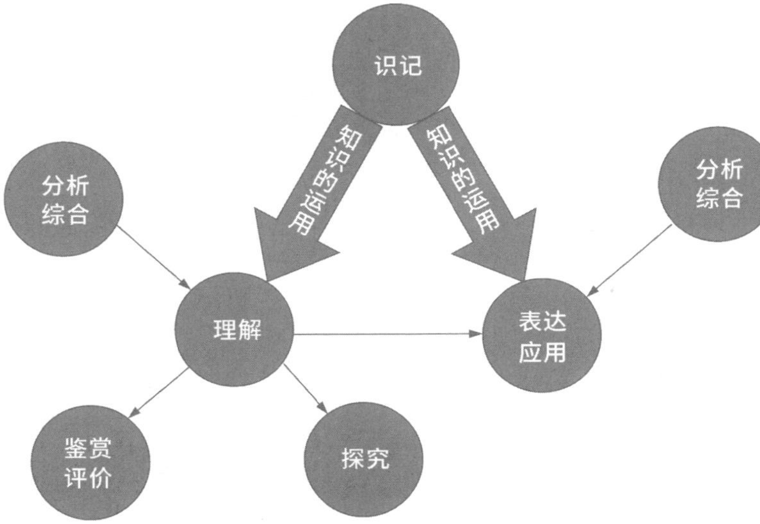


在我看来，“文本”这一概念是语文学科学习的重中之重，作为语言建构与运用的成果，“文本”中包含着语文的几乎全部秘密，而对“文本”的阅读理解能力和写作建构能力其实就是语文学科核心素养。

关于高考语文试卷，如果细细推敲，认真反思，也会发现不尽如人意之处。比如《赵一曼女士》文后的客观题，选项A说：小说以“赵一曼女士”为题，不同于以往烈士、同志、英雄等惯常用法，称谓的陌生化既表达了对主人公的尊敬之意，又引起了读者的注意。

——称谓的陌生化表达了对主人公的尊敬之意吗？难道烈士、同志、英雄等惯常用法就不能表达对主人公的尊敬之意吗？显然不是这样的，通观全文之后，我们会发现，作者之所以以“赵一曼女士”为题，是因为他想要还原一个真实的、丰满的女性革命者形象，不仅有“职业军人的冷峻”，还有“拔俗的文人气质”和美好的女性特征，为此，他的选材和用材便指向更多体现赵一曼的女性特征。

类似的还有《越野滑雪》，文后的客观题，选项B说：小说的多个细节描写突出了客栈的破败和黯淡，与白雪皑皑的山间峡谷形成鲜明对比，小说氛围由此发生变化，情节也由此发生转折。——首先，尼克和乔治滑雪不只在“山间峡谷”，还有山坡、松林和雪地；其次，茫茫山野与一间小小客栈在体量上差别太大，很难形成视觉上的对比；最后，小说多处写到客栈的破败和黯淡，其用意应该不在与山野形成对比，如果说有用意的话，应该与尼克和乔治心心念念的“好地方”有关。如果我们调动自己的形象思维活动，通过联想和想象置身现场，跟随两位主人公一起活动，尝试进入他们的内心世界，以上看法就不难得出。

也有些大题值得进一步推敲，比如《窗子以外》文后的主观题：作者交替使用“你”和“我”两个不同的人称，其中蕴含着怎样的态度？请结合全文进行分析。给出的参考答案有两点：①转“我”为“你”，“你”成为自我观察与描写的对象，蕴含着作者冷静审视的态度；②使用“你”的同时，又使用了“我”，蕴含着作者的自嘲与反思。——这两点的层次感实在不强，原因在于：从全文来看，作者除了使用“你”和“我”两个不同的人称，还使用了“他们”，当作者转“我”为“你”，表达的是一种自我观察与反思；而当作者转“你”为“他们”时，表达的是对包括自己在内的“时髦的学者”的嘲讽和批判。

再来说说参考答案存在的问题。以《我们的裁缝店》为例，文后有一道大题：结合上下文，分析文中画横线的句子的含意。画横线的句子是“可能干什么都一样的吧？”，给出的参考答案也是两点：①裁缝作为辛苦的谋生行当，看起来与其他行当一样；②但在做裁缝的过程中，对生活有了难忘的经验和体会，不由得对这一行当产生了特殊感情，感到它有独特意义。——这两点的区分度和层次感同样实在不强，原因在于：忽视了句子本身的语意层级和与上下文语境的关联、忽视了句子在文本结构中的作用。句子本身的语意可分为两层：第一层是“干什么都一样”，对做裁缝和做其他活计进行比较，认为同样辛苦；第二层语意由副词“可能”、助词“的”、语气词“吧”和问号共同构成，对第一层“干什么都一样”表示了犹疑甚至否定，在对做裁缝和做其他活计进行比较后强化了做裁缝的辛苦。在文本结构中，这个句子承上启下，前后文意有所转折。因此，该句要表达的意思是层次感非常强的两点：艰辛备尝中的犹疑和独特创造后的认同。

2023年的高考真题文本《社戏（节选）》有一道大题为：文中记述社戏的筹备及演出过程，多处使用“依照往年成例”“照习惯”“照例”等，含有哪些意味？请结合全文谈谈你的理解。参考答案为：①“依照往年成例”“照习惯”“照例”等的使用可以看出，社戏的演出时间，演出时的热闹场景，演出的程序、打赏、点戏等都跟往年一样。表明这样的社戏每年都有，是当时重要的民俗文化活动。②社戏的形式、内容几乎都不变，表明这是一个较为封闭的乡土社会，是不受外界打扰的世外桃源。③文章暗示了即将发生战争的背景，“依照往年成例”“照习惯”“照例”反复出现，暗含着作者对这片净土即将遭受战争蹂躏的担忧。答案中的③就出现了主观带来的误读，“例”在文中指“社戏”，①说到社戏的重要；“照”表明对传统的遵循和传承，②没有说到点子上；③所说的“暗示”于文无据，文中第二段首句为“半月来省里向上调兵开拔的事，已传遍了吕家坪”，这是文中与战争有关的唯一信息，对此所能做出的正确分析是：在战争临近或隐在的情况下，村里仍然“照例”开展社戏活动，一点都不打折扣，可见社戏和传承所代表的乡土社会的稳固，若没有根本性、结构性的变化，是不能改变乡土社会的礼治秩序和礼俗活动的。

“新课标”的设计和新教材的编撰是推进教育改革的学科专业化建设大工程，相关专家付出了艰苦卓绝的努力，但在肯定温儒敏先生大力主张“阅读”的同时，笔者也会对其“连滚带爬地读书”和“整本书阅读只是让学生体验一下”等说法存疑；对“新课标”中学科核心素养层次不清，带来机械运用（4种要素变成教学设计中的4个目标或4个环节）；新教材中人文主题笼统，导致落实难度大（比如“不朽的红楼”，明显只是表达出其人文价值，而不是其人文内涵）等问题进行有针对性的思考，包括对教学中出现的“情境脱离知识，出现负效应”和“任务脱离思维，呈现低效能”等误区进行追求实效的研究。还有不少细节问题：比如前两天就谈到《列夫·托尔斯泰》一文并非先抑外貌后扬其精神；至于统编版高中语文教材必修上中说《乡土中国》研究了中国社会的结构，笔者也实在不能苟同，因为作者费孝通对中国基层社会的研究是全方位的，也是按照一定的逻辑进行体系建构的：

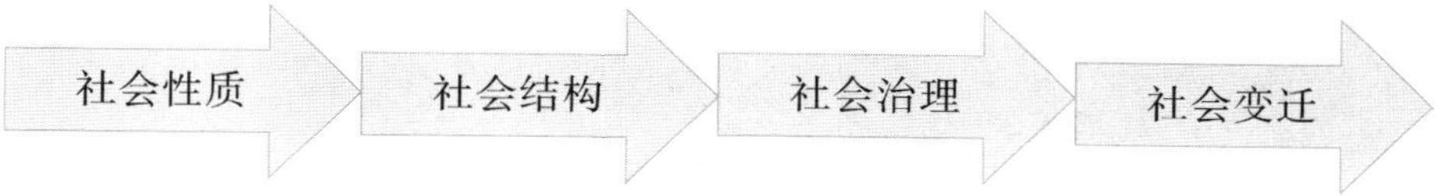


大家看，批判性思维是不是在独立思考不盲从、理性反思不主观的前提下，基于形象思维和逻辑思维的基本功而蓬勃生长起来了？

我们要记住的是，以开放的姿态进行理性的反思与合理的论证，最终得出合理的判断，唯有这样的独立思考才能推进工作，唯有这样的理性发声才能发生效用。

# 第四节 思路·形式·鉴赏

“思路”策略与文本的形式对应，在阅读活动中表现为对文本语言运用、结构安排和风格特征的鉴别和赏析，这是指向语文学科课程性质的重要学习内容，也是指向迁移的语文学科必备的知识内容。在文本形式中，结构尤为重要，它不仅是文本形式的一个要素，而且是一种思维方法和文本阅读方法。本节以文本结构为重点，探讨“思路”策略在文本结构分析中的运用。

## 一、分层梳理和分类梳理

分层梳理是阅读活动的第一步，是在文本自然结构的基础上依据文意变化对文本所做的二次结构化处理。

梳理的字面意思是用梳子整理，在生活中，用梳子整理的一般是头发，这个动作大家（有头发的人）都做过，其目的显然是使头发整齐有序。阅读活动中“梳理”的目的也无非如此，但因为这一“梳理”针对的是文本内容，也就是文本中可见的语言文字，于是问题来了，第一，文本中的语言文字原本逐个显现，历历有序，为何还要梳理？第二，阅读活动中的“梳理”当然不能用“梳子”，那么用来“梳理”语言文字的工具应该是什么？

第一个问题不难回答，文字虽逐一出现，但其意义却多有相互重叠、扭结、呼应、转折、对立之处，这种复杂关联正如一头乱发，要用梳子爬梳才能理清；第二个问题的答案随之出现：用来“梳理”语言文字的工具是对字义和词义的理解。由此可以得知，阅读活动中的梳理是要凭借对字义和词义的理解，对文本中语言文字所表达的复杂意义进行分层分类即“条理化”整理。

每一个文本都是一个复杂的语意系统，而梳理是理解文意的基础。“理解”一词意为“懂得”“了解”，是顺着条理进行分析，从而达成了解、明白的一种认知现象。在阅读中，这种“懂得”“了解”是如何实现的呢？是通过梳理实现的，梳理所做的分层分类整理，为分析活动奠定了基础，通过对相关信息的单点分析、多点分析和全点分析，阅读活动得以顺利进行，通向对文意的正确理解。

因此，“理解”一词可以说是梳理和解读的相加。

明确了梳理的意义和功能，接下来我们说说如何对文本进行梳理？这里所说的文本，可以是一篇文，也可以是一本书。对文本的梳理有两种：分层梳理和分类梳理，对于文意理解来说，这两种都非常重要，需要前后分两步完成。分层梳理是第一步，是在由语段呈现的文本结构的基础上按照文意转换分出语意层次，并且概括大意；分类梳理是第二步，是对文本中重复出现、彼此呼应和形成对比的语义信息进行重组，并且分析其意义。每一个文本都有其自然构成，通过语段切分而呈现，对文本的梳理实际上是对文本的二次结构化处理。

先说第一种分层梳理。一篇文相对比较简单，文本有自然段落切分，我们可以对每个自然段落的大意进行概括，以此为基础，根据各个自然段落文意的关联与区分，把一篇文分为几个层次，并对不同层次的文意进行概括。以大家非常熟悉的《紫藤萝瀑布》为例，文本一共十一个自然段，可以分为“赏花”“忆花”“悟花”三个语意层次。分层梳理时，找准文意的关联与区分是关键。时间、地点、人物的变化可能成为文意转换的提示；在时间、地点和人物没有发生变化时，实写和虚写（联想和想象）也可以作为分层的依据；如果都没有，就要对文意的转折之处进行更加细致的分析。《紫藤萝瀑布》所写内容发生在同一时空场域，但文本中的“只见”和“觉得”两次提示了文意的变化，文本因此可以分为两大层次；“在我心上缓缓流过”和“流向人的心底”再次提示了“觉得”也就是心理活动深度的变化，前者是回忆，后者是领悟。层意概括时，应该注意文本的整体性和各层文意之间的相关性，可以选用文本中具有概括性的词语、短语或短句，如《紫藤萝瀑布》可用“一片辉煌的淡紫色”“花朵的光辉”“生命的酒酿”来概括；可以组合文本中多个具有概括性的词语、短语或短句，如《紫藤萝瀑布》可用“眼前之花”“心上之花”“心底之花”来概括；还可以用自己的语言进行概括，前文中的“赏花”“忆花”“悟花”便是。

再说第二种分类梳理。分类梳理的关键是找到多次出现的、相互呼应的和形成对比的语词或语意。仍然以《紫藤萝瀑布》为例，本文写的是“紫藤萝”，该词当然会在文中多次出现；与“紫藤萝”有关的量词也在文中多次出现，并且在不同的段落中形成呼应关系：第二自然段的“一片”和“一朵”，第三自然段的“一树”“一串”和“一朵”，第六自然段的“一穗”“一朵”，第八自然段的“一株”“一穗”“一串”，第十自然段的“一朵”。

关于“紫藤萝”，作者主要写了其色彩、光辉和芳香，写光辉的句子有：“紫色的大条幅上，泛着点点银光，就像迸溅的水花。”“有的就是这一树闪光的、盛开的藤萝。”“我沉浸在这繁密的花朵的光辉中，别的一切暂时都不存在，有的只是精神的宁静和生的喜悦。”“它张满了帆，在这闪光的花的河流上航行。”最有意思的是，文中尾句“在这浅紫色的光辉和浅紫色的芳香中，我不觉加快了脚步”，把紫藤萝的色彩、光辉和芳香完美地统合在一起，以此收束全文，表现出作者思维之缜密和写作功底之深厚。

另外，本文标题为“紫藤萝瀑布”，用“瀑布”来比喻紫藤萝花，“瀑布”一词在文中出现了四次：开头的“从未见过开得这样盛的藤萝，只见一片辉煌的淡紫色，像一条瀑布，从空中垂下，不见其发端，也不见其终极。只是深深浅浅的紫，仿佛在流动，在欢笑，在不停地生长”。中间的“我只是伫立凝望，觉得这一条紫藤萝瀑布不只在我眼前，也在我心上缓缓流过。流着流着，它带走了这些时一直压在我心上的关于生死的疑惑，关于疾病的痛楚”。结尾的“藤萝又开花了，而且开得这样盛，这样密，紫色的瀑布遮住了粗壮的盘虬卧龙般的枝干，不断地流着，流着，流向人的心底”。“它是万花中的一朵，也正是一朵朵花，组成了万花灿烂的流动的瀑布。”与“瀑布”相伴同行的是形容瀑布动态的动词“流”。

文中也有形成对比的语词运用。“繁密”“盛”“密”和“稀落”“稀零”之间的对比，精妙地呈现了今昔之间发生的变化。

最为值得关注的是，本文开头的“我不由得停住了脚步”和结尾的“我不觉加快了脚步”两句多次出现、相互呼应和形成对比的语词或语意综合出现，具体表现为“脚步”的重复、“不由”和“不觉”的呼应、“停住”和“加快”的对比，这一处理让文本首尾圆合，文意统合，非常巧妙。

毫无疑问，这样的梳理不仅能够帮助学生深入文本的语言情境，指向对于文本内容的正确理解；还关联到对文本语言运用和结构安排等形式要素的鉴赏，培养学生对于语言文字的敏感，提升其语用能力；并由此深入对文本主旨的探究，培养其思想认知和情感态度。更为重要的是，这样的梳理在学生的思维发展和文本解读之间架设桥梁，让每一次文本解读活动都能够作用于学生思维水平的发展，从而全面而又充分地发挥语文学科以文化人的作用，阅读活动中梳理的重要性可见一斑。

和单篇文本相比，整本书字数多、篇幅长、规模大，其内容丰富、主旨深刻、语言运用和结构安排都更加灵活而又复杂，所以整本书阅读在学生语文能力和语文素养的培养方面能发生更显著的效用，整本书阅读中的梳理活动对学生思维水平的提升也就具有更加积极的效能。事实上，有了前面对一篇文阅读活动中两种梳理活动的路径和策略建构，整本书阅读中的梳理活动也就有章法可依、有路径可循了。

按照一篇文阅读中的梳理活动来类推，根据整本书与一篇文的不同，整本书阅读中的分层梳理是以一本书的自然章节为基础进行的，自然章节好比一篇文中的自然段，我们可以对每个自然章节的大意进行概括，以此为基础，根据各个自然章节文意的关联与区分，把一本书分为几个部分，并对不同部分的文意进行概括。

以《朝花夕拾》为例。这是一个由十篇文本加上《小引》和《后记》构成的散文集整书。《朝花夕拾》中的十篇文章分别写了什么？我们不妨先做一个精要的概括：

1．《狗·猫·鼠》：失鼠·仇猫

2．《阿长与〈山海经〉》：得书·怀人

3．《〈二十四孝图〉》：读书·失孝

4．《五猖会》：背书·失趣

5．《无常》：说鬼·求真

6．《从百草园到三味书屋》：入塾·失园

7．《父亲的病》：失怙·疑医

8．《琐记》：离乡·求学

9．《藤野先生》：弃医·思人

10．《范爱农》：失友·悟世

在《〈骆驼祥子〉深度阅读的策略与路径》一书中，笔者按照“车没了”“钱没了”“人没了”“魂没了”对文本进行了分层梳理，按照小说三要素（相互呼应的信息）、语言运用和描写（多次重复、相互呼应和形成比较的信息）、母题（形成比较的信息）对文本进行了分类梳理，该书目录就是分层梳理和分类梳理的成果。目录如下：

第一章　通读：把握人物，梳理情节
第一节　四张图表之人事纪略
第二节　一分为二的结构之巧
第三节　一分为三的情节之妙
第四节　一落到底的发展之势

第二章　品读：品味语言，鉴赏描写
第一节　无语与有言——特别的表达
第二节　无定与有止——特定的处所
第三节　无心与有情——特异的自然
第四节　不变与大变——特殊的细节

第三章　细读：发现问题，合理探究
第一节　一落：车没了
第二节　二落：钱没了
第三节　三落：人没了
第四节　四落：魂没了

第四章　研读：寻找冲突　归纳母题
第一节　一座城：地狱里没有好鬼
第二节　一个阶层：冻死鬼的笑容
第三节　一个人：个人主义的末路鬼
第四节　一个时代：假如祥子穿越到今天

第五章　新读：评价得失　拓展迁移
第一节　封面带读：阅读的起始与结束
第二节　三题导读：阅读的深度与尺度
第三节　以写促读：阅读的理解与表达
第四节　互文参读：阅读的广度与限度

再比如《红星照耀中国》一书分层梳理可以分成四部分：第一部分为“进入红区”（书中的第一篇到第二篇）、第二部分为“红星在西北”（书中的第三篇到第六篇）、第三部分为“同红军在一起”（书中的第七篇到第十篇）、第四部分为“红星闪耀”（书中的第十一篇到第十二篇），分类梳理的成果则有“行者足迹”“谁主沉浮”“别有‘洞’天”“打成一片”和“一颗红心”“一条正道”“一代伟人”“一支铁军”“一种气象”“一道曙光”等。

## 二、高考作文审题过程中的三种思维活动

审题能力是作文得分的基础和关键，针对材料作文这种高考作文命题形式，在短时间内对所给材料进行准确解读便成为作文备考训练的重点。近年高考作文命题多指向较为宏大的时代命题，引导青年把个人的发展和国家的发展紧密关联起来，以体现立德树人的教育功能和为国选材的高考任务，基于此，作文题所给材料所指向的论题常常是一目了然的，不会暗含或者潜藏在文字的背后。考生对所指论题可能会有认知的偏颇，但基本不存在理解的障碍。为了避免认知的偏颇，作文题往往通过引导语启发考生对论题形成正确认知。

论题的指向性甚至是某种程度上的既定性必然带来审题难度的降低，对此，命题者通过材料选择上的大视野和材料组合上的高灵活度、通过情境设计和任务要求来加以弥补，所以指向宏大主题的材料作文命题常常以多则材料、多元材料呈现，常常和情境设计、任务要求组合在一起。

因为材料和材料组合方式的变化，审题时所进行的思维活动、所需要的思维能力也随之发生变化。针对一个命题作文或者一个话题作文，我们主要通过演绎思维活动进行一元生发；针对一个故事或者一件事情、一种现象以及与之相关的两种表现、两种态度，我们常常运用辩证思维进行二元分析；针对材料中所给的三种情况，我们多在比较思维中开展三元选择；而针对多向多维的材料，我们更要在结构化思维和关联性思维等思维活动中把握材料的要义，保证审题的精准。

事实上，对于一个或一组复杂材料来说，一篇相关议论文的论题、论点和分论点都已包含在其中，论题既然已直接呈现，论点既然已有所提示，我们重点探讨审题时如何通过有效的思维活动从材料中解读出文章的分论点。

### （一）结构化思维：进行区分，把分论点概括出来

结构是指构成一个整体的各个不同部分的搭配和安排，结构化思维是一种基于对整体和部分关系的考量来进行分类和排序的思维活动和思维方式。审题时的结构化思维活动，就是根据材料的不同呈现方式对材料进行分层或分类，一般而言，分层针对一个完整的材料，分类或分组则针对一组零散的材料，无论分层还是分类，都要以对材料的概括为基础。所谓概括，就是人脑在比较和抽象的基础上，把事物的共同的本质特征综合起来的过程，或者说是一个把不同事物中或同一事物的不同部分、不同特性、不同方面联合起来的过程。概括往往基于或者暗含一个比较的过程，也就是对事物之间相同之处和不同之处的发现过程。

1. 对完整材料的分层

以2019年全国高考语文Ⅰ卷作文题中的材料为例：

“民生在勤，勤则不匮”，劳动是财富的源泉，也是幸福的源泉。“夙兴夜寐，洒扫庭内”，热爱劳动是中华民族的优秀传统，绵延至今。可是现实生活中，也有一些同学不理解劳动，不愿意劳动。有的说：“我们学习这么忙，劳动太占时间了！”有的说：“科技进步这么快，劳动的事，以后可以交给人工智能啊！”也有的说：“劳动这么苦，这么累，干吗非得自己干？花点钱让别人去做好了！”此外，我们身边也还有着一些不尊重劳动的现象。

这引起了人们的深思。

这是一个由两段完整的话语表达构成的完整的材料，以“劳动”为论题，“劳动”这一词语在材料中出现了八次；以“热爱劳动，从我做起”的倡议引导考生对“劳动”做出正向的价值判断，从而提出正确的观点；分论点从哪里来呢？从主体部分（第一段）的层次中来。我们按照“比较—概括—分层分类”的思维过程，根据材料语意，可以把主体材料分为三层：第一句话是第一层，可以概括为劳动的价值；第二句话是第二层，可以概括为热爱劳动的传统；后面的内容是第三层，可以概括为现实的问题（不理解劳动、不愿意劳动、不尊重劳动）。

很显然，这三个层次可以成为我们谋篇布局和行文论证时分论点的来源，当然这是一种相对平面化的分论点形成路径，但当我们的思维难以向立体化和纵深处推进的时候，这一路径可以保证我们行文时思维的有序和文章结构的清晰。

再以2019届广州市高考第一次模拟测试作文题中的材料为例：

今年春节，顾氏家族成员从各地回到老宅，欢度新年，共享天伦之乐。

大太爷爷一家四代同堂，都住在老宅。大太爷爷早年以画像为业，儿子开照相馆，孙子经营影楼，曾孙女开发了一款美图软件，在网上爆红。

二太爷爷参加过抗日战争，儿子是大庆油田的技术员，孙女改革开放之初到深圳创业，

曾孙正在亚丁湾执行护航任务。

三太爷爷年青时到旧金山打拼，儿子在当地开了个小超市，孙子娶了个当地的姑娘，曾孙Peter今年18岁，中文名字叫顾念祖，第一次随父亲到中国探亲祭祖。

顾念祖把大太爷爷手绘的祖辈画像和家族历次团聚的照片传到网上，这些照片有黑白的、有彩色的，诉说着家族的故事。他留言说这次聚会给了他许多温暖和感动，他对顾家的家族观念充满好奇。

这是一个由五个自然段构成的完整材料，其论题共同指向“中国家族文化”；引导语“顾氏家族是无数中国家族的缩影。每个人都在谱写家族的历史，每个家族的历史都折射着时代的变迁、国家的发展”启发考生从与时代、与国家的关系的角度对“中国家族文化”做出正确的价值判断，从而提出正确的观点；分论点从哪里来呢？不是从“中国家族文化”这一概念衍生出来，而是从对材料的概括中显现出来。材料的第一段和最后一段提供了两个情境（情境中也包含和“中国家族文化”这一论题相关联的要素，如春节聚会，“共享天伦之乐”），材料的主体部分是中间三段，已经很自然地分出了三个层次，对这三个层次的概括就是三个分论点。在考场作文中，有不少这样构思和行文的优秀范例，如：

①匠魂不变，守望岁月静好代际传，是你大太爷爷家演绎的家族观念和家族故事。

爱国拼搏，回首雄关漫道真如铁，是你二太爷爷家传递的家族观念和家族故事。

眺望未来，直面世界潮流破巨浪，是你太爷爷家呈现的家族观念和家族故事。

②有一门安身立命、代代相传的技艺，是一个家族得以生生不息的基础。

有一种敢为人先、心系天下的家风，是一个家族竖起脊梁的关键。

有一份追根溯源、不忘先人的初心，是一个家族的故事不断延续下去的精神动力。

③家庭事业代代相传，体现的是一个家族对事业极致的执着追求。

家国情怀始终不变，是中国家族文化中以小我为大我的真实写照。

家族血脉永远流传，让华夏子孙、龙的传人拧成同心为国的一股绳。

④你的大太爷爷一家，把家族的故事写成一部追逐时代潮流的史诗。他们的家庭文化中写着家族事业的传承与发展，写着与时俱进和锐意创新。

你的二太爷爷一家，把个人命运唱成了家国命运的"跫音渐烈"。他们的家庭文化恪守着家国情怀，唱出了时代的强音，唱出一番雄心铁血的不同风景。

你所在的一家，走出国门，艰苦创业，定居国外，回望家园。你们家庭的故事是一个锐意打拼的故事，是一个文化碰撞的故事，你们的家庭文化画出了走向世界的路线图，画出了文化寻根的深情。

⑤你的大太爷爷一家，四代钻研影像，诠释了家族中不变的工匠精神，影像的载体随时代变化而变化，但他们的精益求精、锐意创新不变。

你的二太爷爷一家，世代保家卫国，书写了家族中不变的爱国情怀，奉献的岗位随时代交付的任务而变，但他们浓郁的爱国之诚不变。

你的祖辈出海打拼，哪怕语言、习惯早已融入当地，可是热烈的乡情仍一如当初——你的名字念祖，正蕴含着中国家族对祖先、对传承、对乡土最深切的眷恋。

2. 对组合材料的分类

以上两个案例是针对一个完整的材料而进行的分层；如果是针对一组不完整的材料，我们要做的便是分类或分组。

以2017年全国高考语文Ⅰ卷作文题中的材料为例：

据近期一项对来华留学生的调查，他们较为关注的"中国关键词"有："一带一路"、大熊猫、广场舞、中华美食、长城、共享单车、京剧、空气污染、美丽乡村、食品安全、高铁、移动支付。

这个材料的主体部分是十二个关键词，通过一个"调查"的情境设计把它们很自然地组合在一起，论题指向的是"中国形象"；对中国形象的价值判断无须通过引导语来提示和启发（当然，除了热爱祖国这一人类基本情感和中国发展这一共识之外，关键词中也暗含着价值判断）；该文题的引导语只是对写作任务的表达，其中“选择两三个关键词”并且“使之形成有机的关联”的要求已经直接指向分类或分组的思维过程。如何选择？根据词语的语意和特征，在比较的基础上进行分类或分组，在组内进行选择，这是最基本的一种做法，而组内词语共同的语意和特征，就是观点；组内不同词语的语意或特征，就是分论点的来源。比如在时间上同属过去的词语有长城、京剧、中华美食等，它们共同指向中国的悠久历史和辉煌文明，分别指向军事（工程）、艺术创造、生活创造三个分论点。比如在时间上同属于当今的词语有共享单车、高铁、移动支付，它们共同指向中国在科技创新和生活便捷方面的伟大成就，分别指向短途交通、长途交通、支付活动三个分论点。

总体上说来，一篇文章的结构就是作者的思路，一则作文题目的材料其实就是命题者精心撰构的一篇“锦绣文章”，结构化思维就是在把握材料所指向的论题的基础上，通过对材料的分层分类来把握命题者的思路，并以此形成自己的分论点。当然，这样提取出来的分论点往往是在材料语意和特征的表层平面展开的，对材料的整合不够，挖掘不深，所体现的思维的广度和深度也就不够。

**（二）关联性思维：建立关系，把分论点整合出来**

关联指的是相互之间的关系和影响，关联性思维就是找出对象相互之间关系和影响的思维活动和思维过程。在审题过程中，关联性思维用于寻找和建立不同层次、不同类别的材料之间的关系和影响。当然，对于组合材料来说，分类或者分组的过程已经体现一定的关联性思维要求，此处我们所说的关联性思维主要针对对材料进行结构化处理之后，在各个不同层次和不同类别之间建立关系的思维活动。

以2017年全国高考语文Ⅰ卷“中国关键词”一题为例，如果我们运用关联性思维，可以在很多单个的词语之间建立关系，甚至全部，比如：“吃着中华美食，住在美丽乡村，出行有共享单车和高铁，购物用移动支付，没事听个京剧、跳个广场舞，或者去登登长城、看看大熊猫、聊聊关于‘一带一路’的话题，虽然有空气污染和食品安全等问题，但中国人的生活总体上来说十分惬意！”在这样的关联中，我们看到了思维活动的灵活性和综合度，但这样的关联只是基于可见的表象，指向的观点也只能是外显生活惬意，不仅不符合作文的要求，而且完全没有深度。所以我们最好能够在结构化思维之上，基于材料的不同层次和不同类别建立关联。比如把时间上同属于过去的一组词语和同属于当今的一组词语关联起来（题目要求两三个关键词，这样的关联建立起来之后，可以各选一个词语详写，其他词语略写或者提及即可），如此一来，文章的时间跨度一下子拉大，同样是800字的作文，却会显得容量更大，而篇中的中国形象也会更丰富更立体。

再说说2019年全国高考语文Ⅰ卷“劳动”一题，通过结构化思维分出劳动的价值、热爱劳动的传统和现实问题三个层次之后，以这三个层次作为分论点直接组织篇章和文字，已经可以写成一篇中规中矩、四平八稳的议论文，但其思维广度有限，思维层级也相对比较低。在此基础之上，如果我们的思维活动往前推进一步，在三个层次之间建立起有机的关联，以此形成分论点，作文的论证力量和表达效果必然提升，得分也自然水涨船高。第一层次和第二层次之间存在关联吗？因为中华民族热爱劳动，所以才会创造如此巨大的财富、如此辉煌的文明，它们之间有了因果关系，基于因果关系提出一个分论点，这个分论点就不只是之前两个分论点的简单相加，它具有一种整体大于部分之和的“格式塔效应”。第三层次和第一层次之间存在关联吗？当代青年学生之所以以各种理由抵触劳动、逃避劳动，是因为他们没有认识到劳动的价值，它们之间同样具有了因果关系，由此我们在行文时对现实问题的批驳也就不再停留在浮表，而且还指向了解决的根本方案——改变错误认识或偏颇认知，充分认识劳动的价值，是热爱劳动的思想基础。第三层次和第二层次之间存在关联吗？当代青年学生以各种理由抵触劳动、逃避劳动，这样的做法违背了中华民族的传统美德，它们之间的关联指向对现实问题的批驳，强化了批驳的力度。

显然，如果一篇议论文的分论点是经过这样的关联性思维活动之后整合而成，文章所表现出来的作者的思维层级便有了很大的提升。

**（三）分析思维：逐步深入，把分论点挖掘出来**

分析是指在头脑中把事物或对象由整体分解成各个部分，并且解释或说明其属性的思维活动和思维过程。在作文审题时，分析思维其实贯穿材料解读的全过程，在比较、概括和结构化分层分类，在因果、递进、转折等关联性整合的过程中都需要分析。事实上，如果我们对材料所做的区分和关联建立在深度分析的基础上，我们的分论点以此建构起来，那么，文章自然也就有了深度。

还是以2017年全国高考语文Ⅰ卷“中国关键词”一题为例，结构化思维让我们看到同一类词语，比如同属于过去的，同属于当下的，同属于成就的，同属于问题的等等，这一类词语和其他词语存在区分：关联性不仅让我们看见同一类词语以及这一类词语与其他词语的区分，还让我们看到这一类词语跟其他类词语之间的关系，比如过去与当下同属于时间维度，成就与问题建构起辩证关系（包括中华美食与食品安全），问题与问题的解决（空气污染与美丽乡村）具有相关性等。如果我们对每一个关键词背后的精神内涵做一个“中国形象”论题框架内的深度分析，比如“一带一路”意味着开放姿态与大国担当，大熊猫意味着丰富物产与生态保护，广场舞意味着乐生与乐群，中华美食意味着热爱与创造，长城意味着宏伟工程与抵御能力，共享单车意味着高新科技与共享理念，等等，我们就能建构起一种深度关联：基于中国精神的中国形象，由此建构起来的分论点显然极具思维深度。

再说说2019届广州市高考一模“中国家族文化”作文题，针对顾氏家族三个支脉的结构化处理让我们看到每一支跟其他支在职业等人生选择上的区分；关联性思维让我们看到三支共同的亲情守望、职业精神和家国情怀，我们可以以此建构分论点；而分析思维可以指向顾氏家族为什么这么做，或者从“中国家族文化”这一论题出发换一种问法，那就是中国为什么存在一种家族文化？回答是一样的，那就是中国人对血缘亲情、对故土乡情、对家国深情的重视，笔者的下水文《从这里走向世界》就是以此建构起分论点，然后关联材料进行论证的；另有一篇考场优作，三个分论点如下：“念祖，把追根溯源作为生命追求，是中国家族文化的底色。”“念家，把个人奋斗融入时代潮流，是中国家族文化的特色。”“念国，把家族故事写进家国华章，是中国家族文化的亮色。”

总体上来说，分析思维指向对事物或对象的本质、原因、结果、态势等方面的分析，有时包含一定的探究成分。在作文审题时，分析思维可以基于个体，对个体进行深度挖掘，然后分出类别和建立关联；也可以基于材料结构化之后的各层各类适度展开，把各个分论点的论证推向深入；还可以基于论题合理推演，然后再关联材料。

总体上来说，作文题材料的复杂性看起来加大了审题的难度，但如果思维训练得法，思维活动顺畅，就能够顺利地从材料中解读出论题、论点和分论点，一篇考场议论文就已经具备了灵魂和骨架，接下来要注意的就是在行文时注意进入情境和完成任务。结构化思维、关联性思维和分析思维是高考新材料作文审题时三种非常重要的思维活动，对它们有所认识不仅可以帮助我们找到审读作文材料的路径，而且还能够形成文章的整体架构。当然，思维是一个综合性的活动，在这三种思维活动推进的过程中，还会伴随辩证思维、综合思维等思维活动，这些思维活动的运用要根据文题材料的不同而有所变化，这也是我们在开展针对性训练时要特别注意的。

## 三、对一份答案的优化

### （一）文本

材料一：

以新创意和新设计将传统文化融入生活，将传统文化与当代审美、当代价值观相结合，赋予优秀传统文化以新生趣和新生命。新型文化产品的创造不是简单重复再现传统文化，而是依托传统文化要素，以现代意识烛照传统、熔铸新思，赋予其新的时代内涵和现代表达形式，创造出文化新作。备受国际艺术界瞩目的艺术家蔡国强装置艺术作品《草船借箭》便是“中国资源的借取与活用”，“草船借箭”这一出自《三国演义》的经典故事，从古到今已经被不同形式艺术演绎，蔡国强以其新形式新创造再次引起关注。中华传统文化中有着不计其数的人物形象和动人情节，有画不完的题材、讲不完的故事、取之不尽的文化资源，需要当代人对传统文化进行全方位、深层次、多领域创造性开发，通过新型创意和崭新创造将其转化为新产品、新业态，推动当代中国文化产品的新生产。

文化艺术与数字科技在创新结合上迎来新机遇，如何在数字内容构建中含蕴传达文化价值，服务当代人的精神养成和文明生发，在技术、商业与文化价值共赢中赢得大众，需要我们给出探索与解答。一方面要把握好数字经济历史性机遇，利用数字经济赋能传统文化产业高质量发展，积极推动传统文化内容数字化、网络化转化，实现文化产业全产业链改造升级，以提高效率带动产能和品质提升，获得适应网络化、数字化和智能化环境下的更高质量发展。另一方面，利用好新技术手段、制作方式、传播载体的颠覆式变革，生产高质量网络原生文化内容，发展“新型内容产业”，如网络游戏、网络动漫、网络电影、网络剧、网络直播、网络表演等新业态，适应年轻群体文化娱乐需要。其中关键是把中华优秀传统文化价值内容与新形式要素结合好，实现技术要素、文化价值、商业利益的统一，真正推出数字文化精品力作。比如某网游产品2018年用户规模已经超过

3亿，其中古代建筑、人物、服饰、音乐、场景等传统文化元素都在二次创作中获得新升华，如莫高窟经典“飞天”形象被打造成热门游戏造型，网络游戏已成为传播中华优秀传统文化的重要载体。

（摘编自高宏存《以数字技术创新传播优秀传统文化》）

材料二：

传统文化的创新性发展，只有外部形式的创新是不够的，尤其在强调文旅融合的今天，文化的内涵、深度成为愈来愈显性的需求。这就需要将传统文化艺术的历史积淀、美学意味与创新的传播意识相结合，在传统与现代、内部与外部之间形成有效的链接。我们可以感受到的是，不仅有社会外部力量的加入，作为传统文化持守者的组织与个体也在立足传统、挖掘内涵的基础上，逐渐展现出由内向外的传播主体的创新意识。当我们流连于故宫精美的文创产品，或看到《古画会唱歌》在青少年中获得的传播效能的同时，我们不能忽视的是故宫博物院在梳理、保护、研究和历史文化挖掘上所做的工作，以及针对文创产品开发设计所进行的前期研究。这正是创新体验获得认可的保障与基础。从机构到个体，皆是如此。传统文化艺术内部与外部社会多种要素的合作探索，立足传统，与时代接轨，与大众的需求接轨，这是新时代中国传统文化创新性发展、创造性转化的重要一环。

传统文化创新传播，是立足当下社会，鲜明地体现社会主义文化为人民服务这一宗旨的重要途径。在这样的一盘大棋中，文博、非遗、文创产品、多元新文化体验以及相关教育活动，一起构建了当代社会传统文化创新传播的生态系统。在这一生态谱系中，不同的部门和产业门类也在进行着自己的探索。

从传播形态来看，传统文化艺术的传播包含要素传播、作品传播和文化传播三种形式。日常生活中的文博文创产品就是要素传播的典型代表，这也是传统文化艺术进入日常生活的重要形式。而展览演出则是作品传播的主要形式，往往都以相对完整的产品展现在观众面前。以传统文化艺术为主题的各种线上线下文化活动则属于广义多元的文化传播。在行业发展中，这三种形式往往相互交织，相互补充。在《创意中国》中夺魁的风雷京剧团，其梨园三部曲《网子》《缂丝箭衣》《角儿》通过包含京剧元素的话剧这一形式，以戏曲行里的人、事、物为着眼点，将京剧人的坚守与情怀展示给观众、打动观众，通过要素、演出以及文化表达来推广戏曲文化。北京皮影剧团的影戏舞台剧《影戏传奇》将皮影戏艺术与真人表演结合，展示皮影艺术的历史文化内涵，并且围绕演出设计系列文创产品和体验项目，既体现了对传统非遗的敬畏，也体现了非遗的动态性与活态性。更让人欣喜的是，在这些打动年轻观众的演出中，老一辈艺术家、非遗传承人与年轻的传承者在舞台上共同演绎展示中华传统文化之美。对外，这是传统文化的传播，对内，则是文化传承和精神延续。

由于载体形态的差异，传统文化的创新传播有不同的路径，发展阶段也不尽相同。有的已经形成了广泛的社会影响，并推动行业社会的发展，有的依然在起步探索。无论如何，让传统文化在构筑国人文化记忆的同时，成为“活”在当下的文化，这是传统文化面向当下、面向青年人展现、传播甚至传承其价值的过程，更是我们文化自觉与文化自信形成的过程。

（摘编自胡娜《传统文化传播创新呈现出时代特点》）

**（二）试题**

中央电视台与国家级重点博物馆合作，制作的大型文博探索节目《国家宝藏》对一件件文物进行梳理与总结，邀请有影响力的公众人物作为“国宝守护人”，运用多样形式演绎文物背后的故事与历史，不仅让文物“活”起来，而且让观众了解文物所承载的文明和中华文化延续的精神内核。请结合材料一和材料二，对以上传统文化创新传播实例进行评价。（6分）

**（三）参考答案**

①《国家宝藏》利用和国家重点博物馆合作等各种新技术手段和创新方式，（1分）将传统文化与当代审美、当代价值观相结合，赋予文物新生趣和新生命，（1分）是传统文化传播的创新形式。

②《国家宝藏》立足文物本身，通过对文物进行梳理与总结以及邀请有影响的公众人物等多种形式，（1分）挖掘文物背后的文化内涵，将中华优秀传统文化价值内容与新形式要素结合起来，有利于传承中华文化和延续中华精神。（1分）

③《国家宝藏》让观众更加了解文物的内涵以及传承其价值的过程，（1分）面向当下、面向青年人展现、传播，有利于构筑国人文化记忆，促进文化自觉与文化自信的形成。（1分）

**（四）优化答案**

①大型文博探索节目《国家宝藏》是“以新创意和新设计将传统文化融入生活，将传统文化与当代审美、当代价值观相结合，赋予优秀传统文化以新生趣和

新生命”的一个“文化新作”。

②该作品由中央电视台与国家级重点博物馆合作打造，并且邀请有影响力的公众人物作为“国宝守护人”；该作品运用多样形式演绎文物背后的故事与历史，不仅“只有外部形式的创新”，而且追求“文化的内涵、深度”，从而让观众了解文物所承载的文明和中华文化延续的精神内核。

③该作品“从传播形态来看”，兼有“要素传播、作品传播和文化传播三种形式”，在“构筑国人文化记忆的同时”，促进“文化自觉与文化自信”的形成。

实际上，面对每一个文本的阅读学习活动和写作指导活动，面对每一次上课和听评课活动，面对每一次试题命制和答案拟制，笔者都在应用和落实“三思”策略，不仅如此，笔者多次在阅读教学和写作教学中开展“思想”策略、“思维”策略和“思路”策略接力课尝试，这些课大多有读写融合学习任务和学习活动，对“三思”策略学理及其教学应用不断优化，目前，“三思”策略已经成为比较成熟的解决方案。

# 第三章
# 五步路径

学习内容结构化，学习过程序列化，步步推进，环环勾连。

## 第一节　五步一文路径综论

在笔者的《〈骆驼祥子〉深度阅读的策略与路径》一书前言《有深度的阅读和阅读能抵达的深度》一文中，笔者将指向文本不同要素及其相互关系的阅读路径分为通读、品读、细读、研读和新读五步，如下：

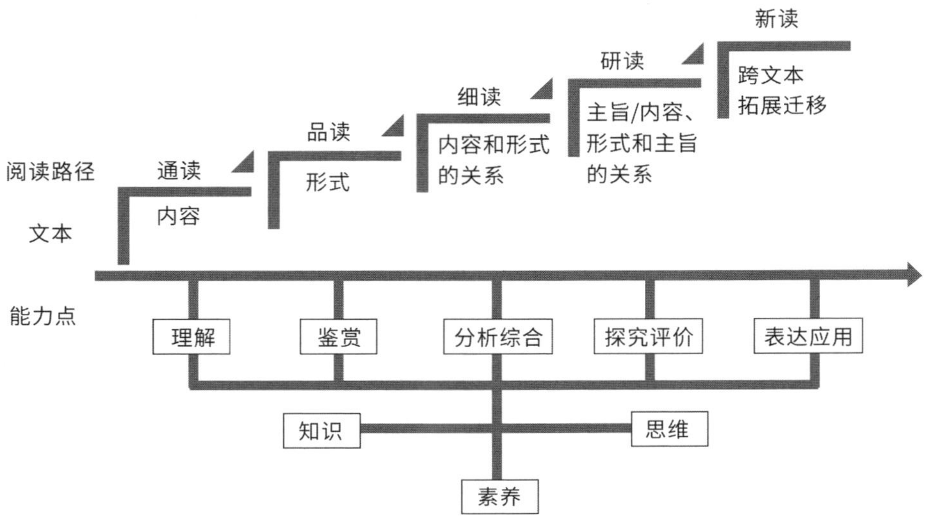

除了《骆驼祥子》之外，笔者针对教材指定的其他整本书所做的导读，也基本按照这一图示进行，如《朝花夕拾》：

推荐语：

从生趣盎然的天真儿童，到初谙世事的懵懂少年；从苦苦求索的觉醒青年，到以笔为刀的坚强战士——鲁迅先生经历了一些什么样的变故？走过了一条什么样的道路？选择了一种什么样的人生？

爱与憎，笑与骂，歌与哭，时而怀一种温存的情，时而抱一颗冷峻的心——鲁迅先生如何对待芸芸众生，如何看待吾国吾民，如何反思礼教文化，如何承担家国责任。

阅读《朝花夕拾》吧，让我们从中寻找以上种种问题的答案，从中收获生命的教益和成长的启示。

阅读计划：

| 路径 | 时间 | 篇目 | 任务 |
|---|---|---|---|
| 通读 | 第一天 | 《小引》<br>《狗·猫·鼠》《阿长与〈山海经〉》 | 1. 划分各篇段落，概括各篇内容，写出各篇综述<br>2. 针对每篇提出1～2个有价值的问题<br>3. 按照“美好童年”“艰难成长”“芸芸众生”“吾国吾民”四大主题版块对全书内容进行归类<br>4. 针对全书提出2～3个有价值的问题 |
| | 第二天 | 《〈二十四孝图〉》《五猖会》 | |
| | 第三天 | 《无常》《从百草园到三味书屋》 | |
| | 第四天 | 《父亲的病》《琐记》 | |
| | 第五天 | 《藤野先生》《范爱农》<br>《后记》 | |
| 品读 | 第六天 | 全文本 | 以“鲁迅风格”为关键词，找出书中能够构成鲁迅风格的各种艺术元素，并提供例证 |
| 细读 | 第七天 | 全文本 | 按照“人—事—情”三个维度，对书中令你难忘的典型细节进行梳理 |
| 研读 | 第八天 | 全文本 | 按照两种情感（爱和憎）、两种视角（孩子和成人）对书中内容进行梳理，思考这两种情感、两种视角是如何关联在一起的 |
| 总结 | 第九天 | 全文本 | 整理每一阅读阶段的阅读成果，将它们按照一定的逻辑顺序汇编成册 |

按照文本阅读在前，教学设计在后，知识和思维融入其中的原则，笔者也以多个单篇文本和整书文本为对象和例子，进行了“五步一文”路径的阅读与教学尝试。

示例：

## 经典文本的细读与教学

### ——以《一个文官的死》为例

一切的秘密都藏在文本之中，而秘密如同一座神秘的花园，总是吸引人进入和流连、探索和发现。

文本细读是20世纪西方文论中的一个重要流派——语义学对于经典文本解读和教学的一大贡献，它强调文本本身是一个自足独立的存在，通过对文本语言、语境和结构的深入分析和准确把握，就能够解读作品的意义。也就是说文本的一切秘密，作者通过文本想对读者说的话，甚至有些像冰山的底座一样隐藏在作者本人思维深处的意识和诉求，都会包裹在读者所能看到的由文字符号编织而成的形式要素中。对读者而言，通过对文本的细读，会在自己独特的阅读体验过程和文本解读过程中获得言语的经验和文本的意义；对于一位语文教师而言，则应该不仅仅停留于消化吸收、整理评判他人对文本细读的种种见解和观点，而是更要关注珍视、归纳梳理自己对文本细读的独特感悟和发现，还应该在鼓励和引导学生在对文本的细读中，得到自己的经验成果和思维成果。

《一个文官的死》是粤教版高中语文选修五《短篇小说选读》第四单元“外国小说欣赏”中的第一篇课文，是19世纪俄国著名的批判现实主义作家契诃夫“小人物”系列的经典作品。该作品在人物形象塑造、人物命运走向和情节安排上有很强的戏剧性，加上篇幅短小，结构紧凑，语言明快，笔调幽默，师生在进入文本时，没有什么情绪上和理解上的障碍，阅读经验轻松愉快，但却很容易停留在浮泛和浅表的阅读，不能领会作者寄托于其中的深刻的寓意。

在近段时间所听的课题同为《一个文官的死》的两节课上，就发现了因为师生没能对文本进行深入细读和深度解读带来的误读。

比如在情节梳理和概括时，把文本中分布在三天的五次道歉多次说成“一天之内六次道歉”；把从网上下载后印制并发放给学生的文本材料中的一个错字

（第一次道歉时第二次称呼将军用“你”而不是敬语“您”，“请你看在上帝面上原谅我”）拈出来和后面的敬语分析比对，以说明主人公对将军的态度越来越恭敬谦卑。

比如教师引导学生重点梳理和分析了文本中的语言描写，但在分析中提出五次道歉中的停顿一次比一次多，内容不断重复，由此推导出主人公一次比一次更语无伦次，更惊惶失措，但事实上，文本中的语言描写却并非如此。

比如教师并不对文本中主人公的心理变化进行解读，只是停留在他的话语表达，而不能深入主人公的心灵世界。教师也只是把19世纪80年代的社会背景做了介绍，并没有挖掘文本中的环境描写。

比如在对人物形象的解读上，教师认为将军对待主人公道歉的回应很正常，很理所当然，将军的形象并不高高在上、暴虐专横，并提出“为何作者不把将军塑造成主人公的顶头上司，或者一个冷酷、跋扈、气焰嚣张的人”的问题引导学生逆向思考，理解作者塑造将军形象的用意是淡化权力的符号以突出主人公的奴性之深，内心的扭曲之大。

由此，在对文本主题的理解上，教师认为作者批判的锋芒指向的是小人物，其主题不仅在于描写小人物的卑微生活，更在于揭示小市民麻木、畏惧和奴性的心理，“哀其不幸，怒其不争”，暗示人们不能再这样庸俗、无聊地生活下去。对于人性异化、权力异化背后的专制社会却轻描淡写地一句带过。

再比如在课题的设计上，教师的处理是“《一个文官的死》：苦涩的笑”，这样做的用意可能是为了和19世纪世界文学史上另一位短篇小说巨匠、美国作家欧·亨利“含泪的笑”的创作风格并举，但却不能妥帖地表达读者面对一个文官的“死”时准确的阅读感受。尤其是当教师说到“死是对其奴性最深刻的揭露和最大的讽刺”的时候，文学对人的关怀和悲悯不复存在。

在教学环节的设计上，教师课前把下发文本资料的最后一段截去，把题目中“一个文官的死”中的“死”去掉，设计成空格，让学生补写结尾。这样的设计不乏技术含量，但在学生尚未深入文本、对文本有较为准确的把握和理解的基础上做此练习，虽然能够以写促读，但却对学生思维品质的提升收效不大。学生改写的结尾可能有死了、疯了、跑了、求助于人以及没完没了地继续道歉，但在课堂上仅仅是导入新课时的展示，并没有基于比对之上的分析。在教学点的选择上，教师引导学生分析并得出主人公想要的“合情合理”的话是生气和责骂的结论，从而推导出主人公奴性之深。

总体上来说，教师没有细读文本、深入文本，没有把教学置于自己的阅读经验和文本结构之上，不是从文本出发得出结论，而是通过浅层次的阅读得出一个结论，或者是通过借鉴其他资料有了一个结论，就主观武断地在文本中找依据。

细读文本，是我们进入文本的唯一通道。尤其是经典作品，在人物的典型性和丰富性、主题的隐喻性和深刻性方面往往具有巨大的阐释空间，就像一座秘密的花园，召唤我们深入其中，准确辨识，细致鉴赏。

**（一）文本通读：感知与经验**

1. 题目解读：一篇文章的题目往往是文眼，蕴含着帮助我们走进文本、理解文本的重要信息。对于一篇小说来说，题目中要么体现小说三要素（人物、情节、环境）中的某些信息，要么包含理解小说主题的一些要素甚至直接揭示主题。

《一个文官的死》是一部经典的短篇小说作品，从题目中可以看出人物的身份 —— 一个文官，可以看出小说的情节一定和“死”有关。

一位著名哲学家（海德格尔）说人生在世每个人都是“向死而生”的，也就是说，死亡是人生唯一能够确定的事情。既然人都是要死的，那么作品中这位文官的死一定有什么不一样的地方，才会让作者以此为题创作了这部经典作品；同时作者契诃夫写这位文官的死也一定有什么不一样的地方，才会让这部作品流传后世，具有经久的艺术魅力。

而这位文官的死究竟有什么不同一般、不同寻常，就要从文本当中寻找答案了。

2. 整体感知：通读文本，捕捉小说文本的关键要素，概括故事主要情节和自己初步阅读经验中获得的总体感受。

（1）作品中有三个人物：主人公是个下等文官，名叫切尔维亚科夫；次要人物将军，名叫布里兹扎洛夫；还有主人公的妻子，只有身份，没有名字。

（2）故事主要情节是主人公在戏院看戏时打了一个喷嚏，喷到了坐在他前排的将军，然后主人公数次向将军道歉，最后因此而死去。

开端或起因——在戏院看戏时打了一个喷嚏

发展或推进——五次道歉

高潮和结局——死了（故事的高潮就是结局，也可以把第五次道歉的情形视

为故事的高潮，因为人物之间的冲突比较激烈）

（3）从人物的结局来看，死了，是个悲剧；因为打一个喷嚏而死，是一个荒诞的悲剧。

（4）小说以语言描写和心理描写为塑造人物形象和推进情节发展的主要手段，其次还有动作描写和神态描写。

3. 阅读经验：读者阅读一个文本，会形成自己的阅读经验，其中有一些基于人性共通点的共性经验，也会有一些基于个体差异的个性经验。

（1）从大多数读者的阅读感受来说，作品是个悲剧，却哭不出来；情节中有可笑的设计，令人想笑，却笑不出来。读后觉得有些沉重。

（2）这样的阅读经验，对于有心的读者来说，会产生进一步思考和探究的冲动。

**（二）文本细读：梳理与分析**

1. 重要内容梳理：细读文本，对其中的核心内容和重要内容进行梳理。

（1）语言描写：梳理主人公五次道歉的情形和对话内容。

第一次：

> 切尔维亚科夫就嗽一下喉咙，把身子向前探出去，凑着将军的耳根小声说："对不起，大人，我把唾沫星子溅在您身上了，……我是出于无心。……"
>
> "没关系，没关系。……"
>
> "请你看在上帝面上原谅我。我本来……我不是有意这样！"
>
> "哎，您好好坐着，劳驾！让我听戏！"

第二次：

> 到休息时间，他走到布里兹扎洛夫跟前，在他身旁走了一忽儿，压下胆怯的心情，叽叽咕咕说：
>
> "我把唾沫星子溅在您身上了，大人。……请您原谅。……我本来……不是要……"
>
> "哎，够了。……我已经忘了，您却说个没完！"将军说，不耐烦地撇了撇下嘴唇。

第三次：

> 他走进将军的接待室，看见那儿有很多人请托各种事情，将军本人就夹在他们当中，开始听取各种请求。将军问过几个请托事情的人以后，就抬起眼睛看着切尔维亚科夫。
>
> “昨天，大人，要是您记得的话。在‘乐园’里，”庶务官开始报告说，“我打了个喷嚏，而且……无意中溅您一身唾沫星子。……请您原……”
>
> “简直是胡闹。……上帝才知道是怎么回事！您有什么事要我效劳吗？”将军扭过脸去对下一个请托事情的人说。

第四次：

> 等到将军同最后一个请托事情的人谈完话，举步往内室走去，切尔维亚科夫就走过去跟在他身后，叽叽咕咕说：“大人！倘使我斗胆搅扰大人，那我可以说，纯粹是出于懊悔的心情！……这不是故意的，您要知道才好！”
>
> 将军做出一副要哭的脸相，摇了摇手。
>
> “你简直是在开玩笑，先生！”他说着，走进内室去，关上身后的门。

第五次：

> 他只好第二天亲自去解释。
>
> “我昨天来打搅大人，”他等到将军抬起问询的眼睛瞧着他，就叽叽咕咕说，“并不是像您所说的那样为了开玩笑。我是来道歉的，因为我打喷嚏，溅了您一身唾沫星子，……至于开玩笑，我想都没想过。我敢开玩笑吗？如果我们居然开玩笑，那么结果我们对大人物就……没一点敬意了。……”
>
> “滚出去!!”将军脸色发青，周身打抖，突然大叫一声。
>
> “什么？”切尔维亚科夫低声问道，吓得愣住了。
>
> “滚出去!!”将军顿着脚，又说一遍。

（2）心理描写：除了通过语言描写表现切尔维亚科夫的心理活动之外，作者在作品中还对主人公进行了大量直接的心理描写，梳理对主人公的心理描写。

道歉前：

> 看戏时：他一面看戏，一面感到心旷神怡。
>
> 打喷嚏后：切尔维亚科夫一点也不慌……
>
> 发现喷到将军后：他心慌了。
>
> “我把唾沫星子喷在他身上了！”切尔维亚科夫暗想，“他不是我的上司，是别处的长官，可是这仍然有点不合适。应当赔个罪才是。”

第一次道歉后：

> 切尔维亚科夫心慌意乱，傻头傻脑地微笑，开始看舞台上。他在看戏，可是他再也感觉不到心旷神怡了。他开始惶惶不安，定不下心来。

第二次道歉后：

> “他忘了，可是他眼睛里有一道凶光啊，”切尔维亚科夫暗想，怀疑地瞧着将军，“他连话都不想说。应当对他解释一下，说我完全是无意的，……说这是自然的规律，要不然他就会认为我是有意啐他了。现在他不这么想，可是过后他会这么想的！”

第三次道歉后：

> “他话都不愿意说！”切尔维亚科夫暗想，脸色发白，“这是说，他生气了。……不行，这种事不能就这样丢开了事。……我要对他解释一下。……”

第四次道歉后：

> “这怎么会是开玩笑呢？”切尔维亚科夫暗想，“根本连一点开玩笑的意思也没有啊！他是将军，可是竟然不懂！既是这样，我也不想再给这个摆架子的人赔罪了！去他的！我给他写信封就是，反正我不想来了！真的，我不想来了！”

第五次道歉后：

> 切尔维亚科夫肚子里似乎有个什么东西掉下去了。他什么也看不见，什么也听不见，退到门口，走出去，到了街上，慢腾腾地走着。……

2．分析：通过对相关梳理内容的分析来解读人物形象

（1）语言描写分析

①切尔维亚科夫五次道歉时的语言内容变化和形式（声音）变化

内容：说的话越来越多，前面三次道歉内容重复，说的是打喷嚏喷到将军出于无意，请求将军原谅他。第四次和第五次针对将军所做的回应，先是表达自己的懊悔心情，希望将军理解他斗胆搅扰的用意；后解释自己这样做不是开玩笑，也不敢对大人物开玩笑。

形式：停顿很多

意义：切尔维亚科夫渴望得到将军的原谅和理解，态度很诚恳、很执着；切尔维亚科夫担心将军认为自己有意冒犯，情绪很焦虑、很恐慌。

②将军对切尔维亚科夫五次道歉的回应

截取：对待切尔维亚科夫的五次道歉，将军是怎么反应的？

第一次："没关系，没关系。……""哎，您好好坐着，劳驾！让我听戏！"

第二次："哎，够了。……我已经忘了，您却说个没完！"将军不耐烦地撇了撇下嘴唇。

第三次："简直是胡闹。……上帝才知道是怎么回事！"将军扭过脸去对下一个请托事情的人说。

第四次：将军做出一副要哭的脸相，摇了摇手。"你简直是在开玩笑，先生！"他说着，走进内室去，关上身后的门。

第五次："滚出去!!"将军脸色发青，周身打抖，突然大叫一声。"滚出去!!"将军顿着脚，又说一遍。

说的话很少，大多数为指令和责难的话语。

意义：将军看起来并不介意切尔维亚科夫打喷嚏喷到他，对切尔维亚科夫不断道歉的做法从不耐烦到不理解到很生气。

（2）心理描写分析

切尔维亚科夫心理发展的轨迹：心旷神怡—一点也不慌—心慌了—心慌意乱，惶惶不安，定不下心来—脸色发白—不知所措（想要放弃道歉，给将军写封信，但又不知道怎么写）—失去意识（什么也看不见，什么也听不见）。

主人公每一次心理活动的变化都和将军的回应密切相关，其行为表现也都紧

扣将军的话，都严格按照将军的指令做事。

将军说“您好好坐着……让我听戏”，他就“傻头傻脑地”坐着，“看舞台上，看戏”。将军说“我已经忘了”，他就暗想将军“忘没忘”的问题。将军不想跟他说话，在戏院责备他“说个没完”，他就越发认为将军认为他是有意冒犯；在接待室扭过脸对别人说话，他就脸色发白，认为将军一定是生气了，必须解释清楚。将军说“你简直是在开玩笑”，他就想“怎么会是开玩笑呢？”只有最后一次将军说“滚出去”的时候，他没有滚着出去，他“退到门口，走出去”，但是却干脆死掉了。

（3）人物形象分析

切尔维亚科夫：是一个胆小怕事、循规蹈矩，对上级唯唯诺诺、唯命是从、毕恭毕敬、卑躬屈膝的人。

将军：就将军的回应来看，他却似乎并不是一个心胸狭隘、傲慢无礼、暴虐专横的人，但他对下级同僚态度冷漠、高高在上、颐指气使、脾气暴躁。

**（三）文本解读：理解和探究**

文本题目为“一个文官的死”，可以围绕切尔维亚科夫这位文官的“死”，就一些问题进行思考，探究文本，理解文本。

1．问题一：切尔维亚科夫是怎么死的？或者说他为什么会死？

海德格尔说人类“向死而生”，死亡的确定性和什么时候死、怎么死的不确定性构成我们的人生。老死／病死／饿死／渴死／累死／暴死／横死（自杀、被害或受意外灾祸而死）／死于心碎（美国著名作家索尔·贝娄晚年的一部长篇小说）。

——被吓死的。

2．问题二：切尔维亚科夫是被什么吓死的？

如果说切尔维亚科夫是被吓死的，那么他到底是被什么吓死的？

（1）疑心病：很多人认为，切尔维亚科夫是被自己的疑心病吓死的。

持这种观点的人认为将军对于切尔维亚科夫道歉的反应很正常。对于切尔维亚科夫打喷嚏喷到他的无心之失，他并不生气，并不在意，并不介怀，令他恼火的是切尔维亚科夫的一再纠缠。不仅仅是将军，很多人都会做出这样的反应。

切尔维亚科夫的一切害怕和惊恐都源自他自己的怀疑、揣测和假想。

切尔维亚科夫追着将军道了五次歉，如果说第一次道歉是因为自己打喷嚏的行为不礼貌，后面几次都是因为将军对他的道歉在他看来“不合情理”的回应引起了他的疑虑。（从戏院回家后在和妻子的对话中说道：“他连一句合情合理的话也没说。”）

如果说切尔维亚科夫一开始是因为打喷嚏喷到将军而害怕，后来则是因为赔礼道歉没有得到“合理”的回应而慌乱，再后来更是因为将军的生气而惊恐，因为将军的呵斥而绝望。

一种分析是：

为什么在我们看来将军的反应很正常，而在切尔维亚科夫看来却是不合情理的呢？

——因为切尔维亚科夫有疑心病。

在切尔维亚科夫看来，将军怎样的反应才是正常的呢？

——生气、责备、谩骂、暴跳如雷，高高在上、颐指气使、傲慢无礼。

那么，如果第一次道歉时，将军就做出“合情合理”的回应，斥责他、谩骂他，切尔维亚科夫就不会死吗？

——不见得，甚至可能死得更快。

切尔维亚科夫是死于自己的疑心病吗？

——不是，至少不完全是。

结合语境，仔细揣摩和体会人物的语言和心理活动，还有一种分析可以是：

在戏院第二次道歉之后的心理活动中，切尔维亚科夫一边暗想“他眼睛里有一道凶光”，一边怀疑地瞧着将军；回家后他和在妻子的对话中还说道：“他那样子有点古怪。”除了说到“他连一句合情合理的话也没说”外，他还说“不过那时候也没工夫细谈”。

将军的眼睛里到底有没有凶光？

——不确定，因为我们看到的只是“没关系”“没关系”的话语表达，看不到将军的态度。能够确定的是将军确实态度很不耐烦，可能因为正在看戏，可能因为懒得搭理下等文官，也可能很生气，只是因为“在大庭广众之下”对自己“举动得体”的要求。

——可能像鲁迅先生笔下的狂人，“那赵家的狗，何以看我两眼呢？”

——也可能真的很凶恶，只是在公共场合压抑着自己的情绪。

——能够确定的是切尔维亚科夫期待态度和蔼，期待“细谈”即有效沟通。

将军是否愿意和切尔维亚科夫细谈？是否能够体谅他的心情？是否愿意打消他的疑虑？

——没有。从头到尾都没有。

切尔维亚科夫是死于自己的疑心病吗？

——不是，至少不完全是。

（2）将军：将军是文本中切尔维亚科夫的矛盾对立面，现实冲突和心理冲突的直接对象，可以说他是被将军吓死的。

——有一定的合理性，因为切尔维亚科夫确实是因为将军而死，将军是令切尔维亚科夫死亡的直接原因。

将军主观上想要吓死切尔维亚科夫吗？

——将军虽然对切尔维亚科夫很冷漠、很愤怒，但肯定并没有想过要吓死他。但所谓“我不杀伯仁，伯仁却因我而死”。

将军怎么样做，切尔维亚科夫才不会死？

——将军表现得暴虐专横切尔维亚科夫会死，将军表现得冷淡隔膜切尔维亚科夫也会死，只有将军表现得友好亲善切尔维亚科夫才不会死。

将军有没有可能对切尔维亚科夫亲切友善？或者说将军要是知道自己的态度可能会吓死切尔维亚科夫，他会不会对切尔维亚科夫友好亲善一些？会不会和切尔维亚科夫沟通“细谈”？

想象：将军如果得知切尔维亚科夫的死讯，会是什么态度？

可能的三种态度：

高兴：解脱了，再也不会被纠缠了。

淡漠：早已忘记这样一个人，死不死都和自己没有关系。

悲伤：后悔自己没有重视和善待下等文官诚意的道歉。

最大的可能是淡漠。因为下等文官切尔维亚科夫从来没有进入过将军的世界。

——不太可能。

如果将军不是将军，只是一个普通人，切尔维亚科夫会被吓死吗？

——不会。可见切尔维亚科夫怕的不是将军，而是将军的身份，将军这一身份带来的权力。可见，吓死切尔维亚科夫的不是将军，而是权力。将军不会对他亲切友善，也就是权力不会对他亲切友善；将军把他吓死，也就是权力把他吓死。

（3）等级森严的社会观念：也有不少人认为，切尔维亚科夫是被等级森严的社会观念吓死的。

权力为什么不会对切尔维亚科夫亲切友善，反倒把他吓死？

——因为他只是一个下等文官。

切尔维亚科夫为什么要道歉？

——因为打喷嚏喷到将军身上，而将军虽然不是切尔维亚科夫的顶头上司，但却是官阶比他高很多的“长官”“大人”。

回到文本，切尔维亚科夫起初心理变化的原因是基于以下的认识：

打喷嚏——正常的生理现象（打喷嚏总归是不犯禁的，大家都打喷嚏）。

打喷嚏喷到人——不礼貌、不得体的行为（照有礼貌的人的样子往四下里瞧一眼，看看他的喷嚏搅扰别人没有；“他会认为你在大庭广众之下举动不得体”）。

打喷嚏喷到将军——有意冒犯上级的行为（在戏院的两次道歉一直在说“出于无心”“不是有意这样”）。

——切尔维亚科夫喷到的即使不是将军，也是会因为自己行为不礼貌、不得体而道歉的；因为喷到的是将军，他道歉的内容一开始主要是无意冒犯。

为什么要一再道歉？

——因为在他看来，将军对他道歉的反应不合常理。作为“长官”“大人”，将军或许应该很生气，或许应该给他沟通的机会，但将军却一开始就对他不耐烦，不愿意和他细谈，后来对他真诚的懊悔和道歉不仅不理解，反而还视为胡闹和开玩笑。

——这一切都说明，是因为当时社会等级森严，切尔维亚科夫才会因为打喷嚏喷到“长官”“大人”而死。反过来说，如果他喷到的是其他人，只要不是他的上级，他是不会死的。

（4）环境：到底是什么吓死了切尔维亚科夫？自己的疑心病、将军、等级森严的社会观念，说起来都有道理，但都似乎没有足够的说服力，还要进行深度探究。深度探究要寻找到有意义的探究点，由此深入分析。

为什么切尔维亚科夫会成为一个在上级面前卑躬屈膝的人？为什么切尔维亚科夫会有疑心病？为什么权力会杀人？为什么社会等级森严？是什么造成了人性的异化、权力的异化、社会的异化？对这些问题的回答指向一个共同的答案——环境。

写作背景：

——1883年，19世纪后期沙皇专制制度统治之下的俄国。

那是一个什么样的环境？那是一种什么样的现实？

——文本中的环境：戏院（第一次和第二次道歉）、将军的接待室（第三次道歉和第五次道歉）、内室（第四次道歉）、切尔维亚科夫的家里（和妻子的对话）。

分析环境的特点和隐喻（象征意义）：都是室内，其特点是封闭，保守，正是封建专制统治下社会环境的一种特征。

社会环境：19世纪后期是俄国历史上最黑暗的时期。政府暴戾无道，扼杀自由；社会等级森严，上尊下卑，官场中强者倨傲专横，弱者唯唯诺诺，百姓饱受压制，怨声载道。

心理环境：整个社会被恐怖笼罩，各种各样的恐惧感、焦虑感压抑着人们，人心惶惶。

——杀死下等文官切尔维亚科夫的正是这样的政治制度、这样的社会环境和心理环境。文官也好、将军也好、妻子也好，都是被这种环境异化的产物，又共同构成了这样的环境。

（5）拓展：对于这样的环境，鲁迅——“中国的契诃夫”有一个表述叫“无物之阵”。

鲁迅先生在《这样的战士》如是描写战士陷入“无物之阵”时的绝望和反抗绝望的战斗：

“他走进无物之阵，所遇见的都对他一式点头。他知道这点头就是敌人的武器，是杀人不见血的武器，许多战士都在此灭亡，正如炮弹一般，使猛士无所用其力。那些头上有各种旗帜，绣出各样好名称：慈善家，学者，文士，长者，青年，雅人，君子……。头下有各样外套，绣出各式好花样：学问，道德，国粹，民意，逻辑，公义，东方文明……。但他举起了投枪。……他微笑，偏侧一掷，却正中了他们的心窝。一切都颓然倒地；——然而只有一件外套，其中无物。无物之物已经脱走，得了胜利，因为他这时成了戕害慈善家等类的罪人。但他举起了投枪。他在无物之阵中大踏步走，再见一式的点头，各种的旗帜，各样的外套……。但他举起了投枪。他终于在无物之阵中老衰，寿终。他终于不是战士，但无物之物则是胜者。在这样的境地里，谁也不闻战叫：太平。太平……。但他举起了投枪！”

3．切尔维亚科夫一定要死吗？作者可不可以让他不死？

（1）切尔维亚科夫因为一个喷嚏而死，会不会不够真实甚至过于荒诞？

即使到今天，经过了一百多年的发展，但科技的飞跃与物质条件、生活方式的变化并没有改变官僚制度对人的压抑和人类天性中对于权力的膜拜，巴结上司、媚上欺下的现象很普遍、很常见。切尔维亚科夫这样的人还是活生生地生活在我们周围，甚至我们本身就是一个契诃夫笔下的人，如果今天的我们仔细地照一照文学这一面镜子，或许不难从中发现自己的影子。我们的生活也还需要契诃夫，正如茅盾曾言：“随着时代的不同，我在契诃夫的作品中间常常发觉新的意义。”

用荒诞的人物性格、人物命运和情节设计表现和揭示真实生活的荒诞性。

所以说，切尔维亚科夫的形象不仅不会不真实，反倒具有典型性和跨越时空的开放性；作品的主题因此也获得了阐释的深度和批判的力度。

（爱伦堡之问：为什么我们今天的人还那么爱看契诃夫的书？）

（2）契诃夫批判的对象是谁？作品的主题是什么？

作者契诃夫是19世纪末俄国伟大的批判现实主义作家，他曾说：“文学家不是做糖果点心的，不是化妆美容的，也不是给人消愁解闷的；他是一个负有义务的人，他受自己的责任感和良心的约束。”

在《一个文官的死》这部作品中，他批判的锋芒到底指向谁？

——小人物的卑微、麻木、畏惧和奴性，“哀其不幸，怒其不争”，启发人们不能再这样庸俗、无聊地生活下去。

——用文学抨击专制、黑暗的沙俄制度，专制制度带给社会的压抑和恐怖，带给民众的痛苦和磨难。

①关于切尔维亚科夫

第一个探究点：小人物有没有尊严？

深入揣摩文本，体会切尔维亚科夫的内心世界，分析在上级面前卑躬屈膝的他是不是一个完全没有自我、没有尊严的人。

不是，从他第四次道歉后的心理活动可以看得出来：

**“……既是这样，我也不想再给这个摆架子的人赔罪了！去他的！我给他写信封就是，反正我不想来了！真的，我不想来了！”**

第二个探究点：他有没有疑心病？或者他是不是一个病态的偏执狂？

切尔维亚科夫因为打喷嚏喷到将军（小老头正用手套使劲擦他的秃顶和脖子，嘴里嘟嘟哝哝）而心慌很正常。

切尔维亚科夫发现自己的喷嚏喷到将军之后，并不是把慌张和恐惧憋在心里，而是一直努力寻求沟通，这说明他性格中有积极主动的一面。

切尔维亚科夫之后心理的沉沦和崩溃是因为将军的态度。

虽然切尔维亚科夫的情绪越来越紧张，但其道歉时的话语一直以将军对他的回应为出发点，这说明他的头脑始终很清醒。

以上这些分析指向的结论是他并不是一个精神不正常的偏执狂。

不是病态的偏执狂，而是合理的牺牲者。

②思考：对于一个有良知和责任心的知识分子来说，对于一部文学作品来说，要批判的是“该死的人”，还是“杀人的制度”？

爱伦堡在《重读契诃夫》一书中写道：“如果没有契诃夫那样少有的善良，就写不出后来他所写出来的这些作品。”

一位翻译家说：为什么契诃夫会让人喜欢？俄罗斯人在讲到契诃夫的时候都说他的善良，契诃夫是世界上第一个不写人和人冲突的作家，他的小说里面没有反面人物。

总之，专制政权下异化的权力吓死了被奴化的下等官员。而作者要批判的，正是专制政权杀人的本质和黑暗的社会现实。人本来应该有免于恐惧的权利，所以人物的命运越悲惨，故事的情节越荒诞，就说明现实对人的压迫越深，他的批判就越有价值、越有力量。有人说，他的声音其实是那个黑暗年代发出的最明亮的光芒。

（四）文本品读：鉴赏与表达

1．鉴赏：作品阐释的空间大、艺术的张力大

人物的典型性和丰富性

环境的象征性和隐喻性

主题的深刻性和多义性

…………

2．练笔

（1）文本中，第四次道歉之后，切尔维亚科夫想给将军写封信，但“那封给将军的信，他却没有写成”，原因是“他想了又想，怎么也想不出这封信该怎样写才对”。你能否结合他五次道歉的内容，帮他写这封信。

（2）文本中，切尔维亚科夫前面四次每一次给将军道歉之后，都会“暗想”，但第五次也就是最后一次道歉后，却没有暗想，只是觉得“肚子里似乎有个什么东西掉下去了”，等他慢腾腾回到家里就死了。作者在此处没有以第一人称的方式对其心理活动进行描写，你认为掉下去的是什么东西？切尔维亚科夫当时的心理活动应该是怎样的？请你用第一人称补写其心理活动。

随着研究的不断深入，笔者开始建构起更清晰的“五步一文”文本阅读与课程研发路径，并将之运用到阅读教学、写作教学和读写融合教学上。现将“五步一文”基本路径图示如下：

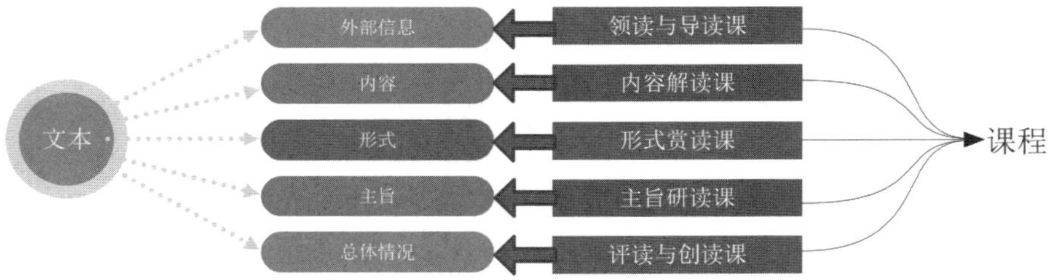


如图，指向文本五个方面的五步阅读活动可以设计进度表和任务单，帮助学生有序推进、分步完成，指向课程的五种课型可以学生为主体，学生展示和交流阅读成果，教师正确评价，科学引导，帮助学生深化阅读成果，提升阅读能力与

素养。

按照“五步一文”基本路径，笔者对教材指定阅读的整本书文本进行了阅读进度的设计，如：

**《朝花夕拾》阅读计划表**

| | 时间 | 内容 | 任务 |
|---|---|---|---|
| 自主解读 | 第一天 | 《小引》《狗·猫·鼠》《阿长与〈山海经〉》 | 1.朗读<br>2.圈画和批注<br>3.标注段落和概括大意<br>4.回答问题<br>5.提出问题 |
| | 第二天 | 《〈二十四孝图〉》《五猖会》《无常》 | |
| | 第三天 | 《从百草园到三味书屋》《父亲的病》《琐记》 | |
| | 第四天 | 《藤野先生》《范爱农》《后记》 | |
| 专题研读 | 第五天 | “故事”专题活动 | 1.梳理和分类<br>2.整合和概括<br>3.探究和比较 |
| | 第六天 | “故人”专题活动 | |
| | 第七天 | “故土”专题活动 | |
| | 第八天 | “新书”“新学”“新路”专题活动 | |
| 赏读 | 第九天 | “鲁迅风格”专题活动人与事—情与理—笑与骂—典型化与艺术性 | 1.探究爱憎情感和褒贬态度<br>2.品鉴笑骂表达 |
| 创读 | 第十天 | 表达与交流 | 读鲁迅，学鲁迅 |
| 测评 | | | |

**《钢铁是怎样炼成的》阅读计划表**

| | 时间 | 内容 |
|---|---|---|
| 解读 | 第一天 | 第一部1～3章 |
| | 第二天 | 第一部4～6章 |
| | 第三天 | 第一部7～9章 |
| | 第四天 | 第二部1～3章 |
| | 第五天 | 第二部4～6章 |
| | 第六天 | 第二部7～9章 |
| 研读 | 第七天 | “保尔的形象”专题 |
| | 第八天 | “保尔的爱情”专题 |
| | 第九天 | “重要他人”专题 |
| | 第十天 | “红色经典的现实意义”专题 |
| 测评 | | |

**《火星使命》（三部曲）阅读课课程计划表**

| 课次 | 课程环节 | 具体内容 | 备注 |
|---|---|---|---|
| 1 | 解读 | 《骆驼怪与大穹顶》第1～2章 | 文本梳理与分析 |
| 2 | 解读 | 《骆驼怪与大穹顶》第3～6章 | 文本梳理与分析 |
| 3 | 解读 | 《骆驼怪与大穹顶》第7～11章 | 文本梳理与分析 |
| 4 | 解读 | 《火星脸与大眼睛》第1～5章 | 文本梳理与分析 |
| 5 | 解读 | 《火星脸与大眼睛》第6～10章 | 文本梳理与分析 |
| 6 | 解读 | 《小精灵与织女星守护者》第1～5章 | 文本梳理与分析 |
| 7 | 解读 | 《小精灵与织女星守护者》第6～10章 | 文本梳理与分析 |
| 8 | 研读 | 科学小专题 | 问题提出与解决 |
| 9 | 研读 | 科学小专题 | 问题提出与解决 |
| 10 | 研读 | 文学小专题 | 问题提出与解决 |
| 11 | 研读 | 文学小专题 | 问题提出与解决 |
| 12 | 研读 | 人文小专题 | 问题提出与解决 |
| 13 | 研读 | 人文小专题 | 问题提出与解决 |
| 14 | 创读 | 绘本创编 | 个性化创编 |
| 15 | 创读 | 文本续写 | 个性化创编 |
| 16 | 创读 | 展示、展评、展演 | 个性化创编 |

文本阅读结束后，根据阅读成果和专业判断、学情确定该文本的教学内容，按照“五步一文”课程体系，设计导读课、解读课、研读课、赏读课和创读课教学主题，以下是笔者执教《钢铁是怎样炼成的》的课程主题：

导读课：我曾是这样的少年

解读课：我愿过这样的一生

研读课：我拥有这样的力量

赏读课：我想学这样的表达

创读课：我设计这样的封面

# 第二节　领读与导读 + 领写与导写

领读即先读，老师一定要先读文本，并在有章法的阅读过程中获得有价值的阅读成果，老师的阅读可以参考但不能依赖外部资源，更不能以外部资源取代自己的阅读活动。

导读课的任务主要有三：第一是了解概貌，激发兴趣；第二是明确意义，形成动力；第三是设计情境，布置任务。

了解概貌是对相关文本的一次远观，远观内容包括外部信息如作者简介、创作背景、主要内容、艺术成就、版本选择、回目总览等，内部情况如主要人物和精彩片段等，这一部分内容并非语文学科的必备知识，但可以激发学生的阅读兴趣，因此从中选择什么内容进入导读课，一方面看能否引起学生的阅读兴趣，另一方面看能否与后续教学内容深度融合。比如《红星照耀中国》导读课可以讲作者斯诺的故事，但应该以其与中国的关系从对中国感到好奇到对中国产生热爱的过程入手，讲述他如何初识中国、如何重访中国，最后如何埋骨中国，因为这一部分内容与文本教学密切相关，同时也能学习斯诺的理性态度，弘扬民族自信。

明确意义是对相关文本的一次总览，这种意义应该是指向学生成长的，有助于学生建构阅读的内驱动力机制。意义可以从文本主题、内容和形式入手，如《红星照耀中国》的主题可用“初心与使命”概括，其内容包含“真实的呈现”和“深刻的揭示”。

设计情境和任务是对相关文本阅读价值的一种转化。这种转化既包含由文本主旨转化而来的思想资源和情感资源积累、认知变化，也包括由文本内容转化而来的取材和用材能力，还包括由文本形式转化而来的语用能力和语篇建构能力，

笔者在执教《钢铁是怎样炼成的》导读课“我曾是这样的少年时”，选择了文本中少年保尔·柯察金因提问而失学、坚持抵制工友的欺负、初遇冬妮娅等故事，对少年保尔的形象特征进行了分析，然后把少年保尔的形象特征与少年读者联系起来，从而提出这位跟我们一样拥有好奇心和探索欲、抵制黑暗、向往光明的少年，是如何在时代的洪流中成长为盖世英雄的，从而顺利导向解读课“我愿过这样的一生”的学习。

笔者在执教《乡土中国》导读课时，则是以对包括“该不该人？”“该不该回？”“该不该借？”“该不该催？”“该不该拆？”“该不该救（老人）？”该不该救（难民）？”等数个当下社会生活中的真实话题的讨论开始，得出乡土中国尽管渐行渐远，但其文化基因仍然流淌在生活在现代城市中的我们的血脉中这一结论，然后通过成群组的文学作品的阅读，拎出“乡村”和“城市”这一组概念，由学生自主选择，完成“美丽乡村”/“生态城市”指标体系和建设方案的撰写这一情境中的学习任务。

在设计读写任务时，从文名或者书名着手是一条不错的路径，包括但不限于以下子任务：

（一）对书名进行解读和探究，充分理解作者的命名意图

（二）对书名进行评价

（三）为本书重新命名

1. 人物角度：________________________

2. 情节角度：________________________

3. 环境角度：________________________

4. 主题角度：________________________

从文本插图或书本封面画面着手进行读—写—创任务设计也是一条不错的路径，可以根据文本内容、形式、主旨要素分步进行，解读文本内容后，选择画面元素；赏读文本形式后，确定画面色彩；研读文本主旨后，确定画面组合关系。

领写即先写，老师最好能够下水作文，即使不能完成全篇，也应该模拟学生的全写作过程，真正找到学生写作的难点之所在。

导写课的任务与导读课一样，主要有三：第一是介绍概貌，提供范文或下水文参考，激发兴趣；第二是明确意义，形成动力；第三是设计情境，给予体验，布置任务。

以下是笔者执教科幻新经典《火星使命》（三部曲）时的读写融合导读课教学设计：

## 火星探索与火星想象
### ——《火星使命》三部曲导读课教学设计

**【学习目标】**

1．形成自主阅读《火星使命》的兴趣和动机；

2．明确阅读《火星使命》的重点、方法和任务。

**【学习环节】**

**导入**

1．展示《火星使命》三部曲书籍图片和相关信息，一句话介绍这套书；

2．关联书名，一句话概括包括人物、情节、环境在内的作品内容，基于“科幻”二字，通过“哪个要素体现科幻特质？”这一问题的回答将聚焦点指向“火星”。

教学环节一：为什么是火星？

1．火星在太阳系中的位置；

2．人类观测与探测火星的历程；

3．目前已知的火星知识——“类地行星”。

——明确：现实科技为科幻作品奠定基础。

教学环节二：书中的火星是怎样的？

1．第一部中的火星：地表与熔岩管道——对火星的观感和体验；

2．第二部中的火星：火星脸——对火星的想象和探索，你认为火星脸是什么呢？

3．第三部中的火星：水手谷——对火星的深情和拯救。

——明确：科幻作品中火星是环境，人物是核心。

教学环节三：火星与使命？

1．猜想使命；人物在环境中活动，在情节中呈现其个性及其变化，指向的都是使命，火星少年的使命到底是什么？

2．提供背景；

3．关联现实。

——明确：科幻作品的主题指向与青少年成长。

小结

我们的使命：阅读科幻新经典，争做科创好少年——看见未来，创造未来。

【任务】

1．通读《火星使命》，完成绘本文案；

2．研读《火星使命》，提出有价值的问题，准备主题讨论；

3．新读《火星使命》，续写故事或改写故事。

# 第三节　内容解读＋取材与用材

内容解读课帮助学生对文本内容进行梳理和解析，一般以老师对文本进行分层梳理之后的文本二次结构化成果为依托，在学生自主阅读的基础上开展。在学生自主阅读前，老师可以设计自主阅读任务，供学生参考或完成，有好的任务引领，有好的问题驱动，学生的自主阅读可以避免无意义的耗损。

学生自主阅读进度表按照文本二次结构化成果进行设计，如《钢铁是怎样炼成的》可以这样设计：

**一. 萌芽：勇敢抗争的底层少年（第一部 1~6）**
**二. 熔炉：炮火淬炼的钢铁战士（第一部 7~9）**
**三. 历练：信念导航的坚定党员（第二部 1~6）**
**四. 创作：征程再启的文苑新兵（第二部 7~9）**

当篇幅不太均衡时，可以做一些拆解，但最终要导向这样以文意聚合和转换为前提的文本内容分层和概括。

学生自主阅读任务单可以文本基本信息热身，但必须引导学生思考：透过现象看本质、分析原因、判断走向、寻找关联等。以《火星使命》（三部曲）第一部第一章为例：

**第一部　骆驼怪与大穹顶　第一章　杨妈妈**

阅读任务单

**（一）热身**

1．“我”叫什么名字？

2．火星使命的住处叫什么名字？里面种了哪两种蔬菜？

3．妈妈给“我”留下的十岁生日礼物是什么？

4．杨妈妈给“我”送的珍贵物品是什么？

5．你能提出一个问题，考考你的同学吗？

**（二）文意理解**

1．杨妈妈是谁？火星少年为什么深爱她？

2．大穹顶中一共生活着多少名少年？本章写到了哪几位少年？写他们跟本章主题“杨妈妈”有什么关系？

3．本章写到了哪几位机器人？他们只有功能命名，没有自己的名字，你能给他们分别取个名字吗？

4．“我”问了杨妈妈哪些问题？杨妈妈给“我”讲述了地球上的哪些事物？

5．“我”和杨妈妈的对话涉及地球与火星环境的哪些不同？请列表呈现。查找资料，看看地球与火星环境还有哪些不同，继续填写你的表格。

6. 你能设计一个有趣的学习任务吗？

（三）创意表达

1. 本章中你最喜欢的人物是谁？为什么？

2. 本章中你最喜欢的情节是哪一个？为什么？

3. 你喜欢本章的名字吗？为什么？你能否给本章另外取一个名字？

下面是十天阅读《朝花夕拾》任务单，供读者朋友参考。

## 第一天：通读《小引》《狗·猫·鼠》《阿长与〈山海经〉》

任务一：朗读文本。

任务二：在书上做好圈画（圈画重点内容和特殊表达）和批注（写出你的感悟、联想、想象、猜测、思考和评价）。

任务三：在书上标注段落层次，概括各段落和各层次大意。

任务四：回答以下问题。

①《小引》中的“这等事”指什么事？为什么“这等事”“很可以驱除炎热”？

②《朝花夕拾》原名《旧事重提》，这两个书名有什么不同？你比较喜欢哪个书名？你还能想出新的书名吗？

______________________________

______________________________

③在《狗·猫·鼠》一文中，“猫”是主角，说说文中写了哪几个关于猫的故事？你还读过或听过其他哪些关于猫的故事呢？

______________________________

______________________________

④阅读《狗·猫·鼠》，说说童年鲁迅和成年鲁迅仇猫的原因分别是什么。

______________________________

______________________________

⑤阅读《阿长与〈山海经〉》，说说童年鲁迅“不大佩服”阿长的原因有哪些？

______________________________

______________________________

⑥阅读《阿长与〈山海经〉》，说说阿长有哪些“伟大的神力”让童年鲁迅产生敬意，其中让成年鲁迅仍然十分敬佩的是哪一种神力。

______________________________

______________________________

任务五：针对每篇提出1～2个你认为有价值的问题。

①《小引》______________________________

②《狗·猫·鼠》______________________________

③《阿长与〈山海经〉》______________________________

以上五个任务你都完成了吗？如果完成了，请在下表的空格处打钩。

| 篇目 | 朗读 | 圈画 | 批注 | 标注 | 概括 | 回答问题 | 提出问题 |
| --- | --- | --- | --- | --- | --- | --- | --- |
| 《小引》 | | | | | | | |
| 《狗·猫·鼠》 | | | | | | | |
| 《阿长与〈山海经〉》 | | | | | | | |

## 第二天：通读《〈二十四孝图〉》《五猖会》《无常》

任务一：朗读文本。

任务二：在书上做好圈画（圈画重点内容和特殊表达）和批注（写出你的感悟、联想、想象、猜测、思考和评价）。

任务三：在书上标注段落层次，概括各段落和各层次大意。

任务四：回答以下问题。

①《〈二十四孝图〉》写到了哪些孝道故事？其中童年鲁迅最为反感的故事是什么？他为什么反感？

______________________________________________

______________________________________________

②《〈二十四孝图〉》为什么改变了童年鲁迅与生俱来的孝顺之念？又为何让成年鲁迅激烈地诅咒“反对白话，妨害白话者”？

______________________________________________

______________________________________________

③《五猖会》中说：“赛会虽然不像现在上海的旗袍，北京的谈国事，为当局所禁止，然而妇孺们是不许看的，读书人即所谓士子，也大抵不肯赶去看。”读书人为什么不肯看赛会？童年鲁迅为什么喜欢看赛会？成年鲁迅又是如何看待不肯看赛会的读书人的？

④有人说："鲁迅批判古文，和父亲要求背诵《鉴略》这段童年阴影有很大关系。"你同意吗？为什么？

⑤关于"无常"的来历，鲁迅先生有什么看法？你同意他的看法吗？

⑥鲁迅认为"无常""爽直，爱发议论，有人情"，请你在文中找到支持这些评价的事例。

任务五：针对每篇提出1～2个你认为有价值的问题。

①《〈二十四孝图〉》

②《五猖会》

③《无常》

以上五个任务你都完成了吗？如果完成了，请在下表的空格处打钩。

| 篇目 | 朗读 | 圈画 | 批注 | 标注 | 概括 | 回答问题 | 提出问题 |
| --- | --- | --- | --- | --- | --- | --- | --- |
| 《〈二十四孝图〉》 | | | | | | | |
| 《五猖会》 | | | | | | | |
| 《无常》 | | | | | | | |

## 第三天：通读《从百草园到三味书屋》《父亲的病》《琐记》

任务一：朗读文本。

任务二：在书上做好圈画（圈画重点内容和特殊表达）和批注（写出你的感悟、联想、想象、猜测、思考和评价）。

任务三：在书上标注段落层次，概括各段落和各层次大意。

任务四：回答以下问题。

①阅读《从百草园到三味书屋》，说说“我”在百草园和三味书屋所做的趣事，淘气、贪玩的“我”为什么不到三味书屋后面的院子里玩耍？

________________________________________

________________________________________

②《从百草园到三味书屋》中说：“我才知道做学生是不应该问这些事的”，“这些事”指的是什么事？你认为做学生的是否应该问“这些事”？

________________________________________

________________________________________

③《父亲的病》塑造了S城两位名医的形象，他们之间有哪些相同和不同之处？

________________________________________

________________________________________

④阅读《父亲的病》，说说文中中西医的思想和疗法有哪些不同？作者比较认同哪一种？

________________________________________

________________________________________

⑤阅读《琐记》，说说衍太太对“别家孩子”好在哪里？你喜欢这样的衍太太吗？为什么？

______________________________

______________________________

⑥阅读《琐记》，说说少年鲁迅为什么产生离乡求学的想法？

______________________________

______________________________

任务五：针对每篇提出1～2个你认为有价值的问题。

①《从百草园到三味书屋》______________________________

②《父亲的病》______________________________

③《琐记》______________________________

以上五个任务你都完成了吗？如果完成了，请在下表的空格处打钩。

| 篇目 | 朗读 | 圈画 | 批注 | 标注 | 概括 | 回答问题 | 提出问题 |
| --- | --- | --- | --- | --- | --- | --- | --- |
| 《从百草园到三味书屋》 | | | | | | | |
| 《父亲的病》 | | | | | | | |
| 《琐记》 | | | | | | | |

## 第四天：通读《藤野先生》《范爱农》《后记》

任务一：朗读文本。

任务二：在书上做好圈画（圈画重点内容和特殊表达）和批注（写出你的感悟、联想、想象、猜测、思考和评价）。

任务三：在书上标注段落层次，概括各段落和各层次大意。

任务四：回答以下问题。

①阅读《藤野先生》，说说作者为什么离开东京。

②藤野先生非常关心青年鲁迅的学业，请举例说明。

③是什么事情让青年鲁迅改变想法，放弃学医？

④阅读《范爱农》，说说范爱农讨厌“我”的原因，试分析“我”为什么这么做。你认为“我”的做法对不对？

⑤范爱农和“我”曾经互相厌恶，后来为什么能够成为朋友？

⑥你认为范爱农是失足还是自杀？为什么？

⑦从《后记》来看，作者原计划给哪几个篇目做插图？

⑧鲁迅先生在《后记》中提出一个问题："中国的哭和拜，什么时候才完呢？"你能试着回答这一问题吗？

______________________________________________

______________________________________________

任务五：针对每篇提出1～2个你认为有价值的问题。

①《藤野先生》______________________

②《范爱农》______________________

③《后记》______________________

以上五个任务你都完成了吗？如果完成了，请在下表的空格处打钩。

| 篇目 | 朗读 | 圈画 | 批注 | 标注 | 概括 | 回答问题 | 提出问题 |
|---|---|---|---|---|---|---|---|
| 《藤野先生》 | | | | | | | |
| 《范爱农》 | | | | | | | |
| 《后记》 | | | | | | | |

## 第五天："故事"专题活动一

1．作为一部回忆性的散文集，书中每一个文本都写到了作者成长过程中的一些"旧事"，请重读文本，对这些旧事进行梳理，填写下表。

| 篇目 | 旧事一 | 旧事二 | 旧事三 | 旧事四 |
|---|---|---|---|---|
| 《小引》 | | | | |
| 《狗·猫·鼠》 | 时间：<br>地点：<br>人物：<br>事件（概括）： | 时间：<br>地点：<br>人物：<br>事件（概括）： | 时间：<br>地点：<br>人物：<br>事件（概括）： | 时间：<br>地点：<br>人物：<br>事件（概括）： |
| 《阿长和〈山海经〉》 | 时间：<br>地点：<br>人物：<br>事件（概括）： | 时间：<br>地点：<br>人物：<br>事件（概括）： | 时间：<br>地点：<br>人物：<br>事件（概括）： | 时间：<br>地点：<br>人物：<br>事件（概括）： |

（续表）

| 篇目 | 旧事一 | 旧事二 | 旧事三 | 旧事四 |
| --- | --- | --- | --- | --- |
| 《〈二十四孝图〉》 | 时间：<br>地点：<br>人物：<br>事件（概括）： | 时间：<br>地点：<br>人物：<br>事件（概括）： | 时间：<br>地点：<br>人物：<br>事件（概括）： | 时间：<br>地点：<br>人物：<br>事件（概括）： |
| 《五猖会》 | 时间：<br>地点：<br>人物：<br>事件（概括）： | 时间：<br>地点：<br>人物：<br>事件（概括）： | 时间：<br>地点：<br>人物：<br>事件（概括）： | 时间：<br>地点：<br>人物：<br>事件（概括）： |
| 《无常》 | 时间：<br>地点：<br>人物：<br>事件（概括）： | 时间：<br>地点：<br>人物：<br>事件（概括）： | 时间：<br>地点：<br>人物：<br>事件（概括）： | 时间：<br>地点：<br>人物：<br>事件（概括）： |
| 《从百草园到三味书屋》 | 时间：<br>地点：<br>人物：<br>事件（概括）： | 时间：<br>地点：<br>人物：<br>事件（概括）： | 时间：<br>地点：<br>人物：<br>事件（概括）： | 时间：<br>地点：<br>人物：<br>事件（概括）： |
| 《父亲的病》 | 时间：<br>地点：<br>人物：<br>事件（概括）： | 时间：<br>地点：<br>人物：<br>事件（概括）： | 时间：<br>地点：<br>人物：<br>事件（概括）： | 时间：<br>地点：<br>人物：<br>事件（概括）： |
| 《琐记》 | 时间：<br>地点：<br>人物：<br>事件（概括）： | 时间：<br>地点：<br>人物：<br>事件（概括）： | 时间：<br>地点：<br>人物：<br>事件（概括）： | 时间：<br>地点：<br>人物：<br>事件（概括）： |
| 《藤野先生》 | 时间：<br>地点：<br>人物：<br>事件（概括）： | 时间：<br>地点：<br>人物：<br>事件（概括）： | 时间：<br>地点：<br>人物：<br>事件（概括）： | 时间：<br>地点：<br>人物：<br>事件（概括）： |
| 《范爱农》 | 时间：<br>地点：<br>人物：<br>事件（概括）： | 时间：<br>地点：<br>人物：<br>事件（概括）： | 时间：<br>地点：<br>人物：<br>事件（概括）： | 时间：<br>地点：<br>人物：<br>事件（概括）： |
| 《后记》 | | | | |

2．鲁迅先生1881年出生于浙江绍兴，1936年病逝于上海，享年55岁。在《朝花夕拾》一书中，从幼时的夏夜在大桂树下听祖母讲古事，到辛亥革命后辗转绍兴、南京、北京各地任职，鲁迅在回忆中用文字再现了自己成长过程中的种种经历和见闻，请按时间顺序对其进行列举，并标注出处。

示例：

（1）幼时，听祖母讲古事。（《狗·猫·鼠》）

（2）故事会：以“鲁迅的成长故事”为话题，选择书中你印象最深的一个事件或一个场面，自拟标题，通过合理想象对细节进行补充，讲给家长或小伙伴听。

## 第六天：“故事”专题活动二

1．一个人的成长过程中会发生很多事情，鲁迅先生为什么记住了书中所写的这些事情？为什么他要用如椽之笔写出这些看似微不足道的事情？换一句话说，这些事情对于作者来说具有什么意义？在文中，作者常常用抒情和议论表达了对这些事情的情感态度和思想认识，就让我们尝试着从作者的抒情和议论中寻找答案吧。

| 篇目 | 抒情一 | 抒情二 | 议论一 | 议论二 |
|---|---|---|---|---|
| 《小引》 | | | | |
| 《狗·猫·鼠》 | | | | |
| 《阿长和〈山海经〉》 | | | | |
| 《〈二十四孝图〉》 | | | | |
| 《五猖会》 | | | | |
| 《无常》 | | | | |
| 《从百草园到三味书屋》 | | | | |
| 《父亲的病》 | | | | |
| 《琐记》 | | | | |
| 《藤野先生》 | | | | |
| 《范爱农》 | | | | |
| 《后记》 | | | | |

2．书中让鲁迅开心、认同的事有哪些？这些事情有什么共同特征？

开心、认同的事：________________________________________

共同特征：________________________________________

3．书中让鲁迅不开心、不认同的事又有哪些？这些事情有什么共同特征？

不开心、不认同的事：________________________________________

共同特征：________________________________________

4．通过鲁迅的开心和不开心、认同和不认同，你能说说鲁迅是个什么样的人吗？你喜欢这样的鲁迅吗？

________________________________________

________________________________________

## 第七天：“故人”专题活动

1．在逐篇阅读的过程中，你逐渐走近了鲁迅生命中的故人，其中有一些人物在鲁迅的回忆中多次出现，渐渐为我们所熟悉、所亲近。请梳理文本中鲁迅的“故人”，填写下表。

| 篇目 | 故人一 | 故人二 | 故人三 | 其他故人 |
| --- | --- | --- | --- | --- |
| 《小引》 | | | | |
| 《狗·猫·鼠》 | 祖母 | 父亲 | 阿长 | |
| 《阿长和〈山海经〉》 | 阿长 | 母亲 | 远房叔祖 | 叔祖的太太 |
| 《〈二十四孝图〉》 | 一位长辈 | 父母 | 祖母 | 阿长 |
| 《五猖会》 | | | | |
| 《无常》 | | | | |
| 《从百草园到三味书屋》 | | | | |
| 《父亲的病》 | | | | |
| 《琐记》 | | | | |
| 《藤野先生》 | | | | |
| 《范爱农》 | | | | |
| 《后记》 | | | | |

2. 在《朝花夕拾》正文第一篇《狗·猫·鼠》中，猫象征那些欺下媚上、讲求繁文缛节的“大脚色”，鼠则象征弱小的、被欺辱的生命。请问你还能从书中其他篇目中找出猫和鼠的象征者吗？

猫：________________

鼠：________________

3. 一个人在成长过程中会遇见很多人，这些人也会或多或少影响到这个人的成长。在《朝花夕拾》中，鲁迅先生写到的人物有父母亲人、仆妇帮工、失意文人、师长学友、孝子名医、无聊闲人等，这些人分别给了鲁迅什么样的影响？请按以下组别，在比较中进行分析。

①祖母、父亲和母亲

________________

②长妈妈、远房叔祖的太太和衍太太

________________

③远房叔祖、寿镜吾先生、范爱农

________________

④藤野先生

________________

⑤一位长辈（《〈二十四孝图〉》中送《二十四孝图》给鲁迅）与一位本家的老辈（《琐记》中责备鲁迅读新书）

________________

⑥孝子和名医

________________

4. 在《狗·猫·鼠》一文中，童年鲁迅喜爱的老鼠"像煞读书人"；在《五猖会》中，对于"大抵不肯赶去看"五猖会的"读书人即所谓士子"，鲁迅先生表现出明显的讥贬之意。请问这是为什么呢？

## 第八天："故土"专题活动

1. 鲁迅生活在一个新旧交替的时代，酷爱读书的他读了很多传统图书（旧书），也读了不少现代图书（新书），请你把书中写到的图书按新旧标准进行分类，填入下表。

| | 旧书 | 新书 |
|---|---|---|
| 《小引》 | | |
| 《狗·猫·鼠》 | | |
| 《阿长和〈山海经〉》 | | |
| 《〈二十四孝图〉》 | | |
| 《五猖会》 | | |
| 《无常》 | | |
| 《从百草园到三味书屋》 | | |
| 《父亲的病》 | | |
| 《琐记》 | | |
| 《藤野先生》 | | |
| 《范爱农》 | | |
| 《后记》 | | |

2. 今天的孩子大都会有很多玩具，在鲁迅生活的时代，孩子们的玩具匮乏粗拙，请你找到书中写到的玩具或玩物，说说你喜欢没有玩具或者缺少玩具的童年吗？你想送给童年鲁迅一个什么样的玩具？

3．在鲁迅生活的时代，中国国贫民弱，处于落后挨打的历史时期，一代爱国知识分子在中西比较中寻找国弱之原因和强国之路径。除了儿童读物之外，本书中也有不少内容涉及中西比较，请找到文中写到的中西不同，填写下表。

| | 中 | 西 |
| --- | --- | --- |
| 读物 | 内容荒谬<br>形式粗拙 | 精美 |
| 教育 | | |
| 医学 | | |

4．你认为鲁迅离开故乡的原因是什么？离开中国的原因又是什么？

5．鲁迅是中国早期留学归国人员中的一位，从鲁迅去乡与还乡、去国与归国的人生选择中，你能看出鲁迅先生是个什么样的人？

## 第九天：“鲁迅风格”专题活动

1．鲁迅先生写人状物善用白描，请从文中找出几个例子，并模仿这种写法用简练的文字写一个你熟悉的人或一样你熟悉的物。

2．在讲述故事的过程中，鲁迅先生自然融入语言描写、动作描写、心理描写和景物描写，试各举一例进行品鉴。

3．在写作中，鲁迅先生把叙事和抒情、议论很好地结合在一起，试举一例进行品鉴。

4．鲁迅先生感情丰富但却爱憎分明，态度鲜明而又有理有据，试对他爱和憎的对象、褒与贬的对象进行梳理、分析和概括，说说你认同鲁迅的情感态度和思想认知吗？

5．如果把文本写作时间和文中核心事件发生的时间做一个列举，你有什么发现？鲁迅先生为什么以《狗·猫·鼠》开篇？这一安排表明他什么样的写作意图？

| | 写作时间 | 事件时间 |
|---|---|---|
| 《小引》 | | |
| 《狗·猫·鼠》 | | |
| 《阿长和〈山海经〉》 | | |
| 《〈二十四孝图〉》 | | |
| 《五猖会》 | | |
| 《无常》 | | |
| 《从百草园到三味书屋》 | | |
| 《父亲的病》 | | |
| 《琐记》 | | |

（续表）

| | 写作时间 | 事件时间 |
|---|---|---|
| 《藤野先生》 | | |
| 《范爱农》 | | |
| 《后记》 | | |

6．你喜欢“鲁迅风格”吗？今天的我们生活在国富民强的时代，你认为我们还需要阅读鲁迅吗？为什么？

## 第十天：“表达与交流”活动

1．根据《朝花夕拾》一书中的描写，老师整理出了“鲁迅的早年日常”（如下），从童幼时候到父亲病亡，之后的鲁迅踏上了辗转求学之路：离乡、去国，然后归国从教。你成长中的日常生活是怎样的呢？请你做一个整理，并和鲁迅先生的早年日常做一个比较，说说你喜欢怎样的童年，你认为一个人的童年应该如何度过。请以“我想要这样的童年”为题，联系书中内容，结合自己的生活经历，写一篇600字左右的演讲稿，表达你的感悟与思考。

| 鲁迅的早年日常 |
|---|
| 幼时：听祖母讲故事，听长妈妈讲故事、教规矩，和长妈妈一起睡觉…… |
| 童年：看老鼠娶亲，看家藏老书，看戏，看赛会（不繁盛的、较繁盛的），在百草园玩耍，和小伙伴玩耍，到衍太太家走动…… |
| 发蒙后：看五猖会，父亲教《鉴略》、讲墨猴的故事，背《鉴略》…… |
| 少年：得书《二十四孝图》，救隐鼠、养隐鼠、失隐鼠，得书《山海经》…… |
| 入塾后：为父亲求医、寻药、送终…… |

我的成长日常：

比较：

演讲稿提纲：

2. 假设少年鲁迅是你入读初一后的同学，请你确定一个话题，和他进行一次虚拟对话，并记录下来。

3. 说说一个被誉为“民族魂”的伟大作家是怎样成长起来的，他的成长足迹给你什么样的启发？写一篇800字左右的读后感。

4. 19世纪20世纪之交，中国国贫民弱，鲁迅先生弃医从文，用如椽之笔唤醒国人麻木的灵魂。21世纪，中国国富民强，人们却遭遇了“非典”和“新冠”两次疫病的袭击。假如生活在今天，面对这种情况，鲁迅先生是否会弃文从医，救治国人病痛的身体？请分别列举“会”和“不会”的三条理由。

会：

不会：

5．读完《朝花夕拾》，你最大的感想是什么？请用“推荐语”的形式写下你的阅读心得。

示例：

推荐语

从生趣盎然的天真儿童，到初谙世事的懵懂少年，从苦苦求索的觉醒青年，到以笔为刀的坚强战士——鲁迅先生经历了一些什么样的变故？走过了一条什么样的道路？选择了一种什么样的人生？

爱与憎，笑与骂，歌与哭，时而怀一种温存的情，时而抱一颗冷峻的心——鲁迅先生如何对待芸芸众生？如何看待吾国吾民？如何反思礼教文化？如何承担家国责任？

阅读《朝花夕拾》吧，让我们从中寻找以上种种问题的答案，从中收获生命的教益和成长的启示。

最后，小说文本内容解读课的教学活动包括但不限于以下内容：

1．情节梳理与分层概括，细节分享；

2．人物及其人物关系分析；

3．环境要素、人物与环境关系分析。

与此相对应的写作教学表现在取材和用材上，学生在阅读活动中所积累的文本所写内容只能作为间接材料，在写作中只能引用，在内容解读学习活动中能够迁移的语文能力表现在观察力和感受力、形象思维力和逻辑思维力上。观察力、感受力、形象思维力决定了学生从自然万物、社会万象中的取材能力，这是巨大的材料库，是材料的源头活水，很多学生不会写作是因为没有材料可写，而没有材料可写的根本原因是观察力、感受力和形象思维力的贫弱。逻辑思维力决定了学生选材和用材能力，材料是否典型决定了作文的表达效果。

# 第四节　形式赏读 + 语言与结构

形式赏读课在对文本形式进行整体鉴赏的前提下，选择文本中最有特色的语言运用、结构安排或风格特征进行设计和实施，但要注意跟文本内容和主旨的一体化关系，在语意的关联性和文意的整体性中赏析其表达效果。文本形式是文本要素中可以迁移的要素，非常重要，务必慎重对待，在知识落实、思维提升的基础上打造学生的形式创新能力。

形式赏读最大的难点在于准确辨识文本语境中的知识运用，形式赏读课最大的难点在于讲清楚文本语境中的知识运用，很多时候，当一个知识内容以及对其的介绍孤立出现，似乎是清清楚楚明明白白的，但一旦被运用到文本中，便显得模糊起来，需要有扎实的知识基础和思维水平才能清楚辨识与明白赏析。这也是一个知识运用中的知识积累过程，一边积累，一边建构，在积累中建构，在建构中积累，登高自卑，陟遐自迩，渐入胜境。

下面以生态新经典和文化新经典《冬牧场》为例，谈一谈如何对文本中的知识运用进行辨识和品鉴，并从阅读中获得写作滋养。

## 跟着李娟学写作
### ——赏析《冬牧场》中的景物描写

《冬牧场》中的环境描写和《羊道》三部曲一脉相承，不仅高度真实地呈现北疆地理风光，令人有身临其境的现场感，而且为人物活动书写和人地关系思考夯实基础，能够促发读者的感动、引发读者的深思。李娟是怎么做到的呢？我想主要有以下做法：第一是对自然世界中的大与小、明与暗等对立统一关系格外关注，在高度还原景物特点的基础上写出世界的整体性；第二是在景物描写中融入自己独特的感悟和思考，写出“我”的个性和创造性；第三是注重环境中的人，在人和环境的关系中体现生命的意义和文明的价值，写出文化性。

读一段李娟的文字：

**每天下午干完自己的活，趁天气好，总会一个人出去走很远很远。我曾以我**

们的黑色沙窝子为中心，朝着四面八方各走过好几公里。每当我穿过一片旷野，爬上旷野尽头最高的沙丘，看到的仍是另一片旷野，以及这旷野尽头的另一道沙梁。无穷无尽。——当我又一次爬上一个高处，多么希望能突然看到远处的人居和炊烟啊！可什么也没有，连一个骑马而来的影子都没有。天空永远严丝合缝地扣在大地上，深蓝，单调，一成不变。黄昏斜阳横扫，草地异常放光。那时最美的草是一种纤细的白草，一根一根笔直地立在暮色中，通体明亮。它们的黑暗全给了它们的阴影。它们的阴影长长地拖往东方，像鱼汛时节的鱼群一样整齐有序地行进在大地上，力量深沉。

——这一段描写让我们强烈地感受到无穷无尽的旷野与一根一根纤细的白草之间的对比关系，“异常放光”的草地、“通体透亮”的白草和阴影的对比关系。李娟就是这样，看见大、看见小，看见大与小的反差；看见明、看见暗，看见明与暗的对立；而这种反差和对立又统一在这一片辽阔的北疆大地上，李娟由此写出自然的统一性和世界的完整性。李娟的用词和用语是非常精准的，天空“严丝合缝地扣在大地上”，白草“一根一根笔直地立在暮色中”，充分呈现、高度还原景物的特点，不仅如此，她还能信笔融入自己独特的感官体验、情感和思想：“多么希望能突然看到远处的人居和炊烟啊！可什么也没有，连一个骑马而来的影子都没有。”“它们的黑暗全给了它们的阴影。”“它们的阴影……整齐有序地行进在大地上，力量深沉。”不能不说，李娟是景物描写的高手！

再读两段李娟的文字：

第三天同样是凌晨三点起床。同样持续了一个多小时的早茶，并在昏沉夜色里拆帐篷、打包、装骆驼。同样在满天星斗的浓浓夜色中，我们朝着沉入地平线一半的猎户星座启程了。与此同时，月亮弯弯地挂在东方。

同样还是在行走中伴随着太阳缓慢而威严的出升。太阳未出时，全世界都像一个梦，唯有月亮是真实的；太阳出来后，全世界都真实了，唯有月亮像一个梦。

驼队和羊群默默前行，似乎已经习惯了这样漫无尽头的跋涉……

——这是写深沉夜色与红日初升的交替，把比喻和对比两种修辞手法巧妙组合、融为一体，写得极其精准而又充满个性，实在高妙，当然这一切，是以她独特的感受力和思考力为基础的。

南下跋涉的头一天上午，我们的驼队和畜群长时间穿行在没完没了的丘陵地带。直到正午时分，我们转过一处高地，视野豁然开阔，眼下一马平川。大地是浅色的，无边无际。而天空是深色的，像金属一样沉重、光洁、坚硬。天地之间空无一物……像是世界对面的另一个世界，像是世界尽头的幕布上的世界，像是无法进入的世界。我们还是沉默着慢慢进入了。

走在这样的大地中央，才感觉到地球真的是圆的——我们甚至可以看到大地真的在往四面八方微微下沉，我们的驼队正缓缓移动在这球面的最高点。

——这是写浅色大地与深色天空的呼应和组合，这是一个“空无一物”的世界，“像是无法进入”，而我们却“慢慢进入”了。李娟笔下的对立统一关系不仅体现在世界的整体性上，还体现在人地关系的统一性上，这是一种哲学式的世界观，李娟可以说是个哲学家，她用独特的感受力和深入的思考力支撑起了一个哲学家的表达，由此展现自己的个性和创造性。

最后再来读一段：

无论如何，寒冷的日子总是意味着寒冷的“正在过去”。我们生活在四季的正常运行之中——这寒冷并不是晴天霹雳，不是莫名天灾，不是不知尽头的黑暗。它是这个行星的命运，是万物已然接受的规则。鸟儿远走高飞，虫蛹深眠大地。其他留在大地上的，无不备下厚实的皮毛和脂肪。……寒冷痛苦不堪。寒冷却理所应当。寒冷可以抵抗。

可能我逼真还原了那个冬天的所有寒冷。但寒冷并不是全部，我还以更多的耐心展示了这寒冷的反面。那就是人类在这种巨大寒冷中，在无际的荒野和漫长的冬天中，用双手掬起的一小团温暖与安宁。虽然微弱，却足够与之抗衡。

——这是在写人与环境的关系，写人的价值、生命的意义和文明的奥秘。读到这里，我会联想到另外一位新疆作家，发掘并鼓励了李娟的刘亮程在《寒风吹彻》一文中所写的：“每个人都在自己的生命中，孤独地过冬。”与之相比，李娟笔下的寒冷是暖色系的，是充满着希望的。

综上，李娟的环境描写实际上是在写世界、写“我”、写文化，三种写法随意组合、三大特点综合呈现，以《羊道》为例，类似的表达随处可见：“一面又一面巨大的绿色坡体坦荡荡地倾斜在蓝天下，山巅堆满闪亮的积雪。”“秋千以群山为背景，深深地静止，分外孤独。”“沙吾列经常一个人沿着这条路孤独地走来。……他小小的身子出现在对面山顶……多少次午休时光，我感觉已经睡了很久很久，醒来后出门往西边看，沙吾列还在茫茫荒野中微小地走着，耐心又执拗。”……而李娟的这些写法熔铸成一种风格，我们可以把它称为李娟风格。正是这种李娟风格，使得《冬牧场》中的环境描写既为我们呈现了中国北疆的自然风貌，也带给读者既浅显真切又深邃远大的哲思，带给读者丰盈充沛的诗意。

有了这样的赏读成果，学习任务单的设计和教学落实就不成问题了。

# 第五节　主旨研读＋思想与情感

研读课主要针对文本主旨，也可针对文本中有助于提升学生认知水平的专题，其目的便是提升学生认知水平，帮助学生形成思想态度与情感态度，热爱生活，热爱这个世界。思想态度与情感态度是学生写作的原动力，也是学生将来创造文化的原动力。

下面的《火星使命》（三部曲）教学设计是主旨研读课的一种，以阅读交流的方式进行组织，这一设计与导读课课题相同，均为“火星探索与火星想象”，但教学目标、教学内容和教学环节的设计上均有不同，读者朋友可以在比较中发现导读课和研读课的不同。

## 火星探索与火星想象

### ——《火星使命》（三部曲）阅读交流课分组学习任务单

**【学习目标】**

1．赏读三个文本中的火星描写，走近火星；

2．比较三个文本中火星描写的不同，了解科幻；

3．基于小说内容三要素的关系探究文本主旨，获得成长。

| | | 走近火星（象） | 了解科幻（言） | 获得成长（科创少年）（意） |
|---|---|---|---|---|
| 《火星使命》（三部曲） | 《骆驼怪与大穹顶》 | 火星地表描写 | 科：现实科技 | 眼到—看到；<br>我们生活在被科技改变了的世界，科技是双刃剑 |
| | 《火星脸与大眼睛》 | 火星脸描写 | 幻：魔法科技 | 脑到—想到；<br>未来我们还将用科技改变世界 |
| | 《小精灵与织女星守护者》 | 水手谷描写 | 科+幻<br>火星是环境，服务于情节和人物人物是核心 | 心到—情到；<br>让科技造福人类，创造美好未来 |

【学习任务】

**一、第一组：阅读《火星使命》第一部《骆驼怪与大穹顶》**

1．找到书中集中描写火星的章节和文字，做好圈画或摘录。

其中，最打动你的一句或一段是：

______________________________

______________________________

______________________________

2．搜索目前已知的火星知识，评价书中描写是否真实。

**二、第二组：阅读《火星使命》第二部《火星脸与大眼睛》**

1．找到书中集中描写火星的章节和文字，做好圈画或摘录。

其中，最打动你的一句或一段是：

______________________________

______________________________

______________________________

2．作者笔下的火星脸是什么？你喜欢这一想象吗？

你希望火星脸是：______________________________

**三、第三组：阅读《火星使命》第三部《小精灵与织女星守护者》**

1．找到书中集中描写火星的章节和文字，做好圈画或摘录。

其中，最打动你的一句或一段是：

______________________________

______________________________

______________________________

2．作者笔下的水手谷是怎样的？寄托着主人公怎样的感情？

______________________________________________

______________________________________________

**四、思考：“三部曲”中的“火星”在故事推进中所起作用有何不同？**

第一部：______________________________________

第二部：______________________________________

第三部：______________________________________

**【作业】**

1．通读《火星使命》（三部曲），完成绘本文案；

2．研读《火星使命》（三部曲），提出有价值的问题，准备主题讨论；

3．新读《火星使命》（三部曲），续写故事或改写故事。

# 第六节 评读与创读 + 反思与优化

评读即学习者对文本的总体评价，是学习者按照辩证思维的要求，把“我”和文本关联起来，给出的对文本的个性化评价。创读即学习者阅读文本之后的个性化创造，体现学习者的创造性思维水平。评读课与创读课可以设计为学生评读成果与创读成果的展评和分享。

就写作活动来说，学生有材料、有语用能力和结构安排能力、有思想和情感态度，完成写作任务的过程将会是一个充满乐趣的创造过程，完稿之后要反思（自我评价）与优化（不断深化自己的思考，不断优化自己的表达）。

评读与创读课可以总体学习任务单为基础进行设计，由学生进行学习成果的展示、评价和交流。下面是科幻新经典《中国轨道号》的阅读任务单，供读者朋友参考。

## 通向浩瀚宇宙
### ——《中国轨道号》阅读任务单

各位同学，你们好！

《中国轨道号》是南方科技大学吴岩教授给孩子们创作的一部科幻类长篇小说。翻开《中国轨道号》这本书，你们一定会跟老师一样，从第一个字读到最后一个字，一口气就读完了整本书！是的，这是一本很“好看”的书，场景真实、故事动人、结构清晰、语言明快；但同时，这也是一本背景宏阔、内涵深刻、构思巧妙、风格凝重的作品，值得我们细细品味、深入探究。就请大家带上这张小小的任务单，回溯或者再次进入作品，在文字的世界里徜徉寻觅，获得成长的养分吧。

**任务一** “我”既是故事的讲述者，也是小说的主人公。你喜欢这个充满好奇心和探索欲的小小少年吗？请在全书四章中分别找出一个最打动你的细节，给这个细节取个名字，并说说这个细节中的他有什么值得你学习的地方。

第一章细节名：____________________，学习点：____________________

第二章细节名：＿＿＿＿＿＿＿＿＿＿，学习点：＿＿＿＿＿＿＿＿＿＿

第三章细节名：＿＿＿＿＿＿＿＿＿＿，学习点：＿＿＿＿＿＿＿＿＿＿

第四章细节名：＿＿＿＿＿＿＿＿＿＿，学习点：＿＿＿＿＿＿＿＿＿＿

**任务二**　“想象”是一种特殊的思维活动，它能突破时间和空间的束缚，达到思接千载、神通万里的境域。在本书第14页，“我”基于对自身条件的分析想象了自己的未来；在本书封底，作者写了一段话：“那些年，我们经常想关于21世纪的事情：……每当想到这些，就觉得我们这一生充满了希望。”请朗读这两段话，并且以个人为单位仿写“我”的心理活动，以小组为单位，仿写“我们”对22世纪的期盼和想象。

个人仿写：＿＿＿＿＿＿＿＿＿＿＿＿＿＿＿＿＿＿＿＿

小组仿写：＿＿＿＿＿＿＿＿＿＿＿＿＿＿＿＿＿＿＿＿

**任务三**　“科学怪人”老汪出事后，“我”感到极度悲伤和失落，难以从忧郁中解脱出来，直到“我”在飞行博物馆被古人穿越时空的想象所激励才如释重负。“他们会不会跟老汪看起来很像？”这是“我”在飞行博物馆前的想法，请问老汪有什么样的特点让“我”产生这一想法？“我”从中又获得了什么样的力量？

老汪的特点：＿＿＿＿＿＿＿＿＿＿＿＿＿＿＿＿＿＿＿＿

______________________________________________

“我”获得的力量：______________________________

______________________________________________

**任务四** 除了主人公“我”和父亲，作品中还有3对父子，你找到了吗？他们共同构成了中国航天事业发展和人类美好精神追求背景下的小说人物群像。请在这4对父子中选择1对，在文本内容的基础上展开合理想象，以儿子的名义给爸爸写一封信。

儿子名：________________父亲的名字和身份：________________

你写的信：

（称谓）______________________________________

（问候语）____________________________________

（正文）______________________________________

______________________________________________

______________________________________________

______________________________________________

______________________________________________

______________________________________________

______________________________________________

（祝福语）____________________________________

（署名）______________________________________

（日期）______________________________________

**任务五** 能够收集整理信息的高级自动化舱门、红微子通信设备、扭力矩接收器、具有并行计算能力的超新型生物计算机、脑声仪……书中这些研究成果和研究构想有真实的科学依据吗？请选择其中的一种进行探究，介绍其科学原理、目前的研究现状和未来的研究前景。

你所选的项目：________________________________

其科学原理：__________________________________

目前的研究现状：____________________

未来的研究前景：____________________

**任务六**　本书在结构安排上颇具匠心，你发现其中的秘密了吗？说一说这样安排的好处以及对你写作的启发。

你的发现：____________________

好处：____________________

启发：____________________

**任务七**　读到一本好书，你一定很想和自己的朋友分享吧。你能认真思考，发挥创意，用个性化的方式把这本书推荐给你的朋友吗？请录制并上传你的荐读视频吧。

你的推荐语：____________________

____________________

____________________

____________________

**任务八**　读完这本书，你有没有想向作者请教、想和作者沟通的问题呢？本书作者吴岩是南方科技大学人文科学中心教授、中国首家科学与人类想象力中心主任、中国科普作家协会副理事长，也是目前中国唯一的科幻文学方向博士生导师。吴岩教授将在百忙之中亲自回应同学们的问题，但因为时间有限，吴教授只会回答同学们提出的最有价值的两个问题。请同学们提出自己的问题，然后以小组为单位进行商讨，每个小组可确定科学、文学、人文类问题各一个。吴教授会在所有的问题中选出两个进行回答，并为提出问题的小组同学签名。

你的科学问题：____________________

小组确定的科学问题：____________________

你的文学问题：____________________

小组确定的文学问题：____________________

你的人文问题：________________________________________

小组确定的人文问题：____________________________________

# 第四章
# 课型一：以写促读课

文本核心是读写融合课的学理依据，三思策略是读写融合课的底层逻辑，五步路径是读写融合课的实施要点。一般来说，读写融合课有两种课型，以写促读课和以读促写课，以写促读课是以阅读课为基点的读写融合课。现举两例示范之。

## 第一节　不一样的鲁迅和不一样的萧红

《回忆鲁迅先生（节选）》是七年级下册第一单元的第三篇课文，本单元人文主题是杰出人物，写作任务是“写出人物的精神”。

如何写出人物的精神？教材给出了三条路径：第一，抓住典型细节来表现人物的精神面貌；第二，借助一些写作手法来加以突出、强调；第三，借助一些抒情、议论的句子，对人物的精神品质进行点睛式的概括，并分别从本单元的三篇现代文《邓稼先》《说和做——记闻一多先生言行片段》《回忆鲁迅先生（节选）》中举出了例子。

问题在于：什么样的细节才是典型的？如何运用典型细节表现人物的精神面貌？什么样的写作手法适用？什么时候运用写作手法？怎么运用？什么样的句子是抒情句或议论句？在什么时候用？更重要的是，每一个文本都是一个整体，我们的读写活动是以整体文本为核心的，而教材中的例子一般只选择一个文本中的局部内容或特征。比如《回忆鲁迅先生（节选）》只用于第一条路径，也就是抓住典型细节来表现人物的精神面貌；《邓稼先》只用于第二条路径借助一些写作手法来加以突出、强调，具体做法是将邓稼先与奥本海默进行对比。也就是说，指向文本整体的读写活动很难得到系统的指导。

因此，在同学们学习了《邓稼先》《说和做——记闻一多先生言行片段》两篇课文之后，笔者所讲授的《回忆鲁迅先生（节选）》就在大单元的视域中，在与两篇已学课文的比较中，指向本单元“写出人物的精神”写作任务，进行了读写融合课的教学设计和教学实施。

## 回忆鲁迅先生（节选）

### 教学构想

**第一节课　不一样的鲁迅**

**（一）导入**

1．基于鲁迅和萧红的基本个人信息，对两位作家做异同比较，带出时代特点尤其是对女性的压抑、作家特殊的个性气质和二人交谊。（笔者并不主张在进入文本前先讲解作家生平经历和课文创作背景亦即知人论世，但在是否以这一内容导入的问题上几番犹疑以后，确定了这一导入方式，理由如下：鲁迅和萧红是两位在中国现代文学史上地位极高的作家，堪称伟大，对这两位作家以及他们生活的时代有所了解是有必要的；加之对相关信息做分享时都进行了比较和关联，这一思维方式的渗透属于指向语文学科底层逻辑的三思策略的范畴，非常重要；自然进入、有机衔接下一环节的教学内容。）

2．观看电影《黄金时代》节选视频：萧军、萧红初见鲁迅先生。

**（二）全身心听读课文**

1．老师朗读，以声传情，将学生带入文本情境；

2．学生听读，带上感情与思想，在对文字的意义转换中还原情境、进入情境。

**（三）自主感受与思考**

1．朗读你最喜欢的部分（所写鲁迅是你最喜欢的）；

2．用精要的语言概括这部分内容；

3．陈述你喜欢这部分所写鲁迅的理由。

（有意思的是：在课堂推进过程中，5位学生的分享刚好涉及鲁迅的四种身份和所做小事，在老师的提示下，第6位学生找到了鲁迅所做的一件大事，于是当堂形成了以下表格。）

| | | 行为（细节） | 精神品质 |
|---|---|---|---|
| 做人 | 朋友 | 笑谈 | 亲切、风趣 |
| | 丈夫 | 问询 | 尊重、亲密 |
| | 父亲 | 品尝丸子 | 尊重、呵护 |
| | 青年导师 | 读信 | 期望、包容 |
| 做事 | 大事 | 著述、译介 | 严谨、忘我 |
| | 小事 | 包书 | 认真、细致 |

**（四）小组合作：为课文拟题（主标题）**

（提示：1．本单元课文拟题的三种方式；2．给本文拟主题的一个角度——鲁迅的典型行为和主要精神。）

**（五）作业**

1．用文后生词中的3个，写一段语意完整、内容连贯的话。（在语用中积累语料。）

2．完成课堂任务。（进一步走近鲁迅；认真斟酌，给课文拟题。）

3．阅读拓展文本。（萧红的《回忆鲁迅先生》一文全文有15000字左右，课文3500字左右，我们从原文中另外选出4000字左右的文段，分成六个部分，作为学生的拓展阅读文本，一方面进一步走近鲁迅，另一方面进一步了解萧红的写作特点，为下一节课的学习任务做准备。）

**拓展阅读**

## 回忆鲁迅先生（节选）

萧红

一

鲁迅先生不大注意人的衣裳，他说："谁穿什么衣裳我看不见的……"

鲁迅先生生病，刚好了一点，窗子开着，他坐在躺椅上，抽着烟，那天我穿着新奇的火红的上衣，很宽的袖子。

鲁迅先生说："这天气闷热起来，这就是梅雨天。"他把他装在象牙烟嘴上的香烟，又用手装得紧一点，往下又说了别的。

许先生忙着家务跑来跑去，也没有对我的衣裳加以鉴赏。

于是我说："周先生，我的衣裳漂亮不漂亮？"

鲁迅先生从上往下看了一眼："不大漂亮。"

过了一会又加着说："你的裙子配的颜色不对，并不是红上衣不好看，各种颜色都是好看的，红上衣要配红裙子，不然就是黑裙子，咖啡色的就不行了；这两种颜色放在一起很混浊……你没看到外国人在街上走的吗？绝没有下边穿一件绿裙子，上边穿一件紫上衣，也没有穿一件红裙子而后穿一件白上衣的……"

鲁迅先生就在躺椅上看着我："你这裙子是咖啡色的，还带格子，颜色混浊得很，所以把红衣裳也弄得不漂亮了。"

"……人瘦不要穿黑衣裳，人胖不要穿白衣裳；脚长的女人一定要穿黑鞋子，脚短就一定要穿白鞋子；方格子的衣裳胖人不能穿，但比横格子的还好；横格子的，胖人穿上，就把胖子更往两边裂着，更横宽了，胖子要穿竖条子的，竖的把人显得长，横的把人显得宽……"

那天鲁迅先生很有兴致，把我一双短统靴子也略略批评一下，说我的短靴是军人穿的，因为靴子的前后都有一条线织的拉手，这拉手据鲁迅先生说是放在裤子下边的……

我说："周先生，为什么那靴子我穿了多久了而不告诉我，怎么现在才想起来呢？现在不是不穿了吗？我穿的这不是另外的鞋吗？"

"你不穿我才说的，你穿的时候，一说你该不穿了。"

那天下午要赴一个筵会去，我要许先生给我找一点布条或绸条束一束头发。许先生拿了来米色的绿色的还有桃红色的。经我和许先生共同选定的是米色的。为着取笑，把那桃红色的，许先生举起来放在我的头发上，并且许先生很开心地说着：

"好看吧！多漂亮！"

我也非常得意，很规矩又顽皮地在等着鲁迅先生往这边看我们。

鲁迅先生这一看，他就生气了，他的眼皮往下一放向我们这边看着：

“不要那样装饰她……”

许先生有点窘了。

我也安静下来。

鲁迅先生在北平教书时，从不发脾气，但常常好用这种眼光看人，许先生常跟我讲，他在女师大读书时，周先生在课堂上，一生气就用眼睛往下一掠，看着她们，这种眼光鲁迅先生在记范爱农先生的文字里曾自己述说过，而谁曾接触过这种眼光的人就会感到一个旷代的全智者的催逼。

我开始问：“周先生怎么也晓得女人穿衣裳的这些事情呢？”

“看过书的，关于美学的。”

“什么时候看的……”

“大概是在日本读书的时候……”

“买的书吗？”

“不一定是买的，也许是从什么地方抓到就看的……”

“看了有趣味吗？”

“随便看看……”

“周先生看这书做什么？”

“……”没有回答。好像很难以回答。

许先生在旁说：“周先生什么书都看的。”

二

鲁迅先生不游公园，住在上海十年，兆丰公园没有进过，虹口公园这么近也没有进过。春天一到了，我常告诉周先生，我说公园里的土松软了，公园里的风多么柔和，周先生答应选个晴好的天气，选个礼拜日，海婴休假日，好一道去，坐一乘小汽车一直开到兆丰公园，也算是短途旅行，但这只是想着而未有做到，并且把公园给下了定义，鲁迅先生说：“公园的样子我知道的……一进门分做两条路，一条通左边，一条通右边，沿着路种着点柳树什么的，树下摆着几张长椅子，再远一点有个水池子。”

我是去过兆丰公园，也去过虹口公园或是法国公园的，仿佛这个定义适用在任何国度的公园设计者。

鲁迅先生不戴手套，不围围巾，冬天穿着黑石蓝的棉布袍子，头上戴着灰色毡帽，脚穿黑帆布胶皮底鞋。

胶皮底鞋夏天特别热，冬天又凉又湿，鲁迅先生的身体不算好，大家都提议把这鞋子换掉。鲁迅先生不肯，他说胶皮底鞋子走路方便。

“周先生一天走多少路呢？也不就一转弯到××书店走一趟吗？”

鲁迅先生笑而不答。

“周先生不是很好伤风吗？不围巾子，风一吹不就伤风了吗？”

鲁迅先生这些个都不习惯，他说：

“从小就没戴过手套围巾，戴不惯。”

鲁迅先生一推开门从家里出来时，两只手露在外边，很宽的袖口冲着风就向前走，腋下挟着个黑绸子印花的包袱，里边包着书或者是信，到老靶子路书店去了。

那包袱每天出去必带出去，回来必带回来，出去时带着回给青年们的信，回来又从书店带来新的信和青年请鲁迅先生看的稿子。

三

鲁迅先生吃的是清茶，其余不吃别的饮料。咖啡、可可、牛奶、汽水之类，家里都不预备。

鲁迅先生陪客人到夜深，必同客人一道吃些点心，那饼干就是从铺子里买来的，装在饼干盒子里，到夜深许先生拿着碟子取出来，摆在鲁迅先生的书桌上，吃完了，许先生打开立柜再取一碟，还有向日葵子差不多每来客人必不可少。鲁迅先生一边抽着烟，一边剥着瓜子吃，吃完了一碟鲁迅先生必请许先生再拿一碟来。

鲁迅先生备有两种纸烟，一种价钱贵的，一种便宜的，便宜的是绿听子的，我不认识那是什么牌子，只记得烟头上带着黄纸的嘴，每五十支的价钱大概是四角到五角，是鲁迅先生自己平日用的。另一种是白听子的，是前门烟，用来招待客人的，白烟听放在鲁迅先生书桌的抽屉里。来客人鲁迅先生下楼，把它带到楼下去，客人走了，又带回楼上来照样放在抽屉里。而绿听子的永远放在书桌上，是鲁迅先生随时吸着的。

四

鬼到底是有的是没有的？传说上有人见过，还跟鬼说过话，还有人被鬼在后边追赶过，吊死鬼一见了人就贴在墙上。但没有一个人捉住一个鬼给大家看看。

鲁迅先生讲了他看见过鬼的故事给大家听：

“是在绍兴……”鲁迅先生说，“三十年前……”

那时鲁迅先生从日本读书回来，在一个师范学堂里也不知是什么学堂里教书，晚上没有事时，鲁迅先生总是到朋友家去谈天，这朋友住得离学堂几里路，几里路不算远，但必得经过一片坟地。谈天有的时候就谈得晚了，十一二点钟才回学堂的事也常有。有一天鲁迅先生就回去得很晚，天空有很大的月亮。

鲁迅先生向着归路走得很起劲时，往远处一看，远远有一个白影。

鲁迅先生不相信鬼的，在日本留学时是学的医，常常把死人抬来解剖的，鲁迅先生解剖过二十几个，不但不怕鬼，对死也不怕，所以对于坟地也就根本不怕。仍旧是向前走的。

走了不几步，那远处的白影没有了，再看突然又有了。并且时小时大，时高时低，正和鬼一样。鬼不就是变换无常的吗？

鲁迅先生有点踌躇了，到底向前走呢？还是回过头来走？本来回学堂不止这一条路，这不过是最近的一条就是了。

鲁迅先生仍是向前走，到底要看一看鬼是什么样，虽然那时候也怕了。

鲁迅先生那时从日本回来不久，所以还穿着硬底皮鞋，鲁迅先生决心要给那鬼一个致命的打击。等走到那白影的旁边时，那白影缩小了，蹲下了，一声不响地靠住了一个坟堆。

鲁迅先生就用了他的硬皮鞋踢出去。

那白影噢的一声叫出来，随着就站起来，鲁迅先生定眼看去，他却是个人。

鲁迅先生说在他踢的时候，他是很害怕的，好像若一下不把那东西踢死，自己反而会遭殃的，所以用了全力踢出去。

原来是个盗墓子的人在坟场上半夜做着工作。

鲁迅先生说到这里就笑了起来。

“鬼也是怕踢的，踢他一脚就立刻变成人了。”

我想，倘若是鬼常常让鲁迅先生踢踢倒是好的，因为给了他一个做人的机会。

五

鲁迅先生的身体不大好，容易伤风，伤风之后，照常要陪客人，回信，校稿子。所以伤风之后总要拖下去一个月或半个月的。

《海上述林》校样，1935年冬，1936年的春天，鲁迅先生不断地校着，几十万字的校样，要看三遍，而印刷所送校样来总是十页八页的，并不是统统一道地送来，所以鲁迅先生不断地被这校样催索着，鲁迅先生竟说：

“看吧，一边陪着你们谈话，一边看校样的，眼睛可以看，耳朵可以听……”

有时客人来了，一边说着笑话，一边鲁迅先生放下了笔。有的时候也说：“就剩几个字了……请坐一坐……”

1935年冬天许先生说：

“周先生的身体不如从前了。”

有一次鲁迅先生到饭馆里去请客，来的时候兴致很好，还记得那次吃了一只烤鸭子，整个的鸭子用大钢叉子叉上来时，大家看着这鸭子烤得又油又亮的，鲁迅先生也笑了。

菜刚上满了，鲁迅先生就到竹躺椅上吸一支烟，并且阖一阖眼睛。一吃完了饭，有的喝多了酒的，大家都乱闹了起来，彼此抢着苹果，彼此讽刺着玩，说着一些刺人可笑的话，而鲁迅先生这时候，坐在躺椅上，阖着眼睛，很庄严地在沉默着，让拿在手上纸烟的烟丝，慢慢地上升着。

别人以为鲁迅先生也是喝多了酒吧！

许先生说，并不是的。

“周先生的身体是不如从前了，吃过了饭总要阖一阖眼稍微休息一下，从前一向没有这习惯。”

周先生从椅子上站起来了，大概说他喝多了酒的话让他听到了。

“我不多喝酒的，小的时候，母亲常提到父亲喝了酒，脾气怎样坏，母亲说，长大了不要喝酒，不要像父亲那样子……所以我不多喝的……从来没有喝醉过……”

鲁迅先生休息好了，换了一支烟，站起来也去拿苹果吃，可是苹果没有了。鲁迅先生说：

“我争不过你们了，苹果让你们抢没了。”

有人抢到手的还在保存着的苹果，奉献出来，鲁迅先生没有吃，只在吸烟。

六

1936年春，鲁迅先生的身体不大好，但没有什么病，吃过了晚饭，坐在躺椅上，总要闭一闭眼睛沉静一会。

许先生对我说，周先生在北京时，有时开着玩笑，手按着桌子一跃就能够跃过去，而近年来没有这么做过，大概没有以前那么灵便了。

这话许先生和我是私下讲的，鲁迅先生没有听见，仍靠在躺椅上沉默着呢。

……

七月里，鲁迅先生又好些。

药每天吃，记温度的表格照例每天好几次在那里画，老医生还是照常地来，说鲁迅先生就要好起来了，说肺部的菌已停止了一大半，肋膜也好了。

客人来差不多都要到楼上来拜望拜望，鲁迅先生带着久病初愈的心情，又谈起话来，披了一张毛巾子坐在躺椅上，纸烟又拿在手里了，又谈翻译，又谈某刊物。

一个月没有上楼去，忽然上楼还有些心不安，我一进卧室的门，觉得站也没有地方站，坐也不知坐在那里。

许先生让我吃茶，我就倚着桌子边站着，好像没有看见那茶杯似的。

鲁迅先生大概看出我的不安来了，便说：

“人瘦了，这样瘦是不成的，要多吃点。”

鲁迅先生又在说玩笑话了。

“多吃就胖了，那么周先生为什么不多吃点？”

鲁迅先生听了这话就笑了，笑声是明朗的。

**第二节课　不一样的萧红**

**（一）导入**

1．观看电影《黄金时代》节选视频：祖父的园子（《呼兰河传》）。

太阳在园子里是特别大的，天空是特别高的。太阳光芒四射，亮得使人睁不开眼睛，亮得蚯蚓不敢钻出地面来，蝙蝠不敢从黑暗的地方飞出来。凡是在太阳底下的，都是健康的、漂亮的。拍一拍手，仿佛大树都会发出声响；叫一两声，好像对面的土墙都会回答。

花开了，就像睡醒了似的。鸟飞了，就像在天上逛似的。虫子叫了，就像虫子在说话似的。一切都活了，要做什么，就做什么，要怎么样，就怎么样，都是自由的。倭瓜愿意爬上架就爬上架，愿意爬上房就爬上房。黄瓜愿意开一个花，就开一个花，愿意结一个瓜，就结一个瓜。若都不同意，就是一个瓜也不结，一朵花也不开，也没有人问它。玉米愿意长多高就长多高，它若愿意长上天去，也没有人管。蝴蝶随意地飞，一会儿从墙头上飞来一对黄蝴蝶，一会儿又从墙头上飞走了一只白蝴蝶。它们是从谁家来的，又飞到谁家去，太阳也不知道这个。

只是天空蓝悠悠的，又高又远。

2．简述萧红短暂的一生。

热爱自由——被安排、被囚禁；颠沛流离。

渴望温暖情感——被冷漠和粗暴对待；被遗弃。

在萧红为数不多的遗物中，夹着一张她生前写过字的纸片，上面写着：

我将与蓝天碧水永处，留下那半部《红楼》给别人写了！

半生尽遭白眼冷遇……身先死，不甘，不甘！

### （二）小组讨论

1．鲁迅是民族魂，是一位伟大人物，萧红为什么要写伟大人物的生活琐事？

2．鲁迅是思想家、文学家，萧红为什么要写作为丈夫和父亲的鲁迅？

预设：萧红的人生梦想与文本的选材。（对于萧红来说，鲁迅是男性的标杆，如林徽因《你是人间四月天》诗中所言：你是一树一树的花开／是燕在梁间呢喃／——你是爱，是暖，是希望／你是人间的四月天！）

### （三）自主思考

1．把六个拓展文本片段分别插入课文文本，陈述理由；

2．从六个拓展文本片段选择一个片段加入课文文本，陈述理由。

小结：萧红的风格与文本的结构（在和本单元另外两篇课文的比较中得出萧红的选材特点和结构特点）。

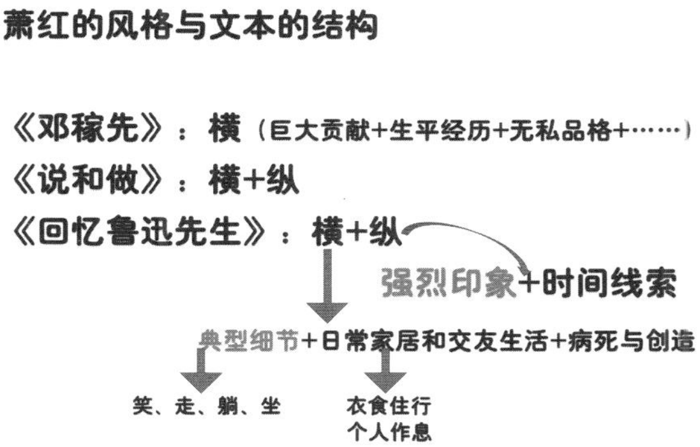


（四）小组合作：为课文拟题（主标题）

（提示：拟题的另外两个角度——鲁迅之于萧红，文本选材角度和行文思路）

（五）作业

1．阅读《呼兰河传》第五章；

2．阅读臧克家《有的人》；

3．写读后感（《回忆鲁迅先生》《呼兰河传》《有的人》）。

## 回忆鲁迅先生（节选）

### 第一节课　不一样的鲁迅

### 教学转录

（正式上课前，生齐读课文，上课铃响起，学生读到第13自然段）

（一）导入

同学们好！

我是王惠老师，今天我们一起学习萧红的《回忆鲁迅先生》（节选）。

我想请一位同学帮忙在黑板上写下课文标题和作者。

写得真不错！以后我的每次课都会请一位同学帮忙写课题和作者，写得好的同学老师会送一本书作为感谢。

大家一起读课题：《回忆鲁迅先生》，萧红。

是的，这是著名作家萧红回忆伟大作家鲁迅的文字。萧红和鲁迅是我们非常熟悉的两位作家，小学学过选自萧红长篇小说《呼兰河传》中的课文《火烧云》，上个学期读过鲁迅的《朝花夕拾》。

他们都是作家，但是他们是两位多么不一样的作家啊。鲁迅原名周树人，萧红原名张乃莹；鲁迅出生于1881年，萧红出生于1911年（这一年，发生了摧枯拉朽的辛亥革命），鲁迅比萧红整整大了30岁，他们1934年底在上海认识的时候，鲁迅是文坛领袖、文化旗手，而萧红才初露头角；两年之后，鲁迅先生就去世了，享年55岁，而萧红1942年在香港病逝，只活了31岁。鲁迅的家乡是浙江绍兴，青山绿水的诗意江南，萧红来自黑龙江哈尔滨呼兰县城，在白山黑水之间度过前半生，其实也是大半生。

最为重要的是，鲁迅是一位男性作家，萧红是一位女性作家。在旧中国，这样的性别差异非常大，大到女性没有学习的机会，没有自由选择人生的权利，只能依附男性生活。萧红曾经说："我一生最大的痛苦和不幸，都是因为我是一个女人。""女性的天空是低的，羽翼是单薄的，而身边的累赘又是笨重的。"说出了诸多渴望自由的旧中国知识女性的心声。

当然，鲁迅和萧红也有很多相似之处，他们都出生和成长在破落的封建官僚地主家庭，他们的身体也都非常病弱，他们都爱好文学和绘画，最重要的是，他们都是不折不扣的理想主义者，都是伟大的平民作家，都因为人的苦难和愚昧而深感痛苦，并且坚持用他们的作品来揭示病苦、进行疗救。

这样的两位作家见面了，他们初次相遇的时候，会碰出什么样的火花？当萧红的丈夫萧军受到鲁迅先生的邀请，在战乱的硝烟烽火之中从白山黑水的东北来到青山绿水的上海，跟鲁迅先生在内山书店第一次见面，会是什么样的情形呢？我节选了《黄金时代》的一个片段，请大家先看一下。

（观影）

时间是1934年底，地点是上海内山书店。萧红、萧军受鲁迅之邀来到上海，他们会面后说了些什么？感兴趣的同学周末可以找《黄金时代》这部电影来看看。之后，鲁迅和萧红成为无话不谈、交往密切的师友，萧红视鲁迅为导师，鲁迅认为萧红是中国最有前途的女作家。在和萧红交往的过程中，鲁迅先生说过什么？做过什么？在萧红的眼中、心中，鲁迅先生会是怎样的形象？

下面就让我们通过萧红的笔触和文字，感受不一样的鲁迅吧。

### （二）听读

下面老师要为大家朗读《回忆鲁迅先生》（节选），请大家翻到教材第13页。眼睛看着书上的文字，耳朵听着老师的朗读，手指翻动书页，脑子想象书中的画面和情景，就像刚才的电影用画面来重现书中文字，心灵还要体会书中人物的情感，全身心聆听老师的朗读。

（老师读课文第14~66自然段）

### （三）自主感受与思考

老师现在想问问同学们，你最喜欢文中哪一部分的鲁迅？找到这一部分文字，把它朗读出来；然后，对这部分内容进行概括；再说一说，你为什么喜欢这样的鲁迅。

生1：请同学们翻到第15页第13自然段（读课文）。

师：请你概括一下你读的这部分内容写了什么。

生1：有一天下午，作者萧红来拜访鲁迅先生，鲁迅先生就给她开了一个小小的玩笑。

师：这一部分的鲁迅做了什么？开玩笑。好的，我们用最简短的、精练的语言来概括：鲁迅开玩笑。那你为什么喜欢这段？

生1：因为我从这个文段看出了鲁迅先生不一样的一面，鲁迅先生也可以是有趣的。

师：他很风趣，很幽默，会跟朋友调侃，开玩笑，是吧？好，谢谢。这是鲁迅先生对朋友的态度。好的，接下来哪位分享？

（板书：朋友　笑谈　风趣、亲切）

生2：请同学们翻到第19页的55到58自然段（读课文）。

这几个自然段写鲁迅先生对于海婴说鱼丸子不新鲜的看法，从这里，我可以看出鲁迅先生对于事情是一丝不苟的，虽然可能在别人的眼中，这些事情都是非常细微细小的，但是在鲁迅先生的眼中……

师：嗯，你说这件事是细微的，为什么呢？

生2：因为这仅仅是一个孩子说的话。而且他说这个菜是不新鲜的，不新鲜有可能是因为那天他胃口不好，或者说其他原因，但是鲁迅先生却非常认真地去尝了一下，并且说出了这样一句话。

师：你为什么喜欢这样的鲁迅呢?

生2：对日常小事情的认真。

师：除了对小事认真，还能读出什么?

生2：他对每个人都是非常尊重，不管年龄大小。

师：哪怕对方只是一个孩子，他也是郑重其事的。

生2：对。

师：为什么我们觉得这是件小事，首先是吃饭的事，其次是一个小朋友的感受，这两件事或许在很多成人或者在很多要去做大事的人那里确实都是小事，但是鲁迅先生却非常认真，这既表明先生对小事认真，同时也表现出了一位父亲对孩子的重视。

（板书：父亲　品尝丸子　尊重、呵护）

生3：请同学们翻到第19页的61段（读课文）。

生3：我觉得鲁迅是一个细心的人。

师：好，你喜欢细心的鲁迅。你细心吗?（师微笑，同学摇头）那我们要向鲁迅先生学习。刚才你读的这一部分，我们概括一下，鲁迅包书。

师：前面两位同学分享的是做朋友和做父亲的鲁迅，如果说这是在说鲁迅先生怎么做人，那你刚刚分享的这个部分应该是在说鲁迅哪个方面?

生3：做事，包书，一件小事。

（板书：包书　认真、细致）

师：大家看看我们的板书，在同学们的努力下，我们初步形成了一张表格，我接下来的分享有要求了，同学们可以推断一下我会有什么要求。

师：我们刚才有三个同学做了分享，一位说到鲁迅先生包书这件小事，表明他是一个特别细致认真的人，那么，我们是不是可以再找一件大事?另外，这是做朋友的鲁迅，他会和朋友开玩笑，很风趣幽默；这是做父亲的鲁迅，他不在乎事大事小，对小朋友非常尊重，那么，文中的他还有什么其他的身份和角色呢?

生4：请大家翻到第20页，第64和65段（读课文）。

师：你为什么喜欢这一段的鲁迅?

生4：因为我从中读到了鲁迅先生舍己为人的精神。他知道自己很快就要死了，他想花费更大的精力给人类。

师：他不在乎自己的身体健康，反倒希望……

生4：希望用仅剩的力量给更多的年轻人带来更好的。

师：对，他牺牲自己的身体是为了要把更多见解、更多文化的创造留给后人，留给青年。很好，这是一件大事。

（板书：著述、译介　严谨、忘我）

师：下面我们再来从做人的维度找找鲁迅先生的典型细节，除了作为朋友的鲁迅，作为父亲的鲁迅，文本里头的鲁迅还有其他身份吗？

生5：我找到的是作为作者的鲁迅。请同学们翻到第16页，看最上面三个自然段（读课文）。

生5：青年人写信很草率，但鲁迅却一点也不草率，他抱有非常认真的态度，读信一直读到深夜。

师：你为什么喜欢这样的鲁迅？

生5：他是一个很包容的人。

师：对谁包容？

生5：对陌生人包容。

师：什么样的陌生人？是谁给他写信？

生5："青年人"。

师：很好，青年人。大家记不记得，鲁迅先生写过的两句诗："横眉冷对千夫指，俯首甘为孺子牛。"他对青年无比关心和包容，因为青年是希望，是未来，这是作为青年导师的鲁迅。鲁迅先生是新文化运动的旗手，文坛的领袖，无数迷茫的青年、有追求的青年会经常给他写信，向他寻求帮助。尽管字迹潦草，但先生因为寄望于青年，仍然费尽千辛万苦，不惜花费眼力，挑出精彩的给予回信。萧红就是在跟鲁迅通信的过程当中，获得了鲁迅先生的帮助，来到了上海。1931年的9月18日，东北沦陷，这些青年作家，在特殊的战乱的背景之下，不断地流亡，不但在生活上得到鲁迅先生的帮助，在创作上也得到了鲁迅先生的指导。

（板书：导师　读信　期待、包容）

师：有同学留心到作为丈夫的鲁迅先生吗?

生6：请大家翻到第15页的12自然段（读课文）。从“再吃几个吗？”这一句，我看出了鲁迅先生对夫人的一种尊重，因为当时那种社会，女性的身份没有男性那么高，还是比较低的，我比较喜欢鲁迅这一点。

师：谢谢你。作为一个小男生能够体会一个妻子的情绪。

师：作为一位女性，我在想如果我的先生在他要多吃一口饭的时候，来问我他可不可以多吃一个饺子，我会很开心，为什么？因为他很尊重我的感受，而且跟我很亲密。

（板书：丈夫　问询　尊重、亲密）

（补充板书：做人：朋友、丈夫、青年导师、父亲；做事：小事、大事）

**（四）小组合作探究：为课文拟题**

前面我们学习了《邓稼先》和《说和做——记闻一多先生言行片段》两篇课文，我们会发现，同样是写光辉人物，是写人类中的闪耀星辰，但写法各有不同。

在选材上，《邓稼先》没有过多着墨于邓稼先在科学研究方面的行为表现，而是直接着重书写其重要贡献和无私品格，描写的文字少，评论的文字多；《说和做——记闻一多先生言行片段》写了闻一多作为学者的学术研究行为以及他作为革命者领导和参加社会革命的行为，通过其“说”和“做”的行为比较写出其家国情怀以及家国情怀支持下的文化使命感和社会责任感；《回忆鲁迅先生》写的却多为家居日常、交友等生活琐事。

我们都知道，人物的外在表现和其内在的精神品质密切相关。鲁迅是“民族魂”，其一言一行也都表现出他作为“民族魂”的文化选择和文化追求。

刚才我们在分享的过程中已经对此进行了一点一点的分析，现在我们把这些零散的鲁迅组合起来，看看萧红笔下这个不一样的鲁迅是怎么样的。请你用最精练的语言对此加以概括，给《回忆鲁迅先生》一文拟一个正题。如果概括很困难，那就选择你认为最重要的一种精神品质进行概括，拟一个正题。

大家讨论一下，课后继续思考和讨论，老师把这个任务作为作业布置给大家。

**（五）作业**

请大家完成PPT上的三项作业。

# 第二节　情往兴来　如赠似答

## ——从《故都的秋》等散文名篇中的“树”说起

高中语文必修上第七单元为“文学阅读与写作”学习任务群单元，人文主题为“自然情怀”，其中有三篇现当代散文作品，分别为郁达夫《故都的秋》、朱自清《荷塘月色》、史铁生《我与地坛》。

在同学们已经对这三篇课文进行了单篇学习的基础上，本次大单元读写结合教学旨在帮助大家进一步读懂文本中的“树”，并进而发现自然中的“树”，建构生命中的“树”，在自然情怀的激荡中写出自己寄托在“树”之上的生命咏唱。

### 情往兴来　如赠似答

### ——从《故都的秋》等散文名篇中的“树”说起学习任务单

**【学习目标】**

1．读懂文本中的“树”，强化文本读解能力；

2．发现自然中的“树”，培养对自然世界的观察力和感受力；

3．建构生命中的“树”，在个体生命和自然万物之间建立思想和情感关联；

4．通过针对“树”的一句话补写、一组句子仿写和一个文本的创意写作，提高文字表达力。

**【学习任务一】**读懂课文中的“树”

1．重读三个文本，在下表中的空格处填写相关内容。

<table>
<tr><td colspan="2"></td><td>《故都的秋》</td><td>《荷塘月色》</td><td>《我与地坛》</td></tr>
<tr><td colspan="2">地点（北京）</td><td>破屋市井</td><td>清华雅园</td><td>皇城古园</td></tr>
<tr><td colspan="2">时间</td><td>秋天，早晨</td><td>夏天，晚上</td><td>四季，下午</td></tr>
<tr><td rowspan="4">自然事物<br>自然现象</td><td>天象</td><td></td><td></td><td></td></tr>
<tr><td>地貌</td><td></td><td></td><td></td></tr>
<tr><td>动物</td><td></td><td></td><td></td></tr>
<tr><td>植物</td><td></td><td></td><td></td></tr>
</table>

2. 朗读文本中对“树”的描写。

北国的槐树，也是一种能使人联想起秋来的点缀。像花而又不是花的那一种落蕊，早晨起来，会铺得满地。脚踏上去，声音也没有，气味也没有，只能感出一点点极微细极柔软的触觉。扫街的在树影下一阵扫后，灰土上留下来的一条条扫帚的丝纹，看起来既觉得细腻，又觉得清闲，潜意识下并且还觉得有点儿落寞，古人所说的梧桐一叶而天下知秋的遥想，大约也就在这些深沉的地方。

——郁达夫《故都的秋》

荷塘的四面，远远近近，高高低低都是树，而杨柳最多。这些树将一片荷塘重重围住；只在小路一旁，漏着几段空隙，像是特为月光留下的。树色一例是阴阴的，乍看像一团烟雾；但杨柳的丰姿，便在烟雾里也辨得出。树梢上隐隐约约的是一带远山，只有些大意罢了。树缝里也漏着一两点路灯光，没精打采的，是渴睡人的眼。这时候最热闹的，要数树上的蝉声与水里的蛙声；但热闹是它们的，我什么也没有。

——朱自清《荷塘月色》

譬如那些苍黑的古柏，你忧郁的时候它们镇静地站在那儿，你欣喜的时候它们依然镇静地站在那儿，它们没日没夜地站在那儿，从你没有出生一直站到这个世界上又没了你的时候；譬如暴雨骤临园中，激起一阵阵灼烈而清纯的草木和泥土的气味，让人想起无数个夏天的事件；譬如秋风忽至，再有一场早霜，落叶或飘摇歌舞或坦然安卧，满园中播散着熨帖而微苦的味道。

——史铁生《我与地坛》

3. 聚焦涂红（或画线）的重点语句，从中提取关键词，概括文本中“树”的状貌；分析不同文本在语言运用上的特点，基于此分析不同文本在文意表达上的指向，填写下表。注意：使用尽可能精简的语言。

| | 言 | 象 | 意 |
|---|---|---|---|
| 《故都的秋》 | | | |
| 《荷塘月色》 | | | |
| 《我与地坛》 | | | |

4．补写：在下面三个复杂句子中补写一个简单句子（选择一个复杂句子和其中一处空格进行补写）。

要求：①抓住“言”的特征，体现“言”的风格；②抓住“象”的特征，体现特定情境下“象”的状貌；③进入作者的生命情境，紧贴文本的“意”蕴；④衔接紧密，转换自然。

（1）像花而又不是花的那一种落蕊，___a___，早晨起来，___b___，会铺得满地，___c___。

（2）树色一例是阴阴的，___a___，乍看像一团烟雾，___b___；但杨柳的丰姿，___c___，便在烟雾里也辨得出，___d___。

（3）譬如那些苍黑的古柏，___a___，你忧郁的时候它们镇静地站在那儿，___b___，你欣喜的时候它们依然镇静地站在那儿，___c___，它们没日没夜地站在那儿，___d___，从你没有出生一直站到这个世界上又没了你的时候，___e___。

**【学习任务二】**发现自然中的“树”

1．在高一必修上册和下册教材的课文中找出三个描写“树”的句子；

（1）________________________。

（2）________________________。

（3）________________________。

2．观察一棵树，发现其典型特征，并仿照三个文本中任一个的作者对树的描写，写一个复杂的句子。

____________________________________________

____________________________________________。

**【学习任务三】**建构生命中的“树”

1．思考与探究：我们的生命中为什么要有树？

2. 阅读与写作：基于自己对树的观察、感受和思考，写一篇小散文（500字左右）或一首诗。（课后完成）

附录：

## 梧桐

汪曾祺

一叶落而知天下秋，梧桐是秋的信使。梧桐叶大，易受风。叶柄甚长，叶柄与树枝连接不很结实，好像是粘上去的。风一吹，树叶极易脱落。立秋那天，梧桐树本来好好的，碧绿碧绿，忽然一阵小风，欻的一声，飘下一片叶子，无事的诗人吃了一惊：啊！秋天了！其实只是桐叶易落，并不是对于时序有特别敏感的“物性”。梧桐落叶早，但不是很快就落尽。《唐明皇秋夜梧桐雨》证明秋后梧桐还是有叶子的，否则雨落在光秃秃的枝干上，不会发出使多情的皇帝伤感的声音。据我的印象，梧桐叶大批地落下，已是深秋，树叶已干，梧桐籽已熟。往往是一夜大风，第二天起来一看，满地桐叶，树上一片也不剩了。

梧桐籽炒食极香，极酥脆，只是太小了。

我的小学校园中有几棵大梧桐，大风之后，我们就争着捡梧桐叶。我们要的不是叶片，而是叶柄。梧桐叶柄末端稍稍鼓起，如一小马蹄。这个小马蹄纤维很粗，可以磨墨。所谓“磨墨”，其实是在砚台上注了水，用粗纤维的叶柄来回磨蹭，把砚台上干硬的宿墨磨化了，可以写字了而已。不过我们都很喜欢用梧桐叶柄来磨墨，好像这样磨出的墨写出字来特别的好。一到梧桐落叶那几天，我们的书包里都有许多梧桐叶柄，好像这是什么宝贝。对于这样毫不值钱的东西的珍视，是可以不当一回事的么？不啊！这里凝聚着我们对于时序的感情。这是“我们的秋天”。

一九八八年十一月九日

载一九八九年第一期《散文世界》

## 云南冬天的树林

于坚

在冬天，云南的树一片苍绿。无论是叶子阔大的树，还是叶子尖细的树，抑或叶子修长的树，都是绿的，只是由于气温不同，所以绿色有深有浅，有轻有重。从云南群山的某一座山峰往下望去，只见一片葱茏，这时已是12月底，一点冷落的迹象也没有，偶尔的有些红叶、黄叶从这里那里冒出来，使山林的调子显得更为暖和。一直到3月份，这无边无际的绿色也不落去，它直接在树上转为了春天的嫩绿。

在冬天的云南，要获得一种史蒂文森所谓“冬天的心境”很不容易，要见着“在冬天，乌鸦和雪”这类实况，得往北方走，越过许多绿色的峡谷和永不结冰的大河，一直到进入北纬25°的附近。云南的冬天没有通常诗歌所惯写的某些冬天意象，在这里，冬天这个时间概念所暗示的只是一种教科书上的文化，一个云南口音的罗曼蒂克小诗人幻觉中的小矮人和白雪公主；一个来自外省的漫游者所讲述的关于暴风雪和蓝胡子的传奇故事。在云南，“冬天”这个词和正在眼前的具体事物无关，它甚至和棉袄、围巾这些北方的抢手货无关。

然而，树叶同样会在云南死去。

树叶永远，每一个月份都在死去。在最喧嚣、最明亮、最生机勃勃的春天，你也会看到一两片叶子，几百片叶子，从某棵树上不祥地落下来，但你永远看不到它们全体死去，看不见它们作为集体，作为“树叶”这个词的死亡。常常是，它们在每一个季节都活着，在云南所有树木的树冠的附近，保持着绿色，像永远丧失了飞翔功能的鸟群。死，永远只是单个的，自觉自愿的选择。时间并不强迫树叶们在预定的时刻（冬天）一齐死去。每一片叶子的死亡，仅仅是这片叶子的死亡，它可以在任何年代、任何季节、任何钟点内，它并不指望自己的离去同时也是一整个季节的结束。因此，死亡本身是一次选择。连绵不断的死亡和连绵不断的生命在云南的每一个季节共存，死去的像存在的一样灿烂而令人印象深刻。这就是为什么在云南冬天的山中，忽然看到一簇色彩斑斓的红叶，人会感到触目惊心、热泪盈眶。

一片叶子的落下就是一次辉煌的事件。它忽然就离开了那绿色的属性，离开了它的“本质”，离开了树干上那无边无际的集体，选择了它自己内在的、从未裸露过的深红或者褐黑。它落下来，从本该为世界所仰视的地方，落到会被某种践踏所抹去的地方。它并不在乎这种处境的变化，它只是在风来的时候，或者雨中，或者随着一只鸟的沉浮，一匹兽的动静，在秋天或者夏天，在黎明或者正午，在它自己的时间内，这片树叶忽然就从那绿色的大陆上腾飞而起，像一只金蝶。但它并不是金蝶，它只是一片离开了树和绿色的叶子，它并没有向花朵炫耀自身，进而索取花粉的愿望。

它只是要往下去。不论那里是水还是泥土，是石头还是空地。一片叶子自有它自己的落下。这不是一块石头或一只蜂鸟的落下，不是另一片叶子的落下：它从它的角度，经过风的厚处和薄处，越过空间的某几层，在阳光的粉末中。它并不一直向下，而是漂浮着，它在没有水的地方创造了漂浮这种动作。进入高处，又沉到低处，在进入大地之前，它有一阵绵延，那不是来自某种心情、某种伤心或依恋，而是它对自身的把握。一片叶子的死亡令人感动，如果这感动引起了惆怅或怜惜，那么此人就不懂得云南的树叶。他是用北方的心境来感受云南了。实际上，死亡并不存在，生命并不存在。存在的只是一片叶子，或者由“叶子”这个词所指示的那一事物，它脱离了树和天空的时间，进入了另一种时间。在那儿具有叶子这种外形的事物并不呈现为绿色，并不需要水分、阳光和鸟群。它是另一个时间中的另一种事物。

没有人知道这些树叶是何时掉下来的，世界上有无数关于树和森林的书，但没有一本描述过一片叶子的落下。在那些文字里，一片叶子只是一个名词和些许形容词的集合体，没有动词，每个人都看见过这些树叶，一片叶子的落下包含多少美丽的细节啊！然而永远不会有人听见一片树叶撞到风的时候的那一次响声，就像在深夜的大街上发生的车祸，没有目击者，永远没有。一切细节都被抹去，只被概括为两个字“落叶”。这些被叫做“落叶”的东西，看上去比栖居在树上的年代更为美丽悦目，没有生命支撑的花纹，凝固在干掉的底基上，有鱼的美，又有绘画的美；由于这些美来自不同时间内的单个的死亡，因而色彩驳杂、深浅不一，缺乏某种统一的调子，它们的丰富使“落叶”这个词显得无比空洞。“落叶”是什么？没有落叶，只有这一片深红的或那一片褐黑的，一个诗人永远想不出用什么意象来区别、表现它们，这景象在文学史上像“落叶”这个词一样空白。

冬天，当整个世界都被北方那巨大的整体的死亡所笼罩，当人们沉浸在对乌鸦、雪和西风的体验或回忆中，在云南，有几片叶子在12月31日下午4点10分51秒落下。它们所往不同，一片在山冈的斜坡上，一片在豹子洞穴的边缘，有两片在树的根部，还有几片，踩着风梢过了红色沼泽。

在云南冬天的树林中，心情是一种归家的心情。生命和死亡，一个在树上，一个在树下，各有自己的位置。在树上的并不暗示某种攀登、仰视的冲动；在树下的并没有被抛弃的寂寞。在这美丽、伸手可触的林子中，唯一的愿望就是躺下。躺下了，在好日子，进入林子深处，在松树叶或者老桉树叶的大床上躺下，内心充满的不是孤独、反抗或期待（期待另一个季节），不是忍受，而是宁静、自在、沉思或倾听。

躺在那儿，仰望散漫在树干和叶子之间的光束和雾片；仰望在树叶间露出的斑斑蓝宝石天空，像处于一簇水草底下的虾，周围、上下全是树叶，生的和死的同样丰满、同样拥挤、同样辉煌。松开四肢、松开肺、松开心脏和血管，松开耳孔、鼻孔、毛孔，让树皮的气味，汁液和草浆的气味，马鹿和熊的气味，松鼠和蛇的气味灌进去，在没有声音的地方，倾听无以命名的声音。有什么在落叶上“沙沙沙”地走，没有脚踵地走，那“沙沙沙”也不是声音，不能模仿，不能复述，只能倾听。你最后连倾听也放弃了，你进入到那声音中，和那声音在一个内部，你像你身子下面那黑暗中的土层一样，和根，和根周围的土、水、昆虫在一起。你们并没意识到“在”，只是在着，在那儿，冬天，山中的某处。

躺在那儿，望着蚕豆那么大的黑蜘蛛在你眼前一寸许的地方做网，比较着它的那些腿哪一条更长些。奇怪的虫，它怎么能支配那么多腿？它似乎永远想把这个世界网罗起来，它们把一切都当成鱼了。

在没有任何依托的地方，沿着一根丝，爬过来，再爬回去；这绝对是一个攀援绝壁的勇士的高难动作。那丝的一头来自一丛牛蒡花的刺毛上，另一头则搭在一棵榉树的树皮缝中，我的眼睛看不见它是如何把那根丝在树上打结的。世界上有些地方，看是无能为力的，想象也不能抵达。它们居然在无人能计算的时间内做出了一顶降落伞那样的东西，它像伞兵一样居于正中，并不落下，自足自在的昆虫，守着它那一份很小的天堂，一动不动。

躺在那儿，看一只并不知道有一双眼睛正在偷看它的鸟，这只鸟你从未见过，你或许在书上读过这些鸟的名字，但你不知道它的名字是那些中的哪一个。这并不妨碍你看这只鸟，从未有一只鸟在你生命那么近的地方待过。它就在你头上。一棵老橡树垂下来的枝上。伸手你就能捕捉到它，但你不会伸手。你被一个生命的自在所震慑。那是最无作为的自在。这是一只小姑娘似的鸟。它梳头，打开翅膀，跳跳，把头靠在羽毛上休息，它还听了听，一只小鸟听到的世界是怎样的世界？这个念头令人不快，但很快就过去了。看一只鸟怎样生活，毕竟胜过看一出舞剧或者话剧。这儿不需要鼓掌，不需要评论，没有判断的压力，不是对智力的考验。它要的，只是看。看它怎样一蹬树枝，腾飞而去；看它最终能飞多高；看它怎样再次从树叶中钻下来；看它再次回到那儿。这个活蹦乱跳的小生命，和那个被称为“鸟”的东西毫不相干。

躺在那儿，看看蚂蚁的生活场景，它的城市、街道、广场、工地和车站。看看这个共和国的社会秩序和社会风俗。如此广阔的世界，这些黑色公民只安居于它们那一只碗那么大的地盘，并且生活得如此紧张、如此勤奋，我永远看不见一只睡到12点才起床的蚂蚁。我看见它们运送粮食，那是一项怎样伟大的工程！如果作为一个巨人在埃及的天空上看埃及人建金字塔，那情景也不过如此。没有什么其他的团结能比一群蚂蚁的团结更具有“团结”这个词所包含的全部意义。这些有着严密的组织和秩序的小生灵，在树林里到处可见，你不知道它们在忙些什么，那些小脑袋里都是些什么念头，你有时觉得自己的脑袋太大了，有那么多乱七八糟的顾虑、负担、杂感；但是一旦目睹了蚂蚁社会那些神圣的仪式，人会丧失思想的愿望。仿佛成了蚂蚁群中的一个，你开始爬行，虽然不动，但一种爬的快感占有着你的皮肤和神经，睁眼看看，发现你已被成千上万的蚂蚁作为拓展了的西部疆域，占领了。

躺在那儿，看光。看光怎样渐次向事物的西部移去，直到它们全被磨秃，最后只剩下一些蓝色的绒毛，布满树干和天空。星子在云南树林之上的冬天里，地开始潮湿，不能躺了，站起来，顺明月底下的山林漫步，到处是童话般的小光。这包括萤火虫和不同物体对月光的回应，一切事物的形都丧失了，只有光在不同的亮处、明处、晦处、暗处，不同的方位，把原来已被命名的事物打散，组合成一些圆的、方的，看上去像是一些新事物的轮廓。

心中充满命名的兴奋和喜悦，把一群最坚硬的岩石叫做羊群，把一棵孤立的马尾松叫做堂吉诃德先生，这不足为怪，这不是浪漫者的小名堂、小幻觉，因为是被光的变化欺骗了，这是令人愉快的错觉。有时候，光会沿着一棵长满苔毛的老树的脊背溜下，像一只金色绒毛的松鼠。而真正的松鼠却看不见，它们隐身于大群的黑暗中，混迹于一堆看上去像老虎的东西中。看已置于错觉的位置，听却仍然保持着对事物的区别。那是一只松鼠在咀嚼，那是一只猫头鹰在啼叫，那是一只山鸡的嗓子，那是一头麂子的步子。但在最黑暗的林子里，听也会茫然不知所措。那个东西窜过树林，它的边缘和大地上的其他事物摩擦、碰撞的声音是令人惊惧的，那种速度，那种力量，那种敏捷，那种无拘无束、无法无天，那生命比你更强大、更自在、更无所顾忌，你的听觉全被恐惧和自卑所占据。人的本能使你放过了某种真正的声音，你听错了，你听见的是你自己的顾虑重重、疑神疑鬼和一颗疲弱不堪的心在跳动。你现在露出了真相，这个被你描述、赞美了一天的树林，现在像一个陷阱，到处是隐伏着危险的洞穴。

那时候才21点，你的离去使树林的真相永远被隐没。回头望望，那一片耸起在星夜中的黑暗的东西，是你无以言说的东西。

但它在着，不需要言说。它在那儿，云南12月份的天空下。那时，世界的思想里充满了寒冷和雪。而它在那儿，在世界的念头之外，在明朗的高处，结实、茂盛，充满汁液。在那儿，阴暗的低处，干燥、单薄、灿烂而易碎。在那儿，云南的冬天，那山冈上的树林上。

## 悬崖边的树

曾卓

不知道是什么奇异的风
将一棵树吹到了那边
——平原的尽头
临近深谷的悬崖上
它倾听远处森林的喧哗
和深谷中小溪的歌唱
它孤独地站在那里
显得寂寞而又倔强
它的弯曲的身体
留下了风的形状
它似乎即将倾跌进深谷里
却又像是要展翅飞翔……

### 一棵开花的树

席慕蓉

如何让你遇见我
在我最美丽的时刻
为这
我已在佛前求了五百年
求它让我们结一段尘缘
佛于是把我化作一棵树
长在你必经的路旁
阳光下慎重地开满了花
朵朵都是我前世的盼望
当你走近
请你细听
颤抖的叶是我等待的热情
而你终于无视地走过
在你身后落了一地的
朋友啊 那不是花瓣
是我凋零的心

### 致橡树

舒婷

我如果爱你
——绝不像攀援的凌霄花，
借你的高枝炫耀自己；
我如果爱你
——绝不学痴情的鸟儿，
为绿荫重复单调的歌曲；
也不止像泉源，
常年送来清凉的慰藉；

也不止像险峰，
增加你的高度，衬托你的威仪。
甚至日光，甚至春雨。
不，这些都还不够！
我必须是你近旁的一株木棉，
作为树的形象和你站在一起。
根，紧握在地下；
叶，相触在云里。
每一阵风过，我们都互相致意，
但没有人，听懂我们的言语。
你有你的铜枝铁干，
像刀，像剑，也像戟；
我有我红硕的花朵，
像沉重的叹息，又像英勇的火炬。
我们分担寒潮、风雷、霹雳；
我们共享雾霭、流岚、虹霓。
仿佛永远分离，却又终身相依。
这才是伟大的爱情，坚贞就在这里：
爱——不仅爱你伟岸的身躯，
也爱你坚持的位置，足下的土地。

## 情往兴来　如赠似答
### ——从《故都的秋》等散文名篇中的“树”说起教学实录

师：上课！

生：起立！

师：同学们好！

生：老师好！

师：请坐！上个学期，我们学习了几个写景抒情的现代文散文名篇，它们是《故都的秋》——

师生：《荷塘月色》《我与地坛》。

师：三篇所写的都是哪里的风物景观？

生：北京。

师：对，三篇所写都是北京的风物景观，也都写出了人作为自然之子与自然万物之间“情往兴来，如赠似答”的亲密而又深沉的互动关系。在三个文本中，作者都写到了哪些自然事物和自然现象呢？在课前发给大家的导学案中，老师设计了一个表格，请同学们重读三个文本，按照天象、地貌、动物、植物四种类别在文本中提取相关信息，填写表格。

| | | 《故都的秋》 | 《荷塘月色》 | 《我与地坛》 |
|---|---|---|---|---|
| 地点（北京） | | 破屋市井 | 清华雅园 | 皇城古园 |
| 时间 | | 秋天，早晨 | 夏天，晚上 | 四季，下午 |
| 自然事物<br>自然现象 | 天象 | | | |
| | 地貌 | | | |
| | 动物 | | | |
| | 植物 | | | |

刚才老师看了一下同学们的作业，大家都完成得挺好。须注意的是“地貌”一项，要符合“自然事物”这一上位概念的要求，有同学填写的是人文景观。

老师也和同学们一样，完成了这个阅读任务，这是我的作业。

| | | 《故都的秋》 | 《荷塘月色》 | 《我与地坛》 |
|---|---|---|---|---|
| 地点（北京） | | 破屋市井 | 清华雅园 | 皇城古园 |
| 时间 | | 秋天，早晨 | 夏天，晚上 | 四季，下午 |
| 自然事物<br>自然现象 | 天象 | 日光<br>秋雨、凉风 | 月光<br>微风 | 太阳、月光<br>秋风、暴雨<br>早霜、露水 |
| | 地貌 | 尘沙灰土 | 流水、远山 | 泥土 |
| | 动物 | 驯鸽的飞声<br>秋蝉的啼唱 | 蝉声、蛙声 | 昆虫(蜂儿、蚂蚁、瓢虫、蝉蜕)<br>雨燕 |
| | 植物 | 槐树、牵牛花<br>疏草<br>槐树<br>枣树 | 树<br>荷叶、荷花<br>柳树 | 老柏树、野草荒藤<br>落叶 |

大家看，尽管所写都是北京，但因为所处的具体场域、时间（包括时代、时

令和时辰）不同，三位作者笔下的自然事物和自然现象多有不同，三个文本所呈现的自然世界的面貌也就各有不同。不过，通过分类梳理，列表呈现，我们也不难发现他们的相同之处：首先，三个文本都写到了而且是浓墨重彩地写到了一种自然物，你们看到了吗？

生：树。

师：嗯，植物中的树。这节课，我们就从三个文本中的“树”说起，深入解读作家的自然情怀，并学习如何在自然情怀的激荡下写出我们自己的生命咏唱。

师：读懂课文中的“树”，是我们今天的第一个学习任务。首先，让我们一起重温课文中对树的描写。大家一起来朗读一下。注意：朗读的时候，我们要凭借想象，进入作者为我们描写的时空情境之中，也尽可能进入作者的生命情境之中。第一段，“北国的槐树”预备起——

生：北国的槐树，也是一种能使人联想起秋来的点缀。像花而又不是花的那一种落蕊，早晨起来，会铺得满地。脚踏上去，声音也没有，气味也没有，只能感出一点点极微细极柔软的触觉。扫街的在树影下一阵扫后，灰土上留下来的一条条扫帚的丝纹，看起来既觉得细腻，又觉得清闲，潜意识下并且还觉得有点儿落寞，古人所说的梧桐一叶而天下知秋的遥想，大约也就在这些深沉的地方。

师：接下来是《荷塘月色》。“荷塘的四面”预备起——

生：荷塘的四面，远远近近，高高低低都是树，而杨柳最多。这些树将一片荷塘重重围住；只在小路一旁，漏着几段空隙，像是特为月光留下的。树色一例是阴阴的，乍看像一团烟雾；但杨柳的丰姿，便在烟雾里也辨得出。树梢上隐隐约约的是一带远山，只有些大意罢了。树缝里也漏着一两点路灯光，没精打采的，是渴睡人的眼。这时候最热闹的，要数树上的蝉声与水里的蛙声；但热闹是它们的，我什么也没有。

师：真好！你们的读书声也激发了我的兴味。下面这个文段大家把机会给我，我来读一下好吗？

生：好。

师：譬如那些苍黑的古柏，你忧郁的时候它们镇静地站在那儿，你欣喜的时候它们依然镇静地站在那儿，它们没日没夜地站在那儿，从你没有出生一直站到这个世界上又没了你的时候；譬如暴雨骤临园中，激起一阵阵灼烈而清纯的草木和泥土的气味，让人想起无数个夏天的事件；譬如秋风忽至，再有一场早霜，落叶或飘摇歌舞或坦然安卧，满园中播散着熨帖而微苦的味道。

师：好，以上是三个文本中对树比较集中而又典型的描写。其中我涂红的语句，大家是否发现它们的共同点？是的，它们是作者对树的正面描写。我们的第二个小任务就是聚焦这三个句子，分析一下这三个句子中的“象”也就是树的特征，“言”也就是语言运用上的特点，以及作者通过“象”和“言”表达了什么样的“意”。

师：下面我们逐一进行品鉴。第一个句子：“像花而又不是花的那一种落蕊，早晨起来，会铺得满地。”作者写的是什么树？

生：槐树。

师：槐树是什么样子的？提示一下：我们把句子中的修饰语去掉，保留中心语。

生：落蕊铺得满地。

师：好，再简化一下，“落蕊满地”或者“落蕊铺地”都可以。

师：这句话在语言运用上有什么特点呢？刚才我看到有同学填写了“白描”，是哪位？请你说一说。

生：首先这个句子很简短，而且并没有使用华丽的辞藻，用的是很平淡、很朴实的语言，也就是白描的手法，但却将一个很美的画面展现在我们面前。

师：好，说得很到位。作者并没有过多地进行修饰，只是把他眼前所见用最简单的语词进行呈现，也就是白描。（板书：1.白描）

师：再看第二个句子。作者写的是什么树？

生：杨柳。

师：杨柳的样子、状貌是怎样的？作者写到了它的什么，是我们的感官，我们的眼睛可以看到的吗？

生：颜色。

师：什么样的颜色？

生：阴阴的颜色。

师：还写了什么？

生：姿态。

师：好，那我们提取相关信息点进行重组。用“色阴姿丰”来概括可以吗？

生：可以。

师：我们要学会通过语言的提取和重组来进行概括。这个句子在语言运用上有什么特点。

生：用了修辞的手法。

师：很好，作者用了比喻修辞的手法描写杨柳。（板书：2.比喻）

师：第三个句子呢？写了什么树？

生：古柏。

师：古柏的颜色是怎样的？

生：苍黑的。

师：有没有写到古柏的姿态？是的，有，作者用了“镇静地”来形容古柏的站姿。那我们提取“苍黑”和“镇静”这两个形容词就可以了。那么，这个句子在语言运用上有什么特别之处吗？

生：拟人的修辞，还有排比的修辞。

师：还有吗？“站在那儿”“站在那儿”，不断地——

生：反复。（板书：3.反复）

师：关于三个句子在语言运用上的特点，同学们还有没有补充？有没有新的发现？提示一下，先看用词上，哪个句子有特别之处？

生：叠词。

师：很好，什么是叠词？音节相同的语素构成的词就是叠词。哪个句子用了什么叠词？

生：阴阴的。

师：嗯，第二个句子，朱自清先生运用了叠词。不只是在这个句子中，整个文本中，朱自清先生多次运用叠词。（板书：4.比喻＋叠词）

师：我们分析了用词、描写手法、修辞运用，还有什么？还有句式。我们来比较一下三个句子在句式上有什么不同。“早晨起来，会铺得满地。”这个句子的字数——

生：少。

师：作者郁达夫先生喜欢用字数少的短句来表达。白描朴素，短句洗练，这是第一句。（板书：5.白描＋短句）跟短句相反的是——

生：长句。第三句用了长句。

师：长句往往需要很缜密的思维活动才能驾驭。（板书：6.反复＋长句）

师：我们来小结一下。同学们可以对照自己填写的第二个表格，看看老师的作业。

文本

| | 言 | 象 | 意 |
|---|---|---|---|
| 《故都的秋》 | 短句:简练<br>白描:朴素 | 槐树:<br>落蕊满地 | 清冷的趣味 |
| 《荷塘月色》 | 叠词:繁复<br>比喻:典雅 | 柳树:<br>色阴姿丰 | 清冷的趣味 |
| 《我与地坛》 | 长句:严谨<br>反复:强烈 | 柏树:<br>苍黑镇静 | 深沉的思索 |

《故都的秋》用落蕊满地的槐树、用简练的短句和朴素的白描传递了郁达夫，一位传统文人清冷但却执着的趣味，写出了人与自然在生命节律和情感体验上的同频共振；《荷塘月色》用色阴姿丰的杨柳、用繁复的叠词和典雅的比喻抒发了朱自清，一位现代学者淡泊而又高尚的心志，写出了自然给予人的心灵慰藉和情感寄托；《我与地坛》用苍黑镇静的柏树，用严谨的长句和对句、用感情强烈的反复表达了史铁生，一个个人遭遇非常特殊的生命个体对生命深沉的思索，写出了自然赋予人的生命启示和人生智慧。

师：这就是三个文本的“言”“象”“意”，在一个优秀的、典范的文本中，言象意三者会形成有机的、统一的关系。下面的第三个子任务是完成一个补写的练习，请同学们基于对三个文本言象意统一关系的理解，根据三个文本中言象意的不同特征，按照要求进行补写。

补写：在下面三个复杂句子中补入一个简单句子（选择一个复杂句子和其中一处空格进行补写）。

要求：1.抓住“言”的特征，体现“言”的风格；2.抓住“象”的特征，体现特定情境下“象”的状貌；3.进入作者的生命情境，紧贴文本的“意”蕴；4.衔接紧密，转换自然。

1.像花而又不是花的那一种落蕊___①___，早晨起来，___②___，会铺得满地，___③___。

（续表）

| |
|---|
| 2.树色一例是阴阴的，___①___，乍看像一团烟雾，___②___；但杨柳的丰姿，___③___；便在烟雾里也辨得出，___④___。<br>3.譬如那些苍黑的古柏，___①___，你忧郁的时候它们镇静地站在那儿，___②___，你欣喜的时候它们依然镇静地站在那儿，___③___，它们没日没夜地站在那儿，___④___，从你没有出生一直站到这个世界上又没了你的时候，___⑤___。 |

师：课前我们也完成了这个练习，给大家一分钟时间，主要根据黑板上“言”的特征对自己的补写进行优化。

师：选择第一句进行填写的同学举一下手。好，请问你愿意分享吗？

生：像花而又不是花的那一种落蕊，禁不住秋风拂，早晨起来，会铺得满地。

师：你补写的是第一句的第一个空。同桌，请你点评一下。

生：首先“禁不住秋风拂”是短句，其次“禁不住”写出了“落蕊”的特征，落蕊很轻、很小。

师：“秋风”还符合季候时令的特点，对吗？进入了特定的时空情境。能分享你的补写吗？

生：像花而又不是花的那一种落蕊，早晨起来，会铺得满地，轻轻与秋风共舞。——我感觉自己写得不是很吻合。

师：为什么？语句很典雅、很诗意，不太符合作者白描的手法和特点，是吗？要表扬你，有好的语言感觉，而且马上就能进行反思。

师：老师也做了这个练习，第一句的第一个空，我写了两个句子：“犹如落雪”和“落了一夜”，请同学们帮我做一个选择。

生：“落了一夜”。

师：为什么选“落了一夜”？

生：它很简练，而“犹如落雪”是比喻，不太符合这个句子语言运用的特点。

师：说得真好！谢谢你！

师：哪些同学选择了第二个句子？

生：树色一例是阴阴的，朦朦胧胧的，乍看像一团烟雾；但杨柳的丰姿，便在烟雾里也辨得出。——我填的是第一个空。

师：同桌点评一下好吗？

生："朦朦胧胧"挺好，首先它是叠词，符合这个句子语言运用的特点；其次符合"像一团烟雾"的特点。

师："言""象""意"基本符合是吗？看来同桌之间都挺相互支持的哈，而且是有理有据的相互支持。大家看看老师所填写的，这次我把四个空都填了，哪位同学帮我读一读嵌好后的句子？

生：树色一例是阴阴的，密密匝匝、挤挤挨挨的枝叶，乍看像一团烟雾，像一摊化不开的浓墨；但杨柳的丰姿，隐隐约约的，便在烟雾里也辨得出，在浓墨中也看得见。

师：喜欢吗？能点评一下吗？

生：嗯嗯，我很喜欢。首先它完全贴合朱自清先生语言运用的特点，用了好几个叠词；然后还有比喻的运用，把树色比喻成浓墨，很贴切；还有——

师：总之就是好对吧？尽管他没有说下去，还是要表扬他，表扬同学们，大家都能抓住语言运用的特征，努力从言象意的角度进行补写和点评。

师：第三个句子呢？

生：譬如那些苍黑的古柏，不为风雨所动，不为权势所扰，你忧郁的时候它们镇静地站在那儿，你欣喜的时候它们依然镇静地站在那儿，它们没日没夜地站在那儿，从你没有出生一直站到这个世界上又没了你的时候。

师：很好，引起了我的深思。能不能谈一下你的创作感想？

生：嗯——

师：你是如何想到这样补写的？

生：因为作者一再写"站在那儿"——

师：你想写出"象"的姿态，而且你还想模仿作者运用对句进行描写的方式。

生：嗯嗯。

师：老师这次补写了一个句子，"从你牙牙学语的童年一直站到你垂垂老矣的暮年"，请同学们帮忙选择，填入哪一个空最为合适？

生：④

师：有难度吗？

生：没有难度。

师：很好，之所以觉得没有难度，是因为我们都能够把握语段内的行文逻辑，从成长到生死，从小的时间长度到更为阔大的时间长度。

师：刚才我们在言象意的有机统一关系中通过读懂一棵树，尝试读懂一篇文和读懂一个人，并用自己的文字进行了表达。现在老师想了解一下，在补写的过程中，你们觉得最大的难点在哪里？或者说在上述补写要求中，哪一条最难满足？

生：我觉得是“写出文本的意蕴”最难。

师：嗯嗯，因为看起来是文本的“意”，其实是作者的生命感受，我们要进入作者的生命情境，进入作者所处的时空情境，也就是写作背景，去感受他的感受，去体会他的体会。其他同学呢？难点在哪里？

生：怎么说呢？其实都挺难的。要了解作者，要把握文本，要了解树的特点，要模拟语言运用的风格。

师：你把老师想说的话说出来了。确实，文本是一个言象意的整体，我们阅读一个文本，要读出作者在语言运用上的特征，要读出作者在意象选择和意象描写上的匠心，还要读出作者寄寓在语言运用和意象描写上的深层次的情感和思想意蕴。同样，写作也是一个言象意的系统工程，今天我们先从第一个难点，写出对象的特征说起。

师：发现自然中的“树”，是我们今天的第二个学习任务。因为我们是否关注一棵树，是否观察过一棵树，是否把握了一棵树的典型特征，是我们能否写好一棵树的基础。

师：首先，我们回看三个文本中作者对树的描写，槐树的清寂和落寞是郁达夫感到的，柳树的颜色和丰姿是朱自清看到的，古柏的镇静和恒久是史铁生想到的。它们分别涉及人的心灵活动、感官活动和头脑活动，统整起来，就是我们的生命活动。而感到和想到都要以看到为基础，也就是说心灵活动和头脑活动要以感官活动为基础：看到槐树的落蕊，心灵才会有清冷落寞之感触；看到古柏的苍黑，头脑才会有恒久不变之思考。看到、感到、想到是有机统一的。这一过程中国古代文论家刘勰在《文心雕龙·物色篇》中做了很好的形容，那是一个“目既往还，心亦吐纳。……情往似赠，兴来如答”。我们在生活中是否感受过这种快乐？是否进入过这种境界？有过的同学请举手。

师：1、2、3、4、5——只有五位同学。事实上，我们都知道，在我们的生活环境中，无论城市、乡村还是原野，不管校园、街道还是社区，都生长着很多树，正如英国牛津大学教授菲奥娜·斯塔福德在《那些活了很久很久的树》一书中所写：“即使是最孤独的行人，迈出的每一步都有华丽的风景相伴，在不同的季节，树木会披上绿色、金色或灰色的盛装。在任何一座城镇，永恒的自然循环温柔地体现在种植着行道树的路上。”你看到了吗？刚才举手的同学，是否愿意分享一下你的看见？

生：我从小生活在农村，我家门前有一棵很高的杨桃树。小时候和姐姐还有村里的很多小孩子经常爬上树，摘下果子，洗干净后放在餐桌上，等爸爸妈妈收工回来吃。

师：果树不仅为你和小伙伴们提供了嬉戏游乐的场所，而且让你向家人表达了爱心和孝心。

生：我老家的后院有一个小果园，小时候的夏日，我很喜欢搬个小凳子去果树下乘凉，觉得很舒服、很清爽。

师：果树给了你荫蔽和爱护？

生：嗯嗯。

师：显然，会关注、观察和凝视树的同学往往会收获很多惊异和惊喜，并因此拥有更丰富的生命体验，但是我们还有很多同学正如刚才那位菲奥娜教授发出了感慨：“这是每个人都享有的景色，尽管不是每个人都注意得到。”

师：在我们中有一类人，他们有着最为敏锐的感官，有着最为丰富的心灵活动，总是能够看见最美好的风景，他们是文学艺术家。是的，文学艺术家总是可以看到，而我们，往往是通过文学艺术作品看到树的身影，我在我们上个学期的教材上就找到了这么多的树。大家一起来读一下吧，不用读出处。

生：看万山红遍，层林尽染。（毛泽东《沁园春·长沙》）

绕树三匝，何枝可依？（曹操《短歌行》）

榆柳荫后檐，桃李罗堂前。（陶渊明《归园田居》）

熊咆龙吟殷岩泉，栗深林兮惊层巅。（李白《梦游天姥吟留别》）

斜阳草树，寻常巷陌，人道寄奴曾住。（辛弃疾《永遇乐·京口北固亭怀古》）

梧桐更兼细雨，到黄昏点点滴滴。（李清照《声声慢》）

师：在我们的印象深处，应该还有这样的景致：庭下如积水空明，水中藻荇交横，盖竹柏影也（苏轼《记承天寺夜游》）。苏轼写作技法之高妙曾经令我们拍案叫绝。还有：在我的后园，可以看见墙外有两株树，一株是枣树，还有一株也是枣树（鲁迅《秋夜》）。鲁迅表达方式之奇特一度令我们困惑不解。

师：无论如何，文学艺术家比我们更能够看见树。不独古人如此，今人也如此；不独中国人如此，外国人也如此；不独作家如此，画家也如此；我们一起来欣赏一下法国著名画家塞尚笔下的松树，两棵松树：

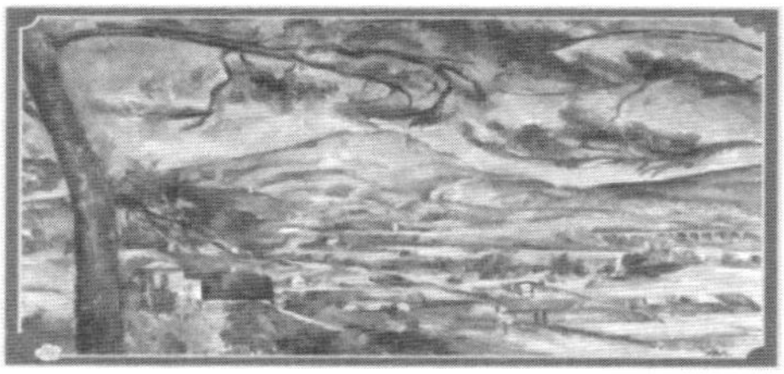

塞尚《圣维克图瓦山的松树》

塞尚《艾克斯附近的大松树》

树干虽不粗壮，但结实、笔挺，枝叶繁茂、向远方尽情伸展的松树！

再来看莫奈笔下的杨树：

莫奈《白杨树》

莫奈在同一个地方，面对同一片树林，画下了朝晖夕阴、四季变化下白杨树的不同状貌和姿态，用细致的观察和细腻的笔触向自然表达了最大的敬意。

下面，让我们向艺术家学习，凝视一棵树，描写一棵树。你可以写你印象中的一棵树，也可以写校园里的、教室窗外的一棵树，还可以写名家画作中的一棵树，要求仿照前述三个句子中的一个，写一个复杂的句子；写出树最突出的外部特征。提示一下，从人的角度，你可以写眼睛——我们身体上最大的审美感官所看到的，也可以写其他感官所感受到的；从树的角度，可以写树的不同结构部位，只要这个部位具有树的最典型的特征即可，可以写其静态表征、动态表征，甚至它所处身的环境，只要它们抓住了你的感官、吸引了你的关注、拨动了你的心弦、引发了你的思考都可以。给大家两分钟时间，在导学案上对自己的练习进行优化。

描写一棵树

对象：

1.你印象中的一棵树

2.教室窗外的一棵树

3.名家画作中的一棵树

要求：

1.仿照三个句子中的一个，写一个复杂的句子；

2.写出树最突出的外部特征。

提示：

1.人：眼睛+其他感官

2.树：

结构：根、干、枝、叶、花、果

表征（静态）：颜色、形状、声音、气味、姿态等表征（动态）；朝晖夕阴、四季变化

环境：天空、大地、动物、其他树木花草

师：好，通过这个环节的写作练习，我们应该能够发现，只要我们注重观察和感受，就可以写出一棵树的外部特征；大家的写作成果先不做交流，留到下一个大的写作环节，嵌入最后要完成的完整文本中。

下面我们思考一个问题：要怎么样才可以写出树的神韵和气质？是的，需要我们用心灵和头脑跟树交流，需要我们建构起自己生命中的树。下面我们进入第三个学习任务：建构生命中的“树”。

导学案上给大家提出了一个比较厚重的问题：我们的生命中为什么要有树？我看到大家深思的表情，已经感受到同学们中有很多我的知己。你来说一下好吗？

生：我觉得树的坚挺、坚韧能够给我们启发，要有坚韧的意志。

师：好，这位同学关注到树的一类，它们用坚韧的姿态启发了我们生命的气象。老师对此做一个拓展，跟大家分享一下我的思考所得。

师：我们的生命中为什么要有树？第一个理由是——人本来就是自然之子，我们的生命节律与自然同频共振，自然界的种种事物和种种现象总是能刺激我们的感官，激发我们的情感，启迪我们的思想。我们的往圣先贤说：“气之动物，物之感人，故摇荡性情，形诸舞咏。”（钟嵘《诗品》）艺术产生于生命的感发，而生命的感发来自自然的变化。“登山则情满于山，观海则意溢于海。”（刘勰《文心雕龙·神思》）我们的情意和山海之间会发生极大的共鸣。植物是人与自然之间缠绵关系的一个最典型的代言物，它带给我们的生命感发和情感变化更为直接、更为典型：“悲哉，秋之为气也！萧瑟兮草木摇落而变衰。”（宋玉《九辩》）“遵四时以叹逝，瞻万物而思纷。悲落叶于劲秋，喜柔条于芳春。”（陆机《文赋》）还有圣人所言：“岁寒，然后知松柏之后凋也。”（《论语·子罕》）

植物启发人的生命智慧、精神品格，跟我们刚才那位同学一样，可见我们的同学也有圣人之气象。

师：再换一个角度来看，人的感官、情感和思想也总是能够在自然界的种种事物和种种现象中得到慰藉、找到寄托、获得启迪。我们再一次回到三篇课文。

| | 象 | 人 |
|---|---|---|
| 《故都的秋》 | 槐树：落蕊满地 | 郁达夫：一个苦心孤诣的人 |
| 《荷塘月色》 | 柳树：树色柳姿 | 朱自清：一个心神不宁的人 |
| 《我与地坛》 | 柏树：苍黑镇静 | 史铁生：“一个失落的人” |

师：史铁生去往地坛的时候，他是“一个失魂落魄的人”，这是文中的原话；朱自清先生去往荷塘的时候，他是一种什么样的心理状态？

生：这几天心里颇不平静。

师：郁达夫去往故都的时候，他从杭州到青岛，然后从青岛到北平去追寻特别悲凉、特别清冷的秋色的时候，他是一种什么样的生命状态？我用了“苦心孤诣”一词，作为一个成语，它用来形容高妙的境界；这里我用它的字面意思，所谓“孤诣”，就是孤独地前往。他们三位的感官在自然世界得到了慰藉，情感在自然世界找到了寄托，思想在自然世界受到了启发，同意吗？

师：我看到大家频频点头。我们所说的、作为写作手法的情景交融，其实正是人类生命和自然界中其他生命水乳交融的文字表达。

师：这是我想到的第二个理由。

师：事实上，对于人与自然这种“情往兴来，如赠似答”的交互关系，很多作家进行了精到的表达。我们一起来读一下徐刚《大森林》一书的题记。

生：“太初，森林显现于天地之间。林中有草，有虫，有鸟，有潺潺流水。大地敞开，接纳根的游走深入；天空澄明，让站立的树舒展枝叶花朵。森林为大地拥抱，亦为天空召唤，森林为万有，要生养万类万物。人在万类万物、鲜花开放之后出现。折木为棍，人发明之始，器物也；岿然茫然，人感受之初，精神也。‘它的繁花预示着我们从天而降的果实，神圣、拯救和对必死者的爱’（海德格尔语）。森林从大地涌出，词语也涌出，爱及诗与思涌出，森林是造物的全部神奇。此《大森林》之由来也。”

师：承载着爱及诗与思的“树”，在我们读过的课文中，归有光的“庭有枇杷树，吾妻死之年所手植也，今已亭亭如盖矣。”（《项脊轩志》）分外典型。这棵枇杷树，承载着作者对往昔岁月的回忆，对美好爱情的感受，对生离死别的体验，从自然进入人类生命，进入文本，进入文化，成为我们生命中的树，文化中的树。

师：还有诸多的文学作品，经由作者的生命体验、生命感发、生命思索与生命咏唱，让自然之树成为永恒的文化之树，也启发我们建构起、表达出自己的生命之树。

师：第三个读写练习交给大家课外完成。课外阅读两篇散文：汪曾祺《梧桐》、于坚《云南冬天的树林》；三首诗：曾卓《悬崖边的树》、舒婷《致橡树》、席慕蓉《一棵开花的树》。然后为自己生命中的树，写一篇散文或一首诗。

师：最后，我们总结一下，今天我们通过读懂文本中的树、发现自然中的树、建构生命中的树三个环节的学习，在言、象、意的文本解读和写作练习中发掘我们的自然情怀，书写我们的生命吟唱。用生命领悟自然、理解文本、创造文化，这是我们人的特质，是人类造物最神奇的地方，而言、象、意是文本的构成，以文化人是语文课的特点和任务，期待同学们逐渐学会用感官、心灵、头脑，用生命去阅读、去书写！

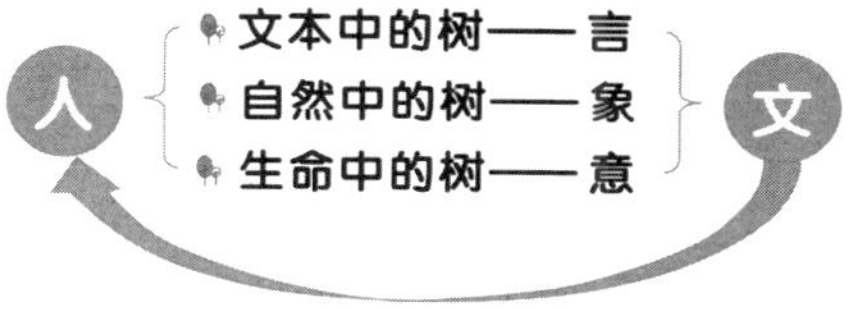

以文化人

师：今天的课就到这里，祝大家学业进步，成长快乐！再见！

# 第五章

# 课型二：以读促写课

所谓以读促写课，也就是以写作课为基点的读写融合课或者说是融入阅读任务的写作课，这一种课型是在完成教材单元写作任务的写作实践活动课上，有机融入教材文本、考试文本和其他拓展文本，充分发掘这些文本中指向该单元写作任务的资源，为写作活动提供支持。

众所周知，我们的教材是以人文主题组织单元（虽然教材编写者说统编教材是以人文主题和学习任务群双线组元，但因为学习任务群概念比较含混、效能目标和教学实施路径都不太明晰，我们先以大多数语文老师可以整明白的、能够达成共识的认知和判断为基础进行阐发），一个单元多个篇目，再加入一个写作任务。也就是说，教材编写者是以读写结合为理念进行教材编写的。

从目前教材编写的情况来看，体现在单元导语中、通过课文阅读教学落实的读与体现在写作目标中、通过相关写作实践活动落实的写之间，结合点还不是特别清晰；阅读学习和写作学习的进阶也不是特别明确，知识系统是有些含混的。（当然，对这一知识系统进行清理确实是困难的，需要对知识和知识关系的把握，需要缜密的思维，需要对不同学段学生的认知水平有所研究，需要对教学现状有所了解，还需要务实求真的态度和精研覃思的决心。）

我们以七年级上册为例进行分析，以下是七年级上册各单元的单元导语、课文和写作任务列表：

| | 单元导语 | 课文 | 写作任务 |
|---|---|---|---|
| 第一单元 | 日月经天，江河行地，春风夏雨，秋霜冬雪，大自然生生不息，四时景物美不胜收。本单元课文用优美的语言，描绘了多姿多彩的四季美景，抒发了亲近自然、热爱生活的情怀。<br>学习本单元，要重视朗读课文，想象文中描绘的情景，领略景物之美；把握好重音和停连，感受汉语声韵之美。还要注意揣摩和品味语言，体会比喻和拟人等修辞手法的表达效果。 | 1．春<br>2．济南的冬天<br>3．雨的四季<br>4．古代诗歌四首 | 热爱生活<br>热爱写作 |
| 第二单元 | 亲情，是人世间最普遍、最美好的情感之一。本单元课文，从不同角度抒写了亲人之间真挚动人的感情。阅读这些课文，可以加深我们对亲情的感受和理解，丰富自己的情感体验。<br>学习本单元，要继续重视朗读，把握文章的感情基调，注意语气、节奏的变化。在整体感知全文内容的基础上，体会作者的思想感情。有的文章情感显豁直露，易于直接把握；有的则深沉含蓄，要从字里行间细细品味。 | 5．秋天的怀念<br>6．散步<br>7．散文诗两首<br>8．《世说新语》二则 | 学会记事 |
| 第三单元 | 本单元课文主要是写学习生活的，从中我们可以了解不同时代少年儿童的学习状况和成长经历，感受到永恒的童真、童趣、友谊和爱。这一切都值得即将告别童年的同学们好好体会领悟。<br>本单元重点学习默读。不出声，不动唇，不指读，不回看，一气读完全文，以保证阅读感知的完整性和一定的阅读速度。还要学会在阅读中把握基本内容，了解文章大意。标题、开头结尾及文段中的关键语句，都是阅读时要重点关注的。 | 9．从百草园到三味书屋<br>10．再塑生命的人<br>11．《论语》十二章 | 写人要抓住特点 |
| 第四单元 | 拥有美好而充实的人生，是我们共同的心愿。本单元课文，从不同方面诠释了人生的意义和价值，有对人物美好品行的礼赞，有对人生经验的总结和思考，还有关于修身养德的谆谆教诲。令我们感动的，是其中彰显的理想光辉和人格力量。<br>本单元继续学习默读。在课本上勾画出关键语句，并在你喜欢的或有疑惑的地方做标注。在整体把握文意的基础上，学会通过划分段落层次、抓关键语句等方法，理清作者思路。 | 12．纪念白求恩<br>13．植树的牧羊人<br>14．走一步，再走一步<br>15．诫子书 | 思路要清晰 |
| 第五单元 | 人与动物都是大自然的“成员”，人类始终面对着如何与动物相处共存的问题。本单元课文描绘了人与动物相处的种种情形，有的表达了对动物的欣赏、对其命运的关注，有的表现了人与动物的矛盾冲突。阅读这些文章，可以增进对人与大自然关系的理解，加强对人类自我的理解和反思，形成尊重动物、善待生命的意识。<br>本单元继续学习默读。边读边思考，勾画出重要语句或段落，并学做摘录。还要在把握段落大意、理清思路的基础上，学会概括文章的中心思想。 | 16．猫<br>17．动物笑谈<br>18．狼 | 如何突出中心 |

（续表）

| | 单元导语 | 课文 | 写作任务 |
|---|---|---|---|
| 第六单元 | 想象是人类与生俱来的一种能力。借着想象的翅膀，我们可以超越自身局限，体验更广大的世界。本单元课文有童话、诗歌、神话和寓言等，都富于想象力，引人遐思，能引导我们换一种眼光来看世界。<br>本单元学习快速阅读，力争每分钟不少于400字。阅读时，尽量扩大一次性进入视野的文字数量，寻找关键词语以带动整体阅读，提高阅读速度。还要调动自己的体验发挥联想和想象，把握作者的思路，深入理解课文。 | 19．皇帝的新装<br>20．天上的街市<br>21．女娲造人<br>22．寓言四则 | 发挥联想和想象 |

先来看看读写结合点，第一单元课文写的是“四季美景”（《古代诗歌四首》不全然如此），抒发的是“亲近自然、热爱生活的情怀”，写作任务则是“热爱生活，热爱写作”，二者之间的关联点在“热爱生活”，这显然是一种主旨关联，与本单元所选课文的内容关系不大。具体说来，本单元所选课文都是在人与自然的亲密关系中抒发对生活的热爱之情的，写作实践活动一引导学生关注夏秋气候变化带来的自然景物变化和人们穿戴变化，与课文内容稍有关联，写作实践活动二、三分别写初中新生活和成长经历，与课文内容关系不大，对人文主题和写作任务的回应也不甚明显。第二单元课文写的是“亲情”，“亲情”既可以指向承载亲情的事件，也可以指向文本要表达的主旨，写作任务是“学会记事”，指向事件，这是一种题材内容关联，也就是说写作并不一定要体现亲情，本单元写作实践活动二（以《那一次，我真____________》为题，现将题目补充完整，然后写一篇以记事为主的作文。不少于500字。）在情感体验和材料选择上就可以与亲情无关。第三单元课文写的是“学习生活”，是“不同时代少年儿童的学习状况和成长经历”，“永恒的童真、童趣、友谊和爱”可以视为主旨，写作任务是“写人要抓住特点”，与课文只有局部的关联点。第四单元课文写的是“人生”，写作任务是“思路要清晰”，鉴于每个文本都有自己在材料取舍和结构安排的思路，这一单元的读写结合点在文本形式（回答“怎么写的”这一问题），三个写作实践活动与课文中的“美好品行”“人生经验”“修身养德”等“人生”关键词并无关联。第五单元课文写的是“人与动物相处”，写作任务是“如何突出中心”，“中心”即主旨，“如何突出”则涉及对文本内容即材料的选择和使用，也涉及对文本形式亦即具体方法技巧的运用，这是一个比较纯粹也

比较重要的写作任务，写作实践活动因此与课文的主旨、内容、形式都没有太多关联。第六单元课文具体写的是什么，单元导语中并没有交代，只是告诉大家，课文所写内容不是真实存在的人物或者真实发生的事情，出自作者的“想象”，写作任务是“发挥联想和想象”，“联想和想象”是形象思维的两种主要活动方式，该任务指向学生的形象思维能力提升，这也是一个比较纯粹也比较重要的写作任务，写作实践活动因此也与课文的主旨、内容、形式都没有太多关联。

在这种情况之下，以写作为导向的阅读课就有了很大的必要性和生长的空间，当然，这依赖于教师的专业功底和教学创新能力。以下是笔者精心设计并多次有效实施的高考议论文写作教学案例，分立意（思想）、立论（思维）、立文（思路）三节。

## 第一节　你赞成谁的药方？

### ——高考议论文写作之立意

### 你赞成谁的药方？

### ——高考议论文写作之立意教学构想

**一、导入：**就贾浅浅的诗说一说她给“缺乏生命力”的中国当代新诗创作与理论开出了怎样的药方？

晴晴喊
妹妹在我床上拉屎呢
等我们跑去
朗朗已经镇定自若地
手捏一块屎
从床上下来了
那样子像一个归来的王
——《朗朗》

中午下班回家
阿姨说你娃厉害得很
我问咋了
她说：上午带她们出去玩
一个将尿
尿到人家办公室门口
我喊了声“我的娘嗯”
另一个见状
也跟着把尿尿到办公室门口
一边尿还一边说：
你的两个娘都尿了
——《我的娘》

**二、论述类文本阅读：**郑敏为中国当代新诗创作与理论开出了怎样的药方？

（一）阅读下面的高考真题文本，找出其中的观点句，画线并标注序号。

不少评论家、诗人和诗歌读者都感觉到当代新诗创作与理论进入了一种停滞不前、缺乏生命力的状态。由于古老的东方文化传统与汉语都不可能向西方文化和语言转化，而西方诗歌文化与语言又不可能被缺乏本民族传统意识的诗歌作者与理论家自然吸收，食洋不化的积食病就明显地出现在诗歌创作和理论中。

人们逐渐意识到对“他文化”吸收力的强弱与自己本民族文化传统的强弱成正比，唐代之所以能广泛吸取西域民族、北方民族及佛教的文化，正因为它拥有一个秦汉以来建立的强大的中华文化传统，这传统如一个消化力极强的胃，吸收了四方异域的文化，借以繁荣本民族文化。当代新诗不但丢失了本民族的诗歌传统，而且也失去了对那个传统的记忆和感情，而中华文化又不同于其他以拉丁语为先祖的各种西方文化，可以自然地相互吸收，所以必然会发生这种食洋不化的病症，这病症是当代诗歌失去读者的重要原因。当代诗歌由于时代内容的发展，已无法退回到新诗运动初期的状态。当代社会让世界村的居民们多少都进入了一个更复杂的感性与知性世界，中国诗歌也相应地在寻找与之相当的艺术形式，主要是诗歌语言、内在结构、外在形态。这些必须是有本民族实质性的和具有现代性的，单靠移植西方是绝对不行的。

我们认为，21世纪中国新诗能否存活，就看我们能否意识到自身传统的复活并进入现代，同吸收外来因素之间的主次关系。没有传统何谈创新？没有传统作为立身之地，创新很可能变为全盘西化。所以，中国当代新诗一个首要的、关系到自身存亡的任务就是重新寻找自己的诗歌传统，激活它的心跳，挖掘出它久被尘封的泉眼。读古典文史哲及诗词、诗论，想现代问题，使一息尚存的古典诗论进入当代的空间，贡献出它的智慧，协同解决新诗面对的问题。据我的学习经验，历代中国文论中存在着大量对我们今日所思考的诗歌理论仍有意义的撰述，而我们却只习惯于引用西方理论，无暇回顾一下自身传统中这些理论，师洋师古应当成为回顾与前瞻的两扇窗户，同时拉开窗帏，扩大视野，恢复自己传统的活力才能吸收外来的营养。

中国古典诗论在研究方法上与西方文论也有很大不同。西方文论强调逻辑剖析，优点是落在文本实处和清晰的抽象概括，但其弊病是容易刻板、枯燥、概念化、解剖刀往往伤及神经，概念也有失去生命的变幻色彩的毛病。而中国古典诗论体系虽不十分清晰，却能以富有内涵和想象力的诗样的语言传递给读者审美的智慧和哲理，不至于有水涸石露的窘境，而其中人文的情致、暖意、活力，丝毫没有实验室处理后的褪色失鲜之感。读古典诗论后可以意识到西方的科学分析、逻辑推理、抽象名词杜撰等虽不失为一家之法，却并非唯一的方法。而中国古典诗论的风格与中国古典哲学的灵活、深邃、玄远相匹配。对于诗歌这样内涵深、变幻多的文学品种，中国传统的文艺理论有其突出的优点。

（摘编自郑敏《新诗百年探索与后新诗潮》）

| | 观点概要 |
|---|---|
| 1 | |
| 2 | |
| 3 | |
| 4 | |
| 5 | |
| | |

（二）这些观点中，哪一个可以成为选文的中心论点？为什么？

**三、发表观点**：你同意谁的药方？理由是什么？

（一）阅读郑敏的诗，说说它如何体现诗人的主张，以及它与贾浅浅诗作的主要区别在哪里。

**金黄的稻束**

郑敏

金黄的稻束站在
割过的秋天的田里，
我想起无数个疲倦的母亲
黄昏的路上我看见那皱了的美丽的脸

收获日的满月在
高耸的树巅上
暮色里，远山是
围着我们的心边
没有一个雕像能比这更静默。
肩荷着那伟大的疲倦，你们
在这伸向远远的一片
秋天的田里低首沉思
静默。静默。历史也不过是
脚下一条流去的小河
而你们，站在那儿
将成为人类的一个思想。

补充：为了帮助同学们更好地理解这首诗，在这一环节设计了改写练习，即把《金黄的稻束》诗歌文本改写为散文。改写过程中，为同学们设计支架如下：第一，梳理出“我”的行踪（“我”走过“黄昏的路”，来到“秋天的田里”）；第二，梳理出“我”的所见，也就是诗歌所写的物象（在路上“我”看见“疲惫的母亲”“皱了的美丽的脸”，在田里“我”看见“金黄的稻束”，稻束的颜色是金黄的，状态是“站在”“秋天的田里”“伸向远远的一片”，神情是“静默”“低首沉思”，还看见周边的环境有满月、高树、远山）；第三，梳理出“我”的所感所思所想（稻束让诗人想到了什么？母亲、雕像、思想，在流动的历史中永恒存在）。

总结一下：

时间：一个秋天的收获日的黄昏

地点：路上、田里

路上：看见疲倦的母亲，她们有皱了的美丽的脸

田里：看见金黄的稻束，在满月之下、在远山之间、在高树之畔

路上所见和田里所见通过诗人的思维活动和情感活动发生关系：首先是显见的、直接的关联，通过诗人的联想活动建立，在路上所见的母亲是收割者，是劳动者，是在田里所见的金黄的稻束的制造者；其次是深层次关联，母亲的“静

默”和“疲倦”移植到稻束上，稻束承载着母亲的“静默”和“疲倦”，通过诗人的想象活动建立；再次是个性化关联，二者内涵丰富，能给人情感上和思想上的启发，通过诗人的理性思维活动建立。

（二）你赞成谁的药方？理由是什么？

| | 郑敏理由概要 | 贾浅浅理由概要 |
|---|---|---|
| 1 | | |
| 2 | | |
| 3 | | |
| 4 | | |
| 5 | | |
| | | |

**四、重温并赏析以下诗歌文本，通过对其内容的引用和评价，来论证自己观点的正确性。**

**沁园春·长沙**

毛泽东

独立寒秋，湘江北去，橘子洲头。
看万山红遍，层林尽染；漫江碧透，百舸争流。
鹰击长空，鱼翔浅底，万类霜天竞自由。
怅寥廓，问苍茫大地，谁主沉浮？

携来百侣曾游。忆往昔峥嵘岁月稠。
恰同学少年，风华正茂；书生意气，挥斥方遒。
指点江山，激扬文字，粪土当年万户侯。
曾记否，到中流击水，浪遏飞舟？

## 立在地球边上放号

郭沫若

无数的白云正在空中怒涌，
啊啊！好幅壮丽的北冰洋的晴景哟！
无限的太平洋提起他全身的力量来要把地球推倒。
啊啊！我眼前来了的滚滚的洪涛哟！
啊啊！不断的毁坏，不断的创造，不断的努力哟！
啊啊！力哟！力哟！
力的绘画，力的舞蹈，力的音乐，力的诗歌，力的律吕哟！

## 峨日朵雪峰之侧

昌耀

这是我此刻仅能征服的高度了：
我小心地探出前额，
惊异于薄壁那边
朝向峨日朵之雪彷徨许久的太阳
正决然跃入一片引力无穷的
山海。石砾不时滑坡，
引动棕色深渊自上而下的一派嚣鸣，
像军旅远去的喊杀声。
我的指关节铆钉一样楔入巨石的罅隙
血滴，从撕裂的千层掌鞋底渗出。
呵，真渴望有一只雄鹰或雪豹与我为伍。
在锈蚀的岩壁；
但有一只小得可怜的蜘蛛
与我一同默享着这大自然赐予的
快慰。

**五、结语：把握规律　“三思”备考**

审题——区分话题与论题，找到论题

立意（提出中心论点）——思想的深刻

立论（分论点和论据）——思维的缜密

立文（语言、结构和方法）——思路的清晰

六、作业

**（一）审读下面的作文题，写出你的中心论点和分论点。**

阅读下面的材料，根据要求写作。

1917年4月，毛泽东在《新青年》发表《体育之研究》一文，其中论及“体育之效”时指出：人的身体会天天变化。目不明可以明，耳不聪可以聪。生而强者如果滥用其强，即使是至强者，最终也许会转为至弱；而弱者如果勤自锻炼，增益其所不能，久之也会变而为强。因此，“生而强者不必自喜也，生而弱者不必自悲也。吾生而弱乎，或者天之诱我以至于强，未可知也”。

以上论述具有启示意义。请结合材料写一篇文章，体现你的感悟与思考。

要求：选准角度，确定立意，明确文体，自拟标题；不要套作，不得抄袭；不得泄露个人信息；不少于800字。

**（二）阅读老师所写的第一段，在最后补充一句观点句。**

**健体雄魂，自新自强**

王惠

1917年的中国，正值国贫民弱的至暗时刻。贫则思变，弱要图强。一代新青年的杰出代表毛泽东，生在贫弱之中国而不自悲自苦，活在艰危之时代而不自伤自怜，他怀揣救国救民之志，以健笔写雄文，渴望提振国民士气，唤醒国民精神，变病夫为雄夫，扶病狮为雄狮。一篇《体育之研究》，寄托家国之深情；一句“天之诱我以至于强”，发出时代之强音。

**（三）阅读老师所写的中心论点和分论点，并做简要评价。**

中心论点：健体魄雄气魄，新青年当自强。

三个分论点：

有一种“成就”叫由弱变强。

有一种“精神”叫自强不息。

有一种“成长”叫不畏强敌。

# 第二节 乡土本色

——高考议论文写作之论证

## 乡土本色

——高考议论文写作之论证导学案

**一、带着以下问题阅读《乡土本色》一文，在文中找到各个问题的答案，画线并标注序号。**

（一）作者一开篇就开宗明义，提出观点，这个观点是什么？

（二）哪个词语可以用来表达人们对“乡土社会”的评价？

（三）“土气”的第一个原因，或者说“乡土性”的第一个特性是什么，为什么如此？

（四）“土气”的第二个原因，或者说“乡土性”的第二个特性是什么，为什么如此？

（五）乡土社会的这两个特性共同构成了一个什么样的中国社会？这种社会在社会学范畴中，属于哪种性质的社会？

（六）“熟悉”的社会的第一个特点是什么？

（七）“熟悉”的社会的第二个特点是什么？

（八）“土气”为什么成了骂人的词汇？

### 乡土本色

费孝通

从基层上看去，中国社会是乡土性的。我说中国社会的基层是乡土性的，那是因为我考虑到从这基层上曾长出一层比较上和乡土基层不完全相同的社会，而且在近百年来更在东西方接触边缘上发生了一种很特殊的社会。这些社会的特性我们暂时不提，将来再说。我们不妨先集中注意那些被称为土头土脑的乡下人。他们才是中国社会的基层。

我们说乡下人土气，虽则似乎带着几分藐视的意味，但这个“土”字却用得很好。“土”字的基本意义是指泥土。乡下人离不了泥土，因为在乡下住，种地是最普通的谋生办法。在我们这片远东大陆上，可能在很古的时候住过些还不知道种地的原始人，那些人的生活怎样，对于我们至多只有一些好奇的兴趣罢了。以现在的情形来说，这片大陆上最大多数的人是拖泥带水下田讨生活的了。我们不妨缩小一些范围来看，三条大河的流域已经全是农业区。而且，据说凡是从这个农业老家里迁移到四围边地上去的子弟，也老是很忠实地守着这直接向土里去讨生活的传统。最近我遇着一位到内蒙旅行回来的美国朋友，他很奇怪地问我：你们中原去的人，到了这最适宜于放牧的草原上，依旧锄地播种，一家家划着小小的一方地，种植起来；真像是向土里一钻，看不到其他利用这片地的方法了。我记得我的老师史禄国先生也告诉过我，远在西伯利亚，中国人住下了，不管天气如何，还是要下些种子，试试看能不能种地。——这样说来，我们的民族确是和泥土分不开的了。从土里长出过光荣的历史，自然也会受到土的束缚，现在很有些飞不上天的样子。

靠种地谋生的人才明白泥土的可贵。城里人可以用土气来藐视乡下人，但是乡下，“土”是他们的命根。在数量上占着最高地位的神，无疑的是“土地”。“土地”这位最近于人性的神，老夫老妻白首偕老的一对，管着乡间一切的闲事。他们象征着可贵的泥土。我初次出国时，我的奶妈偷偷地把一包用红纸裹着的东西，塞在我箱子底下。后来，她又避了人和我说，假如水土不服，老是想家时，可以把红纸包裹的东西煮一点汤吃。这是一包灶上的泥土。——我在《一曲难忘》的电影里看到了东欧农业国家的波兰也有着类似的风俗，使我更领略了“土”在我们这种文化里所占和所应当占的地位了。

农业和游牧或工业不同，它是直接取资于土地的。游牧的人可以逐水草而居，飘忽无定；做工业的人可以择地而居，迁移无碍；而种地的人却搬不动地，长在土里的庄稼行动不得，侍候庄稼的老农也因之像是半身插入了土里，土气是因为不流动而发生的。

直接靠农业来谋生的人是黏着在土地上的。我遇见过一位在张北一带研究语言的朋友。我问他说在这一带的语言中有没有受蒙古话的影响。他摇了摇头，不但语言上看不出什么影响，其他方面也很少。他接着说：“村子里几百年来老是这几个姓，我从墓碑上去重构每家的家谱，清清楚楚的，一直到现在还是那些人。乡村里的人口似乎是附着在土上的，一代一代地下去，不太有变动。”——这结论自然应当加以条件的，但是大体上说，这是乡土社会的特性之一。我们很可以相信，以农为生的人，世代定居是常态，迁移是变态。大旱大水，连年兵乱，可以使一部分农民抛井离乡；即使像抗战这样大事件所引起基层人口的流动，我相信还是微乎其微的。

当然，我并不是说中国乡村人口是固定的。这是不可能的，因为人口在增加，一块地上只要几代的繁殖，人口就到了饱和点；过剩的人口自得宣泄出外，负起锄头去另辟新地。可是老根是不常动的。这些宣泄出外的人，像是从老树上被风吹出去的种子，找到土地的生存了，又形成一个小小的家族殖民地，找不到土地的也就在各式各样的运命下被淘汰了，或是“发迹了”。我在广西靠近瑶山的区域里还看见过这类从老树上吹出来的种子，拼命在垦地。在云南，我看见过这类种子所长成的小村落，还不过是两三代的事；我在那里也看见过找不着地的那些“孤魂”，以及死了给狗吃的路毙尸体。

不流动是从人和空间的关系上说的，从人和人在空间的排列关系上说就是孤立和隔膜。孤立和隔膜并不是以个人为单位的，而是以住在一处的集团为单位的。本来，从农业本身看，许多人群居在一处是无须的。耕种活动里分工的程度很浅，至多在男女间有一些分工，好像女的插秧，男的锄地等。这种合作与其说是为了增加效率，不如说是因为在某一时间男的忙不过来，家里人出来帮帮忙罢了。耕种活动中既不向分工专业方面充分发展，农业本身也就没有聚集许多人住在一起的需要了。我们看见乡下有大小不同的聚居社区，也可以想到那里出于农业本身以外的原因了。

乡下最小的社区可以只有一户人家。夫妇和孩子聚居于一处有着两性和抚育上的需要。无论在什么性质的社会里，除了军队、学校这些特殊的团体外，家庭总是最基本的抚育社群。在中国乡下这种只有一户人家的小社区是不常见的。在四川的山区种梯田的地方，可能有这类情形，大多的农民是聚村而居。这一点对于我们乡土社会的性质很有影响。美国的乡下大多是一户人家自成一个单位，很少屋檐相接的邻舍。这是他们早年拓殖时代，人少地多的结果，同时也保持了他们个别负责，独来独往的精神。我们中国很少类似的情形。

中国农民聚村而居的原因大致说来有下列几点：一、每家所耕的面积小，所谓小农经营，所以聚在一起住，住宅和农场不会距离得过分远。二、需要水利的地方，他们有合作的需要，在一起住，合作起来比较方便。三、为了安全，人多了容易保卫。四、土地平等继承的原则下，兄弟分别继承祖上的遗业，使人口在一地方一代一代地积起来，成为相当大的村落。

无论出于什么原因，中国乡土社区的单位是村落，从三家村起可以到几千户的大村。我在上文所说的孤立、隔膜是以村和村之间的关系而说的。孤立和隔膜并不是绝对的，但是人口的流动率小，社区间的往来也必然疏少。我想我们很可以说，乡土社会的生活是富于地方性的。地方性是指他们活动范围有地域上的限制，在区域间接触少，生活隔离，各自保持着孤立的社会圈子。

乡土社会在地方性的限制下成了生于斯、死于斯的社会。常态的生活是终老是乡。假如在一个村子里的人都是这样的话，在人和人的关系上也就发生了一种特色，每个孩子都是在人家眼中看着长大的，在孩子眼里周围的人也是从小就看惯的。这是一个“熟悉”的社会，没有陌生人的社会。

在社会学里，我们常分出两种不同性质的社会，一种并没有具体目的，只是因为在一起生长而发生的社会，一种是为了要完成一件任务而结合的社会。用Tnnies的话说：前者是Gemeinschaft，后者是Gesellschaft；用Durkheim的话说：前者是“有机的团结”，后者是“机械的团结”。用我们自己的话说，前者是礼俗社会，后者是法理社会。——我以后还要详细分析这两种社会的不同。在这里我想说明的是生活上被土地所囿住的乡民，他们平素所接触的是生而与俱的人物，正像我们的父母兄弟一般，并不是由于我们选择得来的关系，而是无须选择，甚至先我而在的一个生活环境。

熟悉是从时间里、多方面、经常的接触中所发生的亲密的感觉。这感觉是无数次的小磨擦里陶炼出来的结果。这过程是《论语》第一句里的“习”字。“学”是和陌生事物的最初接触，“习”是陶炼，“不亦说乎”是描写熟悉之后的亲密感觉。在一个熟悉的社会中，我们会得到从心所欲而不逾规矩的自由。这和法律所保障的自由不同。规矩不是法律，规矩是“习”出来的礼俗。从俗即是从心。换一句话说，社会和个人在这里通了家。

“我们大家是熟人，打个招呼就是了，还用得着多说么？”——这类的话已经成了我们现代社会的阻碍。现代社会是个陌生人组成的社会，各人不知道各人的底细，所以得讲个明白；还要怕口说无凭，画个押，签个字。这样才发生法律。在乡土社会中法律是无从发生的。“这不是见外了么？”乡土社会里从熟悉得到信任。这信任并非没有根据的，其实最可靠也没有了，因为这是规矩。西洋的商人到现在还时常说中国人的信用是天生的。类于神话的故事真多：说是某人接到了大批磁器，还是他祖父在中国时订的货，一文不要地交了来，还说着许多不能及早寄出的抱歉话。——乡土社会的信用并不是对契约的重视，而是发生于对一种行为的规矩熟悉到不假思索时的可靠性。

这自是“土气”的一种特色。因为只有直接有赖于泥土的生活才会像植物一般地在一个地方生下根，这些生了根在一个小地方的人，才能在悠长的时间中，从容地去摸熟每个人的生活，像母亲对于她的儿女一般。陌生人对于婴孩的话是无法懂的，但是在做母亲的人听来都清清楚楚，还能听出没有用字音表达的意思来。

不但对人，他们对物也是“熟悉”的。一个老农看见蚂蚁在搬家了，会忙着去田里开沟，他熟悉蚂蚁搬家的意义。从熟悉里得来的认识是个别的，并不是抽象的普遍原则。在熟悉的环境里生长的人，不需要这种原则，他只要在接触所及的范围之中知道从手段到目的间的个别关联。在乡土社会中生长的人似乎不太追求这笼罩万有的真理。我读《论语》时，看到孔子在不同人面前说着不同的话来解释“孝”的意义时，我感觉到这乡土社会的特性了。孝是什么？孔子并没有抽象地加以说明，而列举具体的行为，因人而异地答复了他的学生。最后甚至归结到“心安”两字。做子女的得在日常接触中去摸熟父母的性格，然后去承他们的欢，做到自己的心安。这说明了乡土社会中人和人相处的基本办法。

这种办法在一个陌生人面前是无法应用的。在我们社会的激速变迁中，从乡土社会进入现代社会的过程中，我们在乡土社会中所养成的生活方式处处产生了流弊。陌生人所组成的现代社会是无法用乡土社会的风俗来应付的。于是“土气”成了骂人的词汇，“乡”也不再是衣锦荣归的去处了。

**二、画出《乡土本色》一文的内容和结构纲要。**

（一）分析文中各观点句之间的关系，提取各观点句中的关键词或短语，用思维导图画出它们之间的关系。

（二）在一本导读书上，有一段文字对《乡土本色》一文的基本内容做了如下概括：

中国基层社会的本质就是“乡土性”，其内涵主要包括两点：一是从人与空间的关系来看，因以耕种为主而形成的“土气”“不流动”；二是从人与人（村与村）的关系来看，因“聚村而居”而形成的“地方性”——相对封闭，相对“孤立”。这一本质特征决定，在人与人之间的关系上，中国乡土社会是“熟悉”的社会；在人与法之间的关系上，中国乡土社会是礼俗社会；在人与物之间的关系（文化）上，也是“熟悉”的，“似乎不太追求这笼罩万有的真理”，不需要“抽象的普遍的原则”。

根据这一段文字，画出《乡土本色》一文基本内容的思维导图。

（三）比较两张思维导图的不同，说一说你认为哪一张思维导图更符合原文观点和行文脉络。

三、对文中论据及相应观点进行梳理，填写下表。

| | 论据 | 观点 |
|---|---|---|
| 1 | 在河域、草原和西伯利亚播种 | |
| 2 | “土地”神在数量上占着最高地位 | |
| 3 | 出门时带上家乡的泥土 | |
| 4 | 《一曲难忘》中的波兰风俗 | |
| 5 | 张北语言稳定、家谱清晰 | |
| 6 | 《论语》第一句里的“习”字 | |
| 7 | 熟人之间不必见外 | |
| 8 | 瓷器的故事 | |
| 9 | 看见蚂蚁搬家便去田里开沟 | |
| 10 | 孔子对“孝”的解释 | |

四、阅读拓展文本《大地》（毕飞宇）、《一个普通人》（李娟）、《差不多先生传》（胡适）、《陌生人的世界》（李辉），分析文中是否包含与《乡土本色》

**中的学术观点有关的文化现象，并尝试把它们改写成《乡土本色》一文的论据。**

（提示：1．引用文中重要信息；2．概括全文内容；3．直接写出作者和篇名。）

**大地**

毕飞宇

在村庄的四周，是大地。某种程度上说，村庄只是海上的一座孤岛。我把大地比喻成海的平面是有依据的，在我的老家，唯一的地貌就是平原，那种广阔的、无垠的、平整的平原。这是横平竖直的平原，每一块土地都一样高，没有洼陷，没有隆起的地方，没有石头。你的视线永远也没有阻隔，如果你看不到更远的地方了，那只能说，你的肉眼到了极限。这句话也可以这样说，你的每一次放眼都可以抵达极限。极限在哪里？在天上。天高，地迥；天圆，地方。

我想我很小就了解了什么是大。大是迷人的，却折磨人。这个大不是沙漠的大，也不是瀚海的大，沙漠和瀚海的大只不过是你需要跨过的距离。平原的大却不一样了，它是你劳作的对象。每一尺、每一寸都要经过你的手。"在苍茫的大地上"——每一棵麦苗都是手播的——每一棵麦苗都是手割的——每一棵水稻都是手插的——每一棵水稻都是手割的。这是何等的艰辛，何等的艰辛。不能想，是的，不能想的。有些事情你可以干一辈子，但不能想，一想就会胆怯，甚至于不寒而栗。农业文明时代，为什么统治者的基本策略都是愚民？有道理的——只有愚民才能使农业文明有效地延续下去。农业文明是不能允许农民有"个体"、有"思想"的，不能。一旦有，大地就会摇晃。所以，农业的根本出路在于机械化和电气化，而摆脱农业文明的根本却不在"机械化"和"电器化"，而在不再愚民。

（有一年的大年初一，下午，家里就剩下了我和我的父亲。我们在喝茶、吸烟、闲聊，其乐融融。我的父亲突然问我，如果把"现在的你"送回到"那个时代"，让你在村子里做农民，你会怎么办？我想了很长时间，最后说："我想我会死在我的壮年。"

父亲不再说话，整整一个下午，他不再说话。我说的是我的真实感受，但是，我冒失了，我忘记了说话的对象是父亲。我经常犯这样的错。父亲是"那个时代”活下来的人，我的回答无疑戳到了他的疼处。我还是要说，父亲“活下来”了，这是一个多么了不起的壮举。他老人家经常做噩梦，他在梦里大声地呼叫。我能做的事情就是把他老人家叫醒，赶紧的。我相信，每一次醒来他都如释重负。他老人家一定很享受大梦初醒的轻松和快慰。）

庄稼人在艰辛地劳作，他们的劳作不停地改变大地上的色彩。最为壮观的一种颜色是鹅黄——那是新秧苗的颜色。我为什么要说新秧苗的鹅黄是“最壮观”的呢？这是由秧苗的“性质”决定的。秧苗和任何一种庄稼都不一样，它要经过你的手，“一棵一棵”地、“一棵一棵”地、“一棵一棵”地插下去。在天空与大地之间，无边无垠的鹅黄意味着什么？意味着大地上密密麻麻的，全是庄稼人的指纹。

鹅黄其实是明媚的，甚至是娇嫩的。因为辽阔，因为来自“手工”，它壮观了。我想告诉所有的画家，在我的老家，鹅黄实在是悲壮的。

我估计庄稼人是不会像画家那样注重色彩的，但是，也未必。“青黄不接”这个词一定是农民创造出来的。从这个意义上说，这个世界上最注重色彩的依然是庄稼人。一青一黄，一枯一荣，大地在缓慢地、急遽地做色彩的演变。庄稼人的悲欢骨子里就是两种颜色的疯狂轮转：青和黄。

青黄是庄稼的颜色、庄稼的逻辑，说到底也是大地的颜色、大地的逻辑。是逻辑就不能出错，是逻辑就难免出错。在我伫立在田埂上的时候，我哪里能懂这些？我的瞳孔里头永远都是汪洋：鹅黄的汪洋——淡绿的汪洋——翠绿的汪洋——乌青的汪洋——青紫的汪洋——斑驳的汪洋——淡黄的汪洋——金光灿灿的汪洋。它们浩瀚，壮烈，同时也死气沉沉。我性格当中的孤独倾向也许就是在一片汪洋的岸边留下的，对一个孩子来说，对一个永无休止的旁观者来说，外部的浓烈必将变成内心的寂寥。

大地是色彩，也是声音。这声音很奇怪——你不能听，你一听它就没了，你不听它又来了。泥土在开裂，庄稼在抽穗，流水在浇灌，这些都是声音，像呢喃，像交头接耳，鬼鬼祟祟又坦坦荡荡，它们是枕边的耳语。麦浪和水稻的汹涌则是另一种音调，无数的、细碎的摩擦，叶对叶，芒对芒，秆对秆。无数的、细碎的摩擦汇聚起来了，波谷在流淌，从天的这一头一直滚到天的那一头，是啸聚。声音真的不算大，但是，架不住它的厚实与不绝，它成巨响的尾音，不绝如缕。尾音是尾音之后的尾音，恢宏是恢宏中间的恢宏。

还有气味。作为乡下人，我喜欢乡下人莫言。他的鼻子是一个天才。我喜欢莫言所有的关于气味的描述，每一次看到莫言的气味描写，我就知道了，我的鼻子是空的，有两个洞，从我的书房一直闻到莫言的书房，从我的故乡一直闻到莫言的故乡。

福楼拜在《包法利夫人》里说过："大自然充满诗意的感染，往往靠作家给我们。"这句话说得好。不管是大自然还是大地，它的诗意和感染力是作家提供出来的。无论是作为一个读者还是作为一个作者，我都要感谢福楼拜的谦卑和骄傲。

大地在那儿，还在那儿，一直在那儿，永远在那儿。这是泪流满面的事实。

## 一个普通人

李娟

有一个人，他的名字实在太复杂了，因此我们就忘记了，他的脸却长得极寻常，因此我们再也想不起他的模样。总之我们实在不知道他是谁，可是他欠了我们家的钱。

当时，他赶着羊群路过我家商店，进来看了看，赊走了八十块钱的商品，在我家的账本上签了一个名字（几个不认识的阿拉伯字母）。后来我们一有空就翻开账本那一页反复研究，不知这笔钱该找谁要去。

在游牧地区放债比较困难，大家都赶着羊群不停地跑，今天在这里扎下毡房子住几天，明天又在那里停一宿。从南至北，绵绵千里逐水草而居，再加之语言不精通，环境不了解……我们居然还敢给人赊账！

幸好牧民都老实巴交的，又有信仰，一般不会赖账。我们给人赊账，看起来风险很大，但从长远考虑还是划得来的。

春天上山之前，大家刚刚离开荒凉的冬牧场，羊群瘦弱，牧民手头都没有现钱，生活用品又急需，不欠债实在无法过日子。而到了秋天，羊群南下，膘肥体壮。大部队路过喀吾图一带时，便是我们收债的好日子。但那段时间我们也总是搬家，害得跑来还债的人找不着地方，得千打听万打听，好容易才找上门来。等结清了债，亲眼看着我们翻开记账的本子，用笔划去自己的名字，他们这才放心离去，一身轻松。在喀吾图，一个浅浅写在薄纸上的名字就能紧紧缚住一个人。

可是，那个老账本上的所有名字都划去了，唯独这个人的名字还稳稳当当在那页纸上停留了好几年。

我们急了，开始想法子打听这家伙的下落。

冬日里的一天，店里来了一个顾客，一看他沉重扎实的缎面皮帽子就知道是牧人。我们正好想起那件事，就拿出账本请他辨认一下是否认识那人——用我妈的原话，就是那个“不要脸”的、“加蛮”（不好）的人。

谁知他不看倒罢了，一看之下大吃一惊：“这个，这个，这不是我吗？这是我的名字呀！是我写的字啊！”

我妈更加吃惊，加之几秒钟之前刚骂了人家“不要脸”并且“加蛮”，便非常不好意思，支支吾吾起来：“你？呵呵，是你？嘿嘿，原来就是你？……”

这个人揪着胡子想半天，也记不起自己到底什么时候买了这八十块钱的东西，到底买了什么东西，以及为什么要买。

他抱歉地说：“实在想不起来啦！”却并没有一点点要赖账的意思。因为那字迹的确是他的。但字迹这个东西嘛，终究还是他自己说了算，我们又不知道他平时怎么写字的。反正他就是没赖账。

他回家以后，当天晚上立刻送来了二十元钱。后来，他在接下来的八个月时间里，分四次还完了剩下的六十元钱。看来他真的很穷。

## 差不多先生传

胡适

你知道中国最有名的人是谁？

提起此人，人人皆晓，处处闻名。他姓差，名不多，是各省各县各村人氏。你一定见过他，一定听过别人谈起他。差不多先生的名字天天挂在大家的口头，因为他是中国全国人的代表。

差不多先生的相貌和你和我都差不多。他有一双眼睛，但看的不很清楚；有两只耳朵，但听的不很分明；有鼻子和嘴，但他对于气味和口味都不很讲究。他的脑子也不小，但他的记性却不很精明，他的思想也不很细密。

他常说：“凡事只要差不多，就好了。何必太精明呢？”

他小的时候，他妈叫他去买红糖，他买了白糖回来。他妈骂他，他摇摇头说："红糖白糖不是差不多吗？"

他在学堂的时候，先生问他："直隶省的西边是哪一省？"他说是陕西。先生说："错了。是山西，不是陕西。"他说："陕西同山西，不是差不多吗？"

后来他在一个钱铺里做伙计；他也会写，也会算，只是总不会精细。十字常常写成千字，千字常常写成十字。掌柜的生气了，常常骂他。他只是笑嘻嘻地赔礼道："千字比十字只多一小撇，不是差不多吗？"

有一天，他为了一件要紧的事，要搭火车到上海去。他从从容容地走到火车站，迟了两分钟，火车已开走了。他白瞪着眼，望着远远的火车上的煤烟，摇摇头道："只好明天再走了，今天走同明天走，也还差不多。可是火车公司未免太认真了。八点三十分开，同八点三十二分开，不是差不多吗？"他一面说，一面慢慢地走回家，心里总不明白为什么火车不肯等他两分钟。

有一天，他忽然得了急病，赶快叫家人去请东街的汪医生。那家人急急忙忙地跑去，一时寻不着东街的汪大夫，却把西街牛医王大夫请来了。差不多先生病在床上，知道寻错了人；但病急了，身上痛苦，心里焦急，等不得了，心里想道："好在王大夫同汪大夫也差不多，让他试试看罢。"于是这位牛医王大夫走近床前，用医牛的法子给差不多先生治病。不上一点钟，差不多先生就一命呜呼了。差不多先生差不多要死的时候，一口气断断续续地说道："活人同死人也差……差……差不多，……凡事只要……差……差……不多……就……好了，……何……何……必……太……太认真呢？"他说完了这句话，方才绝气了。

他死后，大家都称赞差不多先生样样事情看得破，想得通；大家都说他一生不肯认真，不肯算帐，不肯计较，真是一位有德行的人。于是大家给他取个死后的法号，叫他做圆通大师。

他的名誉越传越远，越久越大。无数无数的人都学他的榜样。于是人人都成了一个差不多先生——然而中国从此就成为一个懒人国了。

## 陌生人的世界

李辉

刚来北京时，我实在不能习惯这样的事实：每天等地铁坐地铁，看到的都是陌生人；昨天今天和明天，看到的都是不同的陌生人；陌生人和陌生人之间，永远不会说话。

这跟我们老家的情形可就大不一样了。

从我们老家村里出发去往市里的公交车，每一站，等车的坐车的往往是固定那么几个人，我闭着眼睛都能想出是谁，闭着眼睛也能听出是谁。

万一看到一个不认识的人在路边等车，肯定是村里某家人外乡的亲戚来了，正准备走。这时村里如果有人恰好也在等车，肯定主动凑过来，打量打量外乡人，自来熟地递上话："这是谁家的亲戚啊？坐车要走呗？"那位亲戚自然憨笑一声："同村的大兄弟吧！嗬，挑这两筐苹果是要去市里卖吧？这苹果真不错，现在价也不低呢……我这不今早来我二兄弟家办点事嘛。就是刘老二家，嗯，他是我儿媳妇她大舅妈的二兄弟。听说他有辆三驴蹦子正想卖，我就来看看。我正想买一辆呢，亲戚里道的，卖给谁不是卖呢。大哥你说是这个理不？"

"敢情是老二家的大哥啊，我是村西头的李老三，亲戚，都是亲戚。咋不呆两天再走呢，都是实在亲戚，住两天呗……"

一番实在热情的对话之后，这位刘老二家好几杆子才能打着的亲戚一下子也仿佛真成了李老三的亲戚，于是新兄弟赶紧掏出两个苹果真热情假热情地塞给这位新大哥。两人一边客气地争执着谦让着一边上了公交车，一路继续着关于三驴蹦子和苹果的友好欢快的话题……

我在北京的公交车和地铁里，不管真真假假，从来遇不到这样的大哥大兄弟，也从来没听人谈起过三驴蹦子和苹果。

其实，如今，在异乡的城市，我连个像样的邻居都没有，更别说遇到邻居的亲戚。

只要出了自家小区，甚至，只要出了自家家门，外面就是陌生人的世界。

我在北京倒是有邻居，但是我说的这个"邻居"不是刘老二或者李老三这样某一个人，而是"邻居"的那套房子。因为，我对那套房子比对住在里面的人还熟悉，在我的内心里，房子才是我真正的邻居。

不和我挨着住上3年以上的人，我没法把他认定为我的邻居。

房子的主人，也就是对这套房子拥有所有权的人，从来不在这住；而居住在里面的租客，还没等我和他（她）遇见足够多的次数让我看清记住对方的脸，人已经又换了。

我盼望房子的主人能早点搬过来，或者就干脆卖给有"刚需"的人，我好踏踏实实有个邻居。

可是我住在这好几年了，我的“邻居”一直踏实不下来。

但是我很踏实。在地铁站排队进站和等车时，我甚至连头都可以不抬。我知道，我在地铁里遇见熟人的几率几乎为零，不会出现见到熟人连招呼都不打的失礼情况。

我曾经掐指算过，在北京，见面时我能叫出对方名字对方也能叫出我的名字的人大概有100个。当然，我曾经能叫出名字的人不止100人，只不过多年来，以前的一些熟人都渐渐变成了陌生人。那么全都加上，就算200人吧。

北京有2000多万人，所以从理论上来讲，我每天出门在人群中遇到一位熟人的几率是十万分之一。

我还有什么不踏实的呢？

作为一个大老爷们，我出门时甚至不太在意脸上身上衣服上的一些瑕疵。对于一个谋生手段与颜值无关的人来说，瑕疵只可能让人在熟人跟前感到些许尴尬，陌生人的反应并不会对我产生什么实质的影响。事实上，周围的人也根本不会关注到我这个同样陌生的人——哪怕我上一次踩了狗屎。

有一次进地铁站时，我看到前面一个小伙子，左右脚穿着两只颜色不一样的袜子，一脚黑，一脚蓝。人很多，走得很慢，他左一脚，右一脚，我也跟着左一脚，右一脚。一直到通过安检下到站台后分散等车，我也没想起抬头看看他长什么样。

我又不想通过他的左右袜子不一的脚去笑话他的脸，何必非要看看他长什么样呢？

在地铁车厢里，我就更不可能去关注周围那么多一个个的陌生人了。通常，我如果不是看书或者看手机，我甚至连眼睛都懒得睁。我要是多看人家一眼多说一句话，没准人家还不高兴呢。

我可不会像我们村的王老太那样，对陌生人那么感兴趣。

那是多年以前的事了。

有一年，春播之后的农闲时，村里来了一个骑着三轮车“卖好衣服啦”的人。很快，那个面相淳厚的商贩的三轮车旁围了不少人。村里出了名“会过”的王老太，拿起一件衣服问问价，嫌贵；再拿起一件问问价，还嫌贵。最后有点恼羞成怒，以地主自居，审查犯人一般讯问人家——

“你到我们村卖衣服，你是打哪来的？”

“从你们村过了山梁就是。”

“你叫啥？我大侄女就嫁那边了，我咋没听说你们村有卖衣服的？”

“吴富贵。”

“你这衣服从哪进的货？”

“县城百货大楼的，我儿子在那上班，拿货抵工资。”

“这么贵，都是啥料子？”

“的确良的，尼龙的……都有。”

“你媳妇也穿你这衣服？”

“穿着呢，好看着呢。”

“就你这还叫‘卖好衣服啦’。你快走吧，我们村没人买。”

…………

最后，王老太不但没买一件衣服，还硬是把人家赶走了。

王老太得意地跟大家说：“就那衣服，还想蒙我？三两句就知道你的底。”

王老太也算替全体村民弄清楚了这个陌生人的底。

经常，我在北京的地铁里，看到周围一个个陌生的面孔，就会想到王老太。如果王老太坐地铁，她一定忍受不了周围全都是陌生人而且人人都不说话，她一定会想方设法跟周围的人拉起家常，她有足够的耐心和谈话技巧让陌生的人和事变得不那么陌生。

可是王老太已经去世多年了。

其实，有些时候，我还是很想也确实应该跟陌生人说句话的。比如，我想告诉座位上那个困得迷迷糊糊的女孩你的漂亮挎包都快掉在地上了；我想跟一位正在用手机“斗地主”的哥们说你刚才打的那手牌真臭；我想提示一位刚上车的老太太不要站在车门口而要往车厢里走这样才有更多机会坐到座位；我想提醒要在这一站下车的一位大叔该往车门口挤了……

可是我都没说。

我曾经因为跟陌生人说话而受过伤。

那还是我多年前刚来北京不久。有一回，我在地铁里和一位漂亮姑娘挨着坐着，一直坐了半小时，很巧一起下车。下车时，我想，按照我们老家的礼数，谁和谁要是能一路同行这么久，就该成为好朋友了，分别时，可能还会互赠随身携带的东西作为小礼物；谈得更欢的，还会邀请到家里喝酒。我觉得没有什么可留给那位姑娘的，于是就在踏出地铁车门后，回头对她说：“姑娘，你真漂亮！”

我没有想到，是的，我没有想到，那姑娘也留给我一句：“你说谁呢？臭流氓，有病！”

我一下子懵了，半天才反应过来。我错了，我错不该把城市当成农村老家。

当时，我很委屈也很困惑：流氓，我应该算不上；可是，我是不是真的有病呢？

可能是吧，我不该把陌生人当朋友。

人家都不把陌生人当朋友，而我非要这么做——和大多数人不一样的人，不就是有病吗？

我本来发誓从那以后再也不和陌生人说话了，可是有一次——

那天早晨，在1号线地铁里，人很多，我亲眼看到一个男人的手偷偷伸向挨着我的一个红上衣的挎兜。我情急之下扭头对着红上衣说了三个字：诶，诶，诶……这三个字，只有那个三只手男人明白是什么意思，他的手恨恨地缩了回去；其他人都不明白，就连红上衣也不明白，还奇怪地看了看我，然后嘀咕说：“什么声音？有毛病吧……”

我怎么又有毛病了呢？

自从这次有毛病以后，我就再没犯过同样的毛病了。

绝大部分人从来没犯过毛病。于是，地铁里，人们的身体一路紧紧陪伴，可是人人之间都是零距离的陌生人。

有时我在地铁里，会想起“一回生二回熟”这句老话。每个人的一生中，除了自己的亲人，除了从小相识相处的同乡近邻等先天熟人，绝大部分的熟人都是从陌生人慢慢转变而来的。

但是这个转变当然是有条件的，那就是历经时间的交流、往来与相处。

这时，我悲观地想到，在这个时刻变化着的城市中，在时刻处于运行和流动中的地铁里，这句话是不适用的。

因为我们互不关注。

因为我们彼此沉默。

因为我们从不开始。

我们都是陌生人，在这一点上，我们是朋友。

# 第三节　艺术的虚构

——高考议论文写作之行文

## 艺术的虚构

——高考议论文写作之行文导学案

**一、阅读下面的文字，完成文后各题。**

材料一：

文学想象和虚构不能脱离现实，这里的现实包括现实经验、现实逻辑和现实关怀三个方面。

现实经验不仅是某个人经历的现实，而且是一种无数人共同经历的普遍性现实，即人民大众所体验着的更切身、更深刻的现实。事实证明，往往是那些跟普通人民息息相关的经验和现实更能够引起社会共鸣。比如伤痕文学、改革文学、底层文学，都因为切中了人民现实经验的敏感点而广为传播，广受好评。

文学想象服从现实逻辑是指写作必须遵循一般的生活情理、历史背景和逻辑因果。很多历史题材作品虽下了很大功夫，但还是在背景知识上出错；有的作品的想象和虚构不顾人物的性格及环境的可能性，这些都有悖于写作的现实逻辑。事实上，即使是诉诸荒诞变形的现代主义作品，现实逻辑也是非常重要的。卡夫卡的《变形记》让格里高尔变成甲虫，这是超越现实逻辑的，但是为了让这个超现实逻辑获得读者的信赖，卡夫卡使用了细致入微的现实逻辑。他写格里高尔成了甲虫靠壳着床，无数细小的脚即使拼命舞动也无法成为着力点帮助他翻身，唤起了读者真切的现实感。可见，超逻辑的现代作品内在也借重于现实逻辑来获取读者的信赖和共鸣。

文学想象并非凌空蹈虚，还必须有真正的现实关怀。现实关怀未必直接体现为现实题材和现实手法，现实关怀是指作品的出发点和归宿点都基于对现实问题的关切、思考和热爱。（阐释句）现实关怀既印证着作家作为当代人的当代性，也创造了作品跟现实、时代产生更血肉相连的纽带。

（选自陈培浩《想象与虚构的可能和限度》）

材料二：

在文学创作理论中，有“艺术真实”与“生活真实”这两个概念。“艺术真实”是对“生活真实”的高度提炼，是另一层次上的更高级的“真实”。

经典文学的真实性绝不是对社会生活简单的摹写和反映，而是在对生活现实高度提纯后，对我们时代本质的深邃洞见，对人类生存状态的深切关注，是历史规律的真、生活本质的真、个人情感的真。在阅读文学作品时，我们会看到《牡丹亭》中杜丽娘死而复生，《西游记》中孙悟空上天入地，《浮士德》中浮士德返老还童。除了这些高雅的严肃文学外，还有近来十分流行的穿越类作品以及科幻类作品。这些明显不符合生活真实，但我们不能否定这些作品的“真实性”，因为这是一种基于生活真实、浓缩生活真实的高度艺术真实。

艺术逻辑与生活逻辑之间有一种既贴近又疏离的悖论。文学创作中，创作主体会根据审美规律以及表达需要对客体进行干预。生活逻辑是对生活真实性的高度遵循，但艺术逻辑恰好可以摆脱这种束缚，根据读者受众的阅读期待以及客体自身的表现规律选择恰当的表现主题的方式，这正是艺术逻辑的灵活之处。内容的想象性与形式的艺术性是文学作品非常重要的属性，天马行空的想象以及富有张力的表现形式更加符合受众期待的视野。

艺术逻辑虽然是以超越生活逻辑的方式把握实际生活的本质规律，但它最终还是达到了对生活逻辑的遵循。虽然杜丽娘死而复生不符合生活真实，但她向往婚恋自由、争取人格独立的魅力符合人们心底的真实；虽然孙悟空七十二变上天入地不符合生活真实，但他勇敢正义、忠诚聪敏的气质符合人们心底的真实；虽然宝玉衔玉出生不符合生活真实，但他反抗封建礼教的人格魅力符合人们心底的真实。这些变形的、超现实的形象和结构所表达的情感、愿望和理想，从总体上说都有充分的历史依据。可以说，它们是在超越生活逻辑的更高层次上表达了社会历史的必然要求。

我们可以肯定地说，文学艺术是“真实”的，是作者在丰富的、夸张的表现形式下内蕴的“真实”。我们希望看到更多样态的文学形象和文学形式，能看到多样态形式下，那深层次的真实逻辑。

（选自刘江玲《浅谈文学的“真实”》）

（一）阅读两则材料，提取关键词或短语，用思维导图画出其行文脉络。

材料一：

材料二：

（二）阅读材料一的第一个主体段落，在其首尾补充观点（分论点）句。

（提示：1. 基础版本，直接表明分论点；2. 发展等级：在对文段内容进行概括的基础上提出分论点；3. 高级版本：运用修辞，采用个性化表达。）

（三）给材料一补充一个结尾段落。

（四）按照主体段落五句式对两则材料的主体段落行文进行优化。

**二、完善《想象与虚构的可能和限度》和《浅谈文学的“真实”》两则材料的中心论点和分论点。**

**三、完成两则材料第一个分论点亦即全文第一个主体段落的论证行文。**

# 后记

在基础教育领域，语文学科似乎是一门门槛最低、知识内容最简单、教学最轻松的学科，但就是这样一门母语教学的学科，多年来困扰于学科认知上的盲区与误区，困扰于解决方案上的众说纷纭，困扰于教学效能上的“少慢差费”。实际上，因为文本这一特殊要素的强势介入，语文学科表现出知识运用的综合性和创造活动的基础性，又因为文本只是作为例子发挥其功能，语文学科缺少解决例子问题的公式和定理，语文学科成了一门堂奥最深、知识内容最复杂、教学最困难的学科。

从高校文艺学教学与研究工作领域转战到基础教育语文学科教研领域之后，笔者以多年从事“文本”研究的学术背景、问题意识和研究习惯，以“板凳须坐十年冷，文章不写半句空”的精神，深入研究课标、教材、教学和考试，在发现问题、解决问题的实践过程中逐渐形成自己的学术见解和学术主张，并最终以“文本”一词建构起语文学科“教·学·评”效能提升的整体解决方案，以期能够弥补从“语言”一词切入学科，更多由语言学和教育学学术背景的专家进行顶层设计、提供解决方案所带来的语文学科专业化建设的不足，探寻语文学科的底层逻辑并借此通向顶层设计，实现语文学科教与学的理想图景。

感谢我爱的和爱我的语文，像明灯一样一直引领我陟遐自迩，困知勉行！感谢诸多同道中人的鼓励和支持，像晨光一样始终照亮我前行的途程！感谢家人的深情体贴和温暖照顾，你们所给予我的一切，是我生命的滋养和奋进的力量，尤其是小女王一可，作为学科语文专业硕士研究生，参与讨论了本书多个议题，主持或参与设计了本书中多个教学方案！感谢花城出版社，感谢张懿社长、陈宾杰副总编，以及王铮锴、邱奇豪两位责编，你们的学术认同和专业努力，使本书得以问世，并发挥它的力量！

个人的力量始终是微小的，而追求真理的道路是漫长的，不过，“怕什么真理无穷，进一寸有一寸的欢喜！”期待方家的指正！期待一线教师们的意见！期待更多的同行者！

三思五步

王惠◎著

# 三思五步
# 读写融合
# 教学法
## 实践篇

SPM 南方传媒 | 花城出版社
中国·广州

**图书在版编目（CIP）数据**

三思五步读写融合教学法. 实践篇 / 王惠著. -- 广州 : 花城出版社, 2024.4
ISBN 978-7-5749-0231-2

Ⅰ. ①三… Ⅱ. ①王… Ⅲ. ①阅读课－教学法－高中 ②作文课－教学法－高中 Ⅳ. ①G633.302

中国国家版本馆CIP数据核字(2024)第056209号

出 版 人：张　懿
责任编辑：王铮锴　邱奇豪
责任校对：李道学　梁秋华
技术编辑：凌春梅
封面设计：回归线视觉传达

| | |
|---|---|
| 书　　名 | 三思五步读写融合教学法　实践篇<br>SANSI WUBU DUXIE RONGHE JIAOXUEFA　SHIJIAN PIAN |
| 出版发行 | 花城出版社<br>（广州市环市东路水荫路 11 号） |
| 经　　销 | 全国新华书店 |
| 印　　刷 | 深圳市福圣印刷有限公司<br>（深圳市龙华区龙华街道龙苑大道联华工业区） |
| 开　　本 | 787 毫米 ×1092 毫米　16 开 |
| 印　　张 | 16　1 插页 |
| 字　　数 | 270, 000 字 |
| 版　　次 | 2024 年 4 月第 1 版　2024 年 4 月第 1 次印刷 |
| 定　　价 | 128.00 元（全 2 册） |

如发现印装质量问题，请直接与印刷厂联系调换。
购书热线：020-37604658　37602954
花城出版社网站：http://www.fcph.com.cn

# 前 言

## 寻找语文学科的公式和定理（下）

王惠

语文学科是一门学习语言文字运用的学科，但却是在文本的听说读写实践活动中学习的，这是目前教学评活动开展中不争的事实，也符合语言文字运用的学习规律。

近年来，为了找到语文学科及其教学的底层逻辑，建立语文学科及其教学领域的基本共识，笔者在大量学理研究、课堂观察和教学实践的基础上，致力于在语言文字与文本的关系中探索和建构语文学科公式并且用之于教学实践，取得了很好的成效。

这些公式一共有六个（组），前三个（组）为基础原理公式，后三个（组）为教学实践公式，现接续上册理论篇对基础原理公式的阐述。将教学实践公式分述如下：

### 一、语文学科公式第四式

文本是语言建构与运用的成果，是一个由内容、形式、主旨三要素构成，在三要素相互关系中呈现的整体，按照语文学科第一式，以文本为核心的语文学科阅读教学实践应该分为五步，如下：

以文本为中心的三思五步读写融合教学法

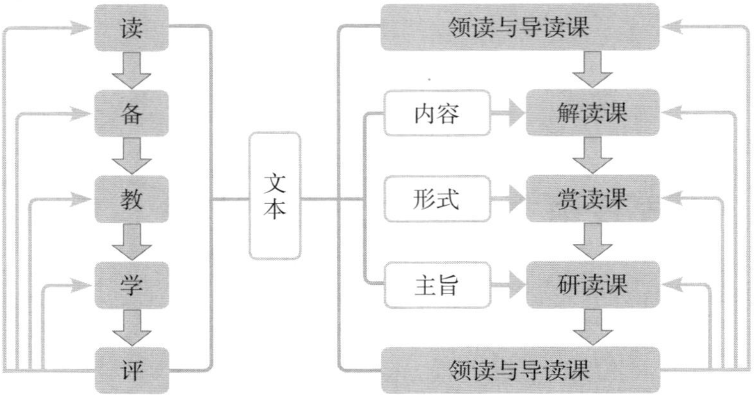


左边的五步突出文本阅读的重要性，在备课也就是教学设计之前，一定要完成包括文本整体把握、文本内容理解、文本形式鉴赏和文本主旨探究在内的文本阅读活动，备课应该以这一基于文本三要素及其相互关系的科学的、规范的阅读活动成果为根据，结合一个文本在单元教学中的作用和学情进行教、学、评活动设计并在课堂上落实。

右边的五步是按照文本三要素及其相互关系而设计的依次推进的五种课型，指向文本整体感知的领读与导读课、指向文本内容的解读课、指向文本形式的赏读课、指向文本主旨的研读课，以及指向文本整体及其转化运用的评读与创读课。

按照语文学科公式第二式和第三式，以文本为核心的语文学科三思五步读写融合教学就有了可能，也成为提升教学效能的极其必要和重要的举措。如果说读写结合课是从一个文本阅读到一个新的文本写作的转化，那么，读写融合课首先在文本整体、文本内容、文本形式、文本主旨、文本转化多个维度上寻找融合点；其次在文本整体、文本内容、文本形式、文本主旨、文本转化多个维度上拓展融合面；最后在文本整体、文本内容、文本形式、文本主旨、文本转化多个维度上强化融合度，更加科学和细化，也更加关注三思底层逻辑上的读写关联和读写贯通。这一“三思一体 五步一文”的读写融合教学应该是语文学科针对吕叔湘先生所说的“少慢差费”问题、实现学生阅读能力和学科素养提升的整体解决方案。该公式如下图所示：

以文本为中心的三思五步读写融合教学法

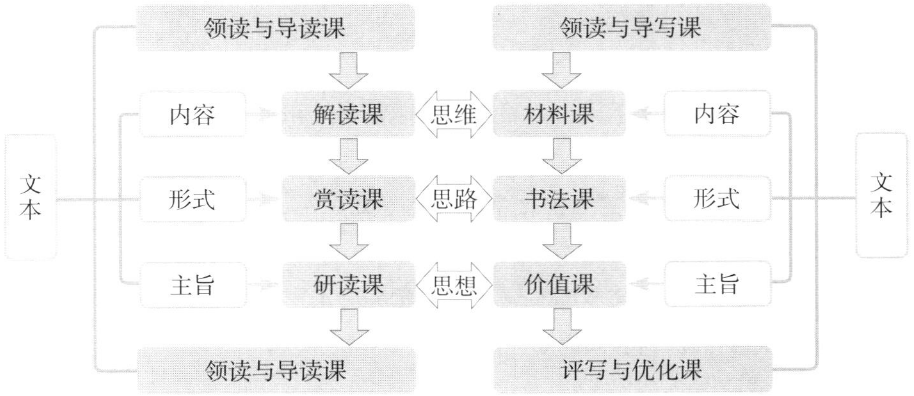


有人问："三思一体 五步一文"的读写融合教学公式针对哪一学段？事实上，作为公式和定理，这样的读写融合教学策略不受学段、文体和任何实践领域限制，关于实践领域，笔者想多说几句，"新课标"背景下，寻求变革、追求效能的新的解决方案不断涌现，诸如群文阅读、整本书阅读、跨学科阅读、项目式学习、大单元教学、大概念教学、深度学习等诸多新名词纷至沓来，成为语文学科新的实践领域，但是如果没有底层逻辑上的贯通，这些新的实践领域并不能解决语文学科认知及其教学的整体问题，也就不可能成为整体的解决方案。下图体现的是"三思一体 五步一文"读写融合教学作为整体解决方案的全面适用性：

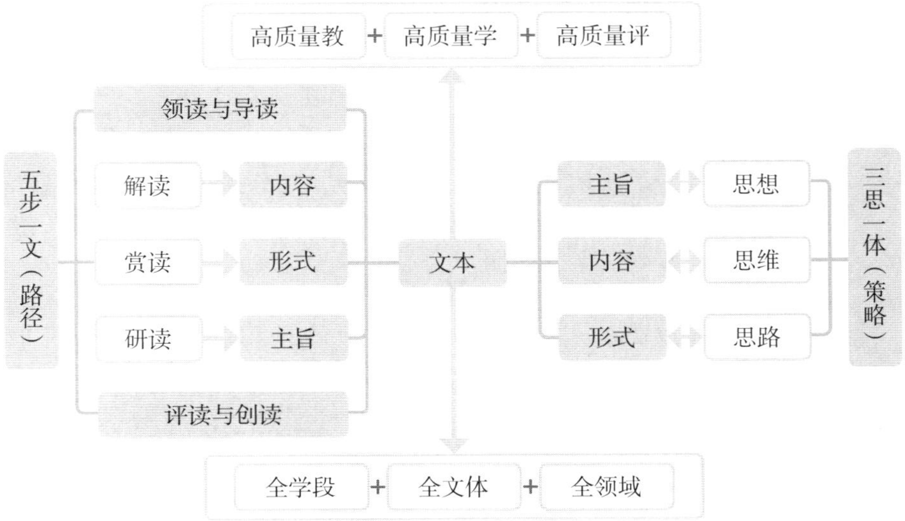

## 二、语文学科公式第五式

新一轮课改背景下，困惑众多一线教师的还有“大概念”一词，其实，当教师明确了每一个文本只是运用公式和定理、印证公式和定理的例子，“大概念”一词也就不难把握，“大概念”也就是每一个生动个例背后的不变规律，也就是底层逻辑，包括可以迁移的语言文字和文本“知识”，文本听说读写活动中的“思维”活动，语言运用与文本建构的“规律”，语言五级单位和文本三要素基本“图式”，以及语言和文本的“意义”，意义决定了学习者的文化态度和文化创造潜能。下图中圆框内的词语即为大概念：

语文学科怎么学？语文学科大概念图示

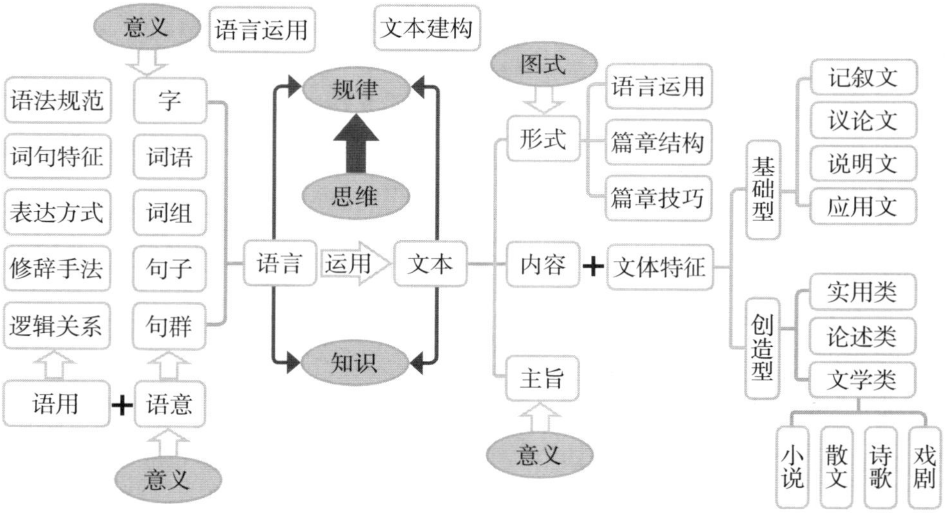


每一个文本都是以“这一篇”或者“这一本”的方式呈现的例子，如下图中的第一行所示，例子需要用公式和定理解决，也在印证着公式和定理，每一个例子背后的公式和定理包括文体、文类和文本本身，文本中又包含着语言五级单位知识和运用、三要素及其相互关系。

重塑语文学科教学样态

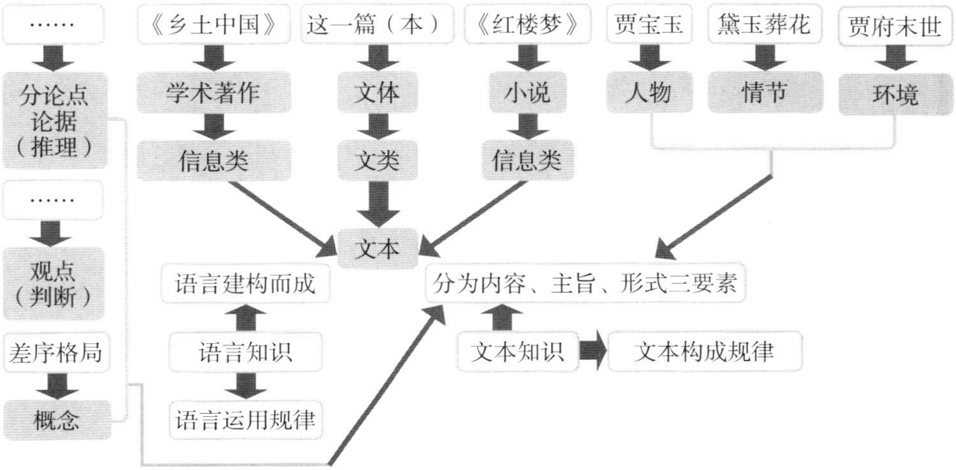


关于“思维”大概念，笔者想多说几句，在“新课标”关于“思维发展与提升”这一学科核心素养要素的阐释中，提到了直觉思维、形象思维、逻辑思维、辩证思维和创造思维五种思维方式，其中直觉思维、形象思维、逻辑思维主要运用在文本阅读活动中，此时的文本是阅读者阅读的对象；辩证思维体现在“我”对文本的评价中，此时的“我”介入文本；创造思维主要作用于文本的写作，每一个文本写作的过程其实都是一个创造过程，此时的文本是写作者包含文化态度在内的语文素养的外化。

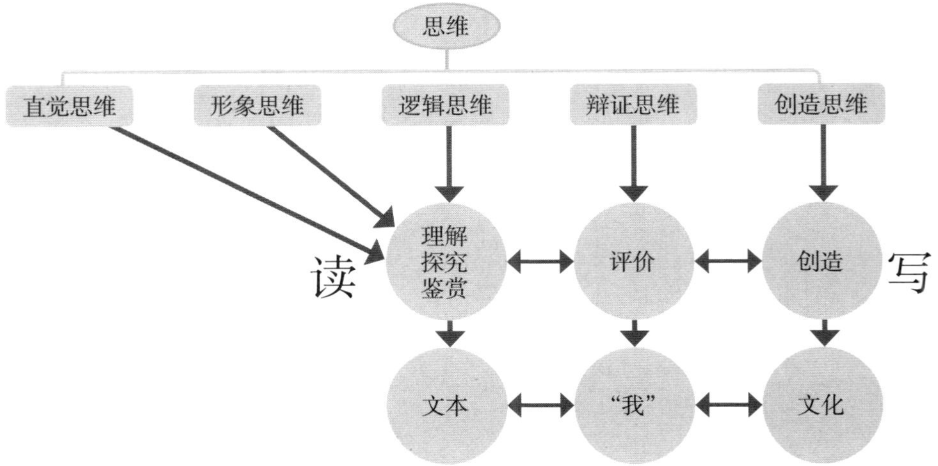

## 三、语文学科公式第六式

“新课标”非常重视“情境”和“任务”，教学中进行“情境”和“任务”的设计确实更好地体现知识内容的应用性、学生学习的主体性，好的“情境”和“任务”的设计能够激发学生的学习兴趣，在更有广度、深度和关联度的知识运用中实现对知识内容的统整，提升学习的意义感和素养目标的达成度，由此，笔者建构了所有知识学习学科普遍适用的教学设计图式。如下图所示：

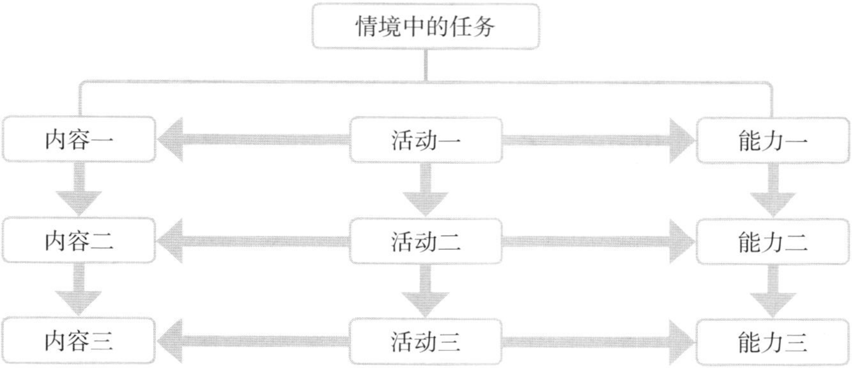


该图式以学生的学习活动为主体，但是学习活动之间应该有关联、有梯度，共同指向情境中任务的完成，一步一步推进，最后取得学习成果。此外，每一个学习活动一方面要承载知识内容，另一方面要达成能力素养，整个教学过程应该如图所示形成一个缜密而又开放的网状生态系统。

这一图式运用到语文学科领域，便有了语文学科公式第六式，如下：

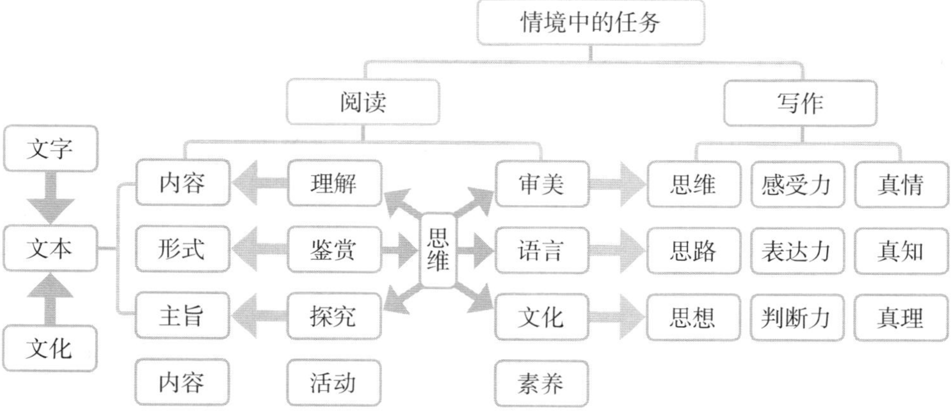

“情境中的任务”包含阅读任务和写作任务。阅读部分的知识内容具体为以文本为中心的内容、形式和主旨；学习活动具体为指向内容的理解、指向形式的鉴赏、指向主旨的探究；能力和素养目标具体为以“思维”为底层逻辑的可迁移的语言、审美和文化。阅读是一个通过相关学习活动落实知识内容、提升学科素养的过程。写作是在阅读输入基础上的输出活动，其共同的底层逻辑是三思（思想、思维、思路），其个性化表现是三力（感受力、判断力、表达力），其理想化状态是三真（真知、真情和真理）。

阅读活动实际上是一个认知活动，读写之间的转换是通过不断夯实认知基础、建构认知图式、提升认知水平，以“三思”为底层逻辑实现的。

语文学科学什么

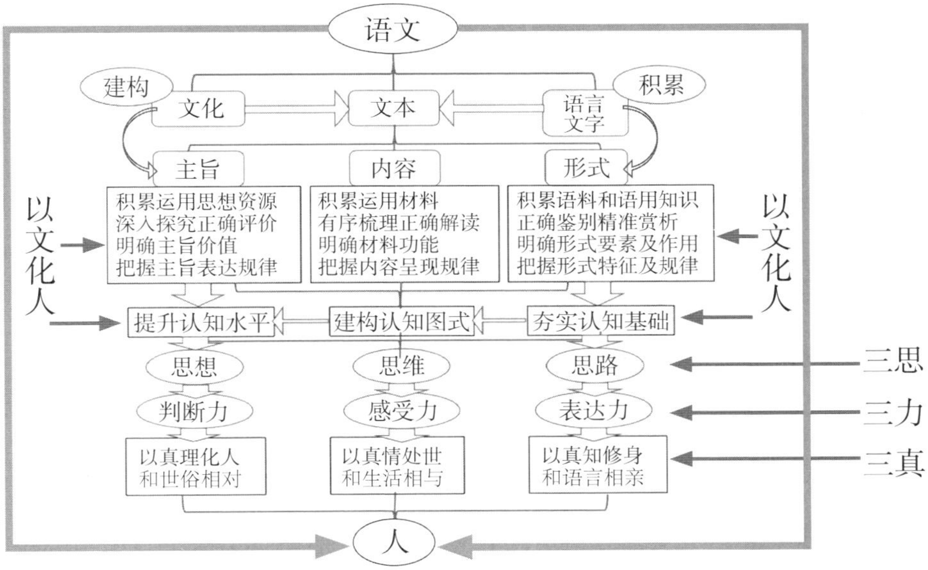


关于“语文学科学什么”一图的具体内容，笔者已经在《中文阅读素养指标体系与测评标准》一书中做了较为详尽的阐释和论述，《三思五步读写融合教学法》（分理论篇与实践篇）是基于标准的语文学科教学实践，是以文本为核心的读写能力和核心素养提升整体解决方案。显然，语文学科的公式建构、定理探寻及其教学应用，这是一条语文学科学理化建设的漫长征程，很荣幸笔者能够站在这个征途上，承前启后、继往开来，为完成我们这一代语文人的使命做出自己的贡献。

语文学科是一门以文化人的学科，所有的语文人、所有的教育人都应该明白：语文学科的学习不只是涉及一门学科学业表现的问题，它关系到学习者的学习能力和未来发展，它关系到民族的精神气象和复兴伟业，它关系到人类的大同追求和前途命运，不可不郑重其事、全力以赴！

# 目 录

## 第一章 在单篇文本读写教学中夯实基础



## 第二章 在两篇文本比较读写教学中建构图式

## 第三章 在多篇文本整合读写教学中探索规律



## 第四章 在整本书文本读写教学中实现迁移



## 第五章 在跨学科项目式学习活动中综合运用

# 第一章

# 在单篇文本读写教学中夯实基础

单篇文本作为语言文字建构与运用的成果，体现了语文学科的综合性与实践性、工具性与人文性，是语文学科不同于其他学科的最大常量。单篇文本读写教学需要以语言文字的知识和知识图式、文本的知识要素与知识图式为认知基础，开展以分析这一高阶思维活动为核心，包含理解、鉴赏、探究、评价与创造在内的多种语文学习活动（认知活动）。教师要在单篇文本的读写教学中夯实知识和思维基础，为最终表现为真实情境中文本读写能力的语文素养提升打好扎实根基。

## 第一节　现代文解读示例

单篇文本读写教学的设计与实施是以对该文本的全面和深度解读为前提的，教师需要在对该文本的内容、形式、主旨三方面的总体情况和突出特征有所会心的情况下，根据课标和教材要求、学情、个人的学科认知等要素确定该文本的最大教育教学价值，并以此作为教学设计与实施的重点。当然，对重点的教学落实是以整体文本为背景、为依托展开的，不能抽离文本、孤立进行。

下面以初中课文《秋天的怀念》《老王》《列夫·托尔斯泰》和高中课文《阿Q正传》为例，呈现笔者“熟读”和“深思”的解读成果，以及对从“熟读”到“深思”再到“巧教”路径的思考。

## 一、熟读深思巧教之《秋天的怀念》

《秋天的怀念》是七年级上册第二单元的一篇课文，本单元人文主题是亲情，写作目标是“学会记事”。从写作的角度来说，教师有必要把学生的个人体验情境带入文本这一学科认知情境的学习，学生的亲情感受和体验或者说对亲情的认知是怎样的？（主旨确定）这种感受、体验或认知是怎么形成的？（内容也就是材料选择：印象最深的一件事情，事情的过程梳理和详略安排）怎么更好地写出来？（把事情写清楚、把感情或认知表达出来、锤炼语言和安排结构，其中，写清楚、有感情和锤炼语言是教材本单元写作部分中的要求。）

听过一节《秋天的怀念》阅读教学课，是这篇课文的第二课时。某教师设定的教学目标是：理解“好好儿活”的内涵。“好好儿活”在文本中出现了两次：一次是在开篇第一部分的结尾处，“母亲扑过来抓住我的手，忍住哭声说：‘咱娘儿俩在一块儿，好好儿活，好好儿活……’”另一次是在全文的结尾处：“我懂得母亲没有说完的话。妹妹也懂。我俩在一块儿，要好好儿活……”课上，该教师把作者史铁生的创作年表和获奖记录呈现在PPT上，让学生多次朗读。

笔者揣摩该教师之所以这样安排教学内容，是因为其“前见”：把“好好儿活”个人化地理解为功成名就、事业有成，该教师据此补充学习资源、安排教学活动。于是，在课后交流时问该教师：你知道史铁生的妹妹叫什么名字吗？该教师说不知道。笔者接着追问：那么，史铁生的妹妹是不是没有好好活？文本最后一句说“妹妹也懂”，那是不是意味着这句话不是一句真话？是的，对于“好好儿活”内涵的理解，必须深入文本为我们提供的文字情境和作者投注其中的生命情境才能体会。

基于这节课表现出来的远离文本这一问题，按照本单元写作要求，笔者写了一篇《双重主题的双重表达——〈秋天的怀念〉之阅读理解要点和教学设计思路》，如下：

### 双重主题的双重表达

#### ——《秋天的怀念》之阅读理解要点和教学设计思路

《秋天的怀念》是一篇感人肺腑的抒情散文，也是一个“点线面体”结合得很好的写作范本。其主体内容是三段以到北海看花为核心的描写，我们可以称之为“三个点”，这里的“点”指的是通过描写呈现出来的画面或细节；其中隐含的时间推进线或者事情发展线有两条：作者瘫痪后的情感态度变化和行为选择变化、母亲生病后的情感态度变化和行为选择变化，“线”也就是随着时间推进而推进的事情发展过程，在文本建构中通常运用叙述的表达方式加以呈现；儿子和母亲对彼此的态度构成了关系，这是“面”，“面”可以是多人在场活动的场面，也可以是由个别到普遍的“由点到面”，还可以是通过人物高强度的互动关系（也就是说一个人物的存在不只是为了衬托主要人物）而呈现出来的面；而“体”指的是由主题统摄、由材料承载、由语言呈现的文本整体，这是一个由内容、形式、主旨也就是古人所说的“言象意”整体构成的生命体。

听了几次《秋天的怀念》讲读课，都感觉师生在文字的浅表处来回，难以深入文本的语言情境，更无法深入作者的生命情境。特梳理阅读理解要点和提供教学设计思路如下：

**（一）理解文本的几个要点**

1.“我”遭遇厄运：双腿瘫痪。

双腿瘫痪带给“我”的是沉重的打击（“暴怒无常”“砸碎”“摔”），带给母亲的又何尝不是如此？（“母亲喜欢花，可自从我的腿瘫痪后，她侍弄的那些花都死了。”）

面对打击，“我”肆无忌惮地对母亲发泄（“狠命地捶打”“喊”），而母亲却小心翼翼地护佑着我。（一系列动词，多次出现的状语“悄悄地”与“偷偷地”，状态“出去”与“进来”，表情“哭”与“笑”，“她比我还敏感”。）

——“母亲”的在场

2.“母亲”的境遇：绝症（“她常常肝疼得整宿整宿翻来覆去地睡不了觉”“大口大口地吐着鲜血”“艰难地呼吸”“最后一句话”）

面对折磨，母亲独自承受（“我却一直都不知道”“我没想到”“别人告诉我”）。

——“我”的缺席

3.比较：“我”和“母亲”对待厄运的态度；“我”和“母亲”对待彼此的态度。

4.文本的主体内容是三段描写，三段描写围绕“看花”展开，写出了“母亲”对“我”深沉的爱（“亲情”主题）；同时通过“我”的态度变化和情感变化，写出“母亲”对于“我”的意义（“生命”主题）。

——第一次，母亲从“出去”到“进来”；第二次，从“进来”到“出去”；第三次，母亲已永诀。

第一次，“死”和“活”；第二次，“落”和“开”；第三次，“懂得”。

第一次，母亲“哭”；第二次，母亲“笑”；第三次……

——巧妙构思，真切描写

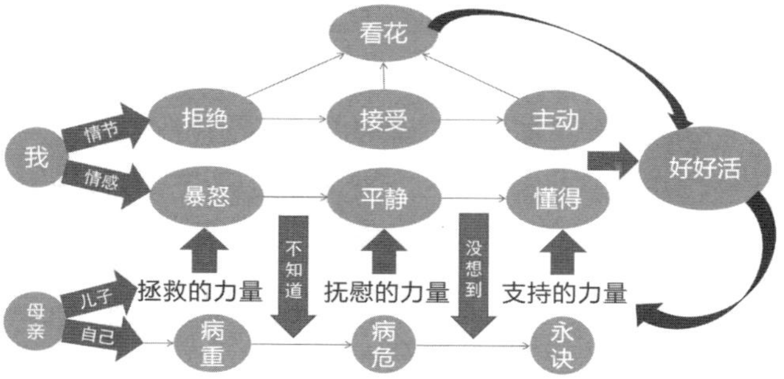


5.文本的略写内容是对“母亲”病情的追述、叙述和转述。

——点线结合，寄情于述

6.文本中三次出现的“在一块儿”和三次出现的“好好儿活”，凸显了“亲情”和“生命”的双重主题，“花”的“开”和“落”因此有了象征意义，“看”花开和“挡”叶落也因此有了象征意义。

——巧用象征，强化主题

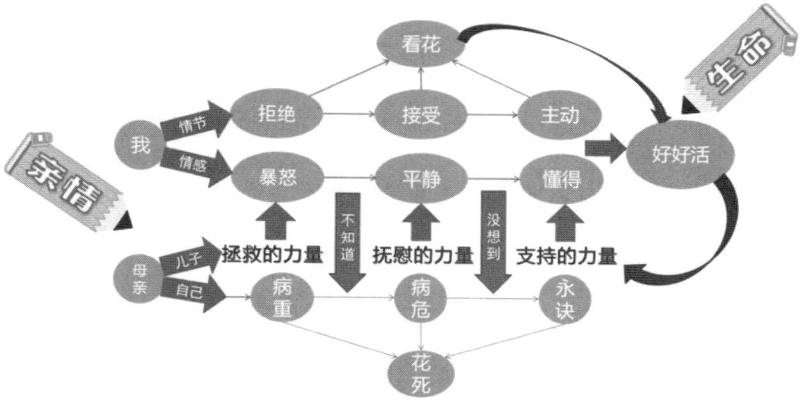

### （二）几种教学设计思路

1.可围绕标题“秋天的怀念”，通过问题串的设计与落实深入文本：

谁“怀念”谁？——“我”怀念“母亲”。

为何“怀念”？——“母亲”于“我”的意义（感恩）、“我”于“母亲”的缺席（愧悔）。

如何“怀念”？——看花+“在一块儿”+“好好儿活”。（瘫痪了，“我”陷入绝望；“母亲”走了，“我”为什么没有颓丧？）（亲情主题+生命主题）

为何是“秋天的怀念”？——“母亲”在秋天离去，菊花在秋天怒放。（亲情主题+生命主题）

2.可围绕关键句“我懂得母亲没有说完的话”，对文中四处省略号省却的内容进行合情合理的补充，从而引导学生深入文本。

3.可假想如果“母亲”还活着，和“我”一起到北海看花，想象并写出“母亲”和“我”的第三次对话，从而引导学生深入文本。

最后，无论采用何种教学设计思路，其前提都是对文本的深入解读；其路径都是引导学生深入文本，发现文本的秘密；其目的都是培养学生对语言的敏感，提升学生的感受力、理解力和表达力。

再次强调《秋天的怀念》的解读要点和教学要点，这也是文本之所以感人肺腑和堪为典范的原因之所在：

双重主题：亲情主题（“在一块儿”）和生命主题（“好好儿活”）

双重情感：感恩（“母亲”的在场）和愧悔（“我”的缺席）

双重表达：描写+叙述

双重象征：开—活，落—死

事实上，《秋天的怀念》也是一篇很好的亲情主题记叙文写作范例文本，借用几何学中点线面体的概念来分析，文中有三个点（三次看花，主要通过描写呈现）、两条线（儿子和母亲在时间中的情感变化和命运发展，通过文本叙述和读者的思维活动呈现）、一个面（唤起共情，实现推己及人，通过读者的思维活动呈现）、一个体（用亲情主题实现对内容和写法的统整，通过读者的文本图式知识和联想、想象等形象思维、分析综合等高阶思维活动呈现），点线面体的有机组合赋予了这个文本生命力。

## 二、熟读深思巧教之《老王》

《老王》是七年级下册第三单元的一篇课文，本单元人文主题是“关于‘小人物’的故事”，写作要求是“抓住细节”，具体要求是真实、典型、生动。真实、典型和生动如何实现呢？看起来只是描写表达方式和生动语言的运用，其底层逻辑却是“三思”（思想、思维和思路）发展的水平，而“三思”（思想、思维和思路）的发展，是在文本阅读教学中实现的。

听了数节《老王》阅读教学课，大多在大量补充关于“文革”和作者杨绛及其家人“文革”遭遇的资料的情况下，按照以下教学环节推进：

### （一）填写“老王”人物卡片

| | |
|---|---|
| 姓名：________________ | 职业：________________________________ |
| 家庭成员：________________________________________________ | |
| 外貌特征：________________________________________________ | |
| 居住条件：________________________________________________ | |

从表格信息中，我发现，老王是一个______________的人。（用三个四字短语概括）

### （二）概括与分析

1.作者眼里的老王：

老王为“我”做的事有（分点标上序号）：

________________________________________________________________

________________________________________________________________

________________________________________________________________

从这些事中我看到了一个__________________的老王，因此，我对老王心存________________之情。

2.老王眼里的作者：

“我”为老王做的事有（分点标上序号）：

______________________________________________

______________________________________________

______________________________________________

从这些事中老王看到了一个______________的“我”，因此，老王对我心存之情。

3.作者写这篇文章，最想表达的是对老王的“_____”之情，表达这种情感的句子是“_____________________”（用原文回答）。

**（三）质疑探究：**

这篇课文我不理解的一个句子或者问题是：______________________

以上三个任务中的第一个任务指向老王所处境遇相关信息提取，所填空格中的内容应该是对老王境遇的概括，第二个任务指向事件梳理和事件中的人物性格分析、相互情感分析，按照教材编写者在课文前面给出的两个预习问题（“在作者眼中，老王是个怎样的人？”“在老王眼中，杨绛又会是个什么样的人呢？”）分别完成，第三个任务引导学生质疑探究。

也就是说，《老王》阅读教学对该文在写作上的价值基本没有涉及，实际上，文本的言、象、意是一个相互依存的整体，在对“象”的梳理和分析中免不了会指向“言”的运用。

## 关于《老王》一文的分层和概括

近期，笔者在七、八、九年级下册统编版语文教材中各选了一篇课文作为例子，来开展“深读文本巧备课”工作。七年级下册以《老王》为例。下面是“深读文本”的问题单。

关于《老王》一文的六个问题

1.请分出本文的层次，并概括各层次大意。

2.请在《老王》一文中寻找多次重复和相互呼应的语词或画面，看看有什么发现。

3.请在《老王》一文中寻找相互之间形成比较的信息点，看看有什么发现。

4.你认为学生怎么才能回答好教材“预习”中的两个问题？

在作者眼中，老王是个怎样的人？

在老王眼中，杨绛又会是个什么样的人呢？

5.你认为本文的写法和主旨是否存在探索的空间和教学的价值？

6.怎样才能实现从《老王》这一篇到散文这一类的教学？

六个问题中的第一个是基于结构化解读文本的要求而提出的，针对的是文本的表层结构。很有意思的一个现象是：在中小学语文教学中，对文本的表层结构做结构化处理也就是分层和概括是通用的教学环节，但在《老王》一课的教学中，却没有见到这一环节。有的老师会把这一环节处理成理清老王和作者杨绛交往过程中发生的几件事情，于是就有了“送冰”“送医”和“送香油和鸡蛋”三个细节，但这三个细节显然无法囊括全文内容。

为什么对于《老王》一文的教学会出现这样的情况呢？显然跟该文虽篇幅不长，但却是一篇非常典型的“形散而神不散”的散文，也就是说其中的材料比较零散，这就带来了分层和概括的困难。

但迎难而上、解决困难的过程恰恰是一个专业提升的过程，所以笔者还是把他作为第一个问题提了出来。

大家提出了两种分层方案：

第一种：全文共分四层。第一层从开头“我常坐老王的三轮”到第四自然段“他说，住那儿多年了”，这一层是写老王很苦；第二层从第五自然段“有一年夏天，老王给我们楼下人家送冰，愿意给我们家带送，车费减半”到第七自然段“开始几个月他还能扶病到我家来，以后只好托他同院的老李来代他传话了”，这一层是写老王很善良；第三层从第八自然段“有一天，我在家听到打门”一直到“我不能想象他是怎么回家的”，这一层是写老王送香油和鸡蛋；“我”和老李的对话以及最后的心理活动是第四层，写老王的死以及“我”的追忆和反思。

第二种：全文共分三层。第一层从开头“我常坐老王的三轮”到第三自然段“反正同是不幸，而后者该是更深的不幸”，这一层写老王的基本情况；第二层从第四自然段“有一天傍晚，我们夫妇散步”一直到“我不能想象他是怎么回家的”，这一层是写老王和“我”的交往情况；“我”和老李的对话以及最后的心理活动是第三层，写老王的死以及“我”的追忆和反思。

这两种分法当然都有其合理性。作为一篇所写事件发生的时间跨度很长的散文，我们很难用时间的转换、空间的转换或者以此作为标示的情节的变化作为依据去划分文本层次；作为一篇回忆性散文，作者又是一位认知和情绪都很稳定的学者，我们也很难用作者认识的发展和感情的变化作为依据去划分文本层次。我们只能通过对文中材料进行归类来完成任务，上述两种分层结果就是这样做的。

但问题是：

先说第一种，第一层写老王很苦，第二层写老王很善良，但第二层中的老王就不苦了吗？显然不是，我们看到，第二层中，“载客三轮都取缔了”“过些时老王病了，不知什么病，花钱吃了不知什么药，总不见好”，老王的生存更显艰难。第三层中的老王就不苦、不善了吗？显然不是，老王“直僵僵”“简直像棺材里倒出来的”的样子显然很苦，老王临死前给杨绛送香油和鸡蛋显然也很善。

再说第二种，第一层写老王的基本情况，第二层写老王和“我”的交往情况。但是第一层中老王的基本情况不也是老王在和“我”交往的过程中“我”获知的吗？“我常坐老王的三轮。他蹬，我坐，一路上我们说着闲话。”这不，作者说得很清楚。第二层写老王和“我”的交往情况又何尝不包含老王的基本情况呢？老王的住处、老王的维持生活和花钱治病、老王的死和葬，不就是老王的基本情况吗？

怎么办？难道这个文本就真的没有办法划分层次了吗？

其实，文本的结构就是作者行文的思路，教师们不妨站在作者的立场从其行文构思的角度思考一下这个问题。事实上，就读写结合、能力迁移的教学目标来说，这种角度能带给师生更多的教学启发。

站在作者的立场从其行文构思的角度思考，教师们就要好好想一想，作者要写一个死去的人，这个人跟自己非亲非故，但却建立了相互体恤彼此照顾的亲密关系，作者要从回忆跟这个人的相识开始，回忆一路跟这个人的交往，并从中选择最为典型的事件来作为文本的材料，所以文本的前半部分作者是在“闲话”，在叙说，也就是叙述。最终，作者回忆到跟这个人的告别，这最后的一面是那么特殊，在作者脑海里的印象极为深刻，于是作者驻足在这一个时空场景中，细细回想那一个过程，于是就有了文本接下来的一段描写。同样，关于老王的死去和下葬，作者只是从老李那里了解到的，这其中包含多少愧悔和遗憾，于是，作者是用十分克制的笔触继续描写了和老李的对话。

由此，笔者把本文分成这样的三个层次：

第一层，从开头“我常坐老王的三轮”到第七自然段“开始几个月他还能扶病到我家来，以后只好托他同院的老李来代他传话了”，这一层是闲话也就是叙说自己和老王的交往情况。作者按照时间线索进行回忆和表达。

第二层，从第八自然段“有一天，我在家听到打门”到“我也不懂，没多问”，这一层是描写老王的告别、死去和下葬。作者对两个细节点进行了描写。

第三层，最后一个自然段。这一层是“我”的情感活动和思想活动，作者非常克制地抒发了情感、发表了议论。

这种分法，从作者行文构思的角度出发，却更好地捕捉到文本的表达方式这一形式要素。大家都知道，记叙、描写、议论、抒情、说明这五种表达方式，学生们从小就学，但一直到参加高考、一直到后面的工作中和生活中，绝大多数是搞不清楚的。

学习者怎样才能真正搞清楚弄明白，唯有我们的教师在日常的教学活动中能够尽可能准确地区分并进行正确的讲解，这些看起来最基本最浅显的知识，才能够在文本读写的实践过程中真正得到落实。但是很遗憾，在我们大多数的课堂上，情况恰恰相反，最常见的情况是：记叙、描写、议论、抒情、说明都是“描写”，无论哪种表达方式，统统是“本文描写了……”。

切记，无论“新课标”给出了多少概念，建构了多少话语体系，语文知识的落实、语文思维的培养，永远是语文学科教学的立足之本和重中之重，语文学科教学效能提升的关键点不在那些新概念和新话语，而在文本读写过程中知识的落实和思维的形成。

除了《老王》之外，笔者还就多篇课文做过理解、鉴赏与探究的阅读活动尝试，给学科语文师范生拟制解读任务清单，除了分层梳理外，还有一个任务是指向分类梳理的，分类梳理是针对包括多次重复的信息、相互呼应的信息和形成比较的信息这三种“类信息”的梳理和分析活动，王惠所著《〈骆驼祥子〉深度阅读的策略与路径》一书做了很好的示例，《中文阅读素养指标体系与测评标准》一书则做了很好的学理阐发。

以下是《社戏》和《孔乙己》的问题清单，供读者朋友们参考。

### 关于《社戏》的问题

1.请分出本文的层次，并概括各层次大意。

2.请在《社戏》一文中寻找多次重复和相互呼应的语词或画面，看看有什么发现。

3.请在《社戏》一文中寻找相互之间形成比较的信息点，看看有什么发现。

4.你认为学生怎么才能回答好教材“预习”中的第二个问题？

（文章结尾写道：“真的，一直到现在，我实在再没有吃到那夜似的好豆，——也不再看到那夜似的好戏了。”作者为什么这样写？）

5.你认为本文的写法和主旨是否存在探索的空间和教学的价值？

6.怎样才能实现从《社戏》这一篇到小说这一类的教学？

### 关于《孔乙己》的问题

1.请分出本文的层次，并概括各层次大意。

2.请在《孔乙己》一文中寻找多次重复和相互呼应的语词或画面，看看有什么发现。

3.请在《孔乙己》一文中寻找相互之间形成比较的信息点，看看有什么发现。

4.你认为学生怎么才能回答好教材“预习”中的第二个问题和文后“思考探究”中的第一个问题？

（读完课文，想一想，孔乙己给你留下了怎样的印象？）

（孔乙己是一个怎样的人？结合课文中的具体描写，联系人物所处的社会环境，谈谈你的理解。）

5.你认为本文的写法和主旨是否存在探索的空间和教学的价值？

6.怎样才能实现从《孔乙己》这一篇到小说这一类的教学？

## 三、熟读深思巧教之《列夫·托尔斯泰》

《列夫 · 托尔斯泰》是八年级上册第二单元的一篇课文，本单元人文主题是“别样的人生”，写作任务是“学写传记”。听过几节《列夫 · 托尔斯泰》阅读教学课，大多按照文后“阅读提示”中所言，以欲扬先抑的手法运用安排教学环节、组织教学活动，“阅读提示”中相关内容如下：

文章前半部分极力描写托尔斯泰平凡甚至“粗劣”的长相。作者极尽铺陈，步步蓄势，甚至用“刻薄”的语言，来“调侃”托尔斯泰的外貌。后半部分笔锋一转，透过托尔斯泰的眼睛，展示出他“天才灵魂”的深邃、伟大，字里行间洋溢着仰落、崇敬之情。这种欲扬先抑的手法，使全文形成一种巨大的反差，带给读者强烈的震撼。阅读时要仔细体会这一写作特点。

但是，文本真的是在抑托氏之外貌而扬其精神吗？如果深度进入文本，基于文本的整体性来理解文本，或者在找到大多数读者读不懂《列夫 · 托尔斯泰》的原因的同时，会有合理的新发现。

### 读不懂《列夫 · 托尔斯泰》的三大原因

因为传主列夫 · 托尔斯泰的非比寻常，也因为茨威格语言上的铺排繁复，《列夫 · 托尔斯泰》成为一篇解读难度很大的课文。细究起来，读者读不懂《列夫 · 托尔斯泰》一文的原因有三：内容上的去情节化、语言上的重重障碍以及传主难以企及的精神高度，这三点刚好跟文本的三大要素：内容、形式和主旨一一对应。

第一，内容上，该文与其他同类文本不同，基本不写传主的生平事迹（仅在对传主的“长相平平”进行铺叙和评价的时候，用“从少年到青壮年，甚至到老年，……”一句指涉其人生阶段，用“做学生的时候，……当军官的时候，……而恢复乡间生活以后，……”概述其人生经历）。

那么，文本写了什么？一曰“毛”，二曰“脸”，三曰“心（目光）”。

它们的特征如何？毛多、脸粗、心深（目光犀利）。

这种特征具体表现在哪里？毛多表现在胡子（胡髭、长髯）、眉毛、鬈发；

脸粗表现在四方脸、黑皮肤、小眼睛、狮子鼻、招风耳、厚嘴唇（加上表情的忧郁、消沉、愚钝、压抑，辅之以身材的矮小敦实，行为举止的“步子轻快”“一路小跑而来”）；心深表现在目光犀利、最富感情、吸纳和放射、具有足够的热量和纯度注视上苍和摧毁虚无、没有办不到的事情、看清真相等。

最为值得关注的是，作者茨威格所写三者之间并不是由点到线的关系，不是特征突出的三者由表及里地线性展开，它们之间存在相互依存的关系：那就是毛遮蔽了粗陋的脸、保护着深邃的心，同时，粗陋的脸也掩藏着天才的灵魂。

事实上，该文一开篇写毛发，就不是孤立地聚焦毛发进行描写，而是以长髯遮住了脸膛、胡髭挡住了内心把三者之间的关系呈现出来；而在后文写脸和写心（目光）时也都会回过头来关联毛发。

写脸时：“正因为如此，他不久就任凭须发长得满脸都是，把自己的嘴唇隐藏在黑貂皮面具般的胡须里，直到年纪大了以后胡子才变成白色，因而显出几分慈祥可敬。”——用毛发遮蔽脸膛，毛发浓密不仅仅是生物性的、自然的，而且还是托尔斯泰在生理基础上的一种行为选择；往下看，这甚至还是一种“与全体俄国人民同呼吸共命运”的文化选择。

写心（目光）时：“托尔斯泰面部的其他部件——胡子、眉毛、头发，都不过是用以包装、保护这对闪光的珠宝的甲壳而已，这对珠宝有魔力，有磁性，可以把人世间的物质吸进去，然后向我们这个时代放射出精确无误的频波。”

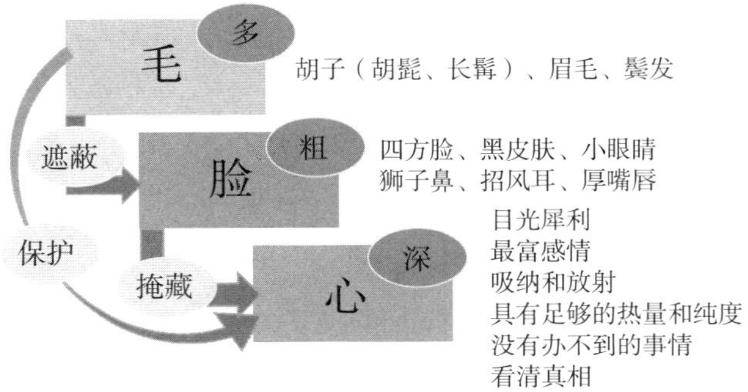


第二，形式上，该文综合运用描写、叙述、抒情和议论等多种表达手法，加上比喻、夸张、排比、引用等多种修辞手法的随意调度，以及联想、想象等思维活动的巧妙融入，在语言上呈现出繁复华丽的风格。“障碍重重”是文中用来形容列夫·托尔斯泰的脸的词语，也可以用来形容作者通过语言为读者设置的理解屏障。

最有意思的是，在由表及里、由浅入深地对托尔斯泰的毛发、脸膛和心灵（目光）进行描写的过程中，作者茨威格营造了三个繁复的喻象系统：植被系统、房屋系统和利器系统。用植被喻毛发、用小屋喻脸面、用利器喻目光等，诸多相关喻象源源不断地被使用。

关于毛发，除了一开篇的“植被”之外，后文还用了“热带森林”来形容，与之相应，作者用“树皮”形容脸膛，用“树根”和“灌木丛”形容眉毛，再伴之以其他喻象（鬓发—泡沫、白浪，胡须—黑貂皮面具）。

关于脸面，作者用“低矮的陋屋”来形容，与之相应，用“小窗”形容小眼睛，用“横梁”和“木柴”形容额头，用“用枝条扎成的村舍外墙”形容皮肤。在短短一个段落中，作者接连用“粗劣”“粗制滥造”“粗糙”“粗鄙”等词语来评价托尔斯泰的面部。

关于目光，前后出现的喻象有钢刀、枪弹、金刚刀、手术刀、X射线、匕首等。

除了在喻象系统的建构中大量运用比喻修辞，作者还在描写中不时加入议论、叙述和抒情。

事实上，如果我们对文中写到的托尔斯泰的外貌和神态特征进行还原，相关内容极其有限：毛发浓密、形貌丑陋、目光犀利，有限内容和繁复表达的后面，是作者对托尔斯泰人生经历和创作成就的高度了解、对托尔斯泰精神世界的无限贴近以及对语言文字的熟练调遣。

第三，主旨上，该文通过对毛发、脸面和心灵（目光）的描写、叙述、抒情和议论，凸显了一位伟大人物的生命温度、心灵深度和精神高度。而这，回答了作者为什么要写托尔斯泰、为什么要这样写托尔斯泰的问题。

下面来看看作者是怎么在议论中评价托尔斯泰的：

关于毛发：“像米开朗琪罗画的摩西一样……”

关于脸面：“天才的灵魂自甘寓居低矮的陋屋”，这张脸“不是传播智慧的庙堂，而是禁锢思想的囚牢”，“永远流浪的天才灵魂，竟然在一个土头土脑的俄国人身上找到了简陋归宿，从这个人身上看不出有任何精神的东西，缺乏诗人、幻想者和创造者的气质”。“……托尔斯泰并没有自己独特的面相，他拥有一张俄国普通大众的脸，因为他与全体俄国人民同呼吸共命运。”

关于心灵（目光）：“亏得有这么一对眼睛，托尔斯泰的脸上于是透出一股才气来。此人所具有的天赋统统集中在他的眼睛里……”“具有这种犀利眼光，能够看清真相的人，可以任意支配整个世界及其知识财富。作为一个始终具有善于观察并能看透事物本质的眼光的人，他肯定缺少一样东西，那就是属于自己的那一份幸福。”

教材文后的阅读提示中说作者前半部分极写托尔斯泰外貌的丑陋，后半部分讴歌托尔斯泰灵魂的伟大，“这种欲扬先抑的手法，使全文形成一种巨大的反差，带给读者强烈的震撼”。对此，笔者并不认同。从我们所引用的文本中的议论文字来看，托尔斯泰的长相，实为“他与全体俄国人民同呼吸共命运”的文化立场的个性化表达。

如果说托尔斯泰曾经自认为因为丑陋而不能找到幸福，那么，最终他的人生却是因为犀利而没有得到幸福。作者茨威格并没有抑托氏之外貌而扬其精神，因为作为一种文化选择，托尔斯泰的外貌和他的内心一起，超越了他所属的阶级和所处的时代！

## 四、熟读深思巧教之《阿Q正传》

《阿Q正传（节选）》是高中语文选择性必修下册第二单元的一篇课文，本单元学习任务群为“中国现当代作家作品研习”，单元研习任务中的写作任务是“不少于800字的语言鉴赏札记”。听了几节《阿Q正传（节选）》阅读教学课，教师们多把“精神胜利法”作为教学的重点，对“精神胜利法”的解读和小说内容三要素人物、情节、环境的关系没有建立起来，不利于教学过程中渗透、强化和落实小说文体必备知识。

深入人物内心世界、进入人物和人物之间的关系，在情节发展和环境变化中看待阿Q的“精神胜利法”，会有非常有意思的新发现。

### 快乐做羊法、巧妙做狼法和羊狼变身法

### ——说说《阿Q正传》中阿Q的妙法

阿Q是未庄一个极其普通的底层贫苦雇农，却成为中国文学史甚至世界文学史上的经典形象，首要原因是他作为国民性甚至人类性的典型代表，创造了一种

“精神胜利法”来对抗现实境遇中的失败。毫无疑问，他之所以能在虚构的文学世界里获得永恒的胜利，有一个重要的原因是他独有的精神胜利法，由此可见精神胜利法果然是一个妙法。当然，《阿Q正传》之所以胜利，却又不仅仅只在阿Q的精神胜利法，要问还有啥，答案是还有其他的妙法，这些妙法不见得由他来发明，但却在他身上得到体现。

下面先从阿Q的“精神胜利法”说起。

要懂得阿Q的“精神胜利法”，一定要回答两个问题才行：第一，阿Q为什么那么需要胜利？第二，阿Q为什么只能在精神上获得胜利？一切的秘密都在文本之中，其实，鲁迅先生也把这两个问题的答案放置在文本的字里行间。

**（一）阿Q为什么那么需要胜利?**

要回答这个问题，就得从阿Q的性格说起。毫无疑问，阿Q的性格很复杂，学者林兴宅对此做了深入的分析，指出阿Q的性格是由多组相互矛盾的要素构成的，这些既对立又统一的性格要素有：质朴愚昧–狡黠圆滑，率真任性–正统卫道，自尊自大–自轻自贱，争强好胜–忍辱屈从，狭隘保守–盲目趋时，排斥异端–向往革命，憎恶权势–趋炎附势，蛮横霸道–懦弱卑怯，敏感禁忌–麻木健忘，不满现状–安于现状。诚然，这么多性格要素在文本中都能找到相应的细节，但却似乎不能回答“他为什么那么需要胜利？”这一问题，因为它们是某一种根本性格的表象和衍生。

是的，决定了阿Q极度需要胜利的是他的根本性格，是他的性格底色。那么，阿Q的性格底色是什么？对此，鲁迅先生在“优胜记略”一章中做了直接的交代：

阿Q又很自尊，所有未庄的居民，全不在他眼神里，甚而至于对于两位“文童”也有以为不值一笑的神情。夫文童者，将来恐怕要变秀才者也；赵太爷钱太爷大受居民的尊敬，除有钱之外，就因为都是文童的爹爹，而阿Q在精神上独不表格外的崇奉，他想：我的儿子会阔得多啦！加以进了几回城，阿Q自然更自负，然而他又很鄙薄城里人，譬如用三尺三寸宽的木板做成的凳子，未庄人叫“长凳”，他也叫“长凳”，城里人却叫“条凳”，他想：这是错的，可笑！油煎大头鱼，未庄都加上半寸长的葱叶，城里却加上切细的葱丝，他想：这也是错的，可笑！然而未庄人真是不见世面的可笑的乡下人呵，他们没有见过城里的煎鱼！

显然，自尊自负就是阿Q的性格底色，是他的生存之本和快乐之源，正是他格外自尊自负的性格，使得他格外需要胜利。

他要的胜利是什么？自尊决定了他要受人“尊敬”，自负决定了他要受人“崇奉”。值得注意的是，在介绍阿Q性格底色的过程中，鲁迅先生还顺便告诉读者两点：第一，未庄的居民尊敬和崇奉的是有钱的人和有文化的人（二者又基本上统一为一类人）；第二，阿Q“很鄙薄城里人”的理由很可笑，表明他在文化上的保守和浅陋，这样的人必然墨守一切成规、陋习、老例、旧俗，是封建文化的卫道士。

其实，需要胜利的又何止阿Q一个呢？从文中描写来看，“闲人这才心满意足的得胜的走了”“闲人也并不放，仍旧在就近什么地方给他碰了五六个响头，这才心满意足的得胜的走了”。原来，在未庄，还有不少想要得胜的“闲人”随时随地寻找着得胜的机会。

### （二）阿Q为什么只能在精神上取得胜利？

这个问题的答案其实同样很简单，鲁迅先生也同样在文本中给读者做了交代。

首先，阿Q在现实中是一个彻底的失败者。

根据书中所写，阿Q的基本情况如下：

姓名：渺茫

籍贯：渺茫

行状：渺茫

现状：“没有家，住在未庄的土谷祠里；也没有固定的职业，只给人家做短工，割麦便割麦，舂米便舂米，撑船便撑船。工作略长久时，他也或住在临时主人的家里，但一完就走了。”

除以上静态的基本信息之外，鲁迅先生还动态地呈现了阿Q的爱好，那就是喝酒和赌博。关于喝酒，他在“第一章　序”中的第一次现身，便是“阿Q正喝了两碗黄酒”；后来，在“第二章　优胜记略”中，“阿Q以如是等等妙法克服怨敌之后，便愉快的跑到酒店里喝几碗酒”；在“第三章　续优胜记略”中，阿Q被赵太爷打嘴巴之后，“唱着《小孤孀上坟》到酒店去”，多年之后的“有一年的春天，他醉醺醺的在街上走”——新的故事由此开场，“他慢慢的走，将到酒店门口，早已有些高兴了”——老的习惯依然如故。关于赌博，在“第二章　优胜记略”中，鲁迅先生浓墨重彩地写了两回，第一回概写赌博对的常态：“假使有钱，他便去押牌宝”“阿Q的钱便在这样的歌吟之下，渐渐的输入别个汗流满面的人物的腰间”。第二回具体写某一次迎神赛会晚上的赌博，这次他“不幸而赢了一回”，赌博赢钱对于赌徒来说该是何等的幸运，然而对于阿Q来说确实不幸的，因为不仅“他的一堆洋钱不见了”，而且还“挨了几拳几脚”。

这样的一个失败者，如何能自尊自负呢？

文中，让阿Q自尊自负的理由如下：

阿Q“先前阔”，见识高，而且“真能做”，本来几乎是一个“完人”了，……

先说第一点“先前阔”，这是阿Q自己所说：“我们先前——比你阔的多啦！你算是什么东西！”他还曾经心想：“我的儿子会阔得多啦！”——而他的现实当然是穷！极度贫穷！

再说第二点“见识高”，其理由是“进了几回城”，这一点是作者告诉我们的。进了几回城是真的，但进了几回城就自认为也被未庄人认为见识高，这只能说是阿Q和未庄人的鄙陋和愚昧了。

最后是第三点“真能做”，这一点是“一个老头子”说的：“只是有一回，有一个老头子颂扬说：‘阿Q真能做！’这时阿Q赤着膊，懒洋洋的瘦伶仃的正在他面前，别人也摸不着这话是真心还是讥笑，然而阿Q很喜欢。”如果结合后文中“然而不知怎么一回事，总还是阿Q吃亏的时候多”一句，则可以看出阿Q似乎没有什么力气，作为一个卖体力的人，没力气如何能做呢？显然，阿Q的身体是弱的，他只能虚张声势，或者“估量了对手，口讷的他便骂，气力小的他便打”。

更为愁人的是，“他体质上还有一些缺点。最恼人的是在他头皮上，颇有几处不知起于何时的癞疮疤”。阿Q对此特别忌讳？为啥？伤自尊呗！

显然，贫弱和愚昧的阿Q并没有自尊自负的现实基础，他的自尊是虚妄的自尊，他的自负是愚妄的自负。

显然，对于这一位极度自尊自负而又总是失败的人来说，精神胜利法确实是个妙法。

在文中，阿Q的精神胜利法出现了多次：

阿Q自己也不说，独有和别人口角的时候，间或瞪着眼睛道：

“我们先前——比你阔的多啦！你算是什么东西！”

——阿Q常常和别人口角，这种争强好胜的习惯不也是源自他的自尊自负吗？没有自尊自负的现实条件，那就只能拽扯先前了。这样的信口胡说显然没有任何成本。

阿Q在精神上独不表格外的崇奉，他想：我的儿子会阔得多啦！

——没有自尊自负的现实基础，就用精神上的强大来支持。不仅有虚无的先前，还可以寄望于渺茫的未来。这样的寄望不仅没有成本，而且还带来甜蜜和幸福，尽管是虚无的。

“你还不配……”这时候，又仿佛在他头上的是一种高尚的光荣的癞头疮，并非平常的癞头疮了；……

——别人不配，只有自己配，多么了不起！而阿Q只需要用心念想一想，就可以把“不足贵”的缺点变成“高尚的光荣的”。

阿Q站了一刻，心里想，“我总算被儿子打了，现在的世界真不像样……”于是也心满意足的得胜的走了。

——被儿子打，心念一转，自己成了打人者的父亲，儿子能打人，是个强人，作为强人的父亲，阿Q多么了不起！

然而不到十秒钟，阿Q也心满意足的得胜的走了，他觉得他是第一个能够自轻自贱的人，除了“自轻自贱”不算外，余下的就是“第一个”。状元不也是“第一个”么？“你算是什么东西”呢！？

——同样心念一转，阿Q和状元同为“第一个”，多么了不起！

打完之后，便心平气和起来，似乎打的是自己，被打的是别一个自己，不久也就仿佛是自己打了别个一般，——虽然还有些热剌剌，——心满意足的得胜的躺下了。

——自己能打别个了，多么了不起！

值得注意的是，在介绍阿Q精神胜利法的过程中，鲁迅先生还顺便告诉读者：原来，对于阿Q和未庄的居民来说，在和别人的关系中能够处于优势甚而至于能够欺负别人就是值得尊敬和崇奉的，而处于优势甚而至于能够欺负别人的，不是阔人、贵人，就是强人。

这就是文中精神胜利法的几次妙用，而鲁迅先生直接说精神胜利法是个妙法，为啥？因为它不需要任何成本，就可以让阿Q转败为胜，让他虚妄的自尊和愚妄的自负在自我麻醉的精神状态中成为现实。

对于阿Q来说，喝酒和赌博又何尝不是一种精神的自我麻醉法呢？只不过，喝酒和赌博会让他付出现实的金钱的代价，而精神胜利法则不需要，当然是个更妙的办法。

帮助阿Q实现自尊自负的，除了他自己创造的精神胜利法之外，还有其他。

**（三）精神胜利法之外的其他办法是什么？**

让我们继续细读文本，找到这个问题的答案吧。

鲁迅先生在“续优胜记略”一章的开篇就说：“然而阿Q虽然常优胜，却直待蒙赵太爷打他嘴巴之后，这才出了名。”一个“蒙”字把原本特别伤自尊的被打变成了自尊自负的助力。于阿Q来说，他还需要通过精神胜利法获得平衡：“忽而想到赵太爷的威风，而现在是他的儿子了，便自己也渐渐的得意起来。”于未庄的居民来说，却是实实在在因为他的被打而给予了他尊敬：“说也奇怪，从此之后，果然大家也仿佛格外尊敬他。”为啥？因为“阿Q说是赵太爷的本家，虽然挨了打，大家也还怕有些真，总不如尊敬一些稳当。否则，也如孔庙里的太牢一般，虽然与猪羊一样，同是畜生，但既经圣人下箸，先儒们便不敢妄动了”。原来，依附阔人可以让他自尊自负，哪怕这个阔人并未接受他的依附，但一记耳光还是让“阿Q此后倒得意了许多年”。

——可见，依附阔人是一个好办法，我们可以把它叫作借强法。借强法虽然不是阿Q的发明，但在阿Q那里却也有着很深的心理基础，要不，他不会在“赵太爷的儿子进了秀才的时候”和赵太爷攀附本家，细考辈分，并“于他也很光彩”起来，更不会在“这秃儿”（假洋鬼子）“拿着一支黄漆的棍子——就是阿Q所谓哭丧棒——大踏步走了过来”的时候“赶紧抽紧筋骨，耸了肩膀等候着”，明知要被打，却既不逃走，更不反抗，而是等待。或许，在阿Q的潜意识中，还等着假洋鬼子之打带给他赵太爷之打同样的荣耀呢。

要知道，在阿Q这里只是具有心理基础的借强法在未庄确实有着广泛而又深厚的社会基础。

与依附阔人、贵人、强人的借强法相关的还有一个大招，那就是欺辱弱者，也就是比自己更穷、更弱、社会地位更低的人。这一招阿Q其实常用，还在“优胜记略”的时期，当他因为别人犯了他创立的忌讳而发怒的时候，也总是“估量了对手，口讷的他便骂，气力小的他便打”，至于对小尼姑的欺辱，那更是常态：“阿Q便在平时，看见伊也一定要唾骂”，为什么？恃强凌弱呗。

除了小尼姑，难道未庄还有比阿Q更弱的弱者吗？看起来有，王胡是第一个（看错了的一个），后文中还有小D（又是看错了的一个）。对于阿Q来说，真正的弱者其实也就只有小尼姑一个了。

这不，因为“蒙赵太爷打他嘴巴”而“得意了许多年”的阿Q主动挑衅了王胡，只因为“这王胡，又癞又胡，别人都叫他王癞胡，阿Q却删去了一个癞字，然而非常渺视他。阿Q的意思，以为癞是不足为奇的，只有这一部络腮胡子，实在太新奇，令人看不上眼”。然而，阿Q失败了，王胡的力气比他大，拳头比他硬，至于王胡何以敢于对他“出言无状”甚而至于“大打出手”，这个似乎不可考，最为可能的理由就是“阿Q近来虽然比较的受人尊敬，自己也更高傲些，但和那些打惯的闲人们见面还胆怯”，也就是阿Q是虚弱的，没有强人的架势和派头，哪怕只是空架子和假派头呢，他却并没有。

于是，“在阿Q的记忆上，这大约要算是生平第一件的屈辱”，其实，被打都是屈辱的，都是伤自尊的，只不过被赵老太爷打和被闲人们打的屈辱都被阿Q用“精神胜利法”轻松化解了，而被赵老太爷打还给他带来了意料之外的尊严和荣耀，让他明确了只要能够依附，能做奴才，被打也是荣宠的心理现实和社会现实，那么，被王胡打为什么不能用“精神胜利法”排解了呢？原因在于这个打自己的王胡是个比自己低贱的人啊！被高于自己、强于自己、贵于自己的人打有何等的荣耀，被低于自己、弱于自己、贱于自己的人打就有何等的屈辱。

继而，阿Q又遭遇了屈辱，“在阿Q的记忆上，这大约要算是生平第二件的屈辱”。这个屈辱是被假洋鬼子打了。假洋鬼子是未庄的有钱人和文化人，明明阿Q是等候着被阔人和贵人的棍子抽打甚而至于等着被这样的抽打赐予荣耀的，何以又成为屈辱了呢？原来他是“阿Q最厌恶的一个人”，厌恶的理由是他进洋学堂、跑到东洋去、剪去了辫子而拖着一条假辫子——阿Q这个被封建文化排斥和奴役的人，却偏偏死心塌地做着这种文化的卫道士！实在是可悲又可怕！

怎么办？忘却！这也是一个大法宝，果然，“‘忘却’这一件祖传的宝贝也发生了效力”，值得注意的是，如果说精神胜利法为阿Q所独有，忘却法却是“祖传的宝贝”，这种方法和喝酒赌博法、和精神胜利法可以归为一类，它们同属于失败者的自我麻醉法。

正在忘却法发生效力的时候，欺弱法给他带来了无限的“得意”。这个弱者是对面走来的“静修庵里的小尼姑”，如前，这应该是未庄唯一真正比他弱的人了，于是，“他迎上去，大声的吐一口唾沫”“走近伊身旁，突然伸出手去摩着伊新剃的头皮”“他扭住伊的面颊”“再用力的一拧，才放手”。欺弱法让他报了仇，让他得了意，让他“飘飘然的似乎要飞去了”——原来，欺负和凌辱弱者可以获得这么大的快乐，这简直已经超越了维护自尊自负的精神胜利法所能带给他的快乐了。

借强法和欺弱法看似不同，但其背后的原理和机制是相同的，那就是极度不平等的社会制度，正是这种封建等级制度让统治阶级合法地从经济、政治和文化多方面对被统治阶级进行盘剥，这些经济上赤贫、政治上失语、文化上愚昧和麻木的人实际上已经失去了做人的资格。或者说，极度不平等的社会制度造就的本就不是一个属于人的社会，而是由狼和羊也就是吃人者和被吃者构成的社会，《狂人日记》对此有深刻而又巧妙的形象化表达，在很多杂文中，鲁迅先生也直接指出这样的国民性和这样的国家性：“自己被人凌虐，但也可以凌虐别人；自己被人吃，但也可以吃别人。”（鲁迅《坟·灯下漫笔》）“对于羊显现凶兽相，而对于凶兽则显羊相，所以即使显得凶兽相，也还是卑怯的国民。”（鲁迅《华盖集·忽然想到（七）》）

借强要做羊，欺弱要做狼。如果说精神胜利法是一种快乐做羊法，那么，我这种可以组合使用的借强法和欺弱法的实质就是巧妙做狼法。

现在，还有最后一个问题，除了精神胜利妙法和羊狼大法之外，阿Q和其他想要胜利的闲人们还有没有其他可以获胜的路走呢？

从教材上的节选文本来看没有，但我们若是有兴趣看完全文，还会发现一种方法，那就是革命法。阿Q的革命跟《药》中革命者夏瑜的革命当然不一样，如果说后者是想要通过革命推翻封建等级制度，把由狼和羊构成的社会改变为人的社会，那么，阿Q革命的目的是要由羊变成狼，他的革命法我们可以名之为羊狼变身法。

不过，无论如何借强想做狼，阿Q终究只是被统治阶级也就是羊中的一员，也就终究免除不了被狼吃的命运，所以，在他被杀头之前，鲁迅先生有如下一段描写：

四年之前，他曾在山脚下遇见一只饿狼，永是不近不远的跟定他，要吃他的肉。他那时吓得几乎要死，幸而手里有一柄斫柴刀，才得仗这壮了胆，支持到未庄；可是永远记得那狼眼睛，又凶又怯，闪闪的像两颗鬼火，似乎远远的来穿透了他的皮肉。而这回他又看见从来没有见过的更可怕的眼睛了，又钝又锋利，不但已经咀嚼了他的话，并且还要咀嚼他皮肉以外的东西，永是不近不远的跟他走。

这些眼睛们似乎连成一气，已经在那里咬他的灵魂。

综上，对于自尊自负的阿Q来说，生活在未庄，想要获得胜利有三条路可走，分别是精神胜利法（快乐做羊法）、借强法和欺弱法（巧妙做狼法）、革命法（羊狼变身法）。其中，精神胜利法通过个体的麻木来巩固不合理社会的统治基础，借强法和欺弱法借助不合理社会的鄙陋并且不断强化不合理的社会本身，以精神胜利法、借强法和欺弱法为基础的革命法又有什么希望可言呢？

## 第二节 两组教学设计比较

深度文本之后，我们要按照课标和教材要求、基于解读成果和自己的专业判断做出教学重点内容的选择，然后进行教学设计。教学设计可以全面体现文本在内容、形式和主旨三个要素上的总体情况和突出特征，也可以有所取舍，但务必要在教学过程中通过理解、鉴赏和探究等学习活动实现读写融合，落实可迁移的知识、发现可应用的规律，提升“三思”（思想、思维和思路）水平。在满足了这些要求的前提下，可以考虑巧妙设计真实情境中的总体学习任务，但并非必须。

以下两组教学设计中的第一组，比较好地体现了以上要求，第二组反之。读者朋友们可以比较一下两组的不同，并寻找其中的规律。

### 第一组：《长征胜利之歌》和《鹊桥仙·纤云弄巧》

#### 心中有信仰 脚下有力量

——《长征胜利之歌》教学设计

**【课文分析】**

《长征胜利之歌》是统编版高中语文教材选择性必修上册第一单元第二课的精讲课文，本课还有一篇自读课文《大战中的插曲》。

该单元对应“中国革命传统作品研习”学习任务群，通过本单元课文的学习，学生一方面应充分感受革命者的优秀品质和崇高精神、革命历程的艰难曲折和波澜壮阔，在崇高的审美体验中建构崇高的人生追求（意）；另一方面应深入分析优秀革命文化作品在选材（象）和表达（言）上的特色与亮点，从而丰富自己的材料储备和语言表达，提升自己的写作水平。

《长征胜利万岁》是杨成武将军的回忆录选篇，记叙了红军经过二万五千里长征的艰苦历程，胜利到达陕北这一重大的历史事件，表达了对“长征胜利”的欣喜和激动之情、对“长征万岁”的理解和讴歌之意。

【学习情境】

真实情境：2019年7月24日，中共中央总书记、国家主席、中央军委主席习近平主持召开中央全面深化改革委员会会议，审议通过《长城、大运河、长征国家文化公园建设方案》（以下简称《方案》），其中长征国家文化公园以中国工农红军一方面军（中央红军）长征线路为主，兼顾红二、四方面军和红二十五军长征线路，计划在长征走过的福建、江西、河南、湖北、湖南、广东、广西、重庆、四川、贵州、云南、陕西、甘肃、青海、宁夏15个省区市集中建设一批标志性工程，包括爱国主义教育基地和博物馆、纪念馆、陈列馆、展览馆等。

虚拟情境：长征国家文化公园项目拟在陕西吴起建设“长征胜利纪念馆”。

【学习目标】

1.在梳理和探究活动中读懂文本，梳理“长征胜利”的几大标志性事件，探究“长征万岁”的内涵。

2.在表达和交流活动中转化运用，根据《长征胜利万岁》一文，适度参考其他文献资料，以画面创意+文字介绍的方式，为该馆设计主体内容。

【学习过程】

（一）导入

（二）学习任务一：阅读文本

1.找出代表“长征胜利”的四大标志性事件：“进城”“退敌”“会师”“大会”。据此将全班同学分为“进城”“退敌”“会师”“大会”四组。

2.分组对由四大标志性事件所统领的四部分内容进行个性化概括。

3.根据四大标志性事件对全文内容进行梳理，分组填写下表：

| | 时间、地点、人物等信息 | 天气等环境描写 | 细节概括 | 抒情/议论文字 |
|---|---|---|---|---|
| 进城 | | | | |
| 退敌 | | | | |
| 会师 | | | | |
| 大会 | | | | |

4.探究“长征万岁”的内涵。

（1）找到宣言书、宣传队、播种机三个比喻的原句，说说毛泽东对这三个比喻的具体阐释。

（2）找到文中相关内容，说说作者为什么发出“胜利来之多么不易”的感慨。

（3）理解毛主席“我们今后要更好地团结在一起，共同完成中国革命！”的结束语，说说“长征万岁”的内涵。

**（三）学习任务二：完成设计**

1.确定“长征胜利纪念馆”主体内容板块，按文中标志性事件分为“进城”“退敌”“会师”“大会”四大板块。

2.各小组分工协作，共同完成所属板块的资料补充、画面创意设计、画面文字介绍和板块文字撰写任务。

提示：提取文中细节，根据相关描写分板块进行画面创意设计；品鉴作品语言，借鉴文中艺术手法撰写各画面和各板块文字介绍。

3.各小组选派代表或集体进行班级分享。

**（四）学习任务三：进行评价**

1.在老师的指导下，讨论评价项目和评价指标，设计评价量表。

2.各组按评价量表对本组表现进行评价：“小组自评”分数由小组讨论得出；“其他小组评价”由小组在另外三组中自行选择一个小组，自行沟通，分数由所选小组讨论得出；“教师评价”分数由任课老师组织，自己给出或请听课老师给出。

**《长征国家文化公园》之“长征胜利纪念馆”主体内容设计评价表**

| 评价项目 | 评价指标 | 小组自评 | 其他小组评价 | 教师评价 |
|---|---|---|---|---|
| 文本关联（15分） | 符合文本内容 | | | |
| | 表达革命豪情 | | | |
| | 体现长征精神 | | | |
| 资料补充（15分） | 真实 | | | |
| | 典型 | | | |
| | 和文本内容有机融合 | | | |

（续表）

| 评价项目 | 评价指标 | 小组自评 | 其他小组评价 | 教师评价 |
|---|---|---|---|---|
| 画面创意（30分） | 要素齐全 | | | |
| | 重点突出 | | | |
| | 有创意 | | | |
| 文字表达（30分） | 准确、流畅 | | | |
| | 简明、得体 | | | |
| | 表达方式多样 | | | |
| 展示水平（10分） | 口语表达 | | | |
| | 仪容仪态 | | | |

3.各小组选派代表进行“评价”班级分享。

**（五）总结**

## 《鹊桥仙·纤云弄巧》教学设计

**【课文分析】**

《鹊桥仙·纤云弄巧》是高中语文必修上册第八单元“古诗词诵读”栏目的最后一首词作，全文如下：

鹊桥仙·纤云弄巧

［宋］秦观

纤云弄巧，飞星传恨，银汉迢迢暗度。金风玉露一相逢，便胜却人间无数。

柔情似水，佳期如梦，忍顾鹊桥归路！两情若是久长时，又岂在朝朝暮暮。

**【教学目标】**

1.一读正音，正确、流利地朗读本词，读准字音，读对节奏。

2.二读明象，由意象入手，把握本词的主要内容，感受本词的意境美。

3.三读析法，分析词句所使用的艺术手法，品味其带来的艺术效果。

4.四读解意，理解秦观“感情真挚就无须日夜相守”的超越传统的爱情观，培养积极健康的爱情观念。

**【教学重难点】**

重点：分析词句所使用的艺术手法，品味其带来的艺术效果。

难点：理解秦观“感情真挚就无须日夜相守”的超越传统的爱情观，培养积极健康的爱情观念。

**【教学课时】**

1课时

**【教学方法】**

诵读法、任务驱动法、小组讨论法

**【教学过程】**

**（一）导入**

1.“对爱情的渴望，对知识的追求，对人类苦难不可遏制的同情心，这三种纯洁而无比强烈的激情支配着我的一生。”——罗素《我为什么而活着》

爱情是人类共通的一种情感，也是文学作品经常表现的一种情感。爱情是美丽的，歌德曾说：“青年男子谁个不善钟情？妙龄女人谁个不善怀春？这是我们人性中的至神至圣。”是的，没有人会不向往拥有一段美好的爱情。爱情常常又是脆弱的，古往今来，多少爱情悲剧引人们唏嘘感慨，为人们所讨论。爱情主题一直在文学作品中占有很大比重。中国古代民间传说牛郎织女的故事就是一个经典的爱情悲剧故事。牛郎织女被银河隔开，只有每年的农历七月七日才能凭借鹊桥相会。从此，七月七日也就是七夕，成为中国的情人节。

2.诸多诗人、词人、文人以此为题材，书写了诸多广泛流传的文学作品，甚至还形成了一个专咏七夕的词牌名——《鹊桥仙》。

我们今天所要学习的《鹊桥仙·纤云弄巧》为何在众多的同类作品中脱颖而出，成为歌咏爱情的千古名篇的呢？

3.探究《鹊桥仙·纤云弄巧》成为千古名篇的原因。

**（二）一读诗词，读准音节和节奏**

纤云/弄/巧，飞星/传/恨，银汉/迢迢/暗度。金风/玉露/一/相逢，便/胜却/人间/无数。

柔情/似/水，佳期/如/梦，忍顾/鹊桥/归路！两情/若是/久长时，又/岂在/朝朝暮暮。

**（三）二读诗词，梳理和分析意象**

1.第一组：纤云、飞星、银汉，天象，营造出高远、空灵、浪漫的意境。

2.第二组：金风指秋风，玉露指秋天的露水，点出牛郎织女相会的季节——秋。暗含虽然相聚需等待，但丝毫不会影响感情的圣洁之意。

3.第三组：喻象水和梦营造出温柔缠绵的意境，写出牛郎织女爱情之美。

4.第四组：想象中的鹊桥本是为牛郎织女的相会而出现的，寄托着人们对美好爱情的美好愿望，秦观却聚焦二人相聚后的离别，让鹊桥成为离别的意象，为议论蓄势。

5.在了解本词内容的基础上，再读本词，读出意境。

**（四）三读诗词，鉴赏写法**

1.小组合作探究，分析写景句："纤云弄巧，飞星传恨，银汉迢迢暗度。"

本句使用了哪些修辞手法？带来了怎样的表达效果？

（①拟人。"弄""传"两个动词，赋予"纤云""飞星"生命。轻柔细巧的云编织出各种巧妙的图案，侧面写出了织女高超的手艺。划过的流星传递着他们的离愁别恨。云与星都在忙碌，为这世间最浪漫的重逢构筑出一个动态的、美好的背景。②用典。"银汉迢迢暗度"化用了《古诗十九首·迢迢牵牛星》中"迢迢牵牛星，皎皎河汉女"一句。"迢迢"一词写出了牵牛星与织女星相隔之远。）

2.小组合作探究，分析写人句："柔情似水，佳期如梦，忍顾鹊桥归路！"

本句使用了哪些修辞手法？带来了怎样的表达效果？

（①比喻。"柔情似水"将牛郎与织女的柔情比作银河中的水，写出二人眼波流转、绵绵不断的情感。"佳期如梦"极言二人相会的艰难与短暂，表现了他们久别重逢后如梦似幻的心境。②"忍"指怎么忍心，用了反问的修辞。写出了牛郎织女临别时的依恋与惆怅。刚刚的相聚之桥转眼便成了和爱人分别的归路，语气委婉，却蕴含着无尽的惜别之情。）

3.小组合作探究，分析抒情议论句："金风玉露一相逢，便胜却人间无数。""两情若是久长时，又岂在朝朝暮暮。"

秦观所歌颂的是怎样的爱情？

预设：

“金风玉露一相逢，便胜却人间无数。”——美好

“两情若是久长时，又岂在朝朝暮暮。”——心相守/身相守

（牛郎织女：经得起考验、坚贞不渝、亘古不变；人间无数：日夜相伴、柴米油盐、却有尽时。）

**（五）群诗联读：比较秦观的爱情观与其他作者的不同**

1.展示其他吟咏七夕词句，大家一起读一读：

欧阳修《渔家傲》：别恨长长欢计短，疏钟促漏真堪怨。

晏几道《蝶恋花》：路隔银河犹可惜，世间离恨何年罢。

李清照《行香子·七夕》：星桥鹊驾，经年才见，想离情、别恨难穷。牵牛织女，莫是离中。甚霎儿晴，霎儿雨，霎儿风。

问：这些词的情感基调是怎样的？（绝大多数吟咏七夕的词重点都落在了对牛郎织女的同情上，又由对牛郎织女的同情转而同情人间的痴男怨女。）

2.《鹊桥仙》的情感基调是否与前几首相同？

【明确】不同于哀怨悲伤的七夕词，秦观的《鹊桥仙》“另辟蹊径”以歌咏永恒而纯洁的爱情。在他看来，爱情之美美在至死不渝的永恒性，牛郎织女是幸运的，他们不必沉湎朝欢暮乐，他们拥有的是真正经得起考验的爱情。

**（六）小结**

口头作文：《鹊桥仙·纤云弄巧》成为千古名篇的原因。（从内容、形式、主旨三方面作答）

**【拓展】**

1.秦观其人

秦观，北宋后期词人，字少游，又字太虚，号淮海居士，因政治上属于旧党，多次遭受打击，最后被贬到遥远的西南，死于放还途中。他长诗文，词更享有盛誉，被苏轼誉为“屈宋之才”，被后人称为“婉约派正宗”，有《淮海词》，秦观为苏门四学士之一（其余三人是黄庭坚、晁补之、张耒），词作受苏轼影响，也受与歌女交往的生活经历影响，内容多写男女情爱，亦有感伤身世之作，风调凄迷幽婉，清丽典雅，属婉约派，秦观被称为“古之伤心人”。

2.秦观与《红楼梦》

贾宝玉在秦可卿的卧室里午睡，这间香闺的墙上贴的就是落款为秦观的一副对联：“嫩寒锁梦因春冷，芳气袭人是酒香。”宝玉睡着了以后，做了一个梦，梦见秦可卿带着他游历了太虚幻境，“太虚”就是秦观的字。

## 第二组：《茅屋为秋风所破歌》《声声慢·寻寻觅觅》《大卫·科波菲尔（节选）》

### 《茅屋为秋风所破歌》教学设计

**【教学目标】**

1.理解诗歌，感知诗人艰苦的生活及其反映的社会现实，认识杜诗“诗史”的特点。

2.学会用知人论世的读诗方法理解诗人的济世情怀，获得思想启迪。

**【预习要求】**

1.阅读杜甫生平资料。

2.根据课本注释预习诗歌，标记读音，记录疑难问题，自读两遍。

**【教学方法】**

朗读、涵咏、点拨、合作探究

**【教学过程】**

**（一）导入**

回忆学过的杜甫诗，说说你对杜甫有哪些了解。为什么杜甫被称为“诗圣”？为什么他的诗被称为“诗史”？这堂课我们一起通过学习《茅屋为秋风所破歌》来尝试探究这两个问题。

**（二）解题**

简单介绍“歌行体”文学常识。

长短：长

韵律：每节换韵

句式：七言、二言、九言

**（三）初读**

请学生朗诵诗歌（4 位学生，每人一段），其他学生拿笔，划节奏，正音。

正音、释义（转、丧、见），节奏：怎么断句合适？

七言：四三式

“南村群童/欺我/老无力”

“大庇/天下寒士/俱欢颜”

“何时眼前/突兀/见此屋”

“吾庐独破/受冻/死亦足”

**（四）诵读**

全班齐读

评价朗读：声音洪亮，读音、节奏准确，要怎样读出味道来？

**（五）品读**

1.杜甫当时的生活处境怎样？如果用一个词概括，你会用什么词？

苦/惨……

2.用“一个…………字（词）/一句…………，足见其苦，…………”句式说话

3.追问诗人心情并进行朗读指导

第一段：重读：“怒号”“卷”“洒”“沉”：风的猛烈肆虐、“我”的焦虑、无助。

第二段：语调低沉，语速慢；重音“忍”“盗贼”“公然”，读出愤懑、心痛；“自叹息”声调拖长，读出无奈、沉重、体谅。

追问：他在叹息什么？请补充诗人心里所想：归来倚杖自叹息：唉！……

唉！狂风偏又遇顽童，年老力衰惨被欺！唉！可怜茅屋遭劫掠，茅草尽失何以补？

唉！不为穷困宁有此！

第三段：“俄顷风定云墨色……”句平静，正常语速，后面语速越来越快，读出层层递进的紧迫感，风雨飘摇的无奈、沉重。

重读：“冷似铁”“踏里裂”“无干处”“未断绝”“何——由——彻——”

一字一顿，读出漫漫长夜里的孤独彷徨。

4.小结：茅屋破败，茅草被盗，年迈力衰，屋漏偏遭连夜雨，“长夜沾湿何由彻！”。杜甫的生活处境可谓艰苦、潦倒、凄凉！

**（六）知人论世**

1.提问：为什么会这么苦？

提醒学生注意补充的背景资料：

安史之乱的社会背景、杜甫流亡图

2.补充杜甫反映安史之乱的诗歌，想想：杜甫的诗为什么被称为“诗史”？

国破山河在，城春草木深。——杜甫《春望》

我里百余家，世乱各东西。——杜甫《无家别》

老妪力虽衰，请从吏夜归。——杜甫《石壕吏》

积尸草木腥，流血川原丹。——杜甫《垂老别》

朱门酒肉臭，路有冻死骨。——杜甫《自京赴奉先县咏怀五百字》

小结：我们从历史资料里看到的是冷冰冰的数字。这些活生生的生命是怎么消失的，他们遭遇了什么？在漫长的战乱社会中，人们过着怎样的生活？史书没有告诉我们的细节在《茅屋为秋风所破歌》里有，杜甫的艰苦生活即战乱中人民颠沛流离、民不聊生的社会现实的生动写照和缩影。杜甫作为士人尚且如此，比杜甫悲惨的人数不胜数。杜甫用他的诗歌记录下了当时的社会现实，记录了最真实细腻的底层人生活的境况。杜甫的诗被称为诗史即针对真实地记录历史这一点而言。

3.如果你生活在这样艰难的处境里，你会梦想什么？杜甫呢？漫漫长夜中，伴着如麻不断的雨脚，他在想什么？

（1）齐读末段。

（2）用“漫漫长夜中，他想到……”句说话。

他想到了安史之乱中流离失所的百姓，想到天下无数与自己一样无处安身穷困潦倒的寒士，他渴望能让天下所有居无定所、遭受风雨之苦的人都得到安稳如山的广厦，不惧风雨，安居乐业！如果能实现，哪怕只有自己的茅屋破败受冻而死也满足了！

（3）有人说这一段是杜甫发出的拯世救民的豪言壮语，老师据此将它做了修改，比较原诗，说说你的看法。原诗：安得广厦千万间，大庇天下寒士俱欢颜！风雨不动安如山。呜呼！何时眼前突兀见此屋，吾庐独破受冻死亦足！

改诗：欲得广厦千万间，大庇天下寒士俱欢颜！风雨不动安如山。壮哉！何时眼前见此屋，吾庐独破受冻死亦足！

安得：怎样才能够，杜甫心中没有答案，实际上是他不知道怎样才能得到。

呜呼：是一颗绝望的心灵愤怒悲痛到极点的呼喊，是一个再也没有回天之力的老人向现实世界发出的最后的呼吁。

突兀：明确标示了“广厦”的幻想性质，“突兀”一词，说明杜甫自己知道是不可能实现的。与其把最后一段视为“言志”，不如视为一种抒情，是杜甫在绝望中的痛苦挣扎，在强烈情感的冲击下发出的人生呼唤。

小结：杜甫的艰难与痛苦如此切肤，颠沛流离、贫困窘迫，无处安放自己生命的生活境况和对民生疾苦的目睹使他能对其他人的痛苦感同身受，并推己及人地希望人民能有幸福安定的生活，甚至愿意为此牺牲自己。他的悲悯、崇高的济世情怀，他的“圣”不是俯瞰苍生、居高临下的同情，而是从自己出发，推己及人。“诗圣”杜甫离我们并不遥远！

每个人都有同理心，都可以在自己痛苦时，理解到他人可能有跟自己同样的痛苦；在自己有所需求时，想到别人也可能会有相同的需求。杜甫的“圣”不是给我们立下了一个神龛上的遥远标杆，而恰是告诉我们：人与人的悲欢是可以相通的，“老吾老以及人之老，幼吾幼以及人之幼”，人人皆可为圣人。

**（七）作业**

1.必做：背诵《茅屋为秋风所破歌》。

2.选做：拓展阅读杜甫的《闻官军收河南河北》和《哀江头》，查找背景资料，结合诗歌内容说说：杜甫分别为什么而喜，为什么而哭？

## 《声声慢·寻寻觅觅》教学设计

**【课文】**

### 声声慢

［宋］李清照

寻寻觅觅，冷冷清清，凄凄惨惨戚戚。乍暖还寒时候，最难将息。三杯两盏淡酒，怎敌他、晚来风急！雁过也，正伤心，却是旧时相识。

满地黄花堆积，憔悴损，如今有谁堪摘？守着窗儿，独自怎生得黑！梧桐更兼细雨，到黄昏、点点滴滴。这次第，怎一个愁字了得！

**【教学目标】**

1.有感情地朗读本词，把握“愁苦”的感情基调，感受词区别于律诗的自由灵活的特点。

2.品味叠字、意象中包孕的情感，感受李清照“滚雪球式”的愁绪的表达。

3.体会李清照晚年孀居生活的孤苦及其若有所失的生命状态。

**【教学重难点】**

重点：品味词句所使用的艺术手法，分析其带来的艺术效果。

难点：读懂愁绪的触发和情感的递进，把握“愁”的内涵。

**【教学课时】**

1课时

**【教学方法】**

诵读法、讲授法

**【教学过程】**

**（一）导入**

本学期我们已经学了许多诗词，仔细回味，它们的开头都掷地有声，把我们迅速拉进它所营造的情感氛围里：例如李煜《虞美人》的长叹：“春花秋月何时了，往事知多少。”曹操《短歌行》中的感慨：“对酒当歌？人生几何。”或是吕耀《峨日朵雪峰之侧》中的坦露：“这是我此刻仅能征服的高度了。”而李清照《声声慢》开头的十四个叠字亦是如此，宋代罗大经的《鹤林玉露》评其：“起头连叠七字，以一妇人，乃能创意出奇如此。”在课堂正式开始前，品味开头十四个叠字所蕴含的妙处。

寻寻觅觅，冷冷清清，凄凄惨惨戚戚。

明确：声音上七个叠音词，构成七个均等的音步，读起来仿佛可以听到诗人那迟缓沉重的足音。

色彩：冷、清、凄、惨、戚极具感情色彩，重叠起来，忧伤的感情更加强烈，扣人心弦。

意境：呈现出诗人苦苦寻觅却无果的状态。

过渡：诗人究竟失去了什么，又要寻觅什么？为何落下“冷冷清清凄凄惨惨戚戚”的结局？在这里老师提出一个悬念，等到课堂结束时请同学来回答。

**（二）活动一：初读感知，通过意象梳理“凄凄惨惨戚戚”之心绪**

**1.乍暖还寒时候，最难将息。**

提问：现在是什么季节？

《声声慢》在古本中题作为“秋情”和“秋闺”“秋词”，可见此时是初秋，天气多变，“最难将息”难以修养身心。接下来，我们边读边体验李清照在初秋百无聊赖的一天。

**2.三杯两盏淡酒，怎敌他、晚来风急？**

提问：为什么需要酒？

天气骤然变化时，我们身体会变得更加敏感，于是就会想要借酒来调理身心，不仅是需要用淡酒来暖身，同时也需要用淡酒来化解忧愁。

——三杯两盏：是一个约数，不是真的喝了“三两杯”，而是表达词人不知道“一杯接着一杯”地喝了多少杯，想要借酒浇愁，但愁更愁。

——急风：“急”有突然和迅猛之意。淡酒并没有如词人之意达到消愁和暖身的目的。突然来的“急风”不仅让作者感觉到身体上的寒冷，更像心上突然刮来的急风，打开了回忆的阀门。

**3.雁过也，正伤心，却是旧时相识。**

此时词人的视角从室内转向室外，发现有南飞的大雁，浓浓的愁情又在心中激荡。大雁，秋季南飞，春回北方，自古以来就是抒发思乡之情的典型意象：“乡书何处达？归雁洛阳边。”

提问：诗人为什么觉得自己和大雁是“旧时相识”？

①南飞的大雁，故乡在北，与作者的处境相似。（结合课下注释：“李清照南渡避乱，不久北宋灭亡，丈夫病死，她只身逃难，境遇悲惨，本首词是南渡后晚年的作品。”建炎元年（1127），高宗赵构即位建立南宋王朝。可这位乘乱登基的皇帝，不思抵抗，在金人步步紧逼之下，渡江南逃。）南飞的大雁勾起了李

清照遇国难逃亡的悲惨回忆。

②大雁带来的“物是人非”之感：李清照二十岁时写了《一剪梅》送丈夫赵明诚：“云中谁寄锦书来？雁字回时，月满西楼。”那时的大雁带来的是甜蜜的回忆和相逢的希望，可这里让人想到的却是逝去的丈夫和难以再回的故国。所以，雁过也，愈加伤心，旧时的回忆不断袭来。

PPT呈现：元代伊世珍所作《琅嬛记》引《外传》云：“易安结褵未久，明诚即负笈出游。易安殊不忍别，觅锦帕书一剪梅词以送之。”

## 一剪梅·红藕香残玉簟秋

［宋］李清照

红藕香残玉簟秋。轻解罗裳，独上兰舟。云中谁寄锦书来，雁字回时，月满西楼。

花自飘零水自流。一种相思，两处闲愁。此情无计可消除，才下眉头，却上心头。

**4.满地黄花堆积，憔悴损，如今有谁堪摘？**

大雁勾起伤心的回忆，那不妨换个地方待着吧。此时词人或许走到了花园，想要换一种风景，却看到满地散落堆积的菊花。

提问：黄花有何特点？

“堆积”既言其多，又形其乱。满地的花都这般憔悴残损模样，还有谁忍心再去摘取枝头上的呢？堆积的黄花亦如诗人此时内心的真实写照。

“憔悴”：枯萎，凋零殆尽。

李清照年轻时曾将自己与黄花作比：“莫道不销魂，帘卷西风，人比黄花瘦。”《醉花阴》作于李清照二十五岁时，此时赵明诚出守莱州，而清照独居青州。重庆赏菊，无人相伴，帘子内的人比菊花还要消瘦，述说思念之苦。

所以李清照此时看见“憔悴损的黄花”仿佛看见了颠沛流离之后风烛残年的自己。

**5.守着窗儿，独自怎生得黑！**

想要借酒调理，御寒消愁，却敌不过急风。望向天空却又遇到雁群，激起痛苦的回忆。想要欣赏花儿，却是满地堆积的菊花，心烦意乱的写照。无聊的白昼，早已使她无法消受，那就干脆“守着窗儿”到天黑吧！可是一人消磨时光，怎么能熬到天黑啊！直言内心愁苦，真难熬啊。

**6.梧桐更兼细雨，到黄昏、点点滴滴。**

清·陈廷焯《云韶集》卷十：“‘黑’字警，后幅一片神行，愈唱愈妙。”

“到黄昏”：突出了雨持续不断的过程。

“点点滴滴”：一方面是听觉的刺激，这种刺激然不强烈，但却持续漫长，无止无休，正如不断涌入词人脑海里的回忆一般:另一方面是和开头的叠字呼应，构成完整的、有机的风格。

秋雨梧桐，本是古典诗词中忧愁的意象：

无言独上西楼，月如钩，寂寞梧桐深院锁清秋。——李煜《相见欢》

孤独的人默默无语，独自一人缓缓登上西楼。仰视天空，残月如钩。梧桐树寂寞地孤立院中，幽深的庭院被笼罩在清冷凄凉的秋色之中。

梧桐树，三更雨，不道离情正苦。——温庭筠《更漏子·玉炉香》

所以，这些雨滴仿佛在提醒李清照，她的孤独、寂寞、失落、凄惨跃然纸上，词人彻底陷入悲伤之中，于是感慨“怎一个愁字了得”。

小结：“一愁未了一愁添”的滚雪球式的悲伤。

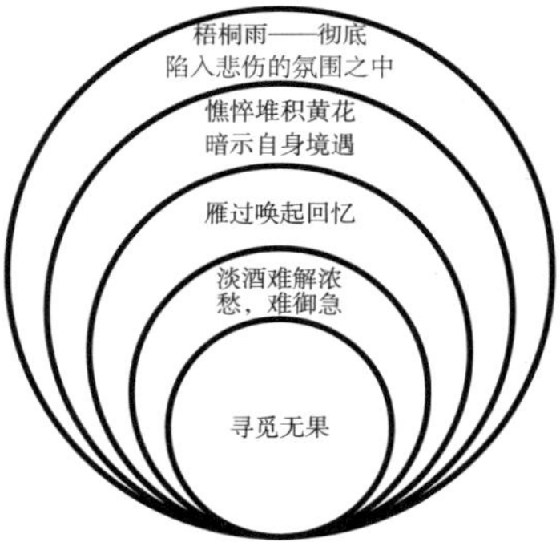


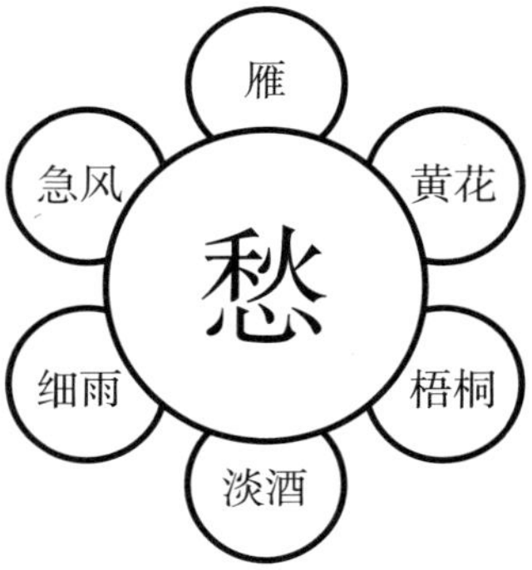


提问：结合刚刚的分析，李清照的“愁”有何内涵和特点？

明确：蕴含着独居之孤、丧夫之痛和故国之思。且“愁”的特点是无法消除，越来越深；目之所及，身之所感，皆悲。愁绪穿插在回忆之中，不断流淌。

提问：李清照如何写愁？——概括艺术手法

明确：

直抒胸臆——“怎一个愁字了得”；

环境烘托——冷冷清清、乍暖还寒；

情景交融——意象叠加——铺叙；

动作刻画“守着窗儿”运用叠词。

所以相对于对仗工整严谨的律诗，词在表情达意上更加自由。

**（三）活动二：知人论世，理“寻寻觅觅”落得“冷冷清清”之内涵**

1.知人论世，了解李清照人生的重要节点。

1084年：出生，名门之后。

（父亲李格非进士出身，是苏轼的学生，官至提点刑狱、礼部员外郎。）

1101年：结婚，夫妇志同道合，共赏文物。

（1）撰写《金石录》之志

夫妻二人对古老神秘的碑文有浓厚的兴趣，并立志“穷下方绝域，尽天下古文奇字之志”。李清照协助赵明诚写作并整理《金石录》：著录其所见从上古三代至隋唐五代以来，钟鼎彝器的铭文款识和碑铭墓志等石刻文字等。

（2）夫妻二人的闲散诗意的生活

“余性偶强记，每饭罢，坐归来堂烹茶，指堆积书史，言某事在某书、某卷、第几页、第几行，以中否角胜负，为饮茶先后。中即举杯大笑，至茶倾覆怀中，反不得饮而起。甘心老是乡矣。”——《金石录·后序》

被酒莫惊春睡重，赌书消得泼茶香。当时只道是寻常。——纳兰性德《浣溪沙·谁念西风独自凉》

1127年：北宋灭亡。避兵江南。

李清照是典型的在亡国、战乱时代生存的南渡词人。

**夏日绝句**

［宋］李清照

生当作人杰，死亦为鬼雄。
至今思项羽，不肯过江东。

举出项羽的不肯东渡，正是对怯懦畏葸、只顾逃命苟安的南宋君臣的辛辣讽刺。

1129年：赵明诚病死。此后李清照在江南辗转漂泊。

（无助的单身寡妇在社会动乱之中面临着保全性命以及妥善安置收藏品的困难。）

葬毕，余无所之。朝廷已分遣六宫，又传江当禁渡。时犹有书二万卷，金石刻二千卷，器皿、茵褥，可待百客，他长物称是。余又大病，仅存喘息。事势日迫。念侯有妹婿，任兵部侍郎，从卫在洪州，遂遣二故吏，先部送行李往投之。冬十二月，金寇陷洪州，遂尽委弃。所谓连舻渡江之书，又散为云烟矣。独余少轻小卷轴书帖，写本李、杜、韩、柳集，《世说》《盐铁论》，汉唐石刻副本数十轴，三代鼎鼐十数事，南唐写本书数箧，偶病中把玩，搬在卧内者，岿然独存。

——《金石录·后序》

1132年：再嫁非人、离异入狱。

（被张汝舟骗婚，李清照的书信暗示了张汝舟因觊觎其收藏才迎娶了她。发现之后毅然提出离婚，不惜冒着入狱的危险解除婚约。）

1143年：根据李清照年谱，这一年李清照表上《金石录》。

1147年：《声声慢》面世。

2.提问：在课堂开始前，老师问诗人究竟失去了什么，又要寻觅什么？为何落下“冷冷清清凄凄惨惨戚戚”的境遇？

无论是写诗讽刺统治者还是只身一人逃难，抑或是毅然决然状告张汝舟，都显示出了李清照本人的刚毅和坚韧，与《声声慢》中的敏感、脆弱的形象形成鲜明的反差。时过境迁，历经磨难的李清照的生活只剩下满地堆积的黄花，和无法派遣的浓愁。甚至在热闹的元宵节只能感叹“如今憔悴，风鬟霜鬓，怕见夜间出去”。

而细看李清照人生的重要节点，我们可以发现，完成《金石录》和丈夫遗愿似乎成为了李清照的生命支点，心灵寄托。1143年李清照表上《金石录》，刊行问世，受到了士林的推重和称扬，但其生命的支点已然不在。所以在《声声慢》中才会有“寻寻觅觅”精神无所归依，于是在冷冷清清的氛围下感叹“凄凄惨惨戚戚”的既失落又把握不定的生命体验。也似乎李清照的这一生就处于寻觅——获得——失去的反复无定的体验之中。这也是宋朝一文人在评价《金石录·后序》时所说的：“以见世间万事，而终归于一空而已。”

所以，“怎一个愁字了得”凝结了李清照悲喜交加的回忆，是失落的青春，是失落的美好生活，是失落的北宋王朝，还有完成丈夫遗愿和自己毕生研究之后的“失落”之感。也正如梁启超评论《声声慢》的那样：“那种茕独凄惶的景况，非本人不能领略，所以一字一泪，都是咬着牙根咽下。”所以李清照晚年的“愁”应包含：丧父之痛、颠沛之苦、独居之孤、故国之思、亡国之恨和无定之失这几重“愁”，真是“天长地久有时尽，此愁绵绵无绝期”啊。

愁
- 丧夫之痛
- 颠沛之苦
- 独居之孤
- 故国之思
- 亡国之恨
- 无定之失

## “儿童视角”与“我”的成长

### ——《大卫·科波菲尔》第一人称叙述视角赏析教学设计

**【学习目标】**

1.了解带有自传性质的小说艺术特征，以及19世纪英国社会矛盾与狄更斯的成长经历。

2.梳理大卫·科波菲尔的成长经历，借助其视角感知小说展现的极尽真实的社会图景。

3.通过选择不同叙述视角，体会小说第一人称叙述视角带来的独特艺术效果，感知作者选择第一人称叙述的深刻原因。

**【参考资料】**

1.狄更斯简介

狄更斯（1812—1870），英国作家。出生于英国朴次茅斯的波特西地区，父亲是海军中的小职员，嗜酒好客，经常入不敷出。10岁时，全家被迫迁入负债者监狱。狄更斯只上过几年学，主要靠自学和深入生活获得广博的知识和文学素养。16岁时在一家律师事务所当缮写员。后担任报社的采访记者，熟悉议会政治中的种种弊端。记者工作使狄更斯有机会广泛接触英国社会各方面的生活，获得丰富的知识，为他日后写作积累了宝贵的素材。

1836年，狄更斯以笔名“博兹”出版了两辑记述伦敦中下层人民生活的《特写集》，接着第一部长篇小说《匹克威克先生外传》在报纸上连载。这部小说使他一举成名，从此摆脱贫困生活，专门从事文学创作。狄更斯一生共创作13部半长篇小说，20余部中篇小说，数百篇短篇小说，此外还有许多演说词、书信和散文等。

2.《大卫·科波菲尔》简介

《大卫·科波菲尔》是19世纪英国批判现实主义作家查尔斯·狄更斯的第八部重要作品，写于1848—1850年。和他的其它作品一样，故事以连载的方式刊登，历时两年。在这部带有自传性质的小说里，狄更斯借“大卫自身的历史和经验”，从某些方面回顾和总结了自己的生活道路，表现出他的人生态度、道德理想。作品所展示的绘声绘色、丰富多彩的生活画面，具有鲜明深刻的时代特点。在1867年版中，狄更斯写道：“和许多溺爱的父母一样，我也有一个心中最喜爱的孩子，他的名字叫大卫·科波菲尔。”

3.叙事视角

叙述视角也称叙述聚焦，是指叙述语言中对故事内容进行观察和叙述的特定角度。叙述视角的选取影响着小说的叙事效果，正如华莱士·马丁在《当代叙事学》中所言，“在很多情况下，如果视点被改变，一个故事就会变得面目全非甚至无影无踪了”。

申丹教授对学者们提出的各种叙事视角模式进行综合和提炼，归纳出九种视角（如下表）。

| 视角模式 | 模式特点 |
| --- | --- |
| 全知视角 | 可从任何角度观察事件，透视任何人物的内心。 |
| 选择性全知视角 | 限制自己的观察范围，仅揭示一位主要人物的内心。 |
| 戏剧式或摄像式视角 | 故事外的第三人称叙述者客观记录人物的言行。 |
| 第一人称主人公叙述中的回顾性视角 | 第一人称叙述者从自己目前的角度观察往事。 |
| 第一人称叙述中见证人的旁观视角 | 第一人称叙述者只是旁观者。 |
| 固定式人物有限视角 | 用故事内一个固定人物的视角来观察。 |
| 变换式人物有限视角 | 采用不同的人物来聚焦不同的事件。 |
| 多重式人物有限视角 | 采用几个不同人物的眼光来反复观察同一事件。 |
| 第一人称叙述中的体验性视角 | 采用当初正在体验事件时的眼光来聚焦。 |

4.补充材料

彼得·阿克罗伊德《狄更斯传》；狄更斯著，宋兆霖翻译《大卫·科波菲尔》。

**【教学过程】**

**（一）导入**

文学作品是不同文化交流的载体，在传播中发挥不可替代的作用。而影视作品则在最近几十年迅速成为传播文学作品的重要手段，成为传达文化价值观的重要桥梁。一些著名电影皆为小说改编，如原著为澳大利亚作家托马斯·基尼利的《辛德勒的名单》，原著为美国作家玛格丽特·米切尔的《乱世佳人》，原著为英国作家简·奥斯汀的《傲慢与偏见》，等等。电影和小说同为讲故事的载体，在“如何讲好故事”这一问题上有某些相似之处，两者对比，可以帮助我们更加深刻地理解小说的叙述技巧。

广州天河外国语学校即将举办“外国文学电影节”，我们将在畅读文学原著的基础上，以多样的形式，吸引更多读者进入小说世界，一窥大千世界的面貌，领略各个国家和民族不同时期的社会文化风情。

**（二）学习活动一：改编名著，选择视角**

1.默读选文，增删原文内容

高二同学们决定将《大卫·科波菲尔》（节选）改编为微电影，请同学们小组合作，首先确定电影的剧本。你会如何增删原文的内容？试着描绘你最想要保留的场景和画面。

教师展示图片：

河边工厂，简陋的房屋，恶劣的监狱

2.更换视角，重演故事

播放电影《大卫·科波菲尔》（西蒙·柯蒂斯导演，1999）选段（3分钟）

赏析电影片段，思考，导演是从谁的视角拍这个故事的？结合小说第十章相关内容，从原文出发，试着从继父谋得斯通的角度重述“送大卫到货行当童工”这一情节，请同学表演这段情节。

参考示例：

P149：他们阴沉沉地板着脸，神情严肃冷酷，对我不理不睬。

P150：“他现在待在家里，”谋得斯通先生说，“没在哪儿上学。我不知道拿他怎么办才好。真是个难题。”

P151：“简·谋得斯通，请你让我来说吧。我说，大卫，对年轻人来说，这个世界是个立身创业的地方，不是供人游荡、无所事事的处所。对一个像你这样脾气的年轻人来说，更是这样。你的这种脾气需要大改特改。对你这样的脾气，除了强迫你遵守这个立身创业的世界的规矩，把这种脾气压服、摧垮外，没有其他更好的办法。”

小结：不同视角对故事叙述产生的重大影响

**（三）学习活动二：代入视角，感知世界**

1.精读课文，体验视角独特性

当我回忆幼年混沌岁月时，首先清晰地浮现在脑前的便是我母亲，我那长着一头秀发，模样年轻的母亲，还有没模没样的佩格蒂。佩格蒂的眼睛真是黑，以致她眼周围的那部分脸色也发暗，她的双颊和双臂硬梆梆而又红彤彤，我常为鸟们不来啄她，而去啄苹果而感到奇怪。

（第二章《我对早年的回忆》）

小大卫的视角有何特色？精读课文第5段、第24段，以及补充材料，从具体字句出发，分析作者选择小大卫这一视角的原因。

| 原文位置 | 关键字句 | 关注点 |
|---|---|---|
| | | |

2.揣摩细节，分析成长

小大卫以孩童的视角看世界，在这一过程中，他遇到了形形色色的人，逐渐成长。再读选文，思考问题：在本章中，“我”同米考伯一家的交往占了很大篇幅，“我”和米考伯一家的关系究竟如何？是什么造成了这种关系上的变化？试从原文中寻找依据。

3.电影社已经确定了大卫的选角，化妆师需要听取导演的意见，对演员开场和结束时的妆容、服饰等进行更改。请小组合作，用绘画描绘两个时期的大卫形象，并谈谈主人公的形象有何变化，你为何这样创作。

小结：儿童视角的特殊性，狄更斯人物塑造的“童话化”

**（四）学习任务三：细读文本，揣摩文中“我”**

1.朗读第一段，一共出现了多少个“我”字，他们分别代指谁？作者为什么要让“我”的所指发生转变？结合“补充材料”中关于叙述视角的相关内容分析这一问题。

如今，我对世事已有足够了解，因而几乎对任何事物都不再引以为怪了。不过像我这样小小年纪就如此轻易地遭人遗弃，即使是现在，也不免使我感到有点儿吃惊。好端端一个极有才华、观察力强、聪明热情、敏感机灵的孩子，突然身心两伤，可居然没有人出来为他说一句话，我觉得这实在是咄咄怪事。没有一个人出来为我说一句话，于是在我十岁那年，我就成了谋得斯通–格林比货行里的一名小童工了。

2.文中还有哪些部分出现了类似的视角转换？试指出具体文段。另一个“我”在阐述童年经历时的感触如何？结合文段分析其优点。

3.电影社开展“推荐语”征稿大赛，为《大卫·科波菲尔》微电影撰写推荐语，主题为“我”的成长，请你结合这一主题，为微电影创作一段推荐语。

小结：小说创作中选择视角的依据

**（五）课后作业：选择视角，尝试创作小小说**

同学们，我们已经进入“文学电影节”的尾声了。今天是“文学电影节”的最后一次活动——“我来创作小小说”征稿活动。以下是征稿主题：

回忆过去，诸多记忆涌上心头。在记忆的浪潮中，总有些事情让人刻骨铭心，难以忘怀。试以“记忆”为题创作一篇小小说。要求：深化思考，明确视角，结合心理描写、动作描写等多种手法进行创作。不少于800字。

**以上两组教学设计的不同就在于：**

第一组深入文本，是在按照文本言象意的结构图式对文本进行阅读之后，根据学情，选择文本中最具有教育教学价值的内容作为教学内容，并由此进行相关学习活动的设计、教学环节的安排，在教学过程中帮助学生落实知识和思维，建构知识图式，寻找语用和文本建构规律，提升“三思”（思想、思维、思路）水平。

第二组偏离文本，要么把“作者”、要么把“时代”等非学科必备知识作为教学目标；教学内容多为拓展类知识的灌输，而不是从文本中生长出来，也没有体现基础知识、知识图式或规律性知识在文本中的体现；教学环节之间的逻辑关系也就不够清晰和缜密。尤其是《大卫·科波菲尔（节选）》的教学设计，教学目标和课题不能匹配，表现为设计者在叙述视角这一小说的写法（言）、人物的成长（象）还是社会文化图景（象）、作者立场态度等方面找不到明确的落点，如果是第一种，可以多和其他叙事视角做比较；如果是后三种，一定要把写法和成长、写法和图景、写法与态度间的关联建立起来，也就是说这样的写法是否更好地塑造了人物、呈现了图景或者表达了态度，由此才能帮助孩子打通思维路径、建构知识图式。情境任务的创设要基于落点，指向落点，要有总任务引领各个教学环节的学习活动。给相关教师提出修改意见如下：

1.活动三改为活动一，阅读课文文本开篇第一自然段，明确小说叙述视角为第一人称视角，在与其他叙述视角的比较中（与其他人称自传体小说如《钢铁是怎样炼成的》比较），或者在改换视角的学习活动（第三人称改写）中，也可以在改换第一人称视角主体（以谋得斯通为第一人称视角主体）中明确第一人称视角的好处：更能引发读者共情，比较适合自传体小说。

2.活动一改活动二，在再次阅读课文文本开篇第一自然段、明确其中的儿童视角的基础上，开展教材文本中儿童视角相关内容的梳理和分析，确认第一人称儿童视角的效用：引发读者共情，从而强化人物跟环境之间的冲突（成人认为理所当然，孩子认为是“咄咄怪事”），可在该环节结束或全课结束时简要介绍作者批判现实主义的写作立场和该作品引发的现实影响。

3.活动二改活动三，在第三次阅读课文文本开篇第一自然段、明确其中的成人视角的基础上，开展教材文本中成人视角相关内容的梳理和分析，确认第一人称成人视角的效用：引发读者共理，思考并确立成人视角以及儿童视角与成人视角双向奔赴（双重视角）的价值：更好地展现了人物成长的内在逻辑。在此基础上，通过这样的成人是怎样成长起来的呢？其成长过程是怎样的呢？这一问题，引发学生阅读整本书的兴趣，或布置相关学习任务，从而为从节选文本阅读到整本书文本阅读打下基础。

# 第三节　两节《散步》阅读教学课点评

教学设计是蓝图，课堂教学便是按照图纸建造的房屋。当然，这一房屋跟建筑领域的房屋还不一样，它是作为蓝图设计者的教师和学生共同完成的，建造过程中会有很多的“生成性”部分，甚至有些时候“生成性”部分占了主体，改变了原有的设计方案。

无论如何，教学设计之后的一步，就是课堂教学实施，以下是笔者对两节《散步》阅读教学课的观察和思考。

## 一、三品《散步》之境

### “三品《散步》之境”教学设计

**【教材分析】**

《散步》作为散文新经典，近年来，被选入多个版本教材。旧人教版教材将其定位自读课文，统编教材则将其定为教读课文，可见这一文本的价值在提升。教师应如何用好这样经典篇目，既给学生以精神的滋养，又能让学生学到语言运用的规律呢？抓住文章最核心的理念和最重要的艺术手法组织学习，是学习这篇课文的关键。指导诵读依然是本单元教学的重要任务，因而教学中要利用好诵读这一重要手段。设计这堂课，我以诵读为经，以三“境”为纬，编织《散步》这一文本阅读的纯美世界。

**【教学目标】**

1.诵读品味文中写景的文字，体会作者对生命的倾情赞颂。

2.诵读品味文中写人物活动的文字，感悟作者对生命的尊重，对责任的承担。

3.学习散文“以小见大”的写法，品味本文“尺幅波澜”的艺术手法。

【教学过程】

（一）导入：听诵读，理内容

我们或曾在江边迎着蒙蒙细雨漫步，或曾在小区的小道那浓密的树荫下漫步，或曾在西南边陲的某个古老小镇的石板街上漫步。每一次的漫步游走，都给我们独特的体验和感受。今天我们学习的莫怀戚先生的经典名篇《散步》，看看这一次的田野间的散步，能给我们带来什么感受呢？

请大家听达式常老师的朗诵，听读课文的时候，完成老师给的两个小任务：

1.从“我”的角度，用简洁的话概括文章的主要内容。

2.说说你听读完这篇文章后，第一感受是什么？

（播放达式常的朗诵视频）

答案预设：

1.概括内容：文章主要写了我和妻儿陪同母亲在田野散步时，遇上分歧——儿子想走小路而母亲想走大路，最终完美解决，和和美美走小路散步的故事。

2.感受到生命的美好、家庭的和美、尊老爱幼、责任的重大、老人的慈祥、孩子的可爱……

通过达老师的深情诵读，我们初步感受到了这篇文章的艺术魅力。

下面，我们要细细品味，三探文本的奥秘，三品文本的境界。

（二）一探“冬”与“春”——品生命之境

1.体会作者对“冬”与“春”的不同情感

屏显：

**天气很好。今年的春天来得太迟，太迟了，有一些老人挺不住，在清明将到的时候死去了。但是春天总算来了。我的母亲又熬过了一个严冬。**

诵读指导：“太迟，太迟了”“总算”“熬”等词语要读出“冬天”给人带来的考验之大，和对春天期盼的语气。

（1）思考：人们对待“冬”与“春”分别是什么态度？为什么有这样的区别呢？

预设：人们都希望冬天早日过去，期盼春天的到来。因为冬天对老人来说，意味着难关。冬天萧瑟，意味着生命的消亡、终结。而春天生机勃勃，意味着生命的勃发。

（2）品读文中两段描写春天景物的文字，感受生命的美好。

屏显：

这南方的初春的田野！大块儿小块儿的新绿随意地铺着，有的浓，有的淡；树枝上的嫩芽儿也密了；田野的冬水也咕咕地起着水泡儿……这一切都使人想着一样东西——生命。

她的眼睛顺小路望过去：那里有金色的菜花、两行整齐的桑树，尽头一口水波粼粼的鱼塘。

诵读指导：第一段读出欣喜，赞美；第二段读出期待。

思考：这两处景物描写分别出现在文章的什么位置？作者这样安排有何用意？

预设：第一处安排在母亲终于同意与我们一起散步后，我们来到田野见到的情景。此处的描写春天到来之后，万物复苏的景象，表现了作者对生命的赞美，更表现了经历严冬的考验之后，终于迎来春天的喜悦之情。更以春天之景，表现了一家人和和美美地在田野散步时的美好境界，是人情与美景相交融的生命之境。

第二处则安排在母亲同意小孙子走小路时，望向小路见到的美景。菜花、桑树、鱼塘与《桃花源记》中的“有良田美池桑竹之属”意境一致，那是人间烟火的气息。孙儿代表着生命的未来，这样美好的景象正是对未来美好生活的期盼的象征。

《散步》体现的生命境界，并不是无人之境，而是人间烟火与自然美景的和谐映衬所协调出的生命之境。作者通过对春天的美景的描写，既是对自然生命的礼赞，更是对自我生命延续传承蓬勃发展的热爱。

这是一曲生命的赞歌。

（三）二探“背”与“笑”——品人文之境

屏显：

我和母亲走在前面，我的妻子和儿子走在后面。小家伙突然叫起来：“前面也是妈妈和儿子，后面也是妈妈和儿子！”我们都笑了。

到了一处，我蹲下来，背起了我的母亲，妻子也蹲下来，背起了我们的儿子。我的母亲虽然高大，然而很瘦，自然不算重；儿子虽然很胖，毕竟幼小，自然也很轻。

诵读指导：抓住人物语气及对称句的诵读特点指导。

思考：你从“背”这一举动中看到了什么？“我们都笑了”，原因是什么？思考“背”与“笑”之间有什么深层联系呢？

预设：

“背”起来，是遇到困难时，一家人互相扶持的景象，是中年人承担起生命传承这一责任的象征，更是在家庭关系中，主动付出的具体行动。

在文中，有多处地方与“背”这一行动相照应：首先是开始的时候，“我”劝说母亲出来散步，做儿子的考虑到母亲的需要，主动陪伴，既是为母亲的健康着想，更是对熬过严冬经历丧夫之痛的母亲的安慰；接着，散步途中遇到分歧，“我”仔细思考，左右权衡，最终决定依从母亲，这样的细心，更是生活中难得的体贴；最后，这一行动落实到了“背”，成就了全文最温暖的画面。

“背”在这里既是承担责任的象征，更是爱的行动的象征。我们都呼唤爱，需要爱，但如果我们的爱不能落实到行动之中，就失去了意义。

有了对背的理解，我们对“笑”也就更容易理解了。

表面上看，一家人因为小家伙的可爱聪慧而笑了，仔细一想，这个“笑”正是这一家人生活和谐，爱意浓浓的直接外显，是生活美满幸福的象征。这样的轻松、融洽和美满的生活，不正是我们追求的目标吗？

“背”是承担，是行动，是表达；“笑”是结果，是情感，是目标。

### （四）三探“小”与“大”——品艺术之境

以小见大，是本文非常重要的艺术特色。小镜头大视野，小叙事大境界。我们来品读两句话感受一下。

屏显：

**一霎时，我感到了责任的重大，就像民族领袖在严重关头时那样。**

**但我和妻子大都是慢慢地、稳稳地，走得很仔细，好像我背上的同她背上的加起来，就是整个世界。**

**诵读指导：两段都要读出责任重大之感，第二段还要读出我和妻子的小心谨慎。**

思考：选择走哪条路这样的分歧并不是了不起的大事，作者为什么说“像民族领袖在严重关头时那样”？怎么理解“好像我背上的同她背上的加起来，就是整个世界”？

预设：“像民族领袖在严重关头时那样”大词小用，增强语言的幽默感，同时也表明作者在进行抉择时郑重其事。“分歧”这一情节，直接引出了“责任”这一主题词，正是通过家常小事表现作者对“责任”的认真思考，而大词小用，正好表现了作者对责任的担当。可谓以幽默的笔调将宕开一笔，从小叙事中，写出大境界来。

“好像我背上的同她背上的加起来，就是整个世界”，对于中年人来说，传承生命，并让生命在每一个阶段都呈现最美好的状态，是他们不可推卸的责任，他们要让老人安享晚年，让孩子健康成长。因而此刻他们背起了母亲，背起了儿子，正象征着背起了我们的过去和未来，当然就像是背起了整个世界。从散步这件小事出发，作者真正思考的是责任、生命和爱这些重大的主题。

（五）结课

这节课，我们抓住三组对举的概念，从艺术手法，文章的主题等方面品味了《散步》的三重境界，欣赏了作者生动朴实的语言，理解了作者对责任的承担，对爱的表达形式的思考和对生命的歌颂。从《散步》的三重境界里，我们要学学会热爱生命，学会表达爱。

（六）作业：运用以小见大的手法，从生活细节取材，写一段话

## 以深度阅读打开有效教学的大门

——“三品《散步》之境”评课

“三品《散步》之境”对七年级上册莫怀戚作品《散步》进行了精到的教学设计，而这，显然是以对作品的深度阅读和独到解读为基础的。可见，以深度阅读打开有效教学的大门，这是提高语文课堂效益的可行路径，甚至是必由之途。

本节课的三个教学环节如下：

一探“冬”与“春”——品生命之境；

二探“背”与“笑”——品人文之境；

三探“小”与“大”——品艺术之境。

其中打引号的三组词语，一组为名词，一组为动词，另一组为形容词，均出自文本。在文本中寻找这样相互呼应彼此对照的语词或画面，这也是我们深入文本的可行路径，甚至是必由之途。

读了这一教学设计，我很受启发，当然也觉得该设计在知识的体系性、思维

的缜密度和文本的深入度上还可以做一些优化。笔者尝试优化如下：

**（一）一读，概括内容。**要求用最精简的语言概括出本文写了什么——写了“一家三代四口人在田野上散步的情形”。

**（二）二读，探究主旨。**能够在文本中找到体现主旨的关键词“生命”，并用文本中三个动词“熬”“笑”“背”分别分析出与“生命”有关的个体生死的荣枯、代际生命的传承以及在责任的承担中所体悟到的生命的意义。

**（三）三读，品鉴艺术形式。**能够在文本中找到几组反义词，并分别把它们和作者的艺术构思、艺术表达对应起来。小路大路、小孩大人，其中的“小”与“大”可以象征人生选择上的分歧、可以表达亲情的可贵、也可以暗扣亲情代际生命的传承，但从艺术构思上来说主要对应着作者在选材上的以小见大，也就是胡金辉老师所说的“小镜头大视野，小叙事大境界”；“轻”与“重”以母亲和儿子身体的轻和“我”做出决定时所感受到的责任的重对举，对应着作者在主旨呈现上的艺术匠心；“淡”与“浓”出现在作者对初春田野的景物描写中，但其实也是作者语言表达的整体风格。

对于《散步》一文的言象意及其三者关系，可图示如下（图中涂红的字眼均出自文本，是对文本中多次出现、彼此呼应、形成比较的类信息的提取和组合）：

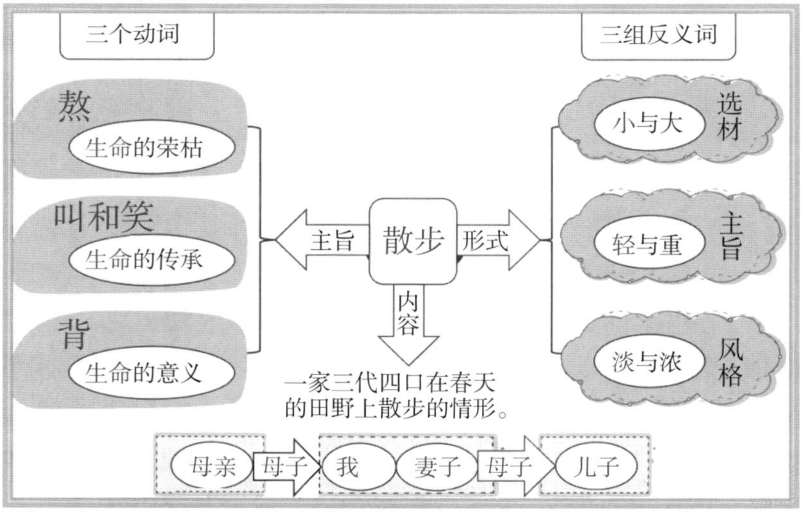


**（四）四读，互文拓展，写一篇自己的《散步》。**

1.阅读臧克家的短诗《三代》，感受生命传承的伟大、亲情传递的美好、长辈劳作的艰辛和人生责任的重要，感受中国人尊老、孝亲、护生、重情的文化传统。

**三代**

臧克家

孩子　在土里洗澡；
爸爸　在土里流汗；
爷爷　在土里葬埋。

2.阅读李娟的散文《散步》，在内容、形式、主旨三方面与课文进行比较，选择你比较喜欢的一篇进行仿写。

**散步**

李娟

有一天我妈从地里回来，反复向我夸赞今天遇到的一只神猫："它寸步不离地跟着人走。人到哪儿，它也到哪儿。我都见过它好几次了，每次都是这样。"

我说："这有什么稀奇的。"

她问："那你见过整天跟着人到处跑的猫吗？"

我细细一想，啧，还真没见过。

我见过的猫统统特立独行，只有人跟着它跑的份儿，哪能忍受给人类当走狗——哦不，走猫。

我见过的猫，除非生命遭到威胁——比如天气极寒，或受伤，或饥饿，或缺少产仔的适当环境——那时，它们才谄媚于人，一见到人就跟着走，渴望救助。

可眼下这只猫，显然不属上述任一情形。

我后来也见了它一次，果然稀奇。

那家人承包的是我家隔壁那块土地。人口蛮多的，每天上工下工，都会经过西边的水渠。那只猫俨然也以劳动者的姿态行走其中。昂首阔步，理直气壮，好像它这一天干的活不比别人少。

我妈和我商量："假如我向那家人讨要这只猫，你觉得他们会不会给？"

我说："只听说要猫仔的。人家都养这么大了，你好意思开口吗？"

她想了想，说："那我就去借猫，我对他们说家里有老鼠，借来养几天。

然后我就拼命喂它好吃的，说不定它就不想回去了……到时候，我们就赖着不还。”

又说：“他们是外地人，他家葵花又比我家打得早，说不定过几天就撤了。这一忙起来，哪还能顾得上猫的事。”

我忍不住问：“那猫有那么好吗？”

她说：“特好。它一直跟着人走。”

到了第二天，她果真就找到那家人，期期艾艾开了口。

结果大出人意料。对方直接把猫送给她了。

她惊喜又不敢相信：“这么好的猫，你们为啥不要了？”

对方回答：“不是我们的猫。”又烦恼地说：“不知为啥，它非要跟着我们走，甩都甩不掉。”

我妈抄起猫就跑。

回到家，搂着猫喜滋滋地亲了又亲，对它说：“好啦，从今天开始，你就是我家的猫了！”

这只猫估计有恋人癖。它不但是个跟屁猫，日常生活中对我妈和我百依百顺，整天像只死猫一样拉直了任摸任撸。也不挑食，还能逮老鼠。简直就是一只经济适用猫。

但是，第二天就暴露了本性。

它把大狗丑丑咬得两天不敢回家……

那一幕情景我若非亲眼所见，简直不敢相信！

丑丑何其凶狠啊！而且体态巨大，跟个小牛犊似的，追咬羚羊的时候跟玩儿一样。偷鞋子的时候更是方圆十里没人追得上。

可面对跟屁猫，怂得跟耗子似的。

丑丑和跟屁猫初次见面，对峙了不到一秒钟，跟屁猫“哇呜”一声冲上去就咬！

丑丑傻眼了，它没有正式进入谈判程序呢。就算进入了谈判程序，往下总还有宣战程序吧？可这只猫啥程序也不讲，啥解释也不听。于是丑丑还没反应过来就被咬住了命门——喉咙。

跟屁猫的进攻不但精准，而且狠辣，咬住后绝不松口，四只爪子紧紧抓住狗毛不放。丑丑鬼哭狼嚎，上蹿下跳。好容易才把猫甩掉，猫落地的一瞬间立刻又反扑回去，扑上去接着咬。一口，一口，再一口。毫不犹豫，毫不留情，还伴以震慑性超强的怒吼。

这哪里是中华田园猫？这分明是中华田园虎！

我和我妈看得目瞪口呆，一时半会儿竟然忘了上前营救。

而丑丑这家伙，前失先机，后丧胆魄。只顾着吱哇乱叫，颜面尽失。

我和我妈好容易回过神，一齐冲上去，拼命拉扯，才将它从猫口救下来。这家伙也顾不上道谢，夹着尾巴掉头就跑。

跟屁猫首战告捷，第三天又趁热打铁，把路过我家蒙古包的一头牛咬了。

那真的是一头牛啊……体态至少比猫大一两百倍啊……

跟屁猫的战术仍然没有变化。仍是狭路相逢，一个眼神儿不对，冲上去就咬。

我看其他猫袭敌之前，先伏身相峙，再呜呜警告，再甩无数眼镖。然后耸肩龇牙，拉开架势斗狠示威十来个回合，最后实在谈判无效了才正式拉开实战。可这一位，毫无章法可言，完全无视江湖规矩与日内瓦公约。

狗被猫咬成了耗子，牛则快被咬成了狗。它惊得仰天长嘶，发出了时代最强音。好容易才甩掉猫，尥着蹶子一溜烟就跑得没影儿了。

唉，要是早几天得了这神猫，我何至于赶牛赶得那么辛苦！

经过这两战，跟屁猫奠定了不可动摇的江湖地位。我和我妈再想胡撸猫毛的时候，忍不住手下一顿，千思万想，心潮起伏。

后来我们很长一段时间都担心它会不会欺负赛虎和鸡。结果人家才不屑于此呢，人家一看就知道这两者不是一个重量级的。

对了，说的是散步。

葵花地里的最后一轮劳动也结束了，在等待葵花收购的日子里，每天晚餐之后，我们全家人一起出去散步。

真的是全家人——跟屁猫也去，赛虎也去，一只胆大的兔子也非要跟去。

丑丑最爱凑热闹，它绝不会落下此类集体活动。但它怕猫，只好远远跟着。

此外，未入圈的鸡也会跟上来。天色越来越晚，鸡是夜盲眼，渐渐无法前进了，唤半天才挪几步。我妈便弯腰抱起它，继续往前走。

我妈不时说："要不要把鸭子带上？你猜鸭子会不会跟不上来？"

不等我回答，又得意地说："我家啥都有，我家啥都乖！"

我们这一队人马呼呼啦啦走在圆月之下，长风之中。我妈无比快乐，像是马戏团老板带着全体演职员工巡城做宣传。又像带散客团的导游，恨不能扛着喇叭大喊："游客朋友们，游客朋友们，大家抓紧时间拍照，抓紧时间拍照！"

我也眷恋那样的时刻。宁静，轻松，心中饱满得欲要盛放，脚步轻盈得快要起飞。那时的希望比平时的希望要隆重许多许多。

我妈走着走着突然问我："听说你们城里有卖那种隆胸霜的？"

我瞟一眼她的胸部，问："你要那个干嘛？"

她得意地说："我告诉你啊，这可是我想出来的好办法！用那种霜往我们家狗耳朵上一抹，耳朵不就支棱起来了吗？该多神气！"

我一看，果然，我们家大小两条狗，统统都耷拉着耳朵，看上去是挺蔫巴的。

"连个猫都打不过，还好意思支棱耳朵……"

我妈整天操不完的心，狗的耳朵立不起来她也管。公鸡踩母鸡，踩得狠了点儿，她也要干预。猫在外面和野猫打架，她也要操起棍子冲上去助战。每天累得够呛，满脸"队伍不好带"的痛心样儿。

直到这会儿，她才感到事事舒心。在静谧的夜色中，领着全家老小晃荡在空旷的河边土路上，又像一支逃难队伍在漫长旅途中获得了短暂而奢侈的安宁。

我做了个梦，梦见我们仍在月光下散步，这回都到齐了。鸭子也一摇一摆跟在后面。我家新收的葵花籽装麻袋垒成了垛，高高码在拖车上，也慢慢跟着前行。突然又想起还有外婆，我赶紧四处寻找。然后就醒来了。

（有删减）

## 二、《散步》深度教学

### 《散步》教学设计

【学情分析】

初一学生刚由小学入初中，开启了与父母分离的生活历程。本单元的《秋天的怀念》《散文诗二首》都关乎家庭亲情，学生已经有了较好的感情基础。但生活的细节与小事常常被学生忽略，教师应当引导他们关注细微事物，感受和体会隐藏在其中的情感，从而帮助他们获得不同的情感体验。通过文本解读和词句的解析，也可以加深学生对于课文情感的理解。

【内容分析】

《语文课程标准（2022）》要求7～9年级：阅读表现人与社会、人与他人的古今优秀诗歌、散文、小说、戏剧等文学作品，学习欣赏、品味作品的语言、形象等，交流审美感受，体会作品的情感和思想内涵。本单元主要以亲情为表现主题，从不同角度抒写了亲人间真挚动人的感情。学习本单元，要继续重视朗读，把握文章的感情基调，注意语气、节奏的变化。在整体感知全文内容的基础上，体会作者的思想感情。《散步》说的是一家人散步的琐事，内容看似浅显，但仔细品味，会感觉到平常的生活中流淌着亲情，滋润着人的心灵。

【教学目标】

1.在熟读课文的基础上，理清文中事、景、人，并把握其特点。

2.通过朗读，揣摩词句，理解课文的思想情感。

3.培养学会从细微处感知生活的能力，多层次理解生命的主题。

【教学重难点】

重点：通过朗读分析，理清文中事、景、人，并把握其特点。

难点：揣摩重点词句含义，多层次理解生命的主题。

【教学过程】

（一）听朗读，感内容

学生代表配乐朗读，学生听读，感知文本。

（设计意图：通过配乐朗读，浸润感受文章基调与内容，形成对文本基本的认知。）

（二）理文本，赏美景

1.请用一句话概括文章主要内容。

明确事：我们一家在田野上散步。

2.找出文中景物描写的段落，读一读，说说文中景物有怎样的特点？

明确景物特点：充满生机、活力与希望。

（设计意图：理论依据：理解是教学的根本基础，转化是教学的核心过程。为理解而教，是深度教学的本质诉求。文中的景物选择精心挑选，抓住初春、田野、新绿、嫩芽儿、菜花、桑树、鱼塘等景物，深度理解，去感知文中景物，体会其生机勃勃、充满活力与希望的特点，体会生命的荣枯。）

（三）知形象，感内涵

你最喜欢文中哪个人物，结合内容说说你的理由。

明确人物形象：

我：孝顺　顾大局

我的儿子：聪明　可爱

我的母亲：慈爱　和善

妻子：贤惠　体贴

（设计意图：四个人物可分为三组，分别代表着三种不同的生命状态：老年、中年和童年。理解三种生命状态，为后面理解的生命的使命、传承铺垫。）

（四）谈主题，悟生命

1.体会文中多个“我的”的深层含义。

2.品味文章结尾句，结合全文，说说你对“整个世界”的理解。

但我和妻子都是慢慢地，稳稳地，走得很仔细，好像我背上的同她背上的加起来，就是整个世界。

（设计意图：理论依据：理解性教学所追寻的“理解”，是指理解对于人的生成的意义，把理解视为人的存在方式和发展方式。通过品析“慢慢地”“稳稳地”“背上”等词语，深度感知与理解“整个世界”的含义，更深层次理解生命的价值，进一步挖掘文章的主旨，获得情感体验。）

**（五）说小结，深理解**

总结提升，收束全文。

**【板书设计】**

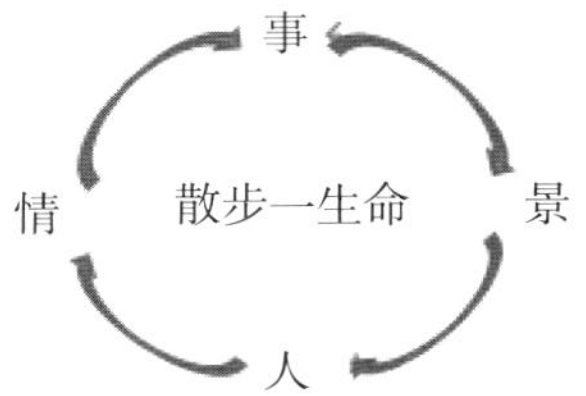


**【作业】**

1.《金榜学案》强基部分。

2.写一个你与家人之间的小事，并写出你从中的感悟。（不少于200字）

**【教学反思】**

## 为深度而教，为理解而学

翻开三年前写的《散步》教学后记，记得当时的学生下课后跑过来跟我说：“老师，太有感觉了！”今天再教，虽然课堂的深度挖掘了，呈现出的课堂效果却没有三年前的好。经过专家的点评和同行的讨论，可以归结为以下几个方面：

**（一）问题的设计**

这是一堂阅读的精读课，整个教学设计的思路是根据文中的四个主要方面进行：事件（散步）、景物（田野）、人物（一家四口）而进行。由事景人而到情感的理解，自然而然。教学过程中的问题设计，应当切合学生实际，在真情境中去引发共鸣和思考。如在景物赏析中，我设计的问题是：“找出文中景物描写的段落，读一读，说说文中景物有怎样的特点？”看似很明确的问题，但实际上容易走向回答的死胡同。“特点”这个词的指向性不明确，除了生机勃勃和春意盎然，似乎很难有别的回答。因此可改为：“这里的景物，描绘了一幅怎样的画面？”用“通过_______，我感受到了一幅_______的画面”的形式说话，更能调动学生的表达。而在景物的具体赏析方面，流于表面，没有真正深入文本。不妨在设计中给出从用词、感官等方面进行引导，让学生真正走入文本去理解景物的内涵。在正堂课的设计中，应当以主问题带动，如“为何普通的文本会有如此大的张力”等来贯穿整个课堂，或许比碎问碎答要好。追求真情境下的主问题和大任务设计，可以更好地进行前后的勾连。

### （二）文本的整合

深度教学理论认为，理解是教学的根本基础，转化是教学的核心过程。为理解而教，是深度教学的本质诉求。王惠博士认为，文本的整合应当关注文本的言象意，即关注文本的语言文字的形式表达，通过具体的象的表达来挖掘内容含义，进而通过意义的表达来挖掘文本的情感表达。文本的深度挖掘，应当找到相应的抓手，而并非只是架空在文本之上，空洞地去理解，对于真正走进文本是没有帮助的。

从景物、人物和事件的角度去进入文本的探究，看似没有问题。然而在具体的操作过程中，却有不少的问题。究其原因，主要是对文本解读的细碎，没有一线串珠的流畅感。

### （三）主题的挖掘

本文在传统教法上，很多会倾向于把主题定为尊老爱幼的传统、中年人的使命和责任、生命的传承与价值，其实这些都没有问题。在主题的理解方面，倾向于生命，这是一个基本的思路。那么是否就一定要将主题定为其中的某一个呢？其实是不必要的。生命也好，美德也罢，还是家庭亲情，在这个文本中都是可以找到具体的落实的。也就是说，如果仅仅把主题定性为其中一个，就会陷入本本主义和教条主义的束缚，很难从中跳脱出来。

记得三年前教《散步》的时候，我写过一段话：

本次教《散步》，刚好是大伯过世后请假回来，年初刚刚经历祖父过世的痛，祖母丧偶后的病；又往前一点，自己成家成了父亲，家庭的责任与担子一下子落到自己的肩上，对这篇文章的解读角度和层次又都有了一些新的变化。

这一次在情感上显得有些苍白，主要在背景的挖掘方面不够，忘记把背景材料融进整个教学过程中。

文章写于1985年。莫怀戚父亲刚去世。照料了莫怀戚多年的母亲似乎一下子给抽掉了生活的目标，身体情况变得很复杂。莫怀戚有个弟弟是医生，私下说，莫怀戚母亲处在丧偶综合征中，这是一个微妙的阶段，必须谨慎度过，最不能缺的就是子女的陪伴。同时，作者在和美国朋友交流时候发现国外对“孝”也是倍加推崇，因此在散步的时候产生了写下这篇文章的念头。

因此作者在文中结尾写道：“但我和妻子都是慢慢地，稳稳地，走得很仔细，好像我背上的同她背上的加起来，就是整个世界。”这里“整个世界”是有明显背景含义的。父亲过世了，只剩下母亲一人。对生命的珍惜、对家庭的重视，是文章里透露出来的重要意识。

**（四）能力转化与变式迁移**

课本的内容学习，其实是解剖麻雀。麻雀虽小，五脏俱全。淡淡学习一个文本，是单一的、片面的，只有实现能力的转化和变式迁移，才能真正提升学生的学习能力。如文中景物描写的作用、文中结尾句的主题的深挖与理解、文中人物形象的分析，这些都应该的具备的基本语文素养和能力。培养学会从细微处感知生活的能力，多层次理解生命的主题，也是这篇课文的课堂教学应有的题中之义。所以，没有初春的田野，也并不妨碍对于生活细节的关注。

教学有法，教无定法。课堂的教学追求是永无止境的，公开课留下的遗憾，要在不断的思考和改进中完善。为深度而教，为理解而学，只有真正地走入文本，深度理解，才能真正落实文本。丢弃口号，做真正的文本解读，是语文课堂坚定不移的路。

## 由一节《散步》公开课谈单篇文本的整体教学

每一个文本都是一个言象意结合的自足的整体，也是一个和作者、读者、世界共同构成的关系的整体。如果说在综合运用中落实学科知识和学科思维是教学改革的总体路径，那么，语文学科的特殊性就在于文本的综合性。文本已经是语言文字综合运用的成果，是语文课程综合性与实践性的体现、工具性与人文性结合的载体，因此，单篇文本的整体教学是落实大单元教学的基础，是语文学科教学效能提升的关键。

今天听了一节周老师执教的《散步》公开课。周老师以精心准备的师生文本配乐朗读作为深度教学五环节中的第一环节——“意义导入”来开课，以自己创作的小诗结课，中间四个环节按照学校深度教学课堂设计五步骤，延续第一环节展开，分别为：深度理解—能力转化—变式迁移—总结反思。

周老师对文本解读颇深，学生在第一环节的朗读中也有了对文字的初步沉潜，但因教学过程中对预设的执著，各个环节推进不够流畅顺利，学生和文字之间的亲密关系、学生和文本之间的深度关联也就没能建立起来。具体说来，朗读之后，“深度理解”环节的第一个任务是：请用一句话概括文章主要内容。站起来回答问题的第一个学生说：“写了一家人散步的琐事。”听到“琐事”一词，笔者心头一亮：联系教学设计中“学情分析”部分周老师所写：“引导他们关注细微事物，感受和体会隐藏在其中的情感，有助于他们获得不同的情感体验。”感觉这是一个很好的教学生成机会，如果周老师顺势一问：“一篇写琐事的文本为何感人至深？”或许能够把后面的教学内容都统整起来。但是周老师此时应该是挂记着下一环节要解读的“文中景物”，因为必须有“田野”一词才能带出，所以周老师直接启发学生：“一家人是在哪里散步啊？是在我们散步的街道、巷子、小区吗？如果是在街道、巷子、小区，他们能看到那么美丽的景色吗？”于是有学生回答：“田野。”

接着进入下一个问题“找出文中景物描写的段落，读一读，说明文中景物有怎样的特点？”找到两段相关内容很容易，找到所写景物也不难，分析这些景物的特点也很轻松。问题出在周老师问第二段景物描写中的“菜花”“桑树”“鱼塘”背后有什么的时候，学生卡壳了。周老师说是“人”，并且抛出了预设的两个小问题，一个是填空：“这一切，让我想到生命的__________。”还有一个是问答：“课文中写道：‘我们在阳光下，向着那菜花、桑树和鱼塘走去。’一家人实际上是向着什么走去？”这是两个开放性的问题，学生的思路也很容易偏离文本。当一个学生说“向着幸福走去，因为景物烘托出一家人幸福温馨的感觉”时，我的心头再次一亮：这又是一个通过生成顺利进入下一个环节的好机会，但是周老师仍然记挂着“田野”，最后问学生在田野上散步和在小区里散步的不同。原来周老师的解读已经执着于“田野”，这和“引导他们关注细微事物”的教学初衷已然偏离，要知道学生生活在都市中，过着没有“田野”的生活，对“细微事物”和“温暖情感”的教学引导该落在何处呢？

下一个问题到了“人物”，周老师设计的活动较有开放性：“你最喜欢文中哪个人物？结合内容说说你的理由。”学生各有选择，也各有文本关联和个人阐释。此处，笔者不由想：如果能把学生的个人体验情境带进来是不是更好？比如文中人物谁最像你的家人？或者谁让你想起了自己的家人？周老师展示了预设的结论：“我”：孝顺、顾大局，儿子：聪明、可爱，母亲：慈爱、和善，妻子：贤惠、体贴。这些形容词都没错，遗憾的是都没有指向单元“亲情”主题和文本“生命”主题。

因为时间关系，后续的三个教学内容推进得比较仓促：通过“体会文中多个‘我的’的深层含义”来“谈主题，悟生命”，从而实现能力转化；通过“品味文章结尾句，结合全文，说说你对‘整个世界’的理解”来“说小结，深理解”，从而落实变式迁移；最后再用一首小诗“总结提升，收束全文”。

评课环节，周老师简要介绍了自己如何在“尊老爱幼”“中年人的担当”“家庭氛围”等说法中再三推敲确定文本的“生命”主题并进行相关设计的情况，说到了课堂推进比较卡的自我感觉和自我反思。几位教师随后发表了看法，觉得课堂的思维含量不够高，困惑也就主要集中“深度理解”如何引导？“变式迁移”如何实现方面。

笔者回顾了整节课教学，总体评价是统整度不够，而统整度也是能否实现“深度理解”和“变式迁移”的关键。

统整度不够表现在文本阅读教学和学生活动两方面。文本方面，首先是“生命”主题和教学内容的统整没有体现出来，“田野”上的景物之美和“生命”主题有什么关系？“一家三代”之间体贴关爱的人物之美和“生命”主题有什么关系？在没有关联的情况下进入最后环节的“生命”主题探究，会带来突兀和疏离之感。其次是文本三要素也就是言象意的统整没有体现出来，周老师的讲解只涉及内容和主题，对形式这一语言文字运用部分没有关注，而这一部分是语文课程性质确立的语文学科学习最主要的任务。因为没有关联语言文字的运用，对内容的解读和对主旨的探究实际上也就没有落点，学生的形象思维和理性思维活动也就难以被真正唤醒和调动。对于《散步》一文的言象意及其三者关系，笔者曾画图如上。

第三是育人目标和文本教学的统整没有体现出来，因为老师对“田野”的强调，使得文本难以和学生的真实生活情境发生连接，使得“引导他们关注细微事物，感受和体会隐藏在其中的情感，有助于他们获得不同的情感体验”的育人目标不能落到实处。

学生方面，首先是文本阅读和自身生命情境、生活情境的统整度不够，对此，以上已有分析；其次是思维活动的统整度不够，表现在不相关问题或者弱关联问题的碎问碎答，如果用“寻常之事（含寻常之人、寻常之景）为何感人至深？”这样的主问题，“生命、亲情、责任，哪个才是文本主题？”之类的辩论活动作为大任务，或许别有一番天地。

真情境、大任务、主问题，从育人效能和课堂生态来看，这三个概念至关重要。

从三思五步读写融合教学法的视域来看，读写融合的设计可以较好地弥补这节课统整度不够的不足。

# 第四节　一节高三备考课指导

## 一、备考课教学设计

### “心”有千千结，“理”解层层意
### ——文学类小说阅读之人物心理题型分析

【教学目标】

1.明确人物心理描写考查的题型；

2.掌握解题角度思路，明确答题规范；

3.理解概括人物心理变化脉络的能力。

【教学过程】

（一）导入：知学情·明考情

1.知学情

部编版普通高中教科书《语文》，含两册必修、三册选择性必修教材，其中对人物心理活动的分析共选录了16篇古今中外小说名篇及作为整本书阅读的《红楼梦》，在这些课文的“学习提示”及“单元研习任务”中，先后10次提及人物心理，现梳理如下：

《哦，香雪》的学习提示：小说没有激烈的冲突和曲折的故事，只是捕捉了几个小的生活场景，细致入微地描绘了香雪等几位姑娘的心理变化与情感波澜，折射出山村生活的新变化。（必修上册第28页）

第一单元“单元学习任务三”：从《百合花》《哦，香雪》两篇小说中各选择一两个感人的片段，揣摩人物的心理活动，分析典型的细节描写，并做简要点评。（必修上册第29页）

《祝福》的学习提示：阅读时，注意从性格和心理特点角度感受和分析祥林嫂这一形象……鲁迅小说的语言简练而深邃……如通过对眼睛、神情的描写，寥寥数语，便表现出祥林嫂内心的悲苦。（必修下册第106页）

《变形记》的学习提示：阅读时，注意品味小说中的语言、动作和心理描写，思考主人公“化虫”之后的遭遇，体会作品对社会现实深沉的批判。（必修下册第134页）

《红楼梦》的阅读指导：欣赏作者对人物形象的细腻描写，把握人物复杂的性格和丰富的内心世界。（必修下册第138页）

《复活》（节选）的学习提示：小说通过语言、动作、心理等方面的精妙描写，生动细腻地刻画了聂赫留朵夫这个正处于心灵转变的关键时刻、内心激烈震荡的人物。（选择性必修上册第72页）

《老人与海》的学习提示：文中还有大量的内心独白，找出来读一读，体会其对表现人物性格和揭示小说主题的作用。（选择性必修上册第83页）

第三单元“单元研习任务二/1”：心理描写在小说中十分常见，是小说塑造人物、推动情节发展的重要方法。梳理本单元课文中的心理描写，想一想，不同作品中心理描写的方法及作用有哪些异同？（选择性必修上册第91页）

《荷花淀》《小二黑结婚》《党费》的学习提示：三篇小说都注意通过细节塑造人物、表达情感……这些细节都从不同侧面揭示了人物的内心世界或精神品格。（选择性必修中册第79页）

《边城》（节选）的学习提示：抓住动作、语言和心理描写，把握翠翠等人的性格特征。（选择性必修下册第40页）

2.明考情

（1）真题回顾

| 年份 | 试题 | 编目 | 题干 |
|---|---|---|---|
| 2023 | 新高考Ⅰ卷 | 陈村《给儿子》 | “下田去吧，儿子”这个段落，写出了多重的身心感受。请加以梳理概括。 |
| 2022 | 新高考Ⅰ卷 | 冯至《江上》 | 舟行江上，子胥的思绪随着他在江上的所见所感而逐步生发展开。请结合文中相关部分简要分析。 |
| 2021 | 全国乙卷 | 谈歌《秦琼卖马》 | 买卖瓷盘的过程中，杨成岳的心理发生了哪些变化？请结合作品简要说明。 |
| 2020 | 全国乙卷 | 海明威《越野滑雪》 | 两人在喝完酒离开客栈前有一段一再相约的对话。请结合上下文分析对话者的心理。 |
| 2019 | 课标全国Ⅱ卷 | 葛亮《书匠》 | 本文画线部分表达了老董怎样的心情？请结合本文简要分析。 |

（续表）

| 年份 | 试题 | 编目 | 题干 |
|---|---|---|---|
| 2018 | 全国卷Ⅱ | 老舍《有声电影》 | 请结合二姐等人看有声电影的经过，简要分析小说所揭示的市民面对新奇事物的具体心态。 |
| 2018 | 全国卷Ⅲ | 刘慈欣《微纪元》 | 请简要分析文中先行者的心理变化过程。 |
| 2015 | 全国卷Ⅰ | 李德霞《马兰花》 | 小说三次写马兰花流泪，每次流泪的表现都不同，心情也不一样。请结合小说内容进行具体分析，并说明这样写有什么效果。 |

（2）引导学生概括归纳

①高考题型常见问法：

文中某句（段）话体现了人物怎样的心理？（具体心态）

结合文中内容，分析 ×× 人的心理变化（情感变化）。

×× 有什么样的内心活动？这样写有什么意义（作用/效果）？

②高考中关于心理描写刻画的题型：

探求或分析人物心理

梳理人物心理变化过程

人物心理描写的作用

**（二）学方法 · 明作用**

盖写其形，必传其神；传其神，必写其心。——南宋词人陈郁

合作探究：部编版普通高中教科书《语文》，先后10次提及人物心理，请从这些示例中概括归纳刻画人物心理描写的方法？心理描写有何作用？

心理描写方法
- 直接描写
  - 直接描写
  - 内心独白
  - 回忆往事
  - 心理分析
- 间接描写
  - 语言描写
  - 动作描写
  - 神态描写
  - 环境衬托
- 幻觉梦境

心理描写是为了充分展示人物的性格，指对人物在一定环境中思想活动、精神情感加以描绘。

心理描写方法：
- 表现心理活动，展示人物性格特征。
- 推动情节发展，反映思想情感变化。
- 深化主题思想，反映社会生活本质。

**（三）理思路·明方向**

1.合作探究1：完成2023年“新课标”Ⅰ卷练习。

| 题干：“下田去吧，儿子”这个段落，写出了多重的身心感受。请加以梳理概括。 | | |
|---|---|---|
| 文本 | 解析 | 思路 |
| （1）下田去吧，儿子。让太阳也把你烤透。你弯下腰，从清晨弯到天黑，你恨不得把腰扔了。你的肩膀不是生来只能背背书包的。你挑起担子，肩上的肌肉会在扁担下鼓起。也许会掉层皮，那不算什么。你去拔秧，插秧，锄草，脱粒。 | “弯下腰，挑起担子，拔秧，插秧，锄草，脱粒”这一切都是劳动实践。“太阳烤透，皮肤晒黑，肩上肌肉鼓起，掉层皮”接受劳动教育，身心磨砺。 | ①分层次；②扣关键词；③写作者的经历，复杂情感。 |
| （2）你会知道自己并非什么都行。你去握一握大锹，它啥时候都不会被取代。工具越原始就越扔不了，像锤子，像刀，总要的。你得认识麦子，稻子，玉米，高粱，红薯。它们也是扔不了的。 | “知道”“并非什么都行”意识到自我的局限；“不会被取代”“扔不了”，表达了劳动生产和基本农业不能因现代化进程而丢弃的思考。 | |
| （3）你干累了，坐在门边，看着猪在四处漫游，看着鸡上房，鸭下河，鹅窜进秧田美餐一顿。你听着杵声，感觉着太阳渐渐收起它的热力。 | “看着”“听着”“感受着”这是乡村的美景，这也是作者过去插队的生活，充满了人与自然和谐相处的诗意美，这其中表达了对乡村自然生活的赞美，对自己过去插队生活的怀念。 | |
| （4）你心平气和地想想，该说大地是仁慈的。它在无止无息地输出。我们因为这输出，才能存活，才得以延续。 | “仁慈”“无止无息地输出”“存活”“延续”，因为大地的付出，人类才能“存活”和“延续”，表达了对大地无止无息地输出以滋养人类的感恩之情。 | |

2.合作探究2：阅读2022新高考Ⅰ卷冯至《江上》这篇文章，完成第8题：“舟行江上，子胥的思绪随着他在江上的所见所感而逐步生发展开。”请结合文中相关部分简要分析。

<table>
<tr><td colspan="2">“舟行江上，子胥的思绪随着他在江上的所见所感而逐步生发展开。”请结合文中相关部分简要分析。</td></tr>
<tr><td>审题干，定区域</td><td>“舟行江上”——空间区域；<br>“思绪随着他在江上的所见所感而逐步生发展开”——时间视野区域。</td></tr>
<tr><td>扣文本，理层次</td><td>（1）“一走上船”“呼吸”“感到”“和谐的橹声”<br>（2）“船到江中央，水流变得急骤”“滔滔不断的流水”“望着江水发呆”，三个“想”<br>（3）“船缓缓地前行着”“看”“享受到……柔情”“领会美好的时刻”</td></tr>
<tr><td>巧概括，精作答</td><td>（1）登船之初，清新的空气，流水的温柔，和谐的橹声，让伍子胥的思绪放松、平静。<br>（2）舟行江中，伍子胥看到滔滔不断的流水，想到江水是从郢城那里流来的，想到自己在郢城的遭遇，激起痛失亲人的悲痛，满怀仇恨的心理膨胀起来。<br>（3）船缓缓前进，渔夫心境的平坦，引渡的恩惠，让伍子胥心中体会到从未有过的柔情，暂时消解了仇恨。</td></tr>
</table>

3.引导学生归纳出揣摩人物心理的应对策略：

立足整体，结合上下文语境；

掌握心理描写的知识；

紧扣情节发展变化；

进入情境来假想揣摩。

（四）小结

<table>
<tr><th colspan="2">审题</th><th rowspan="2">答题</th></tr>
<tr><th>题型</th><th>常见问法</th></tr>
<tr><td>探求或分析人物心理</td><td>（1）文中某句话体现了人物怎样的心理？<br>（2）画线句子体现了人物怎样的精神状态？</td><td rowspan="2">①选准答题区域。理清其中的层次，抓住其中的关键词语。注重筛选、概括。有时分层分段，层意段意就是答案。<br>②充分估计人物内心活动的复杂性和情感的丰富性（参照情节的发展变化，透视人物活动和情感变化）。<br>③进入情境来假想揣摩。假想自己就是其中的人物，用人之常情去揣摩。<br>④答案要点一般为三个，每个要点由心理词语加心理内容或原因组成。</td></tr>
<tr><td>梳理人物心理变化过程</td><td>（1）结合文中内容，分析××（人）的心理变化过程。<br>（2）梳理××人物的感情变化过程。</td></tr>
</table>

（续表）

| 审题 | | 答题 |
|---|---|---|
| 题型 | 常见问法 | |
| 人物心理描写的作用 | (1)××有什么样的内心活动？这样写有什么意义？<br>(2)这些心理描写有何作用？<br>(3)你如何理解这些心理描写对塑造人物形象和揭示小说主题的作用？ | ①表现心理活动，展示人物性格特征。<br>②推动情节发展，反映思想情感变化。<br>③深化主题思想，反映社会生活本质。 |

**（五）练习**

2020年全国Ⅱ卷真题：本文画线部分表达了老董怎样的心情？请结合本文简要分析。

画线部分如下：

老董抬着头，也静静地看着，说，橡树。

老董说，这么多年了。这是寿数长的树啊。

老董说，我刚刚到南京的时候，老师傅们就带我到这里来。后来，我每年都来，有时候自己来，有时和人结伴。有一次，我和你爷爷一起来。

你爷爷那次带了画架，就支在那里。老董抬起胳膊，指了指一个地方。那里是一人高的芦苇丛，在微风中摇荡。

你爷爷说，这是个好地方，有难得的风景啊。

他说这个话，已经是三十年前了。

老董的目光，渐渐变得肃穆。他抬起头，喃喃说，老馆长，我带您的后人来了。

——节选自2020年全国Ⅱ卷《书匠》

**（六）课后作业**

1.梳理、积累一些分析小说人物心理的常见词语。

2.阅读铁凝《六月的话题》回答第3题：请简要分析达师傅对莫雨的态度产生了怎样的变化。

## 二、指导意见：高考语文阅读题中的梳理、探究与鉴赏

### 如何正确地梳理和概括？
### ——以《给儿子》第一道主观题为例

2023年新高考Ⅰ卷文学性文本阅读选用了陈村的散文《给儿子》，文后的第一道主观题如下：

“下田去吧，儿子”这个段落，写出了多重的身心感受。请加以梳理概括。

最近听了一节高考语文文学性文本阅读备考课，某教师选用这道试题及其几位学生的作答作为课堂的第二环节，这节课的课题是“文学类小说阅读之人物心理题型分析”。

这一环节学生的答案错得五花八门，多为套练套答的结果。

课堂第三环节便要帮助同学们提高答题能力，该教师的做法是从教材中寻求支持。该教师对高一必修和高二选择性必修五本教材中针对16个古今中外小说名篇及《红楼梦》整本书的“学习提示”及“单元研习任务”进行了梳理，提取和整合了其中与人物心理有关的内容共计10处，在这一环节，该教师展示了梳理、提取和整合的结果，并带领同学们做了几个片段文本的分析，从而把心理描写的方法总结为直接描写、间接描写和幻觉梦境三类，把心理描写的作用总结为展现人物性格、推动情节发展和深化主题思想三种。

这是本节课的主体环节，这位老师显然非常注重教考衔接。业内人士都知道，教考衔接是统编版新教材使用以来与新高考有关的一个热词。然而，这节课主体部分的教材内容和必备知识梳理对于第二环节的解题和第四环节的练习（2020年全国Ⅱ卷《书匠》“本文画线部分表达了老董怎样的心情？请结合本文简要分析。”）并无帮助，甚至全无关系。

为什么？因为第二环节《给儿子》相关考题考的是“梳理”，第四环节《书匠》相关考题考的是“探究”，而这位老师第三环节的讲解适用于指向心理描写运用及其效果的鉴赏题。

由此我们来反观这位老师第一环节的真题归类分析（如下），就会发现这位老师对梳理、探究与鉴赏三个概念以及高考语文阅读题中的梳理、探究与鉴赏相

关考题并不明晰。

| 知考情：考查题型 | |
|---|---|
| 题干 | 考查提型 |
| 1．“下田去吧，儿子”这个段落，写出了多重的身心感受。请加以梳理概括。（“新课标”Ⅰ卷）<br>2.两人在喝完酒离开客栈前有一段一再相约的对话。请结合上下文分析对话者的心理。（2020全国乙卷）<br>3.本文画线部分表达了老董怎样的心情？请结合本文简要分析。（2019课标全国Ⅱ卷）<br>4.请结合二姐等人看有声电影的经过，简要分析小说所揭示的市民面对新奇事物的具体心态。（2018全国卷Ⅱ） | 探求或分析人物心理 |
| 1．舟行江上，子胥的思绪随着他在江上的所见所感而逐步生发展开。<br>请结合文中相关部分简要分析。（2022新高考Ⅰ卷）<br>2．买卖瓷盘的过程中，杨成岳的心理发生了哪些变化？请结合作品简要说明。（2021全国乙卷）<br>3．请简要分析文中先行者的心理变化过程。（2018全国卷Ⅲ） | 梳理人物心理变化过程 |
| 小说三次写马兰花流泪，每次流泪的表现都不同，心情也不一样。请结合小说内容进行具体分析，并说明这样写有什么效果。<br>（2015全国卷Ⅰ） | 人物心理描写的作用 |

如上，该教师把比较集中地针对文本局部的考题归为“探求或分析人物心理”，也就是“探究”；把指向文本多处甚至文本整体的考题归为“梳理人物心理变化过程”，也就是“梳理”；把包含梳理、探究和鉴赏在内的考题归为“人物心理描写的作用”，也就是“鉴赏”。这是一种含混不清的处理，这种含混不清源于教师对概念对逻辑思维的漠视，我们的“新课标”也表现出这种不足。“新课标”中的梳理、探究与鉴赏三个概念出现在“阅读与鉴赏”“梳理与探究”两组活动中，但梳理、探究与鉴赏三个概念分别指什么？分别要干什么？与文本的关系分别是什么？课标中并无解释。从教学实践的情况来看，教师们对这几个概念、对这几种活动的运用大都是含混的。

“梳理”指向文本内容，包括写出来的人物的心理活动；“探究”指向文本主旨，也包括没有写出来的人物的心理世界；“鉴赏”指向文本形式，是对知识的鉴别和对知识运用效果的赏析。这三种活动都可以既指向局部，也指向整体；这三种活动可以独立运用、独立考查，也常常综合运用、综合考查。而绝非“探究”指向局部，“梳理”指向整体——这种平面展开、单点对应的思维活动在语文教学中非常多见，亟待克服。

由此我们再来反观同学们第二环节的答卷和这位老师提供的参考答案，就会发现师生对如何“梳理”如何“概括”并未掌握，其中最重要的原因就是进不去文本，在文本和文字外游离。“梳理”就是对文意的切分和整合，以语词在语境中的意义转换为基础，通过对语句间意义关系的分析完成，真正进入文本是正确“梳理”的前提。

下面先来读一读《给儿子》中的这一段文字：

下田去吧，儿子。让太阳也把你烤透。你弯下腰，从清晨弯到天黑，你恨不得把腰扔了。你的肩膀不是生来只能背背书包的。你挑起担子，肩上的肌肉会在扁担下鼓起。也许会掉层皮，那不算什么。你去拔秧，插秧，锄草，脱粒。你会知道自己并非什么都行。你去握一握大锹，它啥时候都不会被取代。工具越原始就越扔不了，像锤子，像刀，总要的。你得认识麦子，稻子，玉米，高粱，红薯。它们也是扔不了的。你干累了，坐在门边，看着猪在四处漫游，看着鸡上房，鸭下河，鹅窜进秧田美餐一顿。你听着杵声，感觉着太阳渐渐收起它的热力。你心平气和地想想，该说大地是仁慈的。它在无止无息地输出。我们因为这输出，才能存活，才得以延续。

如果在读的过程中我们能凭借联想和想象的形象思维活动进入文本，不难发现其中与身体和与心灵相关的文字是并行的，题干中“多重的身心感受”由此而来。

本段开篇“下田去吧，儿子”“让太阳也把你烤透”两句为总起，我们先不做分析。

接下来的第一组是一个句子：“你弯下腰，从清晨弯到天黑，你恨不得把腰扔了。”这里的“腰”是身体，“恨不得”是心理。分析并概括一下这一部分的身心感受，显然是劳动的艰辛。

第二组是一个由三个句子构成的句群：“你的肩膀不是生来只能背背书包的。你挑起担子，肩上的肌肉会在扁担下鼓起。也许会掉层皮，那不算什么。”其中“肩膀”“挑起担子”“肩上的肌肉”“鼓起”“掉层皮”都关于审题，“不算什么”是心理。分析并概括一下这一部分的身心感受，还是劳动的艰辛，不过多了劳动的重要性和必要性。

这两组直接写到身体部位，又都指向劳动，在概括时是可以归为一层的。

第三组是一个内含三个小句群的大句群：

1.“你去拔秧，插秧，锄草，脱粒。你会知道自己并非什么都行。”第一句写的是劳动，指向身体；第二句写的是心理。分析并概括一下这一部分的身心感受，应该是在劳动中发现自己的局限。

2.“你去握一握大锹，它啥时候都不会被取代。工具越原始就越扔不了，像锤子，像刀，总要的。”“握一握”是身体的动作，后面的内容都是心理活动，通过议论性表达方式表达出来。这一个句群写的是农具，身心感受是农具的原生性和重要性。

3.“你得认识麦子，稻子，玉米，高粱，红薯。它们也是扔不了的。”“认识”属于认知系统，不能归属于身体，前后两句的区分在于前者是知识性的，后者是情感性的、文化性的。

这一组在文意切分时有些障碍，第一句和第二句都用“你去”开头，在句式上是呼应的，写的也都是身体的动作；第二句和第三句都用了“扔不了”，分别指向农具和农作物。对这一部分的身心感受进行分析并概括还需要一个内隐的比较，即第一和第二个小句群之间的关系重要还是第二和第三个小句群之间的关系重要。一般而言，心灵感受比身体活动更为重要，这一组可以概括为两层：第一层指向“自己”，即发现自身的局限；第二层指向包含农具和农作物在内的“农业”生产方式。这是原生性的，应该被传承，而不是被丢弃。

第四组是一个由5个句子构成的句群，由“你干累了”起头，与首句“下田去吧”呼应。“你干累了，坐在门边，看着猪在四处漫游，看着鸡上房，鸭下河，鹅窜进秧田美餐一顿。你听着杵声，感觉着太阳渐渐收起它的热力。你心平气和地想想，该说大地是仁慈的。它在无止无息地输出。我们因为这输出，才能存活，才得以延续。”其中前两句指向身体，包括肢体和感官，句中用“坐”“看”“听”等词语显示。后三句指向心灵，“想想”便是明示。这里的身体感受是劳作后的闲适和享受，享受村居生活的生机勃勃、美好惬意；心灵感受指向“大地”，大地对人类的哺育，大地的恩赐与人类文明延续之间的深刻关系。

在这样的梳理中，我们还会发现，总起句中的“让太阳也把你烤透”和第四组中的“太阳渐渐收起它的热力”形成了呼应。这一段的内部语意在前后呼应中形成了一个层层递进的闭环，从具体的劳作、到自己、再到农业，最后到大地，而太阳的热力既可以照耀身体，也可以影响心灵。

我们来看授课老师的PPT：

<table>
<tr><th colspan="3">题干："下田去吧，儿子"这个段落，写出了多重的身心感受。请加以梳理概括。</th></tr>
<tr><th>文本</th><th>解析</th><th>思想</th></tr>
<tr><td>1.下田去吧，儿子。……你去拔秧，插秧，锄草，脱粒</td><td>"弯下腰，挑起担子，拔秧，插秧，锄草，脱粒"，这一切都是劳动实践。"太阳烤透，皮肤晒黑，肩上肌肉鼓起，掉层皮"，接受劳动教育，身心磨砺。</td><td rowspan="4">1.审题干<br>2.分层次<br>3.扣关键词<br>4.联系写作者复杂的情感</td></tr>
<tr><td>2.你会知道自己并非什么都行。……它们也是扔不了的。</td><td>"知道""并非什么都行"，意识到自我的局限；"不会被取代""扔不了"，表达了劳动生产和基本农业不能因现代化进程而丢弃的思考。</td></tr>
<tr><td>3.你干累了……感觉着太阳渐渐收起它的热力。</td><td>"看着""听着""感受着"，这是乡村的美景，这也是作者过去插队的生活，充满了人与自然和谐相处的诗意美，这其中表达了对乡村自然生活的赞美，对自己过去插队生活的怀念。</td></tr>
<tr><td>4.你心平气和地想想……才得以延续。</td><td>"仁慈""无止无息地输出""存活""延续"，因为大地的付出，人类才能"存活"和"延续"，表达了对大地无止无息地输出以滋养人类的感恩之情。</td></tr>
</table>

先看上图中的第一层，从首句"下田去吧，儿子"到"你去拔秧，插秧，锄草，脱粒"，显然，这位老师没有留意到这一句和后一句"你会知道自己并非什么都行"在语意上的密切关联，也没有注意到此句中的"你去"和后面的"你去"之间的呼应关系，更没有发现整个语段中所有句子的身、心二维构成。

再看上图中的第二层，把指向"自己"的感受和指向"农业"的感受混在一起进行概括。

最后看上图中的第三层和第四层，把文段中理应组合在一起的身体感受和心灵感受分开概括。

下表是笔者对该文段的梳理和概括：

<table>
<tr><th colspan="2">梳理</th><th rowspan="2">分层</th><th rowspan="2">分析与概括</th></tr>
<tr><th>身体感受</th><th>心灵感受</th></tr>
<tr><td colspan="2">下田去吧，儿子。让太阳也把你烤透。</td><td>总起句</td><td></td></tr>
<tr><td>你弯下腰，从清晨弯到天黑，</td><td>你弯下腰，从清晨弯到天黑。</td><td rowspan="2">第一层</td><td rowspan="2">农业劳动的艰苦与必要</td></tr>
<tr><td>你的肩膀不是生来只能背背书包的。你挑起担子，肩上的肌肉会在扁担下鼓起。也许会掉层皮，</td><td>那不算什么。</td></tr>
<tr><td>拔秧，插秧，锄草，脱粒。</td><td>你会知道自己并非什么都行。</td><td>第二层</td><td>自己在农业劳动方面的局限</td></tr>
<tr><td>你去握一握大锹，</td><td>它啥时候都不会被取代。工具越原始就越扔不了，像锤子，像刀，总要的。</td><td rowspan="2">第三层</td><td rowspan="2">农业生产方式的原生性和不可丢弃</td></tr>
<tr><td>你得认识麦子，稻子，玉米，高粱，红薯。</td><td>它们也是扔不了的。</td></tr>
<tr><td>你干累了，坐在门边，看着猪在四处漫游，看着鸡上房，鸭下河，鹅窜进秧田美餐一顿。你听着杵声，感觉着太阳渐渐收起它的热力。</td><td>你心平气和地想想，该说大地是仁慈的。它在无止无息地输出。我们因为这输出，才能存活，才得以延续。</td><td>第四层</td><td>农业文明在大地的恩赐下得以延续</td></tr>
</table>

如表格所示，在梳理与概括之间，还需要经过分层和分析的思维活动。

试比较该题与去年新高考Ⅰ卷文学性文本《江上》主观题“舟行江上，子胥的思绪随着他在江上的所见所感而逐步生发展开。请结合文中相关部分简要分析”，会发现这是针对文本内容是考题，其活动过程是：梳理+解析+概括（或概要表达）。在《中文阅读素养指标体系与测评标准》一书相关章节，笔者对此做了深入而又详尽的阐述。

评课之后，教师们问了一个问题：备考时间十分紧张，课堂上解读和分析文本根本没有时间，怎么办？高考考的是文本，可以说在考场上，考生除了文本别无所有，很难凭借自己对作者和文本创作背景的了解来“知人论世”，而试题呈现的是命题者通过阅读活动在文本内容、形式、主旨三方面的解读结果，我们的备考课堂不教文本阅读，不在文本阅读活动的过程中教会学生如何开展阅读活动，提升学生的“三思”（思想、思维、思路）水平，怎么可能会产出有效能的备考指导课呢？教师们经常会说一句话：“考什么教什么。”高考考的就是文本（准确地说，是通过文本考查语文素养），试题考的就是“梳理概括”，咱们不教指向文本（作为例子）的“梳理概括”，而是教关于心理描写的呆板知识，这样的备考指导是很难收到成效的。越是时间紧张，就越是要强化认知，如此才能提升效能。

# 第二章
# 在两篇文本比较读写教学中建构图式

两篇文本之所以能够形成比较，是因为二者之间存在某种关联，从目前的情况来看，教师大多基于两篇文本在作者、时代、流派等外在因素或者人文主题、题材等内部因素上存在关联，所开展的教学活动大多是指向阅读的联读或者比读。在笔者看来，首先，从语文学科教学的角度来说，两篇文本的关联需要考虑文本形式，因为语言文字运用主要表现在文本形式上，而语文学科是学习语言文字运用的，建构起文本形式关联这一考量维度后，如果能够基于内容、形式、主旨三方面的关联选择和组织文本，那么，两篇文本的教学就有助于学习者建构起文本图式；其次，针对两个在内容、形式、主旨三方面都有关联点的文本，更有效的阅读教学方式是比较而不只是平面展开的联读教学，比较在提升学生思维水平的同时，能够引导学生探索和发现文本建构的规律；再次，在两篇文本的比较教学中，如果能够采用读写融合教学法的，就可以更好地帮助学生学以致用，在输入和输出之间顺利转换。

# 第一节 现代文两篇读写教学

## 当闲人遇到痴人

## ——《记承天寺夜游》《湖心亭看雪》比较读写教学设计

**【教学目标】**

1.疏通语意和文意，感受作者笔下高妙的事、景、情（象）。

2.分析和鉴赏重点语句，品味作者高超的艺术手法（言）。

3.深入探究，理解作者高逸的精神境界（意）。

4.通过两个文本同中之异和异中之同的比较，提升学生思维品质、审美鉴赏水平和文化理解能力。

**【教学重点】**

1.品鉴写景句“庭下如积水空明，水中藻荇交横，盖竹柏影也”和“雾凇沆砀，天与云与山与水，上下一白。湖上影子，惟长堤一痕、湖心亭一点、与余舟一芥、舟中人两三粒而已”，学习作者敏锐的感受能力和高超的艺术手法。

2.由事及人，体会苏轼高逸和张岱高冷的精神境界。

**【教学难点】**

1.寻找两个文本的同中之异和异中之同，从而提升思维品质、审美鉴赏和文化理解能力。

**【教学课时】**

2课时

**【教学过程】**

第一课时：解读《记承天寺夜游》

（一）导入

（二）一读，正音、明义、说事（怪事/趣事？）

1.教师范读全文，学生正音、明义。

2.请学生找出文中叙事的句子（“元丰六年……步于中庭”），学生齐读。

3.问：写了一件什么事？引导学生概括或关联文题回答：“夜游”（独往承天

寺，寻知心人同游）。

4.问：夜游的缘起是什么？引导学生回答："月色入户"或赏月。

5.问：夜游的同伴是谁？引导学生回答：张怀民（苏轼与张怀民因境遇相似、习惯相同、趣味相同而"相与"夜游。）

6.探究：夜游赏月是怪事还是趣事？引导学生思考：俗人以为怪，逸人以为趣。

7.学生活动：翻译叙事句。

**（三）二读，品句、析法、赏景（妙景/妙笔？）**

1.学生齐读全文。

2.请学生找出文中写景的句子（"庭下如积水空明，水中藻荇交横，盖竹柏影也"），学生个别读，引导学生读出画面感与意境。

3.问：该句写的是什么？引导学生回答："月"和"竹柏"，其中"月"为主体。

4.问：景物最大的特点是什么？引导学生回答"空明"。

5.问：怎么写的？或者用什么手法写？引导学生回答：精妙的比喻（系统）、倒装、侧面描写。

6.探究：是妙景还是常景？是妙景还是妙笔？引导学生关联下文思考："何夜无月？何处无竹柏？"景为常景，妙笔使常景生"妙"。

7.学生活动：仿写练习，写一个有创意的比喻句。

**（四）三读，结篇、寻因、品人（闲人/高人？）**

1.学生齐读全文。

2.问：什么人会做如此有趣的事？什么人能有这么高妙的文笔？

3.个别学生读最后一句，找到答案：闲人。

4.问：苏轼为什么说自己是"闲人"？投影补充苏轼生平资料。

5.探究：苏轼和张怀民是闲人还是高人？引导学生思考：高人才有"夜游"的趣味和情致，才有写景的生花妙笔。

6.学生活动：以"苏轼，我想对你说"为题，用一段文字与高人交流。

**（五）结课**

**（六）作业：自读《湖心亭看雪》，找一找两个文本的相同或相似之处**

### （七）板书设计

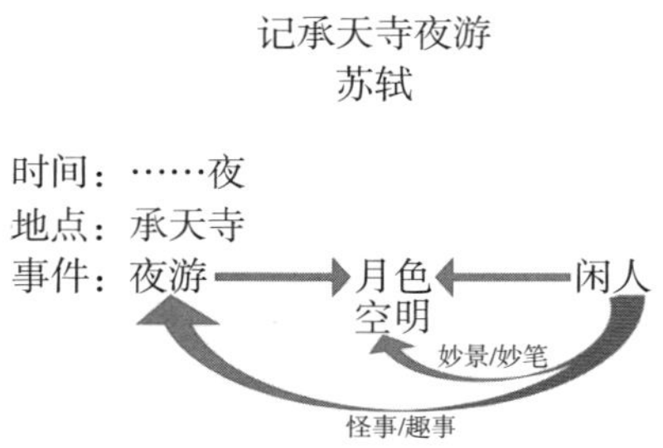


**第二课时：比较阅读《记承天寺夜游》和《湖心亭看雪》**

**（一）导入**

**（二）寻找两个文本的相同或相似之处**

1.学生齐读两个文本。

2.问：为什么要把两个文本放在一起比较阅读？引导学生回答：

（1）首先，两件事和作者叙事的方式有相似之处

“元丰六年十月十二日夜，解衣欲睡，月色入户，欣然起行。念无与为乐者，遂至承天寺寻张怀民。怀民亦未寝，相与步于中庭。”（苏轼《记承天寺夜游》）

“崇祯五年十二月，余住西湖。大雪三日，湖中人鸟声俱绝。是日更定矣，余拏一小舟，拥毳衣炉火，独往湖心亭看雪。”（张岱《湖心亭看雪》）

——交代时间（“元丰六年十月十二日夜”/“崇祯五年十二月”“是日更定”）、地点（“承天寺”/“湖心亭”）、因由（“月色入户”/“大雪三日，湖中人鸟声俱绝”）、动作（“遂至承天寺”“独往湖心亭”）

（2）其次，写景有相似之处

“庭下如积水空明，水中藻荇交横，盖竹柏影也。”（苏轼《记承天寺夜游》）——比喻、倒装、侧面描写

“雾凇沆砀，天与云与山与水，上下一白。湖上影子，惟长堤一痕、湖心亭一点、与余舟一芥、舟中人两三粒而已。”（张岱《湖心亭看雪》）——点面结合、虚实结合、独特用词

——艺术手法高超

（3）最后，抒情有相似之处

“何夜无月？何处无竹柏？但少闲人如吾两人者耳。”（苏轼《记承天寺夜游》）

“及下船，舟子喃喃曰：‘莫说相公痴，更有痴似相公者！’”（张岱《湖心亭看雪》）

——闲人与痴人

**（三）比较两个文本的同中之异**

1.从怪事到傻事，从趣事到逸事

“念无与为乐者，遂至承天寺寻张怀民。怀民亦未寝，相与步于中庭。”（苏轼《记承天寺夜游》）

“余挐一小舟，拥毳衣炉火，独往湖心亭看雪。”“到亭上，有两人铺毡对坐，一童子烧酒炉正沸。见余，大喜曰：‘湖中焉得更有此人！’拉余同饮。余强饮三大白而别，问其姓氏，是金陵人，客此。”（张岱《湖心亭看雪》）

——赏月和看雪、“寻张怀民”和遇西湖客，同为雅事。

——苏轼寻友伴相与赏月，俗人以为怪事，其实是一件趣事；而张岱独往湖心亭看雪，清冷孤绝、飘逸出尘，俗人以为傻事，其实是一件逸事。

2.从妙景到奇景，从妙笔到奇笔

月色空明如水，竹柏影布水中，如水草交横。——妙景

天地交融一体，上下纯然一色，人间物事投影湖上，微小如芥。——奇景

3.从闲人到痴人，从自许到人曰

“但少闲人如吾两人者耳。”（苏轼《记承天寺夜游》）——自许

“莫说相公痴，更有痴似相公者！”（张岱《湖心亭看雪》）——舟子曰

问：闲人与痴人有什么不同？闲人有闲暇和闲情，是入世中的闲暇和闲情；痴人遗世独立、孤标傲世，是出世中的痴爱与痴迷。

补充展示张岱的生平资料。

补充关联阅读资料：柳宗元《江雪》

问：柳宗元和苏轼，谁是张岱的知心人？

学生再次齐读两个文本。

作业：“当闲人遇到痴人”创意写作

（六）板书设计

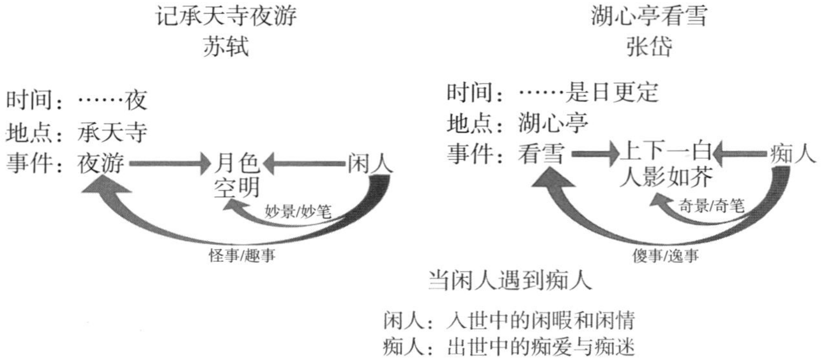


该教学设计获得很大好评，课堂实施也取得良好效果，有老师借鉴该设计，对八年级上册第三单元《短文两篇》一课中的两个文言短篇《答谢中书书》《记承天寺夜游》进行联读教学，设计如下：

## 赏山川明月，做潇洒闲人

——《答谢中书书》《记承天寺夜游》联读

**【教材分析】**

1.单元分析

本课选自部编版八年级上册第三单元第11课，本单元为古代诗歌散文单元，人文主题为“山川之美”。单元内课文还包括《三峡》《与朱元思书》《唐诗五首》等，所选的散文都是歌咏自然山水之作，诗词则偏向于抒发个人情感、志向。

2.课文分析

《答谢中书书》与《记承天寺夜游》是八年级上册第三单元第11课《短文二篇》的两篇，均描写的是自然景物，作者都是一定意义上的“闲人”。两篇都是教读课，深入分析两首诗中“有我”“无我”的景情关系，有助于理解作者寄寓其中的情怀，对完成单元目标有启示意义。

**【教学目标】**

1.在画出两文中所写景物的基础上，概括出两文的景物特征并比较差异。

2.通过寻找文本中的作者主体“我”，解释苏文的“有我之境”与陶文的“无我之景”，并能结合作者生平，辨认苏轼的“仕客”形象与陶弘景的“隐士”形象。

3.通过配乐朗读与对比阅读，说出陶文中的赞美之情，以及苏文中的空明之心，从而提炼出无我中“有我”，有我中“无我”的景情特点，阐释陶、苏两人的“闲人”形象。

**【教学重难点】**

1.重点：通过寻找文本中的作者主体“我”，解释苏文的“有我之境”与陶文的“无我之景”，并能结合作者生平，辨认苏轼的“仕客”形象与陶弘景的“隐士”形象。

2.难点：通过配乐朗读与对比阅读，说出陶文中的赞美之情，以及苏文中的空明之心，从而提炼出无我中“有我”，有我中“无我”的景情特点，阐释陶、苏两人的“闲人”形象。

**【教学过程】**

**（一）导入**

**（二）活动一：赏景——感知“景”与“境”**

1.《答谢中书书》《记承天寺夜游》同为山水小品文，完成对两文景物的梳理和特征分析，说说两文整体描绘了一幅什么样的画面。请用原文的词句加以概括。

<table>
<tr><th>文题</th><th>景物</th><th colspan="2">特征</th><th>整体画面特征</th></tr>
<tr><td rowspan="4">答谢中书书</td><td>高峰（刚） 清流（柔）</td><td rowspan="3">静景</td><td>刚柔相映之美</td><td rowspan="4">“山川之美”</td></tr>
<tr><td>石壁（五色） 林竹（青翠）</td><td>色彩搭配之美</td></tr>
<tr><td>晓雾（晨） 夕日（昏）</td><td>晨昏变化之美</td></tr>
<tr><td>猿鸟（乱鸣） 沉鳞（竞跃）</td><td>动景</td><td>动静相称之美</td></tr>
</table>

（续表）

<table>
<tr><th>文题</th><th>景物</th><th colspan="2">特征</th><th>整体画面特征</th></tr>
<tr><td rowspan="2">记承天寺夜游</td><td>积水、水中藻荇</td><td>虚景</td><td rowspan="2">虚实相生之幻</td><td rowspan="2">“空明”</td></tr>
<tr><td>月色、竹柏影</td><td>实景</td></tr>
</table>

2.两者描绘的景物有什么不同？（在数量和特征上）

明确：

景物数量：陶文多，苏文少。

景物特征：陶文从多个角度描写“美”景，苏文更多是通过作者想象，将寻常之景变为“妙”景。

**（三）活动二：寻人——发现“无我”与“有我”**

陶、苏都是以“自然之眼观物”，为什么笔下的景却有如此大的不同？因为景是人眼中的景，理解了人才能读懂其笔下的景。苏轼用妙笔将“常景”变为“妙景”，下面就让我们走进《记承天寺夜游》中寻找这手持妙笔的苏东坡吧。

**1.寻找东坡，有我之境**

（1）在《记承天寺夜游》记事、写景、议论三个部分中，能不能找到作者苏轼的身影？

明确：

①记事：“解衣欲睡，月色入户，欣然起行”——“我”的所感；

②写景：“庭下如积水空明，水中藻荇交横，盖竹柏影也”——“我”的所想；

③议论：“何夜无月？何处无竹柏？但少闲人如吾两人者耳”——“我”的所叹。

师总结：苏轼的“自我”意识强烈，全文处处有“我”，全文的核心是“我”，这是一种有我之境。

（2）苏轼将自己的所感、所想、所叹统统显露于文中，他是仕客还是隐士？

·引入苏轼生平

苏轼，字子瞻，号东坡居士，生活于北宋相对稳定时期，社会环境的安定造就了文人济世的情怀，父亲苏洵由发愤读书而入仕，他受父影响，二十一岁考取进士，开始了他一生坎坷的仕宦生涯。儒家忠君济世思想在他的头脑中根深蒂固，虽然在“乌台诗案”后思想有变化尤其贬谪黄州后，苏轼接触了大量佛家、道家思想并深受影响，但都未能斩断他那入世的尘根。

明确：苏轼是一个受隐逸思想影响的仕客。

**2.寻找陶翁，无我之景**

（1）在《答谢中书书》景物描写的句子中，有没有找到作者陶弘景的身影？

明确：从自然界的事物（“高峰”“清流”“晓雾”“夕日”）到植物（“青林翠竹”）、动物（“猿鸟”“沉鳞”），应有尽有，唯独没有人的身影，更没有作者“我”，这是一种“无我之景”。

（2）陶弘景为何将自己隐藏起来，他是仕客还是隐士？

·引入陶弘景生平

陶弘景.字通明，晚年号华阳隐居，生于乱世，经历了南朝宋、齐、梁三个朝代的更迭。是我国古代一个有名的炼丹家和医药家。他十岁的时候，看了葛洪的《神仙传》等著作，“昼夜研寻”，深受影响。再加上他父亲后来被妾所害死，因此他终身不娶妻，慢慢有了学仙养生的想法。所以在他三十七岁的时候就辞去官职，隐居句容（在今江苏省）茅山，他的思想脱胎于老庄哲学和葛洪的神仙道教，杂有儒家和佛教观点。

明确：陶弘景是一个出尘脱俗的隐士。

**（四）活动三：析情——探究“闲人”的潇洒与超脱**

“小隐隐于野，大隐隐于朝”，被誉为“山中宰相”的陶弘景，真的完全隐于山水之间了吗？让我们深入文本去发掘作者寄寓在山水间的情感。

**1.配乐朗读，“无我之景”中寻“我”**

（1）教师朗读画面想象部分，学生补充并朗读横线处（原文句子）。

“山川之美，古来共谈”，一位仙风道骨的隐士徜徉在山川之间：

山巅之上云雾缭绕，白云从他头上飘过，溪流在他身边潺潺低吟。面对此情此景，他沉吟道：“高峰入云，清流见底。”

两岸的石壁，向他展开五彩斑斓的画卷，石壁间的翠竹，一年四季都在向他招手。面对此情此景，他歌咏道：“两岸石壁，五色交辉。青林翠竹，四时俱备。”

早晨的雾霭弥漫，猿鸟在他身后嬉闹，夕阳的余晖洒在山川之间，同跃动的鱼群一同映入他的眼帘。面对此情此景，他挥笔写道：“晓雾将歇，猿鸟乱鸣。夕日欲颓，沉鳞竞跃。”

“实是欲界之仙都，自康乐以来，未复有能与其奇者。”

师总结：通过朗读，我们感受到隐士陶弘景已经融化在自然当中，目之所至皆为景，山林即我，我即山林，“无我之景”中处处附着“我”的心境，达到一种“有我之境”。

（2）隐士陶弘景在“有我之境”寄寓了怎样的情感？

明确：

景物特点：“美”

作者情感：赞美之情

隐士陶弘景主动归隐，享山川之美，融于山水之间，是一个融于山水的潇洒“闲人”。

**2.对比阅读，“有我之境”中无“我”**

（1）自诩为“闲人”的苏轼，在三年前同样也写下了有关月的诗，苏轼那时看到的月亮同样也是空明吗？

元丰三年（1080），苏轼以犯人身份被贬黄州。初到黄州又无薪俸，苏轼生活困顿。黄州通判马正卿是他的故人，便从州府要来已经荒芜了的五十亩军营旧地给他种，营地位于黄州的东坡。苏东坡在《卜算子·黄州定慧院寓居作》中诗曰：

缺月挂疏桐，漏断人初静。谁见幽人独往来？缥缈孤鸿影。惊起却回头，有恨无人省。拣尽寒枝不肯栖，寂寞沙洲冷。

明确：

诗中月的形象：“缺月”

诗中作者情感：“恨”“寒”“寂寞”“冷”

（2）对比《记承天寺夜游》

明确：

景物特点：“空明”

作者情感：空明之心

师总结：心空月才能明，空明的月色作者想象的结果，更是其内心的投射。

（3）此时的苏轼受隐逸思想的影响，他会不会像隐者陶弘景一样，将自己抽离出山水之间呢？回到文中找一找，哪一句话可以看出作者从眼前所见的月色竹柏中跳脱出来？

明确："何夜无月？何处无竹柏？但少闲人如吾两人者耳。"

师总结：最后一句话将依托情感的月夜稀释、淡化了，真正产生这种情感的源头，从景物变成了苏、张二人的本心。此时的仕客苏轼，从落魄失意中超脱出来，从"有我之境"中超脱出来，造就了"无我之景"，成为一个豁达超脱的潇洒"闲人"。

**（五）活动四：迁移——阅读拓展与分析景情**

学以致用，用以致学。教师根据同学们的之前所学，选出了两篇写景短文，其中一篇为初一已学（《爱莲说》），一篇为初二已学（《三峡》），同学们结合所学方法对短文A、B进行单篇品味，分析"景"与"我"的关系；有余力的同学可结合今天所学的两文联读方法，对这两篇短文进行联读分析，体会不同作者"我"的丰富情感。

A.《爱莲说》

［宋］周敦颐

水陆草木之花，可爱者甚蕃。晋陶渊明独爱菊。自李唐来，世人甚爱牡丹。予独爱莲之出淤泥而不染，濯清涟而不妖，中通外直，不蔓不枝，香远益清，亭亭净植，可远观而不可亵玩焉。

予谓菊，花之隐逸者也；牡丹，花之富贵者也；莲，花之君子者也。噫！菊之爱，陶后鲜有闻。莲之爱，同予者何人？牡丹之爱，宜乎众矣。

B.《三峡》

［南北朝］郦道元

自三峡七百里中，两岸连山，略无阙处。重岩叠嶂，隐天蔽日，自非亭午夜分，不见曦月。

至于夏水襄陵，沿溯阻绝。或王命急宣，有时朝发白帝，暮到江陵，其间千二百里，虽乘奔御风，不以疾也。

春冬之时，则素湍绿潭，回清倒影，绝巘多生怪柏，悬泉瀑布，飞漱其间，清荣峻茂，良多趣味。

每至晴初霜旦，林寒涧肃，常有高猿长啸，属引凄异，空谷传响，哀转久绝。故渔者歌曰："巴东三峡巫峡长，猿鸣三声泪沾裳。"

（六）课堂小结

"清风明月本无价，近水遥山皆有情。"用清风明月、山水大川来书写内心是中国文人最喜欢的方式。

《答谢中书书》初读是"无我之景"，深读却能读出写景背后的那位真正的隐士；《记承天寺夜游》初读是"有我之境"，深读却能读出文字后面真正看透、真正豁达的东坡。无论真正的隐士陶弘景，还是豁达的仕客苏东坡，他们都是潇洒闲人。

（七）课后作业

1.必做：从"有我之景"与"无我之境"两个角度，分析《与朱元思书》中的自然景物（景）与作者情感（我）之间的关系。

2.选做：当真正隐士陶弘景与豁达仕客苏轼相约赏景，两个潇洒闲人会碰撞出怎样的火花呢？（从景物、对话、情感三个角度，字数300字以上）

（八）板书设计

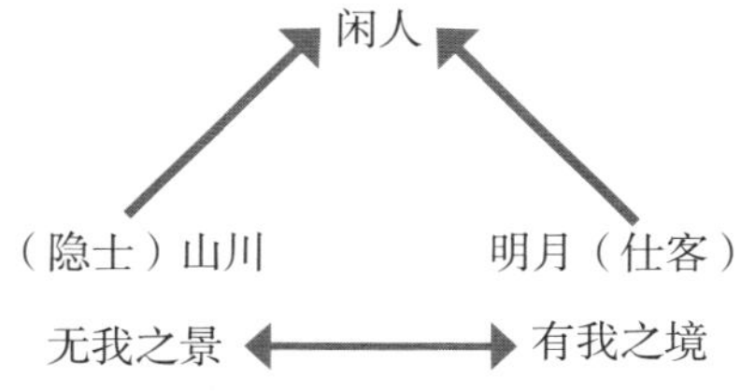


该设计在文本解读方面角度新、见解深，在学习活动方面有亮点、重效能，但有两处需要商榷的地方：①由景到人的转换比较生硬，如果能在对景物特点进行总括性分析之时，带出文本中的"仙都"和"中庭"，转换会比较自然，人与景的关系会显得紧密；②隐士出世，闲人入世，归为一流有些牵强，陶弘景身在"仙都"才能摆脱欲界，而苏轼我心"空明"处处妙境。

在学习活动方面，如果能够把学生的个人体验情境带进来，效果会更好一些。比如：如果问学生愿意到哪里一游？"仙都"还是"中庭"？单单看景，学生应该会选“仙都”；加上人，学生可能会选“中庭”，因为苏轼我心“空明”。

由此说到开展两个文本的比较阅读教学时，应该以两个文本在言象意三个要素上的相似之处为基础，在异中寻找同，在同中发现异。这里之所以要把七年级的课文《记承天寺夜游》和八年级的课文《湖心亭看雪》放在一起做比较阅读，首先是因为这两个文本在文本表达方式运用、内容和结构安排上颇为相类，具体如下表所示：

| | 《记承天寺夜游》 | 《湖心亭看雪》 |
|---|---|---|
| 叙述 | 元丰六年十月十二日夜，解衣欲睡，月色人户，欣然起行。念无与为乐者，遂至承天寺寻张怀民。怀民亦未寝，相与步于中庭。 | 崇祯五年十二月，余住西湖。大雪三日，湖中人鸟声俱绝。是日更定矣，余挐一小舟，拥毳衣炉火，独往湖心亭看雪。 |
| 描写 | 庭下如积水空明，水中藻荇交横，盖竹柏影也。 | 雾凇沆砀，天与云与山与水，上下一白。湖上影子，惟长堤一痕、湖心亭一点、与余舟一芥、舟中人两三粒而已。 |
| 描述 | | 到亭上，有两人铺毡对坐，一童子烧酒炉正沸。见余，大喜曰：“湖中焉得更有此人！”拉余同饮。余强饮三大白而别，问其姓氏，是金陵人，客此。 |
| 议论 | 何夜无月？何处无竹柏？但少闲人如吾两人者耳。 | 及下船，舟子喃喃曰：“莫说相公痴，更有痴似相公者！” |

从言象意三个要素来看，两个文本均有强相似或者说强关联：

内容：高妙的事、景、情

形式：高超的艺术手法

主旨：高逸的精神境界

发现文本在言象意三个要素上的强相似或者强关联，开展有意义的比较阅读教学或者比较读写活动，对于学生提高以文本为核心的语文素养来说效用很高，笔者在《红楼梦》前五回的阅读教学时，就布置过以下读写练习：

作业：阅读《半张纸》，与《红楼梦》前五回进行比较，在文后练习中自选一项完成。

## 半张纸

［瑞典］奥古斯特·斯特林堡

最后一辆搬运车离去了；那位帽子上戴着黑纱的年轻房客还在空房子里徘

徊，看看是否有什么东西遗漏了。没有，没有什么东西遗漏，没有什么了。他走到走廊上，决定再也不去回想他在这寓所中所遭遇的一切。但是在墙上，在电话机旁，有一张涂满字迹的小纸头。上面所记的字是好多种笔迹写的：有些很容易辨认，是用黑黑的墨水写的；有些是用黑、红和蓝铅笔草草写成的。这里记录了短短两年间全部美丽的罗曼史。他决心要忘却的一切都记录在这张纸上——半张小纸上的一段人生事迹。

他取下这张小纸。这是一张淡黄色有光泽的便条纸。他将它铺平在起居室的壁炉架上，俯下身去，开始读起来。

首先是她的名字：艾丽丝——他所知道的名字中最美丽的一个，因为这是他爱人的名字。旁边是一个电话号码，15，11——看起来像是教堂唱诗牌上圣诗的号码。

下面潦草地写着：银行。这里是他工作的所在，对他说来这神圣的工作意味着面包、住所和家庭，——也就是生活的基础。有条粗粗的黑线划去了那电话号码，因为银行倒闭了，他在短时期的焦虑之后，又找到了另一个工作。

接着是出租马车行和鲜花店，那时他们已订婚了，而且，他手头很宽裕。

家具行，室内装饰商——这些人布置了他们这寓所。搬运车行——他们搬进来了。歌剧院售票处，50，50——他们新婚，星期日夜晚常去看歌剧。在那里度过的时光是最愉快的，他们静静地坐着，心灵沉醉在舞台上神话境域的美及和谐里。

接着是一个男子的名字（已经被划掉了），一个曾经飞黄腾达的朋友，但是由于事业兴隆冲昏了头脑，以致又潦倒到无可救药的地步，不得不远走他乡。荣华富贵不过是过眼云烟罢了。

现在这对新夫妇的生活中出现了一个新东西。一个女子的铅笔笔迹写的“修女”。什么修女？哦，那个穿着灰色长袍、有着亲切和蔼的面貌的人，她总是那么温柔地到来，不经过起居室，而直接从走廊进入卧室。她的名字下面是L医生。

名单上第一次出现了一位亲戚——母亲。这是他的岳母。她一直小心地躲开，不来打扰这新婚的一对。但现在她受到他们的邀请，很快乐地来了，因为他们需要她。

以后是红蓝铅笔写的项目。佣工介绍所，女仆走了，必须再找一个。药房——哼，情况开始不妙了。牛奶厂——订牛奶了，消毒牛奶。杂货铺、肉铺等等，家务事都得用电话办理了。是这家的女主人不在了吗？不，她生产了。

下面的项目他已无法辨认，因为他眼前一切都模糊了，就像溺死的人透过海水看到的那样。这里用清楚的黑体字记载着：承办人。

在后面的括号里写着“埋葬事”。这已足以说明一切！——一个大的和一个小的棺材。

埋葬了，再也没有什么了。一切都归于泥土，这是一切肉体的归宿。

他拿起这淡黄色的小纸，吻了吻，仔细地将它折好，放进胸前的衣袋里。

在这两分钟里，他重又度过了一生中的两年。

但是他走出去时并不是垂头丧气的。相反地，他高高地抬起了头，像是个骄傲的快乐的人。因为他知道他已经尝到一些生活所能赐予人的最大的幸福。有很多人，可惜，连这一点也没有得到过。

1.创意写作一：“半张纸”的来历。

2.创意写作二：“朋友”的故事。

3.创意写作三：“艾丽丝”的判词和曲子词。

4.学术小论文：在《半张纸》与《红楼梦》之间。

# 第二节 古诗两首读写教学

## 《读〈山海经〉（其一）》《田园杂诗（其四）》比较阅读教学设计

**【文本一】**

### 读《山海经》（其一）[①]

［晋］陶渊明

孟夏[②]草木长，绕屋树扶疏[③]。
众鸟欣有托[④]，吾亦爱吾庐。
既耕亦已种，时还读我书。
穷巷隔深辙[⑤]，颇回故人车。
欢言酌春酒，摘我园中蔬。
微雨从东来，好风与之俱。
泛览《周王传》[⑥]，流观《山海》图。
俯仰终宇宙[⑦]，不乐复何如？

注释：

①选自《陶渊明诗集》。这组诗一共有十三首，本诗是第一首。

②孟夏：初夏，农历四月。古人用“孟仲叔季”指兄弟姊妹的长幼顺序，“孟”为最长，“季”为最幼，“春夏秋冬”四季也各分“孟、仲、季”三个月。

③扶疏：枝叶茂盛的样子。

④欣有托：因为有了依托而高兴。托：依托、指寄身之处。

⑤深辙（zhé）：轧有很深车辙的大路。

⑥周王传：即《穆天子传》，记载周穆王西游的书。

⑦俯仰：俯仰之间，形容时间很短。终：穷，尽。

【文本二】

## 田园杂诗（其四）[①]

［清］钱澄之

屋上春鸠鸣，田家谷始播。
时雨催我还，倚锸[②]檐前坐。
牧童去未归，雨声听渐大。
时雨岂不嘉，所虑老牛饿。
自往唤牧童，牵牛入兰[③]卧。
我牛既以来，我锸行须荷。
田畴[④]及时治，况复雨初过。
亦知冒雨寒，为农焉敢惰。

注释：

①选自《小磨诗坊·田园》。钱澄之（1612—1693），初名秉镫，号田间老人，安徽桐城人，明末清初文学家。

②锸（chā）：挖土的工具，铁锹。

③兰：通“栏”，栅栏。

④畴：已耕作的田地，指农田、田亩等。

【学习目标】

1.初读诗歌，疏通诗歌大意，感受诗歌之美。

2.再读诗歌，归纳诗歌共性，建构文本图式。

3.三读诗歌，比较诗歌不同，提升思维水平。

【教学过程】

**（一）图片激趣，话题导入，任务布置**

1.展现具有诗意的田园画面，开展“我向往的田园生活”话题交流。

2.布置学习任务：以“我向往的田园生活”为题，从本课所学诗歌中选用几个你喜欢的田园意象，联系自己的生活实际并发挥联想和想象，创作一首具有田园风味的小诗。

**（二）初读诗歌，疏通诗歌大意，感受诗歌之美**

1.自主默读课文，借助工具书、注释，读准字音，疏通大意。

2.有感情地朗读诗歌，读出田园风情。（老师范读+学生散读齐读）

**（三）再读诗歌，归纳诗歌共性，建构文本图式**

1.这两首诗为何编选到同一单元？小组合作探究，从不同角度进行分析，完成以下表格。

| 角度 | 理由 |
|---|---|
| | |
| | |
| | |

2.老师引导，从内容、形式、主旨三方面展开分析。（以下为预设）

| 角度 | 相同点 |
|---|---|
| 内容（象） | 描绘自然景物，记录田园生活 |
| 形式（言） | 语言平实，风格平和 |
| 主旨（意） | 返璞归真的淡泊情怀，热爱生活的坚定信念 |

3.小结：两位不同时代的诗人为何遥相呼应？田园诗为何到今天仍然魅力不减？

**（四）三读诗歌，比较诗歌不同，提升思维水平**

1.两首诗中，你更喜欢哪一首？为什么？组内交流，派代表回答问题。

2.比较两首田园诗的在内容、形式、主旨三方面的不同，阐明陶诗在文学史上地位更高的理由。

| | 内容 | | 形式 | 主旨 |
|---|---|---|---|---|
| | 意象 | 特点 | | |
| 《读〈山海经〉（其一）》 | | 自然景物多元<br>田园活动丰富 | 爽朗直白<br>直抒胸臆 | 在宏阔的宇宙观下对耕读生活的热切向往 |
| 《田园杂诗（其四）》 | | 描绘田园雨景<br>记录耕作实况 | 平实质朴<br>冲淡平和 | 在现实的田园情境中对勤勉耕作的自足自适 |

3.补充作者生平简介和作品创作背景，从文学史的角度略谈钱与陶的传承关系。

### （五）课堂练笔或课外作业

以“我向往的田园生活”为题，从本课所学诗歌中选用几个你喜欢的田园意象，联系自己的生活实际并发挥联想和想象，创作一首具有田园风味的小诗。

选用意象：________________________________

田园小诗：

________________________________

________________________________

________________________________

________________________________

________________________________

________________________________

________________________________

________________________________

________________________________

这一基于文本内容、形式和主旨三要素及其相互关系的两首古诗比较读写教学设计是在第一稿的基础上，经过北京师范大学广州实验学校符书绅老师数次修订完成的，期间经历了对两首古诗文本的深度阅读不够，对文本内容、形式和主旨三要素及其相互关系这一知识图式的误读，对这一知识图式在文本中运用的偏差，情境任务的设计等障碍。目前的呈现虽然并不能说完美，但经过了教学实施的检验，其教学目标的结构化和指向性、教学环节之间的关联度和梯度、两个文本的理解度、文本比较中知识及其图式的落实度和思维水平的提升度都十分明显。

大家不妨看看第一稿教学设计：

## 《读〈山海经〉（其一）》《田园杂诗（其四）》比较阅读
## 教学设计（一稿）

### 【教学目标】

1.初读诗歌，结合文本注释，品析诗歌意象。

2.再读诗歌，借助赏析支架，品味诗歌意境。

3.比读诗歌，联系生活实际，品悟诗人情感。

**【教学过程】**

**（一）话题激趣，图片导入**

师：同学们，你们有过农村生活的经历吗，谁来跟大家分享一下？（“田园生活初印象”“我向往的田园生活”）

（展现具有诗意的田园画面）看到这样的画面大家有什么感想吗？

其实，对自然山水的热衷和向往，是自古以来人们的普世情愫，历代的诗人们更是留下了大量歌咏自然田园的作品，今天我们就从《读〈山海经〉（其一）》《田园杂诗（其四）》读起，走进这个安然祥和的世界。

**（二）设置情境，任务驱动**

校园文学社“书香·田园”栏目征稿活动开始了，请你选用《读〈山海经〉（其一）》《田园杂诗（其四）》中最喜欢的诗句，结合自己的生活经验，发挥联想和想象，将其翻译成富有田园诗意的现代文，作为该栏目的卷首语。

**（三）介绍背景，初读诗歌**

1.预习检测

（1）借助工具书、注释，自主朗读课文，读准字音。

（2）组内互读，相互检查。

2.背景介绍

（1）诗人简介

陶渊明（约365—427），名潜，字元亮，别号五柳先生，私谥靖节，世称靖节先生，一说浔阳柴桑（今江西九江）人，东晋末到刘宋初杰出的诗人、辞赋家、散文家。他是中国第一位田园诗人，被称为“古今隐逸诗人之宗”“田园诗派之鼻祖”。

钱澄之（1612—1693），初名秉镫，字饮光，一字幼光，晚号田间老人、西顽道人。安徽省桐城县（今枞阳县）人，明末爱国志士、文学家。南明桂王称帝时，授庶吉士，官至编修、知制诰。归故里后，筑室田间，自号田间老人，以著书教读终老。有《田间集》等传世。

（2）创作背景

《读〈山海经〉》是组诗，大约作于晋安帝义熙三年（407）或四年（408），陶渊明处于归园田居前期，耕种之余便以琴书自娱。这期间他读了《山海经》及另一些神话、历史书，如《穆天子传》之类，有感而作这十三首诗，《读〈山海经〉（其一）》是组诗中的第一首。

《田园杂诗》也是组诗，作者晚年多半时间隐居家里，躬耕读书。他曾筑庐于田野中以居住，因以“田间”为号。他还多年亲身参加田间劳动，有许多诗篇都描述了劳动的生活，如《田园杂诗》。

3.朗读诗歌

（1）全班齐读。注意五言古诗的朗读节奏，“二二一”或“二一二”。

（2）小组选读。各小组认领诗歌片段，组内分工合作，有感情地朗读诗歌并梳理所选片段的大意。

**（四）搭建支架，鉴赏诗歌**

1.合作探究，品析诗歌意象。（分组选定诗歌篇目，分别上台展示所选诗歌的如下内容）

| 文本名称 | 田园风光（景） | 田园活动（事） |
| --- | --- | --- |
| 《读〈山海经〉（其一）》 | | |
| 《田园杂诗（其四）》 | | |

2.再次朗读诗歌，通过合作探究，用“我从__________中，看到一幅（位）__________的田园景象（诗人），感受到作者__________的情感”的句式，分享自己的阅读感想。

例：我从“屋上春鸠鸣，田家谷始播”中，看到一位勤劳的农人形象和一幅恬静的田园景象，感受到作者对自给自足的田园生活的向往之情。

3.归纳“田园诗”的文本特质，概括赏析方法。

文本特质：语言平实、意象质朴、生活气息浓厚

赏析方法：言–象–意（揣摩语言–品味意象–领会意旨）

**（五）对比联读，升华主旨**

1.对比朗读《读〈山海经〉（其一）》《田园杂诗（其四）》，辨析两首诗在形式和内容上有哪些相似之处，探寻其情感主旨异同，结合学习生活经验分享自己的感悟，完成以下表格。

| 文本名称 | 相同之处 | 相异之处 |
| --- | --- | --- |
| 《读〈山海经〉（其一）》 | | |
| 《田园杂诗（其四）》 | | |

2.教师点拨：返璞归真的淡泊情怀、热爱生活的坚定信念、耕读传家的文化传统

**（六）读写结合，情境闭环**

小组合作探究，结合两首诗的文本赏析和意旨领会，选用两首诗中的两句或多句诗文（可跨篇目组合），结合自己的生活经验，发挥联想和想象，将其翻译成富有田园诗意的现代文，作为校园文学社《书香·田园》栏目的卷首语，与老师和同学们分享。

附：

## 雨读

韩少功

雨天不便外出干活，我只能回到书桌前。如果阴云密布天色太暗，我还得拧开灯，借桌上一角暖光，在雨声中寻一些诗句或者散章，飘飘然落入古人昏黄的心境。如果风雨摧折了电线杆，电灯、电话、电脑全部死寂，我就只能点燃一支蜡烛，摸索着探入不见天日的汉朝或唐朝。

我想象古代书生们身居农耕社会，恐怕也多是蛰居乡里，多是晴耕而雨读的。后人如果竖起双耳，也许能听到累累卷帙中的绵绵雨声；如果伸出双手，也许能摸出纸上的潮润和清凉。很多学者说过，较之西洋文化总体上的外趋性，中国传统文化有总体上的内趋性，比如崇“安”，重“定”，好“静”，尚“止”。这安、定、静、止四个字，难道不正是对雨中乡野的恰切写照？不正是古人们凭窗听雨时的情态？

一段中国的筝箫古曲，多有雨声中的幽远。一幅中国的山水古画，多有雨声中的迷濛。一大堆中国古代的哲学，其所谓“自足”“求诸己”“尽其在我”一类命题，作为几千年文明的意旨内核和情感基点，当然是事出有因。所谓情由境生和感由事发，它们也许都来自作者们在雨声中的独处。

孟子有过“夜气”一说，以为一个人入夜最容易得气，最容易入道，最容易通神。在孟子看来，昼喧而夜静，昼俗而夜雅，昼巧而夜朴，万籁俱寂之时，夜

晚脱落了白昼的红尘，是一个人明心见性的最佳时机。心魂似乎从来都需要星月的滋养。其实，如果孟子不是有钱人，如果他还有田土需要劳作打理，每天累得一入夜就哈欠滚滚目光迷离，就可能还会谈谈“雨气”的——他将知道，农民不一定有夜闲，但大多有雨闲；不一定有夜思，但大多有雨思。古人的各种知识和感怀很可能在雨声里诞生。

雨声中有一点异动，是一线脚步声由远而近了。

雨天里多有山民来访。他们平时忙着各自的生计，只有在雨天才得闲工夫串门。今天来的是贤爹，披一件蓑衣，呱嗒呱嗒踏一双破胶鞋，一进门就惊慌地避狗和斥狗，说他一辈子什么都不怕，就是怕狗。他是个诗人，每次来我家，一口暖茶入口，不出三句就要说到诗联。

打开窗户说话

扯个篮盘做天

——他觉得这一联最上口，如说白话，好玩。

坐北朝南吃西瓜皮朝东放

从上至下读左传书往右翻

——他相信这一联是绝品，对得滴水不漏，天衣无缝，后人想超乎其上，难！

大人大人大大人大到三十六级天宫为玉皇大帝盖瓦

卑职卑职卑卑职卑至一十八层地狱替阎王老子挖煤

——他说这一联不但风趣，风趣中还透出了傲骨，好，可圈。

我若奉命出师敌寇当前十二金牌召不转

公果尽忠报国权奸在内三千铁马杀回来

——这是一副纪念宋代岳飞的对联，何人所作，贤爹记不起来了。贤爹说，这一联好就好在对岳飞有赞有弹，扬中有抑，想法别出一格，但又句句在理。一个人呵，确实要忠，但不能是愚忠，是不是？有时候还要“清君侧”呢，还要“格君心之非”呢，还要俗话说的“不服周”（即犯上作乱）呢，是不是？

当然，当然。我频频点头。

说完联，还要说诗。贤爹种西瓜了，必有西瓜诗；收南瓜了，必有南瓜诗；看见后生们赌博，必有针对赌博的怨刺诗；只是他厌恶水田里软乎乎的蚂蟥，一辈子没有犁过田，所以至今还没有犁田诗。但他还是有足够的理由嘲笑贺乡长，说那也是个大学生？在大会作报告，啰啰嗦嗦说那么多，口水都说干了，有什么必要呢？“要是我，根本不要本子，什么事情拿过来，只要四句，顶多八句，保证说得索索利利。你说是不是？”

当然，当然是。我再次频频点头。

我不会旧体诗，只能当个假知音，欣赏他摇头晃脑的吟，即半诵半唱的古典表达。他显然发现我已经听累了，意犹未尽地起身告辞，临走时还要借点书看。我不知他爱看什么，把他带入书房，随他去挑。他翻了翻几本洋书，粗糙指头在纸页一摸，发出嚓嚓的划拉声。“这些洋码字怎么这样怪呢？蝌蚪文呵？”又翻了翻几本理论书，更加咋舌不已：“碰鬼！这些字我个个都认得，就是不晓得是什么意思。你说说，这是何理？”

我不便说他读的新书还不够多，更不好意思说好多书我也一知半解。

“这些人不是拿一堆纸来练字吧？”他摇着头，“怪事，怪事。都是娘肚子里生的，未必他们脑壳里不是脑浆子，是灌了青霉素和敌敌畏？”

看来，他觉得世上凡书都应该可以读懂，只有青霉素和敌敌畏一类化学药品，可能还要加上瘦肉精和除草剂，在他眼里比较怪异，一旦灌进脑子就可乱我斯文，应该另作他论。

经过多次互动交流、研磨修订，最终确定两首古诗比较读写教学的总体方向，具体设计时可以按照两种思路落实：第一种是按照内容、形式、主旨三个要素设计三个核心教学环节，分别对两首古诗在内容、形式、主旨三个要素上的同与异进行比较，最后评价高下、总结得失；第二种是基于两首古诗在内容、形式、主旨三个要素上的总体情况及其文本整体特点的比较，设计两个核心教学环节，第一个核心教学环节比“同”，以两首年代相差久远、在文学史上地位竟然不同的作品为何被编选进同一单元为主问题，寻找两首古诗在内容、形式、主旨三个要素上的相同点，第二个核心教学环节比“异”，以同一单元、同一人文主题之下的两首诗为何存在高下之分为主问题，寻找两首古诗在内容、形式、主旨三个要素上的不同点。目前呈现出来的，是按照第二种思路也是更难的一种做法进行的教学设计和教学实施，这一做法需要教师有更扎实的知识图式、思维水平和文学史观念。

下面我们再来看一份两首古诗词读写教学的设计文案：

## 家国情，鸿鹄志
### ——选修上中册古诗词诵读《无衣》《书愤》阅读

【教学目标】

1.在初步读懂的基础上，通过诵读感悟诗歌感情。

2.在写作运用中，深入探究战争诗的意象、意境。

3.体会主人公为国效力的无私品质和浓郁的家国情怀。

4.体味诗言志传统，传承由诗经沿袭至今的爱国精神。

【教学方法】

小组合作探究；比较整合法；活动展示法

【课时】

第二课时。第一课时已完成《无衣》《书愤》诗歌内容理解。

【教学内容及安排】

**学习任务一：布置预习作业，做好课堂准备。**

观看电影《长津湖》，完成一篇观后感。

**学习任务二：文本研读，探究运用，课堂导入。**

导入：《毛诗·序》："诗者，志之所之也，在心为志，发言为诗。情动于中而形于言。"《无衣》将秦地战士激昂的歌声烙印成字，陆游悲愤的呐喊无声地回荡在《书愤》中。今天，让我们一起倾听他们的心声，听听他们在诗歌中所言之志，所传之情。

同学们，文从字顺的《书愤》，重章叠唱的《无衣》，历经千年，这两首看似简单的诗歌为什么能够一直流传至今？请谈谈你的看法。

**学习任务三：**

1.诵读：有感情地诵读《无衣》《书愤》。

2.视频：回忆《长津湖》动人场景。

3.情境写作：10月13日，高二学子参加爱国主义集体观影活动，观看电影《长津湖》。校报《聚清园》拟邀请学生撰写《长津湖》电影推荐词，发表在专栏"家国情，鸿鹄志"。请你结合所学诗歌《无衣》《书愤》和你的观后感，为电影撰写200字左右的推荐词。

格式：①自选电影人物角度。

②概括品质，展现事迹（电影中的细节与画面等）。

③引用诗句，联结诗意（《无衣》《书愤》的意象、意境、情感等）。

讨论成文15分钟，每个小组推荐代表发言4分钟，择优推选推荐词。

**教师总结：**

岂曰无碑，山河为碑。河山无恙，英烈永恒！

崇尚英雄才会产生英雄，争做英雄才能英雄辈出。

记住中华民族的钢铁长城，争做祖国蓝天的万里长城。

**学习任务四：**

作业：结合课堂所学，修改自己的电影观后感，融入所学战争诗歌的意象、意境与情感，使之更具历史感、画面感。

该教学设计以当时正在热映的电影《长津湖》巧妙设计情境中的写作任务，然后把选修上册“古诗词诵读”中的《无衣》和选修中册“古诗词诵读”中的《书愤》安排在一起进行教学，跨度非常大，支持这一联结的关键词是“战争”；教师主要用意是用《无衣》《书愤》的意象、意境与情感为电影《长津湖》观后感的写作提供支持，体现学以致用的理念；电影《长津湖》观后感的写作任务前后呼应，呈现教师对课堂结构的缜密追求。

然而，遗憾的是：首先，《无衣》《书愤》和电影《长津湖》的关联不强，仅有《无衣》中的战友情谊和《书愤》中的“塞上”意象，这种关联还不完全是正向关联，加上不同媒介作品在形式上存在的较大差异，《无衣》《书愤》对电影《长津湖》观后感的写作较难形成基于文本图式的全面支持和有力支持。其次，教学过程的多个学习活动之间的关系不明，这些活动包括：对“文从字顺的《书愤》，重章叠唱的《无衣》，历经千年，这两首看似简单的诗歌为什么能够一直流传至今？”主问题的思考，有感情地诵读《无衣》《书愤》，回忆电影《长津湖》动人场景，结合《无衣》《书愤》和此前学生所写的电影观后感为电影撰写200字左右的推荐词等。最后，各个教学环节内部和教学环节之间的逻辑关系比较含混，尤其是电影观后感这一大写作任务和电影推荐词这一小写作任务之间的关系不太明晰。

# 第三节　现代诗二首读写教学

## 现代诗二首——《飞鸟和昆虫》《宗祠里的故乡（节选）》读写交流课

学习任务单

### 任务一：朗读下面的两首诗，读准字音、读对节奏、读出情感；分别提出一个想和诗人交流的问题

飞鸟和昆虫

黄礼孩

我在大地上
等到一只鸟回归树林
它鸣叫的时候
我知道飞得再高的鸟
也要回到低矮的树枝上

我一直在生活的低处
偶尔碰到小小的昆虫
当它把梦编织在我的头顶上
我知道再小的昆虫
也有高高在上的快乐
犹如飞翔的翅膀要停栖在树枝上

（黄礼孩著:《谁跑得比闪电还快》，花城出版社，2016）

我的问题：________________________________________

### 宗祠里的故乡（节选）

林馥娜

远古飘来的炊烟，在山腰萦绕为雾霭
灵魂的关卡在梅关洞开

走在凹凸崎岖的古驿道上
祖辈的脚印一路向南

青石上的斧凿勒痕与久磨成镜的光滑
刻画着盛颓跌宕的历史风云

历史不偏不倚，让儒道释在传唱中共存
留与后人斟酌

从南雄的大街拐入小巷
便换了人间般的安谧

许是历经了商贾云集、卧虎藏龙的腾腾火候
更能沉淀出敛息的虚静

雕楼画角，伫于幽处的灿烂
宛如道旁的玫瑰茄开满血红的花
更似梅子成熟时节那压枝的沉甸

这些带酸的物种
在浸泡与陈化中，静默出酸甜与窖香

青梅煮酒
亢龙与韬晦，英雄各有机杼

在珠玑巷重温族谱
领悟形迹的关联
贯穿于日常的相承仪轨
此刻尤其清晰

老家门楼前每年亮起的灯笼
以“九牧世家”的光芒
如期照亮祖辈的来路

而这枚太阳未落山
便高悬于珠玑上空的月亮
是祖先为后世子孙而悬起的灯笼

出行、返乡，分离、相聚
我带着身体里的祖先，世代相承的血脉
在世上来而复往，直至新进为祖先
抵达宗祠里的故乡

从浈水到浈江
源古之河在朝代的更迭中滚滚前行
在乌迳，游子被西晋古迹的荒茫蜇痛

旧宅零落，仍具绮丽之韵
斜晖中的“玉珊祠”，宛如伫立的
落寞美人，夕光下依然有迟暮之美
而荒草中的野花，忘了年代地开放

总有一些孕育，在时间劫数之外
远处的稻香便是一种熟透的恬静
天然恩赐的宝物，一茬茬
在博物馆外的晒场阅兵

被野香熏醉的仲秋
落在草垛上，如归雁
回望农家新院敞开的怀抱

（林馥娜著：《我带着辽阔的悲喜》，阳光出版社，2016）

我的问题：______________________________

## 任务二：分析上面两首诗与“叩问心灵”单元人文主题之间的关系；说说你更喜欢哪一首并阐明理由

《飞鸟和昆虫》和人文主题的关系：______________________________

《宗祠里的故乡》和人文三题的关系：______________________________

我更喜欢的诗篇：______________________________

理由：______________________________

______________________________

______________________________

## 任务三：联系生活实际，分享与上面两首诗相关的人生体验；选择其中一首，完成改写成散文或运用相关手法创作诗歌的练习

与《飞鸟和昆虫》有关的体验：______________________________

与《宗祠里的故乡》有关的体验：______________________________

我的改写或原创作品：______________________________

______________________________

______________________________

______________________________

______________________________

______________________________

______________________________

______________________________

______________________________

______________________________

______________________________

______________________________

______________________________

附1：《爱是自身力量的联合》

## 爱是自身力量的联合

黄礼孩

“爱先于生命——/后于，死亡——/是创造的起点——/世界的原型——”当狄金森这样说出爱时，爱就成为她不朽的心理学与哲学观，成为写作的原动力。每一个人去写作，都有自己的缘由。因为爱去写作，尤为可信，尤为真挚，尤为生生不息。

罗兰·巴特说：“我写作是为了被爱，被某个人，某个遥远的人所爱。”当一切流逝，真正恒久为人所记忆的，是那些渴望爱的心灵。

内心存有自由元素的人，他为爱的灵光吹拂，他追随了自己的信仰。就像贝多芬一样，他困顿、贫穷，但他抛弃了世俗的物欲，凭借自由的爱这个词的力量而听从了内心的召唤。爱具有魔鬼的本质，我们并不了解我们对爱的无知。爱就是把思想光芒中未知的那部分掏出来，弥合人与人之间、人与社会、人与自然之间的界限。爱在它的对立面看到死亡的面相，也看到新生的勇气，它消除着此岸和彼岸的樊篱，欣然前往未知的、未完成的命运之途。爱是灵魂的酣畅，它是秘而不宣的欢愉。它是冰封世界里活着的心灵；它是混乱中自然的秩序；它是人在绝望中对命运的感知，是生命的一种形式转化成另一种形式；它是站在善良土地上对苍穹的聆听，是梦之塔尖未曾有过的生活；它是生存的宽恕，是精神抗争的承担，是灵魂的满天繁星……在写作中，爱就是一切。为爱所驱使的诗人，他固执地动摇着一切，像微光闯进黑暗，在荒诞中看到世界的真相。因为看见，看见背后的东西，他不是众多中的一位，他成为唯一。

爱是活泼的元素。爱不依赖，不轻浮，不统治；爱是独立，是人的使命，是探寻真实的边界。把爱和思考有效表达出来，并转化为生命新的能量，生活因之得到滋养和向往，生命因之活出无滞无碍的境界。此时，当爱被视为文体上的努力，诗学就会产生。

诗歌是诗人对爱的另一种发现，是对不能拥有的世界的表达。诗歌写作是对爱的世界的捍卫。捍卫的力量在于创造。捍卫了爱就是捍卫了生存的美德，爱就在其间生成新的有益于人类身心的思想。这样的爱，它存在每一个瞬间，存在每一次呼吸里，存在观察者、聆听者和书写者内心的揭示里。

海明威说："最好的写作注定来自你爱的时候。"人类有三张动人的面孔，相爱时的脸、祈祷时的脸，还有写诗时的脸。爱是三张脸的融合，内部之间的视觉、听觉、嗅觉、味觉得以流畅的呼应，一个存在世界或不可企及的世界得以涌现。

附2：《无中生有》

## 无中生有

黄礼孩

"世界始于异想天开"，克尔凯郭尔说出了一个诗人写作必须拥有的能力。诗歌之魅，在于它有太多的可能性，一切诗歌的概念，也难以给它下一个终极的定义。诗歌是即时的形而上学，它更耽于梦想和变化，从语言里回应着所有的空间，就像写作者突然遭遇了某种来自上天的东西。诗人所获得最高东西是"无中生有"。很多时候诗人并不知道他们在做什么。当他冥想，他就徘徊在有意识与无意识之间，那里有一条神秘、遥远又近在眼前的道路，新的意识、情感与思想此时得到创造。一切都在变化，一切都在消退，一切又在前行，诗人坐在本我与非我之间，瞬间的敞开与觉醒，存在的虚空给游走的灵魂带来天马行空，生命中某些不可显现之物得以显现。

异想天开的时刻是玄思奇崛的时刻，是诗歌摆脱之前庸俗世界的时刻，是无中生有的时刻。无中生有就是寻找普遍生命的起点，在高度的想象和召唤中，东西方共有的智慧和宇宙被伟大的心灵所衍生，它是发展的信念和永恒的过渡。世上一切事象都受神秘力量支配，诗人天生应该具备神秘的创造力，从无中产生跃动与变幻，让人之生命和宇宙生命融为一体，在感受到万物时，意念无限扩大，但实则是虚无。艾略特曾指出，在所有伟大的诗歌中，不管我们对诗人的了解有多么全面，总会存在某些无法解释的东西，并且是至关重要的东西（这一点像他的诗歌《荒原》）。这个至关重要的东西也许就是"无中生有"的思想，也就是布朗肖找到的想象中心，是诗人抓住的风和光，是抓住了的"无"。无功利性是诗歌的一种精神本质，正是这样诗歌写作信念，让虚无包含了天赋与技艺。诗人的灵魂因虚无而存在。

我喜欢的诗人，大都住在乌有之乡，一个神秘之所，一个空灵之室，一个全意识的存在。诗人东荡子，他的大多数诗歌都是“无中生有”最好的阐释。“今天我会走得更远一些/你们没去过的地方，叫异域/你们没有言论过的话，叫异议/你们没有采取过的行动，叫异端/我孤身一人，只愿形影相随/叫我异类吧/今天我会走到这田地/并把你们遗弃的，重又拾起。”诗歌之于东荡子，是强烈的聚神冥想，是自我重建的内在联系，是自由、珍贵和敏锐的体验。他所经历的和尚未到来的，都让他“无”中生出了“有”，仿佛他的体内有某种暗物质主宰着，像光散失后又被召唤归来，永恒降临；诗人苏浅有一本诗集叫《出发去乌里》，“乌里”是诗人的乌有之乡，她的诗歌看不到更多具体的现实，却又让人置身一个不曾出现过的世界，不断复活着心灵的图像，在冥想与诗歌预见之间有着看不见的空间，充盈内心的气息成为新的和声；诗人拉金说过：“阳光穿透玻璃，在它之外，深蓝的大气，显示着无物，是乌有之乡，没有尽头。”乌有之乡是拉金的空场，空场就是心灵之场，是向内，是衷情，是诗歌的秘而不宣之源。

“无中生有”作为一种神秘的移动，它从生活之场、精神之场走向一个不存在的场。言词的出离在此时产生思想，它弥漫出来的气，形成新的气象。这让我们想起佛教的“虚空”。“万物皆空”并非一切真的不存在，它非有非无，无边无限，大无其外，小无其内。这个世界本来不存在，上帝从无中创造了万有。齐奥朗说，没有上帝，一切都是虚无。上帝对于圣徒来说是意义深远的虚空，世界之于诗人是不可或缺的虚空。

诗歌即是渴慕上帝，一个伟大的诗人应该具备上帝的能力：无中生有。上帝的主题是无穷无尽的变奏，诗人应像上帝一样，通过一个闪念可以获得整个世界。

附3：《给心程立下路标》

## 给心程立下路标

林馥娜

诗意是一种心灵的体验，它以沉默的潜存等待引发与萌动。不断地记录与反刍，仿佛是为了修炼另一个有别于日常生活的“超我”，那个携着无形的翅膀，随时准备自由飞翔的“超我”。于是，萌动开始了。

我对诗的定义是：诗是追索存在本质，体验心灵澄明的艺术语言。而存在本质就是人与自我、人与人、人与自然、人与社会的最纯粹最真诚的关系，也就是文学所反映的人性与人道。这里的自我就是意识上的我，按照弗洛伊德的说法，本我是生理上的，自我是理性的。从诗的角度来说，“我”可以分为三个层面：本我（自然状态）、自我（有意识状态）、超我（有抱负、神性、诗性的状态）。我们追寻诗歌精神的过程就是一个从自我向超我无限接近的过程。这是在精神内核上自我修为的递进。保持一颗感知广阔事物的诗心，审美地看待事物，便能体会到物外之趣、精神之富。视野拓宽了，物质的范畴也便有了更宽广的边界。我们所接触的物有自然物（树木、动物等自然界产物）、人造物（飞机、轮船、货币、商品等日常物质）与想象物（龙、凤、虚拟人物等精神图腾），还有集自然物、人造物和想象物于一体的艺术品（诗歌、绘画、电影等）。艺术品是一种审美的精神产品，无论是语言艺术还是图像艺术，它都具备了“物里”的本质和“物外”的精神内涵和图腾附着，既是物质形态，也是精神图腾。在诗人、文艺家这里，物为器，用以载超然物外之道。好的艺术品，往往因其既能深入事物的本质，又能逸出而审美焕发出诗的光彩，进而触动人心。

在时间这个永无休止的圆轨中，无论来自何国、何处，人类和万物都不可避免地被纳入其中。我们在高排碳的生活中也是时间切片里的一块卑微的工业废料。每个时代敞开来，都是漫漫时空中的一块横断面，人们处心积虑的小算盘和强悍掠夺的手枪在射向目标时，也射向了自己。而审美理性的观照与诗写能使我们在感知事物中柔软，在追溯过去中汲取生存的力量，在审察世事中解除自身的局限，从而超越困难。思想上的活跃往往有助于生活上的淡定，以诗写给心程立下路标，是为了留下心灵颤动的痕迹，也是为了更稳妥地前行。其实人生就是一个不断见证、经历、处理突发事件，并将其命名为历史的过程。而知卑微而不馁，生命里的爱与痛，时代中的悲与喜，总会在文字里留下蛛丝马迹，互相印证。通过诗与思的敞露，我们得以看清自我、修正自我的价值观，从而把更适合人类生存的价值基准映射到更广泛的范畴去，正如灯笼必须先让自己成为光源，才能照亮他者。

……虽然一个人的力量很小，但一不为少，每个一都是构成参天人文大树的某条分枝，也是诗学织物的一缕经纬。

## 现代诗二首——《飞鸟和昆虫》《宗祠里的故乡（节选）》读写交流课

### 教学设计

**【文本】**

1.黄礼孩《飞鸟和昆虫》

2.林馥娜《宗祠里的故乡（节选）》

**【教学目标】**

1.读贵有疑。在熟读两首诗的基础上，提出一个想和诗人交流的有价值的问题。

2.读贵有法。通过分析两首诗与单元人文主题之间的关系、对两首诗进行言象意三方面的比较，建构文本图式，把握诗歌读写规律。

3.读贵有得。在分享人生体验的基础上完成写作练习，写出自己独特的生活体验和深刻的生活感悟，在写作中品味诗意生活的妙处。

**【教学过程】**

**一、导入**

人生于天地之间，广阔自然涵育着人的心灵；人长于社会之中，浩瀚文化激荡着人的精神。诗人们对此分外敏感，敏于事、感于物、且长于言的他们，用高度凝练的、有节奏和韵律也就是有音乐性的语言表达他们对生活、对人生独到的感受、体验和领悟，于是就有了诗歌。诗歌是文学体裁中最具有文学性的一种，根据时代的不同，诗歌园地里有古诗和现代诗。与古诗相比，现代诗歌形式自由，形式是“有意味的”，自由的形式往往更能表达诗人丰沛奔放的情感，更能承载诗人深刻婉曲的思想。

新课程阅读高一年级上册第六单元的两首现代诗，分别是当代诗人黄礼孩的《飞鸟和昆虫》和林馥娜的《宗祠里的故乡（节选）》，下面就让我们一起来学习这两首诗歌，和诗人交流，在诗歌的语言世界和诗人的心灵世界中寻找自我，

“和隐藏最深的自己素面相对”，并且尝试着探寻人类情感的归宿、构建人类精神的家园。

**二、任务一：读诗提问**

（一）朗读下面的两首诗，读准字音、读对节奏、读出情感。

1.两位同学朗读《飞鸟和昆虫》，两位同学点评，尝试探寻诗歌节奏的秘密和情感的秘密。

2.三位同学接续朗读《宗祠里的故乡（节选）》，一位同学点评。

（二）提出一个想和诗人交流的问题。

1.分享针对《飞鸟和昆虫》提出的问题，选出最有价值的问题，请诗人黄礼孩回答。

2.分享针对《宗祠里的故乡（节选）》提出的问题，选出最有价值的问题，请诗人林馥娜回答。

**三、任务二：分析比较**

（一）分析上面两首诗与“叩问心灵”单元人文主题之间的关系。

1.分析《飞鸟和昆虫》和人文主题的关系。

2.分析《宗祠里的故乡》和人文主题的关系。

（二）说说你更喜欢哪一首并阐明理由。

1.选择《飞鸟和昆虫》的同学陈述理由，尝试建构起诗歌言象意的结构图式。

2.选择《宗祠里的故乡》的同学陈述理由，尝试运用诗歌言象意的结构图式来解决问题。

（三）请诗人黄礼孩和林馥娜分别谈一谈自己的诗歌创作理念和艺术追求。

**四、任务三：交流表达**

（一）联系生活实际，分享与上面两首诗相关的人生体验。

1.分享与《飞鸟和昆虫》相关的人生体验。

2.分享与《宗祠里的故乡》相关的人生体验。

（二）选择其中一首，完成改写成散文或运用相关手法原创诗歌的练习。

1.改写作品展示。

2.原创作品展示。

（三）请诗人黄礼孩和林馥娜对学生作品作点评。

## 五、结语

“‘爱先于生命——/后于，死亡——/是创造的起点——/世界的原型——’当狄金森这样说出爱时，爱就成为她不朽的心理学与哲学观，成为写作的原动力。”“罗兰·巴特说：‘我写作是为了被爱，被某个人，某个遥远的人所爱。’”“‘世界始于异想天开’，克尔凯郭尔说出了一个诗人写作必须拥有的能力。”这是黄礼孩在谈及自己的诗歌创作时所引用的句子。（原文见附1、附2）

“诗意是一种心灵的体验，它以沉默的潜存等待引发与萌动。不断地记录与反刍，仿佛是为了修炼另一个有别于日常生活的‘超我’，那个携着无形的翅膀，随时准备自由飞翔的‘超我’。”“……虽然一个人的力量很小，但一不为少，每个一都是构成参天人文大树的某条分枝，也是诗学织物的一缕经纬。”这是林馥娜的诗意阐释和诗歌主张。（原文见附3）

通过这堂课的学习，希望同学们在“言象意”文本图式的框架中学会如何品鉴诗歌作品，更重要的是，希望大家亲近诗歌，亲近诗人，做有诗意的人，“诗意地栖居在大地上”，过有诗意的生活。

## 现代诗二首——《飞鸟和昆虫》《宗祠里的故乡（节选）》读写交流课
### 教学实录

师：上课！同学们好！

生：老师好！

师：请坐。

师：同学们，人生在天地之间，辽阔的自然孕育了我们的心灵；人又长于社会之中，浩瀚的文化激荡着我们的精神。诗人对此分外敏感，感于物、敏于事而又长于言的他们，会用高度凝练而又富有音乐性的语言去表达他们对世界、对生活、对人生的感受、思考、领悟，于是就有了诗歌。

师：诗歌按时间划分可以分为古诗和现代诗，现代诗首先是一个时间的概念，大家知道中国的现代是哪一段时间吗？1919—1949年，30年的时间，中国的现代诗就是在现代出现，一直延续到现在的。现代诗运用现代白话这种语言形式，跟古诗相比，形式更加的自由。美学家说“有意味的形式”，意思是形式也能表达意义，自由的形式可以承载诗人更加丰沛的情感，也可以表达诗人更加深刻的思想。所以说现代诗它在理解上是有难度的。

我们今天一起来学习两首现代诗，一首是黄礼孩老师的《飞鸟和昆虫》，一首是林馥娜老师的《宗祠里的故乡（节选）》。

师：我想先问一下同学们，你们喜欢现代诗吗？

生：喜欢。

师：为什么？能说一下理由吗？请你来说。

生：我觉得它比较容易懂，不像古诗，你要专门去看注释它后面有哪些故事。

师：你是在跟古诗的比较中做出你的判断，是吧？古诗用古代的语言写就，跟我们现在使用的语言不同，所以你觉得现代诗和古诗相比容易读一些。

师：咱们能不能不跟古诗比，只是把现代诗作为我们阅读的文本对象，你能说一说自己喜欢的理由吗？

生：现代诗里面用的意象多为我们生活就近的东西，或者是我们见过的东西，这样子在我们见到这些东西的时候有自己的情感和理解，让我们读这些诗的时候，我们可以更好地体验作者想表达的意味。

师：特别好，他说到了诗歌的意象也就是文本的内容，还有诗人的情感也就是文本的主旨是吧？现代诗，不管是诗人所采用的意象，还是诗人所表达的情感，都来自现代生活的经验，这种现代生活经验跟我们的距离比较近。

生：我觉得现代诗的表现力很强，它可以表现的情感可以很具象，也可以很朦胧。

师：明白，特别有张力，是吧？有时候我们觉得好像读到了某种特别具体的情感，感觉心弦被拨动了，有时候又觉得诗人表达的情感好像特别深刻，很费我们思量，很好，请坐。

师：“少年情怀总是诗”，同学们，你们正处于非常敏感的年岁，你们跟诗人一样对生活、对世界充满了好奇心和探索欲，你们有很多理由喜欢现代诗，但是我想可能会有一个理由，会推翻你前面所有的理由，那就是可能会读不懂，是吧？尽管刚才我们有同学说跟古诗相比，现代诗用了现代汉语，书写了我们的现代经验，但是志滔同学说了，虽然现代诗有些时候好像很生动很浅显很显豁，但有些时候也好深刻、晦涩难懂。

师：今天我们特别幸运，两首现代诗歌的作者，两位非常著名的诗人黄礼孩老师和林馥娜老师跟我一起来指导大家读诗，你们开心吗？期待吗？好，我们欢迎一下两位老师，好。

师：现在让我们从诵读开始，走进一首现代诗，注意我们要以声传情，把这首诗的字音读准，节奏读对，还要把诗人寄托在文字当中的情感尽可能表现出来。

师：哪位同学先来尝试读一读黄礼孩老师的《飞鸟和昆虫》。

生：《飞鸟和昆虫》（略）

师：掌声感谢！我们是不是再邀请一位女同学来读黄礼孩老师的《飞鸟和昆虫》，看看是不是能读出跟男生不一样的感受。

生：《飞鸟和昆虫》（略）

（同上文 黄礼孩《飞鸟和昆虫》 ）

师：很好，谢谢。我想请同学来点评一下刚才两位同学的朗读，你有没有被两位同学的朗读所打动？两位同学的朗读有没有表达出诗中这些意象的特点？有没有传递出诗人寄托在文字当中的情感，有吗？

生：我觉得男生第二节读得特别好，跟诗人的情感相符。

师：是吗？那你能否解读一下这是一种什么样的情感呢？

生：有一点自嘲。

师：自嘲？你从哪里读出了自嘲？

生：“我一直在生活的低处。”

师：哦，这一句应该是诗人对自己生活状态的表达，你认为其中包含着诗人的自嘲是吗？

生：对。

师：好，请坐，等一下我们请黄老师来回应你，他是否通过这句诗表达了自己对自己生活境遇的某种调侃和自嘲。

师：还有同学有感想，要点评吗？你说。

生：我觉得女生读的时候有一种童话般的感觉，她的声音让我领悟到这首诗的感情，即使生活在低处，也要有自己的快乐，总会找到自己的快乐。

师：首先是美的声音，其次是美的意象，飞鸟和昆虫，都是小小的自然物，似乎有某种童话的色彩；是不是只有这些呢？不是，还有美的情感，诗人寄托在诗中的情感是：无论我们处于什么样的生活境遇，都应该要去追求梦想，女生的朗读把这种情感也表现出来，是吗？

师：哈哈，男生和女生对这首诗情感的解读有所不同哦，那我们如何判断我们是否真正地走进了一首诗呢？我们是否真正把握了作者所选择的意象，以及他想要通过他的意象去表达的情感？我想我们一定会有很多想要和诗人交流的问题，我也采集了一些同学在任务单上所写的问题，大家看，这是同学们的名字，然后这是大家的问题。好几位同学都关注到了诗人用以连接两个诗节的一个词——“犹如”，他们的问题是：昆虫它要高高在上的这种快乐和飞得很高的小鸟要停栖到低矮的树枝上的这种快乐到底是怎么联系起来的？二者究竟有什么样的相通之处？

我们从这11个问题中选一个问题请我们的诗人来回答，请同学们先来选一选，看看在这些问题当中，你们最希望诗人回应的问题是哪一个？大家有没有留心到我用数字标了码，也涂了色，相同颜色的就是同一组问题。你们知道我为什么这样分类吗？你们觉得1、4、5号问题有什么共同之处？

生：都讲这首诗的。

师：嗯嗯。它们都是针对这首诗提出的问题，这个问题问的是这首诗的意象或者说景物，是针对这首诗的内容所提的问题；这几个问题都是针对诗中两节之间的关系的，然后3和7是同类问题，6和8是不是比较一致。我做了一下这样的分类之后，同学们会不会觉得比较便于做选择了？你们认为哪一种问题最有价值，最希望能够获得诗人的回应？大家投票吧？同意第一组，就是诗中意象的请举手；关注诗歌两节之间的关系的请举手。

师：好，黄老师，有请。

**黄礼孩老师：**多谢同学们读了这首诗，也对这首诗进行分析，而且提出问题，我觉得都非常棒，为什么这样说？因为当代诗歌实际上它并没有答案，它就是不断的提出问题，让你感受你跟这首诗或者跟语言发生内在的共鸣，这里面有心灵的，有想象的，有经验的，有非常多的事物，因为这个诗人是把这一一个形象或某个意象呈现出来，跟你做一个读者发生的映照关系，所以诗意这时候就产生了。

但显然在诗歌写作的时候，写什么有时候诗人自身也不知道，但总有一个语言也带着你往那个地方去，所以读者或者就是说阅读者他也未必知道，因为每个人他的生活背景，他所受的教育，他所遭遇的东西，等等，会让诗歌在他欣赏和阅读的时候产生一种错位。正是这种差错感，让诗歌产生了魅力，因为这里面实际上是两节，前面写我作为一个人，写我生活在这世界上，仿佛我对什么有所期待，所以这个飞鸟它就代表的一种梦想，它也许不知道在哪里在何处，但它会来的，我一直盼望着这个梦想就来了，所以这鸟都回归树林，实际上跟大家回归到我们自身一样，所以诗歌的第一节是写这样一种状态；但第二节很重要，因为诗歌它需要转折，这里面不但是空间，还有思维时间，包括你的情绪的转化，这些都很重要。所以我觉得我这首诗里面“我一直在生活的低处”一下都拐到别的地方去了，这句话就在这里面起到了承上启下的作用，所以这个转化就是也表明我的身份，我的姿态，我就是一个非常普通的一粒种子在大地上生根发芽。

师：我从黄礼孩老师的分享当中，听到了两个对我们来说特别有启发意义的观点。第一个就是对于诗人来说，他们往往会把自己生活的经验，把自己的这种诗意寄托在对自然观想上，是吗？他们观察到了自然当中的万事万物，然后把这些事物的特征跟自己人生的历练、人生的经验一结合，再通过凝练的语言表达为诗歌。第二个其实是同学们刚才的问题，应该说也是我的困惑，我可以问您也问同学们，这个诗节当中有两节，一节写的是高飞的鸟，一节写的是在地上，在生活的低处，跟我一样的小小的昆虫。那么，你们愿意做那只高飞的鸟儿，还是愿意做那只在匍匐在生活低处的昆虫？

**黄礼孩老师：**对我来讲，实际上对一个诗人来讲，写鸟跟昆虫是同一体的，不分高低了。

师：因为同学们关注的重点就是在“犹如”这个词上，那也就是说飞翔的鸟停栖在树枝上和爬行的昆虫也有高高在上的梦想是有相通之处的，是否因为它们是相通的，所以我们就既可以去做高飞的鸟，也可以去做小小的昆虫呢？

**黄礼孩老师：**我们实际上要回到我们自身，我们还是要寻找到属于我们个人的梦想，无论它是高大的还是渺小的，它这里面都有属于他的快乐，属于他真正来自生命里面的那一份个人的梦想。

师：好，谢谢黄老师。其实我们可能是渴望要做“鸟”的是吗？但也许在未来生活中我们只能去做“小小的昆虫”，那么。不管是做了鸟还是做了昆虫，我们都要有梦想，都要有追求，还都要能够尽情地去享受生活的快乐。

师：下面来到第二首诗，林馥娜老师的《宗祠里的故乡（节选）》。同样我们先来读诗！我把这首诗分成了三个大节，我们先请三位同学依序分节把这首诗朗读给大家听。

生：《宗祠里的故乡（节选）》（略）

师：好，谢谢！这两个字要注意一下：游子被西晋古迹的荒茫，什么痛？

生：zhē

师：你刚才读成zhi痛？为什么会错的？

生：以为是形声字。

师：形声字要读zhé，这是形近字误读，注意区分“蜇”和“蛰”。还有宛如zhù（伫）立的落寞美人。

师：有很多同学表示这首诗似乎跟我们的生活有更多的关联，因为我们很多同学都有回乡祭祖，或者说回乡过节的经验，所以同学们也提出了很多的问题。

师：这个问题是：故乡里没有一些“新”的东西吗？这个问题是：这么长的一首诗，作者是怎样组织意象的，是不是像我们写作文那样，需要拟一个提纲再进行表达呢？还有这个问题是：为什么诗人想到用一个传统文化的要素去进行诗篇的组织？这些问题都很有意思，林老师，您看一下，这次由您来选，您觉得哪一个问题更切中了您的创作心理和您所要寄托的情思？然后您就选这个问题来回答，好吗？

**林馥娜老师：**如何营造沉重和厚重的氛围，还有“痕迹”和“灯笼”的各种意义，可能是比较适合来解说的。

师：林老师选择的问题是诗中“痕迹”“族谱”“灯笼”等意象都给了我们一种比较厚重的感觉。那林老师，您是如何选择意象，而且如何通过您的写作营造出了这种厚重的氛围的呢？

**林馥娜老师：**其实这些问题都可以说一下，就说故乡里有没有新的东西，我后面是写到了院落里面，那个就是新的开始，它既是继承过去，然后又敞开向未来。

这个是农家新院，它是新院对吧？而且它的野香，就是说这种熟透的东西，天色的宝物是生生不息的，是永远的向后传续的。

我写这一首诗它本来就是源于我去梅关，很多姓氏都是从那里过来的，就是从江西过广东第一站就在那里，然后每一个家族都在那里建了一个宗祠，作为一个发源地；后面有一些后辈他们是分开去到潮汕或者去到江门各个地方，但是那里每年会有一些中心大会会回到这里。所以这就是说，我们每一个人都会有一个寻根文化，会有一个故乡的追寻是吧。

刚才说祖先的血脉为什么是写宗祠里的故乡，而不是故乡里的宗祠？这是我作为一种文化上的归乡，或者说血脉上的归去；而不是说写地理上的，因为地理上的你就是故乡的宗祠，是不是？宗祠里的故乡就是血脉上的回溯。

师：谢谢林老师！林老师回应了我们很多同学的困惑，有同学问故乡有没有新的东西？林老师说有的，总有一些孕育在“时间的劫数之外”，“远处的稻香”，然后有“博物馆”，也有“晒场”，有“农家的生活”，这些是今天的孩子们，也就是你们回到故乡时还能看到、还会感受到的“被野香熏醉的仲秋”，它有新的东西，这种新的东西实际上也是一种文化上的选择。故乡不单单只是一个地理的区间，诗人更多地渴望从我们祖先代代传承下来的仪轨当中，在我们留下的文化遗存当中，找到自己血缘上的、精神上的这种皈依。

师：我们高一读过《乡土中国》是吗？我们知道中国的文明发源于土地，是一个渊源深厚的农耕文明国家，它的社会结构中最小的单位不是家庭，而是家族，林老师这首诗是可以跟《乡土中国》的某些内容进行互文参证式的阅读的，对吗？今天我们还会无数次回乡，事实上这种回乡也是我们对传统的回望，是吧？我们的血脉中仍然留存着祖先给我们的种种文化基因。

师：好，第一个环节我们就完成了。读贵有疑，我们在读书的时候能不能提出问题，看的是我们能不能深入思考，能不能敞开我们的心灵，真正把自己投入到文本的世界当中去。

师：文本给我们的是语言，而语言都是有生命的对吗？所以说我们需要用我们的心灵、我们的情感、我们的思维、我们的头脑跟诗歌、跟文本中的语言去发生互动和共鸣，由此我们就会产生很多的问题。

师：提出问题和寻求答案的过程，就是在阅读当中不断成长的过程。感谢同学们，你们提出了很多有价值的问题，让两位诗人也很有成就感，对吗？我们年轻的读者还能够如此亲近诗歌，如此向往诗歌，这就是精神、文化不死的力量的显示。

师：好的，接下来我们就进入第二个学习任务。我们对诗歌整体再做进一步的探究，我用这样两个相互关联的问题来启发同学们的思考，因为这一个单元的人文主题是“叩问心灵”，所以我的问题是：这两首诗跟“叩问心灵”人文主题之间有什么样的关系呢？在叩问心灵的过程当中，你觉得哪一首诗带给你更多的感受，更多的思考，你会更喜欢哪一首诗呢？

师：两个问题，请大家分享交流。我也截取了同学们在任务单上所写的答案，大家可以先看一看，小组讨论一下，再推举代表来发言，好吗？

（学生分小组讨论）

师：好，这里有一份其他学友填写的答案，小组接下来尝试评价一下这份答案，把我们的答案和这个答案做一下比较，看看有哪些地方不同？哪一种回答更好地回应了老师的问题？为什么？

生：我觉得他的答案可能更好，我的答案可能比较浅显。

师：其实不浅显，人和自然的和谐是个好宏大的命题，是有点笼统。

生：我更喜欢第二篇，我从第二篇开始说，我没有写到“传承”的这个的关键词。

师：第一个作品呢？

生：第一个作品我写的只是意象，没有从更深层次的方面来说，没有关联自己。

师：第一个作品，你只是在意象的层面思考，你注意到诗人观察自然，从自然中选择了意象，你觉得他从自然中选取意象的做法体现了人与自然的和谐关系，但是却没有关注诗人通过这些意象真正想表达的情感，也就是诗作的主旨，对吧？很好，看来言、象、意的文本三要素结构图式已经在指导你的自我评价了。

第二个作品，你在诗作所体现的人和故乡的关系中，只是找到了诗人热爱故乡的一面，没有捕捉到诗人渴望传承故土文化血脉的这一面。很好！

师：同学们继续思考一下，刚才这位同学的反思给大家打了样，你们再看一下你们的答案，想一想这两首诗作如何体现“叩问心灵”的人文主题。

（学生分小组讨论）

师：这个答案当然也不是完美的，但是针对第一个作品，他的答案是不是更具体？针对第二个作品，他触摸到了诗人真正想要去抓住的，用“传承”这个词语能够更准确地表达，而这一切是和什么相关的呢？和心灵，是吧？

师：诗人不只是去看自然，诗人也不仅仅只是笼统地表达他的某些人生经验或者说人生追求，他一般要把他的梦想追求跟具体的“象”结合起来，诗歌表达的其实是诗人的心灵，诗人的心灵活动呈现为诗歌的情感、呈现为诗歌的意象。

师：关于两个诗篇中你更喜欢哪一个这个问题，有些同学选择《宗祠里的故乡》，理由有这么些：这一位，喜欢诗中营造出的一种氛围，喜欢诗人的文笔，这个是属于语言形式；第二首诗更有艺术技巧，也更富于人文气息，虽未明写人，写人的具体的表现，但处处都有人的痕迹，人们的形貌、人们的行止，我们似乎总能够看得到，似乎总能听得到他们脚步的声音，显露中有隐藏、隐藏中有显露，人文气息和哲理合为一体。

师：这位同学的理由是这首诗对景色的描写非常细致，画面感很强，这个也属于艺术技巧，文本形式要素。这位同学说诗歌的意象丰富，把意思表达得很充分，情感丰富和真挚，“意象”属于文本内容，“意思”和“情感”也就是诗人真正要表达的文本的主旨。这位同学说诗歌语言很细腻，还用了比喻这种修辞手法，很传神，还有这位同学说很喜欢诗人的文笔，词藻华美，跟语言细腻是一个板块的内容，都属于诗歌文本的语言形式。

师：这位同学说语言富有诗意，将情感真切地描写出来，让人身临其境。注意一下，“情感”不能说是“描写”出来的。“描写”这种表达方式一般针对物象、对象，当然我们也可以对一些细节，事件发展过程中的一些细节做描写，但是“情感”是抒发出来的，是用“抒情”这种表达方式表达出来的；有时候在“议论”当中也可以融入抒情，抒情性议论，总之都是主观的表达。

师：接下来我们再来看看选择《飞鸟和昆虫》的同学的理由。这位同学说语言很简单，好懂，篇幅也比较短小，更加易读，道理是深入浅出的。这位同学也说简洁美，答案看起来差不多，不过要注意，语言的简单是就文本本身来说的，简洁美更关注文本通过简单的语言给我们的审美感受。

师：这位同学说想象力丰富，这个理由成立吗？或者说这个评价对吗？刚才我们黄老师确实说过，诗人他可以写自己经验的事物，就是看到过、体验过的，也可以写自己心灵中的和想象中的事物。但是《飞鸟和昆虫》这首诗并没有太多地去写想象，更多的还是从意象的特点出发，把自己的生活经历和心灵感受跟意象的特点结合起来，想象是头脑的活动，是形象思维活动。

师：这位同学说主题很突出。话说我在分享同学们的评价的过程中，会根据同学们所关注的点的不同在做分类，大家注意到了吗？

师：我们前面展示同学们提出来的针对《飞鸟和昆虫》这首诗的问题的时候，老师会对这些问题做一下分类；刚刚我们分享同学们喜欢这两首诗的理由的时候，老师也会把同类的放在一起说。分类很重要，那老师用来分类的依据是什么呢？是文本的言、象、意，也就是形式、内容、主旨这三个要素，每一个文本都是由言、象、意，就是形式、内容、主旨这三个要素构成的整体，每一个文本不管是文学性文本还是信息性文本，都是作者在运用语言，运用他所选择的材料，表达他想要表达的意图、主旨，他的思想、他的情感、他的认知、他的经验。老师在分享和讲解的时候，希望帮助同学们把文本的这一结构图示做一下建构，如果我们能够建构起这样的图示，去读一个文本或者去写一篇作文的时候，目标会更加明确，思路会更加清晰，去评价一个文本的时候也就更有抓手。

师：按照黑板上这个图示，我们再来反观我们对两首诗所做的比较，再来看老师比较出来的成果：黄礼孩老师这首诗，在内容上是在把飞鸟和昆虫两种自然意象、自然物象做对举是吗？“对举”是他在语言形式上所使用的最突出的一种艺术手法；而林馥娜老师在语言表达和艺术形式上更多运用叙述和描写的表达方式，她会叙事，也会去描写一些景物、景象，这个是她的这首诗作最突出的特点。

师：在内容上，《飞鸟和昆虫》更多的是作者把他在对自然的观察当中所捕捉到的，能够承载他思想感情的物象做了诗意的表达，而《宗祠里的故乡》更多的是在回望故乡，林老师选取了一些人文的事象进行相关的表达，一个是静观自然时的冥想，一个是把回望故乡的过程中种种能够承载主旨的事物做了统整。

师：从主旨上来说，两首诗都是诗人在叩问自己的心灵，去感悟自己的人生，渴望能够把自己的心灵与人生跟自然、跟更广阔的社会、跟我们深远的文化传统关联起来。我们每一个个体，其实也都是在自然、社会和文化中去寻找着自己是吧？在诗歌、在文本、在语言的世界当中和隐藏最深的自己素面相对。

师：这句话是不是有难度？你的“自己”有没有被隐藏？

生：有。

师：是的，我们真实的“自己”常常会被隐藏起来，我们也回望自身，叩问自己的心灵，就可以在文本世界当中找到更多的共鸣。

师：最后我们来看第三个学习任务，“读贵有悟”。这个任务的目标是希望同学们在读了文本，读了诗歌之后能够有所领悟，能够改变自己，像我们刚刚同学说，希望自己也能做一个善感的人，做一个多思的人，做一个能写的人。请同学们能够联系自己的生活实际，来分享一下与今天我们读过的这两首诗相关的人生体验，然后再选择你所喜欢的那一首进行写作练习，你可以把它改写成散文，也可以运用我们刚刚所说到的两首诗最重要的那种艺术表达的方式进行原创诗歌的练习。

生：我有跟黄礼孩老师相似的体验，在看浪的时候有过。

师：哦，分享一下吧。

生：《飞鸟和昆虫》写了高飞的鸟，也写了低处的昆虫，我写的浪有潮涨跟潮落。

师：说一说你在潮的涨和落中有什么样的体悟。

生：我觉得涨就是那种比较饱满的骄傲的情绪，然后在落当中就是一个比较落寞的情绪，然后我觉得不应该是这样的，然后就应该有一点交错的感觉。

师：你觉得自然界的潮涨似乎是携带着某种气势力量而来，很饱满，它的潮落却代表着某种退却让步，显得很失落，对吗？你在观想，观察冥想的时候，觉得我们的人生不应该像潮的涨落一样，是吗？

师：好，我们来听你的诗歌。

（生朗读自己的原创诗歌）

**浪**

站在海边，我常常想
潮涨又落
高傲地，欣喜地
冲上沙滩或冲击海岸
却总不免落寞地走向大海
它来干什么呢？
仅仅是浸湿一片沙吗？
后来我发现
其实它正是一位高明的大盗
拾走镶嵌珍珠的贝壳

挟去一只贪玩的小蟹
夺走人们惊艳的眼珠
落寞下盖着的
是此行的欢欣

师：鼓掌！“落寞下盖着的是此行的欢欣”，从“看”面前的自然事物，到自己的“想”，再回到自己的“行”迹当中来！就像我们的黄礼孩老师，他在写飞鸟写昆虫的时候，其实更多的是在写我，对吧？

师：大家一定很想听听黄礼孩老师对这首诗歌的评价。有请黄老师！

**黄礼孩老师：**因为，就是说因为是命题作文，就从一首诗给他的一些搜索和灵感，他找到了自己有一个对应的物，就刚才那个同学说的一个潮涨潮落，他在里面要搜索一个人生的哲理，或者生命里面存在的真理，我觉得挺好，这个点还是抓对了。

到第三句第四句——高傲地欣喜地，就是像这种我就说尽量少用，因为形容词跟形容词叠在一起之后或者大的词跟大的词在一起，它容易变得空，空了之后我们就抓不到什么。

王老师刚才说有个抓手，就是说必须有一个具体的东西来抓住，比如说美丽这个词它太空了，但你说这朵花在阳光下，有雨水洒在上面，有风吹过，它微微扇动一下，滑下一滴水珠，你都有形象感，是吧？这样你就会觉得这个是美丽的，它花朵是美丽的，所以我们不要直接把这个结果就是说定义的东西，尽量少用定义，诗歌这东西，你就是要让它的节奏，让它的气息产生一种欣喜感，那样你的技巧、语言能够跟你的心灵达到最吻合的状态。

师：热烈鼓掌！谢谢黄老师。黄老师充分肯定了我们同学的习作，也告诉我们诗意的呈现，诗歌对语言的锤炼可以说是我们语言文字运用的最高级状态，所以说诗意的提升它一定要经过一个语言反复锤炼和打磨的过程。

师：事实上我们读诗，既是在读美好的语言文字，也是渴望交流人类的情感。通过诗歌，我们的精神世界能够在语言的世界中得到敞开、找到托付是吧？这样的生命状态是多么饱满啊！

师：黄礼孩老师在他的诗论当中引用了这样三句话，我想和同学们分享一下，第一句，“‘爱先于生命——/后于，死亡——/是创造的起点——/世界的原型——'当狄金森这样说出爱时，爱就成为她不朽的心理学与哲学观，成为写作的原动力"。

罗兰·巴特说："我写作是为了被爱，被某个人，某个遥远的人所爱。"

"世界始于异想天开"，克尔凯郭尔说出了一个诗人写作必须拥有的能力。

林馥娜老师在她的诗论中说，诗意是一种心灵的体验，它以沉默的潜存等待引发与萌动。不断地记录与反刍，仿佛是为了修炼另一个有别于日常生活的"超我"，那个携着无形的翅膀，随时准备自由飞翔的"超我"。

虽然一个人的力量很小，但一不为少，每个一都是构成参天人文大树的某条分枝，也是诗学织物的一缕经纬。

我想这里的爱，其实就是心灵的体验，爱同时也是我们为了要去创造一个有别于日常生活"超我"的一种创造。所以说，我们生活的原动力，我们读写活动的原动力，那就是爱。

师：最后我想用荷尔德林所说的"人生充满劳绩，但却诗意地栖居在大地上"作为这堂课的结语，我们每一个个体都是一个丰富而又饱满的生命，非常希望大家在语文学科的学习，在诗歌文本的读写活动当中，找到自己，享受生命的恩赐。下课！

## 现代诗两首比较阅读课教学反思
## 把思维发展与提升有机融入教学过程
### ——说说一堂别开生面的语文课

**媒体报道：**2023年7月5日下午，在广州市第一中学的录播教室里，来自广州市教育研究院的高中语文教研员王惠博士携著名诗人黄礼孩、林馥娜给高一年级学生带来了一堂别开生面的语文课——《现代诗两首比较阅读课》。

为了让学生更好地进入诗歌文本营造的审美世界，探索诗歌及其创作的秘密，笔者特别邀请诗歌作者黄礼孩、林馥娜两位老师和笔者一起指导学生读诗和写诗。

笔者按照"读诗·读贵有疑""探诗·读贵有法"和"悟诗·读贵有得"三个学习目标设计了学习任务单和教学环节，为了更好地发挥诗人的示范和引导作用，笔者计划在三个教学环节都邀请黄礼孩和林馥娜两位老师参与指导。具体参与方式是：第一环节分别回答学生针对自己的诗篇提出的问题，第二环节在学生对自己的诗篇做出评价的基础上分别分享自己的创作理念和艺术追求，第三环节对学生借鉴自己的写法创作的诗歌原创作品进行点评。

在课堂推进的实际过程中，因为时间有限，第二环节就没有邀请两位诗人进行分享，第三环节只是请一位同学分享了自己的体验和作品，因为该同学选择和借鉴写法的诗篇是黄礼孩老师的《飞鸟与昆虫》，所以也只能邀请黄老师做点评。

尽管如此，这一次借新课程阅读教育之机进行的语文学科课程创新和教学实践还是取得了很好的效果，学生向他们的任课老师表达的感想和收获，是对为师者和执教者最大的肯定。

当然，诗人走进课堂不可能成为常态，除了采用各种各样有效的方式激活课堂之外，语文教师真正应该关注的还是如何通过一个一个文本范例把语言文字运用的规律、把文本建构的图式教给学生，从而最好地发挥作为例子的文本的教育教学价值。其中，作为语文学习底层逻辑的思维活动是最为重要而又最为艰难的。每一节语文课，除了要努力指向语文学科的公式和定理之外，还应该致力于发展与提升学生的思维。

回顾和反思这一节课，除了读写文学类文本需要的联想和想象等形象思维活动之外，笔者也同样非常注重逻辑思维活动的开展和逻辑思维能力的培养，具体表现在以下三点：

第一，在分类中展开分析。本课第一环节，同学们先朗读诗作和对同学的朗读做出点评，然后笔者把大家在任务单上提出的问题呈现在PPT上，希望同学们从中选出一个问题请诗人回答，这个问题当然应该是相对比较有价值甚至是所有问题中最有价值的问题。因为问题比较多（如下，共11个），在进行选择时，有必要对问题进行分类。分类的过程实际上是一个分析的过程，也就是逻辑思维活动的过程。1、4、5一类，2、10、11一类，3、7一类，6、8一类，9自成一类。由此，11个问题变成了5个。经过思考和讨论，同学们选择了2、10、11这一类请诗人黄礼孩解答。

1. 天上的鸟、地上的昆虫，没有属于它们本身的快乐吗？

2. 昆虫拥有快乐与翅膀停栖在树上有什么共通之处?

3. “生活的低处”有何指代呢?

4. 诗中各景物代表了什么?

5. 鸟与昆虫背后的深层含义是什么?

6. 作者是在什么情况下创作的?

7. 诗的第二节作者是在自嘲还是在赞叹与羡慕呢?

8. 诗人写作时的心境?

9. 《谁跑得比闪电还快》与《飞鸟和昆虫》的关系?

10. 我知道再小的昆虫也有高高在上的快乐，犹如飞翔的翅膀要停栖在树枝上。这种“快乐”与“飞得再高也得回到低矮的树枝上”的这种“快乐”有何相同/不同?

11. 《飞鸟和昆虫》：类比的两种事物往往具有相似性，在某一个或几个视角的认知中达到统一，诗作最后将昆虫“高高在上的快乐”与“飞鸟停栖于树枝”相类比，这二者的相似性和意义上的统一如何理解?

第二，在比较中建构图式。本节课课题为“现代诗两首”，原本就希望通过两首诗的比较引导同学们寻找和把握诗歌读写的规律，比较是这节课的题中应有之义。在课堂推进的过程中，有机生成的比较思维活动处处可见。第一环节请同学们选择最有价值的问题做比较，而同学们最后选出的问题也包含着飞鸟与昆虫的比较。在黄礼孩老师没有正面回应昆虫的快乐为什么“犹如”飞鸟时，我更是通过直接问诗人和孩子们愿意做飞鸟还是愿意做昆虫来引导学生关联自身进行比较，并最后在学生的回答“我想做飞鸟，但生活可能让我做昆虫”的答案中获得了诗歌作品的整体诗意，也获得了人生的启迪。同学们也由此明白《飞鸟与昆虫》一诗的两节并非对比，而是对举，两节共同指向整体诗意的表达。第二环节首先是分析两首诗与本单元“叩问心灵”人文主题的关系，其目的是要比较两首诗呈现和表达主题的不同艺术方式，最终引导学生在两首诗作的比较中建构起“言象意”的文本要素和关系图式。在比较两首诗在“言”“象”“意”三个要素上的不同表征的过程中，我们抓到了“这一首”的特征精髓，也找到了“这一类”的规律精要，更重要的是让文本图式建构得到了更好的落实。

静观冥想

| | 《飞鸟和昆虫》 | 《宗祠里的故乡（节选）》 |
|---|---|---|
| 言 | 对举 | 叙述和描写 |
| 象 | 自然物象（观察自然） | 人文事象（回望故乡） |
| 意 | 叩问心灵，感悟人生 | |

冥想统整

第三，在切身体验中实现读写转化。第三环节的学习任务是分享与诗歌相同或相似的自己的生活体验，并完成把诗歌改写成散文或借鉴诗人的艺术手法原创一首诗歌。在这一环节，同学们通过诗歌作品唤醒自己的生命体验，这是形象思维活动，但如何把自己的相关体验表达为诗，需要理性思维活动的支持。如何观物取象或冥思取象，如何运用语言和艺术技巧，如何把自己的认知、思想和情感融于诗歌意象和诗歌语言，这是一个在“言象意”结构图式指导下和在不同意象、不同写法的比较中做出的判断和选择。

少年情怀尽是诗，诗歌的语言运用可以说是所有文本中最为高级的，诗歌在语用学习和三思（思想、思维、思路）提升中都有其独特的价值。在未来的日子里，笔者还将进一步尝试开展青少年的诗歌教育和文学教育，并且把思维发展与提升作为重中之重，融入教学设计和教学活动全过程。

# 第四节　中外哲思经典两篇读写教学

## 在人类思想的旅程中

### ——从《人皆有不忍人之心》到《怜悯是人的天性》教学设计

**【课文简介】**

1.《人皆有不忍人之心》，选自《孟子·公孙丑上》，部编版高中语文选择性必修上册第二单元第五课中的一篇，第五课一共三篇课文，均为先秦儒家作品节选，是儒家思想的结晶和儒家智慧的表达。

2.《怜悯是人的天性》，部编版高中语文选择性必修中册第一单元第四课中的一篇，第四课一共两篇课文，一篇谈“真”，一篇谈“善”，表达了中外思想者对人类根本问题的思考和追求。作者卢梭，18世纪法国思想家，启蒙运动代表人物之一。

**【教学目标】**

1.了解孟子和卢梭人性本善、荀子和霍布斯人性本恶的思想观点和情感态度。

2.在人性本善和人性本恶两种观点的研习和辩难中形成自己的思想观点和情感态度。

3.通过模拟辩论学习活动，复述或表达观点，进行阐释和分析，相互讨论和质疑，提高逻辑思维水平和语言表达能力。

**【导入】**

同学们好！今天，我们通过《人皆有不忍人之心》和《怜悯是人的天性》两篇课文的学习，一起踏上人类思想的旅程。

1.题解。说到“思想”，我不由想到17世纪法国思想家帕斯卡尔的一句经典名言：人是一根能思想的苇草。他认为：人只不过是一根苇草，是自然界最脆弱的东西；但他是一根能思想的苇草，思想成就人的伟大。“思想”是什么？“思想”是人类意识中的思维活动产生的结果、形成的观点及观念体系。

在人类历史上，有一些伟大的思想家，他们闪光的思想启迪着人的智慧，照耀着人类文明前进的方向。在部编版高中语文选择性必修上册第二单元，我们学习了一篇课文《人皆有不忍人之心》，这是中国先秦时期的儒家先贤孟子的作品；在选择性必修中册第一单元，有一篇法国现代思想家卢梭的作品《怜悯是人的天性》。你们能从篇名中看出老师为什么要把两篇课文放在一起来讲吗？是的，是因为两篇文章的观点也就是作者的思想见解相同。

文章的观点是用判断句的语言形式承载的，篇名“人皆有不忍人之心”和“怜悯是人的天性”就是直接表达观点的判断句，把握观点的前提是对相关概念的阐释，“不忍人之心”（课文中的“恻隐之心”）和“怜悯心”是什么？你能试着界定一下吗？是的，“不忍人之心”“恻隐之心”和“怜悯心”都是指“对他人不幸的同情与哀怜”，孟子和卢梭认为这是人与生俱来的天性。两位思想家一位生活在公元前3世纪的中国，一位生活在18世纪的法国，他们在时间上相隔两千余年，在空间上相隔一万多里，却在关于人性的基本问题上抱有相同的观点，在人类思想史上遥相呼应。

无独有偶，同样是先秦儒家学派代表人物之一的荀子有不同的见解，他认为“人之性恶，其善者伪也”，圣人化性成伪，创造了文化；而同样与荀子远隔近两千年和一万里的英国思想家霍布斯与荀子遥相呼应，他认为“人天生就是恶人”。

2.布置学习任务。人性问题是人类思想史上最根本的问题，孟子、卢梭与荀子、霍布斯在人性问题上有着完全不一样的见解，前者主张人性本善，后者主张人性本恶，这两种观点的对峙成为人类思想史上最引人关注、最启发人思考的一种现象。今天我们就带着我们的学习任务单，通过模拟辩论学习活动，领会先贤的思想，激荡自己的智慧，形成自己的见解。

老师的这张PPT呈现了一般辩论赛的流程，对立论、驳论、辩论和综论四个环节的基本内容和思维过程进行了优化。下面我们就按照这四个环节，开启我们的模拟辩论学习活动。

正方：人性本善

1 一辩：立论
亮观点
做阐释
列论据＋做分析
申观点

2 一辩：立论
亮观点
做阐释
列论据＋做分析
申观点

3 二辩：驳论
驳观点
驳阐释
驳论据＋驳分析
驳观点＋申观点

4 二辩：驳论
驳观点
驳阐释
驳论据＋驳分析
驳观点＋申观点

5 三辩：辩论
向反方一辩提问
（至少两个来回）
向反方二辩提问
（至少两个来回）

6 三辩：辩论
向正方一辩提问
（至少两个来回）
向正方二辩提问
（至少两个来回）

7 四辩：总论
概括（双方）事实
陈述（双方）理由
补充条件
畅谈价值寻求共识

8 四辩：总论
概括（双方）事实
陈述（双方）理由
补充条件
畅谈价值 寻求共识

反方：人性本恶

**【学习活动一】一辩：立论**

1.确定一辩：在抱持人性本善和人性本恶两种观点的思想家中，谁应该是一辩？

哪几位同学愿意做一辩辩手？也就是孟子和荀子的代言人。

2.一辩辩手依据文本，按照立论要求，以孟子或荀子的身份进行立论。

本轮学习活动为对孟子和荀子观点的复述，先组织学生朗读相关文案，再请学生代表复述亦即翻译，需要指导学生：①落实情境任务要求，注意孟子或荀子代言人的身份；②掌握议论文主题段落结构，孟子文案从“人皆有不忍人之心”到“由是观之，无恻隐之心，非人也”是一个相对完整的“立论”文案样本，需要在第一个观点句“人皆有不忍人之心”后补充一句对“不忍人之心”的阐释句，可将导入部分对“不忍人之心”的阐释有机补充进来；③学习提取和组合信息以及以此为基础的概括，荀子文案分别用几个句子论述人的本性，可引导学生将“好利”“疾恶”“耳目之欲”“好声色”等相关信息点提取出来，组合成一个句子进行概述。

**【学习活动二】二辩：驳论**

1.确定二辩：在抱持人性本善和人性本恶两种观点的思想家中，谁应该是二辩？

哪几位同学愿意做二辩辩手？也就是卢梭和霍布斯的代言人。

2.二辩辩手依据文本，按照驳论要求，以卢梭或霍布斯的身份进行立论。

本轮学习活动实际上是对卢梭和霍布斯观点的阐述，但需要先对孟子和荀子的观点和论述进行反驳，然后以最精要的语言将卢梭和霍布斯的观点表达出来。需要指导学生：①找到并朗读《怜悯是人的天性》课文中集中表述卢梭和霍布斯观点的内容；②对一辩（荀子和孟子代言人）的观点和论述进行反驳；③对卢梭和霍布斯的观点进行一句话概括。

**【学习活动三】三辩：辩论**

1.确定正方三辩：哪几位同学愿意做人性本善观点的三辩辩手？

2.正方三辩辩手依据文本和反方一辩二辩辩手的发言，按照辩论要求，分别向反方一辩二辩提出问题，开展辩论（注意：双方辩难至少两个来回）。

3.确定反方三辩：哪几位同学愿意做人性本恶观点的三辩辩手？

4.反方三辩辩手依据文本和正方一辩二辩辩手的发言，按照辩论要求，分别向正方一辩二辩提出问题，开展辩论（注意：双方辩难至少两个来回）。

（双方辩难至少两个来回，可用如下表格记录双方的发言。）

| | 正方三辩 | 反方一辩 |
|---|---|---|
| 1 | | |
| 2 | | |
| 3 | | |

| | 正方三辩 | 反方二辩 |
|---|---|---|
| 1 | | |
| 2 | | |
| 3 | | |

**【学习活动四】四辩：总论**

1.确立自己的立场：正方（人性本善）/反方（人性本恶）

2.按照自己的立场组队、分小组，以小组为单位，按照总论要求，分工完成总论稿撰写。

3.正方各小组代表总结陈词。

4.反方各小组代表总结陈词。

**【结语】**

1.和孟子、荀子生活的先秦相比，和霍布斯、卢梭生活的西方第一次工业革命时期相比，我们身处的时代发生了很大的变化，科技发展、物质丰裕、理性发达，但人们的道德表现并没有随之进步，以至于老人倒地之后人们是否会去扶都已经成为一个问题。现代人是否正在越来越多地失去其恻隐之心和怜悯之心呢？如果孟子和卢梭生活在现在，当他们通过现代人的行为表现来透视和看待人的天性时，不知是否仍然坚持他们的观点呢？

2.我很欣喜地看到面对这种情况，同学们还是认为恻隐之心和怜悯之心在当今时代仍然有其重要价值，主张既发展人的理性，也弘扬人的天性。据载，一名学生曾经问著名人类学家玛格丽特·米德一个问题：到底什么是人类文明的最初标志？很多学生猜想的答案是鱼钩、石器、火等。米德的回答超出所有人的猜想，她说，人类文明最初的标志是我们发现了“一块折断之后又愈合的股骨”。她意味深长地总结说：从困难中帮助别人才是文明的起点！

3.经过紧张的逻辑思维活动，我们一起读一首诗吧！英国诗人约翰·多恩的《没有人是一座孤岛》。

**没有人是一座孤岛**

［英］约翰·多恩

没有人是一座孤岛
可以自全
每个人都是大陆的一片
整体的一部分
如果海水冲掉一块
欧洲就减小
如同一个山岬失掉一角
如同你的朋友或者你自己的领地失掉一块
任何人的死亡都是我的损失
因为我是人类的一员
因此
不要问丧钟为谁而鸣
它就为你而鸣

最后，我想跟同学们说的是，人类思想的旅程跟身体的旅行一样，也是山一程水一程，需要一代一代接力传续，向前探索。希望同学们热爱思考，不断探索真知和真理，不断磨砺自己的思想，做能够用思想增进人类利益的人，即卢梭所说的“有助于整个人类的互相保存”。

【作业】

1.比较找原因：就学习任务单第一题在自己的答案和参考答案之间进行比较，看看自己找得对不对，分析对或不对的原因。

## 学习任务单第一题参考答案

**【学习任务一】遥远的呼应——阅读文本，明确作者观点**

1.阅读《人皆有不忍人之心》和《怜悯是人的天性》两文，找出其中的观点句，填写下表。

| | 《人皆有不忍人之心》 | 《怜悯是人的天性》 |
|---|---|---|
| 观点句1 | 人皆有不忍人之心。 | 我认为怜悯心是我们这样柔弱和最容易遭受苦难折磨的人最应具备的禀赋，是最普遍的和最有用的美德；…… |
| 观点句2 | 无恻隐之心，非人也；…… | 这是纯粹的天性的运动，是先于思维的心灵的运动；这种天然的怜悯心的力量，即使是最败坏的风俗也是难以摧毁的；…… |
| 观点句3 | 恻隐之心，仁之端也；…… | 人类的种种社会美德全都是从这个品质中派生出来的。 |
| 观点句4 | 凡有四端于我者，知皆扩而充之矣，……苟能充之，足以保四海；苟不充之，不足以事父母。 | 怜悯心是一种自然的感情，它能缓和每一个人只知道顾自己的自爱心，从而有助于整个人类的互相保存。 |

提示：如果找得不对，应该是不明白观点句有什么特点。观点就是作者的思想见解，是他主观性的、个性化的意见表达，是这一篇文章要证实的观点或主张，在文中一般使用判断句这一语言形式。

2.说一说两位思想家的观点有哪些相同之处？

（1）人的天性是什么；

（2）这一天性的原生性；

（3）这一天性所具有的力量。

提示：先对同一文本的几个观点句进行分析，做整合和归纳；然后在两个文本的观点句之间寻找关联。

3.读写提能力：阅读1993国际大专辩论会“人性本善vs人性本恶”辩词，在立论、驳论、辩论和总论中选一项进行完善，写成文字稿。

附：

## 在人类思想的旅程中

### ——从《人皆有不忍人之心》到《怜悯是人的天性》

### 学习任务单

**【学习任务一】遥远的呼应——阅读文本，明确作者观点**

1.阅读《人皆有不忍人之心》和《怜悯是人的天性》两文，找出其中的观点句，填写下表。

| | 《人皆有不忍人之心》 | 《怜悯是人的天性》 |
|---|---|---|
| 观点句1 | | |
| 观点句2 | | |
| 观点句3 | | |
| 观点句4 | | |

2.说一说两位思想家的观点有哪些相同之处？

________________________________________

________________________________________

________________________________________

**【学习任务二】不同的见解——阅读补充材料与教材文本，明确相反观点**

1.阅读以下补充材料，说说荀子的观点是什么？

**人之性恶，其善者伪也**

[先秦]荀子

人之性恶，其善者伪也。今人之性，生而有好利焉，顺是，故争夺生而辞让亡焉；生而有疾恶焉，顺是，故残贼生而忠信亡焉；生而有耳目之欲，有好声色焉，顺是，故淫乱生而礼义文理亡焉。然则从人之性，顺人之情，必出于争夺，合于犯分乱理，而归于暴。故必将有师法之化，礼义之道，然后出于辞让，合于文理，而归于治。用此观之，人之性恶明矣，其善者伪也。

译文：

人的本性是恶的，善良的行为是通过后天努力达到的。人的本性从一生下来就有贪图私利之心，顺着这种本性，人与人之间就要发生争夺，也就不再讲求谦让了；人一生下来就有嫉妒憎恨的心，顺着这种本性，就会发生残杀陷害的事情，这样忠诚信实就丧失了。人生来就有爱好声色的本能，喜欢听好听的，喜欢看好看的，因循着这种本性，就会发生淫乱的事情，礼仪制度和道德规范就都丧失了。既然这样，放纵人的本性，顺着人的情欲，就一定会发生争夺，就会违反等级名分、扰乱礼仪制度的事，从而引起暴乱；所以，一定要有师长和法制的教化、礼义的引导，然后才能确立合乎等级制度的正常秩序，实现社会的稳定。所以，人性本恶的道理已经很清楚了，那些善良的行为是人为的。

荀子的观点：______________________________

2.阅读《怜悯是人的天性》第2自然段，说说霍布斯的观点是什么？

霍布斯的观点：______________________________

**【学习任务三】自己的声音——在今天的时代条件下，哪种观点更有现实意义**

1.以下哪幅漫画比较符合当今现实？如果以漫画中的现代人为观察视角，你会认同怜悯是人的天性这一观点吗？现代人是否正在渐渐失去其恻隐之心和怜悯之心？如果是，失去的原因又是什么？

2.如果孟子和卢梭生活在当代，他们的观点会不会有所不同？为什么？

提示：阅读《怜悯是人的天性》，找出卢梭观点的前提条件，思考这些条件现在还存在吗？

前提条件：________________

现实情况：________________

你的回答：________________

3.哪种观点可以让人在现代社会更好地生存？现代社会是否还需要人与人之间的恻隐之心和怜悯心？为什么？如果需要的话，我们该如何找回这一天性并发挥其力量？并把你对以上问题的思考成果概括为几个观点句。

观点句1：________________

观点句2：________________

观点句3：________________

观点句4：________________

# 第三章
# 在多篇文本整合读写教学中探索规律

在单篇文本读写教学中夯实了包含语言和文本知识在内的知识基础，提升了包含直觉思维、形象思维、逻辑思维、辩证思维、创造思维在内的思维水平，又在两篇文本比较读写教学中建构起了内容、形式、主旨文本三要素及其结构图式。我们可以进一步在多篇文本整合读写教学中探索规律。规律以图式为基础，但可以根据文本特征和学生情况择要而教，也可以在图式的基础上组织专题教学，夯实和内化图式的同时拓展重要指示。无论哪种做法，都务必指向规律类“大概念”，从而帮助学生提升读写水平。

## 第一节 游目 骋怀 纵笔
### ——文言文整体读写教学设计

**【教学设想】**

部编版语文教材八年级上册第三单元为歌咏自然山水之美的古代诗文单元，其中的四篇散文《三峡》《答谢中书书》《记承天寺夜游》《与朱元思书》均为写景抒情的经典名篇。四位不同历史时期的作者用不同的写法写出了或相同或不同景物的不同特点，展现出自然山水之美的不同样态。同时，作者所歌咏的山水也都与个人心境关联，使得文章既有造化之妙，又蕴含着作者无限的情思。读来可获得美的享受，是一次心灵净化之旅。

八年级学生在文言知识和文言文阅读方面已有一定的基础，能够结合注释和工具书通读课文，整体把握课文大意，但是因为当下学生大都生活在城市，和自然缺少亲密接触，对于文中所呈现的自然之妙以及作者寄托在山川风物之中的个人情怀较难深入理解。教学中拟采取通过情境激发兴趣，通过任务促进自主学习，通过朗读以声传情，通过问题引导思考等方式，并提供学习资源和学习支架，逐步引导学生深入文本意境，从而走进作者的生命情境，并能够在一定程度上实现读写转化。

**【教学目标】**

1.通过品读四篇古文中所描写的自然山水，学会感受山川万物之美。

2.通过对四篇古文中议论、抒情语句的学习，体会作者的自然情怀和人生态度，并且能够内化吸收。

3.鉴赏四篇古文的语言运用和艺术手法，并且能够在自己的写作中加以运用。

**【教学方法】**

情境激趣法、任务驱动法、朗读法、问题支架法

**【教学课时】**

4个课时

**【教学过程】**

**【第一课时】布置学习任务+自主阅读+小组合作学习**

**（一）布置学习任务**

学校校报编辑部将面向全校同学开展新一届学生编辑选拔活动，选拔形式为手抄报评比。编辑部将在各年级选送的优秀手抄报中进行评选，优胜作品的编辑团队将获得面试资格，通过面试的同学将成为校报学生编辑。

我们即将学习的第三单元有四篇文言写景散文，我们将在同学们自主阅读学习的基础上分“游目”“骋怀”“纵笔”三个板块进行单元整体学习，并且分小组完成有“游目”“骋怀”“纵笔”的手抄报设计，鼓励同学们在此基础上自主设计栏目。班级将进行评选，优秀手抄报送到年级参加评比。

你想成为校报编辑部的学生编辑吗？请加油吧！

**（二）初读环节：在自主阅读的基础上开展小组合作学习**

1.老师示范朗读，同学们听读正音。

2.将全班同学分为四个小组。

3.学生自主朗读四篇文言文，读准字音，借助注释和工具书整体把握内容大意，记录自己的疑惑之处。

4.组内交流，互相答疑解惑，共同学习四篇文言文，从内容（写了什么）、形式（怎么写的，注意文言知识的积累）、主旨（为什么写）三方面把握文本。

5.小组抽签决定最终汇报篇目，四小组各负责讲授一篇古文，小组讨论决定讲课人员和分享形式。

6.布置作业：准备下一环节的小组汇报和答辩。

**【第二课时】再读环节：以小组汇报和答辩的方式进行学习**

1.《三峡》小组分享和答辩。

2.《答谢中书书》小组分享和答辩。

3.《记承天寺夜游》小组分享和答辩。

4.《与朱元思书》小组分享和答辩。

【温馨提示】汇报要涵盖课文内容、形式、主旨三方面，重点放在文言知识的讲解，如文言实词、虚词的积累，词类活用现象、特殊句式的分析等。

5.布置作业：朗读并背诵课文。

**【第三课时】研读环节**

**（一）游目：你会请谁做导游？**

1.投影展示相关的风景图，引导学生选择相匹配的篇目文句，展示并且朗读四篇文言文的写景句。

2.引导学生展开联想与想象，还原文句画面，用自己的话描述画面，并且与风景图进行比较。

3.小组讨论，选出最合心意的一篇，以给作者写邀请函，请他做小组导游。

分享参考句式：尊敬的<u>（作者名）</u>：我们组非常喜欢您在<u>（课文名）</u>中所写的自然山水，因为您<u>（怎么写的）</u>，写出了景物<u>（怎样的美感）</u>。我们在您的文字中畅游了这一美景，感谢您为我们做了导游。

**【预设】**

郦道元，《三峡》，季节顺序，时序的跳跃统一内在逻辑（豪美与秀美）。

陶弘景《答谢中书书》，夸张、对偶，动词的使用，灵动之美。

苏轼，《记承天寺夜游》，比喻（主体、倒装、侧面描写），空灵之美。

吴均，《与朱元思书》，夸张极写水之“异”美；拟人展现山之“奇”美。

**（二）骋怀：你想与谁谈人生？**

1.投影展示四篇古文中的抒情、议论语句。

（《三峡》：故渔者歌曰……文末；《答谢中书书》：实是欲界之仙都……文末；《记承天寺夜游》：何夜无月……文末；《与朱元思书》：鸢飞戾天者……窥谷忘反）

2.小组学习四篇古文中的抒情、议论句，总结四位作者的人生态度。（入世/出世）

**【投影展示作者生平】**

郦道元：以父荫入仕，但因为他严猛为政的作风，处处树敌，百姓甚至向朝廷告状，他的仕途并不顺利，有过几次免职与下放，最终被罢官。罢官期间开始为《水经》作注。郦道元注释《水经》的目的首先在于“因水以证地，即地以存古”（《王先谦合校本序》），将历史知识传给后人。其次，地理现象经常变化，如部族迁徙、城市兴衰、河道变迁、名称交互更替等，利用全国的自然因素河流水系作纲，可以把当时人为的政治疆界的限制打破，从而实现祖国统一。

陶弘景：南朝士族出身，有养生之志，倾慕隐逸生活，拜道士孙游越为师。后主动辞去朝廷食禄，隐居句容句曲山（今江苏茅山），传上清大洞经箓，开道教茅山宗。梁武帝即位后，多次派使者礼聘，坚不出山。朝廷每有大事，常往咨询，平时书信往来频繁，当时人称为“山中宰相”。陶弘景继承老庄哲理和葛洪的仙学思想，糅合道、佛二教观念，主张道、儒、释三教合流，认为“百法纷凑，无越三教之境”。

苏轼：一生多次被贬，写有“问吾平生功业，黄州惠州儋州”，遭遇乌台诗案之劫，身心受创。苏轼继承了儒家的入世思想，又有着道家的逍遥和佛家的释然。苏轼是一个入世的逍遥者，不可救药的乐天派（林语堂语）。他是入世的，他始终在寻求自己梦中的生活境界，从不曾放弃；苏轼又是出世的，他总是自慰，总是用超然的态度对待生活中的一切。

吴均：吴均生活在政治黑暗的南北朝时期，他的一生如同中国古代众多知识分子一样，出身寒门，虽满腹诗书，才气过人，但仕途多舛，抱负难施，终未显达。梁武帝曾经斥责吴均，“吴均不均”活化出他的性格。不仅越职私撰写历史，而且偏实录梁武帝的痛处，文如其人，虽用当时盛行的骈体，但是却别具一格，骈中带散，一任性气自成一体，谓之曰“吴均体”。后受到佛、道家思想的影响，萌生了拂袖绝尘的隐居志趣。于是，当他徜徉于富春江的奇山异水、险峰幽谷时，心境平和，随缘而适，忘记了自己的存在，也忘记了荣辱毁誉，进入了绝对自由的最高精神境界。

3.小组讨论，联系自己的人生体验，说说你最认同哪位作者的个人情怀与人生态度？

**【预设】**

郦道元：入世，仕途不顺，物我两忘；陶弘景：出世，遗世独立，知音难觅；苏轼：入世中的隐逸，澄澈内心，处处是美景；吴均：出世，反世俗功利，追求自然之妙。

**（三）纵笔：你想向谁学写作？**

1.有感情地朗读四篇课文，读出每篇的意境与特色。

**【明确】**

《三峡》豪美处读出豪情，拉长语调；秀美处语速略快，读出雅情；结尾读出凄情，拉长语调。

《答谢中书书》读出韵律美，语速适中。

《记承天寺夜游》语速较慢，声音较小，读出闲情与空灵。

《与朱元思书》读出奇情，语速适中。

2.小组讨论，感受四篇古文的总体语言表达，总结出文本写法。

3.各小组选出本组最喜欢的一篇课文，学习作者的写法，并运用这种写法完成一篇写景小散文。

**【预设】**

《三峡》季节顺序；《答谢中书书》动词妙用；《记承天寺夜游》比喻；《与朱元思书》拟人

4.作业布置：以小组为单位完成包含“游目”“骋怀”“纵笔”三个栏目的

手抄报设计和制作，也可自主创设其他栏目。

【温馨提示】手抄报内容从小组同学写景小散文中按照所写景物、抒情议论、写作手法进行摘取；注意排版的美观和插图等元素的运用。

**【板书设计】**

语言表达：文本写法

纵笔（言）

人生态度：抒情、议论

骋怀（意）

造化之妙：描写

游目（象）

**【第四课时】手抄报分享评比环节**

**（一）分享环节**

1.第一小组展示和分享；

2.第二小组展示和分享；

3.第三小组展示和分享；

4.第四小组展示和分享。

**（二）评比环节**

1.各小组按照评价量表自主打分，并且陈述理由；

2.各小组按照评价量表给其他小组作品打分，并且陈述理由；

3.各小组作品按照自评和他评分数进行班级评比，选出最优秀的一份作品选送到年级评比环节。

附：评价量表

| | 项目 | 赋分 |
|---|---|---|
| 内容（6分） | 内容准确充实，符合各栏目要求。（3分） | |
| | 语言表达清晰流畅。（2分） | |
| | 三个栏目完备。（1分） | |
| 形式（4分） | 排版整齐美观。（1分） | |
| | 色彩和谐醒目。（1分） | |
| | 插图有表现力。（1分） | |
| | 有特色有个性。（1分） | |

**【教学反思】**

在开始本次教学设计前，笔者认真阅读了单元课文及单元目标，根据本单元文言文都是自然山水这一人文主题且都在山水中寄情，这一情、景结合的共同特征，最终决定将本单元四篇文言文统整设计一次整体教学。在制定教学目标时，笔者依据内容、形式、主旨的文章赏析图式，对应设计了三个目标。根据"新课标"情境、任务、活动三位一体的理念，又设计了"校报征稿"这一真实情境，并以此为总任务，统领下面的四个分任务。

四个环节对应完成相应的教学目标，先是对课文整体的感知，再逐步细化为象的观照、意的探究及言的品味。在整体感知部分，笔者安排让学生来教课，这样保证了对文言知识的学习效果。学生要先自主学习四篇课文，再用抽签的形式选出主讲篇目。抽签能够确保他们对四篇课文都有一定的熟悉度。在"游目"环节，是对文本内容层面知识的学习，学生将锻炼联想与想象能力，在用自己的话还原画面的过程中锻炼表达能力，对不同课文展现出的不同美感有整体的把握。"骋怀"环节知人论世，学习文本主旨层面的知识，学生通过了解作者生平，联系课文，并结合当今时代、学生个人体验来品悟作者的人生态度。在最后的"纵笔"环节，回应的是文本形式层面的知识，通过学习文章的不同写法，授人以渔，完成从读至写的转化。四个环节的设置有梯度，层层递进。通过完成本节课的教学目标，能够落实从读至写的迁移转化，学生经过本节课的学习有成果产生，这又进一步落实了学生的学。而在制作小报的过程中，学生的"审美鉴赏与创造"能力得到锻炼，这落实了语文学科核心素养方面的要求。最后，笔者制作了一份小报评价量表，这使评价可测量、更直观，回应教学评一体化的理念，师生都参与评价，使评价更客观可信。

回顾这节课，笔者以学生为主体，提倡学生的自主合作、探究学习，而老师则发挥主导作用，组织学生的活动，并提供相应的支架，使学生的思维能在正确的路径上，逐步接近教学目标。但这也给我的教学带来了相应的困难，即如何把握好预设与生成间的关系。在环节内的推进及各环节间的推进上，当学生给出与笔者的预设不同的回答时，笔者如何在第一时间反应且给出准确的引导？为了应对这种情况，今后在进行教学设计时，笔者认为应进行更充分且准确的预设，并提前在脑海中演练一遍，这也能判断各环节间的推进是否顺畅。

# 第二节　“庄子说理”专题读写教学设计

**【学习目标】**

1.学习庄子的哲学思想和人生态度，探究其意义，传承其精神。

2.学习庄子的思维方式与说理艺术，品味其语言，鉴赏其技法。

3.读写结合，就庄子的某一种思想观念，以庄子说理的方式写一则寓言。

**【学习任务】**

1.总任务：以班级为单位，编一本原创寓言说理作品集。

2.阶段任务：随课布置，按要求完成。

**【学习资源】**

1.必读资源：“庄子说理”多则。

2.拓展资源：与庄子思想、庄子艺术、陶渊明、苏东坡、梭罗、海德格尔等有关的其他学习资源。

**【学习方式】**

1.自主阅读创作+小组合作探究和分享交流+班级编辑故事集。

2.分组：四组，按“人生观”“自然观”“社会观”“精神观”分组，自主另取组名。学习过程中还会另外组队和分组。

**【学习评价】**

1.过程+结果。

2.自评+互评+师评。

3.口头评价+书面评价。

**【补充说明】**

1.教学环节：庄子说理、庄子之理、庄子之说。

2.教学课时：一共9课时，每个环节3课时。

**【教学过程】**

一、庄子说理

（一）庄子之理概说

庄子思想

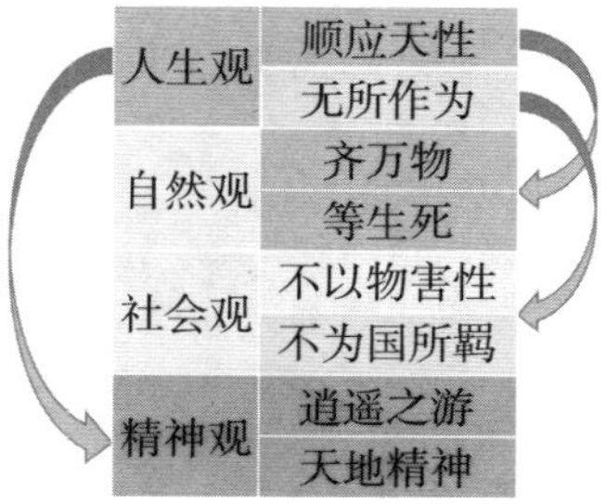


（二）自主阅读“庄子之理”学习资源，疏通语意，归纳文意

（三）按“人生观”“自然观”“社会观”“精神观”对“庄子之理”学习资源进行分类

（四）按“论述说理”“比喻说理”“寓言说理”对“庄子之理”学习资源进行分类

（五）完成下表

庄子说理

| | | 论述说理 | 比喻说理 | 寓言说理 |
|---|---|---|---|---|
| 人生观 | 顺应天性 | | | |
| | 无所作为 | | | |
| 自然观 | 齐万物 | | | |
| | 等生死 | | | |
| 社会观 | 不以物害性 | | | |
| | 不为国所羁 | | | |
| 精神观 | 逍遥之游 | | | |
| | 天地精神 | | | |

## 二、庄子之理：在理之理

说明：以下三个环节的学习任务，课外阅读由个人自主完成；课外研讨以“人生观”“自然观”“社会观”“精神观”小组为单位进行；课内汇报由“人生观组”“自然观组”分别对应“陶渊明组”和“苏东坡组”“社会观组”“精神观组”分别对应进行“梭罗组”和“海德格尔组”完成任务；第三节辩论活动先按各自观点组成两队，再在队内分组，分别承担资料收集、辩词撰写、辩论选手职能。

### （一）第一课时：庄子思想对中国古代文人的影响

1.课外自主阅读：自主阅读与陶渊明、苏东坡有关的拓展学习资源，做好批注和读书笔记。

2.课外小组研讨：寻找陶渊明、苏东坡与庄子在思想观念和人生态度上的相似之处，设计并填写比较清单。

3.课外小组研讨：研究陶渊明、苏东坡与庄子的传承关系，写一篇千字小论文。

4.课内小组汇报：分“陶渊明组”和“苏东坡组”，从人物简介、人物与庄子的比较、人物对庄子的传承、阅读和研讨心得等方面进行分享，要求：各组可选派代表进行发言，也可合作完成发言；做好课件。

### （二）第二课时：跨越时空的庄子知交

1.课外自主阅读：自主阅读与梭罗、海德格尔有关的拓展学习资源，做好批注和读书笔记。

2.课外小组研讨：寻找梭罗、海德格尔与庄子在思想观念和人生态度上的相似之处，设计并填写比较清单。

3.课外小组研讨：分析梭罗、海德格尔与庄子相似的原因，写一篇千字小论文。

4.课内小组汇报：分“梭罗组”和“海德格尔组”，从人物简介、人物与庄子的比较、原因分析、阅读和研讨心得等方面进行分享，要求：各组可选派代表进行发言，也可合作完成发言；做好课件。（分享）

### （三）第三课时：庄子思想的现实意义

说明：以“学庄子”和“不学庄子”设辩题，按观点组队，在队内分组。

三、庄子之说：巧说之说（巧言善辩）

以“人生观”“自然观”“社会观”“精神观”小组为单位，各组以“庄子之说”为主题，就自己小组对应的内容，完成以下任务。

第一课时：寓言说理有什么妙处？

1.翻译庄子笔下论述说理、比喻说理和寓言说理的相关文段。

2.在和论述说理、比喻说理的比较中，分析寓言说理的妙处。

第二课时：为什么用寓言说理更妙？

1.扩写庄子所写的寓言故事。

2.分析为什么用寓言说理会更妙。

第三课时：学会用寓言说理了吗？

1.把庄子的一则论述和一则比喻改写成寓言故事。

2.选择庄子的一个观点，创作一则寓言。

3.相互评改，修改升格。

四、以班级为单位，编一本原创寓言故事作品集

# 第三节　效君慧眼，养我诗心

## ——现代诗歌单元群诗阅读学案

**【学习目标】**

1.就《沁园春·长沙》《再别康桥》《雨巷》三首诗，分析诗歌是如何运用意象表达情感的，比较三者之间的异同。

2.就古诗《绝句》（杜甫）与现代诗《感觉》（顾城）两首诗的意象组合与“象”情关系，探索诗歌情感意象化的另一种思路。

3.就现代诗两首《画面》（西娃）与《你还在我身旁》（戴畅），探索诗歌意象如何打破常规，这一艺术创新在情感表达上有什么独特的效果。

4.运用所学方法，写作一首现代诗。

**【学习过程】**

**（一）导入：布置情境中的学习任务**

朗读香港中文大学《独立时代》中文电子杂志社“微情书”征文大赛公告

我爱你九百六十万平方公里，山脉绵延，江海翻涌。

我触摸这一千平方公里的城市，发展的激情与阵痛，激荡起苍凉的感怀、炽热的爱。

我惦念一百平方米的家中，父亲粗糙的手掌与母亲眼角的细纹，伸出手触摸，却是屏幕的冰冷。

我守护心房二十五平方厘米的面积，这里栽满了栀子花，你只为我栽下的栀子花。

可是红尘滚滚，时光匆匆，“情”一字，梗在心头，欲语还休。

当——望不见情人鲜红的唇，望不见爸妈日渐伛偻的背，望不见曾经寂静的小城，与一片雪落在华夏大地的模样。

当——一道海湾的宽度模糊了双眼，使我看不清你的容颜，看不透我与你一生的交缠。情沉在心底，剪不断理还乱，总是无法解开爱的羁绊。

我问：我离你究竟有多远?

辗转千回才发现，那不过是，一封情书的距离。

写一封情书吧！我们愿化身为鱼，将你的情思藏于腹中，跨越千山万水，去到你魂牵梦萦的地方。

【活动理念】

情书一般是表达爱情，但也可以表达对亲人、梦想、生活、社会、国家的热爱。“微”限制了篇幅，从而降低了写作门槛，让更多同学可以参与。忙碌的大学生活中，大家每天为成绩、实习功利地奔波，似乎忘记了心中最原始的感动。我们希望通过这次微情书大赛，唤醒大家心中对美好感情的信仰与追求。

请思考：如果你来写一首微情诗参赛，你想要表达什么情感？你打算用哪些形象来表达你的情感？你有哪些困惑？

（二）赏读《沁园春·长沙》《再别康桥》《雨巷》三首诗

任务一：分别梳理三首诗中的意象

| | 意象 |
|---|---|
| 《沁园春·长沙》 | |
| 《再别康桥》 | |
| 《雨巷》 | |

任务二：分别探究三首诗中的情感

| | 情感 |
|---|---|
| 《沁园春·长沙》 | |
| 《再别康桥》 | |
| 《雨巷》 | |

任务三：比较三首诗歌在意象组合方式和情景关系方面的异同。

| | 意象 | | 情感 | |
|---|---|---|---|---|
| | 同 | 异 | 同 | 异 |
| 《沁园春·长沙》 | | | | |
| 《再别康桥》 | | | | |
| 《雨巷》 | | | | |

小结：你从这三首诗中学到了哪些运用意象表达情感的方法？试着运用这些方法，把你的情感用三行诗表达出来。

### （三）赏读古诗《绝句》（杜甫）和现代诗《感觉》（顾城）

**绝句**

［唐］杜甫

江碧鸟逾白，
山青花欲燃。
今春看又过，
何日是归年。

**感觉**

顾城

天是灰色的
路是灰色的
楼是灰色的
雨是灰色的
在一片死灰中
走过两个孩子
一个鲜红
一个淡绿

任务一：说一说在情景关系上，《绝句》与前三首诗歌的不同点。

任务二：说一说在意象组合方式上，《感觉》与前三首诗歌的不同点。

小结：梳理这两首诗之后，你从中学到了哪些运用意象表达情感的方法？试着运用这些方法，把你的情感用三行诗表达出来。

**（四）赏读两首现代诗：《画面》（西娃）、《你还在我身旁》（戴畅）**

现代著名小说家、散文家冯骥才，曾说过这样一段话：

一个人平平常常走在路上——就像散文；一个人忽然被推到水里——就成了小说；一个人给大地弹射到月亮里——那是诗歌；一个人被推到水里又被拉上来了——就是戏剧。

他说出了现代诗歌的一个重要特点：丰富的想象力，对现实生活的大胆超越。请品读以下两首诗，看看作者分别是如何打破常规，塑造意象来表达情感的，有什么效果？你从中获得了什么启示？

**画面**

西娃

公园里，一张旧晨报
被缓缓展开，阳光下
独裁者，和平日，枪击案，难民营
乞丐，白宫，破折号，情侣
星空，灾区，和尚，播音员
安宁地栖息在同一平面上

年轻的母亲，把熟睡的
婴儿，放在报纸的中央

**你还在我身旁**

戴畅

瀑布的水逆流而上
蒲公英种子从远处飘回，聚成伞的模样
太阳从西边升起，落向东方
子弹退回枪膛
运动员回到起跑线上
我交回录取通知书，忘了十年寒窗
厨房里飘来饭菜的香

你把我的卷子签好名字
关掉电视，帮我把书包背上
你还在我身旁

任务一：你认为《画面》打破常规塑造意象的方式是：

任务二：《你还在我身旁》打破常规塑造意象的方式是：

小结：梳理这两首诗之后，你觉得可以如何打破常规塑造意象来表达情感？除了这两首诗介绍的方法之外，还可能有哪些其他方法？要注意些什么？试着运用这些方法中的一种或多种，再写三行诗。

**（五）合作交流，完成创作**

1．诗歌运用意象表达情感，但不同诗歌表现出不同的艺术特色，你最喜欢哪一首诗歌？最喜欢哪一种艺术手法？请就此与小组同学交流。

2．运用你学到的方法，课后创作一首完整的现代诗。

（本设计修订自广州市花都区秀全中学张玲荣老师的教学设计）

附：课评

## “你采过繁花千枝/我在看山河万朵”
### ——诗歌教学中的生命感发

先来读两首诗歌作品：

**我爱地理课**

清脆的铃声刚落
黑板上正擦去叶绿素盐脂质细胞膜
豆绿色的窗帘被风吹开一道缝隙
阳光里前面的同学个个端坐
穿红衣的老师温柔地拨弄着地球仪
金色的阳光便照亮了世界的每个角落
一只蜜蜂好奇地飞上课桌
我看看它，它看看我

小蜜蜂，别笑我
你采过繁花千枝
我在看山河万朵

**我爱学校**

黄昏敛去了最后一缕靛蓝烟紫的霞光
夜幕降下了它浓黑厚重的幔帐
草丛里开始起伏一波波的虫唱
几盏路灯强睁着惺忪的倦眼
守护着酣眠中的村庄
四野俱寂，夜色苍茫
只有一个地方，依然闪耀光芒

我的学校
宇宙间最明亮的地方

“你采过繁花千枝/我在看山河万朵”“我的学校/宇宙间最明亮的地方”——多么美好的感受！多么动人的诗句！它们的作者是来自广州市花都区秀全中学的两位高一学生，笔者读到它们是在他们的语文老师张玲荣的课堂。这节课是为准备市教研活动上的公开课而上的演练课、预备课，课题为“效君慧眼养我诗心——现代诗歌单元群诗阅读”，在天河外国语学校借班来上。

这节课，张老师以诗歌创作中“情感意象化”的方法作为教学主线，把赏读诗歌—分析技法—创作操练相结合，安排了四个环节的教学内容。张老师的各环节内容概要和笔者听课时的简短感想如下：

第一环节

<table>
<tr><th></th><th>材料</th><th>活动</th><th>短评</th></tr>
<tr><td>读</td><td rowspan="2">香港中文大学《独立时代》中文电杂志社“微情书”征文大赛公告</td><td>1.老师要求全班齐读公告中的“活动理念”；<br>2.老师要求学生分小组读公告正文；<br>3.老师问“写了什么”，找到公告正文中的抒情对象；<br>4.老师问“怎么写的？”带出“意象”概念，在“意象”与“形象”概念的区分中把握“意象”。</td><td>1.读得太多，耗时太长；<br>2.“情感”和“意象”两个话题都被提了出来，但“意象”没有在所读文本中得到落实。</td></tr>
<tr><td>写</td><td>1.任务：老师要求学生虚拟参赛，写作一首诗；<br>注意：你要表达什么情感？你能想到什么意象？<br>2.指导：老师巡堂，提示学生可以写的种种对象。<br>3.展示：老师请一位学生朗读自己的作品后匆匆评点。</td><td>1.写作任务比较空泛；<br>2.老师活动对学生形成干扰；<br>3.评价不到位。</td></tr>
</table>

第二环节

| | | | |
|---|---|---|---|
| 读 | 1.毛泽东《沁园春·长沙》<br>2.徐志摩《再别康桥》<br>3.戴望舒《雨巷》 | 1.师生分别分析三首诗词作品中的意象；<br>2.分析三首诗词在意象组合方式以及情景关系方面有什么异同？ | 1.碎问碎答，整合不够；<br>2.突出了“意象”，但和“情感”的关联不够；<br>3.“意象组合方式”概念不太清晰，问题流于空泛。 |
| 写 | | 1.任务：老师要求学生再写一首诗；<br>2.指导：老师巡堂，教导学生最平凡的景物也能唤起感情，鼓励学生在诗歌写作中放飞自己；<br>3.展示：老师请一位学生朗读自己的作品后匆匆评点；<br>4.展示：老师展示“我爱地理课”。 | 1.写作任务和第一环节的写作任务没有关联；<br>2.老师活动对学生形成干扰；<br>3.评价不到位，尤其是没有关联“意象”的寻找和运用这一阶段性目标进行评价。 |

第三环节

| | | | |
|---|---|---|---|
| 读 | 1.杜甫《绝句》<br>2.顾城《感觉》 | 1.过渡：老师指出在意象组合方式上还有其他方法；<br>2.任务：老师要求全班齐读；<br>3.老师分析《感觉》。 | 1.“意象组合方式”概念不清，应是“意”和“象”的组合方式，而不是诗中“意象”和“意象”的组合方式；<br>2.色彩的对比关系没有被强调，重点不突出。 |
| 写 | | 1.任务：老师要求学生三写一首诗；<br>2.指导：老师巡堂，要求学生在一片宁静中面对自己的情感，讲述自己写诗写哭了的情形；<br>3展示：老师请一位学生朗读自己的作品；<br>4.评点：“还是习惯用宏大意象、公共意象，要学会找到自己的意象，让自己的情感有处安放”；<br>5.展示：老师展示“我爱学校”。 | 1.写作任务和第面两个环节的写作任务没有关联；<br>2.老师活动对学生形成干扰；<br>3.评价不到位；<br>4.评价用的是第二环节的目标。 |

第四环节：老师准备了西娃的《画面》和戴畅的《你还在我身旁》两首诗歌作品作为阅读材料，但是没有来得及进行就响起来下课铃声，老师用PPT上展示的一首歌的歌词结束课堂。

课后，参加听课的中心组教师逐一发表了听课感想和调整建议。总体上说来，这节课的优点是：①老师真正热爱诗歌，情感充沛，有能力对学生进行生命的感发；②“情感意象化”的选点很好，找到了诗歌阅读和创作的精要；③教师积累丰厚，提供的阅读材料非常好；④注重诗歌文体知识体系的构建和创作技法的指导，以实现读写能力的迁移；⑤教师诵读能力强，见解独到，妙语时有，亮点频出。

然而，这节课的不足也十分明显，因为目标过多且没有梳理清楚各个目标点之间关系的原因，出现了各环节的目的（包括读和写的目的）都不够清晰，各个环节之间的逻辑关联（各环节内部读与写的关系、各环节中读与读的关联、各环节中写与写的关联）也不够紧密；各个环节的任务没有落实等问题。总体上说来，就是教师教学的亮点、重点和逻辑线索都被淹没在模糊的教学目标、细碎的教学内容和匆促的环节推进之中，好在还有淹没不了的，那就是教师的才华和热爱，而这，正是她自己班上的孩子写出《我爱地理课》和《我爱学校》这样的优秀作品的原因之一。

毫无疑问，诗歌教学必须注重生命的感发，有情有意是诗歌创作的前提，正如张玲荣老师自己所说：我希望学生在诗歌阅读中唤醒自己的情感，在诗歌创作中安放自己的情感，我觉得少年写诗是一件特别美好的事情。

遗憾的是，张玲荣老师的这节课没有指导出有情有意、有好的意象、有好的技法和表达的好作品。仔细想来，一方面是生命的感发、情感的激发没有落实，另一方面也有写作的指导没有落实的问题。仔细梳理一下张老师的教学内容，其内部的逻辑链条应该是：第一环节重在激发或唤醒情感，解决“有情（有意）才有诗”的问题；第二环节重在寻找和发现意象，解决“有象才有诗”的问题；第三环节和第四环节重在学习技法，解决“有法才有诗”的问题。有情才有诗——发现诗意，有象才有诗——找到寄托，有法才有诗——进行表达，教学中的各个环节应分别围绕环节目标进行设计，最后统一指向“情感意象化”的中心。

- 有情——发现诗意
- 有象——找到寄托
- 有法——进行表达

再关联张老师“效君慧眼　养我诗心”的课题正题，整个课堂、整个教学内容应该突出这样的一个思路和一条线索：

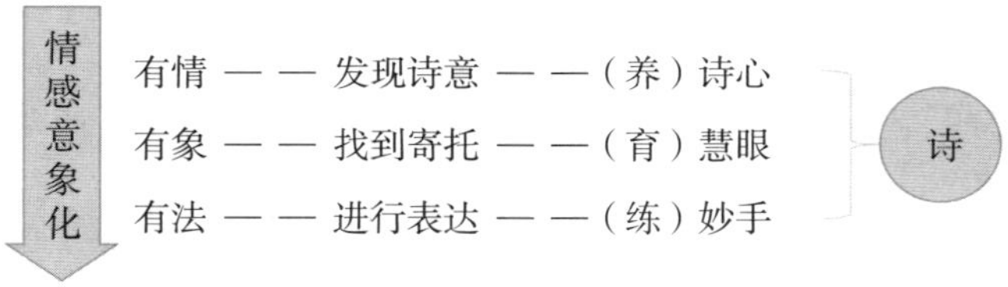


有了这样的一个思路和一条线索，各环节的教学目的和各个环节之间的逻辑关联都会比较清晰有序。当然，这样的一个思路和一条线索很难面面俱到地在一节课上完整体现，必须在了解学情的基础上对各环节的详略安排做出妥帖的处理。基于此，第一环节的写作任务可考虑前置，以了解学情；教学中，“有情”这一环节可做简单处理，毕竟“少年情怀总是诗”，况且老师自己心中有强烈的热爱，对诗歌，对生命，对学生，对语文；“有象”是次重点，可选择教材上的诗歌篇目，复习回顾；建议把重点放在“有法”上。教学思路如下图所示：

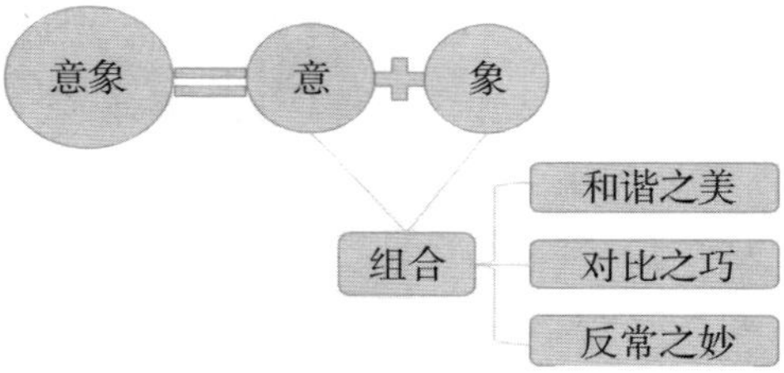


为了突出重点，也为了各个教学环节之间更好地有机关联，建议写作练习最好“一情多写”。教师应按照情感的生发、意象的寻找、思维的介入和技法的运用这一过程进行阅读指导和写作指导。

最后，必须注意的是，在教学的过程中，“有法”环节是重点，但在实际的生活和写作中，生命的感发是重点中的重点，它是起点，甚至还是终点；从诗歌创作的角度说，它是起点；从教育育人的目标来说，它是终点。“有象”和“有法”的教学，只不过是为了给“有情”“有意”的生命找到和自然呼应的节律，给生命的有感而发找到一条语言建构和运用的通衢大道。

张玲荣老师的学生正是通过她所给予的情感的激发和生命的感发，在平常的生活中找到了美好的诗意。期待提笔写诗的学生越来越多，期待学生的好诗越来越多！

# 第四章
# 在整本书文本读写教学中实现迁移

整本书阅读是义务教育语文课标规定的六个学习任务群之一，统编教材每册指定了两部整本书，教育部也推荐了适合学生阅读的多部整本书，但整本书文本读写教学不能仅以拓展为目的，不断让学生做加法，而应该以迁移为目标，在夯实基础、建构图式、探索规律的道路上不断精进，最终实现结构化整体性迁移和“三思”底层逻辑迁移。

## 第一节　名著导读之《红星照耀中国》

在《〈红星照耀中国〉思辨读写一本通》一书中，笔者将《红星照耀中国》的母题确定为“初心与使命”，并在通过分层梳理和分类梳理对文本进行二次结构化处理的基础上给出了多个议题，设计了多种学习活动。

在实际教学中，笔者以“红星何以照耀中国”为题，尝试了由语文、历史、地理、政治、英语等多个学科共同回答这一问题的跨学科项目式学习，也进行了多个议题的研读教学。以下是其中一例：

### 一代伟人的孩子气
### ——《红星照耀中国》名著导读教学设计

1936年6—10月，美国记者埃德加·斯诺（Edgar Snow，1905—1972）访问

了重重封锁中的陕甘宁边区。在《红星照耀中国》一书中，斯诺写下了自己在陕甘宁边区的亲眼所见、亲身所历，也表达了对中国革命的热烈情感，做出了中国革命必将胜利的理性判断。

当时，中国政治局势异常复杂，中国革命形势极其严峻，谁能够拯救“劳苦的、饥饿的、革命的和受到外国侵略的中国”？在书中，斯诺最后做出了中国革命必将胜利的判断。

**【学习目标】**

1.聚焦“孩子气”的相关描写，走近毛泽东、周恩来、彭德怀三位革命领袖，感受其生命气象和人格魅力。

2.分析“孩子气”的深刻内涵，走进一代伟人的心灵世界，理解其革命理想和赤子情怀。

3.探究“孩子气”的特定内涵，解读一代伟人的精神境界，致敬并学习其“初心和使命”（文本母题）。

**【阅读篇章】**

请同学们主要阅读《红星照耀中国》的以下章节：

1.第二篇的《造反者》

2.第三篇的《苏维埃掌权人物》《共产党的基本政策》《论抗日战争》

3.第八篇的《彭德怀印象》《为什么当红军》

**【学习过程】**

**一、导入并提出议题**

解读课题，提出问题：

1.“孩子气”这个词语同学们熟悉吗？有没有人用这个词语说过你？同学们正处于从孩子成长为成人的人生阶段，跟成人相比，你认为孩子的特点是什么？

2.毛泽东、周恩来和彭德怀是中国共产党的第一代领袖，是领导中国革命走向胜利的一代伟人，但是在《红星照耀中国》一书中，斯诺却用“孩子气”一词来形容他们。这是怎么回事呢？

## 二、学习任务一：寻找“孩子气”的细节

1.让我们先聚焦斯诺描写三位伟人的三段文字，看看斯诺眼中的伟人是怎么样的？我们一起朗读：

**【屏显】**

**周恩来：**“他个子清瘦，中等身材，骨骼小而结实，尽管胡子又长又黑，外表上仍不脱孩子气，又大又深的眼睛富于热情。”

**毛泽东：**“他有着中国农民的质朴纯真的性格，颇有幽默感，喜欢憨笑。甚至在说到自己的时候和苏维埃的缺点的时候他也笑得厉害——但是这种孩子气的笑，丝毫也不会动摇他内心对他目标的信念。”

**彭德怀：**“他有一件个人衣服，孩子气地感到很得意，那是在长征途上击下敌机后用缴获的降落伞做的背心。”

2.这是1936年的中国，内忧外患，风雨飘摇。毛泽东是中华人民苏维埃共和国主席，43岁；周恩来和彭德怀也都已经38岁了。年岁跟同学们的爸爸妈妈差不多大。但斯诺不仅直接用“孩子气”一词来形容中国共产党的三位领袖，而且还写下了不少表现三位伟人“孩子气”的细节。

**【屏显】**

三位伟人的照片

从文本相关章节中找出你认为最能够表现毛泽东、周恩来和彭德怀“孩子气”的细节。（课前完成。可分组安排阅读任务。）

毛泽东：

细节：________________________________

周恩来：

细节：________________________________

彭德怀：

细节：________________________________

【细节预设】

毛泽东：

“我曾几次同毛泽东一起去参加过村民和红军学员的群众大会，去过红色剧院。他毫不惹眼地坐在观众的中间，玩得很高兴。”

“时间已经过了早晨两点，我精疲力竭，但在毛泽东苍白的有点发黄的脸上，我却找不出一些疲倦的表示。……忽然间，他们两个（毛主席和毛夫人）都俯过身去，看到一只飞蛾在蜡烛旁边奄奄一息地死去，高兴得叫起来。这确是一只很可爱的小东西，翅膀是淡淡的苹果绿，边上有一条橘黄色和玫瑰色的彩纹。毛泽东打开一本书，把这片彩色的薄纱般的羽翼夹了进去。”

周恩来：

“不知怎么，当他陪着我走过安静的乡间田埂，穿过芝麻田、成熟的小麦田、沉甸甸地垂着穗的玉米田，回到百家坪去时，他似乎是一点也不像一般所描绘的赤匪。相反，他倒显得真的很轻松愉快，充满了对生命的热爱，就像神气活现地仿佛一个大人似的跟在他旁边走的‘红小鬼’一样，他的胳膊爱护地搭在那个‘红小鬼’的肩上。他似乎很像在南开大学时期演戏时饰演女角的那个青年，因为在那个时候，周恩来面目英俊，身材苗条，像个姑娘。”

彭德怀：

“我正好同他在一起，要爬一座很陡峭的小山。‘冲到顶上去！’彭德怀突然向他气喘吁吁地部下和我叫道，他像兔子一样蹿了出去，在我们之前到达山顶。又有一次，我们在骑马的时候，他又叫了一声，提出挑战。从这一点和其他方面可以看出他精力过人。”

“彭德怀很喜欢孩子，他的身后常常有一群孩子跟着。许多孩子充当勤务员、通讯员、号兵、马夫，作为红军正规部队组织起来，叫做少年先锋队。我常常见到彭德怀和两三个‘红小鬼’坐在一起，认真地向他们讲政治和他们个人问题。他很尊重他们。”

“他在把这些青年时代和斗争的情况告诉我时，他手里执着一个用蒙古马鬃做的苍蝇拂，为了强调语气，漫不经心地随手挥舞着，一边在屋子里踱来踱去，说说笑笑。这时有个通讯员送来了一束电报，他开始看电报时又突然成了一个严肃的司令员了。”

3.说说这些细节如何体现了他们的“孩子气”？

**【理由预设】**

**毛泽东**：“玩得很高兴”“高兴得叫起来”……

**周恩来**：“轻松愉快”“神气活现”“勾肩搭背”……

**彭德怀**：“叫”“像兔子一样”“喜欢孩子”“漫不经心”……

4.小结：原来，一代革命领袖真的跟我们、跟孩子、跟普通人一样顽皮、淘气，你喜欢这样孩子气的领袖人物吗？（一代伟人的年岁跟你们的爸爸妈妈、跟老师差不多，你喜欢孩子气的家长吗？你喜欢孩子气的老师吗？可由与学生切近的问题推衍而来。）

预设：喜欢。是的，斯诺在用“孩子气”形容三位伟人的时候，他对他们的态度是怎样的呢？是的，斯诺对三位伟人是非常喜欢、非常欣赏的。面对跟我们一样“孩子气”的领袖人物，我们也一定会感到他们很亲切、容易亲近、特别能感染他人，对吗？

**三、学习任务二：分析“孩子气”的特定内涵**

1.但同时，我们应该也会产生一个疑惑：这样“孩子气”的人，如何能开创中国革命事业，并领导中国革命走向胜利呢？

其实斯诺也有这样的疑惑：“像个姑娘”的人却成了“造反者”，“喜欢孩子”的人却能驰骋疆场、杀敌无数，捉蛾子的人却在指点江山、胸怀天下。

**【屏显】**

这样的人（在捉飞蛾的毛主席），会是真的在认真考虑战争吗？

同学们觉得奇怪吗？

预设：奇怪/不奇怪。

2.其实，斯诺自己在书中做出了回答，毛泽东、周恩来和彭德怀是特别“孩子气”的人，同时也是充满革命信仰、满怀革命热情、投身革命事业的一代共产党人。从文中找出相关细节或评述。（课前完成。可分组安排阅读任务。）

毛泽东：

细节或评述：________________________________

周恩来：

细节或评述：______________________________

彭德怀：

细节或评述：______________________________

**【细节预设】**

**毛泽东：**

讲“爱吃辣的人都是革命者”的理论，被人举出反例时，“笑着认输”。爱唱《红辣椒》。

“他们常常饿着肚皮，到华南山林中做长途的徒步跋涉，在严寒的日子去游泳，在雨雪中光着脊梁——这一切都是为了要锻炼他们自己。他们凭直觉知道，中国的来日需要他们有忍受最大的艰难困苦的能力。”

**周恩来：**

“他本人似乎注定要做个读书人的，因为他从很小的时候起就表现出有突出的文学天赋。但是，像他同辈的许多其他人一样，他在民族觉醒的时期里受的教育，使他的兴趣从文学转移到别的方面去了。”

“他到上海的时候唯一的武装是他的革命决心和坚定的马克思主义理论知识。”

“他显然是中国人中间最罕见的一种人，一个行动同知识和信仰完全一致的纯粹知识分子。”

**彭德怀：**

“……为了要使我们的斗争有一些意义，为了实现长期的变革，我们能够做些什么？”

“以前我只是对社会不满，看不到有什么进行根本改革的希望。在读了《共产党宣言》以后，我不再悲观，开始怀着社会是可以改造的新信念而工作。”

是的，与其说毛泽东、周恩来和彭德怀既是特别“孩子气”的人，也是充满革命信仰、满怀革命热情、投身革命事业的一代共产党人，不如说他们的孩子气中就包含着坚定的革命信念和饱满的革命热情，这样的孩子气，让他们心无旁骛、孜孜矻矻，也让他们不畏艰险、不惧生死，呈现出独特的生命气象，洋溢着伟大的人格魅力。

【屏显】

周恩来：

“他（周恩来）确乎有一种吸引力，似乎是羞怯、个人魅力和领袖的自信的奇怪混合的产物。”

“周恩来给我的印象是，他头脑冷静，善于分析推理，讲究实际经验。他态度温和地说出来的话，同国民党宣传九年来污蔑共产党人员是什么‘无知土匪’‘强盗’和其他爱用的骂人的话，形成了奇特的对照。”

毛泽东：

“然而他（毛泽东）把天真质朴的奇怪品质同锐利的机智和老练的世故结合了起来。”

“我想我第一次的印象——主要是天生精明这一点——大概是不错的。然而毛泽东还是一个精通中国旧学的有成就的学者，他博览群书，对哲学和历史有深入的研究；他有演讲和写作的才能，记忆力异乎常人，专心致志的能力不同寻常，个人习惯和外表落拓不羁，但是对于工作却事无巨细都一丝不苟；他精力过人，不知疲倦，是一个颇有天才的军事和政治战略家。”

彭德怀：

“我必须承认彭德怀给我的印象很深。他的谈话举止里有一种开门见山、直截了当、不转弯抹角的作风很使我喜欢，这是中国人中不可多得的品质。他动作和说话都很敏捷，喜欢说说笑笑，很有才智，善于驰骋，又能吃苦耐劳，是个很活泼的人。”

对于这样的一代伟人，斯诺的态度是怎么样的呢？非常敬重。我们呢？是不是也应该非常敬重他们？

3.解读一代伟人“孩子气”的深刻内涵

一代伟人的“孩子气”，显然不只是普通人的“淘气”而已，而是有着更为深刻的内涵，同学们能不能尝试用一个词语来概括这个内涵？

学生各抒己见。

预设：童心、赤子之心、本心。

【屏显】

“常德不离，复归乎婴儿。”（《道德经》）

“大人者，不失其赤子之心者也。”（《孟子·离娄下》）

“夫童心者，绝假纯真，最初一念之本心也。”（李贽《焚书·童心说》）

4.小结：正是这样的童心、赤子之心和最初一念之本心，让一代伟人充满热忱、无比执着而又坚定地把全部的精力和无穷的智慧都投入中国革命事业中去，并最终领导中国革命走向了胜利。这样的孩子气，是一种真气灌注的生命能量，是一种真气勃发的生命力量。所有怀抱理想与信念的人，往往都会表现出这样的孩子气。正如周国平所说：

**【屏显】**

“一个人在精神上足够成熟，能够正视和承受人生的苦难，同时心灵依然单纯，对世界依然怀着儿童般的兴致，这完全是可能的。我不认为麻木、僵化、世故是成熟，真正的成熟应该具有生长能力，因而毋宁说在本质上始终是包含着童心的。”（周国平）

**四、学习任务三：探究“孩子气”的特定内涵**

1.在敌我力量悬殊、革命形势严峻的情况之下，斯诺通过对红区的采访，最终做出“中国社会革命运动”“最后终于会获得胜利”的预判。就这几位“孩子气”的革命领袖来说，除了对革命信念的执着和对革命事业的热忱之外，在斯诺的笔下，你认为还有没有其他更为重要的原因？

**【屏显】**

中国已有成千上万的青年为了民主社会主义思想捐躯牺牲，这种思想或者这种思想的背后动力，都是不容摧毁的。中国社会革命运动可能遭受挫折，可能暂时退却，可能有一个时候看来好像奄奄一息，可能为了适应当前的需要和目标而在策略上作重大的修改，可能甚至有一个时期隐没无闻，被迫转入地下，但它不仅一定会继续成长，而且在一起一伏之中，最后终于会获得胜利。（《红星照耀中国》）

预设：大无私 大无畏

2.从文中能够找到相应的描述来印证这些特质吗？

**【预设】**

“我第二次看见他是傍晚的时候，毛泽东光着头在街上走，一边和两个年轻的农民谈着话，一边认真地在做着手势。我起先认不出是他，后来等到别人指出才知道。南京虽然悬赏二十五万元要他的首级，可是他却毫不介意地和旁的行人一起在走。”

“这个人身上不论有什么异乎寻常的地方，都是产生于他对中国人民大众，特别是农民——这些占中国人口绝大多数的贫穷饥饿、受剥削、不识字，但又宽厚大度、勇敢无畏、如今还敢于造反的人们——的迫切要求做了综合和表达，达到了不可思议的程度。”

“毛泽东的叙述，已经开始脱离‘个人历史’的范畴，有点不着痕迹地升华为一个伟大运动的事业了，虽然他在这个运动中处于支配地位，但是你看不清他作为个人的存在。所叙述的不再是‘我’，而是‘我们’，不再是毛泽东，而是红军了；不再是个人经历的主观印象，而是一个关心人类集体命运盛衰的旁观者的客观史料记载了。”

3.在书中，我们还会发现很多这样的描述。（可朗读，期待同学们自己在全书阅读中发现。）

**【屏显】**

“我在他身上开始发现一种后来我在这样奇怪地铁一般团结的中国革命家身上一再碰到的特有品质。有某种东西使得个人的痛苦或胜利成了大家集体的负担或喜悦，有某种力量消除了个人的差别，使他们真正忘记了自己的存在，但是却又发现存在于他们与别人共自由同患难之中。”

“他向我转过身来，简单地总结道：‘战术很重要，但是如果人民的大多数不支持我们，我们就无法生存。我们不过是人民打击压迫者的拳头！’”

“这是历史上第一次，成千上万的知识青年，由于突然得到大量的科学知识，引起了伟大的梦想，开始‘回到民间去’，到他们国家的基层乡土中去，把他们新获得的知识‘启示’，给知识上贫乏的农村，给生活在黑暗中的农民，争取他们的联盟，一起来建设一种‘比较富裕的生活’。一个更好的世界是能够创造的，而且只有他们才能够创造这样一个世界，在这样的信念的鼓舞下，他们把实行的方案——公社的理想带到人民中去，征求他们的认可和支持。他们赢得的支持似乎达到了令人吃惊的程度。”

4.小结：不再是“我”，而是“我们”，个人梦想与人民梦想融为一体、个人命运与民族命运紧紧相连，中国共产党一代领袖的公而忘私、大公无私，在那些谋求个人私利，出行有私人飞机、住在花园宅第的国民党高官看来，或许也是一种傻气，一种孩子气吧，但是对于广大中国民众来说，对于中国革命来说，这样的大无私、大无畏，正是孟子所说的“浩然之气”，是文天祥高歌咏唱的沛然“正气”。

**【屏显】**

下则为河岳，上则为日星。

于人曰浩然，沛乎塞苍冥。

对于这样的一代伟人，斯诺的态度是景仰的。我们也是。

**五、结课：诵读《七律·长征》**

这就是一代共产党人的革命理想和赤子情怀——这样的孩子气，让他们引导中国革命取得胜利；这样的孩子气，让他们领导中国人民获得解放。“中国共产党人的初心和使命就是为中国人民谋幸福，为中华民族谋复兴。”这是新一代中国共产党领导人习近平主席在十九大报告中所说的一句话。

这节课，我们跟随斯诺的文字，聚焦斯诺笔下的三位伟人形象，感受他们的生命气象和人格魅力，领略他们的革命理想和精神境界。这种初心和使命、这种气象和理想，焕发出无限的力量、凝聚成强大的力量，这正是中华民族不断前行的力量。

**【屏显：板书设计】**

孩子气的内涵：淘气、真气、正气（浩然之气）

一代伟人的形象：普通人、革命者（一切有理想信念的人）、革命领袖

斯诺的态度：欣赏、敬重、景仰

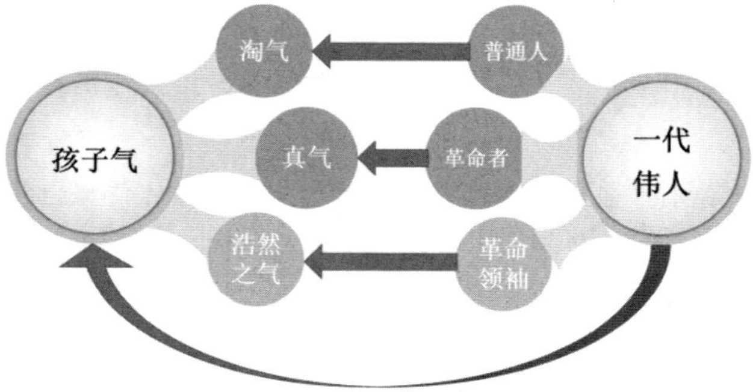

最后，让我们充满“孩子气”地朗读毛泽东送给斯诺的《七律·长征》，从中汲取不断奋发的精神力量。

**【屏显】**

**七律·长征**

红军不怕远征难，万水千山只等闲。
五岭逶迤腾细浪，乌蒙磅礴走泥丸。
金沙水拍云崖暖，大渡桥横铁索寒。
更喜岷山千里雪，三军过后尽开颜。

# 第二节 名著导读之《简·爱》

《简·爱》是九年级下册教材指定阅读的外国小说名著，小说可读性强，但我们的教学不能满足于情节故事，还要在对情节进行结构化处理的过程中教会学生梳理和概括，对人物在情节中的活动进行分析，对人物与环境的关系进行探究，帮助学生提升三思（思想·思维·思路）水平，建构底层逻辑。

## 一、一则教学实录

### 逆袭的孤女

——简·爱的形象解读

师：亲爱的同学们，大家好！我是来自广州市从化区第四中学的谢春华老师。前段时间我们阅读了名著《简·爱》，还观看了电影，女主人公简·爱给我们留下了深刻的印象。她就像一株成长在风雨中的幼苗，通过自己的努力追求，从一个地位卑微的孤女实现了华丽的转身。今天让我们一起走进名著，深入了解简·爱。

师：这节课我们的学习目标是重温小说的故事情节，分析简·爱的人物形象。

下面请完成：

**任务一：观看视频，重温故事情节。**

（播放视频）透过跳跃的画面，同学们想起小说的故事情节了吗？

我们请一位同学来复述一下简·爱的故事内容。

生：简·爱的一生历经磨难，自幼父母双亡，寄养在舅舅家，却受尽欺辱。被送进洛伍德孤儿院，遇到了挚爱之师谭波儿小姐和人生挚友海伦，很不幸，海伦染肺病去世了。简·爱在谭波儿小姐结婚后，决定要到一个陌生的环境里担当新职务，过一种新生活。她离开了洛伍德，在桑菲尔德家做家教，在庄园失火时救下了罗切斯特。两人日久生情，罗切斯特向简·爱求婚。在婚礼上，简·爱得知罗切斯特有妻子，悲痛离开桑菲尔德，开始流浪和乞讨的生活。在生命垂危时，被沼泽山庄的牧师救下。后来简·爱意外获得了叔叔赠给她的遗产，她把遗产平分给表兄妹，拒绝了圣约翰的求婚，重返桑菲尔德。看到伤残的罗切斯特，最后与罗切斯特结婚，在芬丁庄园幸福地生活。

师：同学的复述讲得真好，相信大家对简·爱的人物形象已经有了初步的认识。下面我们来看看具体的文段，更切实地感受一下简·爱的性格。

**任务二：情节赏析，感知人物形象。**

播放录音：

1.“我知道，如果我是个聪明……真诚一些。”

2.“我对他一点也不害怕……敬而远之的东西那样。”

3.“她常常挑选窗台……不被察觉。”

师：同学们思考一个问题：从以上三段文字中，你看到了一个怎样的简·爱？

请大家留意画线的句子：

如果我是个聪明、美丽、快乐活泼、无忧无虑而又爱纠缠的孩子……

它们跟我身上的一切都既没有也不会有合拍的地方，我会避开他们，就像人们会避开火、闪电或者任何光彩夺目而叫人敬而远之的东西那样。

她常常挑选窗台或其他被遮住的幽暗的去处。

师：我们发现简·爱从童年到成年，她都把自己不惹人喜欢的原因全部归为外貌，并时常对此耿耿于怀。潜意识里，她是自卑的、不自信的。原来造成这种自尊的原动力，恰恰是简·爱内心深处强烈的自卑感，即是简·爱本能的自我的防卫。

大家再来看看这两段文字：

“罗切斯特先生，如果我平生做过什么好事……做你的妻子是世上最大的幸福。”

“我问，在马赛愚人的天堂做一个奴隶……蔑视和控制狂乱时刻缺乏理智的冲动是对的。”

大家思考一下，以上两段文字分别发生在哪个情节呢？

第一段对话是在罗切斯特的庄园被烧毁之后，简·爱为了追求自己的幸福，不顾一切，执意重新回到了他的身边。第二段文字，是简·爱得知罗切斯特有妻子后，她内心的矛盾与挣扎，最终她还是选择遵从了自己的内心与理智，做贫穷的乡村女教师。

**任务三：小组交流，分析人物形象。**

第一步：小组内交流、探讨简·爱形象，绘制思维导图。

第二步：每小组派代表发言。

从情节看，我们感受到孤女简·爱逆袭的过程。人们常说性格决定命运，简·爱有着这么不平凡的命运，她究竟具备怎样的性格呢？针对这个问题，我们分小组进行了交流。完成了任务三，绘制思维导图。下面，我们来看看各个小组的研讨成果。

第一小组归纳了跟简·爱密切相关的一些人物，有对简·爱恨之入骨的里德太太，虚伪刻薄的洛伍德孤儿院院长，仆人贝茜，好友海伦，表兄妹约翰、玛丽和爱人罗切斯特。

第二小组非常详细地概括了简·爱生活过的四个地点及相关人物。

第三小组描绘了简·爱的家庭关系，一目了然。

下面，剩下的三个小组的思维导图，我们来请小组代表发言。

第四小组代表：我们主要从简·爱的成长时期、成长地点来进行分析，表现了简·爱善良、自尊自爱、追求平等的爱情，勇于反抗和捍卫尊严的性格特征。

第五小组代表：我们抓住了简·爱的成长史和爱情史这两条主线，从人物的语言、心理描写入手，分析简·爱。突出简·爱坚强、独立自主，不因外貌平凡而自卑，从不向命运低头的新女性形象。

第六小组代表：我们分别制作了三个人物形象卡，分析了作品的情节、主要内容、艺术特点，从细节描写中感受简·爱的自尊、自爱、自重、自立、自强、刚柔并济、积极进取的人格魅力。

师：同学们的思维导图做得很精细内容很丰富，分析很到位，每一个点都有故事情节作为支撑。在这里，老师给你们一个大大的赞。通过思维导图，同学们进行了一次头脑风暴，对简·爱有了更深刻的印象。下面，我们请同学们用一句话来评价一下简·爱。

头脑风暴：请用一句话来评价简·爱。

生：我觉得简·爱是一个自立自强、自尊善良、宽容隐忍、有底限、有原则的女性。

生：我觉得简·爱是一个不贪钱财、自食其力、不甘受辱、不甘现状、敢于反抗的人。

生：我觉得简·爱是一个豁达大度、重情重义、好学的人。

生：我觉得简·爱是一个追求平等、追求真爱、具有顽强生命力的新女性。

师：在今天看来，这样一个故事，这样一个人物也许并没有太多新颖的地方，可是在170多年前的英国，简·爱却是一个异类。下面，我们来了解一下作品的背景。

（投影）

**【小结】**

师：同学们，今天我们通过大家的思维导图更深入地了解了简·爱平凡而历经磨难的一生。归纳起来，我们可以把简·爱的人生分为三个时期。

童年时期：简·爱其貌不扬、性格倔强、隐忍克制、敢于反抗、捍卫尊严，向往平等、自由。

少年时期：简·爱更多地表现出善良真诚、不甘于现状、勤奋刻苦、不甘受辱、隐忍而叛逆、自立自强，有着对美好生活的追求。

青年时期：她自尊自爱、善良宽容、不卑不亢、追求平等、不慕名利、感情专一、重视道德，追求平等、真诚的爱情，追求个性解放。

**任务四：透过简·爱，谈阅读感受。**

师：阅读完《简·爱》这部名著，我们强烈地感受到一个孤独的女性有着一个高贵的灵魂。同学们，《简·爱》这部小说在世界文坛上一直闪烁着独特的光芒，请结合你的阅读体验和这节课的分析，谈谈小说中哪一点“独特的光芒”使你获取了成长的力量。

生：小说塑造的勇敢坚强、纯洁坦荡、自尊自爱的简·爱，教会我要做一个纯洁善良的人。

简·爱在当时妇女地位低下的背景下，敢于反抗，主张男女平等，追求人格独立的精神使我认识到人不能向命运妥协，要敢于追求理想。

从盖茨海德府受到舅妈的侮辱到洛伍德学校的恶劣生活环境，简·爱只要有机会就会读书学习，在逆境中也从未放弃自己，这使我从中获取了成长的力量。

**课后作业：请以思维导图的方式，分析罗切斯特的形象。**

师：同学们，今天我们通过思维导图，分析了女主人公简·爱，课后请大家也以思维导图的形式来分析男主人公罗切斯特的人物形象。今天的课上到这里，谢谢大家，同学们再见。

（广州市从化区第四中学 谢春华）

## 二、《逆袭的孤女——简·爱形象解读》听课心得

谢老师的《简·爱》阅读课“逆袭的孤女——简·爱的形象解读”有三大突出亮点：

第一，能够基于对文本的深度阅读提出自己的个性化见解，“逆袭的孤女”就是老师深度进入文本之后的个性化阅读成果。

第二，学习目标的设计和教学内容的安排高度匹配，并且符合小说也就是我们常说的“这一类”的文体知识，具体表现在“情节”和“人物”形象这两个关键词上。

第三，重视思维活动和思维提升，具体表现为通过思维导图的方式外化思维过程、固化学习成果。阅读文学作品需要调动形象思维，绘制思维导图需要逻辑思维，这一做法在着力于学生形象思维提升的同时训练学生的逻辑思维。

优化建议如下：

1.教学内容尽可能关联主题，这是帮助学生形成缜密思维的重要教学要求。我们的主题是“逆袭的孤女”，下面的教学内容就一定要围绕这一主题展开思考，对情节的梳理应该以孤女逆袭的过程梳理来进行，对简·爱人物形象的分析应该以孤女逆袭的原因探究来进行，由此建立起情节和人物形象之间的关系，使得教学内容成为一个整体。而学生也只有通过这样的课堂教学训练，才能让围绕主题进行表达的意识根深蒂固。

情节——逆袭的过程：

简·爱在盖茨黑德府邸：孤女悲惨的童年

简·爱在洛伍德学校：孤女获得友情

简·爱在桑菲尔德庄园：孤女赢得爱情

简·爱在荒原庄：孤女遇到亲情

简·爱在芬丁庄园：孤女步入美满婚姻生活

人物形象——逆袭的原因：

最重要的原因：《简·爱》追求人格的独立和人与人之间的平等，是一个特别自尊、自强、自主的人。

其他原因：充满求知欲和探索欲，不断探索知识、思考人生，让自己成长为一个有思想有见地、有学识有能力、有修养的女性。把后天的努力看得重于先天的容貌，把精神的价值看得大于物质的价值。

而这些，正是她收获友情、爱情和亲情的原因之所在，也是她超越于她所属的时代，至今仍然光彩熠熠，值得当下青年学生尤其是女性学习的原因之所在。

2.强化结构化思维活动，提升学生思维品质。

情节梳理：对文本内容进行二次结构化处理，以此训练学生在比较中进行区分与关联的思维能力。比如简·爱的经历，也就是情节的梳理，如果能以生活地点的变化作为上一层要素和线索，对学生信息处理的要求就高了一步，思维训练的效果也就随之高了一层。

形象分析：从文本的角度来说，人物在情节中活动，显现其性格特点，对人物形象的分析要尽可能跟情节关联起来，以此帮助学生获得小说文体的规律性知识；从教学的角度来说，这部分教学内容也最好能够跟前一环节的梳理活动关联起来，使得自己的教学成为一个环环相扣、前后关联的整体。另外，人物各个性格要素之间也应该有所关联，而不是一堆形容词的散点式列举。

3.尽可能准确分析，在分析中落实思维要求。

谢老师引用三段文字，其中之一是："我知道，如果我是个聪明、美丽、快乐活泼、无忧无虑而又爱纠缠的孩子——哪怕我还是一样地要靠人养活，一样地没有朋友，里德太太见了我也一定会高兴一些；她的孩子一定会像伙伴那样对我真诚一些。"

对此的分析是："从童年到成年，简·爱把自己不惹人喜欢的原因全部归于外貌，并时常对此耿耿于怀，潜意识里，她是自卑的、不自信的。原来造成这种自尊的原动力，恰恰是简·爱内心深处强烈的自卑感，即是简·爱本能的自我的防卫。"

从引文内容来看，并非全部归于外貌。

第二要明确意图。得出这一结论的意图是什么？是其性格的核心？还是其逆袭的原因？如果是，要有所揭示；如果不是，就没有必要设置这一教学内容。

4.表达尽可能精准一些。

比如课后作业“请以思维导图的方式，分析罗切斯特的形象。”表意比较模糊，如果表述为“请分析罗切斯特的形象，并以思维导图的方式进行呈现。”就清晰很多。

以上优化建议都是基于语言与思维的关系和因为这一关系对语文学科教学所提出的思维品质提升要求，以及文本阅读与学生生命成长的关系提出来的，都是希望我们的阅读教学能够帮助孩子获得迁移的能力，能够让文本内在于自己的生命和生活。

## 三、十天阅读《简·爱》学习任务单

### 十天阅读《简·爱》学习任务单

**【阅读计划表】**

| | 时间 | 内容 | |
|---|---|---|---|
| 通读 | 第一天 | 第一章至第四章 | 简·爱在盖茨黑德府邸 |
| | 第二天 | 第五章至第十章 | 简·爱在洛伍德学校 |
| | 第三天 | 第十一章至第十五章 | 简·爱在桑菲尔德庄园之相遇 |
| | 第四天 | 第十六章至第二十章 | 简·爱在桑菲尔德庄园之插曲 |
| | 第五天 | 第二十一章至第二十七章 | 简·爱在桑菲尔德庄园之婚礼 |
| | 第六天 | 第二十八章至第三十三章 | 简·爱在荒原庄和莫尔顿 |
| | 第七天 | 第三十四章至第三十八章 | 简·爱的选择和归属：芬丁庄园 |
| 研读 | 第八天 | “女性”专题探究活动 | |
| | 第九天 | “爱情”专题探究活动 | |
| | 第十天 | “自然”专题探究活动 | |
| 读写 | 略 | | |
| 测评 | 略 | | |

## 第一天：通读第一章至第四章

任务一：给这一部分和其中各章命名。

本部分名：________________

第一章名：________________

第二章名：________________

第三章名：________________

第四章名：________________

任务二：在书上做好圈画（圈画重点内容和特殊表达）和批注（写出你的感悟、联想、想象、猜测、思考和评价）。

任务三：回答以下问题。

①简·爱的身世是怎样的？简·爱如何得知她的身世？

________________________________________

________________________________________

②在这一部分，里德太太对简·爱做了些什么？试分析她为什么要这样做。

________________________________________

________________________________________

③约翰·里德是如何对待简·爱的？小说为什么以他对简·爱的欺辱开头？

________________________________________

________________________________________

④蓓茜对待简·爱的态度前后发生了什么样的变化？你认为她是个什么样的人？

________________________________________

________________________________________

⑤劳埃德先生是个陌生人，为什么简·爱和他在一起却有了安全感？

______________________________

______________________________

⑥你认为勃洛克赫斯特先生是个什么样的人？猜一猜他今后会怎样对待简·爱。

______________________________

______________________________

⑦十岁的小女孩简·爱似乎并不讨人喜欢，你喜欢她吗？为什么？

______________________________

______________________________

⑧本部分哪个细节令你印象最为深刻？为什么？

______________________________

______________________________

任务四：针对本部分提出1～3个你认为有价值的问题。

①______________________________

②______________________________

③______________________________

## 第二天：通读第五章至第十章

任务一：给这一部分和其中各章命名。

本部分名：______________

第五章名：______________

第六章名：______________

第七章名：______________

第八章名：______________

第九章名：________________

第十章名：________________

任务二：在书上做好圈画（圈画重点内容和特殊表达）和批注（写出你的感悟、联想、想象、猜测、思考和评价）。

任务三：回答以下问题。

①梳理简·爱和海伦·彭斯的几次交往，说说海伦·彭斯的性格和简·爱有什么不同？你更喜欢哪种性格？

________________________________________

________________________________________

②在海伦·彭斯所说的话中，你最喜欢哪一句？为什么？

________________________________________

________________________________________

③谭波尔小姐和斯凯尔小姐对待海伦·彭斯的态度有什么不同？为什么会有这么大的不同？

________________________________________

________________________________________

④“她拥抱海伦的时间比我长，放开她时也显得更加不大情愿。”在简·爱眼中，谭波尔小姐是不是跟盖茨黑德的人一样偏心呢？

________________________________________

________________________________________

⑤谭波尔小姐帮助简·爱洗刷罪名，这一举动对简·爱来说意味着什么？

________________________________________

________________________________________

⑥如果你是简·爱，你会离开洛伍德学校吗？为什么？

______________________________________________

______________________________________________

⑦本部分以贝茜送走简·爱开始，以贝茜前来探视简·爱结束，你认为简·爱还会见到贝茜吗？她还会回到盖茨海德吗？

______________________________________________

______________________________________________

⑧本部分哪个细节令你印象最为深刻？为什么？

______________________________________________

______________________________________________

任务四：针对本部分提出1～3个你认为有价值的问题。

①______________________________________________

②______________________________________________

③______________________________________________

## 第三天：通读第十一章至第十五章

任务一：给这一部分和其中各章命名。

本部分名：______________

第十一章名：______________

第十二章名：______________

第十三章名：______________

第十四章名：______________

第十五章名：______________

任务二：在书上做好圈画（圈画重点内容和特殊表达）和批注（写出你的感悟、联想、想象、猜测、思考和评价）。

任务三：回答以下问题。

①在你眼中，从洛伍德学校走出的18岁的简·爱应该是怎么样的？下面是不同版本《简·爱》电影中简·爱的形象，从中选取你认为最符合书中描写的一幅，并阐明你选择它的理由。

①

②

③

②如果18岁的简·爱穿越到现代，你认为她在求职时会倾向于选择以下哪一套服装？

①

②

③

④

③作为简·爱人生中的第三站，你认为桑菲尔德对于简·爱来说是个理想的地方吗？

④简·爱和罗切斯特初遇之前，在去往干草村途中的路边坐了很长时间，除了欣赏自然风光，她会有什么对于人生的思考吗？请尝试写出她与此相关的心理活动。

⑤你怎么看待格雷斯·普尔这个人，你认为她身上会藏着什么秘密呢？

⑥阿黛尔的身世是怎样的？罗切斯特为什么要收养她？

⑦本部分详细描写了简·爱的三幅画作，这三幅画作和她十岁时在盖茨黑德所观看的《英国禽鸟史》中的插图有什么关系吗？罗切斯特为什么对这三幅画作格外关注？

⑧梳理简·爱和罗切斯特的交往，说说她对罗切斯特的感情发生了什么样的变化？

⑨你认为罗切斯特会爱上简·爱吗？他会不顾及两人在社会地位和年龄上的巨大差异而向她求婚吗？

______________________________________________

任务四：针对本部分提出1～3个你认为有价值的问题。

①______________________________________________

②______________________________________________

③______________________________________________

## 第四天：通读第十六章至第二十章

任务一：给这一部分和其中各章命名。

本部分名：______________

第十六章名：______________

第十七名：______________

第十八章名：______________

第十九章名：______________

第二十章名：______________

任务二：在书上做好圈画（圈画重点内容和特殊表达）和批注（写出你的感悟、联想、想象、猜测、思考和评价）。

任务三：回答以下问题。

①简·爱对罗切斯特的爱日渐强烈，她如何克服这种情感对自己的干扰？

______________________________________________

______________________________________________

②你认为罗切斯特爱简·爱吗？如果爱，他为什么要向布兰奇·英格拉姆示爱？

______________________________________________

______________________________________________

③简·爱为什么认为英格拉姆“不是个值得嫉妒的对象”？

______________________________

______________________________

④梅森先生跟格雷斯·普尔是什么关系？是她刺伤了他吗？

______________________________

______________________________

⑤罗切斯特为什么要假扮算命的本奇妈妈？

______________________________

______________________________

⑥罗切斯特会和布兰奇·英格拉姆结婚吗？

______________________________

______________________________

⑦你认为本部分哪些情节体现了故事发展方向的“突转”？

______________________________

______________________________

⑧请你预测一下，之后的故事还有可能会出现什么样的“突转”？

______________________________

______________________________

任务四：针对本部分提出1～3个你认为有价值的问题。

①______________________________

②______________________________

③______________________________

## 第五天：通读第二十一章至第二十七章

任务一：给这一部分和其中各章命名。

本部分名：________

第二十一章名：________

第二十二章名：________

第二十三章名：________

第二十四章名：________

第二十五章名：________

第二十六章名：________

第二十七章名：________

任务二：在书上做好圈画（圈画重点内容和特殊表达）和批注（写出你的感悟、联想、想象、猜测、思考和评价）。

任务三：回答以下问题。

①如果你是简·爱，你会重回盖茨黑德府给曾经虐待自己的舅妈送终吗？

________________________________________

________________________________________

②多年不见，盖茨黑德府的三个表亲发生了什么变化？你认为这种变化是合理的吗？

________________________________________

________________________________________

③在简·爱离开桑菲尔德的一个月时间，你认为在罗切斯特脑海中浮现的简·爱形象，最有可能是以下哪种？为什么？

①　　②　　③　　④

④简·爱离开桑菲尔德后，下意识地画了一张罗切斯特的肖像画象，你认为以下哪位扮演者最接近她的画像？为什么？

①　　②　　③

⑤罗切斯特和简·爱定情的那个夜晚，天气突然发生变化，狂风暴雨，电闪雷鸣，你认为这和后来他们婚礼上的意外生变有什么关系吗？

⑥罗切斯特明明爱着简·爱，为什么却要制造和英格拉姆结婚的假象？

⑦简·爱答应了罗切斯特的求婚，却为什么不愿意接受罗切斯特送给她的衣服和首饰？

______________________________

______________________________

⑧书中两次写到梦见小孩，分别是预兆了什么？你相信梦见小孩是要遭到麻烦的预兆吗？你认同这种神秘主义的观念、喜欢这种神秘主义的写法吗？

______________________________

______________________________

⑨费尔法克斯太太为什么不认同罗切斯特和简·爱的爱情？

______________________________

______________________________

⑩简·爱深爱罗切斯特，为什么却要决绝地离开他？罗切斯特会去寻找简·爱吗？他会找到她吗？

______________________________

______________________________

任务四：针对本部分提出1～3个你认为有价值的问题。

①______________________________

②______________________________

③______________________________

## 第六天：通读第二十八章至第三十三章

任务一：给这一部分和其中各章命名。

本部分名：______________

第二十八章名：______________

第二十九章名：______________

第三十章名：________________

第三十一章名：________________

第三十二章名：________________

第三十三章名：________________

第三十四章名：________________

任务二：在书上做好圈画（圈画重点内容和特殊表达）和批注（写出你的感悟、联想、想象、猜测、思考和评价）。

任务三：回答以下问题。

①在荒原流浪的日子里，是什么支撑简·爱顽强求生？

______________________________________

______________________________________

②简·爱深爱罗切斯特，却为何宁可冻饿而死也不愿回到桑菲尔德做其情妇，过衣食无忧的安稳生活？

______________________________________

______________________________________

③你喜欢荒原庄的圣约翰兄妹吗？你如何评价圣约翰的人生选择？

______________________________________

______________________________________

④在莫尔顿乡村学校的工作，让简·爱对乡下人、对英国农民有了较为深入的理解，你认为是什么让她成为“这一带的宠儿”？

______________________________________

______________________________________

⑤荒原庄已经破产衰败，奥立佛先生为什么还是愿意把女儿嫁给圣约翰？

______________________________________

⑥对于简·爱获得叔叔遗产这一情节，前文中做了哪些铺垫？你喜欢这一情节安排吗？

⑦你如何看待简·爱把突如其来的遗产平分给圣约翰兄妹三人的行为？

⑧简·爱和她的表姐们获得了遗产，可以过上衣食无忧的生活了，她们为什么还要学习对于她们来说没有实际意义的课程？

⑨圣约翰为什么向简·爱求婚？从他求婚和罗切斯特求婚的不同中，你能看出这两人性格有何不同吗？

⑩你认为简·爱会跟随圣约翰到印度传教吗？

任务四：针对本部分提出1～3个你认为有价值的问题。

①

②

③

## 第七天：通读第三十五章至第三十八章

任务一：给这一部分和其中各章命名。

本部分名：________________

第三十五章名：________________

第三十六章名：________________

第三十七章名：________________

第三十八章名：________________

任务二：在书上做好圈画（圈画重点内容和特殊表达）和批注（写出你的感悟、联想、想象、猜测、思考和评价）。

任务三：回答以下问题。

①简·爱已经在荒原庄过上了安稳舒适的生活，为什么却突然决定重返桑菲尔德庄园？

________________________________________________________________

________________________________________________________________

②一个夜晚，分隔两地的罗切斯特和简·爱听到了对方的呼喊和应答声，你怎么解释这一现象？

________________________________________________________________

________________________________________________________________

③如果那个晚上罗切斯特没有呼唤简·爱，你认为她是否会跟随圣约翰到印度传教？

________________________________________________________________

________________________________________________________________

④阁楼上的疯女人给罗切斯特带来了极大的痛苦，为什么在她纵火之后，他

却还要冒着生命危险去救她？

______________________________________________

______________________________________________

⑤小说中，简·爱在芬丁庄园的外面凝视了他思念至深的罗切斯特很久，却为什么不与他第一时间相见？有的电影版本把这一情节改编为简·爱见到罗切斯特后便直接走到他的身边，你喜欢这一改编吗？为什么？

小说插图

电影剧照

______________________________________________

______________________________________________

⑥简·爱跟又瞎又残的罗切斯特结了婚，你如何看待她的这一人生选择？

______________________________________________

______________________________________________

⑦小说的最后，罗切斯特和简·爱幸福地生活在一起，你喜欢这种大团圆结局吗？

______________________________________________

______________________________________________

⑧如果简·爱没有获得遗产，她会回到罗切斯特身边吗？他们俩的关系从男强女弱变为女强男弱，其中蕴含着作者怎样的两性观？你喜欢男强女弱还是女强

男弱的婚配模式?

______

______

任务四：针对本部分提出1～3个你认为有价值的问题。

①______

②______

③______

## 第八天：“女性”专题探究活动

1.《简·爱》一书塑造了不同身份、不同社会地位的诸多女性形象，其中有贵族太太和小姐、侍女仆妇和管家、女教师和女学生等，请对作品中的女性人物进行梳理和归类。

| | 盖茨黑德府 | 洛伍德学校 | 桑菲尔德庄园 | 荒原庄 | 莫尔顿 |
|---|---|---|---|---|---|
| 贵族太太 | | | | | |
| 贵族小姐 | | | | | |
| 侍女和管家 | | | | | |
| 女教师 | | | | | |
| 女学生 | | | | | |

2.贵族小姐是《简·爱》中占比较大的一群女性形象，试对其形象特征进行分析和评价。

______

______

3.女教师也是《简·爱》中占比较大的一群女性形象，试对简·爱之外的其他女教师的形象特征进行分析和评价。

______

______

4.如果你是一名女生，你希望自己成为一名贵族小姐还是一名女教师？如果你是一名男生，你希望自己的结婚对象是一名贵族小姐还是一名女教师？为什么？

______________________________

______________________________

5.简·爱是一名优秀的女教师，说说她身上有哪些适合教师这一职业的特质和特长？

______________________________

______________________________

6.简·爱不仅是一名优秀的女教师，而且是超越于她所属的时代的一位优秀女性，你认为她的性格有哪些闪光之处？

______________________________

______________________________

7.简·爱是一名优秀的职场女性，但其最终还是回归了家庭，你喜欢作者的这一安排吗？

______________________________

______________________________

8.《简·爱》中还有一位特殊的女性，那就是“阁楼上的疯女人”——罗切斯特的太太伯莎·梅森，说说书中的她做了些什么？你如何评价她的所作所为以及罗切斯特对待她的态度？

______________________________

______________________________

9.有学者用“阁楼上的疯女人”来指称藏在每个表面谦卑恭顺的贤妻良母心里的那个狂野反叛的魔鬼妖妇，你觉得有道理吗？

______________________________

10.“阁楼上的疯女人”来自西印度群岛，她皮肤黝黑，高大有力，疯狂如兽，有学者认为她的形象塑造体现了西方国家的价值双标，你觉得有道理吗？

## 第九天：“爱情”专题探究活动

1.罗切斯特和简·爱的爱情是《简·爱》一书中最动人的篇章，他们对彼此的爱情深入骨髓、坚不可摧，你认为他们彼此吸引的原因是什么？

2.有人认为罗切斯特和简·爱的爱情开启了“霸道总裁爱上倔强小萝莉”的通俗言情小说模式，对此，你有什么看法？

3.罗切斯特和简·爱的爱情历经波折，他们冲破种种阻碍才终于生活在一起，请问他们克服了一些什么阻碍？在他们跌宕起伏的爱情历程中，最令你感动的一幕是什么？为什么？

4.“你以为，就因为我贫穷，低微，不美，矮小，我就既没有灵魂，也没有心吗？——你想错了！我跟你一样有灵魂，也完全一样有一颗心！要是上帝曾赋予我一点美貌、大量财富的话，我也会让你难以离开我，就像我现在难以离开你一样。”——这是简·爱向罗切斯特的深情表白，也是世界文学中的经典语录，你喜欢这段话吗？为什么？

5.与罗切斯特确定恋爱关系后，简·爱并不接受罗切斯特的物质馈赠，也不愿意和罗切斯特缠绵，你如何评价她与众不同的态度和做法？

6.人民文学出版社版本的《简·爱》封面选择了罗切斯特和简·爱初相遇的那一幕来设计图画，有人说简·爱个性独立，《简·爱》一书用她个人形象作为封面图画更适合，你同意吗？为什么？

7.罗切斯特和圣约翰是两种不同的男人，为何他们都愿意选择简·爱作为自己的人生伴侣？

8.《一棵开花的树》（席慕蓉）和《致橡树》（舒婷）是两首爱情诗，你认为简·爱会喜欢哪一首？为什么？

## 第十天："自然"专题探究活动

1.《简·爱》一书中有大量景物描写，请根据提示找到这些内容，在朗读中想象那些画面和图景。

| 章节 | 提示 | 描写 |
|---|---|---|
| 第九章 | 洛伍德学校的四月、五月 | |
| 第十一章 | 秋日阳光下的桑菲尔德 | |
| 第十二章 | 前往干草村的路上 | |
| 第二十章 | 送走梅森后的早晨 | |
| 第二十二章 | 六月重返桑菲尔德 | |
| 第二十三章 | 美妙的仲夏 | |
| 第二十五章 | 七月的桑菲尔德 | |
| 第二十八章 | 在荒原流浪 | |
| 第三十章 | 荒原庄 | |
| 第三十四章 | 荒原庄的早上 | |
| 第三十七章 | 芬丁庄园外的田野 | |

2.总体上说来，这些景物描写在文本中起到了哪些作用？

______

______

3.在罗切斯特向简·爱求婚之前和之后，自然景观发生了什么变化？这种变化意味着什么？

______

______

4.试比较罗切斯特和圣约翰向简·爱求婚时景物描写的不同？并分析这种不同意味着什么？

______

______

5.简·爱长于画画，但《简·爱》一书中只较为详细地写了她的幻想画和人物肖像画，如果让简·爱展示她所画的一幅自然风光画，你认为她会展示上表中的哪一幅画面？为什么？

______________________________________________

______________________________________________

6.简·爱在荒原流浪时，曾经表达她对自然的强烈情感，你认同这种情感吗？为什么？

______________________________________________

______________________________________________

# 第三节 发扬过去 检阅现在 绘画未来

## ——《乡土中国》整本书阅读与研讨

《乡土中国》是高中必修统编版语文教材上册指定阅读的学术著作，这是一本阅读难度很大的作品，但其学术观点对我们理解中国传统社会及中国传统社会向现代社会转型过程中出现的种种问题至关重要，其思维方式对高中生思维水平提升帮助很大。2023届高考语文以“教考融合”为关键词，《乡土中国》一书在试卷中的体现最为充分，在教育部考试中心命制的四套试卷（新高考Ⅰ卷、新高考Ⅱ卷、全国甲卷、全国乙卷）中的现代文阅读板块，几乎每一个文本都与《乡土中国》有着或深或浅，或直接或间接的关联。尤其是文学性文本，《给儿子》聚焦农业劳动、农业生产方式、农业文明，《社戏（节选）》写乡村社会的礼俗传统及其稳固性，《机械的诗——旅途随笔之一》涉及农业生产方式向工业生产方式的转型，《长出一地的好荞麦》写农业生产方式对自然的依赖，以及农民对土地的深情、对劳作的坚守。实际上，这种选材倾向并非《乡土中国》一书写进教材之后才出现，“乡土中国”是中国的社会背景，也是中国的文学背景，这就是高中生为什么要读《乡土中国》的理由。

## 一、高中生阅读《乡土中国》的N种理由

为什么要让高一学生读《乡土中国》，不单学生读不懂，老师都读不懂?

记得在广东省使用新教材的第一年，也就是2020年9月吧，好几位校长问过我这个问题。当时我回应说：所有的中国古代文学作品，都是以乡土中国为背景写的，读懂了《乡土中国》，就多了一把读懂中国古代诗文的钥匙；所有的中国现当代文学作品，都是以乡土中国向现代中国的转型为背景写的，读懂了《乡土中国》，就多了一把读懂中国现当代诗文的钥匙；还有，中国当前所有的社会现象和社会问题，也都是在乡土中国向现代中国的转型中发生的，读懂了《乡土中国》，还多了一把读懂中国当代社会问题的钥匙，而高考语文中的第一道题：现代文阅读中的论述类阅读，所选择的文本多是具有公共性的社会及社会学问题

题材。

事实上，在我从高校转战基础教育领域之初，也就是2016年底、2017年初那段时间，在学校里和课堂上观察到了中学语文教学中的两个问题：第一，不读经典；第二，热衷于刷题。于是，我决定做一个“经典以练促读”的项目，选择合适的经典文本来命题，给学生练习，让学生在刷题的过程中走近乃至走进经典。论述类阅读，我选择了两本学术论著（强调一下：是两个整本书！）：童庆炳先生的《中国古代心理诗学与美学》（中华书局1992年出版的一本小书）和费孝通先生的《乡土中国》。选择理由如下：第一，两本书均为学术论著，可以提升学生的理性思维水平和议论文读写能力，在高考语文试卷上，这一方面的能力显而易见地决定了论述类文本阅读9分和写作60分的得分情况，隐而不见地决定了全卷的得分；第二，两本书所论分别为中国古代诗词和中国传统社会，从应试的角度说，这两大领域尤其是前者必然出现在高考语文试卷中，从素养提升的角度说，这两大领域涉及我们的来处，涉及审美能力和文化自信，而这两大领域是学生语文学习的难点；第三，从命题的角度来说，这两本书都是由单篇文本构成的整书，技术上比较便于改编为考试文本。后来，在我完成了对童庆炳先生著作的改编命制之后，得知《乡土中国》写进了教材，于是不再做这本书的以练促读，因为深知这本专门领域的研究著作对于中学生来说阅读难度是很大的，我完成了导读文案的撰写工作，所以，我的《名师带你读〈乡土中国〉》一书，2019年1月就已经由山东教育出版社正式出版，据说是全国第一本《乡土中国》导读本，而后面出现的相关导读作品，有不少参考了我的研究，甚至还有原封不动照抄的版本行世。

那么，我为什么要选择《乡土中国》？在不知道新教材编写者会做出同样选择的情况下，我为什么会关注这本书？我想其中的缘由也就是我对高中生为什么要读《乡土中国》这一问题的回答。

其实，如果仅有前述第二自然段的回应，高中生已经足以明白《乡土中国》的重要性了，但这还远远不是《乡土中国》学习价值的全部。《乡土中国》在内容上除了可以帮助我们读懂中国文学、读懂中国社会、读懂中国人，还让我们见识到一代学人实事求是、毫无文化偏见的科学态度，勇于开拓学术新领域、大胆创造新概念的创新能力，透过现象看本质、拨开迷雾建关联的思维品质。这些，都是当前时代的稀缺品，学生唯有多涉猎经典，才能让人类求真求善求美的精神追求和文化习性延续下去。

作为中国社会学领域的开山之作、经典之作，《乡土中国》在语言运用和文本构成上也堪为典范，逻辑思维三要素为概念、判断和推理，《乡土中国》概念（内涵和外延的）之清晰、判断之精准、推理之缜密，尤其是其中有理有据、鞭辟入里的分析和论证，非时下许多论述类文本所能及，加之多种表达方式和论证方式的灵活运用，以及其背后起支撑作用的作者对多种思维方式综合调度的能力，其思想的深刻和情感的真挚，思维的灵活、敏捷、深刻和缜密，思路的清晰、顺畅、通达，实在是阅读者“三思”（思想、思维和思路）提升的最佳范本。

最后说到《乡土中国》的主旨，也就是作者的创作意图，那就不能不说到一代学术工作者的家国使命和时代责任，自觉地把自己的学术研究和家国命运结合在一起，客观地剖析自己的文化传统，“有鉴别地对待，有扬弃地继承”，求真务实的态度背后，是深到骨髓里的爱、热在血液中的情。

余光中说：“纵的历史感，横的地域感，纵横相交而成十字路口的现实感。”是的，每个人、每个民族、每种文化所处身的现实都是纵横交错的；张载说：“所以继往圣，开来学，而大有功于斯世也。”是的，每一代人都应该有一种自觉，民族的自觉、文化的自觉，从而代代传承，不断创造。所以，我的《乡土中国》整本书阅读与研讨课程一直使用同一个主题：发扬过去、检阅现在、绘画未来，它来自林语堂的著作《吾国与吾民》：

- **发扬过去而绘画未来是容易的，检阅现在而冀获未来之光明与了解是困难的。因为在光荣的过去与可能的未来，二者之间，横亘着一个山谷，你要跨过它，必先下降然后上升。**

**——林语堂《吾国与吾民》**

在《名师带你读〈乡土中国〉》一书中，笔者曾写下一段荐读语：

《乡土中国》，一部生动描画中国乡土社会面貌、深入剖析中国乡土社会构成、深刻揭示中国乡土社会特征的书；阅读此书，你会获得一把把解读中国人和中国社会文化性格的金钥匙，明了中国人和中国社会的文化性格是如何形成的。

《乡土中国》，一部勇敢直面中国乡土社会问题、执着追求理想中国图景、积极探索现代中国道路的书；阅读此书，你会获得一枚枚引导中国现实转型和未来发展的指南针，在变迁的大时代明确自己的位置和方向。

《乡土中国》，一部大胆洞开前所未有的知识领域、切身实践知行合一的研究方法、扎实夯筑中国社会学基础的书；阅读此书，你会见识一代中国学人的风范，领略中国社会学的广阔天地和卓越成果。

补记：昨日一位教师加了我的微信，交流阅读我的《决胜语文十二讲》一书后的感受说：“很荣幸能遇见您的大作，也为有您这样的专家感到开心，语文人不再是黑暗中摸索了。”“嗯，这么多年就是努力做一个语文界的‘明师’，不想一直糊涂下去，您帮我极大地缩短了这个距离。”话语中多有溢美之誉，但“明师”一词却引发了我的深思，是的，和“明师”相比，其实“名师”并不是个褒义词，因为“名师”之“名”有美名、有骂名，有千秋之名、有一时（世）之名，前者是褒义词，后者却是贬义词。故此，以后再做导读作品，书名得叫《明师带你读〈……〉》。

## 二、《乡土中国》整本书阅读与研讨学习指引

### 发扬过去 检阅现在 绘画未来

——《乡土中国》整本书阅读与研讨学习指引

（温馨提示：请每位同学准备一个专门的笔记本，以供“《乡土中国》整本书阅读与研讨”学习之用。）

**【学习任务】**

**（一）总任务：完成“美丽乡村”/“生态城市”指标体系和建设方案的撰写**

**（二）分任务：根据下表，按照要求完成文本解读和知识运用练习**

| | | 解读 | 运用 |
|---|---|---|---|
| 内容（写什么） | 观点 | 理解概念（界定）把握观点（概括）<br>进行比较（图表） | 用书中观点阐释中国历史现象、语言现象和当下社会现象。<br>写读后感和推荐语。 |
| | 材料 | 梳理：学术理论<br>社会现象 | |
| 形式（怎么写） | 结构 | 把握论证思路：<br>思维导图<br>口头陈述 | 在材料作文题中选择一个，借鉴书中表达写一篇议论文。 |
| | 语言 | 鉴赏表达方式<br>分析论证手法 | |
| 主题（为什么写） | 主旨（意图） | 研究社会问题<br>培养后辈学人<br>探索富国之路 | 人物综述：一代学人的家国情怀和问题意识<br>学术小论文：中国文化的转型 |

**【学习安排】**

本学习项目用两周十个课时完成。

**（一）总体安排**

第一周

第1节 导读一

第2节 导读二

第3节 学习进阶一

第4节 学习进阶二

第5节 学习进阶三

第二周

第1节 学习进阶四

第2节 学习进阶五（总结）

第3节 学习进阶六（展评一）

第4节 学习进阶六（展评二）

第5节 学习进阶六（展评三）

### （二）具体安排

第一周

第1节 导读课一

1.探讨：回眸与凝眸

话题1.该不该入？

话题2.该不该回？

话题3.该不该借？

话题4.该不该催？

话题5.该不该拆？

话题6.该不该救（老人）？

话题7.该不该救（难民）？

2.小结：辨识与辨析

3.小结：背影和面影

第2节 导读课二（课前阅读16首诗词，完成以下学习任务，课上展示+讨论。）

1.阅读后面的10首现代诗词，从中提取4～6个关键词（可采用诗词中的词语，也可转换或概括为其他词语，要求必须能够说出采用某一词语或转换、概括为其他词语的理由），用思维导图画出这几个关键词之间的关系，并用几句话表达出来。

2.阅读后面的六首古代诗词，品读并体悟其中共同的感情基调，并找出10首现代诗词中和古代诗词在感情基调上最为接近的一首。

3.这首诗提出了一组相对的概念，这一组概念在哪一首现代诗词中也有体现？想一想你更喜欢这一组概念中的哪一个？请结合自己的生活经历、在与另一概念的比较中陈述你喜欢的理由。

第3节 学习进阶一：课前预习，完成学习任务1、2；课上完成学习任务3、4，并分享成果。

<table>
<tr><th>学习课时</th><th>阅读内容</th><th>学习任务</th><th>备注</th></tr>
<tr><td rowspan="2">课内<br>第三节</td><td>1.《乡土本色》</td><td rowspan="2">1.阅读三篇文章，在书上做圈画和批注。<br>2.找到其中的重要概念，并按照文章中的表述为下列概念下定义。<br>乡土社会 礼俗社会 法理社会 土气 愚 特殊语言 学习 文化<br>3.用思维导图画出三篇文章的结构提纲，并分别叙述其论证思路。<br>4.分别归纳三篇文章的主旨，并分析三篇之间的联系及在全书中的地位。</td><td>课内<br>精读</td></tr>
<tr><td>2.《文字下乡》<br>3.《再论文字下乡》</td><td>课内<br>泛读</td></tr>
<tr><td>课外</td><td>《大地》《一个普通人》《气死屈原》《胡同文化》《地球上的王家庄》《差不多先生传》《阿Q正传》</td><td>用课内阅读所得到的观点或理论分析文中的文化现象。</td><td>课外<br>阅读</td></tr>
</table>

第4节 学习进阶二：课前预习，完成学习任务1、2，课上完成学习任务3、4，并分享成果。

<table>
<tr><th>学习课时</th><th>阅读内容</th><th>学习任务</th><th>备注</th></tr>
<tr><td rowspan="2">课内<br>第四节</td><td>1.《差序格局》</td><td rowspan="2">1.阅读四篇文章，在书上做圈画和批注。<br>2.找到其中的重要概念，并按照文章中的表述为下列概念下定义。<br>团体 伦理 自我主义 个人主义 差序格局 团体格局 小家族 家庭 阿波罗式 浮士德式<br>3.用思维导图画出四篇文章的结构提纲，并分别叙述其论证思路。<br>4.分别归纳八篇文章的主旨，并分析它们之间的联系。</td><td>课内<br>精读</td></tr>
<tr><td>2.《维系着私人的道德》<br>3.《家族》<br>4.《男女有别》</td><td>课内<br>泛读</td></tr>
<tr><td>课外</td><td>《有声电影》《中国式礼拜》</td><td>用课内阅读所得到的观点或理论分析文中的文化现象。</td><td>课外<br>阅读</td></tr>
</table>

第5节 学习进阶三：课前预习，完成学习任务1、2，课上完成学习任务3、4，并分享成果。

<table>
<tr><th>学习课时</th><th>阅读内容</th><th>学习任务</th><th>备注</th></tr>
<tr><td rowspan="2">课内<br>第五节</td><td>1.《礼治秩序》</td><td rowspan="2">1.阅读四篇文章，在书上做圈画和批注。<br>2.找到其中的重要概念，并按照文章中的表述为下列概念下定义。<br>礼治 法治 人治 无为政治<br>长老权力 横暴权力 同意权力 时势权力<br>3.用思维导图画出四篇文章的结构提纲，并分别叙述其论证思路。<br>4.分别归纳四篇文章的主旨，并分析它们之间的联系。</td><td>课内<br>精读</td></tr>
<tr><td>2.《无讼》<br>3.《无为政治》<br>4.《长老统治》</td><td>课内<br>泛读</td></tr>
<tr><td>课外</td><td>《祝福》</td><td>用课内阅读所得到的观点或理论分析文中的文化现象。</td><td>课外<br>阅读</td></tr>
</table>

第二周

第1节 学习进阶四：课前预习，完成学习任务1、2，课上完成学习任务3、4，并分享成果。

<table>
<tr><th>学习课时</th><th>阅读内容</th><th>学习任务</th><th>备注</th></tr>
<tr><td rowspan="2">课内<br>第五节</td><td>1.《血缘和地缘》</td><td rowspan="2">1.阅读三篇文章，在书上做圈画和批注。<br>2.找到其中的重要概念，并按照文章中的表述为下列各组概念下定义。<br>血缘-地缘 欲望-需要<br>3.用思维导图画出三篇文章的结构提纲，并分别叙述其论证思路。<br>4.分别归纳三篇文章的主旨，并分析它们之间的联系。</td><td>课内<br>精读</td></tr>
<tr><td>2.《名实的分离》<br>3.《从欲望到需要》</td><td>课内<br>泛读</td></tr>
<tr><td>课外</td><td>《遥远的自然》《城市牛哞》</td><td>用课内阅读所得到的观点或理论分析文中的文化现象。</td><td>课外<br>阅读</td></tr>
</table>

第2节 学习进阶五（总结）

1.清理全书中与乡土社会和现代社会分别相关的概念，在以图表的方式做好整合的基础上，全面概括两种社会的不同。

2.用一张思维导图整体呈现十四篇文章之间的关系。

3.用一张思维导图整体呈现中国人或中国传统社会的文化性格，并对其现代影响或现代价值做出评价。）

第3节 学习进阶六（展评一）

（课前分组完成，课内分组展示）

1.各篇（14张）、全书思维导图（2张）展评

2.“批注”记录单和读书笔记展评

3.关注某种社会现象，分析背后的原因，并以此为基础写一篇读后感，谈一谈本书对我们认识今天中国社会的意义。

4.写一段推介语，引导大家阅读《乡土中国》一书。

第4节 学习进阶六（展评二）

（课前分组完成，课内分组展示）

1.作文展评（后附九道作文练习题，第一组的同学完成第一题，以此类推；第九题全班同学均需完成。）

2.“试论中国文化的转型”学术小论文展评

（要求包含对中国传统社会文化性格的评价、对当今中国文化追求和文化理想的分析。）

附：写作练习题

1.阅读下面的材料，根据要求写作。

都说中国人有种菜天赋，这话真有道理。

小到饮料瓶、塑料管、泡沫箱，大到楼层露台、小区空地，住房周围边边角角，都能被中国人利用来种点绿菜。

从雪域高原哨所，到南海岛礁驻地，战士们自给自足，吃到了时令蔬菜；远赴南极的骨科医生王征，在中山站成功培植了无土蔬菜，让外国南极考察站的人羡慕不已；武警宁夏总队后勤基地养殖员孙鹏，当兵15年，种菜15年，把昔日的不毛之地建成占地近2000亩的现代化农业科技示范园区。

到美国帮儿女照看孙辈的中国大爷大妈在美国很难融入当地文化，种菜可以帮他们打发时间，也算是一种寄托乡思的方式。

非洲每年都会因为缺粮食而申请国际援助，大多数人常年挣扎在温饱线上。中国人去了，手把手地教非洲人怎么种地，不但帮他们解决了吃饭问题，还建了农贸市场。

读了以上材料，你有怎样的感触和思考？请写一篇文章。要求：选好角度，明确文体，自拟题目；不要套作，不得抄袭；不少于800字。

2.阅读刘慈欣小说作品《流浪地球》或观看改编自该小说的同名电影，以“传统与现代”为话题，写一篇不少于800字的作文。要求：选好角度，明确文体，自拟题目；不要套作，不得抄袭。

3.阅读下面的材料，根据要求写作。

某美院的一名研究生为了完成毕业设计，用自己的名字命名了北京的一条“无名”道路，并贴上自制的路牌。随后，国内多种主流网络地图收录了该路名；路政工程按此路名对该路段灯统一编号。市民反映，用此路名定位后，快递、外卖等服务变得更加方便快捷了。

我国《地名管理条例》明确规定：“未经批准，任何个人不得擅自决定路名。”有关部门表示，早在2005年这条路已经被命名。近日，“假”路牌被拆除。

要求：综合材料的内容及含意，选好角度，确定立意，明确文体，自拟标题；不要套作，不得抄袭；不少于800字。

4.观看改编自鲁迅先生小说《祝福》的同名电影，引用“礼治秩序”一文中的观点和表达，写一篇评论文章。要求：在《祝福》和“礼治秩序”一文间建立合理关联；选好角度，确定立意，明确文体，自拟标题；不要套作，不得抄袭；不少于800字。

5.阅读下面的材料，根据要求写作。

子思受邀回到高中母校宣讲成长经历及学习心得。他说自己在母校学习期间就非常喜欢儒家文化；现在，他正跟着研究生导师进行更深入的学习和研究。

有位同学向他提问：“对儒家文化，我们有所了解，像‘约之以礼’‘以德服人’‘推己及人’之类的道理，我也很认可；可是，在生活中真要那样做，会不会连公交车都挤不上去？”

如果你是子思，你将怎样回应这样的提问？请就此写一篇文章。要求：运用《乡土中国》一书中的理论或观点；选好角度，确定立意；明确文体，自拟标题；不要套作，不得抄袭；不少于800字。

6.阅读路遥小说作品《人生》或观看改编自该小说的同名电影，以“城市与农村”为话题，写一篇不少于800字的作文。要求：选好角度，明确文体，自拟题目；不要套作，不得抄袭。

7.阅读下面的材料，根据要求写作。

中国过去有许多“老规矩”，如“出门回家都要跟长辈打招呼”“吃菜不许满盘子乱挑”“不许管闲事儿”“笑不露齿，话不高声”“站有站相，坐有坐相”“作客时不许随便动主人家的东西”“忠厚传世，勤俭持家”等，这些从小就被要求遵守的准则，点点滴滴，影响了一辈辈中国人。世易时移，这些“老规矩”渐渐被人们淡忘了。不久前，有网友陆续把一些“老规矩”重新整理出来贴到网上，引发了一片热议。

“老规矩”被重新提起并受到关注，这种现象引发了你哪些思考？

请就此写一篇文章。要求：运用《乡土中国》一书中的理论或观点；选好角度，确定立意；明确文体，自拟标题；不要套作，不得抄袭；不少于800字。

8.读下面的材料，根据要求写作。

“民生在勤，勤则不匮”，劳动是财富的源泉，也是幸福的源泉。“夙兴夜寐，洒扫庭内”，热爱劳动是中华民族的优秀传统，绵延至今。可是现实生活中，也有一些同学不理解劳动，不愿意劳动。有的说：“我们学习这么忙，劳动太占时间了！”有的说：“科技进步这么快，劳动的事，以后可以交给人工智能啊！”也有的说：“劳动这么苦，这么累，干吗非得自己干？花点钱让别人去做好了！”此外，我们身边也还有着一些不尊重劳动的现象。这引起了人们的深思。

请结合材料内容，面向本校（统称“复兴中学”）同学写一篇演讲稿，倡议大家“热爱劳动，从我做起”，体现你的认识与思考，并提出希望与建议。要求：自拟标题，自选角度，确定立意；不要套作，不得抄袭；不得泄露个人信息；不少于800字。

9.阅读下面的材料，根据要求写作。

今年春节，顾氏家族成员从各地回到老宅，欢度新年，畅叙亲情。

大太爷爷一家四代同堂，都住在老宅，大太爷爷早年以画像为业，儿子开照相馆，孙子经营影楼，曾孙女开发了一款美图软件，在网上爆红。

二太爷爷参加过抗日战争，儿子是大庆油田的技术员，孙女改革开放之初到深圳创业，曾孙正在亚丁湾执行护航任务。

三太爷爷年青时到旧金山打拼，儿子在当地开了个小超市，孙子娶了当地的姑娘，曾孙Peter今年18岁，中文名字叫顾念祖，第一次随父亲到中国探亲祭祖。

顾念祖把大太爷爷手绘的祖辈画像和家族历次团聚的照片传到网上，这些照片有黑白的、有彩色的，诉说着家族的故事。他留言说这次聚会给了他许多温暖和感动，他对顾家的家族观念充满好奇。

顾氏家族是无数中国家族的缩影。每个人都在谱写家族的历史，每个家族的历史都折射着时代的变迁、国家的发展。请你根据以上材料写篇文章，回应顾念祖的留言，帮助他理解中国的家族文化。

要求：选好角度，确定立意，明确文体，自拟标题；不要套作，不得抄袭，不得泄露个人信息；不少于800字。

第5节 学习进阶六（展评三）

（课前分组完成，课内分组展示）

1.阅读前言、后记，自己收集作者或其他社会学家生平故事，开展“人物综述：一代学人的家国情怀和问题意识”展评

2.“美丽乡村”/“生态城市”指标体系和建设方案

**【学习成果】**

（一）批注记录单+读书笔记

（二）若干图表+16张思维导图

（三）读后感和推荐语+作文和学术小论文+人物综述

（四）“美丽乡村”/“生态城市”指标体系和建设方案

（美好祝愿：祝大家学程顺利，成长快乐！）

附：补充学习资源清单

（一）费孝通著：《乡土中国 生育制度》，北京大学出版社（或其他《乡土中国》导读本）

（二）课内学习资源：文学作品

1.诗词16首：《到韶山》（毛泽东）、《脊梁》（罗长城）、《面朝大海，春暖花开》（海子）、《亲人》（雷平阳）、《三代》（臧克家）、《听汤世

杰先生讲》（雷平阳）、《我住在麦子里》（白连春）、《刈禾女之歌》（辛笛）、《我爱这土地》（艾青）、《我的家乡已面目全非》（雷平阳），（郑敏《金黄的稻束》）《归园田居（其一）》（陶渊明）、《过故人庄》（孟浩然）、《游山西村》（陆游）、《秋日田园杂兴（其八）》（范成大）、《夏日田园杂兴（其七）》（范成大）、《清平乐·村居》（辛弃疾）

2.散文8篇：《大地》（毕飞宇）、《一个普通人》（李娟）、《气死屈原》（韩少功）、《中国式礼拜》（韩少功）、《胡同文化》（汪曾祺）、《遥远的自然》（韩少功）、《城市牛哞》（刘亮程）、《陌生人的世界》（李辉）

3.小说5篇：《地球上的王家庄》（毕飞宇）、《差不多先生传》（胡适）、《有声电影》（老舍）、《阿Q正传》（鲁迅）、《祝福》（鲁迅）

（三）课外学习资源：学术论文

1.温儒敏《乡土中国》导读

2.丁元竹《费孝通先生写作〈乡土中国〉的前前后后》

3.郑也夫《评〈乡土中国〉与费孝通》

4.胡成《〈乡土中国〉与传统文化的重建》

5.王龙《〈乡土中国〉中教化权力及其现代启示》

# 第四节　人文之美　精神之光

## ——《红楼梦》整本书阅读与研讨

《红楼梦》是高中语文统编版必修下册指定阅读的整本书，这同样是一部阅读难度很大的作品，但它是中国古代文学的巅峰之作，其成就可与歌德、马尔克斯等世界上任何伟大作家的伟大作品比肩，我们有必要带领高中生开启并深入这一阅读之旅，尽可能最大限度地从中获取成长养分。

### 人文之美　精神之光

### ——《红楼梦》整本书阅读与研讨教学设计

**【教材分析】**

《红楼梦》是统编高中语文教科书必修下册第七单元的教学内容，属于2017年版《普通高中语文课程标准》中设置的18个学习任务群中的第一个——“整本书阅读与研讨”，其人文主题为“不朽的红楼”。下面的具体内容分为两个层次：第一个层次为“养成爱读书的习惯，享受读书的愉悦，丰富精神世界，逐步形成正确的世界观、人生观和价值观”；第二个层次为“与经典作品对话，提升审美情趣和审美品位”。“不朽的红楼”这一主题表明了《红楼梦》的人文价值，但没有揭示《红楼梦》的人文内涵；下面两个层次的内容表达也较为浮泛笼统，针对性不强，几乎适用于任何一本文学经典，而不仅仅是《红楼梦》。故此，我们首先需要在深度阅读和深入研究的基础上，确立能超越时空局限、能统括全书，而且适用于青年学生的人文主题。

《红楼梦》以贾、史、王、薛四大家族的兴衰为背景，以贾宝玉、林黛玉、薛宝钗的爱情婚姻故事为主干，以贾府的家庭琐事、闺阁闲情为枝叶，刻画了形形色色、栩栩如生的人物形象，描摹了丰富多彩、广阔深远的社会生活和社会文化环境，揭露了封建统治阶级的奢靡和丑恶，通过彰显他们走向腐朽和灭亡的过程，揭批了封建礼教文化和礼治秩序的黑暗和腐朽。因为内容复杂，篇幅巨大，教师需要抓住小说情节主线，做好步步推进、环环相扣的学程安排。

《红楼梦》是中国古代小说艺术的巅峰之作，也是世界文学艺术创造领域的一座高峰，是一本宝书，也是一本奇书。它写生活，“像生活和自然本身那样丰富、复杂，而且天然浑成”；它写现实，但通身“放射着强烈的诗和理想的光辉”。鲁迅先生说：“至于说到《红楼梦》的价值，可是在中国底小说中实在是不可多得的。”王国维先生说：“《红楼梦》，哲学的也，宇宙的也，文学的也。”周汝昌先生说：“《红楼梦》是我们中华民族的一部古往今来、绝无仅有的‘文化小说’。如果你想要了解中华民族的文化特点特色，最好的——既最有趣味又最为捷便（具体、真切、生动）的办法就是去读通了《红楼梦》。”为此，教师需要做好任务设计和活动安排，以充分发挥经典作品的学科价值和育人功能。

**【学情分析】**

**1.与经典存在隔膜。**毫无疑问，对于高中生的语文学科素养提升来说，无论是在语言建构与运用、思维发展与提升方面，还是从审美鉴赏与创造、文化传承与理解的角度来说，《红楼梦》都是一部不可多得的教科书。但遗憾的是，就书中人物而言，他们的生活与命运跟我们学生的生活实际之间隔着遥远的距离；说到《红楼梦》的题旨，不管是爱情的悲剧还是生命的凋零，不管是四大贵族家族的败落还是封建社会末世的悲哀，也都是学生难以理解、无从把握的。因此，在教学活动开展之前，需要找到学生能够理解和能够接受，并且能否作用于学生人文素养和精神境界提升的人文主题。

**2.兴趣有差异，层次有不同。**高一学生具备阅读整本书的能力，对于编入教材的《红楼梦》一书，也不乏阅读动机，但可能存在较大的兴趣差异，而且多表现为性别差异，即女生有兴趣，男生兴趣不足；另普遍存在层次不同的情况，有的同学对《红楼梦》的内容可能已经比较熟悉，甚至已经具有自己的思考和独到的见解，大多数同学对《红楼梦》有泛泛了解，还有部分司学可能完全没有接触。在教学过程中，需要用有价值的问题和议题、用差异化的任务和活动来应对。

**3.缺少思考习惯，阅读难以深入。**对于大多数同学来说，阅读小说作品较多关注“情节”要素，较难进入人物的内心世界，对文本的形式要素更少关注。《红楼梦》一开篇已经交代人物的命运走向，其艺术价值恰恰体现在对过程、对人物、对场景、对细节、对物象的精细描摹之中，体现在语言运用的高超和结构安排的巧妙之中。阅读《红楼梦》，要引导学生有意识地培养自己的整体性、关联性和结构化思维能力，在理解和感悟文本内容的基础上形成自己独特的思想见解和情感态度。

**4.自主阅读的习惯和能力不足。**不少学生在整本书阅读上处于无计划的被动状态，只是随意翻阅，缺乏计划性，或者不会制定合理的阅读计划；另外，对于情节复杂，结构恢宏的长篇巨著来说，需要掌握相应的阅读方法，但学生多有不足。教师需要进行专业的阅读指导和任务布置，增强学生阅读整本书的计划意识，注意培养学生的阅读习惯和阅读方法。

**【主题确定】**

关于《红楼梦》题旨的丰富性和复杂性，鲁迅先生曾经说过一句很经典的话：“单是命意，就因读者的眼光而有种种：经学家看见《易》，道学家看见淫，才子看见缠绵，革命家看见排满，流言家看见宫闱秘事……”一般而言，普遍认同的《红楼梦》主题包括“到头一梦，万境皆空”的生命虚空论和“过去未来”“俱由天定”的命运天定说；也包含仕途改变命途，为善拯救家业的人性检视和人生追求；更在“闺阁昭传”的创作目的和“大旨谈情”的创作命意中表达对制度的揭批和对文化的反思；而在两个世界（理想与现实）、两种态度（意淫与荒淫）、两类人生（精神与物质）的对比中，我们仿佛听到了生命的礼赞之声、踏上了意义的探寻之路，和书中人物一起进行审美的创造和精神的追求。

从文学的本质与功能、《红楼梦》的艺术成就、高中生语文学科核心素养的要求、中学生整本书阅读与研讨的现状等方面来考虑，教学可按照贯穿并深潜于全书的统整性、不局限于一时一地的超越性、指向学生成长需要的必要性三方面要求来加以设计，以“人文之美 精神之光”为主题来加以展开。

就当前文学作品“整本书阅读与研讨”的教学实施来看，侧重作品的社会价值，注重从人物性格与经历中汲取现实人生成败的经验和教训成为主流，由此带来了对作品审美价值和精神价值的忽略；而缺少审美维度和精神维度的建构又成为学生读不懂文学作品的重要原因。另外，因为经典作品中人物所处身的时代、地域以及与此相关的文化背景和当下学生所处身的现实语境之间往往存在较大的隔膜，书中人物的是非成败并不见得适用于当今时代中学生，由此带来学生对经典作品阅读价值和当下意义的疑虑。因此，本设计以“人文之美 精神之光”为主题，开展《红楼梦》这一人文华章、精神圣典的整本书阅读与研讨，尽可能让《红楼梦》作用于学生的精神世界，引导学生形成解读经典文学作品的能力，弘扬经典文学作品的价值。

1.首先，“审美鉴赏与创造”是语文学科核心素养的重要维度，但在当前语文学科教学中却是比较薄弱的部分。文学是审美的意识形态，《红楼梦》是中国文学史上审美创造的高峰。通过文学作品的阅读与鉴赏，尤其是《红楼梦》整本书的阅读与研讨，提升中学生的审美能力，提升包括语言能力、思维水平、文化品质在内的语文学科整体素养，是本课程教学设计的重要目标之一。在原生态阅读的基础上，聚焦作品中的“人情之美”“生活之美”和“艺术之美”，充分地感受和领会作品中的人文之美，并在美与丑的对比中反思丑的表现，探究丑的原因，从而把握作者的社会理想，形成自己的社会追求。

2.其次，如果说社会属性是人类的本质属性，精神属性便是人类的特定属性。文学是人类精神性存在的主要指标，是人类精神追求的集中表达，经典文学作品是人类精神之树上开出的璀璨花朵，《红楼梦》是其中独擅胜场、独领风骚、最为耀眼夺目的一朵。通过文学作品的阅读与鉴赏，尤其是《红楼梦》整本书的阅读与研讨，提升中学生的精神境界，引领他们走向更加高远的人生，是本课程教学设计的另一个重要目标。在原生态阅读的基础上，通过对林黛玉和薛宝钗形象进行深入分析和合理比较，明确林黛玉的独特价值，理解贾宝玉的“独美”追求和“兼美”理想，从而把握作者的人生理想，形成自己的人生追求。

**【学习目标】**

**1.感受人物形象，把握人物关系。**传统小说以刻画人物形象为中心，而《红楼梦》的艺术光辉首先也是人物形象的光辉。阅读作品时，要注意对主要人物形象的经历和命运进行梳理，并通过对其性格特征和精神特质的把握分析其经历和命运的合理性，在人物与环境的冲突中探究人物经历和命运之所以如此的原因；还要注意理清主要人物的代际关系，在代际演替和代际冲突中把握人物命运的发展态势和时代特征。

**2.梳理情节主线，品鉴经典细节。**情节是传统小说的重要内容要素，《红楼梦》的故事情节在社会生活的广阔画面中展开，多条线索整体推进。小说以“人物离散”“家门败落”两条线索设计了纵横交错、经纬相织的网状结构形式：一方面以宝黛钗爱情悲剧为中心，呈现大观园中众多人物的命运；另一方面以贾府家族悲剧为中心，书写四大家族由鼎盛走向衰败的过程。阅读作品时，要注意对情节线索和情节推进进行梳理，尤其要关注和品鉴那些体现人物性格特征和作品深刻主旨的经典细节，比如“宝玉挨打”“黛玉葬花”“宝钗捕蝶”“湘云醉卧”“宝琴立雪”“晴雯撕扇”“香菱学诗”等。

**3.品味艺术语言，体悟艺术匠心。**曹雪芹是驾驭语言和创造语言的艺术大师，其叙述语言功力深厚，人物语言个性鲜明，即便是穿插其间的诗词韵文，也是情思绵远，意味隽永，风格百变，不仅很好地表现出人物的性格，又能与小说的叙事融为一体。品味和欣赏小说语言表达的精彩之处，可以提高语言的鉴赏能力和运用能力。非常值得关注的是，作为一位极其富有艺术匠心的作家，曹雪芹在《红楼梦》中营造了诸多两两对应的关系，人物形象上比如袭人和薛宝钗、晴雯和林黛玉的对应关系，细节描写上比如宝玉挨打和贾琏挨打、贾蔷与龄官的爱情和贾宝玉与林黛玉的爱情的对照关系；尤为重要的是，书中各回往往同时呈现真与假、生和死、情与欲、热闹与凄清、繁华与萧条、入世与出世，让宏大的社会矛盾和深刻的人生感悟等题旨在对比中得以显现。阅读作品时，要注意抓住文中这些两两对立的关系，从而深入体会作者艺术匠心，深入思考作品艺术价值。

**4.再现社会生活和礼仪习俗。**《红楼梦》是一部百科全书式的艺术作品，书中以贾府为中心，对帝王贵胄、高官显宦、佃户庄头、佣夫帮闲、倡优贼盗等不同社会阶层的代表人物进行了书写，构成了一张复杂的社会关系网络。举凡世运升降、官场关系、经济生产、社会分工、舆论民情等社会生活的方方面面，在《红楼梦》中均有反映。了解这些内容，可以领悟小说的社会意义，有助于对小说艺术成就的把握。另外，小说中还书写了大量看似琐屑平常的生活细节，这些“闺阁琐事”和“节俗礼仪”既真实可信，又内涵深刻，具有以小见大的艺术容量，充分展示了小说家对现实生活敏锐的观察力和表现力。品味这些画面，不仅可以再现古代社会的日常生活，更能够揭示出生活表层之下的人生真相，从而获得前所未有的精神享受。

**5.探究思想的超越性和艺术的先锋性。**曹雪芹也是一位走在时代前列的思想家和艺术家，《红楼梦》无论在思想内容还是在艺术创造上都表现出极为明显的先锋性。阅读作品时，可通过主要人物贾宝玉和林黛玉以及与他们相对应的其他人物的言行来把握作者和作品思想的超越性；通过对现实主义、浪漫主义和现代主义创作风格在作品中的自如运用的研究来把握作者和作品艺术的先锋性。

**【学程安排】**

《红楼梦》是一部长篇章回体小说，全书120回，80多万字。按照“新课标”要求，我们采用通读与研读相结合、点和面相结合的原则，在“梳理和探究”“阅读和鉴赏”“表达和交流”三种语文活动中开展学习。

1.按四种课型分为四个教学环节，分别为导读课+通读课+研读课+展示课。

2.导读课可安排2次。第一次课课题为“‘三家’与‘三境’”，在简单介绍作者生平大要、全书内容大要的基础上，重点阐释中国文化中的儒释道三家和《红楼梦》中“三境”（仙境、幻境和实境），可关联《乡土中国》一书的重要内容，把《红楼梦》作为差序格局的典型样本、礼治秩序的生动注脚、教化权力的鲜活案例进行介绍。第二次课侧重人文主题的引入，从学理上分析人文之美与精神之光的重要性，然后布置整本书阅读与研讨学习任务，做好学习计划。

3.通读课以对文本的结构化处理为前提，这一结构化处理以宝黛爱情发展为主线，把整个文本分为12个阅读进阶，每一进阶以宝黛爱情的标志性事件或阶段性进程来命名，即初会、含酸、试探、定情、相好、成痴、知音、离兆、惊梦、归天、缠绵、却缘12单元。教学组织按照课外阅读+课内分享来进行。每一学习进阶布置适切的阅读任务，让学生除了梳理宝黛感情发展过程，还要关联“人物”“情节”等小说文体要素，自主寻找其他重要人物和典型细节以及家族败落的征兆，以便能从整体上把握文本的内容和结构；还要设计与人文主题相关的阅读任务和学习活动。

| 学习进阶 | 学习内容 | 宝黛感情发展过程 | 其他重要人物 | 其他典型细节 | 家族败落征兆 |
|---|---|---|---|---|---|
| 进阶一 | 第一回至第五回 | 初会 | | | |
| 进阶二 | 第六回至第十回 | 含酸 | | | |
| 进阶三 | 第十一回至第二十二回 | 相试 | | | |
| 进阶四 | 第二十三回至第三十六回 | 定情 | | | |
| 进阶五 | 第三十七回至第四十八回 | 相好 | | | |

（续表）

| 学习进阶 | 学习内容 | 宝黛感情发展过程 | 其他重要人物 | 其他典型细节 | 家族败落征兆 |
|---|---|---|---|---|---|
| 进阶六 | 第四十九回至第六十一回 | 成痴 | | | |
| 进阶七 | 第六十二回至第七十四回 | 知音 | | | |
| 进阶八 | 第七十五回至第八十回 | 离兆 | | | |
| 进阶九 | 第八十一回至第八十九回 | 惊梦 | | | |
| 进阶十 | 第九十回至第九十八回 | 归天 | | | |
| 进阶十一 | 第九十九回至第一一〇回 | 缠绵 | | | |
| 进阶十二 | 第一一一回至第一二〇回 | 却缘 | | | |

以上对文本的结构化处理以宝黛爱情为主线，按照文本的自然结构进行，实际操作中，教师也可以打破文本的自然结构，按照小说内容三要素人物、情节和环境这一必备知识，以同一或同组人物、同类情节、相同环境等为由头进行通读安排，由此可以更顺畅地开展研读。

| 课时 | 课题 | 学习内容 |
|---|---|---|
| 第一讲 | 豪门三角恋 | 1.了解贾宝玉其人其事<br>2.了解林黛玉其人其事，梳理双玉爱情发展过程<br>3.了解薛宝钗其人其事，梳理二宝及宝黛钗三角交往情况<br>4.了解史湘云和妙玉其人其事 |
| 第二讲 | 公府四小姐 | 1.了解贾元春、贾迎春、贾探春、贾惜春其人其事<br>2.了解乡土中国的家族制度与家庭关系 |
| 第三讲 | 金陵十二钗 | 1.了解王熙凤、巧姐、李纨、秦可卿其人其事<br>2.了解乡土中国的男权制度与女性命运 |
| 第四讲 | 婆媳与妻妾 | 1.了解贾母其人其事<br>2.了解邢夫人、王夫人其人其事<br>3.了解赵姨娘、香菱、尤二姐其人其事<br>4.了解乡土中国的妻妾制度与女性命运 |
| 第五讲 | 贾府诸丫头 | 1.了解晴雯、袭人、麝月、秋纹其人其事<br>2.了解紫鹃、莺儿其人其事<br>3.了解平儿、鸳鸯其人其事<br>4.了解金钏儿与玉钏儿、司棋与入画、小红与龄官其人其事 |

（续表）

| 课时 | 课题 | 学习内容 |
| --- | --- | --- |
| 第六讲 | 贵族众男丁 | 1.了解贾敬、贾赦、贾政其人其事<br>2.了解贾珍、贾琏、贾瑞其人其事<br>3.了解薛蟠其人其事<br>4.了解贾宝玉的朋友 |
| 第七讲 | 诗情与诗谜 | 1.诗词曲赋赏析及其隐喻分析<br>2.了解传统中国的节庆礼俗活动 |
| 第八讲 | 庆生与送葬 | 1.五人生辰（贾敬、宝玉、贾母、凤姐、宝钗）梳理与分析<br>2.三次丧仪（秦可卿、贾敬、贾母）梳理与分析 |
| 第九讲 | 入世与出世 | 1.了解一僧一道及其作用<br>2.了解封建时代的佛道文化 |
| 第十讲 | 博大与精深 | 1.探究四大主题<br>2.鉴赏艺术成就 |

4.研读课可安排2次。第一次课研讨“人文之美”，人文之美分为“人情之美”“生活之美”和“艺术之美”三大板块；课前以小组为单位，对相关人物和情节进行提取和鉴赏，完成学习任务；课堂按三大板块分三个环节进行分享和辩论，以“谁是人情美学家/生活美学家/艺术美学家？”为活动主题组织教学。

| | 人情之美 | 生活之美 | 艺术之美 |
| --- | --- | --- | --- |
| 人物 | | | |
| 细节 | | | |
| 鉴赏 | | | |

其中“人情之美”还可以分出亲情、爱情和友情，以被扭曲的亲情、被辜负的爱情和被利用的友情进行归纳和梳理；“生活之美”体现在衣食住行、人生礼仪（寿诞与丧仪）、节庆活动中；“艺术之美”表现在听戏、作诗、绘画、刺绣等多种艺术鉴赏和艺术创造活动中。

第二次课研讨“精神之光”。主要集中在林黛玉与薛宝钗两个人物形象上：通过人物小传编写、经典细节评选、形象分析、价值判断和故事新编等读写活动，理解二者所分别代表人的精神追求和社会的等级秩序，在（咏絮）才与（停机）德、情与理、个性与秩序、爱情与婚姻的关系中探讨贾宝玉的独美追求和兼美理想。

（续表）

| | 林黛玉 | 薛宝钗 |
|---|---|---|
| 人物小传 | | |
| 经典细节 | | |
| 形象分析 | | |
| 价值判断 | | |
| 故事新编 | | |

研读课的主题选择可以从多个角度切入，以下是《红楼梦》教师阅读活动方案，该方案基于活动主体的不同，进行了不一样的主题设计。

第一场

老师代表朗读：第一回“作者自云”部分、《好了歌》、甄士隐解注、“红楼梦”歌词“飞鸟各投林”

王惠：《红楼梦》主题解说

第二场：

老师代表朗读：宝黛前世、宝黛初见、《红楼梦》歌词《终身误》《枉凝眉》

老师代表表演：宝黛“知己”片段

王惠：《红楼梦》内容之一——最真挚的爱情

第三场：

老师代表朗读：《红楼梦》歌词其他部分、林黛玉《葬花词》、薛宝钗《柳絮词》

老师代表表演：金陵十二钗正册、副册、又副册中人物细节

王惠：《红楼梦》内容之二——最美丽的生命

第四场：

老师代表朗读：仪式、宴会片段

老师代表表演：“寿怡红群芳开夜宴”

王惠：《红楼梦》内容之三——最华贵的生活

第五场：

老师代表朗读：贾元春省亲、尤二姐吞金、大观园抄检片段

老师代表表演：林黛玉含酸、薛宝钗“食”姜、探春和赵姨娘争执、惜春和尤氏对话

王惠：《红楼梦》内容之四——最复杂的关系

第六场：

老师代表朗读：林黛玉题帕与焚帕、秦可卿托梦与王熙凤历幻、惜春和宝玉却缘片段

老师代表表演：甄士隐与贾雨村第一回对话、甄士隐与贾雨村第一百二十回对话

王惠：《红楼梦》内容之五——最悲惨的命运

5.展示课可安排2次。展示课体现读写结合、读用结合的教学要求，学生交流和展示学习成果。第一次课可设计阶段性成果主题，第二次课呈现文学创作和文学短评两种最终成果。

四个环节一共18次课。可以在三周内集中完成，也可以一周1次，18周完成。

**【任务和活动设计】**

笔者认为，文学类文本往往已经建构起包括学科认知、个体体验和社会生活在内的情境，读者往往需要化身为“我”、进入情境才能读懂作品，另外设置情境反倒可能影响深度的、沉浸式的阅读，因此，本学程不设计情境，只设计任务和活动，任务重在引导学生深度阅读，活动重在激发学生分享热情。

任务和活动设计应遵循以下原则：第一是指向人文主题；第二是要能够调动学生的阅读兴趣，激发学生的分享热情；第三是落实语文知识和语文思维；第四是关联《乡土中国》（统编高中语文教材必修上的《乡土中国》和必修下的《红楼梦》，一本为学术经典，一本为文学巨著，共同完成课标规定的“在指定范围

内”阅读一部长篇小说、一部学术著作的教学任务。而这两本书具有很强的相关性，《红楼梦》可以说是“乡土中国”的注脚，提供了血缘关系、身份社会、家族制度和差序格局的典型场景，男女有别、礼治秩序、教化权力的典型样本）；第五是要兼顾阅读方法，《红楼梦》篇幅大，需要采用精读和略读、跳读相结合的方法；第六是要关联现实情境，指向学生成长，注重读写结合和读用结合。

总任务为完成文学创作和文学短评各一篇。文学创作为续写一回或改写一回，要求在符合人物性格和命运走向的前提下对故事情节进行合理想象和巧妙设计；文学短评可参照众多注家和红学家的点评。

在总任务之下，每一回的阅读都需要按照以上原则提供阅读任务单，进行分层和概括、梳理和探究、分析和鉴赏等活动，并在课堂上、活动中进行表达和交流。以阅读进阶一（前五回）的课前阅读和课堂分享为例：

## 《红楼梦》前五回课前阅读任务单

第一回：

1.本回可分为几个层次？分别写了什么？（全回可分为三个层次：第一层写了作者自云，第二层写了此书由来，第三层为石上所书。）

2.“作者自云”中的关键词是哪两个？二者之间是什么关系？（关键词为女子和梦幻，女子为所记之人，梦幻为立意本旨。）

3.“大旨谈情”和“实录其事”分别意味着什么？

4.用列表的方式，按时间线索对甄士隐的故事进行梳理。

| 时间 | 情节 |
|---|---|
| 一日，炎夏永昼 | 入梦境；遇僧道；见雨村 |
| 一日，中秋佳节 | 赠银 |
| 元宵佳节 | 失女 |
| 三月十五 | 失火 |
| | 投亲 |
| 这日 | 彻悟 |

5.探究：石头究竟是蠢物还是宝物？甄士隐的人生经历与前后文存在什么样的关系？英莲与娇杏谁会成为后文中的重要人物？等等。

6.一首《好了歌》，疯道人唱得明，甄士隐解得切。试结合所读书籍和自身经历，模仿甄士隐的写法，解一解你所感受到的《好了歌》的内涵。

第二回：绘制人物关系图，并以此为基础进行传统中国社会结构的样本分析。（“原应叹息”四春之间的血缘关系十分复杂，尤其是“惜春”，和贾母没有任何血缘关系，但仍然作为贾母的亲孙女养在荣国府，以男权为中心的家族制度可见一斑。因为贾家享有荣华富贵，女性亲族纷纷趋附而来。林黛玉是贾敏之女，薛姨妈和薛蟠、薛宝钗是王夫人的妹妹及子女，后面来的薛蝌和薛宝琴更远一层，是薛家的亲戚；邢岫烟是邢夫人的侄女；李玟和李琦是李纨的侄女；尤二姐和尤三姐是尤氏的妹妹……）

第三回：宝黛初见

1.林黛玉进贾府的第一天，依次见了哪些人？

| 次序 | 人物 |
|---|---|
| 1 | “一位鬓发如银的老母”“珠大嫂子”<br>“大舅母”“二舅母” |
| 2 | “姑娘们” |
| 3 | “一个丽人” |
| 4 | “两个舅舅” |
| 5 | “宝玉” |

2.就本回对王熙凤的介绍和描写分析她为何能够成为贾府的管家？

3.邢夫人和王夫人对待林黛玉的态度有什么不同？

4.哪几个人问了林黛玉是否上学的问题，林黛玉的回答有何不同？

5.朗读本回中对贾宝玉和林黛玉的外貌描写，就此对1987版电视连续剧与李少红导演版电视连续剧中的贾宝玉和林黛玉形象进行比较。

6.如果你是林黛玉，贾府会给你什么样的感受？你对未来的生活会抱有什么样的预期？

第四回：

1.朗读“护官符”，对四大家族如何“连络有亲”进行分析。

2.贾雨村如何对待英莲？为何充发门子？

3.朗读本回中对薛宝钗的外貌描写，就此对1987版电视连续剧与李少红导演版电视连续剧中的薛宝钗形象进行比较。

4.补写薛姨妈合家进府时，贾宝玉、林黛玉初见薛宝钗的情形。

第五回：

1.初步了解金陵十二钗，解读判词和歌曲中所揭示的金陵十二钗的命运。

2.说说宝黛情缘的前因与后果。

3.说说你对“幻境”与“迷津”，“意淫”与“荒淫”的理解。

4.对甄士隐和贾宝玉的实境与梦境进行分析。

5.探究：林黛玉和薛宝钗合用一首判词，就前五回的描写说说二人中谁是女主？

课堂分享活动：以小组为单位，对1987版电视连续剧中宝黛初见和宝黛钗三人会面的片段进行评点。

## 人文之美　精神之光

### ——《红楼梦》整本书阅读与研讨学术讲座

老师们：上午好！

很高兴和大家分享我的《红楼梦》整本书阅读与研讨教学设计。《红楼梦》中国古代小说艺术的巅峰之作，也是世界文学艺术创造领域的一座高峰，是一本宝书，也是一本奇书。它写生活，“像生活和自然本身那样丰富、复杂，而且天然浑成”；它写现实，但通身“放射着强烈的诗和理想的光辉”。鲁迅先生说：“至于说到《红楼梦》的价值，可是在中国底小说中实在是不可多得的。”王国维先生说：“《红楼梦》，哲学的也，宇宙的也，文学的也。”周汝昌先生说：“《红楼梦》是我们中华民族的一部古往今来、绝无仅有的‘文化小说’。如果你想要了解中华民族的文化特点特色，最好的——既最有趣味又最为捷便（具体、真切、生动）的办法就是去读通了《红楼梦》。”

毫无疑问，对于高中生的语文学科素养提升来说，无论是在语言建构与运用、思维发展与提升方面，还是从审美鉴赏与创造、文化传承与理解的角度来说，《红楼梦》都是一部不可多得的教科书。但遗憾的是，就书中人物而言，他们的生活与命运跟我们学生的生活实际之间隔着遥远的距离；说到《红楼梦》的题旨，不管是爱情的悲剧还是生命的凋零，不管是四大贵族家族的败落还是封建社会末世的悲哀，也都是学生难以理解、无从把握的。

关于《红楼梦》题旨的丰富性和复杂性，鲁迅先生曾经说过一句很经典的话："单是命意，就因读者的眼光而有种种：经学家看见《易》，道学家看见淫，才子看见缠绵，革命家看见排满，流言家看见宫闱秘事……"关于《红楼梦》的人物形象、情节走向和情感基调，鲁迅先生用了"悲凉之雾，遍被华林，呼吸领会之，唯宝玉而已"来形容。显然，如果没有有效的指导，《红楼梦》的阅读效果和教学价值会大打折扣，甚至可能南辕北辙。加上《红楼梦》全书120回，有80多万字，篇幅巨大、内容繁多，学生的时间紧、压力大，所以我们必须尽可能地深入研究，让学生从《红楼梦》整本书阅读教学中获得尽可能大的效益，实现学业进步和人格成长的积极效用。

下面，我想从主题确定、学程安排、任务设计三个方面谈一谈我的想法。

《红楼梦》是统编高中语文教科书必修下册第七单元的教学内容，属于2017年版《普通高中语文课程标准》中设置的18个学习任务群中的第一个——"整本书阅读与研讨"，其人文主题为"不朽的红楼"。这个主题对我们的指导意义不大，因为它表达的是《红楼梦》的人文价值，而不是人文内涵。下面的具体内容分为两个层次：第一个层次为"养成爱读书的习惯，享受读书的愉悦，丰富精神世界，逐步形成正确的世界观、人生观和价值观"；第二个层次为"与经典作品对话，提升审美情趣和审美品位"。这两个层次的内容也较为浮泛笼统，针对性不强，几乎适用于任何一本文学经典，而不仅仅是《红楼梦》。

为了找准适用于学生的阅读价值和人文主题，我们不妨深入思考：《红楼梦》为什么不朽？这种不朽对于我们、对于我们的学生有什么价值？也就是说，学生能否从内心里认同《红楼梦》是不朽的，能否从《红楼梦》不朽的价值中获得成长的滋养；而不是说《红楼梦》已经过时了，或者说只是作为一种文化的活化石而不朽的，甚至是教材上非要说《红楼梦》不朽、老师非要说《红楼梦》不朽，那就不朽吧。事实上，只有学生内心认同，我们才能真正实现《红楼梦》的不朽。

在我看来，一本经典名著人文主题的确定，要从这么几个方面来考虑，要满足这么几个方面的要求。

第一，切合作品的内在意蕴。也就是说作品中确实有，不是我们强加的；而且是作品整体上有、综合看有，而不是点上展开、个别关联的；还有，最好是作品深度包含，而不是表层上的、文字上可见的。可以用贯穿并深潜于全书的统整性来表达。

第二，能够切合现实语境和时代主题。不仅再现过去，而且能够关联现实，面向未来。可以表达为不受时空限制，不局限于一时一地的超越性。

第三，人文主题是在语文知识和语文思维之外，能够作用于学生的人生境界和人生幸福的书中内容，应该具有指向学生成长需要的必要性。

正如鲁迅先生所言，贯穿并深潜于《红楼梦》全书的题旨和命意是非常丰富的。关于这一点的论述也非常多，可用“前人之述备矣！”来形容。其中最主要的几种有：

第一，从开篇直接写出，再由宝黛爱情悲剧、四大家族衰败、封建末世沉沦的情节加以佐证的生命虚空论。第一回作者直接说：“此回中凡用‘梦’用‘幻’等字，是提醒阅者眼目，亦是此书立意本旨。”然后又由一僧一道异口同声对无材补天、凡心大动的石头说“到头一梦，万境皆空”，接下来用姑苏望族甄士隐由富贵安乐到历经劫难最后遁入空门的人生经历加以证明，用跛足道人的《好了歌》和甄士隐的注解加以强化，石头下凡后所见证、所经历的种种，无非是要告诉读者：人生空虚，恰如一场幻梦。到全书终篇，贾宝玉虽然高中第七名举人，但还是拜别父母、抛妻弃子，随一僧一道飘然而去，离开红尘。

与此相类似的，还有由第一回中的甄士隐一梦和第五回中的贾宝玉一梦共同完成的天命论。甄士隐梦中听一僧一道对话中所说绛珠仙草和神瑛侍者的故事，交代了贾宝玉和林黛玉爱情的前因；贾宝玉梦中见太虚幻境中的《红楼梦》歌曲，“空对着山中高士晶莹雪，终不忘世外仙姝寂寞林”写出了宝黛爱情的结果，而石头所见证、所经历的种种爱恨悲喜，不过“还泪”的过程而已。除了“真”“假”两梦和木石前盟，第一回中以癞头和尚看见甄士隐抱女儿英莲在怀，不由大哭，说英莲是“有命无运、累及爹娘之物”等情节，以及薛宝钗和贾宝玉的金玉良缘，都在不断强化：人的命运，人的过去未来，都是天意和天命，命中注定、天意难违。注定失败的宝黛爱情，转眼成空的贾府繁华，包括贾宝玉了却尘缘，离开红尘，都是一场命定的路途。

于是便有了青春的毁灭、死亡的必然、盛衰的道理等对《红楼梦》主旨的解读，凡此种种，最终指向的都是生命的觉悟。其根据，便是书中的梦幻说和天命论。

然而，面对这种向死而生的虚空和不由自主的天命，人却并不能觉悟和超脱，非经历幻灭不能了断。正如第一回中的那块石头，无论一僧一道如何苦苦相劝："那红尘中有却有些乐事，但不能永远依恃""瞬息间则又乐极悲生，人非物换，究竟是到头一梦，万境归空，倒不如不去的好"。石头却是"凡心已炽，那里听得进这话去，乃复苦求再四"。虽有癞头和尚点拨，但甄士隐不舍英莲、林如海不舍黛玉，天下父母自然几乎无不如此；第十二回，拿着跛足道人送来的救命之镜——风月宝鉴，深陷情欲之中不能自拔的贾瑞就是挡不住王熙凤的诱惑，最后成为《红楼梦》第一个正面描写的死者……总之，生而为人者，总是难以摆脱情欲纠缠、富贵诱惑。劝人觉悟、劝人出世显然是难上加难，就连僧道二仙也"知不可强制"，决定携石头下凡。

那么，《红楼梦》是否还包含劝人振作、劝人入世的题旨呢？我们从第十六回秦钟死前嘱咐："以前你我见识自为高过世人，我今日才知自误了。以后还该立志功名，以荣耀显达为是。"第一一九回，贾宝玉、贾兰科考高中，贾府诸位男丁袭爵位、复官职的情节，第一二〇回终篇甄士隐对贾雨村所说："福善祸淫，古今定理。现今荣宁两府，善者修缘，恶者悔祸，将来兰桂齐芳，家道复初，也是自然的道理。"看到仕途改变命途、为善拯救家业的设计，作者似乎在以此表达儒家积极入世、学优则仕、赢得功名的题旨。

但是，因为这部分内容在全书120回中所占份额实在太小，加之后40回并非曹雪芹所作，所以获得的关注和认同不多。读者的关注点还是集中在宝黛爱而不能和贾府盛事不再上。除了命定的指向，读者也免不了会去书中寻找种种人为的因素，在对宝黛爱情悲剧和贾府家族悲剧原因的追踪中，不少学者和读者从中解读出反封建的主题。

宝黛悲剧固然有人物性格的原因，但其核心因素是封建时代的爱情婚姻制度没有赋予当事人自主的权力。"父母之命，媒妁之言"是始自西周春秋时期的婚姻礼仪和婚姻制度。薛宝钗就是深深地懂得这一游戏规则，她对婚姻的争取，主要便是争取长辈的支持；对于贾宝玉的意志，甚至贾宝玉对林黛玉深情，她完全可以视而不见、不以为意。

关于贾府由盛转衰的人为因素，我们可以找到很多：

首先是贾府男性的荒淫无耻、糜烂不堪。最为污秽的莫过于宁国府贾珍、贾蓉父子，连同荣国府贾琏的聚麀行为：第六十三回贾敬极其荒唐地因食用自己秘法炼制的丹砂宾天（也就是去世），正在服国丧的贾珍和贾蓉父子听说尤氏的两个妹妹尤二姐和尤三姐来了，便十分暧昧地相视一笑，贾珍还忙说了几声“妥当”，父子俩加鞭便走，店也不投，连夜换马飞驰回家（尤二姐和尤三姐是什么人？是尤氏的妹妹，贾珍的姨妹，贾蓉的姨妈），他们忙着在贾敬棺椁前放声大哭后，然后，贾蓉赶紧“忙着进来看外祖母两个姨娘”，此处的数个“忙”字和之后的一系列描写，极其精到地写出了人们不堪入目的丑态；接下来是第六十四回贾琏的登场，贾琏本就是个好色纵欲、挥霍无度的浪荡公子，之前第二十一回与多姑娘有染，第四十四回害鲍二媳妇自杀，这次，“因贾敬停灵在家，每日与二姐三姐相认已熟，不禁动了垂涎之意，况知与贾珍贾蓉等素有聚麀之诮，因而乘机百般撩拨，眉目传情”，并与尤二姐勾搭成奸，苟合成婚，最后害得尤二姐吞金自杀。这些贵族男子的荒淫无度显然来自封建男权制度对女性的压抑和对男性的纵容——在《乡土中国》中的“男女有别”一文中，谈到男女有别的两个原则：一个是“在生活上加以隔离”，所谓“男女授受不亲”“七岁不同席”是也；另一个是强化同性组合，在家庭上便出现了以男性为中心的家族制度。《乡土中国》没有探讨男女有别的另外一种做法：对女性的压抑。贾府事实上便是一个传统社会大家族的典型样本，《红楼梦》给我们补上了这一课。

其次是封建等级制度之下贾府内部的等级森严、钩心斗角。我们看第十八回“荣国府归省庆元宵”，当八个太监抬着贾元春缓缓行来时，恭候已久的贾母等长辈亲族连忙路旁跪下，亲手带大的孙女回娘家，连白发苍苍的老祖母都要跪迎；父亲贾政只能至帘外问安，自称臣下，这种被扭曲的亲情实在令人慨叹；更为严重的，还有手足相残，亲友加害。第二十五回“素日原恨宝玉”“每每暗中算计，只是不得下手”的贾环试图用热油烫瞎同父异母的兄长贾宝玉的眼睛，“故意装作失手，把那一盏油汪汪的蜡灯向宝玉脸上只一推”；其母赵姨娘更是“常怀嫉妒之心”，用巫蛊之术害得王熙凤和贾宝玉差点丢了性命，幸得癞头和尚和跛足道人出手相救。说到赵姨娘和亲生女儿探春的关系，如果我们看1987版电视连续剧《红楼梦》，会看到编创者在探春远嫁一回补充了探春和亲生母亲赵姨娘抱头痛哭的细节，突出了与生俱来的血缘亲情。实际上，在文本中第五十五回，代理管家的探春叫亲生母亲赵姨娘为“姨娘”，只认王夫人的兄长王子腾为舅舅。如果说元春省亲，我们看到的是封建皇权制度、等级制度对亲情的扭曲，那么，探春的委屈和贾环的阴损让我们看到了封建婚姻制度、妻妾制度带给家庭的戕害。

而这种婚姻制度、妻妾制度可以说是一种制度化的对男性的纵容，被三纲五常约束的女性却不能不忍气吞声。第四十四回“变生不测凤姐泼醋”王熙凤生日，贾琏却与人鬼混，王熙凤生气撒泼，对此，贾母笑道：“什么要紧的事！小孩子们年轻，馋嘴猫儿似的，那里保得住不这么着。从小儿世人都打这么过的．都是我的不是，他多吃了两口酒，又吃起醋来。”老太太说“世人都打这么过的”，可见也是一肚子苦水，她究竟是怎么过来的呢？细读文本，我们可以在书中第五十五回发现端倪。这一回中，探春当家，其生母赵姨娘的兄弟死了。赵姨娘讨要赏银，探春查找旧例时看到贾母一代的姨娘：“两个家里的赏过皆二十两，两个外头的皆赏过四十两。另外还有两个外头的，一个赏过一百两，一个赏过六十两。”因娘舅死去而赏过银两的，就有六个。毫无疑问，这种不合理的婚姻制度把等级观念、礼治秩序带进家庭，使得夫妻失和、兄弟成仇。第七十五回，大观园被抄检之后，薛宝钗搬离大观园时，探春说了一句话：“咱们倒是一家子亲骨肉呢，一个个不像乌眼鸡，恨不得你吃了我，我吃了你！”形象地表达了对这种被扭曲、被异化的家庭关系的忧虑和愤激。这种亲情的扭曲来自传统文化对情的否定、对理的维护。

其实在贾府中，不单统治阶级如此，就连贾府中的丫鬟仆从也都分出三六九等，因为待遇差别很大，每个人都“妄想痴心的往上攀高”，彼此钩心斗角、明争暗斗。袭人早早和宝玉偷试云雨，又积极向王夫人靠拢，支持薛宝钗和贾宝玉的金玉姻缘，赢得了姨娘之位。在怡红院里，不单大丫头晴雯、麝月、秋纹等人，就连小丫头也不甘心居于人下。第二十四回中写小红：“这红玉虽然是个不谙事的丫头，却因他有三分容貌，心内着实妄想痴心的往上攀高，每每的要在宝玉面前现弄现弄。只是宝玉身边一干人，都是伶牙利爪的，那里插的下手去。不想今儿才有些消息，又遭秋纹等一场恶意，心内早灰了一半。”

此外，还有生活的靡费无度，就连“贾妃在轿内看此园内外如此豪华”，也会“默默叹息奢华过费”。其他诸如呆霸王打死冯渊后扬长而去，“人命官司一事，他竟视为儿戏，自为花上几个臭钱，没有不了的”，其结果确实没有不了的；王熙凤弄权铁槛寺，坐享三千两，害死一对有情人。这种贪得无厌、谋利弄权、草菅人命的骄纵，与不合理的血缘身份制度、贵族世袭制度有关。

曹雪芹做《红楼梦》为女子张目，使“闺阁昭传”，直接否定了压抑女性的男权制度；“大旨谈情”，深刻揭批了压抑生命和情感的理学思想和礼俗秩序。他在《红楼梦》中，塑造了一个理想的乐园：大观园。大观园里，没有男女之防和主仆之隔，大家自由自在，共同享受生命的欢乐，一起挥洒艺术的才情，这是一个迥然不同于贾府的理想世界。自由、平等，没有荣国府的礼治秩序；纯真、美好，没有宁国府的荒淫丑陋。

在理想与现实的矛盾这一主旨解读中，我们仿佛听到了生命的礼赞之声、踏上了意义的探寻之路，和书中人物一起进行审美的创造和精神的追求。这是一种超越性的价值，符合文学作为一种审美的意识形态、作为一种精神产品的本质和功能，符合经典永远向未来开放的特征，符合“不朽的红楼”下丰富精神世界、提升审美情趣和审美本质的阅读要求，毕竟，我们已经进入物质极其丰裕、科学技术高度发展的21世纪，我们的时代男女平等、爱情自由、婚姻自主；但是，我们的孩子在文学阅读、经典阅读上严重不足，人文底蕴不够深厚、精神世界不够丰富。

这是疫情期间一位语文教师的《红楼梦》整本书阅读作业：假如贾宝玉得了新冠肺炎，会传染给哪五个人？该题获得了一致叫好，但是为贾宝玉和林黛玉哭过的人一见之下，都觉得很难受。尽管是虚构的人物，但却在我们的精神世界中获得了鲜活的生命，陪伴甚至引导了我们的精神成长。这一题目体现的正是人文精神的缺失。

从文学的本质与功能、《红楼梦》的艺术成就、高中生语文学科核心素养的要求、中学生整本书阅读与研讨的现状等方面来考虑，笔者的《红楼梦》整本书阅读与研讨教学，以“人文之美 精神之光”为主题。

就当前文学作品“整本书阅读与研讨”的教学实施来看，侧重作品的社会价值，注重从人物性格与经历中汲取现实人生成败的经验和教训成为主流，由此带来了对作品审美价值和精神价值的忽略；而缺少审美维度和精神维度的建构又成为学生读不懂文学作品的重要原因。另外，因为经典作品中人物所处身的时代、地域以及与此相关的文化背景和当下学生所处身的现实语境之间往往存在较大的隔膜，书中人物的是非成败并不见得适用于当今时代中学生，由此带来学生对经典作品阅读价值和当下意义的疑虑。因此，本设计以“人文之美 精神之光”为主题，开展《红楼梦》这一人文华章、精神圣典的整本书阅读与研讨，尽可能让《红楼梦》作用于学生的精神世界，引导学生形成解读经典文学作品的能力，弘扬经典文学作品的价值。

具体来说，首先，“审美鉴赏与创造”是语文学科核心素养的重要维度，但在当前语文学科教学中却是比较薄弱的部分。文学是审美的意识形态，《红楼梦》是中国文学史上审美创造的高峰。通过文学作品的阅读与鉴赏，尤其是《红楼梦》整本书的阅读与研讨，提升中学生的审美能力，提升包括语言能力、思维水平、文化品质在内的语文学科整体素养，是本课程教学设计的重要目标之一。在原生态阅读的基础上，聚焦作品中的“人情之美”“生活之美”和“艺术之美”，就可以充分地感受和领会作品中的人文之美，并在美与丑的对比中反思丑的表现，探究丑的原因，从而把握作者的社会理想，形成自己的社会追求。

其次，如果说社会属性是人类的本质属性，精神属性便是人类的特定属性。文学是人类精神性存在的主要指标，是人类精神追求的集中表达，经典文学作品是人类精神之树上开出的璀璨花朵，《红楼梦》是其中独擅胜场、独领风骚、最为耀眼夺目的一朵。通过文学作品的阅读与鉴赏，尤其是《红楼梦》整本书的阅读与研讨，提升中学生的精神境界，引领他们走向更加高远的人生，是本课程教学设计的另一个重要目标。在原生态阅读的基础上，通过对林黛玉和薛宝钗形象进行深入分析和合理比较，明确林黛玉的独特价值，理解贾宝玉的“独美”追求和“兼美”理想，从而把握作者的人生理想，形成自己的人生追求。

确定了人文主题之后，接下来我们要有一个合理的【学程安排】。

《红楼梦》是一部长篇章回体小说，按照课标对长篇小说的阅读要求，我们一方面需要通读与研读相结合，在“通读全书”的基础上开展专题性“研究”，研究“人物的精神世界”“小说的主旨”和“艺术价值”；另一方面要点和面相结合，《红楼梦》有80多万字，我们需要“整体把握其思想内容和艺术特点”、梳理“整体的艺术架构”，更需要在“最使自己感动的”方面、“精彩之处”用力，以点带面，深入研究，在“梳理和探究”“阅读和鉴赏”“表达和交流”三种语文活动中开展学习。

据此，在学程安排上，可安排2次导读课，第一次侧重人文主题的引入，可用探讨“贾宝玉得了新冠肺炎”一题的得失引入，然后分析精神维度的重要性，最后布置整本书阅读与研讨学习任务；第二次介绍作者生平和全书内容，可关联《乡土中国》一书的重要内容，把《红楼梦》作为差序格局的典型样本、礼治秩序的生动案例进行介绍。实际上，在《差序格局》一文中，也专门举了大观园这一例子：“像贾家的大观园里，可以住着姑表林黛玉，姨表薛宝钗，后来更多了，什么宝琴、岫烟，凡是拉得上亲戚的，都包容得下。”

导读之后便是通读环节12次课，通读以对文本的结构化处理为前提，这一结构化处理以宝黛爱情发展为主线，把整个文本分为12个阅读进阶，每一进阶以宝黛爱情的标志性事件或阶段性进程来命名，即初会、含酸、试探、定情、相好、成痴、知音、离兆、惊梦、归天、缠绵、却缘12单元。课外阅读加课内分享来组织教学。每一进阶的阅读任务除了要指向人文主题之后，还有要关联小说文体要素，侧重梳理人物和情节，以便整体把握文本的内容和结构。

接下来是体现人文主题的研读环节，2次课，一次研讨“人文之美”，人文之美分为“人情之美”“生活之美”和“艺术之美”三大板块，对相关人物和情节进行提取和鉴赏，然后综合评选：谁是生活美学家/艺术美学家？

其中“人情之美”还可以分出亲情、爱情和友情，以被扭曲的亲情、被辜负的爱情和被利用的友情进行归纳和梳理。“生活之美”体现在衣食住行、节庆活动、寿诞与丧仪中，“艺术之美”表现在听戏、作诗、绘画、刺绣等多种艺术鉴赏和艺术创造活动中。

另一次研讨“精神之光”，“精神之光”则主要集中在林黛玉与薛宝钗两个人物形象上：通过人物小传编写、经典细节评选、形象分析、价值判断和故事新编等读写活动，理解二者分别代表人的精神追求和社会的问候秩序，在（咏絮）才与（停机）德、情与理、个性与秩序、爱情与婚姻的关系中探讨贾宝玉的独美追求和兼美理想。

最后的展示活动体现读写结合、读用结合的教学要求，不再具体展开。

四个环节一共18次课。可以在三周内集中完成，也可以一周1次，18周完成。

最后讲一下【任务设计】，之所以不做情境设计，是因为像《红楼梦》这样的文学类文本，本身已经构成了一个最好的情境，读者往往需要化身为“我”、进入情境才能读懂作品，另外设置情境反倒可能影响深度的、沉浸式的阅读。相关任务设计在学程安排中已经有所涉及，此处讲一下设计原则和前五回设计构想。

设计的第一原则是要指向人文主题；第二原则是要能够调动和激发学生的阅读兴趣；第三原则是在阅读中落实语文知识和语文思维；第四原则是要关联其他文本和现实情境，这里的其他文本首先指《乡土中国》。统编高中语文教材必修上的《乡土中国》和必修下的《红楼梦》，一本为学术经典，一本为文学巨著，共同完成课标规定的“在指定范围内”阅读一部长篇小说、一部学术著作的教学任务。而这两本书具有很强的相关性，《红楼梦》可以说是“乡土中国”的注脚，提供了血缘关系、身份社会、家族制度和差序格局的典型场景，男女有别、礼治秩序的典型样本。

另外，还可以提供少量有助于学生文本理解的其他精品，比如著名红学家周汝昌所著《红楼夺目红》（湖南文艺出版社，2018年版）、蒋勋的《蒋勋说红楼梦》、闫红的《刹那芳华——误读红楼》等；第五是要兼顾阅读方法，《红楼梦》篇幅大，需要采用精读和略读、跳读相结合的方法；第六是要注重读写结合和读用结合，总任务可以设计为：续写一回或改写一回，要求在符合人物性格和命运走向的前提下对故事情节进行合理想象和巧妙设计。

在总任务之下，每一回的阅读都需要按照以上原则提供阅读任务单，进行分层和概括、梳理和探究、分析和鉴赏等活动，并在课堂上进行表达和交流。

第一回：第一个任务是分层和概括。全回写了三个内容：第一是作者自云，第二是此书由来，第三是石上所书。第一部分的关键词是两个：女子和梦幻。女子为所记之人，梦幻为立意本旨，二者之间又是什么关系呢？第二部分写了石头的故事；关键词是“大旨谈情”和“实录其事”；第三部分写甄士隐的故事。

第二个任务便是对甄士隐的故事进行梳理，可以采用列表的方式。

第三个任务是设计几个探究题，如：石头究竟是蠢物还是宝物？甄士隐的人生经历与前后文存在什么样的关系？英莲与娇杏谁会成为后文中的重要人物？等等。

第二回的主要任务是绘制人物关系图，并以此为基础进行传统中国社会结构的样本分析。原应叹息四春之间的血缘关系十分复杂，尤其是“惜春”，和贾母没有任何血缘关系，但仍然作为贾母的亲孙女养在荣国府，以男权为中心的家族制度可见一斑。因为贾家享有荣华富贵，女性亲族纷纷趋附而来。薛姨妈和薛蟠、薛宝钗是王夫人的妹妹及子女，薛蝌和薛宝琴更远一层，是薛家的亲戚；邢岫烟是邢夫人的侄女；李玟和李琦是李纨的侄女；尤二姐和尤三姐是尤氏的妹妹……

第三回宝黛初见，第四回薛宝钗出场，这一回的任务可重在人物形象的分析上，为了激发兴趣，引导深潜文本，可采用图与图比较的方式，把1987版电视连续剧《红楼梦》中的贾宝玉、林黛玉和薛宝钗的形象进行比较，必须依据文本陈述理由。

还可以探究：林黛玉和薛宝钗谁是女主？

第五回贾宝玉梦入太虚幻境，金陵十二钗的命运通过判词和歌曲加以揭示，本回的重要任务便是对金陵十二钗的初步了解。并且在对甄士隐和贾宝玉梦境的探究中理解宝黛情缘的前因与后果，理解贾宝玉的意淫与荒淫的不同。

总体上说来，文学类文本的整本书阅读与研讨，需要通过深度阅读和有效教学引导学生不断关联知识，夯实学业基础；切实培养思维，强化底层认知；并涵育精神，拓宽境界，走向更开阔、更高远、更美好的人生！

希望《红楼梦》的阅读教学可以引领同学们走上感受人文之美和获得精神之光的旅程。

谢谢大家！

# 第五章 在跨学科项目式学习活动中综合运用

跨学科学习是义务教育语文课标规定的六个学习任务群之一，也是本次课改最大的增长点和创新点。

项目式学习是“项目”为基础，是“项目”在教学领域的延伸、发展和具体应用，“项目”是以一套独特而相互联系的任务为前提，有效地利用资源，为实现一个特定的目标所做的努力。项目式学习以学科的概念和原理为中心，让学生在真实世界中借助多种资源开展探究活动，并在一定时间内解决一系列相互关联着的情境中的学科问题。

跨学科项目式学习活动也就是综合运用多学科概念和原理，解决真实情境中的真实问题的学习方式文本读写活动是跨学科项目式学习的主要部分，学以致用、知行合一则是其关键。而在夯实基础、建构图式、探索规律、整体迁移和底层迁移之后，综合运用是学科核心素养的落点和归宿。

## 第一节 全科阅读的三层进阶

全科阅读教学既可以充分发挥阅读在强化语言认知、促进大脑发育方面的基础性育人功能，又可以大力彰显阅读在强化学科认知、提升学科素养方面的统整性育人功能，还可以有效实现阅读在强化问题解决能力、全面提升综合素养方面的综合性育人功能，理应成为语文教学的抓手。近年来，广州市教育研究院开展了以全科阅读为抓手的智慧阅读平台建设和以全科阅读教学为路径的高品质课堂建设。

全科阅读教学有三种形态：第一种形态基于对阅读所具有的强化语言认知、促进大脑发育等基础性育人功能和强化学科认知、提升学科素养等综合性育人功能的认同，通过全学科参与、单学科主导的方式，开展以阅读行为及其相关活动为教学内容和教学方式的单科阅读学习；第二种形态基于对真实世界的知识统整性特征和教学过程中的知识领域拓展需求，通过全学科参与、不同学科简单相加或有机组合的方式，开展专题式亦即用专题来统整多种阅读资源的跨科阅读学习；第三种形态基于对当前教育教学改革背景下素养目标的理解，通过全学科参与、不同学科融合甚至是化合的方式，开展项目式亦即以真实情境中的问题解决为任务的整科阅读学习。

单科阅读学习是全科阅读的基础形态，是全科阅读的1.0版本。这种学习方式不改变学校原有的分科目教学这一课程教学基本组织形式，提倡各学科基于本学科重要知识内容，开展与这些知识构成各种各样的互文性关联（包括知识与知识的关联、知识与社会生活情境的关联、知识与个体生命成长的关联的）的阅读教学活动，阅读对象为与学科重点知识关联的各种拓展文本，包括单篇、群文和整本书，文体类型涉及信息类和文学类。单科阅读学习以该学科核心素养为学习目标，借助通过语文课程学习获得的阅读能力和阅读方法，实现单学科学习由知识目标、能力目标到素养目标的转化。比如，语文学科在学习《我与地坛》这一单篇课文时，可以引导学生回顾之前所学的同一作者所撰写的文本《秋天的怀念》，同时指导学生阅读《我与地坛》整本书文本；数学学科按不同学段学生的认知规律和知识要求，推荐学生阅读《数学王国历险记》《数学小丛书》《邮票上的数学之旅》《从一到无穷大》《通俗数学名著译丛》等图书文本。单科阅读学习鼓励各学科教师强化课程意识，在相关教学活动开展的过程中进行课程化建构；或者在课程化建构的指引下，有体系、有序列地开展相关教学活动。

跨科阅读学习是全科阅读的中级形态，是全科阅读的2.0版本。这种学习方式在学校原有的分科目教学这一课程教学基本组织形式的基础上，提倡各学科确立真实世界知识统整意识，打破学科界限来组织教学。其组织形式有两种：一种是基于对不同学科教材中相关联内容的寻找和整合，建构一个个小专题，在小专题的统领下进行相关学科之间的组合。比如：语文学科在教学《宇宙生命之谜》单篇课文时，便可有机地关联科学课程，形成一个有关“宇宙生命”的科普小专题，指导学生开展天文学和宇宙探索等相关文本的阅读学习活动，从而帮助学生建构天文学和宇宙探索知识谱系；语文教材中推荐阅读的整本书本身便是一个小专题，《海底两万里》可以在语文、地理和生物等学科之间进行统整；《红星照耀中国》则可以组合语文、历史、地理、英语和政治等学科，从而更好地理解红色经典的时代背景，也更好地弘扬红色经典的当代价值。另一种是根据区域或学校办学特色确立大专题，如广州市南沙区以“办适合的教育，做最好的自己”为区域办学特色，在一年一度的“千年羊城 国际南沙”阅读节期间举办了“红色经典的全科阅读”专题活动。

整科阅读学习是全科阅读的高级形态，是全科阅读的3.0版本。这种学习方式是基于对真实世界的知识统整性特征和教学过程中的知识领域拓展需求，通过全学科参与、不同学科简单相加或有机组合的方式，开展专题式亦即用专题来统整多种阅读资源的跨科阅读学习。云英实验学校小升初衔接课程《寻找一棵树》和《创造一片林》是很有示范价值的整科阅读学习案例，下面是《寻找一棵树》跨学科项目式学习课程的简要介绍和目录，读者朋友可参考借鉴。

## 第二节 “寻找一棵树”跨学科项目式学习课程

### 一、《寻找一棵树》跨学科项目式学习课程简介

《寻找一棵树》是云英实验学校小升初衔接课程的第一本教材，是体现学校“阅读+全科学习+5C素养”课程创新理念的第一个成果。该教材有如下亮点和特色：

首先，通过专题性学习帮助学生建构基本人文认知。学生对事物和现象难以做出正确的价值判断、难以确定自己的立场和态度，是当下学校教育关注不够的问题。本教材以“寻找一棵树”为专题，对与树有关的文本世界、自然世界、社会生活世界的相关学习资源进行精选、组合和统整，通过有效的学习活动，最后帮助学习建构起“我们该如何对待一棵树”也就是“我们该如何对待自然万物”的价值判断。

其次，落实“阅读+全科学习+5C素养”课程创新理念。对于阅读育人的功能

和效用，目前全社会已经基本形成共识，云英实验学校高度重视阅读，本教材也以对《树孩》一书的深度阅读为基础；全科学习的方式更符合学生的现实生活场景对其能力和素养提出的要求，云英实验学校对此深有体会，在设计中落实全科学习的理念和要求，引导学生统整全科知识开展后续各个学习环节的学习；5C素养（文化素养、沟通素养、合作素养、审辩素养、创造素养）是北京师范大学中国教育创新研究院研发的21世纪人才模型，云英实验学校对此高度认同，以5C素养提升来引领个学习单元的学习任务安排和学习活动设计。

再次，通过项目式学习全面提升学生运用知识解决问题的能力和素养。本教材把全部学习内容设计成一个有统一目标、有实施步骤的项目，按照落实5C素养的理念和要求精心设计既符合学生年龄特点和认知规律，又能拉动他们学习兴趣和参与热情的学习活动，让学生深度参与，充分投入，在身心体验的过程中完成项目任务，并获得知识增长、能力提升、生命感发和思想启迪。

最后，本教材结构清晰、体系完备、逻辑缜密。第一单元是基于《树孩》深度阅读的成果展示和《树孩》舞台剧排演安排，最后一个单元是《树孩》舞台剧展演活动，中间按照文学课、自然课、综合课设计三个教学单元，每个教学单元的学习任务和学习活动都和《树孩》舞台剧密切相关，都指向一个统一的项目任务。

《寻找一棵树》是在学校邓东校长的部署和广州市教育研究院课程所专家王惠博士的指导下，由学校各学科骨干教师共同参与完成的。在课程实施的过程中，学校将有机融入学生成长评价活动，对本教材的适用性和育人效果进行科学评估，并基于此开展后续研发工作。

## 二、《寻找一棵树》跨学科项目式学习课程目录

**前置活动（假期阅读任务单）**

1.阅读赵丽宏作品《树孩》。

2.以绘本的形式对《树孩》进行改写和创编。

3.从小说“尾声”的四个“也许……”中，选择一个进行续写。

**第一单元　《树孩》阅读活动（语文、美术）**

总任务：确定《树孩》六幕剧基本框架

第一节课　原创绘本展示

1.第一章　山林

2.第二至四章　春芽儿家

3.第五章　木雕商店

4.第六章　老奶奶家

5.第七章　洪水

6.第八章　野地

7.观影活动

第二节课　原创续写作品展评

1.第一种　山林

2.第二种　春芽儿家

3.第三种　木雕商店

4.第四种　老奶奶家

第三节课　辩论活动

1.树vs树孩

2.春芽儿家vs木雕商店vs老奶奶家

**第二单元　树的自然课（语文、英语、生物、数学、美术）**

总任务：完成《树孩》六幕剧的舞美

第一节课　信息类文本阅读

1.黄杨树

2.松树

3.槐树

4.《About Trees》

第二节课　介绍一棵树（数学测量、生物知识、美术绘图）

1.测量一棵树（数学）

2.了解一棵树（生物）

3.绘制一棵树（美术）

第三节课　综合实践活动：为自己最喜欢的树制作名牌

第四节课　“树的名牌”展评活动

**第三单元　树的文学（艺术）课（语文、英语、美术）**

总任务：完成《树孩》六幕剧各幕导语

第一节课　中英文单篇作品朗读和荐读

1.鲍尔吉·原野：《灌木》《树木有梦》《栽树吧》

2.《合欢树》《三棵银杏树》《梧桐》《去看白桦林》

3.《最后的微笑》《老树》《吴县四柏》

4.《悬崖边的树》《一棵开花的树》《致橡树》《树》《避雨之树》

5.《秀禾的桂花树》

6.《树木的礼赞》《四季生活》

7.《植树日志》《林中挽歌》

8.《The-Giving-Tree》

第二节课　中英文名作的翻译+诵读；经典画作的中英文介绍

第三节课　为自己最喜欢的树写美文、画美画

**第四单元　树的综合课（政治、综合实践活动、劳动课、美术、生物、数学）**

总任务：完成《树孩》六幕剧海报和道具

第一节课　树的实用价值

1.阅读活动

2.手工制作

第二节课　树的文化意义

1.《全球森林：树能拯救我们的40种方式》前言

2.《那些活了很久很久的树：探寻平凡之树的非凡生命》序言：芽、树皮和金树枝

第三节课　人与树（自然）主题演讲活动

**第五单元 《树孩》舞台剧表演活动**

总任务：完成《树孩》六幕剧表演

第一节课 排练

第二节课 表演

**总结：学习成果展示与评价**

# 后记

在基础教育领域，语文学科似乎是一门门槛最低、知识内容最简单、教学最轻松的学科，但就是这样一门母语教学的学科，多年来困扰于学科认知上的盲区与误区，困扰于解决方案上的众说纷纭，困扰于教学效能上的“少慢差费”。实际上，因为文本这一特殊要素的强势介入，语文学科表现出知识运用的综合性和创造活动的基础性，又因为文本只是作为例子发挥其功能，语文学科缺少解决例子问题的公式和定理，语文学科成了一门堂奥最深、知识内容最复杂、教学最困难的学科。

从高校文艺学教学与研究工作领域转战到基础教育语文学科教研领域之后，笔者以多年从事“文本”研究的学术背景、问题意识和研究习惯，以“板凳须坐十年冷，文章不写半句空”的精神，深入研究课标、教材、教学和考试，在发现问题、解决问题的实践过程中逐渐形成自己的学术见解和学术主张，并最终以“文本”一词建构起语文学科“教·学·评”效能提升的整体解决方案，以期能够弥补从“语言”一词切入学科，更多由语言学和教育学学术背景的专家进行顶层设计、提供解决方案所带来的语文学科专业化建设的不足，探寻语文学科的底层逻辑，并借此通向顶层设计，实现语文学科教与学的理想图景。

感谢我爱的和爱我的语文，像明灯一样一直引领我陟遐自迩，困知勉行！感谢诸多同道中人的鼓励和支持，像晨光一样始终照亮我前行的途程！感谢家人的深情体贴和温暖照顾，你们所给予我的一切，是我生命的滋养和奋进的力量，尤其是小女王一可，作为学科语文专业硕士研究生，参与讨论了本书多个议题，主持或参与设计了本书中多个教学方案！感谢花城出版社，感谢张懿社长、陈宾杰副总编，以及王铮锴、邱奇豪两位责编，你们的学术认同和专业努力，使本书得以问世，并发挥它的力量！

个人的力量始终是微小的，而追求真理的道路是漫长的，不过，“怕什么真理无穷，进一寸有一寸的欢喜！”期待方家的指正！期待一线教师们的意见！期待更多的同行者！